beck$^{\text{l sche}}_{\text{reih}}$

b^{sr}

In den Kulturwissenschaften gibt es Bücher, die entscheidende Denkrichtungen begründen und zentrale Theorien geradezu verkörpern. Im Rückblick auf das 20. Jahrhundert werden in diesem Band einundzwanzig solcher ‚Jahrhundertbücher' vorgestellt, die als symbolische Wegmarken einer Epoche gelten können.

Namhafte Autoren aus ganz verschiedenen Fachrichtungen ziehen eine erste Bilanz der Theoriegeschichte des soeben vergangenen Jahrhunderts. Dabei werden die prägenden geistigen Orientierungen der letzten 100 Jahre sichtbar – vom Positivismus bis zum Poststrukturalismus, vom Existentialismus zur Systemtheorie, von Freuds *Traumdeutung* und Spenglers *Untergang des Abendlandes* bis zu Foucaults *Ordnung der Dinge*, von der *Dialektik der Aufklärung* bis hin zu Luhmanns *Gesellschaft der Gesellschaft*.

Der Band lädt ein zur kulturwissenschaftlichen Rückschau auf ein Jahrhundert und macht zugleich deutlich, welche Fragestellungen auch über die Jahrhundertwende hinaus Anstöße geben können für die künftigen Wissenschaften vom Menschen.

Prof. Dr. *Walter Erhart* und Prof. Dr. *Herbert Jaumann* lehren Literaturwissenschaft an der Universität Greifswald.

Jahrhundertbücher

Große Theorien von Freud
bis Luhmann

*Herausgegeben von
Walter Erhart und Herbert Jaumann*

Verlag C. H. Beck

Die Deutsche Bibliothek – CIP-Einheitsaufnahme

Jahrhundertbücher : Große Theorien von Freud bis
Luhmann / hrsg. von Walter Erhart und Herbert
Jaumann. Orig.-Ausg. – München : Beck, 2000
  (Beck'sche Reihe ; 1398)
  ISBN 3 406 45938 2

Originalausgabe
ISBN 3 406 45938 2

Umschlagentwurf: +malsy, Bremen
© Verlag C. H. Beck oHG, München 2000
Gesamtherstellung: C. H. Beck'sche Buchdruckerei, Nördlingen
Printed in Germany

www.beck.de

Inhalt

Vorwort der Herausgeber 9

Renate Schlesier
Hermeneutik auf dem Königsweg zum Unbewußten.
Freuds *Traumdeutung* (1900) 14

Michael Astroh
Edmund Husserl: *Logische Untersuchungen* (1900/1901) .. 38

Herbert Jaumann
Oswald Spengler: *Der Untergang des Abendlandes*
(1918/1922) 52

Hans Jürgen Heringer
Wittgensteins *Tractatus Logico-Philosophicus* (1921) 73

Wolfgang Schluchter
Max Weber: *Wirtschaft und Gesellschaft.*
Grundriß der verstehenden Soziologie (1921/22) 93

Jürgen Mittelstraß
Martin Heidegger. Diesseits und jenseits von
Sein und Zeit (1927) 107

Helmut Lethen
Carl Schmitt: *Der Begriff des Politischen* (1927) 128

Karl-Siegbert Rehberg
Mängelwesen, Entlastung und Institutionen.
Arnold Gehlen: *Der Mensch* (1940) 147

Peter Bürger
Jean-Paul Sartre: *Das Sein und das Nichts* (1943).
„Draußen sind wir zu finden."
Sartres Subjektbegriff 168

Gerhard Schweppenhäuser
Am Ende der bürgerlichen Geschichtsphilosophie.
Max Horkheimer/Theodor W. Adorno:
Dialektik der Aufklärung (1947) 184

Christa Bürger
Simone de Beauvoir: *Das andere Geschlecht* (1949).
Theorie als Autobiographie 206

Renate Lachmann
Dialogisches Denken und Rhetorik bei Michail Bachtin ... 224

Walter Erhart
Claude Lévi-Strauss: *Die elementaren Strukturen
der Verwandtschaft* (1949) 245

Rainer Rosenberg
Georg Lukács: *Die Zerstörung der Vernunft* (1954) 262

Gisela Febel
Das unendliche Gespräch –
Annäherungen an Hans-Georg Gadamers *Wahrheit und
Methode* (1960) 278

Franz von Kutschera
Thomas S. Kuhn: *Die Struktur wissenschaftlicher
Revolutionen* (1962) 297

Ursula Link-Heer
Michel Foucault: *Les mots et les choses* (1966) 313

Werner Stegmaier
Jacques Derrida: *De la Grammatologie* (1967) 335

Egon Flaig
Pierre Bourdieu: *Entwurf einer Theorie der Praxis* (1972) .. 358

Konrad Ott
Jürgen Habermas: *Theorie des kommunikativen
Handelns* (1981) 383

Jürgen Fohrmann
Der Zettelbau. Niklas Luhmann: *Die Gesellschaft der Gesellschaft* (1997) 407

Anhang 427

Anmerkungen 427

Die Autoren der Beiträge 488

Personenregister 490

Vorwort der Herausgeber

Die Beiträge dieses Bandes gehen auf Vorträge zurück, die im Rahmen der Vorlesungsreihe *Bücher des Jahrhunderts – Theorien des 20. Jahrhunderts* im Wintersemester 1998/99 und im Sommersemester 1999 an der Ernst-Moritz-Arndt-Universität Greifswald gehalten wurden. Die Reihe wurde vom Greifswalder Institut für Deutsche Philologie mit Unterstützung der Philosophischen Fakultät und der „Gesellschaft der Freunde der Ernst-Moritz-Arndt-Universität" veranstaltet.

Die Idee zu dieser Veranstaltung entstand im Blick auf das Jahrhundertende, das die Phantasie dazu anregt, Bilanz zu ziehen und sich das vergangene Jahrhundert als eine Einheit vor Augen zu führen. Wie schon vor hundert Jahren: „Das geistige Fazit des zur Neige gehenden Jahrhunderts zu ziehen, ist eine schwierige, aber so reizvolle und lockende Aufgabe, daß sie den, der den Gedanken einmal gefaßt hat, nicht mehr losläßt und freigiebt, bis er sie zur Ausführung gebracht hat."

Dies schrieb der Straßburger Kulturwissenschaftler und Pädagoge Theobald Ziegler 1899 in einem ebenso monumentalen wie kritischen Jahrhundertrückblick.[1] Die Aufgabe, *das zur Neige gehende Jahrhundert* zu bilanzieren, ist auch heute *reizvoll* genug. Allen Mitwirkenden, in erster Linie den Autorinnen und Autoren dieses Bandes für ihre Beiträge, der Philosophischen Fakultät und der „Gesellschaft der Freunde und Förderer der Ernst-Moritz-Arndt-Universität" für finanzielle Unterstützung, gilt unser Dank.

Jahrhunderte wie Epochen sind künstlich Gemachtes, das Operieren mit ihnen gründet sich auf konventionelle Übereinkünfte.[2] Dies wußte schon Theobald Ziegler vor hundert Jahren – und

---

[1] Theobald Ziegler: *Die geistigen und socialen Strömungen des Neunzehnten Jahrhunderts.* Berlin 1899, S. 1.
[2] Vgl. jetzt die Untersuchung von Arndt Brendecke: *Die Jahrhundertwenden. Eine Geschichte ihrer Wahrnehmung und Wirkung.* Frankfurt/M., New York 1999.

doch spricht auch er von einer gewissen Magie, die von solchen Zeiträumen und den Einschnitten dazwischen ausgeht, einer Magie, die zuallererst zur *Selbstvergewisserung* provoziert. Von vielen Retrospektiven, die zwischen 1999 und 2000 angeboten werden, wird man das sagen können. Die Jahrhundertwende als Medienereignis, vor allem der mediengerechte Superlativ des *Millenniums* – das freilich dürfte diesmal die neue Erfahrung gewesen sein, die man um 1900 noch nicht machen konnte. Daß das massenmediale Theater jener Magie indes kaum bekömmlich ist, war einerseits nicht zu übersehen angesichts des Nachgeschmacks von Banalität und Überdruß in der Öffentlichkeit an den Tagen danach. Andererseits sind Aussagen darüber in Ermangelung eines Vergleichsfalles nicht leicht; denn der Termin des nächsten Superlativs dieser Größe übersteigt die Voraussicht des medialen Spielplans.

Mit dem Rückblick auf das 20. Jahrhundert sollte geprüft und vorgeführt werden, was die Denktraditionen und Disziplinen der Geistes- und Sozialwissenschaften in diesem Jahrhundert geleistet oder wenigstens angestrebt haben, wie sie in ihre Zeit eingriffen und welche großen Theorien sie konkret vorweisen können. Es gibt sehr viele Theorien und noch mehr Theoriearbeiter auf den Feldern der Wissenschaft, aber nicht annähernd so viele *Theoriebücher*, von denen nachhaltige Wirkungen ausgegangen wären, bestimmte große Bücher, die tatsächlich zur *Diskursivitätsbegründung* beigetragen haben (wie Michel Foucault das genannt hat) und heute als symbolische Wegmarken der *geistigen und socialen Strömungen* unseres – nicht mehr unseres, sondern des vergangenen Jahrhunderts gelten.

Wie jede Liste dieser Art ist auch diese Zusammenstellung von Theorien des 20. Jahrhunderts anfechtbar – es gehört aber zu den Wirkungen, die wir diesem Band wünschen, wenn er Fragen danach provoziert, mit welchen anderen Schwerpunkten und Büchern man eine andere, vielleicht alternative Liste aufstellen könnte oder müßte.

Die folgenden Kriterien haben die Auswahl angeleitet. Das ausgewählte Buch sollte

1. eine bestimmte zentrale *Theorie* und eine davon ausgehende *Denkrichtung* verkörpern, etwa die Psychoanalyse, die Phänomenologie, die Analytische Philosophie, die Existenzphiloso-

phie und den Existentialismus, die Hermeneutik oder den *linguistic turn*, die Philosophische Anthropologie, die soziologische Systemtheorie usw.;
2. als dafür *repräsentativ* gelten, unabhängig davon, wie nahe oder fern es uns selbst stehen würde;
3. als dieses *Theorie-Buch,* und nicht primär als das Werk seines Autors, repräsentativ sein – wir dachten also primär an *Theoriebücher* und nicht an große Theoretiker, und
4. von *fortdauernder Aktualität* sein. Die Aktualität muß zwar nicht darin bestehen, daß die Wirkung eines Buches noch im Jahre 2000 anhält, aber es muß auch noch im 21. Jahrhundert repräsentativ sein, sozusagen retrospektiv, d. h. auch wenn im Jahre 2050 z.B. die Analytische Philosophie vollends verblaßt ist, wird man Wittgensteins *Tractatus* zur Hand nehmen, um sich zu vergewissern, was sie einmal war oder hätte werden können.

Die Auswahl ist jedoch nicht nur notwendig fragwürdig, sondern auch unvollkommen. Sie ist zunächst sehr ‚deutschlastig'. Bemühungen um einen Ausgleich sind nicht gelungen, was auch klar gemacht hat, in welch einseitig ‚deutschen' bzw. deutschsprachig geprägten Traditionen wir uns in diesem Jahrhundert als Kulturwissenschaftler wie auch als literaturwissenschaftliche Fachvertreter noch immer bewegen. Zumindest in seinem ersten Drittel wirkte noch im 20. Jahrhundert deutlich das weitgehend von der deutschen Wissenschaftskultur des Kaiserreichs dominierte späte 19. Jahrhundert nach – ein durch Sündenfälle, Kulturbrüche und allerlei ‚Reformen' heute gründlich verspieltes Erbe. Das Jahrhundertende deutet es an: Die Vorherrschaft der ‚deutschen' Theorien wird sich bald ändern, und die imaginäre Liste des 21. Jahrhunderts wird vermutlich auch in dieser Hinsicht anders aussehen.

Auch ist unsere Auswahl ziemlich eurozentrisch – das kommende Säkulum dürfte unter diesem Aspekt wesentlich andere Perspektiven bringen (oder erzwingen). Doch auch hier gilt: Wir wollten repräsentativ sein, und es ist kein Zufall, daß sich Abweichendes, dazu gehört etwa Spenglers Ansatz zu einem dezentralen Kulturpluralismus, nicht durchgesetzt hat.

Naturwissenschaften fehlen in dieser Liste fast ganz. Das folgt zum einen aus dem expliziten Interesse für Kultur- und Sozialwissenschaften, für das wir uns nicht zu entschuldigen brauchen. Zum anderen hängt es aber auch mit dem *Buch*-Kriterium zusammen: Naturwissenschaftliche Theorien wurden selten durch Bücher initiiert, sie haben offenbar kaum je als große Bücher Epoche gemacht. Das gilt weniger für die Mathematik, wenn man an Whitehead oder Russell, oder etwa für die Biologie, wenn man an Darwin und Haeckel oder die neuere Evolutionsbiologie denkt, an Bücher von Edward O. Wilson oder Richard Lewontin. Aber wo ist z. B. ‚das' Buch, in dem Einstein die Relativitätstheorie begründet und expliziert hätte und das *als Buch* für das Prestige der Theorie und ihres Begründers einsteht?

Schließlich haben die hier vorgestellten großen Bücher fast ausnahmslos – trotz Simone de Beauvoir – männliche Verfasser. Aber auch dies scheint uns repräsentativ. Oder welchen Sinn als den einer gutwilligen Illusionsbildung sollte es haben, die realen Verhältnisse in einer solchen Auswahl falsch abzubilden? Können wir annehmen, daß im Jahr 2100 die Liste der Jahrhundertbücher (bzw. der künftigen Datenträger) anders aussieht, egalitär nämlich, von Autorinnen und Autoren gebildet, soweit die Unterschiede dann noch erkennbar sind?

Heute glauben viele, daß die Ideen des 19. Jahrhunderts Schiffbruch erlitten haben und daß es mit den großen Theorien des zu Ende gegangenen Jahrhunderts kaum besser bestellt ist. Die Beiträge zu diesem Band können vielleicht auch zeigen, wie gut es um die Theorien des 20. Jahrhunderts steht, wie zukunftsfähig viele der in diesem Jahrhundert entwickelten Denkmodelle waren und wie attraktiv sie heute noch sind.

Vielleicht werden jetzt schon die Bücher geschrieben, die einmal zu den wichtigsten Theorie-Büchern des 21. Jahrhunderts gezählt werden. Vor hundert Jahren ist nicht nur Freuds *Traumdeutung* erschienen. Wie heute wurde damals sehr oft das vergangene Jahrhundert bilanziert, und manche der um 1900 erschienenen Bücher nahmen vieles von dem vorweg, was im folgenden Jahrhundert wichtig geworden ist, im guten wie im schlechten. 1899 erscheint nicht nur Ernst Haeckels in siebenundzwanzig Sprachen übersetzter Weltanschauungsbestseller *Die Welträtsel*, der der Biosophie und Soziobiologie eines Edward O. Wilson (bes. *Consilience*, 1998) sehr nahe steht. Im gleichen Jahr publiziert auch Houston Stuart Chamberlain, der später in den Wagner-Clan einheiratet, sein germanophiles Wegbereiter-Buch *Die Grundlagen des 19. Jahrhunderts*, und ebenfalls 1899 versucht sich Heinrich Rickert über *Kulturwissenschaft und Naturwissenschaft*. Ein Jahr später, 1900, erscheint (nicht weniger symbolisch) *Das Jahrhundert des Kindes* von Ellen Key, im selben Jahr auch Georg Simmels *Philosophie des Geldes* und Max Plancks Buch *Die Quantentheorie*. 1903 dann Otto Weiningers *Geschlecht und Charakter* – in mancher Hinsicht das ‚schwarze' Gegenstück zu Simone de Beauvoirs *Das andere*, eigentlich *das zweite Geschlecht – Le deuxième sexe*, und schließlich in den Jahren 1904/05 die Abhandlungen Max Webers, *Die Protestantische Ethik und der Geist des Kapitalismus* – alles Jahrhunderttheorien oder Teile davon, die (zwischen 1899 und 1904) auch Stationen des vorliegenden Bandes in vielem vorwegnehmen.

Die Autoren dieses Bandes verfaßten ihre Vorträge im Rückblick auf das vergangene Jahrhundert. Heute, da wir das Jahr mit den vielen Nullen längst erreicht haben, ist zu der Distanz, aus der sie sprachen und schrieben, eine weitere hinzugekommen: Der Leser verfügt nun auch über die Distanz zur Wende des Jahrhunderts selbst – und sind wir nicht schon wieder mitten drin im Anfang des neuen?

Greifswald, im Mai 2000 *W. Erhart, H. Jaumann*

RENATE SCHLESIER

Hermeneutik auf dem Königsweg zum Unbewußten.
Freuds *Traumdeutung* (1900)

Einhundert Jahre ist es her, daß eines der bedeutungsvollsten Bücher des 20. Jahrhunderts das Licht der Welt erblickte: Sigmund Freuds *Traumdeutung*. Wenn dieses Saeculum, wie manche optimistische Zeitgenossen meinen, als das Jahrhundert Freuds in die Geschichte eingehen wird,[1] so wohl nicht zuletzt wegen dieses Buches, mit dem das Saeculum, wie mit einem Paukenschlag, beginnt. Freuds *Traumdeutung* gehört zweifellos zu den meistgelesenen und einflußreichsten Büchern des Jahrhunderts. Zugleich aber zählt sie zu den weiterhin umstrittensten und am meisten mißverstandenen, ja vielleicht am wenigsten wirklich verstandenen Büchern unserer Zeit. Warum dies so ist, das ist die Frage, der nun nachgegangen werden soll.

1. „Heiliger Text"

Bereits der geradezu prophetisch wirkende Erscheinungstermin der *Traumdeutung* entbehrt nicht der Zweideutigkeit: Die Jahreszahl „1900", die auf dem Titelblatt prangt, entspricht nicht dem realen Publikationsdatum, sondern verdankt sich einer bis heute beliebten Geschäftspraxis des Verlegers (Franz Deuticke in Leipzig und Wien), der das am Jahresende erscheinende Buch ins folgende Jahr vorausdatierte. In Wirklichkeit wurde *Die Traumdeutung* am 4. November 1899 veröffentlicht.[2] Freud hatte schon im Oktober zwei Vorausexemplare erhalten, von denen er eines seinem zu dieser Zeit engsten Freund, dem Berliner Hals-, Nasen- und Ohrenarzt Wilhelm Fließ (1858–1928), zum Geburtstag (24. Oktober) übersandte,[3] seinem bis dato „einzigen Publikum", wie er ihn genannt hat. Fließ, Freuds wichtigster Briefpartner und Vertrauter, der seinerseits die Bisexualität von Mann und Frau biologisch nachzuweisen suchte, hatte während der mehr als zweijährigen Entstehung des Buches als Freuds umworbener Ratgeber und Korrektor fungiert.

Die Publikation der *Traumdeutung* bildete in mehrfacher Hinsicht eine Zäsur: Freuds Freundschaft mit Fließ, dessen Briefe immer seltener wurden und immer mehr grundsätzliche Vorbehalte gegen Freuds Funde erkennen ließen, kühlte sich zunehmend ab, ging 1901 in eine Agonie über und erstarb 1902 schließlich ganz. Im gleichen Jahr, nach einer Phase tiefer Vereinsamung und Isolation, entstand, von der neuen Psychologie der *Traumdeutung* beseelt, die Keimzelle der späteren psychoanalytischen Schule, die „Psychologische Mittwoch-Gesellschaft", die sich seither wöchentlich in Freuds Wohnung traf.[4] Freud hatte die Jahrhundertwende ohne Euphorie begrüßt. Enttäuscht von verständnislosen Rezensionen seines Buches schreibt er am 8. Januar 1900 an Fließ: „Das neue Jahrhundert, von dem uns am interessantesten sein dürfte, daß es unsere Todesdaten in sich schließt, hat mir nichts gebracht als ein blödes Referat."[5] Noch war nicht abzusehen, daß der Tod seiner wichtigsten Freundschaft nicht lange auf sich warten lassen würde, und daß, trotz bis heute sich zu Wort meldender weiterer „blöder Referate", die *Traumdeutung* tatsächlich zum Jahrhundertbuch avancieren würde – was der mit einem Datums-Trick operierende Verleger nicht hatte voraussehen können und was der Verfasser selbst nur in seinen kühnsten Träumen zu hoffen gewagt hatte. Seit der Publikation der *Traumdeutung* werden die Schicksale dieses Buches und die der Psychoanalyse nicht mehr voneinander zu trennen sein. Denn mit der *Traumdeutung* gab sich die Psychoanalyse als Deutungskunst zu erkennen, als Interpretationstechnik,[6] die erstmals reklamiert, seelische Normalität und psychische Krankheit, Bewußtes und Unbewußtes zugleich zu umfassen und in allen ihren Determinanten aufzuklären, vor allem aber das Unbewußte in allen seinen Ausprägungen als verstehbar und erklärbar zu erweisen.

Schon der Titel des Buches – *Die Traumdeutung* – ist skandalös. Auf den ersten Blick mußte verstörend wirken, daß hier, mit dem bestimmten Artikel, der unerhörte Anspruch erhoben wurde, nicht etwa *eine* Traumdeutung unter vielen, nach und neben anderen ähnlich benannten, zu liefern, sondern die letztgültige, einzig richtige. Dieser Gestus betrifft nicht allein die ältere, zeiten- und länderübergreifende Traumdeutungstradition, was noch verzeihlich gewesen wäre, sondern provoziert, damals wie heute, alle Traumdeuter, auch und gerade die wenig seriösen Verfasser publikumswirksamer „Traumschlüssel". Mit dem bestimmten Artikel ihres Titels befördert *Die Traumdeutung* alle früheren und gegenwärtigen und zukünftigen Traumdeutungsbücher ins Nichts. Doch dieses in einem seriösen wissenschaftlichen Verlag veröffentlichte Buch begibt sich in einen Zweifrontenkrieg. Der Wortlaut seines Titels fordert sowohl die wissenschaftsfeindlichen Traumdeuter heraus als auch die seriöse Wissenschaft selbst. Ein Titel, der sonst dem Aberglauben und der Unwissenschaftlichkeit vorbehalten war, macht das Recht auf Wissenschaft geltend. Der Autor, ein 43jähriger Doktor der Medizin und Privatdozent der Neuropathologie, wagt es, Deutung zu einer wissenschaftlichen Technik zu erklären, die eines Naturwissenschaftlers würdig ist, da sie auf objektiven Gesetzmäßigkeiten beruht. Bis dahin war Deutungskunst eine Angelegenheit religiöser Spezialisten, die von der aufgeklärten positiven Wissenschaft nicht ernstgenommen wurde, ebensowenig wie die auf Texte gerichteten Deutungsanstrengungen von Theologen und Philologen.[7] Der naturwissenschaftliche *common sense* im Erscheinungsjahr der *Traumdeutung* lautete: Objektivität, Beweisbarkeit und ein zu Recht bestehender Wahrheitsanspruch sind mit einem bloßen Interpretationsverfahren unvereinbar. Das von Freud gewählte Objekt der Deutung aber schien von vornherein mindestens ebenso disqualifiziert wie das Verfahren selbst: Träume galten als absurd, sinnlos und willkürlich, sofern sie nicht durch körperliche Reizquellen ausgelöst waren. Eine Deutung von Träumen, an sich ja schon als Verfahren zweifelhaft, könne nur, so die herrschende wissenschaftliche Meinung, ebenso absurd, sinnlos und willkürlich sein wie die Träume selbst.

Alles, was Freud in der *Traumdeutung* schreibt, ist gegen diese heute immer noch aktuellen dominierenden Lehrauffassungen ebenso wie gegen die nach wie vor beliebten mystischen Traumerklärungen gerichtet und dient dazu, sie des Irrtums zu überführen. Dabei beruft sich Freud, ohne den Begriff Hermeneutik zu verwenden, auf eine hermeneutische Tradition, der es um das Verständnis derjenigen Texte geht, welche höchste Autorität und zweifelsfreie Wahrheit repräsentieren, der heiligen Schriften: „was nach der Meinung der Autoren eine willkürliche, in der Verlegenheit eilig zusammengebraute Improvisation sein soll, das haben wir behandelt wie einen heiligen Text."[8]

Was ist es, dem Freud in diesem Satz die Würde eines heiligen Textes verleiht? Nichts anderes offensichtlich als der Traum selber, genauer gesagt, seine mehr oder weniger deutlichen Erinnerungsspuren, die sich nach dem Erwachen dem Träumer präsentieren. Dieses Gebilde nun unterscheidet sich grundlegend von dem, was gewöhnlich als „heiliger Text" bezeichnet wird. Eine äußere, gar überirdische und göttliche Herkunft kann Freud, als erklärter Atheist und Aufklärer, ihm nicht zugestehen. Ja, der Traum ist zunächst einmal und buchstäblich gar kein Text, sondern eine diffuse Folge aus Bildern und gelegentlich Worten, ein Gebilde, das gewöhnlich keineswegs einem zusammenhängenden, diskursiven Text gleicht. Allenfalls metaphorisch läßt sich sagen, daß der Traum in die Seele „eingeschrieben" ist. Und auf die Frage: von wem? läßt sich nur antworten: von niemand anderem als vom Träumer selbst. Zudem hält Freud es für zweifelhaft, ob der im Bewußtsein reproduzierte Traum tatsächlich so vorgefallen ist, wie er erinnert wird. Bei der Umsetzung der Erinnerungsspuren des Traumes in eine Traumerzählung, die mündlich oder schriftlich wiedergegeben wird, ist der Traum bereits bearbeitet worden. In diesem Sinne ist die Traumerzählung, wird sie aufgezeichnet, zwar ein Text, aber dieser Text, der bei der Traumdeutung interpretiert wird und den Freud „manifester Traum" nennt, ist selber schon das Resultat einer Deutung.[9]

Aus alledem ergibt sich: der Traum ist weit davon entfernt, ein heiliger Text zu sein. Weder ist er heilig, denn er ist etwas rein Menschliches. Noch ist er ursprünglich ein Text, sondern er wird allenfalls nachträglich zu einem Text gemacht. Warum spricht Freud trotzdem davon, daß er Träume wie „heilige Texte" behandelt? Bei genauerem Nachdenken zeigt sich, daß in Freuds Satz weniger die Analogie zwischen Traum und heiligem Text betont wird, sondern vielmehr die Analogie zwischen dem psychoanalytischen Verfahren und der Umgangsweise mit heiligen Texten: „das haben wir behandelt wie einen heiligen Text", so lautet der Kommentar der Interpretationsmethode durch den Autor. Der Traum verfügt also nicht an sich über eine Ähnlichkeit mit heiligen Texten, sondern Freuds Deutungsverfahren ähnelt einem Verfahren, mit dem heilige Texte gedeutet werden.

Dieses Verfahren nun stammt nicht aus der christlichen Tradition. Es ist nicht jener Exegese verpflichtet, bei der die Heilige

Schrift angeblich buchstabengetreu ausgelegt wird, etwa im Sinne von Luthers *„sola-scriptura*-Prinzip", unter dessen Kautelen der vorgegebene Zusammenhang vor analytischem Zugriff verschont und als ein Ganzes erläutert wird. Freuds Verfahren beschränkt sich auch nicht auf die schon im frühen Christentum gern geübte, kleinmütige allegorische Exegese, die bei der Suche nach dem zu findenden Schriftsinn höchstens bis drei zählen kann. Freuds Traum-Exegese korrespondiert vielmehr einer analytischen, intellektuell äußerst subtilen und jede Prüderie vorurteilslos abweisenden Interpretationstechnik, die seit alters her in der jüdischen Lehrpraxis, mündlich und schriftlich, angewendet wird und die ihrerseits eine Textform mit dem Namen *Talmud* (hebräisch: Lernen, Lehre, Studium) hervorgebracht hat. Wie ist es zu erklären, daß Freud, anders als die meisten seiner heutigen Leser, mit dieser Technik vertraut war? Freud stammte aus einer frommen ostjüdischen Familie (sein Vatername geht auf ein religiöses Fest zurück, das „Freude", nämlich am Ritualgesetz, *Simchat Tora,* heißt) und hat sein Judentum nie verleugnet noch sich je institutionell von seiner Religionszugehörigkeit gelöst.[10] Er wuchs in einem vorwiegend von orthodoxen ostjüdischen Einwanderern bewohnten Stadtviertel Wiens auf und wurde schon als kleines Kind in einer privaten, religiös ausgerichteten jüdischen Volksschule, vor dem Eintritt ins Gymnasium, mit talmudischem Lernen konfrontiert. Noch in seinem letzten großen Werk, *Der Mann Moses und die monotheistische Religion* von 1937/1939, stellt er sich mit kaum verhohlenem Stolz, wenn auch nicht ohne Bitterkeit, explizit in die Tradition der Talmudgelehrten.[11]

Das talmudische Forschen, das Freud also von Kindheit an vertraut war und das Freuds Vater bis an sein – während der Abfassungszeit der *Traumdeutung* sich ereignendes – Lebensende praktizierte,[12] zerlegt den Text der Heiligen Schrift, der *Tora* (wörtlich: Gesetz), in unendlich viele kleine Teile, an die Lehrer und Schüler einen Dialog knüpfen, der aus Assoziationen besteht. Diese Assoziationen sind wiederum gebunden an andere Textelemente der Heiligen Schrift sowie an überlieferte Disputationen über sie und sollen die mannigfaltigen, unermeßlich vielen inneren Bezüge und latenten Bedeutungen der Heiligen Schrift zum Vorschein bringen. Spezifisch für diese Deutungstechnik ist, daß die Heilige Schrift sich selbst kommentiert, vermittelt über diejenigen, die sie studieren, die sie in ihre Erinnerung aufgenommen haben und ihre dialogischen Reflexionen von ihr geleitet wissen.

Der Berliner Psychoanalytiker Erich Simenauer hat 1963 in einem Vortrag über *Freud und die jüdische Tradition* festgestellt, daß der Vergleich zwischen Freuds Traumdeutungs-Verfahren und der talmudischen Textinterpretation, bis in die Äußerlichkeiten der Textform hinein, frappiert: „Wie schon im äußerlichen Satzbild eines talmudischen Traktats einige wenige Zeilen inmitten des Blattes von kleingedruckten, die ganze Seite von oben bis unten füllenden Kommentaren eingerahmt sind, die den tiefen aber verborgenen Sinn der Torastelle enthüllen, so rankt sich in der Freudschen Traumdeutung um den klargedruckten manifesten Traum eine kaum auszuschöpfende Fülle von Assoziationen und verborgenen Inhalten, die diesem zugrundeliegen und erst den eigentlichen Trauminhalt, die latenten Traumgedanken, bilden."[13]

Angesichts dieser Analogie läßt sich sagen, daß Freud den Traum tatsächlich wie einen heiligen Text behandelt. Dennoch besteht eine entscheidende Differenz zwischen dem talmudischen Verfahren und Freuds Traumdeutungstechnik. Der Status dessen, was in beiden Fällen „Text" heißt, ist nämlich fundamental unterschiedlich. Während die talmudische Interpretationstechnik erklärtermaßen der Heiligen Schrift dient, die als auf den Menschen anzuwendendes, normatives göttliches Wort, als von Gott geoffenbart, ja geschrieben aufgefaßt wird, dient das Freudsche Traumdeutungsverfahren keineswegs dem Traumtext, dem manifesten Traum, sondern ausschließlich dem latenten Trauminhalt. Der Traumtext ist für sich genommen alles andere als ein heiliger Text. Freud bezeichnet ihn wiederholt als „Schein", als „Fassade",[14] als „Maske", ja als „Täuschung" und „Blendwerk".[15] Der Traumtext selbst ist demnach nichts Wahres, sondern eine Vorspiegelung falscher Tatsachen.

Wenn aber der Traumtext gar nichts Heiliges an sich hat, weshalb kann Freud dennoch sagen, daß er den Traum zwar nicht *als* einen heiligen Text, aber immerhin *wie* einen heiligen Text behandelt? Die Antwort ist: Weil der Traum, ohne selbst wahr zu sein, die Wahrheit vermittelt, zur Wahrheit hingeleitet, ja, die Wahrheit ohne ihn nicht oder nur schwer zu erreichen ist. Der Traum ist nicht einfach unwahr, sondern er verhüllt die Wahrheit. Wäre er nur unwahr, so würde seine Deutung sich nicht lohnen. Weil sich aber die Wahrheit in ihm verbirgt, genauer gesagt, in der Verhüllung abzeichnet, kann er gedeutet werden. Ja, er ist im emphatischen Sinne deutungsbedürftig, weil er auf die Wahrheit verweist, ohne sie direkt auszusprechen. Und durch diese Verweisungsqualität, aber nur durch sie, ist er einem heiligen Text vergleichbar. Nur deshalb können aus dem Traum, wie aus den Heiligen Schriften im Judentum, Gesetze abgeleitet werden.

Die Analogie zwischen einem heiligen Text und dem Traum findet jedoch an der Heiligkeit selbst ihre Grenze. Man könnte es paradoxerweise so ausdrücken: In dem Maße, wie Freud den Traum wie einen heiligen Text behandelt, zeigt sich, daß der Traum gerade nicht heilig, sondern eine rein menschliche, eine freie, ja sogar oft recht freizügige Leistung ist. Die Gesetze, die aus ihm abgeleitet werden können, sind keine ethischen, sie sind Gesetzmäßigkeiten des Seelenlebens, nichts sonst. Der Traum zeigt nicht an, was der Mensch tun soll, sondern was der Mensch, wäre er gänzlich unbeaufsichtigt von menschlich oder göttlich sanktionierten Gesetzen, tun und genießen möchte. Die Sphäre des Traumes ist als unheilige, als nicht normative, als profane Sphäre erkannt. Das bedeutet, daß die Wahrheit des Traumes keiner übermenschlichen Sanktion, keiner göttlichen „Einschreibung" bedarf, sondern daß sie der Psyche des Menschen selbst zu eigen ist und sich dort Ausdrucksmöglichkeiten schafft, die auf verschlungenen Wegen vom Unbewußten ins Bewußtsein reichen. Diese Wahrheit ist keine Wahrheit über das Göttliche, auch nicht über das Göttliche im Menschen, sondern eine ungeschminkte, nackte und deshalb mehr oder weniger erfreuliche Wahrheit über den einzig und allein auf sich gestellten Menschen selbst, in seiner individuellen Spezifität wie auch in dem, was ihm mit anderen Menschen gemeinsam ist. Es ist eine Wahrheit über die inneren Antriebe des Menschen, seine der Logik und der Realität hohnsprechenden Bedürfnisse und Wünsche, seine Triebhaftigkeit, seine egoistischen, erotischen, destruktiven, auf die Anfänge seiner Entwicklung zurückweisenden Affekte in allen ihren Widersprüchen und schockierenden Aspekten.

Aber diese Wahrheit liegt ebensowenig offen zutage wie diejenige der Heiligen Schrift. Denn diese Wahrheit ist dem Menschen unbewußt und gibt sich dem Bewußtsein allenfalls verhüllt zu erkennen. Tagsüber und normalerweise ist der Mensch davon verschont, der bestürzenden affektiven Wahrheit über sich selbst ins Auge zu blicken. Und auch die Träume, die alle ausnahmslos ein Stück von dieser Wahrheit enthalten, sind gewöhnlich vor Erkenntnis geschützt, zumal der gnädige Schleier des Vergessens die meisten von ihnen rasch bedeckt und auch die erinnerten Träume, jedenfalls die der Erwachsenen, ihren Wahrheitskern fast immer so geschickt verborgen halten, daß er nur mit Mühe aufgefunden werden kann.

Zu seiner eigenen Überraschung kam Freud zu dem Entschluß, ein Buch ausschließlich dem Thema der Traumdeutung zu widmen, nachdem ihm klargeworden war, daß die Deutung der Träume und der für sie charakteristischen Verhüllung, die sich in so vielfältigen, verworrenen Formen zeigt, eine höchst anspruchsvolle intellektuelle Arbeit ist, die zugleich über den Einzelmenschen im besonderen wie über die menschliche Psyche im allgemeinen aufzuklären verspricht.[16] Als Freud zum Selbstversuch überging, ermutigt von seinen Patientinnen und Patienten, die ihren Träumen mehr Aufmerksamkeit zukommen ließen, als gewöhnliche, nicht unter starkem Leidensdruck stehende Menschen dies tun, als Freud die Analyse seiner Träume in den Dienst seiner Selbstanalyse stellte,[17] noch ohne zu wissen, wohin dies führen würde, geschah dies im Interesse einer Selbsterkenntnis, die, anders als die sokratische und platonische, nicht einer reinen, göttlichen Idee nachstrebte und die es verschmähte, von dieser Idee schließlich mit Blindheit geschlagen zu werden, die aber auch, im Gegensatz zur christlich vorgeschriebenen Selbstprüfung, sich nicht mit dem Geständniszwang der Sündhaftigkeit marterte.

Nicht vom Aufstieg nach oben und nicht vom Abstieg in die Hölle konnte Freud sich Selbsterkenntnis, Menschenkenntnis erhoffen, sondern eher vom Gang in eine erkenntnisträchtige, von Sündhaftigkeit unberührte und dennoch nicht ideale Unterwelt, die für ihn, anders als für die großen heroischen Unterweltsfahrer der abendländischen Literatur, Odysseus, Aeneas und Dante, weder eine von Göttern noch eine von Teufeln beherrschte mehr sein konnte. Die eigene Psyche, in deren Studium er sich, so vorurteilsfrei wie möglich, vertiefte, erkannte er als ein Reich nicht des Außermenschlichen und auch nicht des Todes, sondern des Lebens, noch lebendiger gar als der ephemere Körper, noch empfindlicher jedoch als dieser. Wenn aber die Psyche ein gänzlich profaner Bereich ist, so mußte auch die auf sie angewandte Deutungstechnik profanisiert werden. Freuds Psychoanalyse lieh sich von einer religiösen Hermeneutik ihr Verfahren und transformierte es in einen Aufklärungsvorgang. Eines der ältesten Objekte religiöser Hermeneutik, der Traum, ein universales, allen Menschen eigenes psychisches Phänomen, wurde entmystifiziert. Dessen Deutung erwies sich ihm als Königsweg nicht zu einem göttlichen und nicht zu einem politischen Ziel, sondern zu einem bislang unaufgeklärten, ja, als unaufklärbar deklarierten Bereich der Menschenseele, dem Unbewußten.

2. „Via regia"

Der Königsweg, präziser: „die königliche Straße" – das ist die Metapher, die Freud wählt, um das von ihm entwickelte Verfahren der Traumdeutung und mit ihr sein gleichnamiges Buch bildhaft und anspielungsreich in einer aufs Äußerste verknappten Form zu kommentieren. Am Kulminationspunkt des Buches, in seinem siebten und letzten Kapitel, das der „Psychologie der Traumvorgänge" gewidmet ist, fügt Freud in der zweiten Auflage von 1909 eine fulminante Rechtfertigung des selbstbewußten Buchtitels ein: „Die Traumdeutung aber ist die Via regia zur Kenntnis des Unbewußten im Seelenleben."[18]

Die in den deutschen Satz eingesprengte lateinische Sprachfigur schließt in mehrfachem Sinne an ein lateinisches Zitat an, das an dieser Stelle bereits in der ersten Auflage in den Text aufgenommen worden war und zugleich als Motto des ganzen Buches gedient hatte: „Flectere si nequeo Superos, Acheronta movebo."[19] (Kann ich die Oberen nicht beugen, so werde ich den Acheron [den Fluß der Unterwelt] bewegen.)

Es handelt sich um einen Vers aus der *Aeneis* des Vergil, im an die Unterweltsfahrt des Aeneas anschließenden siebten Buch (Vers 312). Die Worte werden von der Göttin Juno gesprochen, der Gemahlin des obersten Gottes Juppiter, der Feindin des Venus-Sohnes Aeneas, des trojanischen Königssohnes und mythischen Gründers der Stadt Rom. Gegen ihn, so ergibt sich aus dem Kontext des Verses, wird Juno nun die Mächte der Unterwelt in Aufruhr versetzen.

Die zentrale Bedeutung dieses Zitats für Freuds *Traumdeutung* ist nicht zu übersehen. Die herausragende Rolle, die ihm bereits als Motto zukommt, wird durch die Wiederholung an einer zentralen Stelle des Buchtextes noch unterstrichen. An dieser Stelle hatte Freud unmittelbar zuvor seine Traumtheorie zusammenfassend charakterisiert, und zwar als eine neue und umwälzende anthropologische Erkenntnis, die alle Menschen, die normalen wie die psychisch kranken, im Innersten betrifft: „Wenn wir uns mit einem Minimum an völlig gesichertem Erkenntniszuwachs begnügen wollen, so werden wir sagen, der Traum beweist uns, daß das Unterdrückte auch beim normalen Menschen fortbesteht und psychischer Leistungen fähig bleibt. Der Traum selbst ist eine der Äußerungen dieses Unterdrückten; nach der Theorie ist er es in allen Fällen, nach der greifbaren Erfahrung wenigstens in einer großen Anzahl, welche die auffälligen Charaktere des Traumlebens gerade am deutlichsten zur Schau trägt. Das seelisch Unterdrückte, welches im Wachleben durch die gegensätzliche Erledigung der Widersprüche am Ausdruck gehindert und von der inneren Wahrnehmung abgeschnitten wurde, findet im Nachtleben und unter der Herrschaft der Kompromißbildungen Mittel und Wege, sich dem Bewußtsein aufzudrängen."[20]

Das anschließende Vergil-Zitat macht deutlich: Das Nachtleben der Menschen im Schlaf, das durch Träume bewacht und bestimmt ist, korrespondiert dem unheimlichen Fluß der Unterwelt, der durch Juno in Aufruhr versetzt wird. So sehr Freud sich aber, hier wie später, von einem Raum-Modell der Psyche inspiriert hat und nicht davor zurückgeschreckt ist, von einer „seelischen Unterwelt",[21] in profanem Sinne, zu sprechen – den Begriff des ‚Unterbewußten' hat er konsequent anderen überlassen. Statt dessen verwendet er den Begriff des Unbewußten. Die Verneinung, die diesen Begriff spezifiziert, erlaubt es ihm, die topologische Phänomenologie einer bloßen Ortsbestimmung (oder besser: Orts-Metapher) zu überwinden und die dadurch erst ins Blickfeld geratende seelische Dynamik als einen Unterdrückungsvorgang zu erfassen. Das Unbewußte stellt sich als das vom Bewußtsein Verneinte und Unterdrückte heraus. Können Verneinung und Unterdrückung aber rückgängig gemacht werden, dann kann es gelingen, das Bewußtsein zu erweitern, zu vertiefen und zu bereichern. Diese aufklärerische Perspektive steckt in Freuds Programm der Bewußtmachung des – verneinten und unterdrückten – Unbewußten, eine Perspektive, deren revolutionäre anthropologische Dimensionen er bei der Traumdeutung entdeckt und in seinem gleichnamigen Buch zum ersten Mal entworfen hat.

Nicht zufällig aber ist es die Exponentin einer nicht-monotheistischen Religion, eine erklärte Feindin Roms und zugleich eine römische Göttin, die Freud sich dafür zur Bündnispartnerin, ja zur Identifikationsfigur erkoren hat. Denn die *Traumdeutung* selbst ist dem Polytheismus wie dem Monotheismus, Rom und zugleich der Gegnerschaft zu Rom auf vertrackte Weise verpflichtet.[22] Wie göttliche Wesen einer polytheistischen Religion treten in diesem Buch die Affekte auf, von denen Freud sagt, sie seien „unsterblich",[23] und deren Abkömmlinge, die „immer regen, sozusagen unsterblichen Wünsche unseres Unbewußten", er mit den alten, niemals vollständig überwundenen Göttern der antiken griechischen Sage, den Titanen, vergleicht.[24]

Die Methode aber, mit der diese Unsterblichen aufgespürt und gewürdigt werden sollen, stammt aus der Interpretationspraxis der kompromißlosesten aller monotheistischen Religionen, dem Judentum. Im Bündnis mit talmudischer Deutungstechnik bekämpft Freud diejenige monotheistische Religion, die es zwar an Konzessionen gegenüber dem Polytheismus nicht hat fehlen lassen, die jedoch Verneinung, Verleugnung und Unterdrückung am vehementesten in der Menschenseele zu verankern gesucht hat: das Christentum, vor allem in Gestalt der römisch-katholischen Kirche. In diesem Sinne ist und bleibt Freud ein geharnischter Gegner Roms. Der Ort Rom selbst synthetisiert jedoch alle seine Sehnsuchtsziele, nicht allein die des Eroberers, analog zum „semitischen Heros"[25] Hannibal, oder die des rabbinischen Rebellen[26] gegen die Hauptstadt der heidnischen und christlichen Unterdrücker und Verfolger der Juden, sondern auch die des Kindes, das in zartem Knabenalter einer römisch-katholischen Kinderfrau, seiner „Lehrerin" in christlich-religiösen und „in sexuellen Dingen",[27] zärtlich zugetan war und das entgegen seinen Wünschen viel zu früh von ihr getrennt wurde.

In der *Traumdeutung* avanciert Rom zum häufigsten expliziten oder untergründigen Gegenstand seiner eigenen Träume. Erst 1901 gelingt es Freud, seine seit langem geplante Rom-Reise zu realisieren, so als ob es der Veröffentlichung der *Traumdeutung* bedurft hätte, um ihm den Weg in diese Stadt zu eröffnen, wenn nicht gar zu erlauben. Und erst 1930, in seiner Schrift *Das Unbehagen in der Kultur*, verrät Freud eine ins Innerste seiner Psychologie führende Tiefendimension seiner Rom-Bindung, wenn er die „Erhaltung alles Vergangenen" im Unbewußten, eine der fundamentalen „Eigentümlichkeiten des seelischen Lebens", an einer vexierbildhaften Imagination der *Roma aeterna* demonstriert.[28] Schon zu Beginn seiner therapeutischen Arbeit, beim Studium der Symptome der Hysterie, hatte Freud diese Erinnerungspotenz des unbewußten Psychischen erkannt. Die Hysterischen leiden „an Reminiszenzen", heißt es in den 1895 veröffentlichten *Studien über Hysterie*.[29] Auch seine weiteren Studienobjekte, die Symptome der anderen psychischen Krankheiten, die Fehlleistungen im Alltagsleben, der Witz, die Magie, die Riten und Mythen der Völker lehrten ihn, daß nichts, das einmal zu psychischem Leben gekommen ist, wirklich sterben und vergehen kann. Alle verschlungenen Wege, die er einschlug, führten ihn zu der Gesetzmäßigkeit zurück, daß im Psychischen alles Vergangene erhalten bleibt, und angesichts seiner Rom-Imagination wirkt dies wie eine spekulative Auslegung des Sprichworts: „alle Wege führen nach Rom".[30] Die Traumdeutung aber war es, die Freud als Königsweg ins Unbewußte anerkennen mußte, und deshalb hat er sie, nach dem Vorbild seiner Selbstanalyse während der Abfassungszeit des Traumbuches, zur Grundlage aller psychoanalytischen Arbeit gemacht.

So ist es nur konsequent, daß Freud, wann immer er in zusammenfassenden Darstellungen über die Psychoanalyse, ihre Entstehung, ihre Theorie und ihre Praxis in der Öffentlichkeit Rechenschaft ablegen wird, die Traumdeutung als Dreh- und Angelpunkt der Psychoanalyse darstellt. Dies geschieht auf besonders massive Weise in Freuds amerikanischen Vorlesungen *Über Psychoanalyse* von 1909, mit denen er in eigener Person die neue Wissenschaft und therapeutische Methode in der Neuen Welt bekannt gemacht hat. Der Satz, der die Traumdeutung als Königsweg ins Unbewußte reklamiert und der erstmals im selben Jahr in die zweite Auflage der *Traumdeutung* eingerückt worden war, ist hier in eine strategische Argumentation eingebettet, die einer *captatio benevolentiae* und, nicht zuletzt, der Werbung um neue Mitstreiter dienen soll: „Ich gestehe Ihnen, meine geehrten Zuhörer, daß ich lange geschwankt habe, ob ich Ihnen anstatt dieser gedrängten Übersicht über das ganze Gebiet der Psychoanalyse nicht lieber eine ausführliche Darstellung der Traumdeutung bieten soll. Ein rein subjektives und anscheinend sekundäres Motiv hat mich davon zurückgehalten. Es erschien mir fast anstößig, in diesem praktischen Zielen zugewendeten Lande als ‚Traumdeuter' aufzutreten, ehe Sie noch wissen konnten, auf welche Bedeutung diese veraltete und verspottete Kunst Anspruch erheben kann. Die Traumdeutung ist in Wirklichkeit die Via Regia zur Kenntnis des Unbewußten, die sicherste Grundlage der Psychoanalyse und jenes Gebiet, auf welchem jeder Arbeiter seine Überzeugung zu gewinnen und seine Ausbildung anzustreben hat. Wenn ich gefragt werde, wie man Psychoanalytiker werden kann, so antworte ich, durch das Studium seiner eigenen Träume. Mit richtigem Takt sind alle Gegner der Psychoanalyse bisher einer Würdigung der ‚Traumdeutung' ausgewichen oder haben mit den seichtesten Einwendungen über sie hinwegzukommen getrachtet. Wenn Sie im Gegenteile die Lösungen der Probleme des Traumlebens anzunehmen vermögen, werden Ihnen die Neuigkeiten, welche die Psychoanalyse Ihrem Denken zumutet, keine Schwierigkeiten mehr bieten."[31]

Auch in den beiden weiteren von Freud publizierten Vortragsreihen, den *Vorlesungen zur Einführung in die Psychoanalyse* von 1917 und der 1932 verfaßten *Neuen Folge der Vorlesungen zur Einführung in die Psychoanalyse,* ist für die Lehre von den Träumen und der Methode ihrer Deutung ein herausragender Platz reserviert. In den erstgenannten Vorlesungen, die er während des Ersten Weltkriegs in Wien hielt, bildet dieses Thema buchstäblich das Kernstück und Zentrum der Darstellung: Der Mittelteil von drei Teilen trägt den Titel „Der Traum" und umfaßt mit elf Einzelvorlesungen mehr als ein Drittel des gesamten Vorlesungszyklus.[32] Von den neuen Vorlesungen, die Freud wegen seines fortgeschrittenen Mundkrebses nicht mehr selbst halten konnte und die er 1933 veröffentlicht hat, sind schon die beiden ersten dem Traum vorbehalten und geben Ton und Tendenz der restlichen fünf Vorlesungen an.[33] Und noch in seinem schriftstellerischen Testament, dem Fragment gebliebenen, 1938 geschriebenen und posthum 1940 veröffentlichten *Abriß der Psychoanalyse* kulminiert der erste von drei Teilen, betitelt „Die Natur des Psychischen", in einem Kapitel, das der „Erläuterung an der Traumdeutung" gewidmet ist[34] und das auf diese Weise das Gelenkstück bildet, welches die Ergebnisse des ersten Teils mit den Themen der beiden folgenden, „Die praktische Aufgabe" und „Der theoretische Gewinn", verklammert und vermittelt. Ein Königsweg der Psychoanalyse bleibt die Traumdeutung also für Freud, so zeigt sich, bis zum Schluß.

3. „Schiboleth"

Eine nicht minder zentrale Rolle räumte Freud der Traumdeutung auch in den beiden historiographischen Schriften ein, die er während zweier besonders bedrohlicher Krisen der psychoanalytischen Schule sowohl der schulinternen wie der schulexternen Öffentlichkeit in eigener Sache unterbreitet hat: der Abhandlung *Zur Geschichte der psychoanalytischen Bewegung* von 1914 (einer Reaktion auf das Zerwürfnis zunächst mit Alfred Adler, dann mit C. G. Jung und seiner Schule) und dem *Selbstdarstellung* betitelten Aufsatz von 1925 (geschrieben, nachdem sich Otto Rank, ein auch institutionell dominanter Exponent der psychoanalytischen Schule, von ihr entfernt hatte).[35] In der Schrift von 1914 ist die Traumdeutung mehr und anderes als ein Königsweg zum Unbewußten: Ihr wird ein kämpferisches, ja aristokratisch legitimiertes Potential zugeschrieben, das nicht nur assoziativ, sondern genealogisch auf die Heilige Schrift der Juden verweist. Denn nun bezeichnet Freud, gegen Adlers, wie er schreibt, „klägliche und inhaltsleere" Traumauffassung gewendet, den Traum als „Schiboleth der Psychoanalyse":[36] also, im Sinne des *Buchs Richter* der Bibel, als Losungswort und Erkennungszeichen, dessen Kenntnis jedem auferlegt werden müsse, der für die Psychoanalyse Partei ergreift. Wie eng für Freud weiterhin seine Traumlehre mit seinem Begriff des Unbewußten zusammenhängt, zeigt sich auch daran, daß er einige Jahre später den Ausdruck „Schibboleth [sic] der Psychoanalyse" in seiner Schrift *Das Ich und das Es* von 1923 auf die „Unterscheidung des Psychischen in Bewußtes und Unbewußtes", nun „Ich" und „Es" genannt, überträgt.[37] Der Traum und das Unbewußte: nur ein kriegerischer Terminus der hebräischen Bibel schien Freud offenbar stark genug zu sein, diese seine zentralen theoretischen Erwerbungen als Unterscheidungsmerkmal kenntlich zu machen, zu repräsentieren und zu verteidigen, sie zugleich aber mit einem untergründigen Warnsignal auszustatten und dadurch auf ihre Herkunft aus den Quellen des Judentums zurückzubeziehen.

Zu Beginn der *Neuen Folge der Vorlesungen* aus den frühen dreißiger Jahren taucht der Begriff „Schiboleth" noch ein weiteres Mal auf und dient erneut als ein unter den Auspizien des Traumes errungenes Abkunfts- und Zugehörigkeitsmerkmal, und zwar in einem Kontext, in dem Freud die Priorität der Traumlehre in diesen neuen Vorlesungen durch ihre zeitliche und inhaltliche Vorzugsstellung innerhalb der Entwicklungsgeschichte der Psychoanalyse rechtfertigt und sie mit allen intimen Vorzügen ausstattet, die einer Herzenssache gebühren: „[Die Traumlehre] nimmt in der Geschichte der Psychoanalyse eine besondere Stelle ein, bezeichnet einen Wendepunkt; mit ihr hat die Analyse den Schritt von einem psychotherapeutischen Verfahren zu einer Tiefenpsychologie vollzogen. Die Traumlehre ist seither auch das Kennzeichnendste und Eigentümlichste der jungen Wissenschaft geblieben, etwas wozu es kein Gegenstück in unserem sonstigen Wissen gibt, ein Stück Neuland, dem Volksglauben und der Mystik abgewonnen. Die Fremdartigkeit der Behauptungen, die sie aufstellen mußte, hat ihr die Rolle eines Schiboleth verliehen, dessen Anwendung entschied, wer ein Anhänger der Psychoanalyse werden konnte und wem sie endgültig unfaßbar blieb. Mir selbst war sie ein sicherer Anhalt in jenen schweren Zeiten, da die unerkannten Tatbestände der Neurosen mein ungeübtes Urteil zu verwirren pflegten. So oft ich auch an der Richtigkeit meiner schwankenden Erkenntnisse zu zweifeln begann, wenn es mir gelungen war, einen sinnlos verworrenen Traum in einen korrekten und begreiflichen seelischen Vorgang beim Träumer umzusetzen, erneuerte sich meine Zuversicht, auf der richtigen Spur zu sein."[38]

Die Vorlesung, in der diese Sätze stehen, trägt den Titel „Revision der Traumlehre", aber es wird sich zeigen, daß es sich dabei um eine Bilanz, eher ein ‚Revue-Passieren' als eine Revidierung, handelt. Vor allem der Satz, daß die Traumdeutung die *Via regia* zum Unbewußten sei, wird nicht etwa zurückgenommen, sondern durch jahrzehntelange praktische Erfahrung unterstrichen und theoretisch untermauert. Denn sogar technisch trifft für die

Traumdeutung zu, daß „alle Wege nach Rom", also in die zurückgedrängte psychische Vergangenheit, in das im Unbewußten aufbewahrte Verdrängte, führen. Nach einer souveränen Zusammenfassung der schon im Traumdeutungs-Buch ausführlich dargestellten und erklärten, verwirrend mannigfaltigen und widersprüchlichen Charakteristika des manifesten Traums, die alle früheren wissenschaftlich anspruchsvollen Traumdeuter zur Verzweiflung gebracht hatten, skizziert Freud zunächst kurz den methodischen Grundsatz der Deutung: Sie beruht auf einer Aufsplitterung des manifesten Traumes in Teilstücke und auf den dazu vorgebrachten Assoziationen, und zwar, anders als in der unwissenschaftlichen Traumdeutung üblich, wohlgemerkt denjenigen des Träumers und nicht einer von ihm unabhängigen, externen Deutungsautorität.

Damit die Assoziationen den Weg vom manifesten Traum zu den latenten Traumgedanken weisen können, muß nun, so betont Freud ausdrücklich, keineswegs eine bestimmte Reihenfolge vorgeschrieben und eingehalten werden. Wo auch immer der Deutungsweg begonnen, wie auch immer auf ihm vorangeschritten wird: die Assoziationen geleiten sämtlich zum Trauminhalt und zu seiner wahren Bedeutung. Denn die Assoziationen verhalten sich wie die Symptome einer psychischen Krankheit. So entfernt diese ihrem äußeren Anschein nach von einer für möglich gehaltenen Krankheitsursache auch sein mögen: die Symptome selbst und die Assoziationen zu ihnen führen, wenn auch meistens nicht auf geradem Wege, unweigerlich zum Krankheitsanlaß hin. Dies liegt daran, daß die Symptombildung, ebenso wie die Traumbildung, selbst ein Assoziationsvorgang ist.[39]

Unmittelbar nach seiner ersten, so vollständig wie möglich gelungenen Analyse eines eigenen Traums, des Traums von „Irmas Injektion" vom 24. Juli 1895, an dem Freud im zweiten Kapitel der *Traumdeutung* seine neuentwickelte Interpretationsmethode exemplifizieren wird,[40] hatte er die grundlegende Übereinstimmung zwischen der Symptombildung und der Traumbildung entdeckt. Diese Entdeckung findet sich zunächst in einem theoretischen Konvolut vom Herbst 1895 mit dem Titel *Entwurf einer Psychologie*, Frucht seiner noch als Korrelat zu den biologischen Forschungen seines Freundes Fließ verstandenen Denkarbeit während des Keimungsprozesses der *Traumdeutung*, einem Manuskript, das erst ein Jahrzehnt nach Freuds Tod, in Zusammenhang mit dem Großteil seiner Briefe an Fließ, veröffentlicht wurde.[41] Dort bereits hatte Freud einen zentralen Gedanken der *Traumdeutung* formuliert: Wie die neurotischen Symptome sind auch die Träume verdeckte Wunscherfüllungen, und wie die Primärvorgänge des psychischen Lebens überhaupt sind die Träume vom „Assoziationszwang" beherrscht.[42]

Die von Freud entdeckte Gemeinsamkeit zwischen Symptombildung und Traumbildung spiegelt sich noch darin, daß er den Vergil-Vers, der zum Motto der *Traumdeutung* gewählt wurde, zunächst als Motto für ein Buch über die Symptombildung vorgesehen hatte, ein Buchprojekt, das Freud konzipierte,[43] bevor der Plan zum Traumbuch entstand.[44] Indessen: nicht wie sein Freund Fließ es sich gewünscht hatte, raffte Freud sich zum Entwurf einer Neurosenlehre auf,[45] sondern er begab sich mit der *Traumdeutung* in ein viel kühneres Wagnis, das mehr als die Erkenntnis der Neurosen, das die Erkenntnis des gesamten Seelenlebens und seiner Produktionen versprach. Beim Deuten der Träume erwies sich zweifelsfrei, daß die Assoziationsneigung tatsächlich ein allgemeines Gesetz der menschlichen Psyche ist, innerhalb wie außerhalb pathologischer Vorgänge. Bei der Darstellung der Verdichtung, des ersten Charakteristikums der „Traumarbeit", im sechsten Kapitel der *Traumdeutung,* zitiert Freud[46] zur Erläuterung dieses Vorgangs die damals jedem Gebildeten wohlbekannten Worte aus der Schüler-Szene in Goethes *Faust,* mit denen Mephistopheles seine verführerische Lebensauffassung gegen die Zwänge der Logik und nicht zuletzt gegen die Borniertheiten der Katheder-Philosophen ins Feld führt:

> „Zwar ist's mit der Gedankenfabrik
> Wie mit einem Weber-Meisterstück,
> Wo *ein* Tritt tausend Fäden regt,
> Die Schifflein herüber hinüber schießen,
> Die Fäden ungesehen fließen,
> Ein Schlag tausend Verbindungen schlägt."[47]

Die Psyche selbst ist, bis in ihre dem Bewußtsein gewöhnlich entzogenen Anteile und Funktionen hinein, nichts anderes als eine solche Gedankenfabrik: Das ist das Ergebnis von Freuds *Traumdeutung,* mit der er den Anspruch erhebt, nicht allein die Ahnung des Dichters wissenschaftlich zu bestätigen, sondern auch die Produktionen einer solchen Gedankenfabrik, also dichtgesponnene Gewebe wie die der Träume, wissenschaftlich zu analysieren.

Damit hat der Begriff „Text", der im Lateinischen zunächst „Gewebe", *textus,* bedeutet, seinen ursprünglichen Wortsinn zurückerhalten. Der manifeste Traum ist ein „Gewebe",[48] das durch einen Verdichtungsprozeß hergestellt wurde und dessen einzelne Fäden dadurch unkenntlich gemacht worden sind. Wegen des ungeheuren Reichtums der Verdichtungs- und damit der Assoziationsmöglichkeiten könne man aber, so Freud, „eigentlich niemals sicher" sein, „einen Traum vollständig gedeutet zu haben".[49] Die einzelnen Traumelemente sind „Knotenpunkte", die „vieldeutig" und „überdeterminiert" sind.[50] Der manifeste Traum, seine Textur, ist als Ganzes vieldeutig und überdeterminiert, weil die einzelnen Bestandteile „mehrfach in den Traumgedanken vertreten" sind.[51] Mit seinem theoretischen Konzept der Traumverdichtung gelingt es Freud, eine Gesetzmäßigkeit zu entdecken, welche die objektive und subjektive Grenzenlosigkeit dessen beschreibt, was dem psychisch Unbewußten möglich ist, und zugleich die Grenze statuiert, die seiner objektiven und subjektiven Bewußtwerdung gesetzt ist.

Die anderen Charakteristika der Traumarbeit jedoch, Verschiebung und Entstellung und vor allem die rationalisierende „sekundäre Bearbeitung" beim bewußten, mündlich erzählten oder schriftlich fixierten, erinnerten Traum, führen Freud auf die Spur einer psychischen Macht, welche die für das Bewußtsein geltenden Gesetze auf die unbewußten Vorgänge zu übertragen sucht. Freud nennt diese abwehrende und verneinende Macht in der *Traumdeutung* „Zensur" oder „Widerstand".[52] Der Einfluß der psychischen Zensur sei dafür verantwortlich, daß die „Triebkraft" des Traumes, „ein zu erfüllender Wunsch", im manifesten Traum „unkenntlich" wird.[53] Analog zur politischen Zensur bewirkt die psychische Zensur eine Einschwärzung des von ihr Beanstandeten und zwingt dem unterdrückten Unbewußten eine Sklavensprache oder gar Äußerungen auf, die dem Irrsinn ähneln. Im Kampf gegen die Zensur verfügt das Unbewußte nur über ein Mittel: die Regression, die Rückverwandlung einer gedanklichen und affektiven Vorstellung in ein sinnliches Bild, „aus dem sie irgendeinmal hervorgegangen ist".[54] Sie ist dafür verantwortlich, daß das „Gefüge der Traumgedanken" bei der Traumbildung „in sein Rohmaterial aufgelöst wird". Die Regression zeigt aber auch, durch die von ihr vorgenommene Dramatisierung, daß unterdrückte Erinnerungen weiterhin eine störende, ja zerstörerische Kraft entfalten können, solange sie nicht aus ihrem unterdrückten Zustand befreit worden sind.

Mit dem Konzept der Verdichtung hat sich Freuds *Traumdeutung* als philosophiekritisches Unternehmen erwiesen, mit den Konzepten der Zensur und der Regression aber erreicht sie ihren psycho-politischen, emanzipatorischen Gipfelpunkt. Für den landläufigen Typus des Philosophen hat Freud nur Hohn übrig: Wie Goethes Mephistopheles und mit den Worten Heinrich Heines spottet er über ihn, weil er mit seinen „Fetzen und Flicken" die „Lücken im Aufbau des Traums" (wie die des Weltenbaus) zu stopfen sucht.[55] Der einzige Philosoph, den er schon in der ersten Auflage der *Traumdeutung* anerkennend erwähnt, gleich auf den ersten Seiten des ersten Kapitels, das sich um einen Forschungsüberblick über die „wissenschaftliche Literatur der Traumprobleme" bemüht, ist Aristoteles. Freud rechnet es ihm hoch an, daß er den Traum „als die Seelentätigkeit des Schlafenden" definiert.[56] Der einzige weitere Philosoph, dem in der *Traumdeutung* eine vergleichbare Ehre zuteil wird (allerdings erst in einem Zusatz zur 5. Auflage von 1919), ist Friedrich Nietzsche. Die lobende Erwähnung verdankt Nietzsche seiner Traumtheorie aus *Menschliches, Allzumenschliches,* nämlich der Einsicht, daß der Traum als Schlüssel zur Erkenntnis des Archaischen in der Menschennatur verwendet werden kann.[57] Aber weder Aristoteles noch Nietzsche noch die Philosophie überhaupt habe bisher, so vermerkt Freud mit Nachdruck, „Aufschlüsse über den Bau unseres seelischen Apparats" zu geben vermocht.[58] Und so rühmt er sich mit unumwundenem Stolz, dies sei erst der Psychoanalyse durch die Deutung der Träume gelungen.

Den Anspruch der Philosophie, alle Welträtsel gelöst zu haben, weist Freud also aufs schärfste zurück. Statt dessen beansprucht er selbst den Status des Lösers zahlreicher Rätsel, welche die Philosophen unbeachtet am Wegesrand liegengelassen haben: zunächst des Rätsels der neurotischen Symptombildung,[59] und dann vor allem des Rätsels des Unbewußten, dank der Traumdeutung und der dabei gelungenen Lösung des „Rätsels des Traumes".[60] So überrascht es nicht, daß Freud bei seiner Suche nach den Grundlagen der menschlichen Natur sich den Löser des Rätsels der Sphinx, Ödipus,[61] zum emblematischen Modell erkoren hat und dessen Taten schon in der *Traumdeutung* in den träumerisch verarbeiteten Kinderwünschen wiedererkennen wollte. Nicht Ödipus oder ein anderer griechischer Heros ist es jedoch, der dem Traumdeuter Freud selbst als Identifikationsfigur dient. Dies ist vielmehr explizit eine Figur aus der jüdischen Tradition, Josef, der biblische Traumdeuter par excellence.[62] Dank dieser Identifikationsfigur gelingt es Freud in der *Traumdeutung* wiederum, wie im Falle von Rom, Jüdisches mit etwas ihm Gegensätzlichen, hier mit dem Ägyptischen, zu versöhnen – eine Aufgabe, die Freud am Ende seines Lebens mittels einer anderen Zentralfigur der jüdischen Tradition, des Moses, zu vollenden getrachtet hat.

So kann Freud seine *Traumdeutung* im Briefwechsel mit Fließ scherzhaft, doch nicht ohne Ernst, „ägyptisches Traumbuch" nennen.[63] Das Bündnis mit Josef, dem Deuter der Träume des Pharao, ist jedoch teuer erkauft. Denn dadurch wird Freud zugleich genötigt, auch der von Josef, wie von allen traditionellen Traumdeutern, praktizierten Interpretationsmethode einen berechtigten Wahrheitsanspruch zuzugestehen: nämlich der Deutung mittels von Symbolen.[64] Wenn aber bei der Traumdeutung Symbole zu Hilfe genommen werden, dann ist sie kein Aufklärungsvorgang mehr, der ausschließlich mit dem Träumer paktiert, dann muß die Traumdeutung eine Autorität zulassen, die nicht mehr allein durch ihn, sondern durch unverbrüchliche Tradition legitimiert ist.

Freuds Parteinahme für Josef den Traumdeuter ist, ebenso wie seine Parteinahme für Ödipus, ein Versuch, doch noch zu einer traditionsverbürgten Synthese zu kommen, zu einem substantiellen Ursprung, aus dem alles Spätere abgeleitet werden kann. In der *Traumdeutung* hat Freud diesen Ursprung in der Frühgeschichte des Menschenkindes, später auch in der Frühgeschichte der Menschengattung, lokalisiert und an einem Grundtrieb exemplifiziert, dem Sexualtrieb. In dem Maße jedoch, in dem Freud seit der *Traumdeutung* den Begriff „Deutung" immer häufiger mit dem Begriff „Übersetzung" gleichsetzt,[65] verfängt er sich in einem ursprungsmythischen Denkmodell, in dem das Spätere nicht als Fortentwicklung, als Produkt von Reifungs- und Transformationsprozessen anerkannt werden kann, sondern nur noch als Minderung, als „Ersatz"[66] für etwas Früheres, phantasievoll Paradiesisches, das seine normative Kraft für das Spätere niemals verlieren könne. Läßt sich Deutung darauf ein, Symbolübersetzung als Ausweg zuzulassen, wenn die sonst geübte analytische Technik die Waffen strecken zu müssen glaubt, dann ist die Parteinahme für die Regression und für den kindlichen Eros nicht mehr emanzipatorisch, sondern selber reaktionär.

Das Rätsel der Männlichkeit glaubte Freud gelöst zu haben, indem er es auf die ödipalen Wünsche des männlichen Kindes zurückführte,[67] die bei einigen männlichen Erwachsenen in Gestalt von neurotischen Symptomen, bei allen aber in Gestalt von Träumen wiederkehren, welche die Erfüllung dieser Wünsche vorgaukeln. Das Rätsel der Weiblichkeit indessen blieb in Freuds Theorie die *„pièce de résistance"*, die seinen Erklärungsbemühungen nach eigenem Eingeständnis einen unüberwindlichen Widerstand entgegensetzte.[68] Das Neue, nie vorher Dagewesene, das, anders als beim männlichen Wesen, in die physische und psychische Entwicklung weiblicher Wesen einbricht und alle Kinderträume transzendiert, ließ sich tatsächlich nicht umstandslos durch den Begriff „Ersatz" hinwegdefinieren.

Eine weitere *„pièce de résistance"* ist zum Schluß noch zu nennen, auf die Freud ebenfalls beim Deuten der Träume gestoßen war: die Dichtung, die Texte der Literatur. In der *Traumdeutung* hatte Freud zunächst die Berechtigung einer symbolischen Traumdeutung in gleichem Atemzug auf den biblischen Josef und damit auf die Autorität der Heiligen Schrift zurückgeführt wie auf die Autorität der Dichter, da die von ihnen geschaffenen artifiziellen Träume einer symbolischen Deutung, einer Symbol-„Übersetzung" zugänglich sind.[69] Als er aber in seiner Schrift *Bemerkungen zur Theorie und Praxis der Traumdeutung* von 1923 die gelegentliche „Unübersetzbarkeit" von Träumen einräumt, zieht er wiederum die Dichtung als Beleg heran. Nicht die von Dichtern erfundenen Träume zwar, sondern die dichterischen Kunstwerke selbst sind es hier, die sich der Deutung entziehen:

„Eine Anzahl von Träumen, die während der Analysen vorfallen, sind unübersetzbar, wenngleich sie nicht gerade den Widerstand zur Schau tragen. Sie stellen freie Bearbeitungen der zugrunde liegenden latenten Traumgedanken vor und sind wohlgelungenen, künstlerisch überarbeiteten Dichtwerken vergleichbar, in denen man die Grundmotive zwar noch kenntlich, aber in beliebiger Durchrüttlung und Umwandlung verwendet findet."[70]

Mit wünschenswerter Deutlichkeit ist hier ausgedrückt, in welche Sackgasse Freud durch die Analogisierung zwischen Deutung und Übersetzung geführt wurde. Die Willkürlichkeit, die er in der *Traumdeutung* so erfolgreich als rationalistischen Denkfehler der wissenschaftlichen Traumerklärungen erwiesen hatte, hier kehrt sie, über den Umweg übersetzungsresistenter Träume, als Charakteristikum literarischer Texte, und zwar gerade der künstlerisch „wohlgelungenen", zurück. Ja, Willkürlichkeit und Beliebigkeit werden zum Synonym von freier Bearbeitung, von transformatorischer künstlerischer Textproduktion überhaupt.

An dieser Stelle hat Freuds psychoanalytischer Textbegriff seine Grenze erreicht. Das Plädoyer der *Traumdeutung*, daß die Träume wie heilige Texte zu behandeln sind, gibt hier seine Schattenseite zu erkennen. Zwar hatte Freud von der talmudischen Interpretationspraxis die Methode der analytischen Textaufspaltung in Einzelelemente und ihrer Analyse mittels der dazugehörigen Assoziationen übernommen; die vom *Talmud* vorausgesetzte Synthese jedoch, die Anerkennung einer geistigen Macht, welche die Synthese des heiligen Textes verbürgt, wurde von Freud restlos gestrichen. Indessen: was für den Traum als unbewußte Produktion gelten mag, muß nicht auch für Produktionen wie literarische Texte gelten. Die Instanz des den Text formenden Autors ist hier unverzichtbar, aber sie erlaubt sich ebensowenig Willkür und Beliebigkeit wie die unbewußten Traumgedanken. Der Text ist als dichterische Produktion das Resultat einer Verdichtung, ebenso wie der Traum. Doch anders als der Traum muß er unverständlich bleiben, wenn er nur einer Analyse unterworfen oder nur den Assoziationen ausgesetzt und nicht auch der Synthese unterzogen wird, die an seiner Form und seiner Formung ablesbar ist. Wird die differenzierte ästhetische Form zur „qualité négligeable" erklärt, dann hat man, um noch einmal auf die Schüler-Szene in Goethes *Faust* und Mephistos Rede vom Gedanken-Gewebe zurückzukommen, zwar die Fäden in der Hand – es fehlt, leider! nur das geistige Band.[71]

Paradoxerweise könnte man sagen: Nur indem ein literarischer Text wie ein heiliger Text, ja als ein heiliger Text behandelt wird, ist es möglich, seiner inneren Stimmigkeit ähnlich gerecht zu werden, wie es Freud bei der Traumanalyse angestrebt hat. Doch jede Interpretation, die einen gelungenen literarischen Text analysiert, muß dessen eingedenk bleiben, daß er in seinen Teilstücken, so vielfältig determiniert sie sein mögen, anders als der Traum, nicht aufgeht, daß er mehr ist als die Summe seiner Teile, daß er ein schöpferisches Ganzes darstellt, wie die Heilige Schrift, aber hergestellt durch einen Menschen und nicht durch einen Gott. Eine solche Interpretation ist nun nicht ins Korsett einer Schule zu zwängen; jegliche Form von Ritualisierung wäre für sie tödlich.

Freuds Traumdeutung ist zwar zweifellos die *Via regia* zum Unbewußten, doch ihre Übertragung auf die Hermeneutik literarischer Texte wäre ein Irrweg.[72] Daß Freuds Konzept der Sublimierung so fragmentarisch geblieben ist und daß seine eigenen Deutungen literarischer Texte so reduktionistisch wirken, mag daher kein Zufall sein. Und ebensowenig, daß unter den vielen mythischen Gestalten, die Freud als Bündnispartner seiner Theorie herbeizitiert hat, gerade die Musen fehlen. Freuds Traumdeutung ist tatsächlich hermeneutisch und aufklärerisch und erlaubt eine Befreiung von den Zwängen religiöser Sanktion. Als Schiboleth der Psychoanalyse stellt die Traumdeutung und die Lehre der Unterscheidung des Unbewußten vom Bewußten eine machtvolle Verwünschung aller Gegner der Psychoanalyse dar, aber als Anathema gegen ein nicht nur analytisches, sondern auch synthetisches Verstehen literarischer Texte, die durch Menschen geformt und in einem kreativen Prozeß erarbeitet sind, bleibt die Psychoanalyse in einer religiösen Tradition gefangen, die nur einen Originalschriftsteller zuließ, nämlich Gott selbst. Für diese Tradition bildeten die literarischen Texte das größte Skandalon, mehr noch vielleicht als die Götzenbilder. Denn sie erheben den Anspruch, etwas nie zuvor Dagewesenes zu sein, etwas, das nicht auf Vergangenes, nicht auf Tradition zu reduzieren, etwas, das rein menschlich ist.

Das Postulat, Textinterpretation sei allenfalls als Symbolübersetzung möglich und andernfalls sinnlos: das ist die antihermeneutische und anti-aufklärerische, und nicht zuletzt die anti-ästhetische Kehrseite einer Theorie und eines spezifischen Textes, Freuds *Traumdeutung,* deren Interpretation hier versucht wurde. Doch diese Interpretation wäre nicht möglich gewesen ohne die Mittel, die zu Beginn des Jahrhunderts eben dieses Werk bereitgestellt hat, aus dem über die Heiligkeit und Unheiligkeit jeglicher Art von Texten, über die Wege ihrer Deutung, über ihr Verhältnis zu spezifischen Traditionen und über ihre Parteilichkeit fordernde Macht so viel zu lernen ist.

MICHAEL ASTROH

Edmund Husserl:
Logische Untersuchungen (1900/1901)

1. Phänomenologie als philosophische Methode

Das Phänomen der Architektur, die unseren unmittelbaren Lebensraum in stets umfassendere Ordnungen einfügt, ist ein traditionsreiches Sinnbild für die philosophische Aufgabe, die Existenz des Menschen verständlich zu machen. Die Hoffnung, ein göttlicher Baumeister habe die Welt nach einem sinnvollen Plan eingerichtet, hat das philosophische Denken zumindest seit Platons *Timaeus* und gewiß bis hin zu Kants *Kritik der reinen Vernunft* bewegt. Wenngleich die ursprüngliche Faszination des Leitbildes verblichen ist, hat es doch seinen explikativen Wert nicht ganz verloren. Es ermöglicht uns, eindringlich den methodologischen Anspruch zu erläutern, durch den sich phänomenologisches Philosophieren von anderen Formen dieser Art Reflexion abhebt.

Gewissenhaftes Philosophieren gleich welcher Provenienz berücksichtigt, daß es den umfassenden Verhältnissen zugehört, deren Prinzipien es zu ermitteln sucht. Wie aber diese im wesentlichen selbstreferentielle Ausgangslage zu einer fortschreitenden, womöglich definitiven Aufklärung über ihre Grundgestalt führen kann, ist damit nicht entschieden.

Phänomenologisches Philosophieren nimmt für sich in Anspruch, dieser Fragestellung unvoreingenommen gerecht zu werden: Ohne einzelne Erkenntnisquellen wie Denken oder Sinnlichkeit oder einzelne Gegenstände, zum Beispiel platonische Ideen oder die materiellen Forschungsobjekte der Naturwissenschaften, als maßgebliche auszuzeichnen, soll es sich ausschließlich und vollständig an das halten, was sich in der Erfahrung allgemeinverbindlich darstellt. Was unumgänglich und unabänderlich der Welt des Menschen zugehört, was über Sinn oder Sinnlosigkeit seiner Verhältnisse entscheidet, soll ihm an ihnen selbst offensichtlich werden. Die umfassende Architektur seiner Lebensordnung mit ihren jeweiligen Freiräumen, Grenzen und Hindernissen kann nicht in distanzierter Überlegung identifizierbar und verständlich werden. Nur im reflektierten Wagnis exemplarischer Erfahrungen, nur in einer bewußt vollzogenen Lebenspraxis wird die Ordnung seiner Existenz offenkundig. Was sie ausmacht, kann sich nur in dem Maße exemplarisch zeigen und damit objektiv zugänglich werden, wie sich der Mensch darin im weitesten Sinne bewegt und beständig seine Wege an ihr ausrichtet. Phänomenologie ist so betrachtet nicht mehr als eine methodisch reflektierte Form des Erlebens, in der mögliche Gegenstände menschlicher Erfahrung, aber auch das Wesen jeglicher Orientierung an ihnen fortschreitend in systematischer Beschreibung offenkundig werden.

In seinen zuerst 1900 und 1901 veröffentlichten *Logischen Untersuchungen* hat Edmund Husserl dieses Verfahren einer deskriptiven Phänomenologie in seinen Grundzügen dargelegt. Noch unabhängig vom späteren, transzendentalen Idealismus des Autors, den er ab der zweiten Auflage von 1913 auch in diesem Werk artikuliert, werden hier zentrale Bestandteile der phänomenologischen Methode, die Voraussetzungen ihrer Anwendung und erste, wesentliche Ergebnisse ihres Einsatzes dargelegt.

In seinen frühen Werken, insbesondere in der *Philosophie der Arithmetik* von 1891, hatte Husserl noch ganz im Zuge seiner Zeit eine psychologistische Grundlegung der elementaren Mathematik und Logik befürwortet.[1] Nicht zuletzt Gottlob Freges vehemente Kritik an Husserls Position[2] ließ ihn die Alternative einer idealen, phänomenologischen Theorie entwerfen. In den Prolegomena zu den *Logischen Untersuchungen*[3] führte sie zunächst zu einer kritischen Aufarbeitung jener Diskussion um das Verhältnis von Psychologie und Logik, die im deutschen Kulturraum seiner Zeit geführt wurde.

2. Das wissenschaftstheoretische Programm der *Logischen Untersuchungen*

Gegen Ende der Prolegomena entwirft Husserl eine Wissenschaftstheorie, in der sich die idealen Bedingungen der Möglichkeit von Wissenschaft klären sollen. In diesem Programm artikuliert sich die leitende Zielsetzung der *Logischen Untersuchungen*. Die verschiedenen phänomenologischen Aufgaben, die Husserl in den systematischen Abschnitten seines frühen Hauptwerks identifiziert und in Angriff nimmt, werden durch diesen Entwurf einheitlich motiviert. Husserls Bedeutung für so maßgebliche mathematische Logiker wie K. Gödel, A. Heyting, D. Hilbert und A. Tarski ist unabhängig von diesem Hintergrund seiner zumeist erkenntnistheoretischen Bemühungen nicht verständlich. Schon deshalb darf er nicht außer acht bleiben. Zum einen sind hiermit diejenigen noetischen, d. h. erkenntnismäßigen Bedingungen jeglicher Wissenschaft angesprochen, die „ohne Rücksicht auf die empirische Besonderheit des menschlichen Erkennens in seinen psychologischen Bedingtheiten"[4] maßgeblich werden. Ihre Erforschung ist vorrangig Gegenstand des umfangreichen zweiten Teils der *Logischen Untersuchungen*.[5] Zum anderen werden die rein logischen Voraussetzungen umrissen, die, wiederum *a priori* gültig, den Inhalt möglicher Erkenntnis betreffen und daher frei von jeglicher Beziehung auf mögliche Subjekte sind.

Dieser Entwurf einer reinen Logik zielt erstens auf eine Klärung der elementaren Verknüpfungsformen, insbesondere auf eine phänomenologische Analyse der Prädikation hin. Er sieht zweitens vor, daß die zugehörigen Bedeutungskategorien wie auch die ihnen korrelativen, formal gegenständlichen Kategorien aufgezeigt werden. Über eine systematische Identifikation der in diesen Kategorien gründenden Gesetze und Theorien soll sich schließlich eine Theorie der Theorieformen und eine ihr wiederum korrelative Mannigfaltigkeitslehre entwickeln:

„Das gegenständliche Korrelat des Begriffs der möglichen, nur der Form nach bestimmten Theorie ist der Begriff eines möglichen, durch eine Theorie solcher Form zu beherrschenden Erkenntnisgebietes überhaupt. Ein solches Gebiet nennt aber der Mathematiker (in seinem Kreise) eine Mannigfaltigkeit. Es ist also ein Gebiet, welches einzig und allein dadurch bestimmt ist, daß es einer Theorie solcher Form untersteht, d. h. daß für seine Objekte gewisse Verknüpfungen möglich sind, die unter gewissen Grundgesetzen der und der bestimmten Form (hier das einzig Bestimmende) stehen. Ihrer Materie nach bleiben die Objekte völlig unbestimmt – der Mathematiker spricht, dies anzudeuten, mit Vorliebe von ‚Denkobjekten'. Sie sind eben weder direkt als individuelle oder spezifische Einzelheiten, noch indirekt durch ihre inneren Arten oder Gattungen bestimmt, sondern ausschließlich durch die Form ihnen zugeschriebener Verknüpfungen. Diese selbst sind also inhaltlich ebensowenig bestimmt, wie ihre Objekte; bestimmt ist nur ihre Form, nämlich durch die Form für sie als gültig angenommener Elementargesetze. [...] Die allgemeinste Idee einer Mannigfaltigkeitslehre ist es, eine Wissenschaft zu sein, welche die wesentlichen Typen möglicher Theorien bestimmt ausgestaltet und ihre gesetzmäßigen Beziehungen zueinander erforscht. Alle wirklichen Theorien sind dann Spezialisierungen bzw. Singularisierungen ihnen entsprechender Theorieformen, so wie alle theoretisch bearbeiteten Erkenntnisgebiete einzelne Mannigfaltigkeiten sind."[6]

„Wenn ich oben von Mannigfaltigkeitslehren spreche, die aus Verallgemeinerungen der geometrischen Theorien erwachsen sind, so meine ich natürlich die Lehre von den n-dimensionalen, sei es Euklidschen, sei es nicht-Euklidschen Mannigfaltigkeiten, ferner Graßmanns Ausdehnungslehre und die verwandten, von allem Geometrischen leicht abzulösenden Theorien eines W. Rowan Hamilton u.a. Auch Lies Lehre von den Transformationsgruppen, G. Cantors Forschungen über Zahlen und Mannigfaltigkeiten gehören, neben vielen anderen hierher."[7]

Obwohl Husserl dieses Programm in größter Allgemeinheit entfaltet, bleibt er in seinem Verständnis der elementaren Logik den traditionellen Paradigmen der hypothetischen und kategorialen Syllogistik verhaftet. Zwar kannte er die zu seiner Zeit maßgebliche internationale Diskussion um die Grundlagen und den systematischen Aufbau der Logik genau.[8] Dennoch hielt er daran fest, die Struktur elementarer Aussagen durch die tradierte Unterscheidung zwischen Subjekt, Prädikat und Kopula zu erläutern. Allem Anschein nach sah er in den revolutionären Innovationen, die für die logische Forschung seiner Zeit charakteristisch waren, im wesentlichen mathematische Bestrebungen, die für den methodischen Aufbau einer phänomenologischen Philosophie irrelevant blieben.

„Die Konstruktion der Theorien, die strenge und methodische Lösung aller formalen Probleme wird immer die eigentliche Domäne des Mathematikers bleiben. Eigenartige Methoden und Forschungsdispositionen sind dabei vorausgesetzt und bei allen reinen Theorien im wesentlichen die gleichen. Neuerdings ist sogar die Ausbildung der syllogistischen Theorie, welche von jeher zur eigensten Sphäre der Philosophie gerechnet worden ist, von den Mathematikern in Anspruch und Besitz genommen worden, und sie hat unter ihren Händen eine ungeahnte Entwicklung erfahren – sie, die vermeintlich längst erledigte Theorie. Und zugleich sind auf dieser Seite Theorien neuer Schlußgattungen, welche die traditionelle Logik übersehen oder verkannt hatte, entdeckt und in echt mathematischer Feinheit ausgestaltet worden. [...] Nicht der Mathematiker, sondern der Philosoph überschreitet seine natürliche Rechtssphäre, wenn er sich gegen die ‚mathematisierenden' Theorien der Logik wehrt und seine vorläufigen Pflegekinder nicht ihren natürlichen Eltern übergeben will. [...] Gehört aber die Bearbeitung aller eigentlichen Theorien in die Domäne der Mathematiker, was bleibt dann für den Philosophen übrig? Hier ist zu beachten, daß der Mathematiker in Wahrheit nicht der reine Theoretiker ist, sondern nur der ingeniöse Techniker, gleichsam der Konstrukteur, welcher, in bloßem Hinblick auf die formalen Zusammenhänge, die Theorie wie ein technisches Kunstwerk aufbaut."[9]

Rein logische Bedingungen möglicher Wissenschaft lassen sich nach Husserl uneingeschränkt in noetische, d.h. erkenntnistheoretische, aber nicht schon psychologische Voraussetzungen „umwenden".[10] Der zweite Band der *Logischen Untersuchungen* ist dementsprechend den Hauptproblemen der deskriptiv phänomenologischen Aufklärung von Logik und logischem Denken gewidmet. „Man kann sagen, daß diese Aufgabe einer erkenntnistheoretischen Aufklärung der Logik sich in der Hauptsache mit der kritischen Aufklärung von Denken und Erkennen überhaupt, also mit der Erkenntnistheorie selbst deckt."[11] Der von Husserl nicht eigens diskutierte Rückgriff auf traditionelle Konzeptionen von Aussage und Aussageverknüpfung hatte für seinen Entwurf einer deskriptiven und im weiteren transzendentalen Phänomenologie weitreichende Folgen: Die exemplarische, vorrangig an erkenntnistheoretische Problemstellungen gebundene Einführung in die Phänomenologie blieb auf ein logisches Paradigma bezogen, das dem grammatischen Bau indogermanischer Sprachen näher steht als einer nach einem mathematischen Vorbild entworfenen Konzeption der logischen Satzform. Phänomenologische Untersuchungen konnten sich anscheinend zwanglos an Differenzierungen orientieren, zu denen Äußerungen in natürlicher Sprache Anlaß geben. Wenngleich zentrale Themen der phänomenologischen Forschung auf die Grundlagen der formalen Wissenschaften abzielen, war ihr eigentliches Anliegen, d.h. die radikale Aufklärung über Möglichkeiten und Grenzen menschlicher Weltorientierung, insoweit dennoch einer breiten akademischen Öffentlichkeit zugänglich. Zweifellos wäre die außerordentliche Wirkung gerade der *Logischen Untersuchungen* nicht zustande gekommen, hätte Husserl sein Programm einer deskriptiven Phänomenologie in wirklich konsequenter Anerkennung des Fortschritts formuliert, der für die formalen Wissenschaften seiner Zeit kennzeichnend war.[12]

Allerdings wurde dieser strategische Vorteil mit einem hohen Preis bezahlt. Denn außer dem Konstruktivismus der Erlanger Schule, die durch das Werk Hugo Dinglers, aber auch Oskar Beckers der Phänomenologie verbunden ist, hätte unter den umfassenden philosophischen Strömungen des 20. Jahrhunderts allenfalls die Phänomenologie die Herausforderung durch wissenschaftliche Prägnanz und Fortschrittlichkeit annehmen können, die von den vielfältigen Positionen sogenannter Analytischer Philosophie bis heute mit beständigem Erfolg artikuliert wird.[13]

Die wesentlichen Bestimmungen, denen die Phänomenologie der *Logischen Untersuchungen* gewidmet ist, entwickeln sich unter Bezugnahme auf jene traditionell grammatische wie auch logische Unterscheidung zwischen Subjekt und Prädikat, die sich im grundlegenden Kontext der klassischen Prädikatenlogik nicht adäquat wiedergeben läßt.[14] Bis heute fehlt eine phänomenologische Grundlegung selbst der elementaren Bausteine formaler Logik. Was unter ausdrücklichem Bezug auf dieses maßgebliche Werkzeug aller Wissenschaft unter einer Aussage und ihren Komponenten phänomenologisch zu verstehen ist, wurde bislang nur partiell erforscht. Husserls Projekt von 1891,[15] einen Folgerungskalkül zu entwickeln, der die erkenntnismäßige Relevanz logischer Ordnung ernst nimmt, wurde weder von ihm selbst noch von seinen zahlreichen Schülern in einem dezidiert phänomenologischen Sinne durchgeführt.

Die Frage nach der Berechtigung jeglicher Verknüpfung oder Synthese, d.h. zum Beispiel einer Prädikation oder einer Schlußfolgerung, ist im wesentlichen eine Frage nach den Verhältnissen, auf die sie nach Maßgabe ihrer Bestandteile bezogen ist. Aussagen zum Beispiel, die einen Sachverhalt behaupten, der nicht vorliegt, sind dennoch nach Maßgabe ihrer Bestandteile unberechtigt; und

Schlußfolgerungen, denen sich hypothetische Aussagen eindeutig zuordnen lassen, sind genau dann berechtigt, beziehungsweise unberechtigt, wenn es die betreffenden Aussagen entsprechend ihren Bestandteilen sind. Eine systematische Antwort auf die Frage, worauf eine Synthese durch ihre Bestandteile und durch die Art ihrer Verknüpfung bezogen ist, gehört offensichtlich zu den zentralen Aufgaben jeglicher Wissenschaftstheorie. Im zweiten Teil der *Logischen Untersuchungen* erörtert Husserl die noetischen Voraussetzungen dieser Referenzproblematik in so allgemeiner Form, daß ihre Diskussion auf eine „phänomenologische Aufklärung" nicht nur von Logik und logischem Denken, sondern des Erkennens überhaupt abzielt. In der Auseinandersetzung mit Husserls Begriff der „Intentionalität" sollte dennoch nicht außer acht bleiben, daß seine Erforschung vorrangig wissenschaftstheoretisch motiviert ist.

Die phänomenologische Fassung der Referenzproblematik führt auf einen Begriff von Gegenständlichkeit im weitesten Sinne, der bekanntlich Freges Begriff der „Bedeutung" zumindest in einigen wesentlichen Hinsichten ähnlich ist. Wie sich nachfolgend zeigen wird, sollte Husserls Begriff einer „Gegenständlichkeit" nicht mit dem eines „Gegenstandes" verwechselt werden, über den zum Beispiel geurteilt wird, auf den sich aber auch ein Wunsch beziehen könnte. Dieser Begriff eines „Gegenstands", der mittels eines Subjektterms bezeichnet wird, ist innerhalb einer intentionalen Konzeption von Gegenständlichkeit überhaupt erst zu identifizieren.

Eine systematische, den Anforderungen formaler Logik adäquate Differenzierung eines intentionalen Begriffs von „Gegenständlichkeit" ist bislang nicht unternommen worden. Um den phänomenologischen Kontext dieser Aufgabe näher zu identifizieren, liegt es an dieser Stelle zumindest nahe, den Leitbegriff aller phänomenologischen Exegese, das heißt jenen Begriff der ‚Intentionalität' so zu erläutern, wie ihn Husserl zuerst in der fünften Logischen Untersuchung entwickelt hat.

3. Intentionalität und Gegenstand

Im kontinuierlich einheitlichen Fortgang des bewußten Erlebens lassen sich nach Husserl introspektiv einzelne, auch als ‚Akte' bezeichnete Erlebnisse identifizieren. Aufgrund der ihnen wesentlichen Intentionalität sind sie hinreichend voneinander unterscheidbar.

Ein Erlebnis ist genau dann ein bewußtes Erlebnis, wenn es intentional ist. In diesem Fall erschöpft sich das Erleben nicht in einer geregelten Verarbeitung sinnlicher Information. Es vollzieht sich nicht nur nach einer sei es erworbenen oder vorgegebenen Zuordnung zwischen Reizen und Reaktionen, in der sie für ein Wesen relevant werden. Es vollzieht sich zudem so, daß etwas erlebt wird, das nur so, wie es erfahren wurde oder wird, bekannt ist, deshalb aber nicht Bestandteil der betreffenden Erlebnisse sein muß. Bewußtes Erleben ist nicht schon in dem Sinne intentional, daß es grundlegende Form oder gar absichtliche Orientierung wäre. Intentionalität zeichnet ein bewußtes Erlebnis als einen Akt aus, der überhaupt Erlebnis von etwas ist. Das, worauf es sich richtet, mit anderen Worten: sein Bezugspunkt, wird so ausschließlich durch die Form gekennzeichnet, in der er bekannt und maßgeblich wird. Da sie als solche nur im Erlebnis offenkundig wird, das sich an Gegenständen ausrichtet, können weder die Existenz oder Inexistenz der betreffenden Objekte, noch die Alternativen ihrer Beschaffenheit und Umstände den strukturellen Sinn bestimmen oder auch nur erläutern, in dem bewußte Erlebnisse intentional sind.

Betrachten wir ein Beispiel. Während man aus einem dunklen Korridor hinaus in die Helligkeit einer Geschäftsstraße tritt, sieht man einen Passanten. Er geht so rasch vorüber, daß man ihn nicht bemerkt. Unter Umständen kommt es sogar zu einer Reaktion auf sein Vorüberhuschen. Unvermittelt weicht man ihm vielleicht aus, weil anderes im Brennpunkt der Erfahrung steht. Doch der ganze Vorgang geschieht unbewußt. Weder der eilige Passant noch man selbst zählen insoweit als Bezugspunkte der Orientierung. Da Erlebnisse dieser Art nicht bewußt sind, können sie als solche offensichtlich auch nicht unmittelbar erfaßt werden, müssen vielmehr aus anderen, bewußten Erlebnissen erschlossen werden.

Nimmt man jedoch wahr, wie der Passant vorübereilt, und erlebt man daraufhin insbesondere auch sich selbst, wie man ihm ausweicht, so hat sich eine Folge intentionaler, visueller Erlebnisse ergeben, die unter anderem Ergebnis vorsätzlicher Handlungen ist. Die zuletzt erfolgreiche Handlungsabsicht, dem Passanten auszuweichen, ist allerdings nicht das, was in den einzelnen intentionalen Akten, geschweige denn in ihrem Gefüge erlebt wird. Eine Handlungsintention dieser Art setzt Intentionalität in dem hier angesprochenen, phänomenologischen Sinne vielmehr voraus.

Während man zur Seite tritt, muß man sich unter Umständen sogar eingestehen, daß nur scheinbar ein Passant vorübereilt. Denn gerade in diesem Moment wird erkennbar, daß mit jenem bewußten, visuellen Erlebnis eine Täuschung über seinen Gegenstand einhergeht: Offensichtlich ist der Passant gar nicht vorhanden. Eine zufällige Konfiguration sinnlicher Reize erweckte zunächst zwar den Eindruck, es gehe jemand vorüber. In ihrer fortschreitenden Transformation wird allerdings offensichtlich, daß es mit ihrer Einbettung in eine übergreifende Konstellation unvereinbar ist, sie im genannten Sinne aufzufassen. Unter Umständen wird sich quasi als hypothetische Erinnerung auch ein Bild einer Erfahrung einstellen, die sich anstelle jenes täuschenden Erlebnisses hätte ergeben sollen. Was den flüchtigen Eindruck eines Passanten zuließ, war vielleicht nur das Spiegelbild eines Fußgängers auf der dunkel glänzenden Tür eines größeren Wagens – eines Fußgängers, der erst nach einer entsprechenden Blickwendung, wenige Schritte entfernt, in der ihm entsprechenden Situation identifizierbar wird und sich als solcher von jenem fiktiven Passanten auch abhebt.

Wäre die betreffende Person schon aus vorangehender Erfahrung bekannt gewesen, so hätte man sich nur darüber getäuscht, daß dieser Fußgänger, der im weiteren dort, wo er eigentlich geht, erkennbar wird, hier, wo man ihm ausweichen will, vorhanden ist. In jedem Fall aber verweist das betreffende Erlebnis auf seinen Bezugspunkt. Ohne ihn kann es sich weder im ersten noch in irgendeinem anderen Sinne als Täuschung erweisen. Insbesondere kommt er als ein Gegenstand zur Geltung, der nicht Bestandteil des Erlebnisses ist, das auf ihn verweist. Nur unter dieser Voraussetzung war es möglich, sich darüber zu täuschen, daß er vorhanden, oder auch nur, daß er an einem bestimmten Ort vorhanden sei. Die Existenz des Gegenstands war offensichtlich weder an die Dauer des Aktes gebunden noch dadurch bedingt, daß dieses Erlebnis überhaupt zustande kam. Ob der Bezugspunkt eines Aktes sich als ein Objekt, das nicht vorhanden, oder als ein Gegenstand erweist, der anders als zunächst angenommen bestimmt ist – darüber kann nur die in sich geregelte Folge der Erlebnisse selbst entscheiden. In dem Maße, wie sie fortschreitend aufeinander bezogen sind, weisen sie über sich hinaus auf Gegenständlichkeiten, die nur im intentionalen Erleben zugänglich, nicht aber Bestandteil oder gar Wirkung desselben sind.

Das Beispiel eines vorübereilenden Passanten macht durch die Vielfalt seiner intentional relevanten Abwandlungen deutlich, daß sich selbst Grundformen bewußten Erlebens durch ihre gegenständliche Ausrichtung allein nicht hinreichend charakterisieren lassen. Zumindest die folgenden Aspekte sind unabdingbar Momente ihrer intentionalen Verfassung: Ohne ihre Unterscheidung sind die exemplarisch beschriebenen Möglichkeiten offensichtlicher Irritation nicht systematisch zu erfassen. Gegenstände menschlicher Erfahrung werden nicht unmittelbar, gewissermaßen als sie selbst, erfaßt. Vielmehr ist für jeden Bezug auf Gegenstände konstitutiv, daß ihm eine Einstellung zu ihnen hinzugehört, durch die sich der gegenwärtige, intentionale Akt zu anderen ins Verhältnis setzt:

„Wir erinnern an die übliche Rede, daß derselbe Inhalt das eine Mal Inhalt einer Vorstellung, das andere Mal Inhalt eines Urteils, wieder in anderen Fällen Inhalt einer Frage, eines Zweifels, eines Wunsches und dergleichen sein kann. Wer sich vorstellt, es gebe auf dem Mars intelligente Wesen, stellt dasselbe vor wie derjenige, der aussagt, es gibt auf dem Mars intelligente Wesen?, und abermals wie derjenige, der wünscht, möge es auf dem Mars doch intelligente Wesen geben! usw. Mit Bedacht stellen wir hier die genau entsprechenden Ausdrücke explizite auf. Die Gleichheit des ‚Inhalts' bei Verschiedenheit der Aktqualität findet ihre sichtliche grammatische Ausprägung, und so kann die Harmonie der grammatischen Bildungen die Richtung unserer Analyse andeuten."[16]

Zweifellos können auch verschiedene „Inhalte" oder, wie es in den *Logischen Untersuchungen* genauer heißt, verschiedene Materien in Akten gleicher Qualität maßgeblich werden; „der eine Akt kann sich auf dieses, der andere auf jenes Gegenständliche beziehen, wobei es gleichgültig ist, ob es sich um Akte gleicher oder verschiedener Qualität handelt: Jede Qualität ist mit jeder gegenständlichen Beziehung zu kombinieren."[17] Husserls Fazit aus dieser doppelten Variation ist allerdings problematisch. Denn wie könnte man zum Beispiel nicht nur sich vorstellen, sondern auch aussagen oder gar wünschen, „daß es auf dem Mars intelligente Wesen gibt oder nicht gibt"?

Mit der referierten, exemplarischen Variation ist die Unterscheidung zwischen Qualität und Materie noch nicht hinreichend erfaßt. In seiner späteren, transzendentalphilosophischen Ausrichtung der Phänomenologie bestimmt Husserl diese beiden für das intentionale Erlebnis gleichermaßen konstitutiven „Weisen der gegenständlichen Beziehung" als *Noesis* und *Noema* eines Aktes. Betrachten wir die Differenzierung der *Logischen Untersuchungen* jedoch noch einmal genauer: Während die Aktqualität, wie aus den Beispielen ersichtlich, die Art der Bezugnahme bestimmt, entscheidet die Aktmaterie darüber, auf welche Gegenständlichkeit das Erlebnis bezogen ist.

„Die Materie [...] ist die im phänomenologischen Inhalt des Aktes liegende Eigenheit desselben, die es bestimmt, als was der Akt die jeweilige Gegenständlichkeit auffaßt, welche Merkmale, Formen, Beziehungen er ihr zumißt. An der Materie des Aktes liegt es, daß der Gegenstand dem Akte als dieser und kein anderer gilt, sie ist gewissermaßen der die Qualität fundierende [...] Sinn der gegenständlichen Auffassung. Gleiche Materien können niemals eine verschiedene gegenständliche Beziehung geben: wohl aber können verschiedene Materien eine gleiche gegenständliche Beziehung geben."[18]

So wird sich ein intentionales Erlebnis, dessen Gegenstand ein bestimmtes gleichseitiges Dreieck ist, unter Umständen auf denselben Gegenstand wie ein Akt beziehen, dessen Gegenstand ein bestimmtes gleichwinkeliges Dreieck ist.

In deutlicher Entsprechung zu Freges Unterscheidung zwischen dem Sinn und der Bedeutung eines sprachlichen Zeichens und mit dem gleichen Anspruch, eine grundlegende Differenzierung zu beachten, trennt Husserl zwischen der einem Akt zugehörigen Materie und dem Gegenstand, auf den er durch sie verweist.[19] Auch Husserls Begriff der „Aktqualität" findet in Freges sprachphilosophischer Erläuterung propositionaler Einstellungen eine gewisse Entsprechung. Beide Philosophen erkennen darüber hinaus an, daß die drei genannten Aspekte der Referenzproblematik sie weder in dieser noch in jener philosophischen Hinsicht vollständig erfassen.

Wie Frege verwendet auch Husserl grammatische Varianten ansonsten gleicher Aussagen, um eine Variation im phänomenologischen Inhalt von Akten zu erörtern, die sich weder auf eine Differenzierung der Qualität noch der Materie zurückführen läßt. Die Aussagen zum Beispiel „es wird Regen geben" und „das Wetter wird regnerisch werden" sind zweifellos verschieden, ohne daß ihre Differenz deshalb dazu Anlaß gäbe, im Falle entsprechender Akte gleicher Qualität unterschiedliche Materien anzunehmen. Intentionale Erlebnisse sind nach Husserl genau dann „im Wesen dieselben", wenn ihre Materien und Qualitäten dieselben sind. Eine inhaltlich Differenz, wie sie durch jene grammatischen Umformungen artikuliert wird, ist insbesondere für die Materie eines intentionalen Aktes irrelevant.

Im vorrangig sprachphilosophischen Kontext seiner Analysen kennzeichnet Frege dieses u.a. durch grammatische Differenzierungen illustrierte Phänomen als Färbung dessen, was ein Zeichen zum Ausdruck bringt, d.h. des Sinnes, in dem es seine Bedeutung vermittelt.[20] Ohne ein Identifikationskriterium angeben zu können, das es erlauben würde, zwischen dem Sinn eines Zeichens und der Färbung dieses Sinns systematisch zu unterscheiden, faßt Frege die rhetorischen Aspekte einer sprachlichen Äußerung als Momente der Färbung auf. Aber auch sämtliche philosophischen Erläuterungen logischer Strukturen – und darin nimmt er Wittgensteins Position im *Logisch-Philosophischen Traktat* vorweg – schätzt Frege als bloße Färbungsaspekte ein, die den sachlichen Sprachgebrauch nicht erweitern.

Husserl hingegen erörtert solche intentional nicht maßgeblichen Differenzierungen in einer allgemeinen, ästhetischen Perspektive. Bloße Unterschiede der Artikulation, ja der Darstellungsweise oder Erscheinung überhaupt können, wenngleich sie es zunächst nicht sind, intentional relevant werden. Was genau zur Materie eines intentionalen Aktes gehört und was nicht, ist von den übergreifenden Orientierungskontexten abhängig, in denen sich eine personale oder soziale Bezugnahme auf Gegenstände organisiert. Gerade im Zusammenhang rhetorisch geprägter Auseinandersetzungen und allgemeiner der prinzipiell ästhetischen Ausgestaltung menschlicher Lebensverhältnisse, ist es höchst bedeutsam, daß sich diese nicht intentionalen Erfahrungsanteile als solche erhalten. Treten sie dennoch ins Bewußtsein, so daß sie

Gegenstand vorsätzlicher Nutzung und effizienter Stilisierung werden, so bilden sich zumindest in unserem Kulturraum unwillkürlich neue Gestaltungspotentiale heran, ohne die sich die ursprüngliche, somit nicht schon verfügbare Intensität auch des gegenständlichen Erlebens erhalten kann. Der stete Wandel der Umgangssprache, die Wechselfälle der Moden und Trends, aber auch die Unvermeidbarkeit künstlerischer Innovation exemplifizieren den strukturellen Wert, der den nicht intentionalen Anteilen unserer bewußten Orientierung kulturell zukommt.

4. Ein fallibilistischer Holismus

Die nachhaltige und vielfältige Wirkung der *Logischen Untersuchungen* erklärt sich nicht schon durch das wissenschaftstheoretische Programm, zu dessen Realisierung sie beitragen sollten. Vielmehr resultiert sie aus der allgemeinen, vorrangig erkenntnistheoretischen Problemstellung, die Husserl im Ausgang von logischen Fragestellungen entwickeln konnte. Die phänomenologische Fassung des Referenzproblems wurde an dieser Stelle in seinen wesentlichsten Momenten erörtert, weil sich gerade an dieser für Husserls Programm einer allgemeinen Wissenschaftstheorie so zentralen Frage zeigen läßt, wie die phänomenologische Methode durch fortschreitende Variation der angesprochenen Verhältnisse von einer scheinbar begrenzten Aufgabenstellung hin zu einer allgemein philosophischen Problematik gelangt.

Schon die deskriptive Phänomenologie der *Logischen Untersuchungen* ist ein fallibilistischer Holismus. Er entfaltet sich stets anhand strukturell maßgeblicher Beispiele durch die fortschreitende Anerkennung noetischer Fehlleistungen. Phänomenologie ist so betrachtet ein Verfahren stetiger Aufklärung. Der gesamte kulturelle Lebenszusammenhang, in dem sie den Menschen auf der Schwelle seiner Möglichkeiten und Grenzen mit sich selbst konfrontiert, kann nicht vorgegebener und insofern lediglich reflektierter Gegenstand ihrer Forschung sein. Nur im exemplarischen Durchgang durch die Provinzen des Menschen, in einem langwierigen Prozeß, dessen Abschluß nur in und durch ihn selbst offensichtlich werden kann, läßt sich ihrerseits ein verbindliches Verständnis des Menschen und seiner prekären Lage gewinnen.

Eine definitive Aussage über den Sinn menschlicher Existenz und über die Welt, der er zugehört, hat diese Form des Philosophierens deshalb nicht anzubieten. Auch philosophische Erkenntnis ist in dieser Perspektive eine Sache der erfahrenen Betrachtung. Der phänomenologischen Methode kann deshalb nur sekundär an argumentativer Theoriebildung und dem Beweis gezielter Behauptungen gelegen sein. Ihr eigentliches Ziel ist eine definitive Veranschaulichung der Form, in der die Verhältnisse des Menschen so problematisch werden, daß wir nach ihrem Sinn fragen.

HERBERT JAUMANN

Oswald Spengler:
Der Untergang des Abendlandes (1918/1922)

> Ignoriert, aber nicht entmachtet lebt der Geist der Geistfeindschaft heute fort. [...] Spengler rächt sich an denen, die ihn nicht kennen, indem er sie ganz ähnliche Gedanken aussprechen läßt (zum Beispiel den, daß wir nach der Erschöpfung der Sinnreserven des Abendlandes in eine postmoderne Epoche eintreten).
>
> Manfred Frank (1999)[1]

1.

Mit der Kommentierung von Oswald Spenglers *Untergang des Abendlandes* [im folgenden: UdA] stellt sich mir eine von den beiden ersten Beiträgen dieses Bandes verschiedene Aufgabe. Es gilt über ein Buch zu sprechen, dessen fortdauernde Wirkung am Ende des 20. Jahrhunderts zumindest sehr fraglich ist. Das zeigt sich besonders bei einem Vergleich mit der *Traumdeutung*. Selbst wenn man die vehemente wissenschaftliche und publizistische Offensive der letzten Jahre und Jahrzehnte, vor allem in Nordamerika, gegen Freud selbst und die Psychoanalyse in allen ihren Schulen ganz ernstnimmt, bleibt doch die Bedeutung dieses Initialwerkes von Freud am Jahrhunderteingang davon ziemlich unberührt. Es ist wie das ganze Œuvre natürlich nach wie vor die schiere Voraussetzung auch noch für diese aktuelle Auseinandersetzung mit konkurrierenden Paradigmen wie der Verhaltenstheorie, dem Feminismus usw. Aber wo ist die aktuelle Auseinandersetzung, die eine genaue Kenntnis von Spenglers Werk zur Voraussetzung hat? Wir haben es hier vermutlich mit einem Buch zu tun, das seine Bedeutung nach dem ersten Jahrhundertdrittel gehabt und seither, spätestens aber seit 1945, weitgehend verloren und nicht wiedererlangt hat, trotz der großräumigen Verschiebungen in den machtpolitischen Konstellationen seit 1989/90. Diese haben zwar im Kontext mit anderen Transformationen ökonomischer und kultureller, vor allem ethnopolitischer Art vermutlich wiederum einen neuen Prognose-Bedarf geschaffen, dem in den laufenden neunziger Jahren verschiedene, zum Teil umfangreiche Bücher zumindest auf improvisierte Weise nachzukommen suchten (man kann an die Bücher Paul Kennedys denken: *The Rise and Fall of the Great Powers*, 1986, und *Preparing for the Twenty-First Century*, 1993, oder an Francis Fukuyamas Buch mit dem nietzscheanischen Titel *The End of History and the Last Man*, 1992). Aber zurück in Richtung Spengler finden sich in diesen Diskussionen höchstens sporadische Reminiszenzen. Dazu sind auch einzelne Aktualisierungsneigungen im Kontext der Debatte um die sogenannte *Postmoderne* zu zählen, zumal in Frankreich, welche wiederum zu Versuchen geführt haben, ehemals tabuierte Traditionen und Autoren des ‚rechten' Spektrums, z.B. die Autoren der *Konservativen Revolution*, neu in Augenschein zu nehmen.[2]

So habe ich mich mit zunächst schwacher Motivation wieder einmal mit diesem Buch beschäftigt, aber gerade deshalb auch mit geschärfter Aufmerksamkeit nach Entdeckungen Ausschau haltend, und das Gelände dafür ist ja groß genug in zwei Bänden von 615 und 666 Seiten Umfang (die einbändige Dünndruckausgabe des Beck-Verlages hat diese Seitenzahl mit 1271 also bis auf 10 Seiten aufrechterhalten).[3] Die Spengler-Zitate, soweit sie aus dem UdA stammen, sind in diesem Beitrag nicht eigens nachgewiesen.

Die folgenden Ausführungen gliedern sich in zwei Teile:
1. Kurz zum Autor Spengler mit einigen Hinweisen auf sein überliefertes Bild.
2. Ausführlich rekonstruierend der gedankliche Grundriß und die zentralen Kategorien im UdA.

Ein dritter Teil hätte u.a. einige Überlegungen zu Problemen, Leistungen usw. von Spenglers Doktrin, zu den typischen Denkschemata, zur Rhetorik und Argumentationsweise Spenglers enthalten. Ich habe darauf in diesem Beitrag zugunsten einführender Überlegungen in den Grundriß der Konzeption Spenglers und seine Grundbegriffe verzichtet.

Ich konzentriere mich zunächst kurz auf die Person des Autors, dessen Erscheinung heute vielleicht doch nicht mehr so gegenwärtig ist, und dann auf die Zentralkategorien im UdA und die Konstellation, in der sie zueinander stehen. Dazu gibt es auch eine Reihe neuerer Darstellungen: In erster Linie und noch immer maßgeblich in allen Fragen der Biographie und der Werkentstehung die große Monographie von Anton Mirko Koktanek,[4] stärker auf das Werk bezogen und mit umfangreichen Bibliographien versehen sind die Darstellung von Detlef Felken,[5] die stärker psychologisch orientierte Rowohlt-Monographie von Jürgen Naeher[6] sowie die italienische Einführung von Domenico Conte;[7] einige unbekannte Materialien und eine Fülle von Aspekten bietet die Dissertation von Francis W. Lantink.[8]

Auf die genealogischen Fragen von Spenglers Konzepten kann ich ebensowenig genauer eingehen wie auf die Linien der Rezeption. Auch Spenglers weitere Publikationen müssen beiseite bleiben: seine vielen Aufsätze, die gewöhnlich auf Vorträge vor kleinen, ausgewählten Auditorien zurückgehen, und die Bücher *Preußentum und Sozialismus* (1919), *Der Mensch und die Technik* (1931), die Sammlung der *Politischen Schriften* (1932), schließlich *Jahre der Entscheidung* (1933). Doch ist Spengler so sehr der Autor *eines* Werkes, das durch die späteren Schriften lediglich nach einzelnen Richtungen ausgebaut, präzisiert und differenziert wurde, daß eine solche Beschränkung das Gesamtbild keineswegs verzerrt. Man kann sich heute in der Fachliteratur ziemlich gut, d.h. frei von Apologetik oder pauschalen Verurteilungen über Spengler und seine Geschichtsphilosophie orientieren, vor allem auch über einige ihrer vielen Kontexte, an denen sie partizipiert, z.B. den der sogenannten *Konservativen Revolution* in ganz neuen Untersuchungen, etwa von Stefan Breuer.[9] Nur die Edition des Nachlasses, z.T. im Spengler-Archiv des Beck-Verlages, steht noch aus. Er ist zwar durch die genannten Untersuchungen von Koktanek, Naeher und Lantink teilweise erschlossen, aber die Publikation des Corpus der autobiographischen Aufzeichnungen Εἰς ἑαυτόν,[10] die Aufzeichnungen der Schwester Hilde Kornhardt über das Elternhaus und Spenglers Jugend und die Tagebücher Hilde Kornhardts vor allem über das letzte Jahrzehnt seit 1925, als die Geschwister in München die Wohnung teilten, nachdem der Schwager im Krieg gefallen war, fehlt noch. Vor allem aber werde ich mich besser nicht auf die materiale Seite von Spenglers Darstellung der Weltgeschichte einlassen. In geschichtsphilosophischen Büchern ist es besonders schwierig und oft wenig ergiebig, über die darin behandelten ‚Fakten‘ zu urteilen, weil deren Auswahl und Beleuchtung völlig von den Perspektiven, den Lagebeurteilungen und der begrifflichen Textur abhängig sind, in die man sie eingearbeitet findet. Wenn etwas an Spengler und seinem Hauptwerk heute noch von Interesse ist, dann bestimmt nicht irgendwelche materialen Mitteilungen oder ein Streit darüber, in welchen historischen Einzelfragen er nun recht oder unrecht hat, sondern vielmehr der Typus dieser ‚Philosophie', Anschauungen, gegen die sie gerichtet ist, und einzelne Konzepte, bestimmte Denkfiguren usw., für die sie sich selbst einsetzt oder die de facto in ihrem Vortrag wirksam sind. Auf der materialen Ebene einzelner historischer Sachverhalte zu streiten, hatte sich schon gleich nach Erscheinen des ersten Bandes als ziemlich unangemessen erwiesen, wie man in der Dokumentation von Manfred Schröter (1922) nachlesen kann. Adornos Respekt vor Spengler erscheint heute seltsam übertrieben, aber er hat in seinem Essay von 1938 (bzw. englisch 1941): *Spengler nach dem Untergang,* mit vollem Recht an die intellektuelle Hilflosigkeit erinnert, mit der die große Mehrzahl der deutschen Fachwissenschaftler um 1920 auf den UdA reagiert hat: „philiströser Eifer"; „pedantische Kleinlichkeit im Konkreten, phrasenhaft konformistischer Optimismus in der Idee, dazu oft genug das unfreiwillige Zugeständnis der Schwäche in der Versicherung, so schlimm sei es denn doch nicht um die deutsche Kultur bestellt [...] – das ist alles, was die deutsche Wissenschaft und Philosophie aufbrachte gegen einen Mann, der sie abkanzelte wie der Feldwebel den Einjährig-Freiwilligen."[11]

2.

Oswald Spengler wurde am 29. Mai 1880 in der niedersächsischen Kleinstadt Blankenburg am Harz geboren. Der Vater ein kleiner Beamter, er wird als verschlossener, pedantischer Kleinbürger charakterisiert, der dem Sohn die Beschäftigung mit den Büchern verbietet. Die Mutter Pauline, aus einer Künstler-Familie von Ballettmeistern und Schauspielerinnen stammend, selbst der Kunst nur schwärmerisch zugetan und kränkelnd, strebt zeitlebens nach Höherem und verachtet ihren Mann. Seit 1887 lebt man im westfälischen Soest, wohin der Vater als Oberpostsekretär versetzt wurde, seit 1891 in Halle. Oswald besucht dort das Gymnasium der Franckeschen Stiftungen, studiert Mathematik, Philosophie und Naturwissenschaften in Halle, 1901/02 in München und 1902 für ein Semester in Berlin. In München treffen sich im Nachbarhaus die Angehörigen des George-Kreises. 1904 Staatsexamen und Promotion in Halle, die Dissertation über Heraklit bei Alois Riehl, er fällt durchs mündliche Examen und erreicht im zweiten Versuch nur ein *Genügend*. „Mein Doktorexamen. Naiv. Keinen Professor gekannt. ‚Zuwenig zitiert‘", notiert er später. „Mein ‚Studium'. Nur Vorlesungen belegen, weil andre sie belegten, ohne nachzuschreiben, ohne über das Ziel nachzudenken. Regellos. Mein Vater starb gerade rechtzeitig. Wie ich ohne jede Vorarbeit in die Prüfungen stieg. Sieben Fächer angemeldet, keines studiert. Ich tat immer ganz was anderes."[12]

Vier Jahre Gymnasial-Oberlehrer in Hamburg. Die Grundlegung der Karriere als ‚Denker': Selbsterziehung gegen Familie und Schule; Goethe, Nietzsche, Wagner und Ernst Haeckel als ‚heimliche Erzieher'; chronische Kopfschmerzen wie Nietzsche, dessen ‚heimlicher Erzieher' Schopenhauer war. Der bürgerliche Brotberuf als Katastrophe von Anfang an: Beim ersten Anblick des Gymnasiums in Lüneburg, wo er das Seminarjahr, also das Referendariat, antreten soll, erleidet er einen Nervenzusammenbruch. Nach dem Tod der Mutter macht er eine kleine Erbschaft, gibt das Lehramt auf, läßt sich den Nietzsche-Schnauzbart abnehmen und zieht 1911 nach München-Schwabing, das er schon als Student kennengelernt hat, damals noch die Stadt Stefan Georges, Karl Wolfskehls und Erich Mühsams, der Gräfin Reventlow, Joachim Ringelnatz' und Thomas Manns, des Jugendstils und Kandinskys. Spengler entschließt sich, Bohémien zu werden, obwohl er das Schwabinger Künstlervolk immer gehaßt hat. Einsamer Privatgelehrter — wahrscheinlich muß man sich Spengler in München vorstellen wie die Figur des ‚Vermummten Herrn' in Wedekinds *Frühlings Erwachen*. Schon als Gymnasiast will er groß herauskommen, die großen Probleme lösen. Jetzt macht er Ernst, *per aspera ad astra*, alles für „das große metaphysische Buch". Auch in den Wohnverhältnissen zähes Hinaufarbeiten von den Schwabinger zwei Zimmern über mehrere Zwischenstationen bis zur weiträumigen Etage in der Widenmayerstraße 26, in der gleichen Straße übrigens, die, ein halbes Jahrhundert später, am Ende auch Wolfgang Koeppen erreicht hat, aus der geduckten Kate in der Greifswalder Bahnhofstraße. Es gibt kaum einen Fall, wo das trivialpsychologische Kompensationsschema plausibler wäre als hier: „Der ohnmächtige, ängstliche und inhibierte Grübler erzeugt mit herrischem Sprachgestus eine Weltvision, die alles übergreift und jede persönliche Kontingenz als bedeutungslos erscheinen läßt."[13] Tucholskys Lakonismus von 1931 meint genau das, nur andersherum gesehen: „Ist es ein Zufall, daß die Vertreter der wildesten Gewaltlehren, Nietzsche, Barrès, Sorel, keine zwanzig Kniebeugen machen konnten?"[14]

Bis 1918 kennt ihn niemand, wenn er in München die Bücher von der Staatsbibliothek in der Ludwigstraße[15] im Rucksack nach Hause schleppt. Mit dem Erfolg *des* Buches wird er rasch zu einer öffentlichen Person, Spuren und Urteile finden sich seit 1918/19 und in den frühen zwanziger Jahren zahlreich in Briefen und Schriften vieler Autoren, und deren häufig sehr distanzierte bis negative Tendenz widerspricht auffallend dem Bucherfolg. Ricarda Huch schaudert es öffentlich vor seiner „Menschenverachtung".[16] In Harry Graf Kesslers Tagebüchern lesen wir unter dem 15. Oktober 1927 über einen Vortrag, den Spengler im Weimarer Nietzsche-Haus hielt: „Ein dicker Pfaffe mit einem fetten Kinn und brutalem Mund trug eine Stunde lang das abgedroschenste, trivialste Zeug vor. [...] Vielleicht der erste Nietzsche-Pfaffe. Gott bewahre uns vor dieser Spezies."[17] Kurt Tucholsky hält den „Karl May der Philosophie" für einen typischen Essayisten: „Der Essaystil ist der Mißbrauch einer zu diesem Zweck erfundenen Terminologie. Es ist eine ganze Industrie, die sich da aufgetan hat [...]. Der Großpapa dieses literarischen Kostümfestes heißt Nietzsche, einer der Väter Spengler [...]. Der deutsche Essay sieht sich gern historisch: Nein, so etwas von Geschichtsbetrachtung war überhaupt noch nicht da. Nur darf man das Zeug nicht nach zwei Jahren ansehn, dann stimmt nichts mehr."[18] Wenig bekannt, aber einzigartig ist das Porträt, das Oskar Maria Graf im zweiten Band der Autobiographie seiner frühen Jahre in München, *Gelächter von außen* (1966), von Spengler gibt, der demnach um 1920 wiederholt in der Gesellschaft von Karl Wolfskehl auf Grafs Schwabinger Atelierfesten aufgetaucht war. Da wird der „Philosoph" mit „seinem kugelrunden Mussolinikopf" sogar zum Tanzen verführt, und am Ende beleidigt ihn der volltrunkene Gastgeber: „Mir war übrigens auch die ganze Philosophie in seinem *Untergang des Abendlandes* verdächtig; ich hielt sie für gefährlich nationalistisch und diktatorenfreundlich. Wenn er aber so stehengelassen dastand, da machte er den komischen Eindruck eines zum jämmerlichen Spießer zusammengeschmolzenen Gymnasialprofessors, der auf einmal hilflos schmollte."[19] Das sicherlich bekannteste und auch ausführlichste Porträt hat Thomas Mann im *Doktor Faustus* von Spengler gezeichnet, der dort im XXVIII. Kapitel unter dem Namen des Dr. Chaim Breisacher auftritt, der zugleich auch den jüdischen anti-zionistischen Sektenführer Oskar Goldberg (1885–1953) vorstellt und entfernt wohl auch mit Heines Doktor Saul Ascher in der *Harzreise* verwandt ist: „ein Polyhistor, der über alles und jedes zu reden wußte, ein Kulturphilosoph, dessen Gesinnung aber insofern *gegen* die Kultur gerichtet war, als er in ihrer ganzen Geschichte nichts als einen Verfallsprozeß zu sehen vorgab."

Friedrich Gundolfs Urteil kennen die wenigsten, aber es trifft vielleicht am genauesten. Gundolf war durch Wolfskehl auf Spengler aufmerksam geworden und erkundigt sich im November 1918 aus dem aufgewühlten Berlin bei Edgar Salin: „Wenn Sie den ‚Spengler' gelesen haben und leihweise entbehren können, wäre ich sehr dankbar. [...] Er ist hier nicht aufzutreiben."[20] 1920 schreibt er, bereits im Rückblick, an Ernst Robert Curtius: „Der Spengler gehört zu den Kulturphilosophen, die bei uns alle Jahrzehnte den jeweils gelockerten Bildungsstoff bequem schematisieren, – und durch billige Scheinuniversalität die Schmecker und Sucher verwirren, und befriedigen. *Rembrandt als Erzieher* um 1890. Chamberlains *Grundlagen* um 1900. Das Keyserlingsche Reisebuch, die Pannwitzsche *Krisis* gehören auch dazu. Seit Nietzsche das Chaos aufgerissen und die Wertfrage gestellt, haben die angeregten Bildungspfuscher oder Grübler den Mut zur Apodiktik und aphoristischen Konstruktion."[21]

3.

Erschienen ist der erste Band des UdA im April 1918 im Verlag Braumüller in Wien, einem angesehenen Wissenschaftsverlag, übrigens auch der Verlag eines anderen skandalösen Erfolgsbuches, vom Anfang des Jahrhunderts: Otto Weiningers *Geschlecht und Charakter* (1903). Die beiden ersten Auflagen des ersten Bandes werden von Braumüller verlegt. Ein gutes Jahr darauf, Mitte 1919, erscheint bereits die dritte Auflage. Sie und alle folgenden Auflagen sowie der zweite Band (1922) erscheinen seither in München bei Beck. Man ist dort heute mit Band I bei einer Gesamtauflage von 235.000 angelangt.

Auffällig ist die Häufung neuer Publikationen ‚kulturphilosophischer' Thematik in diesen Jahren, auf die auch Gundolf hinweist. Man kann in ihnen auch Versuche oder Spielarten einer historischen Selbstverständigung der Moderne sehen (eine leicht vermehrbare Auswahl):

> Rudolf Pannwitz: *Die Krisis der europäischen Kultur* 1917.
> Thomas Mann: *Betrachtungen eines Unpolitischen* 1918.
> Ernst Bertram: *Nietzsche. Versuch einer Mythologie* 1918.
> Theodor Lessing: *Europa und Asien* 1918.
> Theodor Lessing: *Geschichte als Sinngebung des Sinnlosen* 1919.
> Hermann Graf Keyserling: *Reisetagebuch eines Philosophen* 1919 (2 Bde.).

Die *Einleitung* des ersten Bandes sowie mehrere Exkurse in beiden Bänden, vor allem jeweils die einleitenden Passagen der Hauptkapitel, enthalten Spenglers Philosophie mit ziemlich genauen Bestimmungen seiner Zentralbegriffe und der Probleme, die er in Angriff nimmt. Daß Spengler auf präzise und auch höchst einprägsame Formulierungen seiner Definitionen, Begriffserläuterungen und Selbstkommentare größten Wert legte und, wie man in den Briefen lesen kann, darauf einige Mühe verwandte, ist offensichtlich und gehört zur nirgends untersuchten Rhetorik seiner Darstellung – ein Untersuchungsaspekt, der übrigens nicht nur im Fall Spenglers unter die Desiderate der Forschung zu rechnen ist, die gewöhnlich völlig ‚inhalts'- und theorielastig ist. Jedenfalls konnte man dergleichen Reflexion auf das eigene Tun damals (wie vielfach noch heute) in kaum einem Werk der Fachwissenschaft von vergleichbarer Dimension finden – schon hier setzt sich Spengler entschieden von den Konventionen der Wissenschaft ab.

Spengler will *Weltgeschichte* darstellen, aber eigentlich nicht als Historiker um ihrer selbst und der historischen Sachverhalte willen, sondern weil ihn als Philosoph „die metaphysische Struktur" der Welt angeht – mit Nietzsche zu reden: die Struktur hinter der Welt –, nicht mehr und nicht weniger. Weltgeschichte heißt „die Welt als Geschichte" im Gegensatz zur „Welt als Natur". Die Philosophie der Weltgeschichte – und das ist für Spengler Philosophie im emphatischen Sinne – zielt auf die „Logik der Geschichte" im Sinne logischer Struktur- und Verlaufsgesetze, nach denen alles das entsteht und vergeht und jemals entstanden und vergangen ist, was die sichtbare Welt ausmacht und jemals ausgemacht hat. Diese Logik ist unveränderlich, „ewig". „Alles steht astronomisch-biologisch-morphologisch fest", schreibt Thomas Mann in seinem Spengler-Essay von 1924, der den Philosophen als Fatalisten, als „Defaitisten der Humanität", zuletzt als fatalen „Snob" kennzeichnet. Der *Untergang des Abendlandes,* so Thomas Mann auf den Spuren von Alfred Bäumlers Spengler-Kritik von 1920, sei eigentlich nur der des vergangenen, also des 19. Jahrhunderts, und gegenüber Spenglers „bleiernem Geschichtsmaterialismus ist derjenige eines Marx nur idealistische Himmelsbläue [...], nichts als Neunzehntes Jahrhundert, völlig *vieux jeu, bourgeois* durch und durch."[22]

Es handelt sich, sagt Spengler, „um einen neuen Blick allein auf die Geschichte, eine Philosophie des Schicksals, und zwar die erste ihrer Art".[23] Das Thema des Philosophen der Weltgeschichte, das heißt der Welt als Geschichte, ist die ‚logische' Gesetzmäßigkeit, nach der das Schicksal des Menschen in seiner Welt abrollt – und das eben ist die Logik der *Geschichte* (nicht etwa der Natur). Die Gesetze sind ewig gleich, niemand kann in sie eingreifen. Sie sind das „Geheimnis der Weltgeschichte", hinter das der Philosoph seiner Art kommen kann: indem er es an der Geschichte abliest. Aber auch er, und gerade er, der Wissende, kann sie nur aushalten als eherne Notwendigkeit, mit „kaltem Heroismus", einem „Pessimismus der Stärke". Die Logik der Geschichte als ganze kennt keinen ‚Sinn', keinen Fortschritt, auch keine Ziele, die sich die ‚Menschheit' setzt, und natürlich gibt es keine Offenheit in die Zukunft.

Aber der Schlüsselbegriff des Projektes ist eigentlich nicht ‚Geschichte' oder ‚Prozeß' oder ‚Entwicklung', sondern *Kultur,* noch lieber im Plural: *Kulturen.* Sie sind die monadenförmigen Struktur- und Prozeßeinheiten, die „Lebenseinheiten", nur sie sind konkret und ‚wirklich', nur in ihnen gibt es ‚Sinn'. Auf die Kulturen allein kommt es an, weil sich in ihnen (wie in den vier Funktionssystemen der Systemtheorie bei Parsons) die Struktur und die Logik des Ganzen der Welt als Geschichte noch einmal wiederholt, und sie sind es auch, denen der Philosoph der Geschichte – also der Welt, also des Schicksals der Menschen – das Geheimnis der Logik der Welt als Geschichte entnimmt. Was sind *Kulturen?* Es sind „Lebewesen höchsten Ranges, sie wachsen in erhabener Zwecklosigkeit auf wie die Blumen auf dem Felde". „Kulturen sind Organismen. Weltgeschichte ist ihre Gesamtbiographie." In der Methode der Erkenntnis der Kulturen beansprucht Spengler, Goethe zu folgen: Kultur ist „geprägte Form, die lebend sich entwickelt". Kulturen als ‚Formen': „Völker, Sprachen und Epochen, Schlachten und Ideen, Staaten und Götter, Künste und Kunstwerke, Wissenschaften, Rechte, Wirtschaftsformen und Weltanschauungen, große Menschen und große Ereignisse" – alles das sind *Symbole* für die ‚innere Form', die lebendige Form, kurz für die *Seele* einer Kultur. „Geschichte [ist] Ausdruck, Zeichen, formgewordenes Seelentum." Es ist die Aufgabe eines Philosophen seiner Art, „mit tieferem historischen Formgefühl", einem „historischen Organ", in den Formen, im geformten „Ausdruck" einer Kultur ihre „Seele" zu verstehen, insgesamt die „Formensprache der Geschichte" zu enträtseln und ein für allemal verständlich zu machen. Das heißt *Morphologie der Weltgeschichte,* der Untertitel des ersten Bandes, und Kulturmorphologie heißt methodisch *Symbolinterpretation.* Was das nun für ein methodisches Verfahren bedeutet, versucht Spengler zwar vorzuführen, aber die methodologische Reflexion selbst führt er nicht weiter – einer der vielen Punkte, wo man bei Spengler an Grenzen stößt, die es von seinem Ansatz her nicht geben müßte. Jedenfalls wäre hier ein Anschluß an die später so genannte Kulturanthropologie denkbar, deren theoretische Grundlagen zum Teil ja noch zu Lebzeiten Spenglers von Aby Warburg, Ernst Cassirer und anderen gelegt wurden (Cassirers *Philosophie der symbolischen Formen* erschien in 3 Bänden 1923-1929). Aber die Musterung Spenglers auf solche Anschlußstellen hin zu zeitgenössischen und mehr noch zu heute aktuellen Konzepten steht noch am Anfang. Wenn überhaupt, so könnte nur so diesem philosophischen Monstrum mit seiner hermetischen Geschlossenheit, die man erst einmal auf diese Weise öffnen müßte, eine gewisse Überlebensfähigkeit verschafft werden, die freilich nur um den Preis der Auflösung seines ganzen zurechtgezimmerten Systems, seiner geschichtsphilosophischen ‚Hinterwelt' zu haben sein wird.

Spengler identifiziert, sozusagen mit einem Adlerblick auf die gesamte Weltgeschichte, insgesamt *acht Kulturen* bzw. *Hochkulturen* (dieser letztere, heute sehr geläufige Begriff wurde offenbar erst von Spengler eingeführt), die alle als selbständige, individuelle, strukturgleiche Organismen zu verstehen sind: die ägyptische, indische, babylonische, chinesische, antike, arabische, abendländische Kultur und die ‚mexikanische' Kultur der Mayavölker des präkolumbianischen Mittelamerika. Diese Kulturmonaden haben jede ihr eigenes Leben, ihre inneren Formprinzipien – „unverbrüchlich gebunden eine jede an die ihr eigenen Stilgesetze des Denkens, Schauens, Empfindens, Erlebens, und eine versteht nicht ein Wort von dem, was die andere sagt und meint. Nur Herr Spengler versteht sie samt und sonders und weiß von einer jeden zu sagen und zu singen, daß es eine Lust ist."[24] Jede Hochkultur besitzt nicht nur eine spezifische Identität, sondern sie ist zugleich intern auf spezifische Weise durch Gegensätze strukturiert. Spengler benutzt dafür wiederum den Goetheschen Begriff der ‚Polarität'. Die Antike kannte die Pole Apollon-Dionysos, Stoa-Epikur, Sparta-Athen, Rom-Karthago, Senat-Plebs; das Abendland arbeitet mit Gegensätzen wie Gotik-Renaissance, Katholizismus-Protestantismus, Potsdam-Versailles, Kant-Rousseau, Liberalismus-Sozialismus usw. Viele Formen, Probleme und Gegensatzpaare, Oppositionen, um die herum eine Kultur ‚prozessiert', könnte man sagen, sind in einer oder allen anderen Kulturen unbekannt oder bekannt in ganz anderen Bedeutungen. So bedeutet Aristoteles in der griechischen Antike etwas anderes als in der arabischen Kultur, wo er nach Spengler sozusagen unter dem Namen des Averroës auftritt, und wieder etwas anderes in der des christlichen Abendlandes, wo er als Thomas von Aquin erscheint. Oder Christus ist in der Antike ein ganz anderer als in der ‚faustischen' Kultur des Abendlandes, aber dies nicht etwa aufgrund von Überlieferungen, Umdeutungen oder Umbesetzungen, von mehr oder weniger brüchigen Rezeptionsprozessen, sondern im Prinzip wegen der radikalen Fremdheit der Kulturen untereinander. Natürlich kommen allerlei Überlagerungen, Überfremdungen und andere Mißverständnisse zwischen den Kulturen vor (*Pseudo-*

morphosen: die arabische Kultur, das Petrinische Rußland als Hauptbeispiele). Echte Kommunikation, einen echten interkulturellen Austausch aber kann es nicht geben, so wie aus einer Rose kein Apfelbaum wird, und es gibt auch keine transkulturelle ‚Entwicklung' der ‚Menschheit', so wie es auch nicht *die* Philosophie überhaupt oder *die* Religion, sondern immer nur die Philosophie und Religion in einer bestimmten Kultur gibt (oder auch nicht gibt). Alle Erscheinungen wie auch alle Kategorien, in denen ein Historiker wie Spengler die Erscheinungen auffaßt, sind relativ auf die betreffende Kultur, in der das geschieht – was natürlich auch für Spengler und den UdA selbst gelten muß, eine prinzipielle Selbst-Relativierung, deren sich Spengler im Ansatz offenbar auch bewußt ist: Seine Morphologie der Weltgeschichte müsse, schreibt er, „selbst wiederum Symptom und Ausdruck einer Zeit sein", nämlich der abendländischen Kultur im Stadium der Zivilisation, in der man ‚historisch' zu denken gelernt hat und die zu eben diesem Typ einer skeptischen Meta-Historie fähig sei, wie er selbst sie vorgelegt habe.

Daß Spengler zu dieser selbstreferentiellen Einsicht überhaupt vordringt, ist erstaunlich genug, und es wäre zu viel verlangt, wollte man heute fordern, er hätte sie stärker herausstellen und konsequent durchhalten sollen. Noch heute wird sich kein „gewöhnlicher Historiker" (Hegel) bereit finden, die Geltung seiner quellenmäßig abgesicherten Befunde von einem meta-historischen Standpunkt als bloß kulturspezifisch zu relativieren. Für Spengler aber gibt es keine universelle Wahrheit, jede Kultur und jedes Stadium ihrer Lebenskurve hat ihre eigene ‚Wahrheit' – eine Auffassung, die dem wissenssoziologischen Prinzip der „Standortgebundenheit des Denkens" sehr nahe kommt, und der frühe Mannheim äußert sich auch mit Hochachtung über Spenglers „sehr fruchtbare methodologische Einsichten".[25] Aber die explizit wissenssoziologischen Aufsätze Karl Mannheims sind erst seit Mitte der zwanziger Jahre entstanden, *Ideologie und Utopie* erscheint 1929. Der Außenseiter und Verächter der offiziellen Wissenschaft hätte in diesem Punkt und manch anderen Punkten zum Pionier der Geschichtstheorie werden können, wäre der UdA nicht zuletzt durch Spenglers eigenes Zutun in ganz anderen Diskursen (der Geschichtsmetaphysik, der pessimistischen Zukunftsprognostik und der national-revanchistischen Politik) rezipiert und sozusagen von ihnen ‚verschluckt' worden. Es ist ungewöhnlich viel Selbstmißverständnis um Oswald Spengler.

Nur von bestimmten Menschen mit bestimmten Ideen, Zielen und Plänen in bestimmten Kulturen kann in der Geschichte sinnvoll die Rede sein: „Die Menschheit hat kein Ziel. […] Die Menschheit ist ein zoologischer Begriff oder ein leeres Wort." Das ist eine pauschale Absage an die Geschichtsphilosophie von Herder, Kant, Hegel zugunsten einer Nähe etwa zu Saint-Simon oder Comte. Die umfassende Aufgabe, die Spengler sich im Ausgang von diesem grundsätzlichen *Relativismus* stellt, der auch ein *Perspektivismus* ist, ist nun der Vergleich dieser Hochkulturen, ihrer Morphologie, der spezifischen Lebenskurven ihres jeweiligen Organismus. In diesem Sinn ist der UdA der Entwurf einer *Vergleichenden Kulturmorphologie der Weltgeschichte* – aber eben aus der Perspektive der sich dem Untergang nähernden *abendländischen Kultur*, so müßte man hinzusetzen. Näher betrachtet, hat seine Darstellung aber zwei Schwerpunkte mehr spezieller Art: Einmal geht es naturgemäß in erster Linie um die eigene Kultur, die *abendländische, faustische* oder auch *westeuropäisch-amerikanische,* und deren Konfrontation mit der *antiken* Kultur. Dieser Focus des Interesses ist primär gewesen, und vieles spricht für die Annahme, das ganze riesenhafte Werk des UdA sei der nachgelieferte weltgeschichtliche Kontext für die Situationsbestimmung der abendländisch-westeuropäischen Kultur am Beginn des 20. Jahrhunderts.

Zum anderen zielt Spengler – auch das gegen Kant gerichtet – auf die *Prognose*fähigkeit seiner Theorie, eine Qualität, die ihm so wichtig ist, daß er bereits im ersten Satz der *Einleitung* davon spricht: „In diesem Buche wird zum ersten Mal der Versuch gewagt, Geschichte vorauszubestimmen. Es handelt sich darum, das Schicksal einer Kultur, und zwar der einzigen, die heute auf der Erde in Vollendung begriffen ist, derjenigen Westeuropas, in den noch nicht abgelaufenen Stadien zu verfolgen" (*Vorwort,* UdA I). An anderen Stellen spricht er auch von der Prognose nach rückwärts: Es geht also um Vorhersage und Rekonstruktion der Geschichte in den ‚Biographien' ihrer Kulturen.

Daß diese Art prognostischer Qualität für eine belehrte Aussicht in die Zukunft nicht neu oder gar erstmalig, sondern vorgestrig und auch pragmatisch gesehen von begrenztem Wert ist, steht auf einem anderen Blatt. Historiographische Prognosen (Kant nannte sie die „wahrsagende Geschichte", von der er drei Varianten unterscheidet)[26] fußen auf einem Wenn-dann-Kalkül in Verbindung mit einer Gesetzeshypothese: Aufgrund einer Reihe von angenommenen, dabei aber als variabel verstandenen Voraussetzungen treten in der Zukunft bestimmte Folgen ein. Die Variabilität der Voraussetzungen ist in diesem Kalkül deshalb unverzichtbar, weil nur so den spezifischen, für den Interessenten an Prognosen praktisch maßgeblichen Bestimmungen seiner Entscheidungssituation Rechnung getragen werden kann. So möchte z.B. ein Politiker, der vor einer Entscheidung steht, wissen, was geschieht, wenn er unter bestimmten Voraussetzungen in bestimmter Weise handelt. Dabei müssen aber die Voraussetzungen immer auch andere sein können, und er muß dann auch anders handeln können – eben dieser möglichen Handlungsalternativen wegen ist er ja an einer Prognose interessiert. Wenn also Prognosen als politische Entscheidungshilfe funktionieren sollen, müssen die Voraussetzungen variabel gehalten werden. Wenn diese aber ein ewiges, noch dazu zyklisch wiederkehrendes Gesetz darstellen, dann sind sie eben nicht variabel, und Prognose kann dann allenfalls heißen: Sich-Vorstellen-Können bzw. ‚Wissen', wie in einer noch unvollendeten Kultur die ausstehenden Lebensphasen unabänderlich aussehen werden, weil man aufgrund des Kulturenvergleichs weiß, was noch kommt und kommen muß, eben weil man die ‚Logik' der Welt als Geschichte kennt. Aber solches Wissen befähigt weniger zur Prognose über verschiedene Handlungsmöglichkeiten aufgrund variabler Bedingungen als zum schlichten Fatalismus, zu der schon erwähnten heroischen Hinnahme der Zukunft als unabänderliches Schicksal, bzw. was die ‚Prognose' dann voraussagt, ist nichts als das unabänderliche Schicksal. Spengler selbst formuliert diesen prinzipiellen Fatalismus wiederholt: „Gebrauchen wir das bedenkliche Wort Freiheit, so steht es uns nicht mehr frei, dieses oder jenes zu verwirklichen, sondern *das Notwendige oder Nichts*. Dies als ‚gut' zu empfinden ist im Grunde das Kennzeichen des Realisten." Nimmt man ihn ernst, erweist sich Spenglers Gebrauch des Begriffs ‚Prognose' als insgesamt irreführend, wenngleich für seine spezifische Rolle als durchaus typisch. Ich würde ihn einerseits jenem ‚mathematoiden' Argumentationsgestus zuschlagen, der ihm von seinen frühen

Studiensemestern in Halle geblieben war. Ihm entleiht er zumal im ersten Band den Schein einer denkerischen Exaktheit, die vorzüglich zur Rolle des nüchternen Diagnostikers paßt, und er verblüfft damit zahlreiche seiner Leser und beeindruckt sie offenbar nachhaltig.[27] Andererseits bringt das Gestikulieren des Prognostikers gewiß auch den dem Intellektuellen gemäßen Ehrgeiz zum Ausdruck, von den Mächtigen gehört zu werden. Hans Magnus Enzensberger hat dies anhand eines ganz anderen Falles in einem seiner letzten Essays so formuliert: „Es genügt ihnen nicht, die Praxis einzuholen; sie möchten ihr am liebsten zuvorkommen. Deshalb tendiert ihre Reflexion zur Prognose."[28]

Die Abfolge der Lebensphasen der Kulturen: Kindheit, Jugend, Reife, Alter bzw. Frühling, Sommer, Herbst und Winter, bildet einen irreversiblen, determiniert gerichteten Prozeß. Es ist nicht möglich, Phasen zu überspringen, ein bestimmtes Stadium künstlich zu konservieren (etwa weil es so schön war) oder gar in eine frühere Phase zurückzukehren. Der Lebensprozeß eines Kulturorganismus ist determiniert, begrenzt und folgt einer zunächst ansteigenden, dann einer rasch abschüssig werdenden Bahn. Daß etwas nie Dagewesenes in die historische Welt eintreten kann, schließt Spengler a priori aus.

Das Spät- und Endstadium, das ‚Klimakterium' jeder Kultur heißt *Zivilisation*. Der „Winter der Zivilisation" ist die letzte, die Altersphase einer Kultur, die aber mehrere Jahrhunderte dauern kann, ehe die Kultur „verlöscht", ehe ihre Lebenskurve vollends ausläuft und die Menschen in einen postkulturellen Zustand eintreten, so wie ihre Vorfahren vor Jahrtausenden einmal in einer vorkulturellen Welt gelebt haben. Der Mensch ist „nicht nur vor dem Entstehen einer Kultur geschichtslos", sondern er wird „wieder geschichtslos, sobald sich eine Zivilisation vollendet hat". Die gegenwärtige, ‚moderne', die westeuropäisch-amerikanische, ehemals ‚faustische' Spätkultur befindet sich mitten in diesem Stadium der Zivilisation. Wie aber kann man sich dessen sicher sein, wie kann man wissen, was das für ihren inneren Aufbau, für ihre ‚Formensprache' bedeutet, zum Beispiel für die jetzt maßgeblichen Polaritäten? Man weiß es, sagt Spengler, durch Vergleiche mit den zivilisatorischen Spätphasen anderer, darunter auch bereits erloschener Kulturen, die eine Fülle von *Analogien* und *Homologien* zutage fördern. Dieses *Analogieverfahren,* das der Sache nach schon Erasmus anwendet beim Vergleich der heidnischen Antike mit der christlichen Kultur (im *Ciceronianus,* 1528, wenn er die konsequente Applikation des historischen *aptum* fordert) und das zu den Grundkategorien und den wichtigsten methodischen Instrumenten von Herders Historismus gehört, gestattet die Bildung von strukturellen Identitäten, die Spengler *Gleichzeitigkeit(en)* nennt und die sich im Prinzip quer durch die Jahrtausende finden lassen. Entscheidend für die Feststellung von Gleichzeitigkeiten ist die Gleichartigkeit der Lebensstadien in den betreffenden Kulturen. Man kann auch sagen: Der *Pluralismus* der Kulturen, für deren Lebensdauer ein konstantes organisches Verlaufsschema angesetzt wird, macht das Innenleben auch der geographisch wie zeitlich entferntesten Kulturmonaden vergleichbar und liefert ein Bezugssystem als *tertium comparationis,* mit dessen Hilfe aus abenteuerlichen Assoziationen über Ähnlichkeiten in Kulturen, die ganze Jahrhunderte und Kontinente auseinanderliegen, quasi-philosophisch präzise Einsichten werden. Damit soll, *immanent* gesehen, d.h. in Spenglers eigenem Verständnis, der schon von Thomas Mann persiflierte Widerspruch zwischen dem prinzipiellen Kulturrelativismus (dem ja auch Spenglers eigene Aussagen über die Weltgeschichte unterliegen müssen) und dem ebenso prinzipiellen Objektivismus des UdA aufgelöst sein. Überzeugend ist das nicht. Denn der selbstreferentielle Ansatz, von dem die Rede war, ist als Gegengewicht zu schwach, um den Leser darüber aufzuklären, daß die gesamte ‚Kulturmorphologie' aus ihren eigenen Prinzipien heraus nichts anderes sein kann als eine Konstruktion aus der Perspektive der *abendländischen Kultur* im Stadium ihres Niedergangs.

Der nächstliegende und wichtigste dieser Vergleiche ist (im Sinne von *nostra res agitur*) die Analogie des Abendlandes mit der Antike, deren kulturelle Blütezeiten die *faustische* bzw. die *apollinische* ‚Seele' ausgebildet haben. Das ‚Ursymbol' der faustischen Kulturseele ist „der reine grenzenlose Raum", das der apollinischen Kultur der streng begrenzte Körper. Die ‚Große Parallele', wie die Analogie zwischen diesen beiden Kulturen immer wieder genannt wird, bezieht sich jedoch auf deren Zivilisationsstadien. Aus der Kenntnis des längst erfolgten Niedergangs und Verlöschens der antiken Hochkultur in und am Ende von deren Zivilisationsphase kann und soll die Form (bzw. eigentlich die zunehmende Formlosigkeit) vorhergesagt werden, die die weitere Ausgestaltung und das Ende der Zivilisation in der abendländischen Kultur mit gesetzmäßiger Notwendigkeit annehmen wird. Die Große Parallele zum ‚Fall Roms' (abgekürzt gesprochen, und jetzt ohne Hinweis auf die lange Geschichte dieser Parallele und der ganzen *Dekadenz*-Topik, über die Alexander Demandt ein stoff- und gedankenreiches Buch geschrieben hat)[29] erlaubt die folgende Verortung der Gegenwart um 1911/12, als Spengler sein Projekt in Angriff nimmt, bzw. 1914 und dann 1918, einschließlich der Eröffnung der zu erwartenden Zukunft: Die Französische Revolution hier entspricht dem Übergang zum Hellenismus bzw. zur Zivilisation dort; Napoleon entspricht Alexander dem Großen; der Krieg 1870/71 entspricht dem 1. Punischen Krieg, während der Weltkrieg dem 2. Punischen Krieg analog ist und im Verständnis Spenglers also ‚gleichzeitig'. In diesen Kriegen werden die Grundlagen für eine künftige imperiale Weltordnung gelegt, die im Falle der Antike realisiert, ausgestanden und vergangen ist, die aber der westeuropäisch-amerikanischen Zivilisation noch bevorsteht. So wie Preußen-Deutschland dabei ein zweites Rom ist, entspricht England der Rolle Karthagos. Im Weltkrieg geht es deshalb keineswegs um den Gegensatz zwischen deutscher ‚Kultur' und westeuropäischer ‚Zivilisation', wie man ebenfalls 1918 bei Thomas Mann (in den *Betrachtungen eines Unpolitischen*) lesen konnte und in schlechten Zusammenfassungen über beide noch heute liest, oder darum, einen ‚Damm' gegen die „Schlammflut" der britischen ‚plutokratischen' Zivilisation zu errichten, wie man es beim späten Sombart las.[30] Vielmehr ist bzw. war (denn die *abendländische Kultur* hat ihn ja bereits vollzogen) der Übergang zur Zivilisation unvermeidlich und betrifft alle Nationen der abendländischen Kultur. Er hat längst eingesetzt und wurde vom Weltkrieg, wie Spengler im Anschluß vor allem an Johann Plenge betont, noch einmal kräftig gefördert. Das Deutschland von 1914 ist ein durchaus ‚modernes' und ‚zivilisiertes' Land. Es repräsentiert nicht mehr die vergangene ‚faustische' Kultur, sondern eine spezifische Facette ihrer Spätphase. „Seien wir uns darüber klar, daß dies Deutschland, das heute gegen die Welt kämpft, nicht Goethes Deutschland ist, sondern ein zweites Amerika."[31] Der Weltkrieg würde lediglich die Entscheidung darüber bringen, welche Zivilisationsmacht ein künftiges Weltimperium, das ‚Nationen' und ‚Völker' verschluckt haben wird, dominiert: der anglo-amerikanische (vor allem britische) beutesuchende Kapitalismus oder der preußische und wohlorganisierte Sozialismus (dazu dann genauer in *Preußentum und Sozialismus* 1919, und man vergleiche auch den *Nationalbolschewismus* des Ernst Niekisch u. a.[32] in den zwanziger Jahren). Es handelt sich dabei also um einen Gegensatz *innerhalb* der modernen Zivilisation, und zwar derjenigen der *abendländischen Kultur,* nicht aber um einen antimodernen Abwehrkampf *gegen* ‚die' – kulturunspezifisch verallgemeinerte – Zivilisation, ein abstrakter Begriff, den Spengler so gar nicht kennt. Eine Rückkehr zu vorzivilisatorischen Blütezeiten der Hochkultur, so etwas wie eine wohltuende Regression, steht nicht mehr auf der Tagesordnung, sie wird dem Patienten vom obersten Oberlehrer oder Oberarzt der Weltgeschichte strikt untersagt. Spengler wird nicht müde bei seinem Appell, diesen ‚Tatsachen' offen ins Auge zu blicken und sich keine kulturkritischen Illusionen über den künftigen Gang der Entwicklung und die dabei in Frage stehenden Alternativen zu machen – und er hält dies ausdrücklich nicht für Pessimismus. Eine seiner konkreten Schlußfolgerungen lautet, daß sich die Zeitgenossen, zumal die Jugend, handfesten, dem Lauf der Dinge einzig angemessenen Gegenständen und Lebenszielen zuwenden sollten. Nur keine ‚romantischen' Flausen – wenn die Zukunft der Zivilisation gehört, befindet sich nur der auf der Höhe der Zeit, der sich der „Technik statt der Lyrik, der Marine statt der Malerei, der Politik statt der Erkenntniskritik" widmet: „Für die prachtvoll klaren, hochintellektuellen Formen eines Schnelldampfers, eines Stahlwerkes, einer Präzisionsmaschine, die Subtilität und Eleganz gewisser chemischer und optischer Verfahren gebe ich den ganzen Stilplunder des heutigen Kunstgewerbes samt Malerei und Architektur hin." Und Spengler meint damit den ganzen Expressionismus, aber auch George, Rilke oder Thomas Mann. Ähnliches las man zuvor, wenn auch mit anderer Begründung und eben im Original, in Marinettis Futuristischen Manifesten im Paris der Jahrhundertwende.

Zivilisation bedeutet auch Auflösung, Dauerkrise, Formlosigkeit. Soziologisch heißt das, diesmal in vollem Einklang mit der zeitgenössischen konservativen Zivilisationskritik: Übergang zur *Massengesellschaft;* und politisch: Demokratie, Parlamentarismus, Parteienstaat. Diejenige Option, die Spengler am eindeutigsten an die Seite der extremen Rechten, bis hin zum Nationalsozialismus, stellt, ist seine Ablehnung der Demokratie, die er zwar als ein Zwischenspiel, aber doch als eine sinnlose und (angesichts der Möglichkeiten eines ‚Preußischen Sozialismus') ganz unnötige Schwächung der eigenen deutschen Position im zukünftigen Kampf um die Weltherrschaft sieht. Die Zukunft der Zivilisation – und damit schließt sich der Kreis der Spenglerschen Grundbegriffe – gehört dem *Cäsarismus,* nach der Erschöpfung der Demokratie und der Herrschaft des Geldes und der Presse. Jetzt wird die Macht in reiner Form hervorgetrieben. Die reine Machtausübung der kommenden *Cäsaren* verdrängt die Macht des Geldes und der Ideologien aus der zivilisatorischen Frühphase. Die ‚faustische' Kultur ist lange vergessen, Völker und Nationen mit einem eigenen Gesicht sind aus der Geschichte verschwunden. Nach der Auflösung gesellschaftlicher Gliederungen leben die Menschen im Zustand der bloßen Masse, deren Kultur zum *Fellachentum* herabgesunken ist. Einerseits bilden die Massen die Gefolgschaften wechselnder Machthaber, andererseits wächst die Sehnsucht, von den sinnlosen Kämpfen verschont zu sein. Diese findet ihren Ausdruck in Kosmopolitismus und Pazifismus. „Die geborenen Weltbürger und Schwärmer für Weltfrieden und Völkerversöhnung [...] sind die geistigen Führer des Fellachentums." „Der Weltfriede [...] enthält den privaten Verzicht der ungeheuren Mehrheit auf den Krieg, damit aber auch die uneingestandene Bereitschaft, die Beute der anderen zu werden, die nicht verzichten. Es [...] endet damit, daß niemand die Hand rührt, sobald das Unglück nur den Nachbar trifft."

An dieser Stelle muß nun – zum Schluß – endlich vom Titel *Untergang des Abendlandes* die Rede sein. Im Lichte von Spenglers ‚Theorie' und ihren Grundbegriffen ist dieser Titel, und der Begriff *Untergang* im besonderen, irreführend, jedenfalls durchaus kommentierungsbedürftig. Nach der anekdotenhaften Mitteilung der Schwester hat ihn im Jahre 1912, also in der Anfangszeit in München, der Titel des Werkes von Otto Seeck: *Geschichte des Untergangs der antiken Welt,* im Schaufenster einer Münchner Buchhandlung dazu angeregt.[33] Von diesem zwischen 1895 und 1920 erschienenen sechsbändigen Werk macht Spengler nirgends Gebrauch. Er schweigt aber auch von Gibbon, von Lamprecht, von Breysig und selbst von so nah verwandten Autoren des

19. Jahrhunderts wie Ernst von Lasaulx und Nikolai Danilewskij.[34] Spengler hat sich mit seinem Titel trotz des durchschlagenden Erfolgs vor allem in zweierlei Hinsicht keinen Gefallen getan. Erstens beruhte der Erfolg des ersten Bandes in den Jahren der deutschen Niederlage, des November 1918, von Versailles und dem unsicheren Beginn von ‚Weimar' mit den regionalen Aufständen, den politischen Morden, der Inflation usw. auf einem einfachen Mißverständnis: Nichts von alledem war mit dem *Untergang* gemeint. Vielmehr war das Werk, das ja 1918 noch während des Krieges erschien, um 1914 auch als so etwas wie die geschichtsphilosophische Rechtfertigung eines erwarteten deutschen Sieges konzipiert worden. Gelesen – oder zumindest gekauft und kolportiert – wurde das Buch jedoch, weil sich das Publikum von ihm eine Deutung der Welt nach der Niederlage und dem Zerbrechen der alten Ordnungen versprach, und sei es nur die Bestätigung seines Pessimismus. („Weihnachten 1920 von deiner Emmy", steht in Sütterlinschrift in meinem Exemplar aus einem Münchner Antiquariat, wo ich es um 1970 erstanden habe: zwei Bände zu zwanzig DM). Zweitens steht *Untergang* für die ganze gegenwärtige und folgende Epoche der abendländischen Zivilisation, also für den Zeitraum, auf den sich die prognostischen Partien der beiden Bände beziehen. Gewiß gibt es da auch Untergänge, aber insgesamt wären Begriffe wie ‚Vollendung' oder ‚Erfüllung' sehr viel treffender. Spengler hat sich deshalb auch jahrelang in zunehmender Verärgerung gegen das Image eines Untergangspropheten gewehrt und ist es bei diesem Titel natürlich nie losgeworden. Lantink spricht angesichts der Kunst Spenglers bzw. seines Verlages, mit seinen Büchern, angefangen vom UdA über *Preußentum und Sozialismus* (1919) bis *Jahre der Entscheidung* (1933), immer haarscharf zu spät an die Öffentlichkeit zu treten, treffend von regelrechten „Rezeptionsunfällen": So war das letzte Buch, Spenglers ‚Politisches Testament', eigentlich auf die Krisenjahre der Republik nach 1930 berechnet, die Jahre Brünings, Papens und Schleichers, und sein Erscheinen war für Dezember 1932 unter dem Titel *Deutschland in Gefahr!* bereits angekündigt. Als es dann „wegen verlagstechnischer Verspätung" (Lantink) im Sommer 1933 herauskam, war die ominöse ‚Entscheidung' in Deutschland längst gefallen, aber keineswegs nach dem Willen des Autors. Aufgrund dieses falschen Timings wurde das Buch von

weiten Kreisen als gezielte Kritik des eben etablierten Regimes mißverstanden und rief sogleich die NS-Propagandisten und Apologeten gegen Spengler auf den Plan, den bis dahin viele für einen ‚Denker' der ‚nationalen Revolution' gehalten hatten.[35]

Nachdem er den Titel im *Vorwort* zum ersten Band (gez. „Dezember 1917"; „Der Titel, seit 1912 feststehend") ausdrücklich gutgeheißen hatte, bemerkt Spengler in dem sehr aufschlußreichen Vortrag *Pessimismus?* von 1921, wohl doch von der Resonanz enttäuscht und eines besseren belehrt, er habe jedenfalls etwas anderes gemeint als den Untergang eines Ozeandampfers, und die beiden genannten Bücher danach sind zusätzlich geeignet, einen Eindruck von den kommenden Ereignissen und Problemlagen der Zivilisationsepoche, den befürchteten wie den erwünschten, zu vermitteln, „in deren Anfang wir gegenwärtig stehen" (*Vorwort* UdA I). Naturgemäß steht am Ende der Untergang. Aber um das zu sagen, hätte es der beiden schweren Bände mit über 1200 Seiten in der Tat nicht bedurft.

HANS JÜRGEN HERINGER

Wittgensteins
Tractatus Logico-Philosophicus (1921)

1. Ein fiktives und doch nicht fiktives Interview aus dem Jahr 1949

Herr Wittgenstein, Sie haben jetzt, im Jahr 1949, ein Manuskript abgeschlossen, an dem Sie über Jahrzehnte gearbeitet haben, das Sie immer wieder umgearbeitet haben. Mit ihm – so heißt es – habe Ihre Philosophie den adäquaten Ausdruck gefunden. Werden Sie das Buch publizieren?

W: Ich hatte bis vor kurzem den Gedanken an eine Veröffentlichung meiner Arbeit bei meinen Lebzeiten eigentlich aufgegeben. Er wurde allerdings von Zeit zu Zeit rege gemacht, und zwar hauptsächlich dadurch, daß ich erfahren mußte, daß meine Ergebnisse, die ich in Vorlesungen, Skripten und Diskussionen weitergegeben hatte, vielfach mißverstanden, mehr oder weniger verwässert oder verstümmelt im Umlauf waren. Hierdurch wurde meine Eitelkeit aufgestachelt, und ich hatte Mühe, sie zu beruhigen.[*1]

Es heißt, Sie hätten sich völlig von Ihrer frühen Philosophie gelöst. Die „Logisch-Philosophische Abhandlung" habe für Sie nur noch historischen Wert, habe mit Ihrem jetzigen Denken nichts mehr zu tun.

W: Vor vier Jahren aber hatte ich Veranlassung, mein erstes Buch wieder zu lesen und seine Gedanken zu erklären. Da schien es mir plötzlich, daß ich jene alten Gedanken und die neuen *zusammen* veröffentlichen sollte: daß diese nur durch den Gegensatz und auf dem Hintergrund meiner älteren Denkweise ihre rechte Beleuchtung erhalten könnten. Seit ich nämlich vor 16 Jahren mich wieder mit Philosophie zu beschäftigen anfing, mußte ich schwere Irrtümer in dem erkennen, was ich in jenem ersten Buche niedergelegt hatte.[2]

Welches sind denn die wesentlichen Gedanken jenes ersten Buchs, der „Logisch-Philosophischen Abhandlung"?

W: Das Buch behandelt die philosophischen Probleme und zeigt – wie ich glaube – daß die Fragestellung dieser Probleme auf dem Mißverständnis der Logik unserer Sprache beruht. Man könnte den ganzen Sinn des Buches etwa in die Worte fassen: Was sich überhaupt sagen läßt, läßt sich klar sagen; und wovon man nicht reden kann, darüber muß man schweigen. Das Buch will also dem Denken eine Grenze ziehen, oder vielmehr – nicht dem Denken, sondern dem Ausdruck der Gedanken: Denn um dem Denken eine Grenze zu ziehen, müßten wir beide Seiten dieser Grenze denken können.[3]

Sie gehen davon aus, daß die Sprache sozusagen weiter reicht als das Denken. Das Undenkbare denken können wir nicht.

W: Die Grenze wird also nur in der Sprache gezogen werden können, und was jenseits der Grenze liegt, wird einfach Unsinn sein.[4]

Dennoch ist doch der „Tractatus" keine Arbeit über die Sprache oder die Logik im engeren Sinn. Es geht doch auch – unter anderem – um ontologische Fragen.

W: Ja, meine Arbeit hat sich ausgedehnt von den Grundlagen der Logik zum Wesen der Welt.[5]

Im Buch selbst scheinen Sie eher den umgekehrten Weg zu gehen: Welt, Denken, Satz, Sprache in einer Reihe hintereinander. Von der Welt, den Tatsachen, über den logischen Raum der Sachverhalte und Gedanken zur Struktur des logischen Raums. Und ganz parallel: vom Satz zur allgemeinen Form des Satzes, zu den Grenzen des logischen Raums und der Welt. Ich möchte hier nicht auf die vielen positiven, konstruktiven Aspekte und deren Wirkung eingehen, zumal Sie ja selbst in Ihrer Würdigung diese Aspekte nicht in den Vordergrund rücken. Mir geht es vor allem um das Problem der Grenze und um das Unsagbare. Aber vielleicht sollten wir doch vorher kurz den Gang Ihrer Argumentation in Ihren Worten nachzeichnen.

W: Die Welt ist alles, was der Fall ist.
Die Welt ist die Gesamtheit der Tatsachen, nicht der Dinge.
Die Welt ist durch die Tatsachen bestimmt und dadurch, daß es *alle* Tatsachen sind.
Denn, die Gesamtheit der Tatsachen bestimmt, was der Fall ist und auch, was alles nicht der Fall ist.
Die Tatsachen im logischen Raum sind die Welt.[6]

Damit setzen Sie sich sofort in Gegensatz zu den großen Ontologen: Aristoteles, Spinoza, Descartes, alle gehen davon aus, daß die Welt die Menge der Dinge ist. Wie kommen denn die Dinge bei Ihnen in die Welt?

W: Die Tatsache ist das Bestehen von Sachverhalten.
Der Sachverhalt ist eine Verbindung von Gegenständen (Sachen, Dingen).[7]

Offensichtlich bilden die Sachverhalte den logischen Raum, von dem Sie gesprochen haben.

W: Das logische Gerüst um das Bild des Satzes herum bestimmt den logischen Raum.[8]

Und die Tatsachen sind im logischen Raum? Sie denken sich den logischen Raum wie einen normalen Raum, und die einzelnen Stellen dieses Raums sind so etwas wie Koordinaten, die mit wahr oder falsch besetzt sein können?

W: Der Satz bestimmt einen Ort im logischen Raum.[9]
Das Satzzeichen und die logischen Koordinaten: Das ist der logische Ort.[10]

Mit unseren Gedanken bewegen wir uns offensichtlich im logischen Raum. Wie ist denn, da die Welt im logischen Raum ist, das Verhältnis der Gedanken zur Welt?

W: Das logische Bild der Tatsachen ist der Gedanke.[11]
Die Gesamtheit der wahren Gedanken sind ein Bild der Welt.[12]

Dann wäre es also besonders wichtig, etwas über Bild und Abbildung zu wissen.

W: Das Bild ist ein Modell der Wirklichkeit.[13]

Und wie kann es das leisten?

W: In Bild und Abgebildetem muß etwas identisch sein, damit das eine überhaupt ein Bild des anderen sein kann.[14]
Was das Bild mit der Wirklichkeit gemein haben muß, um sie auf seine Art und Weise – richtig oder falsch – abbilden zu können, ist seine Form der Abbildung.[15]

Nun haben Sie ja anfangs gesagt, daß es im „Tractatus" um die Sprache und das Wesen der Welt gehe. Wie kommen Sie denn zur Sprache? Wo liegt die Verbindung zwischen Sprache und Welt? Man hat gesagt, das sei das Kernproblem.[16]

W: Der Gedanke ist der sinnvolle Satz.[17]
Die Gesamtheit der Sätze ist die Sprache.[18]

Und der Zusammenhang mit der Welt?

W: Die Schwierigkeit vor meiner Theorie der logischen Abbildung war die, einen Zusammenhang zwischen den Zeichen auf Papier und einem Sachverhalt draußen in der Welt zu finden.
Ich sagte immer, die Wahrheit ist eine Beziehung zwischen dem Satz und dem Sachverhalt, konnte aber niemals eine solche Beziehung ausfindig machen.
Die Darstellung der Welt durch ganz allgemeine Sätze könnte man die unpersönliche Darstellung der Welt nennen.[19]

Wie geschieht die unpersönliche Darstellung der Welt? Wie ist sie möglich?

W: Der Satz ist ein Bild der Wirklichkeit.
Der Satz ist ein Modell der Wirklichkeit, so wie wir sie uns denken.[20]
Nur dadurch kann der Satz wahr oder falsch sein, indem er ein Bild der Wirklichkeit ist.[21]

Das ist klar. Sofern der wahre Satz eine Tatsache darstellt, hat er auch Bezug auf die Welt, denn er definiert ja die Welt mit. Das ist aber doch nur das zufällige So-sein. Wäre der Satz falsch, wäre die Welt eben anders.

W: Die Theorie der logischen Abbildung durch die Sprache sagt – ganz allgemein: Damit es möglich ist, daß ein Satz wahr oder falsch sei – daß er mit der Wirklichkeit übereinstimme oder nicht – dazu muß im Satze etwas mit der Wirklichkeit *identisch* sein.[22]

Und was ist das?

W: Die *Form* eines Bildes könnte man dasjenige nennen, worin das Bild mit der Wirklichkeit stimmen muß.[23]

Das gilt dann auch für den Satz.

W: Die allgemeine Satzform ist das Wesen des Satzes.[24]
Das Wesen des Satzes angeben, heißt, das Wesen aller Beschreibung angeben, also das Wesen der Welt.[25]

Darum ist es so wichtig, die allgemeine Form des Satzes zu beschreiben, oder besser die logische Form.

W: Das Anzeichen des logischen Satzes ist *nicht* die Allgemeingültigkeit. Allgemein sein, heißt ja nur: Zufälligerweise für alle Dinge gelten.[26]
Es ist aber klar, daß die Logik nichts mit der Frage zu schaffen hat, ob unsere Welt wirklich so ist oder nicht.[27]

Es geht also um logische Notwendigkeit, um die logischen Sätze.

W: Die logischen Sätze beschreiben das Gerüst der Welt, oder vielmehr, sie stellen es dar. Und dies ist ihre Verbindung mit der Welt.[28]
Die Logik ist keine Lehre, sondern ein Spiegelbild der Welt.[29]

Der „Tractatus" wurde verbreitet so aufgenommen, als ginge es Ihnen um eine Normierung, als wollten Sie bestimmte Fragestellungen ausmerzen. Besonders gehe es Ihnen um eine positivistische Verwissenschaftlichung der Welt, aus der das Metaphysische verbannt ist, philosophische Sätze als bedeutungslose Pseudosätze (Popper) erwiesen würden.

W: Wir fühlen, daß selbst, wenn alle *möglichen* wissenschaftlichen Fragen beantwortet sind, unsere Lebensprobleme noch gar nicht berührt sind.[30]

Davon finden wir also im „Tractatus" nichts?

W: Ich wollte einmal in das Vorwort einen Satz geben, der nun tatsächlich nicht darin steht. Ich wollte nämlich schreiben, mein Werk bestehe aus zwei Teilen: aus dem, der hier vorliegt, und aus alledem, was ich nicht geschrieben habe. Und gerade dieser zweite Teil ist der wichtige.[31]

Wenn Sie also zu jener Zeit der Überzeugung waren, daß Ihre Gedanken im „Tractatus" definitiv wahr sind ...

W: So besteht nun der Wert dieser Arbeit [...] darin, daß sie zeigt, wie wenig damit getan ist, daß diese Probleme gelöst sind.[32]
Wir fühlen, daß selbst, wenn alle *möglichen* wissenschaftlichen Fragen beantwortet sind, unsere Lebensprobleme noch gar nicht berührt sind.
Freilich bleibt dann eben keine Frage mehr; und eben dies ist die Antwort.[33]

Es ging Ihnen doch wohl auch darum, den radikalen Unterschied herauszuarbeiten zwischen den empirischen Fakten und der notwendigen Form des Denkens, der Sprache, der Welt.

W: Das hängt damit zusammen, daß kein Teil unserer Erfahrung auch *a priori* ist. Alles, was wir sehen, könnte auch anders sein. Alles, was wir überhaupt beschreiben können, könnte auch anders sein.[34]

Dem „Tractatus" geht es also wesentlich um die Grenzerfahrung: Die Grenze der Welt, die Grenze des Denkens und des Sagbaren. Eine solche Grenze ergibt sich aus der Bildtheorie und Ihrer Annahme, daß das Bild jede Wirklichkeit abbilden kann, deren Form es hat.[35]

W: Seine Form der Abbildung aber kann das Bild nicht abbilden; es weist sie auf.[36]

Und diese Form muß natürlich mit der Form des Abgebildeten übereinstimmen.

W: Was jedes Bild, welcher Form immer, mit der Wirklichkeit gemein haben muß, um sie überhaupt – richtig oder falsch –

abbilden zu können, ist die logische Form, das ist, die Form der Wirklichkeit.[37]

Da nun Sätze Bilder sind, muß das Gleiche auch auf den Satz zutreffen.

W: Der Satz kann die gesamte Wirklichkeit darstellen, aber er kann nicht das darstellen, was er mit der Wirklichkeit gemein haben muß, um sie darstellen zu können – die logische Form. Um die logische Form darstellen zu können, müßten wir uns mit dem Satze außerhalb der Logik aufstellen können, das heißt außerhalb der Welt.[38]
Der Satz kann die logische Form nicht darstellen, sie spiegelt sich in ihm. Was sich in der Sprache spiegelt, kann sie nicht darstellen. Was *sich* in der Sprache ausdrückt, können *wir* nicht durch sie ausdrücken. Der Satz *zeigt* die logische Form der Wirklichkeit. Er weist sie auf.[39]

Da nun diese Form allen Sätzen, die das gleiche leisten, gemeinsam ist, kann sie nicht ausgedrückt werden. Sie haben das auch als main point des „Tractatus" und als cardinal problem of philosophy bezeichnet[40]

W: Was gezeigt werden *kann, kann* nicht gesagt werden.[41]

Dies wäre also eine Grenze des Sagbaren. Offensichtlich wird nun der logische Raum auch begrenzt: Logische Sätze sind sinnlos, bestimmen aber die Grenzen.

W: Die Tautologie hat keine Wahrheitsbedingungen, denn sie ist bedingungslos wahr; und die Kontradiktion ist unter keiner Bedingung wahr. Tautologie und Kontradiktion sind sinnlos.[42]
Die Kontradiktion verschwindet sozusagen außerhalb, die Tautologie innerhalb der Sätze. Die Kontradiktion ist die äußere Grenze der Sätze, die Tautologie ist ihr substanzloser Mittelpunkt.[43]

Auch diese Grenzen können also nicht ausgedrückt werden, die sinnlose Kontradiktion und Tautologie zeigen sie nur.

W: Was wir nicht denken können, das können wir nicht denken; wir können also auch nicht *sagen*, was wir nicht denken können.[44]

Die Logik erfüllt die Welt; die Grenzen der Welt sind auch ihre Grenzen.[45]

Die Grenzen meiner Sprache bedeuten die Grenzen meiner Welt.[46]

Hier tritt nun auch das Subjekt in die Überlegungen ein.

W: Das Subjekt gehört nicht zur Welt, sondern es ist eine Grenze der Welt.[47]
Das philosophische Ich ist nicht der Mensch, nicht der menschliche Körper, oder die menschliche Seele, von der die Psychologie handelt, sondern das metaphysische Subjekt, die Grenze – nicht ein Teil der Welt.[48]

Damit sind wir nun doch bei jenem stummen Teil des „Tractatus", sind wir doch wieder beim Unaussprechlichen.

W: Es gibt allerdings Unaussprechliches. Dies *zeigt* sich, es ist das Mystische.[49]

Und was ist z. B. das Mystische?

W: Nicht *wie* die Welt ist, ist das Mystische, sondern *daß* sie ist.[50]
Denn alles Geschehen und So-Sein ist zufällig. Was es nichtzufällig macht, kann nicht *in* der Welt liegen, denn sonst wäre dies wieder zufällig. Es muß außerhalb der Welt liegen.[51]

Also hängt das Mystische engstens zusammen mit der Grenzerfahrung?

W: Das Gefühl der Welt als begrenztes Ganzes ist das mystische.[52]

Die eigentlichen Lebensprobleme, den Sinn des Lebens, können wir damit also gar nicht aussprechen.

W: Ist nicht dies der Grund, warum Menschen, denen der Sinn des Lebens nach langen Zweifeln klar wurde, warum diese dann nicht sagen konnten, worin dieser Sinn bestand.[53]
Wovon man nicht sprechen kann, darüber muß man schweigen.[54]

Dieser demütigen Haltung steht aber im „Tractatus" offensichtlich auch eine kritische Komponente gegenüber, er beschränkt sich nicht nur darauf, alles hinzunehmen, wie es ist.

W: Die meisten Sätze und Fragen, welche über philosophische Dinge geschrieben worden sind, sind nicht falsch, sondern unsinnig.[55]
Die Sprache verkleidet den Gedanken. Und zwar so, daß man nach der äußeren Form des Kleides, nicht auf die Form des bekleideten Gedankens schließen kann; weil die äußere Form des Kleides nach ganz anderen Zwecken gebildet ist als danach, die Form des Körpers erkennen zu lassen.[56]

Ich stelle mir das etwas schwierig vor, dies herauszukriegen. Um etwa die Form des aktualen Satzes mit der Form des Gedankens zu vergleichen, müßte ich ja beide Formen beschreiben. Sind aber nicht alle Sätze, die diese Form beschreiben sollen, streng genommen sinnlos? Wie werden Sie damit fertig? Und damit, daß der „Tractatus" überwiegend gerade solche Sätze enthält?

W: Meine Sätze erläutern dadurch, daß sie der, welcher mich versteht, am Ende als unsinnig erkennt, wenn er durch sie – auf ihnen – über sie hinausgestiegen ist. (Er muß sozusagen die Leiter wegwerfen, nachdem er auf ihr hinaufgestiegen ist.)
Er muß diese Sätze überwinden, dann sieht er die Welt richtig.[57]

Das scheint aber nur ein schönes Bild. Tatsächlich reden Sie doch über all die Probleme. Ist das nicht eher ein prinzipieller Defekt dieser Theorie, falls man den „Tractatus" so nennen darf?
Einer Ihrer jetzigen Kritikpunkte ist ja wohl die Idealisierung der Logik.

W: Die Kristallreinheit der Logik hatte sich mir ja nicht *ergeben;* sondern sie war eine Forderung.[58]
Der Satz, das Wort, von dem die Logik handelt, soll etwas Reines und Scharfgeschnittenes sein. Und wir zerbrechen uns nun über das Wesen des *eigentlichen* Zeichens den Kopf.[59]

Schon im Tractatus hieß es aber doch, alle Sätze seien gleichwertig.[60] Sie haben offenbar nicht an alle gedacht.

W: Es gibt *unzählige* solcher Arten: unzählige verschiedene Arten der Verwendung alles dessen, was wir ‚Zeichen', ‚Worte', ‚Sätze' nennen.

Und diese Mannigfaltigkeit ist nichts Festes, ein für allemal
Gegebenes; sondern neue Typen der Sprache, neue Sprachspiele, wie wir sagen können, entstehen und andre veralten
und werden vergessen.[61]

*Dagegen gibt es im Tractatus die eine sublime logische Form des
Satzes.*

W: Die Logik stellt eine Ordnung dar, und zwar die Ordnung *a
priori* der Welt, d. i. die Ordnung der Möglichkeiten, die Welt
und Denken gemeinsam sein muß. Diese Ordnung aber,
scheint es, muß höchst einfach sein. Sie ist vor aller Erfahrung;
muß sich durch die ganze Erfahrung hindurchziehen; ihr selbst
darf keine erfahrungsmäßige Trübe oder Unsicherheit anhaf-
ten. – Sie muß vielmehr vom reinsten Kristall sein ...[62]

*Der „Tractatus" führt eine Art der philosophischen Betrachtung
aus und ein. Er hat sich nicht überlebt. Er überlebt bei vielen als
die philosophische Perspektive. Sie selbst haben diese Perspektive –
zumindest teilweise – später verworfen, wie Sie vorhin schon gesagt haben.*

W: Wir sind in der Täuschung, das Besondere, Tiefe, das uns Wesentliche unserer Untersuchung liege darin, daß sie das unver-
gleichliche Wesen der Sprache zu begreifen trachtet. D. i., die
Ordnung, die zwischen den Begriffen des Satzes, Wortes,
Schließens, der Wahrheit, der Erfahrung, usw. besteht. Diese
Ordnung ist eine *Über*-Ordnung zwischen – sozusagen –
Über-Begriffen. Während doch die Worte ‚Sprache', ‚Erfahrung', ‚Welt', wenn sie eine Verwendung haben, eine so niedrige haben müssen, wie die Worte ‚Tisch', ‚Lampe', ‚Tür'.[63]

Herr Wittgenstein, Sie geben viel zu selten Interviews.
*Wir danken Ihnen für dieses Gespräch, in dem Sie uns die Grund-
gedanken Ihres „Tractatus" so schön nahegebracht haben.*

2. Ein Buch des Jahrhunderts

Der *Tractatus* – ein Buch des Jahrhunderts? Darüber lohnt es sich,
etwas nachzudenken. Wir legen dabei den Fokus auf ‚Buch' und

dröseln die Frage erst einmal auf in zwei: Was ist ein *Buch*? Und: Was ist *ein* Buch?

Nun, ein Buch ist zunächst einmal etwas Physisches, man kann es in die Hand nehmen, darin lesen, es enthält *tokens* auf Papier. Aber wir meinen natürlich hier nicht die physische Erscheinung, nicht das einzelne Exemplar, sondern den Typus. Was ein Buch ausmacht, könnten wir mit prototypischen Eigenschaften angeben wie: daß es eine selbständige Publikation ist, zwei Deckel hat, eine angemessene Dicke und gewisse Größe, auf Papier gedruckt und publiziert ist. Alle diese Kriterien sehen wir als ein bißchen flexibel. Und trotzdem erfüllt der *Tractatus* die prototypischen Eigenschaften schon nicht so ganz klaglos.
- Er ist ziemlich dünn (100 kleine Seiten).
- Er ist zuerst erschienen in einer Zeitschrift, als Aufsatz sozusagen, nämlich 1921 als Heft in Wilhelm von Ostwalds *Annalen der Naturphilosophie*.

Bis dahin war es ein langer Weg, ein Leidensweg auch. Wittgenstein hatte große Schwierigkeiten mit der Publikation; Scherereien nannte er das in einem Brief an Engelmann. Mehrere Verleger lehnten eine Publikation ab, darunter Jahoda (Vermittlung Karl Kraus), Braumüller (Vermittlung Weininger), Insel (Vermittlung Rilke), Reclam, also praktisch alle, die in Frage kamen. Wittgenstein war wohl schon beeindruckt, reagierte aber auf seine Weise: „Meine Arbeit ist nämlich entweder ein Werk ersten Ranges, oder sie ist kein Werk ersten Ranges. Im zweiten – wahrscheinlicheren – Falle bin ich selbst dafür, daß sie nicht gedruckt werde. Und im ersten ist es ganz gleichgültig, ob sie 20 oder 100 Jahre früher oder später gedruckt wird."[64]

Erst durch Vermittlung Bertrand Russells erschien das Werk an dem ungewöhnlichen Ort – Wittgenstein sprach in der Postkarte an Engelmann (5. 8. 1922) von einem Raubdruck voller Fehler –, und erst danach wurde es selbständig in einer englisch-deutschen Version bei Routledge & Kegan Paul publiziert (1922). Die Übersetzung hatte Russell besorgt, und eine Einleitung dazu, die Wittgenstein gar nicht paßte. Und war es damit nicht schon ein anderes Buch?

Also zur Frage nach der Identität: Was ist *ein* Buch?

Wodurch gewinnt ein Buch seine Identität? Für Menschen zum Beispiel spielt ihr Name eine große Rolle, sowohl für die anderen als auch für sie selbst. Kinder etwa lernen sich zuerst durch ihren Namen zu identifizieren. Das scheint aber nur ein Teil der Identität. Und später lernen sie, von sich als Ich zu reden. Sie lernen dann, daß sie ein Ich sind wie jedes andere auch.

Der *Tractatus* bekam seinen Namen nicht so: Wittgenstein philosophierte und schrieb Gedanken auf. Es keimte die Idee, sie in einem Buch zu publizieren, und im Laufe der Arbeit hat er es *Logisch-Philosophische Abhandlung* genannt.

Es war dann ein anderer, Moore, der dem fertigen Buch den Namen *Tractatus Logicus Philosophicus* gegeben hat, weil der für ihn offenbar würdiger, wissenschaftlicher oder internationaler klang.

Das scheint kein größeres Problem für uns. Trotzdem ist es das gleiche Buch. Na ja, Name und Titel gehören aber doch wohl zum Buch. Wieso soll es dann das gleiche sein? Wir denken offenbar mehr an das, was zwischen den Deckeln ist. Aber auch damit gibt es Probleme.

Wie kommt es hinein?

Beim *Tractatus* gibt es mehrere Vorformen. Es gibt den sogenannten *Prototractatus*, den man vielleicht auch als Buch bezeichnen könnte. Als ein anderes Buch? Darauf komme ich noch zurück. Der *Prototractatus* ist ein ganz besonderes Buch, das lange nicht publiziert war. Dann war es aber doch ein Buch, oder?

Und dann gibt es noch die Aufzeichnungen der Gedanken, von denen ich eben gesprochen habe. Wir finden sie überwiegend in den sog. *Notebooks* aus den Jahren 1914–1916 vor allem. Wir nehmen an, daß es wenigstens sieben solcher Notebooks gegeben hat, aus denen Wittgenstein den *Tractatus* zusammenstellte. Mindestens vier hat er sofort nach dessen Erscheinen zerstört, so daß uns drei geblieben sind.

Wir vergegenwärtigen uns Wittgensteins Arbeitsweise. Begleitend zu ständigem Nachdenken machte er tagebuchartige Aufzeichnungen und Diktate. Es waren wohl so sieben Hefte. Daraus erzeugte er durch Selektion ein neues Manuskript. Wir erkennen – was wir ja alle schon wissen: Ein Buch steht nicht einfach so fertig da, es steht am Ende eines langen Prozesses, und es geht aus vielen Vorformen hervor.

Bei Wittgenstein und bei vielen anderen ist es unser eigentliches Problem, das Buch, oder was immer es sei, zu verstehen. Man denkt vielleicht: Was da steht, erhalte seinen Sinn durch die Bedeutung, die die Wörter in der Sprache haben. Die Sprache sei es doch, die Gewähr dafür bietet, daß wir diese Wörter und diese Sätze verstehen. Das ist naiv. Es würde aber etwas dauern, wenn ich hier erklären müßte, warum.

Denken Sie sich einmal, die Bedeutung stünde im Wörterbuch, und Sie wollten den *Tractatus* verstehen, indem Sie Wort für Wort im Wörterbuch nachschlagen. Was da herauskäme, wäre abstrus.

Was Ihnen zum Verständnis insbesondere fehlen würde, ist: die Wörter in Sätzen, die Sätze im Text, der Zusammenhang und viel, viel Vorwissen.

Was für das Verstehen des *Tractatus* wichtig ist, können wir uns in drei konzentrischen Ringen um diesen kurzen Text herum denken:
1. der textuelle Zusammenhang;
2. der wissenschaftliche Kontext und Diskurs;
3. der Lebenszusammenhang.

Der textuelle Zusammenhang

Der *Tractatus* ist eine hochstrukturierte Zusammenstellung von Bemerkungen. Sie stammen fast alle – öfter leicht variiert – aus den sog. *Notebooks* oder dem *Prototractatus* – wie schon geschildert.
Dabei stellen sich besonders zwei Fragen:
– Wo fängt das Ganze an?
– Was gehört zum *Tractatus*?

Zur ersten Frage: Wo fängt das Ganze an? Die Gedanken beschäftigen Wittgenstein schon lange. Wie sie in ein Buch laufen, ist ein komplexer Prozeß. Wenn wir klassisch von einem Buch reden, legen wir den Fokus viel zu stark auf das Produkt. Statt dessen sollten wir dieses Buch viel mehr als Prozeß sehen. Wittgenstein selbst sah im *Tractatus* damals noch das definitive Werk, später aber die ganze Philosophie als Prozeß. Einen Anklang finden wir schon im *Tractatus*: „Die Philosophie ist keine Lehre, sondern eine Tätigkeit."[65]

Nun zur zweiten Frage: Und was gehört dazu? Warum grenzt man so ab?

Was man zum Verstehen braucht oder nützlich ist, gehört irgendwie dazu. Viele denken vielleicht, bei einem Buch sollte das nichts Widersprüchliches sein. Aber im textuellen Zusammenhang gibt es dauernd Widersprüche, andere Aspekte, andere Zugänge, neue Versuche.

Soll man das eskamotieren? Warum?

Eine andere Schwierigkeit des Verstehens hängt mit dem Stil des *Tractatus* und seiner literarischen Qualität zusammen. Wittgenstein hat sich dazu in einem Brief an Ludwig von Ficker geäußert: „Die Arbeit ist streng philosophisch und zugleich literarisch, es wird aber doch nicht darin geschwefelt."⁶⁶

Der Stil ist lapidar, epigrammatisch (jemand hat gesagt: wuchtig. Das stimmt aber nicht ganz). Wie das Grundgesetz eher oder biblisch, auf jeden Fall apodiktisch wie ein Gesetz. Nicht argumentativ, sondern dogmatisch.

Wenn man diese Schreibe ernst nehmen kann, ist sie eindrucksvoll. Ich habe sie ernst nehmen können. Aber jetzt konveniert sie mir weniger: Wie man sich so wichtig nehmen kann!

Und dann ist zu erwähnen der Stilwille, auch in der einfachen Sprache, die nicht einfach ist. Sie bleibt eher enigmatisch. Man muß so viel interpolieren, zum Verstehen so viele Löcher füllen. Zu Drury sagte Wittgenstein 1949: „Im *Tractatus* sollte jeder Satz als Kapitelüberschrift aufgefaßt werden, die der weiteren Erläuterung bedarf. Mein jetziger Stil ist ganz anders; diesen Irrtum versuche ich zu vermeiden."⁶⁷

Da kann man sich vorstellen, wie schwer das zu verstehen ist, wenn man das meiste selbst ausführen müßte. Und dann noch die vielen dunklen Sätze.

Interpretationen des Tractatus greifen deshalb immer wieder auf die *Notebooks* zurück. Und Joachim Schulte sagt zu Recht: „Um einen Einblick in Wittgensteins Arbeitsweise und in gewissem Maße auch in die Art seines Denkens zu bekommen, gibt es keine bessere Übung als die Lektüre einiger Nachlaßarbeiten im Original."⁶⁸

Der Autor hat viel mehr des textuellen Zusammenhangs und er rekurriert selbstverständlich auf sein gesamtes Vorwissen. Er wird sich natürlich ein bißchen einstellen auf das Vorwissen und den Zusammenhang, den er bei seinem Leser voraussetzen zu können glaubt. Ein bißchen.

Die Frage bleibt: Können wir daraus ein Buch machen oder wie viele? Wie können wir daraus ein Buch machen? Dürfen wir

Schnitte legen in all die feinen Übergänge und Varianten? Oder müßten wir nicht eher den Prozeß abbilden, soweit wir ihn erkennen können? Unsere ganze Kultur betont das Produkt. Wir selbst erkennen nicht, daß der Prozeß das Wichtige ist.

Der wissenschaftliche Kontext und Diskurs

Ein Buch, das ist eine ganze Geschichte. Ein Buch ist ein Prozeß. Es wäre kurzsichtig, es nur als das Produkt zwischen den Deckeln zu sehen. Der Prozeß bleibt nun allerdings nicht nur beim Autor.

Wir wissen: Ein Buch hat auch eine Rezeption, eine Rezeptionsgeschichte. Jetzt kann ich im Rückblick sprechen, kann alles von einem späteren Zeitpunkt aus sehen. Und das ist normal: den jetzigen Stand, das Produkt verstehen nach dem, wie es entstanden ist. Die *Logisch-Philosophische Abhandlung* hat ihren Weg gemacht. Sie wurde – wie man sagt – ein Manifest des Positivismus. Da wurde sie nicht ganz richtig verstanden, nicht einmal der explizite Teil.

Was uns so schwerfällt, ist, den Diskussionszusammenhang zu rekonstruieren, in dem Wittgenstein dachte. Seine Protagonisten sind Frege und Russell. Frege bewunderte er wegen seiner „großartigen Werke". Wir finden im *Tractatus* öfter ein Frege-Echo: „Nur im Zusammenhang eines Satzes hat ein Name Bedeutung."[69] „Nur im Zusammenhang eines Satzes bedeuten die Wörter etwas."[70]

Von Russell setzte er sich öfter ab, ohne daß Russell das immer merkte. So ist zum Beispiel die Betonung der Grenzen der Sprache gegen Russells Typentheorie gerichtet, in der bestimmte Probleme durch Aufeinandertürmen von Metasprachen gelöst werden sollten. Russell vermutet auch, daß – da Wittgenstein eine ganze Menge über das Unsagbare sagt – es ein Schlupfloch durch eine Hierarchie der Sprachen geben müsse.[71] Ähnlich die Betonung der Trivialität der Logik, die aber nicht verhindern konnte, daß Russell meinte, daß Wittgenstein sich mit den Bedingungen der Konstruktion einer perfekten Sprache befaßt habe. Ebenso versuchte Wittgenstein gerade in Absetzung von Russell zu zeigen, daß mathematische und logische Wahrheiten gerade nichts mit der wissenschaftlichen Wahrheit zu tun haben. Wittgensteins Ansatz ist, wie manche sagen würden, transzendental. Übrigens ein Gesichtspunkt, der Wittgenstein geblieben ist in den späteren Sprachspielen.

Der Lebenszusammenhang

Ein Buch ist eine lange Geschichte. Es wird vor allem ein Stück Lebensgeschichte des Autors sein; wir sehen im Buch meistens einen zu kleinen Ausschnitt. In der Genese des *Tractatus* können wir das eindrucksvoll nachvollziehen.

Wir kommen zum nicht geschriebenen zweiten Teil des *Tractatus,* zur anderen Seite dieses Buchs. McGuinness weist uns darauf hin: „Yet there is a striking parallel between his problems with his personality and his problems with logic."[72]

Davon haben wir ein manifestes Zeugnis: die *Notebooks.* Die *Notebooks* haben tatsächlich zwei Seiten, eine rechte und eine linke jeweils. Sie zeigen den Zusammenhang von Philosophie und Leben. Ein Aspekt der linken Seite ist das Thema Philosophie und Sünde. Hierzu eine Episode, die Russell uns erzählt: „Er besuchte mich jeden Abend um Mitternacht und lief wie ein wildes Tier drei Stunden lang in erregtem Schweigen in meinem Zimmer hin und her. Einmal sagte ich zu ihm: ‚Denken Sie über die Logik oder über Ihre Sünden nach?' ‚Über beides', antwortete er und lief weiter."[73]

In den *Notebooks*[74] bekommen wir etwas von der anderen Seite. Hier werden Geist und Leben einander entgegengehalten und abgewogen; der Spannung wird in häufig vorkommenden, an Gebete gemahnenden Ausrufen Luft gemacht. Seine philosophische Arbeit und intellektuellen Nöte kommentiert Wittgenstein – wie wohl viele andere auch – in den persönlichen Aufzeichnungen fast täglich.

Nicht gearbeitet. (10. 8. 1914)
Jeden Tag viel gearbeitet. (8. 9. 1914)
Ziemlich viel gearbeitet, aber ziemlich hoffnungslos. (24. 9. 1914)
Nicht gearbeitet. Viel gedacht. Lage noch unentschieden. (12. 3. 1915
Nicht gearbeitet. Depressionen. Druck auf die Brust. (14. 3. 1915)
Und noch immer arbeite ich nicht. Werde ich je wieder arbeiten??!! (15. 3. 1915)

Wir sehen die Arbeit im Mittelpunkt dieser Registrierung. Sorgsam verzeichnet Wittgenstein die empfangenen und abgesandten Briefe und Karten, ebenso listet er seine Lektüre auf.

Wie über die Welt des Geistes wird auch über die äußere Welt Buch geführt. Hierher gehören die sich ständig wiederholenden Klagen über die Roheit der Mannschaft, die Beschränktheit der Offiziere, die Härten des Dienstes und des Krieges.

„Jede Nacht stehe ich auf der Kommandobrücke ... Mein Vorhaben der vollkommenen Passivität habe ich noch nicht recht ausgeführt. Die Niedertracht der Kameraden ist mir noch immer schrecklich. Aber nur bei sich bleiben. Arbeite täglich etwas, noch ohne rechten Erfolg, obwohl schon manches aufdämmert." (29. 8. 1914)

Und der eigene Körper. Wittgenstein verzeichnet das Auf und Ab seiner Triebe:

> Ich bin auf dem Wege zu einer großen Entdeckung. Aber ob ich dahingelangen werde?!
> Bin sinnlicher als früher. Heute wieder o. (5. 9. 1914)
> In den letzten Tagen wieder etwas sinnlich. (27. 9. 1914)
> SEHR sinnlich! Unentschlossen ruheloser Geist. (10. 3. 1915)

Das geistige Wollen und die hindernden eigenen Triebe wie die widrigen Umstände des äußeren Daseins sind ebenso präsent wie die Verzeichnung der geleisteten oder nicht geleisteten geistigen Arbeit. Tägliches Abwägen der Gegensätze spiegelt den Zustand Wittgensteins wider.

> Selbst dann, wenn – wie jetzt abends – ich nicht deprimiert bin, fühle ich mich doch nicht so recht frei. (9. 11. 1914)
> Die guten Stunden des Lebens soll man als Gnade dankbar genießen und sonst gegen das Leben gleichgültig sein. Heute habe ich lange mit einer Depression gekämpft, dann nach langer Zeit wieder onaniert und endlich den vorigen Satz geschrieben. (12. 10. 1914)
> Es ist unheimlich schwer, sich dem Bösen immerzu zu widersetzen. (18. 9. 1914)

In den Aufzeichnungen zieht er Bilanz und überprüft, wie sein Befinden zustande kommt. Die Möglichkeiten schwanken dabei zwischen zwei Extremen: Er kann als Sieger hervorgehen; der Sieg bedeutet ein vom Geist bestimmtes und ein dem Geist gewidmetes Leben. Oder er kann sich im Fleischlichen verlieren, im Bösen untergehen, was letztendlich für den Wittgenstein der Kriegsjahre Selbstmord bedeutet hätte.[75] Von Oktober bis Dezember 1914 durchlebt Wittgenstein eine gute Zeit, die Arbeitsergebnisse sind trotz härtester äußerer Bedingungen sehr zufriedenstellend. Über Neujahr ist er in Wien, als er an die Front zurückkommt, findet er nicht mehr in die Arbeit zurück und gerät in eine überaus schwere Krise, die bis Mitte April dauert. Am 16. 4. 1915 kommt neben dem Eintrag „Sehr sinnlich. O jeden Tag" wie ein Aufatmen ein „Ich arbeite", das sich dann fast täglich wiederholt, um schließlich am 1. 5. 1915 in den Ausruf „Die Gnade der Arbeit!" zu münden. Dann nehmen die Einträge in den persönlichen Aufzeichnungen rapide ab, während sich die Seiten der philosophischen Einträge füllen. Die persönlichen Eintragungen ins dritte Notizbuch auf der linken Seite beginnen wahrscheinlich am 28. 3. 1916 mit: „... und müsse mir das Leben nehmen. Ich litt *Höllenqualen*. Und doch war mir das Bild des Lebens so verlockend, daß ich wieder leben wollte. Erst dann werde ich mich vergiften, wenn ich mich wirklich vergiften will."

Die Aufzeichnungen enden am 10. 1. 1917 mit einer klaren Absage an die Möglichkeit des Selbstmords. „Denn der Selbstmord ist sozusagen die elementare Sünde."

Die Absage an den Selbstmord ist eine Bejahung des Lebens.

„Solch einen Wunsch habe ich jetzt zu leben! Und es ist schwer auf das Leben zu verzichten, wenn man es einmal gern hat. Das ist eben ‚Sünde', unvernünftiges Leben, falsche Lebensauffassung." (29. 7. 1916)

Im Juli und August 1916 tritt ein neues Zentralthema in den Vordergrund: Glücklich oder unglücklich sein. Das erste Mal taucht *glücklich* am 28. 5. 1916 in den persönlichen Aufzeichnungen auf: „Ich sollte glücklicher sein."

Dieser erste Keim einer Sehnsucht nach Glücklich-Sein ist noch eingebettet in Einträge, die eine Sehnsucht nach Gut-Sein ausdrücken: „Gott mache aus mir einen besseren Menschen!" (21. 5. 1916) und

Arbeit nur fort, damit du gut wirst. (20. 7. 1916)
Lebe in der Sünde dahin, d. h. bin unglücklich. Bin verdrossen, freudlos. Lebe mit meiner ganzen Umgebung in Unfrieden. (11. 8. 1916)

Du weißt, was du zu tun hast, um glücklich zu leben; warum tust du es nicht? Weil du unvernünftig bist. Ein schlechtes Leben ist ein unvernünftiges Leben. Es kommt darauf an, sich nicht zu ärgern. (12. 8. 1916)

Dazwischen auch philosophischere Einträge von Juli und Anfang August, die nicht zuletzt um das Thema des Glücklich-Seins kreisen und öfter wie im Tractatus weggelassen klingen. Sicherlich war das Autorwille. Aber unser Verständnis können sie schon verbessern.

Und insofern hat wohl auch Dostojewski recht, wenn er sagt, daß welcher gücklich ist, den Zweck des Dasein erfüllt. (6. 7. 1916)
Ich bin entweder glücklich oder unglücklich, das ist alles. (8. 7. 1916)
Man kann sagen, gut oder böse gibt es nicht.
Wer glücklich ist, der darf keine Furcht haben. Auch nicht vor dem Tode.
Um glücklich zu leben, muß ich in Überstimmung sein mit der Welt.
Und dies heißt ja ‚glücklich sein'.
Lebe glücklich! (14. 7. 1916)
Immer wieder komme ich darauf zurück, daß einfach das glückliche Leben gut, das unglückliche schlecht ist. Und wenn ich mich *jetzt* frage: aber *warum* soll ich gerade glücklich leben, so erscheint mir das von selbst als eine tautologische Feststellung; es scheint, daß sich das glückliche Leben von selbst rechtfertigt, daß es das einzig richtige Leben *ist*. (30. 7. 1916)
Alles dies ist eigentlich in gewissem Sinne tief geheimnisvoll!
Es ist klar, daß sich die Ethik nicht aussprechen *läßt!* (2. 8. 1916)
Die Welt ist dann an sich weder gut noch böse.
Gut und Böse tritt erst durch das *Subjekt* ein. Und das Subjekt gehört nicht zur Welt, sondern ist eine Grenze der Welt.
Die völlige Unklarheit aller dieser Sätze ist mir bewußt.
Nach dem Früheren müßte also das wollende Subjekt glücklich oder unglücklich sein, und Glück und Unglück können nicht zur Welt gehören.
Wie kann der Mensch überhaupt glücklich sein, da er doch die Not dieser Welt nicht abwehren kann? (2. 8. 1916)

Ein Buch ist eine lange Geschichte. Es wird ein Stück Geistesgeschichte sein. Wittgenstein – das sind zwei, sagt man. Aber natürlich, auch ich bin viele. Wenigstens die zwei sollte man aber sehen: den *Tractatus* und die *Philosophischen Untersuchungen.*

„Dann wollte ich auch mein späteres Buch, mein eigentliches Buch auch nennen: ‚Philosophische Untersuchungen der Logisch-Philosophischen Abhandlung entgegengestellt'. Ja, ich wollte sogar beide in einem Buch unter einem Deckel. Denn eigentlich ist es weder so noch so. Es ist beides. Und wenn man es verstehen will, braucht man beides."[76]

Beides muß man verstehen. Und sei es auch nur, um den entscheidenden Unterschied zu sehen. Gegen den *Tractatus* sagt Wittgenstein im Vergleich: „An einer dogmatischen Darstellung kann man erstens aussetzen, daß sie gewissermaßen arrogant ist. Aber das ist noch nicht das Schlimmste. Viel gefährlicher ist ein anderer Irrtum, der auch mein ganzes Buch durchzieht, das ist die Auffassung, als gäbe es Fragen, auf die man später einmal eine Antwort finden werde."[77]

Ein Buch des Jahrhunderts wird eines nur sein, wenn es dazu gemacht wird. Zuerst einmal von den Rezipienten. Dann aber auch von denen, die es zu einem solchen erklären. Den Sinn dessen sehe ich vor allem darin, daß wir uns damit befaßt haben.

Wenn Wittgenstein ein Buch des Jahrhunderts geschrieben hat, dann hoffe ich, die *Philosophischen Untersuchungen* oder sogar *Über Gewißheit.* Davon möchte ich Ihnen noch einen Geschmack geben: „Aber mein Weltbild habe ich nicht, weil ich mich von seiner Richtigkeit überzeugt habe; auch nicht, weil ich von seiner Richtigkeit überzeugt bin. Sondern es ist der überkommene Hintergrund, auf welchem ich zwischen wahr und falsch unterscheide. Die Sätze, die dies Weltbild beschreiben, könnten zu einer Art Mythologie gehören. Und ihre Rolle ist ähnlich der von Spielregeln, und das Spiel kann man auch rein praktisch, ohne ausgesprochene Regeln, lernen."[78]

„Du mußt bedenken, daß das Sprachspiel sozusagen etwas Unvorhersehbares ist. Ich meine: Es ist nicht begründet. Nicht vernünftig (oder unvernünftig). Es steht da – wie unser Leben."[79]

Aber diese beiden Werke kann man vielleicht nur der Reihe nach verstehen. Und so war es gut, mit dem *Tractatus* anzufangen.

WOLFGANG SCHLUCHTER

Max Weber:
Wirtschaft und Gesellschaft.
Grundriß der verstehenden Soziologie (1921/22)

1. Vorbemerkung

Die *International Sociological Association* machte jüngst eine Umfrage unter ihren Mitgliedern. Sie wollte wissen, welche soziologischen Bücher des 20. Jahrhunderts aus der Sicht der Fachvertreter als die wichtigsten anzusehen seien. Mit weitem Abstand rangierten zwei ‚Bücher' Max Webers ganz oben: *Wirtschaft und Gesellschaft* und *Die Protestantische Ethik*. Die Herausgeber waren also gut beraten, Max Webers *Wirtschaft und Gesellschaft* auf ihre Liste der *Bücher des Jahrhunderts* zu setzen. Auch in Fachkreisen gilt *Wirtschaft und Gesellschaft* als ein, vielleicht sogar als *das* soziologische Jahrhundertwerk.

Wer die bisherigen Beiträge gelesen hat, über Sigmund Freuds *Traumdeutung*, über Edmund Husserls *Logische Untersuchungen* oder Oswald Spenglers *Untergang des Abendlandes*, verfolgte sicherlich nicht nur die dabei vorgelegten Analysen mit Interesse, sondern hielt auch die besprochenen Bücher schon einmal in Händen. Dies ist auch bei Max Webers *Wirtschaft und Gesellschaft* möglich, denn es existiert eine vom Tübinger Verlag J. C. B. Mohr (Paul Siebeck) herausgegebene kartonierte Studienausgabe, die das Werk als *ein* ‚Buch' unter dem Titel *Wirtschaft und Gesellschaft. Grundriß der verstehenden Soziologie* präsentiert. Doch wer dieses Buch in die Hand nimmt, sieht sich in doppeltem Sinne betrogen: Weder handelt es sich bei Max Webers Werk um ‚ein Buch', noch ist der Titel *Wirtschaft und Gesellschaft* korrekt. Der Untertitel gar, *Grundriß der verstehenden Soziologie*, stammt überhaupt nicht von Max Weber, sondern vom zweiten Herausgeber, der Obertitel ist zwar vom Autor, doch hat er ihn spätestens seit 1914 für den ursprünglich vorgesehenen Zweck offiziell nicht mehr benutzt. Wir haben also diesen Sachverhalt zu konstatieren: Ich spreche hier im Rahmen der *Bücher des Jahrhunderts*, über ein Buch, das es gar nicht gibt!

Nun zeigt aber die Umfrage der *International Sociological Association*, daß auch die Fachwissenschaftler von der Existenz eines Buches mit dem Titel *Wirtschaft und Gesellschaft* überzeugt sind. Dafür muß es Gründe geben, und sie liegen in den damaligen Editionszielen. Tatsächlich haben die bisherigen Herausgeber, zunächst Max Webers Witwe Marianne in Zusammenarbeit mit Melchior Palagyi, dann Johannes Winckelmann, den Versuch gemacht, Max Webers teilweise nachgelassenes Werk als *ein* Buch in Teilen zu rekonstruieren, wobei sich ihre Leitlinien zwar im Detail, nicht aber im Grundsatz unterscheiden. Aber gerade dieser Grundsatz ist falsch. Man ist an Karl Marx und Friedrich Nietzsche erinnert: Was beim *Kapital* der Freund und beim *Willen zur Macht* die Schwester, war bei *Wirtschaft und Gesellschaft* die Witwe. Alle legten sie eine falsche Fährte, die die Rezeption bis heute bestimmt hat und noch weiter bestimmt.

Versuchen wir deshalb zunächst, den werkgeschichtlichen Zusammenhang zu klären, bevor wir zum methodischen und sachlichen Zusammenhang kommen, zur Bedeutung des Werkes für die Soziologie und darüber hinaus.

2. Der werkgeschichtliche Zusammenhang

Im Jahre 1909 gelang es dem Verleger Paul Siebeck, Max Weber für ein Projekt zu gewinnen, das den Titel *Handbuch der politischen Ökonomie* trug. Paul Siebeck ging es darum, ein sehr erfolgreiches Handbuch gleichen Namens, das Gustav von Schönberg für ihn herausgegeben hatte, das aber inzwischen veraltet war, in neuer Konzeption vorzulegen, als ein Kompendium, das ‚the state of the art' in der Nationalökonomie der Zeit repräsentieren sollte. Gustav von Schönberg war 1909 gestorben, so daß diesem Projekt auch kein Pietätsgrund entgegenstand.[1]

Max Weber erklärte sich nach langem Zögern bereit, das neue Handbuch redaktionell zu betreuen, den Stoff zu gliedern und die Mitarbeiter zu werben, die, neben ihm, alle als *Mitherausgeber* fungieren sollten. Er selbst wollte ursprünglich mehrere Artikel beisteuern. Einen davon überschrieb er „Wirtschaft und Gesellschaft", und dieser Beitragstitel findet sich denn auch im Stoffverteilungsplan vom Mai 1910, der über die ursprüngliche Gliederung dieses Handbuchs Auskunft gibt. Man hatte sich, nach einigem Hin und Her und nach mehrmals geplatzten Terminen, schließlich darauf verständigt, die Manuskripte bis zum 15. Januar 1912 zu liefern. Einzelne taten dies tatsächlich, die Mehrzahl aber nicht. Immer wieder kam es zur Verschiebung des Abgabetermins, wie bei solchen Kollektivunternehmungen üblich. Es dauerte schließlich bis in die zweite Hälfte des Jahres 1914, bevor mit der Veröffentlichung tatsächlich begonnen werden konnte. Die ersten Bände wurden ausgeliefert. Aber der Krieg machte die geplante Veröffentlichungsfolge schnell zunichte.

Max Weber schrieb, aber wohl nur sporadisch, von 1910 bis 1912 an seinem Beitrag „Wirtschaft und Gesellschaft". Als sich herausstellte, daß das Handbuch Ende 1912 nicht veröffentlicht würde, nahm er im Herbst 1912 einen neuen Anlauf. Inzwischen hatte er seine schriftstellerische Arbeit für dieses Handbuch ganz auf diesen Beitrag mit dem Titel „Wirtschaft und Gesellschaft" konzentriert. Große Teile der aus dem Nachlaß überlieferten Manuskripte für diesen Beitrag sind denn auch vermutlich erst im Jahre 1913 entstanden, so die berühmte Herrschaftssoziologie und die Religionssystematik, ferner die später separat veröffentlichten Skizzen zur Wirtschaftsethik der Weltreligionen. Max Weber nannte seinen Beitrag für das Handbuch jetzt auch immer häufiger „meine Soziologie". Schließlich wurde in der ersten Hälfte des Jahres 1914 das Handbuch in *Grundriß der Sozialökonomik* umbenannt, und Max Weber gab seinem anschwellenden Manuskript auch einen neuen Titel. Er lautet etwas sperrig: „Die Wirtschaft und die gesellschaftlichen Ordnungen und Mächte". Er begründete diese Titelwahl im 1914 erschienenen „Vorwort" zum nunmehrigen *Grundriß der Sozialökonomik* indirekt wie folgt:

„Ausgiebiger, als dies gewöhnlich geschieht, sind andererseits in mehreren Sonderdarstellungen (in Buch I und III) die Beziehungen der Wirtschaft zur Technik und ebenso zu den gesellschaftlichen Ordnungen behandelt worden. Und zwar absichtlich so, daß dadurch auch die Autonomie dieser Sphären gegenüber der Wirtschaft deutlich hervortritt: Es wurde von der Anschauung ausgegangen, daß die Entfaltung der Wirtschaft vor allem als eine besondere Teilerscheinung der allgemeinen Rationalisierung des Lebens begriffen werden müsse."

Der neue Beitragstitel „Die Wirtschaft und die gesellschaftlichen Ordnungen und Mächte" reflektiert diese Intention ziemlich genau.

Max Weber hatte seinen Beitrag bei Ausbruch des Krieges noch nicht druckfertig. Er sollte im Oktober 1914 in Satz gehen und im Laufe des Jahres 1915 erscheinen. Dazu kam es nicht. Denn er legte das Manuskript in die Schublade und verdingte sich bei der Heidelberger Lazarettverwaltung, wo er fast ein Jahr lang Dienst tat. Als er an seinen Schreibtisch zurückkehrte, wandte er sich nicht seinem Grundrißbeitrag, sondern den Skizzen über die Wirtschaftsethik der Weltreligionen zu. Das bereits weit gediehene Manuskript für den *Grundriß*, seine Soziologie, ließ er ruhen und holte es erst wieder hervor, als er 1918 in Wien während einer Gastprofessur Vorlesungen zu halten hatte. Aber vermutlich erst im Sommer 1919 arbeitete er daran wieder mit dem Ziel, es zu publizieren. Nun ging es ihm aber nicht mehr darum, das alte Manuskript bloß zu vervollständigen, sondern, auf seiner Grundlage, ein ganz neues zu schreiben. In einem Brief vom 27. Oktober 1919 an seinen Verleger Paul Siebeck heißt es: „Das dicke *alte* Manuskript muß ganz gründlich umgestaltet werden und dabei bin ich (bzw. war ich) eben." Nichts sollte offenbar so bleiben, wie es war.

Ob er für das entstehende *neue* Manuskript nun den Titel „Soziologie" gewählt hätte, läßt sich nicht mit Sicherheit sagen. Sicher freilich ist: Spätestens seit 1914 wurde von ihm offiziell der ursprüngliche Beitragstitel „Wirtschaft und Gesellschaft" nicht mehr als Beitragstitel, sondern als Abteilungstitel geführt, und dies ist auch in der Titelei, die der ersten Lieferung des gründlich umgestalteten Manuskripts voransteht, respektiert. Sicher ist auch: Zum Zeitpunkt seines Todes, im Juni 1920, war er mit der gründlichen Umgestaltung des dicken alten Manuskripts noch nicht allzu weit gekommen. Nur vier Kapitel standen im Satz, vom vierten zudem vermutlich nur ein Teil.

Wir haben also folgende werkgeschichtliche Entwicklung unseres Jahrhundertbuches zu beachten:
1. Max Webers Hauptbeitrag zum *Handbuch der politischen Ökonomie*, später: *Grundriß der Sozialökonomik*, entwickelt sich in drei Phasen: von 1910 bis 1912, von Ende 1912 bis Mitte 1914, von Mitte 1919 bis zu seinem Tod. Dabei werden die zuvor ge-

schriebenen Texte auf der Grundlage der sich verändernden Konzeption teilweise umgearbeitet, teilweise ausgegliedert.
2. Die Version von 1919/1920 baut zwar auf dem dicken alten Manuskript von 1914 auf, doch dient dieses nur noch als Material für eine Neugestaltung. Daraus entsteht jene Fassung, die Max Weber 1920 noch selbst zum Druck zu geben beginnt, die aber unvollendet bleibt.
3. Weber verändert in jeder Bearbeitungsphase den Beitragstitel: Aus „Wirtschaft und Gesellschaft" (1. Phase) wird „Die Wirtschaft und die gesellschaftlichen Ordnungen und Mächte" (2. Phase), daraus vermutlich „Soziologie" (3. Phase).

3. Der methodische und sachliche Zusammenhang

Warum ist dieses Fragment gebliebene Werk so bedeutend? Dazu möchte ich einige methodische und sachliche Überlegungen anbieten.

Max Weber arbeitete am Ende seines Lebens außer an seinem Beitrag für den *Grundriß* an einem zweiten Großprojekt, den *Gesammelten Aufsätzen zur Religionssoziologie*, die auf vier Bände angelegt waren. Beide Projekte sollen sich, folgt man seinen eigenen Aussagen, wechselseitig ergänzen und erläutern. Beide sind auf die Klärung desselben Problems gerichtet: Worin besteht die Eigenart der okzidentalen Kulturentwicklung, und wie ist sie entstanden?

Die „Vorbemerkung" zu den Gesammelten Aufsätzen zur Religionssoziologie

Zunächst zu den *Gesammelten Aufsätzen zur Religionssoziologie*. Ihnen ist eine „Vorbemerkung" vorangestellt. Diese hebt mit den folgenden bemerkenswerten Sätzen an:

„Universalgeschichtliche Probleme wird der Sohn der modernen europäischen Kulturwelt unvermeidlicher- und berechtigterweise unter der Fragestellung behandeln: welche Verkettung von Umständen hat dazu geführt, daß gerade auf dem Boden des Okzidents, und nur hier, Kulturerscheinungen auftraten, welche doch – wie wenigstens wir uns gern vorstellen – in einer Entwicklungsrichtung von *universeller* Bedeutung und Gültigkeit lagen?"[2]

Diese Sätze, oft mißverstanden, sind in dreifacher Hinsicht von Interesse:

1. Wissenschaftliche Fragestellungen sind in einer partikularen Kulturwelt verankert und lassen sich daraus nicht lösen (Wertbeziehungslehre).
2. Eine Beziehung auf partikulare Kulturwerte ist deshalb auch in der Soziologie unvermeidlich und berechtigt (Kulturzentrismus).
3. Dieser Kulturzentrismus ist allerdings in erster Linie heuristischer Natur, weil der mit ihm verbundene universelle Bedeutungs- und Geltungsanspruch grundsätzlich problematisch ist (regulativer Universalismus).

Soziologie ist also eine wertbeziehende und darin wertgebundene Kulturwissenschaft und als solche zugleich Erfahrungswissenschaft.

Die „Soziologischen Grundbegriffe" aus dem Beitrag zum Grundriß der Sozialökonomik

Lassen wir diesem ersten Blick in das eine Großprojekt einen zweiten in das andere, in den Grundrißbeitrag, folgen. Hier wird bereits im Anfang deutlich, daß Soziologie darüber hinaus als eine *verstehende* Wissenschaft aufgefaßt wird. Denn in § 1 der „Soziologischen Grundbegriffe" heißt es:

„Soziologie (im hier verstandenen Sinn dieses vieldeutig gebrauchten Wortes) soll heißen: eine Wissenschaft, welche soziales Handeln deutend verstehen und dadurch in seinem Ablauf und seinen Wirkungen ursächlich erklären will. ‚Handeln' soll dabei ein menschliches Verhalten (einerlei ob äußeres oder innerliches Tun, Unterlassen oder Dulden) heißen, wenn und insofern als der oder die Handelnden mit ihm einen subjektiven *Sinn* verbinden. ‚Soziales' Handeln aber soll ein solches Handeln heißen, welches seinem von dem oder den Handelnden gemeinten Sinn nach auf das Verhalten *anderer* bezogen wird und daran in seinem Ablauf orientiert ist."[3]

Max Weber stellt also, wie der erste Satz verdeutlicht, das Verstehen in den Dienst des Erklärens. Anders als bei Wilhelm

Dilthey stehen sich beide Methoden nicht unvereinbar gegenüber, sondern ergänzen sich, bauen aufeinander auf. Dabei gibt es zwei Arten des Verstehens, Handlungsverstehen und Textverstehen.

Handlungsverstehen nennt Weber ein „erklärendes Verstehen" oder ein „verstehendes Erklären". Dies geht in seiner Sicht über das bloße „beobachtende Erklären" hinaus. In diesem Zusammenhang sollte man daran erinnern, daß er zwischen *Hypothesen* und *Idealtypen* unterscheidet. Hypothesen formulieren mehr oder weniger strikte Wenn-Dann-Beziehungen, die falsifiziert werden können. Idealtypen dagegen formulieren Handlungsmöglichkeiten, die ihren heuristischen Wert auch dann behalten, wenn ein Handelnder sie nicht ergreift. Nicht Falsifikation steht bei Idealtypen im Mittelpunkt, sofern sie sinnadäquat und kausaladäquat konstruiert sind, sondern die Abweichung des tatsächlichen Verlaufs vom konstruierten. Aber deshalb ist erklärendes Verstehen oder verstehendes Erklären keine mindere Form des Erklärens. Es ist ein Erklären mit Hilfe von „Bestimmungsgründen", von Motiven, die den Handelnden leiten. Man kann auch sagen: Es ist ein Erklären nicht mittels nomologischer Hypothesen, sondern mittels Handlungsprinzipien. Max Weber betonte immer wieder, dies steigere sogar die Erklärbarkeit eines Handlungsereignisses im Vergleich zu einem Naturereignis. Denn kenne man die Prinzipien, die den Handelnden leiten, so ergebe dies beim Handlungsereignis gegenüber dem Naturereignis ein Mehr an Berechenbarkeit.

Textverstehen, auch das Verstehen kultureller Überlieferungen, zielt dagegen nicht auf Erklären. Man kann zwar erklären wollen, wie ein Text oder eine kulturelle Überlieferung entstanden sind, doch sagt dies über den darin enthaltenen Sinnzusammenhang nichts aus. Beim Textverstehen geht es deshalb nicht um ein Erklären, sondern um ein Rekonstruieren. Im Mittelpunkt steht die plausible Rekonstruktion eines Sinnzusammenhangs.

Was sind nun die Kulturerscheinungen, die nur hier, also in der europäischen Kulturwelt, auftraten und von universeller Bedeutung *und* Gültigkeit zu sein scheinen? Ich greife drei davon heraus. Es sind:
1. der Anstaltsstaat als Rechts-, Verwaltungs- und Steuerstaat;
2. der marktwirtschaftliche Kapitalismus;

3. die theoretisch-experimentelle Wissenschaft, institutionalisiert vor allem in der Universität.

Es gibt zwei Weisen, diese Kulturerscheinungen zu betrachten:
a. die typologisch-vergleichende und
b. die entwicklungsgeschichtlich-zurechnende.

Erläutern wir diese beiden Betrachtungsweisen kurz an einem Beispiel.

a. Der typologische Vergleich am Beispiel der Herrschaftssoziologie

Wie der Beitragstitel von 1914 sagt, setzt Max Weber in seinem Grundrißbeitrag die wirtschaftlichen Ordnungen und Mächte in Beziehung zu den übrigen gesellschaftlichen Ordnungen und Mächten, um Obstruktions-, Indifferenz- und Begünstigungsverhältnisse zwischen ihnen aufzudecken. Zu diesen übrigen gesellschaftlichen Ordnungen und Mächten gehören die religiösen, politischen und sozialen, alle mehr oder weniger herrschaftlich verfaßt. Herrschaft ist deshalb, wie Macht und Disziplin, ein universelles Phänomen.

Wie definiert Max Weber Herrschaft? Schauen wir uns zunächst wieder die „Soziologischen Grundbegriffe" an. In § 16 heißt es: „*Macht* bedeutet jede Chance, innerhalb einer sozialen Beziehung den eigenen Willen auch gegen Widerstreben durchzusetzen, gleichviel worauf diese Chance beruht. *Herrschaft* soll heißen die Chance, für einen Befehl bestimmten Inhalts bei angebbaren Personen Gehorsam zu finden; *Disziplin* soll heißen die Chance, kraft eingeübter Einstellung für einen Befehl prompten, automatischen und schematischen Gehorsam bei einer angebbaren Vielheit von Menschen zu finden."[4]

Was fällt an dieser Definition von Herrschaft auf?

Mir scheint, zumindest drei Aspekte sollten hervorgehoben werden:

1. Herrschaft ist die Eigenschaft einer sozialen Beziehung, nicht einer Person.
2. Bei einer Herrschaftsbeziehung ist, im Unterschied zu einer Machtbeziehung, die Gehorsamschance definiert, und, im Unterschied zu einer Disziplinbeziehung, reflexiv verfügbar.

3. Eine Herrschaftsbeziehung ist nicht von vornherein legitim. Legitimität ist jedenfalls kein Bestandteil der Ausgangsdefinition. Eine legitime Herrschaft ist vielmehr ein besonderer Fall insofern, als hier aus Gehorsam eine Gehorsamspflicht und ein Mindestmaß an Gehorchenwollen auf seiten des Herrschaftsunterworfenen wird.

Tatsächlich kann eine Herrschaftsbeziehung, so Weber, in unterschiedlicher Weise garantiert sein, und zwar zunächst einmal innerlich, durch Dispositionen, sodann äußerlich, durch Anreize und Sanktionen. Die Dispositionen wiederum können „affektuell" oder „werthaft" sein, sei diese Werthaftigkeit religiös oder nichtreligiös, nichtrational oder rational (wertrational) fundiert. Es können aber auch reine Nützlichkeitserwägungen vorherrschen. In diesem Fall kann man sagen: Die Dispositionen sind weder „affektuell" noch „werthaft", sondern „zweckhaft", und als solche können sie zweckrational sein, nicht über Norm-Maximen, sondern über Zweck-Maximen reguliert. Wichtig ist die Unterscheidung zwischen wert- und zweckhaft. Wert läßt sich dabei definieren als die Vorstellung einer Geltung, die der Bestimmungsgrund eines Handelns wird, Zweck aber als die Vorstellung eines Erfolgs, die ebenfalls Bestimmungsgrund eines Handelns wird. Eine Herrschaftsbeziehung kann sich aus der Sicht der Herrschaftsunterworfenen also in erster Linie entweder mit Erfolgsorientierungen oder mit Wertorientierungen verbinden, und deren Handlungspläne können in erster Linie über Nützlichkeitserwägungen oder über Werterwägungen koordiniert sein. Dem entspricht Max Webers Unterscheidung in Herrschaft kraft Interessenkonstellation und Herrschaft kraft Autorität. Ein Beispiel für die institutionelle Verkörperung einer Herrschaft kraft Interessenkonstellation ist der Markt, Beispiele für Herrschaft kraft Autorität aber sind Herrschaftsverbände aller Art, vom Staat über die Kirche bis zum Wirtschaftsunternehmen. Dabei ist Max Weber vor allem an der Differenzierung einer Herrschaft kraft Autorität, wir können auch sagen: der legitimen Herrschaft, interessiert. Ob der Autoritätsanspruch alltäglich oder außeralltäglich ist, ob er sich in Personen oder Institutionen verkörpert, ob ein Verwaltungsstab existiert oder nicht, schließlich: wie dieser Verwaltungsstab rekrutiert wird, dies sind einige der Gesichtspunkte, mit deren Hilfe Max Weber seine Herrschaftssoziologie in typologisch vergleichender

Max Webers Herrschaftssoziologie (typologischer Aufriß)

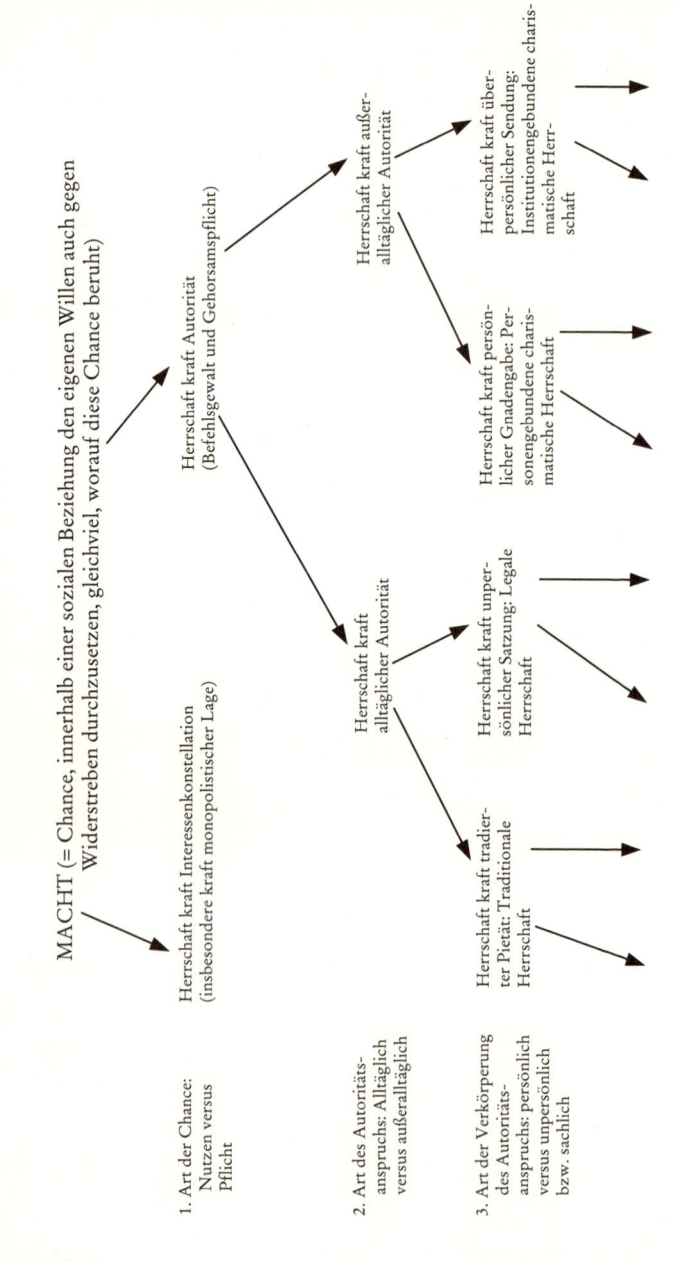

MACHT (= Chance, innerhalb einer sozialen Beziehung den eigenen Willen auch gegen Widerstreben durchzusetzen, gleichviel, worauf diese Chance beruht)

- Herrschaft kraft Interessenkonstellation (insbesondere kraft monopolistischer Lage)
- Herrschaft kraft Autorität (Befehlsgewalt und Gehorsamspflicht)
  - Herrschaft kraft alltäglicher Autorität
    - Herrschaft kraft tradierter Pietät: Traditionale Herrschaft
    - Herrschaft kraft unpersönlicher Satzung: Legale Herrschaft
  - Herrschaft kraft außeralltäglicher Autorität
    - Herrschaft kraft persönlicher Gnadengabe: Personengebundene charismatische Herrschaft
    - Herrschaft kraft überpersönlicher Sendung: Institutionengebundene charismatische Herrschaft

1. Art der Chance: Nutzen versus Pflicht

2. Art des Autoritätsanspruchs: Alltäglich versus außeralltäglich

3. Art der Verkörperung des Autoritätsanspruchs: persönlich versus unpersönlich bzw. sachlich

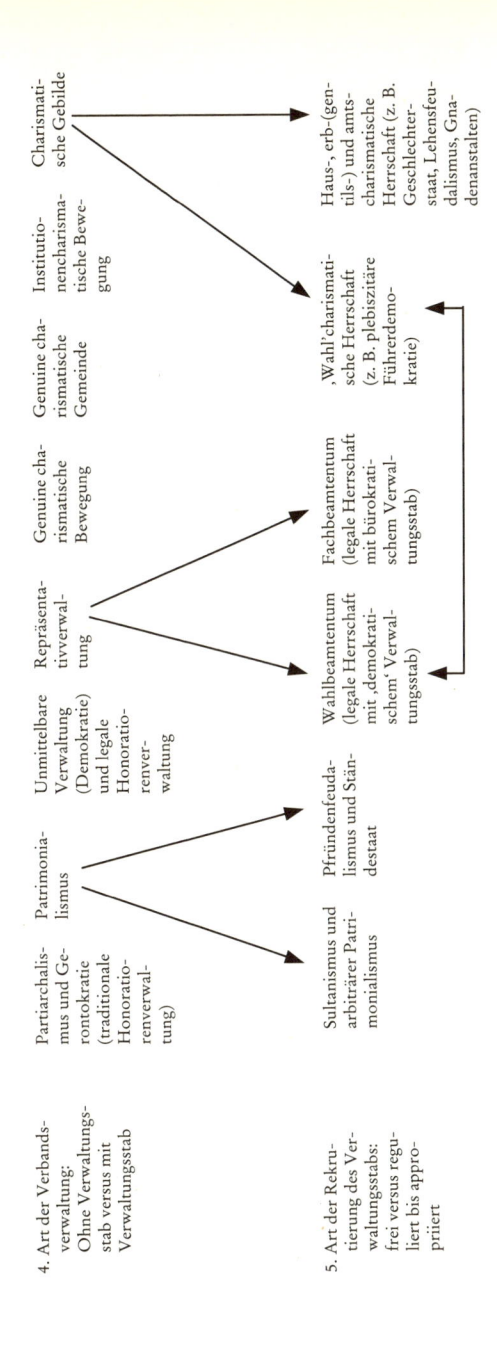

4. Art der Verbandsverwaltung: Ohne Verwaltungsstab versus mit Verwaltungsstab	Patriarchalismus und Gerontokratie (traditionale Honoratiorenverwaltung)	Patrimonialismus	Unmittelbare Verwaltung (Demokratie) und legale Honoratiorenverwaltung	Repräsentativverwaltung	Genuine charismatische Bewegung	Genuine charismatische Gemeinde	Institutionencharismatische Bewegung	Charismatische Gebilde
5. Art der Rekrutierung des Verwaltungsstabs: frei versus reguliert bis appropriiert	Sultanismus und arbiträrer Patrimonialismus	Pfründenfeudalismus und Ständestaat	Wahlbeamtentum (legale Herrschaft mit ‚demokratischem' Verwaltungsstab)	Fachbeamtentum (legale Herrschaft mit bürokratischem Verwaltungsstab)	‚Wahl'charismatische Herrschaft (z. B. plebiszitäre Führerdemokratie)	Haus-, erb- (gentils-) und amtscharismatische Herrschaft (z. B. Geschlechterstaat, Lehensfeudalismus, Gnadenanstalten)

Perspektive konstruiert. Ziel ist es dabei, die Eigenart, ja Sonderstellung des modernen Anstaltsstaates mit seinen internen Variationen herauszuarbeiten. Dessen Entstehung gilt es schließlich zu erklären, zusammen mit den übrigen Kulturerscheinungen von möglicherweise universeller Bedeutung und Gültigkeit, von denen die Rede war.

b. Die entwicklungsgeschichtliche Perspektive am Beispiel der Entstehung des rationalen Kapitalismus

Dies leitet über zu der entwicklungsgeschichtlichen Perspektive, die mit der typologischen verschränkt ist. Denn es gilt ja immer, die Eigenart, die Besonderheit einer Erscheinung zu identifizieren und dann ihre Entstehung zu erklären. Und für letzteres bedarf es der kausalen Zurechnung. Hier interessiert sich Max Weber nun aber nicht nur für den modernen Anstaltsstaat, sondern vor allem für den modernen Kapitalismus, ja für die oben angedeutete Konstellation von Kulturerscheinungen als Ganzes, weil alle über die Verkörperung eines eigentümlichen Rationalismus miteinander verbunden sind.

Fragt man nach der Verkettung von Umständen, die Max Weber in entwicklungsgeschichtlicher Perspektive vor allem im Auge hat, so stößt man auf fünf Revolutionen, die, zu verschiedenen Zeitpunkten und mit unterschiedlichem Gewicht, an der Entstehung des modernen Rationalismus mitgewirkt haben. Sie brachten Erfindungen hervor, die als historische Erbschaften in das kulturelle Gedächtnis und in das institutionelle Gefüge der europäischen Kulturwelt eingegangen sind. Zu diesen Revolutionen gehören:
– die päpstliche Revolution, in der die hierokratische Herrschaft zur Universalkirche ausgebaut und als sakramentale Heilsanstalt fest verankert wurde;
– die städtische Revolution, durch die der Stadtverband als autonome und autokephale Körperschaft mit Abendmahlsgemeinschaft geschaffen wurde;
– die feudale Revolution, durch die die politische Herrschaft kontraktualistisch interpretiert wurde;
– die wissenschaftliche Revolution, in der es gelang, rationalen Begriff und Experiment so zusammenzuschließen, daß daraus

eine technologische Entwicklung entsprang. Schließlich aber gab es noch
- die nachreformatorische Gesinnungsrevolution, die zu einer methodischen Lebensführung innerweltlicher Berufsaskese vor allem in bürgerlichen Schichten führte. Dieser Revolution hatte Max Weber in seiner Aufsatzfolge *Die protestantische Ethik und der ‚Geist' des Kapitalismus,* gleichfalls kein Buch, bereits in den Jahren 1904/05 nachgespürt.

Max Webers Soziologie ist also nicht allein eine wertbeziehende und verstehende Kulturwissenschaft, die vergleichende und entwicklungsgeschichtliche Perspektiven verwendet, sie ist auch eine Erfahrungs-, er sagt mitunter: eine Wirklichkeitswissenschaft, die Formationen wie die moderne europäische Kulturwelt ‚zweiseitig' analysiert, nämlich unter dem Gesichtspunkt der Wirkung von Ideen und Idealen auf Institutionen und Interessen einerseits, unter dem Gesichtspunkt der Wirkung von Interessen und Institutionen auf Ideen und Ideale andererseits. Eine Gesinnungsrevolution ist für ihn nicht eine einfache Funktion von Institutionen- oder Interessenkonstellationen. Dies zu beachten ist besonders wichtig, will man seine Erklärung der Entstehung der modernen europäischen Kulturwelt angemessen interpretieren.

Wirtschaft und Gesellschaft, das Buch, das es nicht gibt, ist also tatsächlich ein Jahrhundertwerk insofern, als es sowohl in seiner Methodik als auch in seiner Begrifflichkeit am universalhistorischen Material demonstriert, wie eine kultur- und sozialwissenschaftliche Analyse jenseits von Idealismus und Materialismus aussieht. Es ist zugleich ein Werk, in dem Menschheitsprobleme verhandelt werden. Insofern fordert es heraus zu Aneignung und Nachfolge. Beides darf freilich nicht kritiklos geschehen.

Dies folgt nicht allein aus dem fragmentarischen Charakter dieses Werks und anderer Werke Max Webers, die gleichfalls unvollendet blieben. Es folgt auch aus der Tatsache, daß die großen Kulturprobleme heute andere sind als zu Max Webers Zeit. Er machte noch nicht die Erfahrung des Totalitarismus, der nuklearen Bedrohung, der ökologischen Befürchtungen und des digitalen (Finanz-)Kapitalismus. Auch der Fundamentalismus, die Wiederbelebung des angeblichen Fundaments einer kulturellen Überlieferung im Kontext der Moderne und mit modernen Mitteln, etwa der Mobilisierung, war für ihn noch kein zentrales Problem.

Wenn sich die großen Kulturprobleme verändern, muß die Wissenschaft, so Max Weber in seinen frühen methodologischen Betrachtungen, ihren Standort und ihren Begriffsapparat wechseln.[5] *Wirtschaft und Gesellschaft* ist auch ein Werk des Jahrhunderts insofern, als es uns lehrt, wie man eine Soziologie in nichtreduktionistischer Manier auf der Höhe ihrer Zeit betreibt.

JÜRGEN MITTELSTRASS

Martin Heidegger
Diesseits und jenseits von *Sein und Zeit* (1927)

1. Vorbemerkung

In der Philosophie geht es manchmal wie im archaischen Polytheismus zu: Für jeden ist sein Gott der größte. Denkt man dabei an die jüngeren philosophischen Götter, dann sind diese für die einen z.B. Wittgenstein oder Frege, für die anderen z.B. Adorno oder Martin Heidegger. Manchmal hat man auch zwei Götter, Wittgenstein z.B. und Frege, oder gar mehrere. Das ist im Polytheismus ja nichts Ungewöhnliches. Und wie immer man auch wählt und zählt, Heidegger ist unter Gesichtspunkten philosophischer Bedeutung, Schulbildung und Wirkung sicher einer von ‚ganz oben‘. Gäbe es eine philosophische Tafelrunde (eine leider ganz unrealistische Vorstellung), die der Exklusivität von König Artus' Tafelrunde nachgebildet wäre, säße Heidegger zweifellos ganz dicht beim Chef – der dann vielleicht Aristoteles oder Kant wäre.

Doch lassen wir die Frage einer philosophischen Tischordnung auf sich beruhen – wo immer man Heidegger einordnet, er ist ein schwieriger Fall. Aus vielen Gründen, inneren und äußeren. Zu den äußeren Gründen gehört das Erscheinungsbild Heideggers und seiner Philosophie, das schon zu Lebzeiten Heideggers ungewöhnlich war und von vielen gerade darum unter die (selten gewordenen) Epiphanien eingeordnet wurde. Das erste (und einzige) Mal, an dem ich Heidegger hörte, war im Münchner Cuvilliés-Theater. Wir wurden als junge Studenten mit dem Bus von Erlangen nach München gefahren. Heidegger sprach (wie immer) über das Sein, genauer: über das Geviert des Seins. Ich verstand überhaupt nichts und nehme an, die anderen auch nicht. Das war allerdings auf eine merkwürdige Weise unerheblich. Was viel wichtiger war, war der Eindruck, daß hier nicht von einem (beamteten) Philosophen über Philosophie gesprochen wurde, sondern daß Philosophie geschah. Philosophie wurde nicht erzählt, sie war einfach da. Sie feierte, wie sich wohl auch Heidegger selbst ausgedrückt hätte, ein Fest. Kein fröhliches, aber ein eindrucksvolles. Und was das Wichtigste war: Man war dabei – nicht sehr verständnisvoll, aber beeindruckt.

Zu Heideggers Bild gehört aber nicht nur ein eindrucksvolles Auftreten, sondern auch der Umstand, daß hier ein Philosoph war, mit dem man sich auf eine (auch in Professorenzirkeln) ungewöhnliche Weise identifizierte und von dem und dessen Philosophie man sich in öffentlichen Erklärungen distanzierte (wie dies z.B. mein Erlanger Lehrer Wilhelm Kamlah mit einem offenen Brief tat[1]). Heidegger-Anhänger zu sein oder nicht zu sein, war nicht einfach Sache einer Schreibtischorientierung, sondern eine Lebensfrage (jedenfalls unter Philosophen) – und über viele Jahre hinweg übrigens auch eine Berufungsfrage. Heidegger war der Mann, der für eine ganze Philosophengeneration Deutschlands zum beruflichen Schicksal wurde. Er war zugleich ein Mann, dessen eigene Biographie ungewöhnlich ereignisarm war – der zunächst in Konstanz, dann in Freiburg das Gymnasium besuchte, in Freiburg studierte (1909–1913) und sich habilitierte (1916, bei Heinrich Rickert), 1923 als außerordentlicher Professor nach Marburg ging, um bereits fünf Jahre später, 1928, als Nachfolger seines Lehrers Edmund Husserl nach Freiburg zurückzukehren. Die seltsame Lust des Philosophen, unter eine Aristotelische Stilisierung zu fallen, trifft auch auf ihn zu: Er wurde geboren, arbeitete und starb.

Heidegger war aber auch der Mann, der 1933/1934, in einer bemerkenswert unklaren Verbindung von philosophischen und politischen Argumenten, als Rektor der Universität Freiburg öffentlich für das nationalsozialistische Programm eintrat, und der Mann, von dem man sich wunderschöne Anekdoten erzählte. So berichtete anläßlich eines Besuchs des Bonner Philosophen und Heidegger-Schülers Gottfried Martin auf Heideggers Hütte in Todtnauberg dessen kleiner Sohn aufgeregt: „Vater, der Mann, der über das Sein nachdenkt, ist in den Bach gefallen."[2] Heidegger also auch ein moderner Thales, der, die Augen zum Himmel gewandt, von einer thrakischen Magd verspottet, in einen Brunnen fiel, und als Philosoph, dessen weltfremder Gang schon nach Platon häufig in ‚Gruben' und ‚allerlei Verlegenheiten' führt.[3]

Verlegenheit ist auch das Wort, das die ‚inneren' Gründe für die Schwierigkeiten, mit Heidegger zurechtzukommen, bezeichnen könnte. Mit inneren Gründen meine ich hier den Umstand, daß Heideggers Hauptwerk *Sein und Zeit* strenggenommen ein Fragment ist, daß Heideggers Thematik (in *Sein und Zeit*) in mancher Hinsicht nicht klar ist und daß seine Sprache für viele – und sicher nicht ohne Grund – ein Ärgernis ist. Hier entstehen erhebliche Verständnisprobleme und, wie das nun einmal in den Geisteswissenschaften so ist, umfangreiche Bibliotheken zur Beleuchtung und Erleuchtung dieser Probleme.

Was das Problem des Fragmentarischen betrifft, so stellt *Sein und Zeit*, 1927 erschienen, die erste Hälfte eines zweibändigen, zu je drei Abschnitten geplanten Werkes dar. Seit der siebten Auflage von 1953 fehlt der Zusatz ‚Erste Hälfte', im Inhaltsverzeichnis und im Text ersetzt durch die Bezeichnung ‚Erster Teil'. Nun läßt sich der Inhalt der ursprünglich geplanten zweiten Hälfte, nämlich eine Geschichte des Zeitbegriffs in der europäischen Philosophie, aus Heideggers Vorlesungen und Aufzeichnungen einigermaßen rekonstruieren; gravierender ist das Fehlen des ursprünglich geplanten dritten Abschnitts der ersten Hälfte mit dem aus der Konzeption ersichtlichen Titel *Zeit und Sein*. Hier fehlt ein wesentliches Stück des eigentlichen Entwurfs. Allerdings bedeutet auch das nicht, daß Heideggers Philosophie, an ihren eigenen Orientierungen gemessen, als unfertig gelten müßte.

Thematische Schwierigkeiten bietet insbesondere die die Analysen in *Sein und Zeit* leitende Frage nach dem ‚Sinn von Sein'. Deren Sinn wird nur unzureichend expliziert, vor allem für diejenigen, die die philosophische Unbefangenheit gegenüber der Sprache der europäischen Metaphysik verloren haben. Damit sind wir aber auch schon bei der dritten genannten Schwierigkeit: Heideggers Sprache. Es ist, wenn man nicht als Heidegger-Jünger geboren wurde – was ja auch noch im Studium geschehen kann –, ungeheuer schwer, in die Sprache Heideggers hineinzukommen, und es ist, wenn man sich einmal in ihr befindet, ungeheuer schwer, wieder herauszukommen. Zu viel oder zu wenig Distanz, Vorbeireden oder Nachreden bilden die traurige Alternative, die sich häufig vor dem Heidegger-Verständnis auftut und das Schicksal des Interpreten, damit auch das Schicksal Heideggers in der Philosophie, bestimmt. Dabei ist sowohl die eigentümliche Fremdheit als auch die suggestive Anziehungskraft der Sprache Heideggers darin begründet, daß Heidegger bewußt aus der traditionellen philosophischen Terminologie ausschert, zugunsten einer Sprache, die alltägliche Vertrautheit verheißt, aber unter der Last philosophischer Analysen eine merkwürdige, fremdmachende Selbständigkeit gewinnt. Despektierlich nennt man diese Sprache (mit Adorno) einen ‚Jargon der Eigentlichkeit'; für Heidegger selbst ist sie, wie es im *Humanismusbrief* (1947) heißt, die „lichtend-verbergende Ankunft des Seins selbst".[4]

Nun gehört diese Ausdrucksweise selbst einer Sprache an, die nicht mehr die Sprache von *Sein und Zeit* ist. Meine Darstellung soll sich aber zunächst allein auf dieses Werk beziehen. Worum geht es?

2. Fundamentalontologie

Es geht um das Sein. Genauer: Es geht um den Sinn von Sein. § 1 von *Sein und Zeit* trägt den Titel: „Die Notwendigkeit einer ausdrücklichen Wiederholung der Frage nach dem Sein".[5] Heideggers philosophisches Programm hat damit einen Aristotelischen Zuschnitt und wirkt eben hierin auf den ersten Blick wie ein erratischer Block innerhalb der Philosophie des 20. Jahrhunderts. Hier scheint jemand auf dem philosophischen Hintergrund von Phänomenologie, Neukantianismus und Lebensphilosophie, und auf mannigfache Weise auch von diesen Positionen beeinflußt, noch einmal zu versuchen, in den griechischen Urzustand der Philosophie zurückzukehren.

In gewisser Weise ist das richtig. Heidegger will wieder Ontologie treiben, wie dies Aristoteles tat. Bei Aristoteles heißt es: „Man spricht vom Seienden in mannigfacher Bedeutung, doch stets im Hinblick auf Eines und eine Natur",[6] bei Heidegger (rückblickend auf *Sein und Zeit*): „Wenn das Seiende in mannigfacher Bedeutung gesagt wird, welches ist dann die leitende Grundbedeutung? Was heißt Sein?"[7] Heidegger will aber nicht nur Ontologie auf aristotelische Weise treiben, er sucht damit auch in der Philosophie, d.h. auf dem Niveau der philosophischen Fragestellungen seiner Zeit zu bleiben. Eine besondere Rolle spielt dabei seine Orientierung am phänomenologischen Programm.

Dieses Programm besteht in der Formulierung Husserls im Entwurf einer Methode, in deren Rahmen eine *phänomenologi-*

sche Reduktion als Schritt zu den Sachen selbst, eine *eidetische* Reduktion als Schritt zur reinen Struktur des Bewußtseins und eine *transzendentale* Reduktion als Schritt zur ‹Welt› und ‹Sinn› konstituierenden Funktion des Bewußtseins verstanden wird. Auch Husserls Entwurf sieht dabei Ontologie vor, nämlich Ontologie als Wissenschaft von den universalen eidetischen, d.h. ‹wesensmäßigen›, Strukturen konstituierter Gegenstände. An diese Vorstellung von Ontologie bzw. an die Konstitutionsanalysen Husserls knüpft Heidegger an, allerdings mit einer charakteristischen Umbildung des Begriffs der Konstitution: Während bei Husserl das Subjekt formal die Funktion des universalen phänomenologischen Konstituens übernimmt, tritt bei Heidegger der ‹Sinn von Sein› in dieser Rolle auf.[8] Unter Hinweis auf eine intensive Lektüre der Husserlschen *Logischen Untersuchungen* (1900–1901) schreibt Heidegger rückblickend: Ich erfuhr „– zuerst mehr durch ein Ahnen geführt, als von begründeter Einsicht geleitet – das eine: Was sich für die Phänomenologie der Bewußtseinsakte als das sich-selbst-Bekunden der Phänomene vollzieht, wird ursprünglicher noch von Aristoteles und im ganzen griechischen Denken und Dasein als ἀλήθεια gedacht, als die Unverborgenheit des Anwesenden, dessen Entbergung, sein sich-Zeigen. Was die phänomenologischen Untersuchungen als die tragende Haltung des Denkens neu gefunden haben, erweist sich als der Grundzug des griechischen Denkens, wenn nicht gar der Philosophie als solcher. Je entschiedener sich mir diese Einsicht klärte, um so bedrängender wurde die Frage: Woher und wie bestimmt sich, was nach dem Prinzip der Phänomenologie als ‹die Sache selbst› erfahren werden muß? Ist es das Bewußtsein und seine Gegenständlichkeit, oder ist es das Sein des Seienden in seiner Unverborgenheit und Verbergung? So wurde ich auf den Weg der Seinsfrage gebracht, erleuchtet durch die phänomenologische Haltung [...]. Aber der Weg des Fragens wurde länger, als ich vermutete."[9]

Auf diesem Wege begegnet Heidegger nicht nur Husserl und Aristoteles, sondern auch Kant. In Heideggers Reformulierung des phänomenologischen Programms als einer die Frage nach dem ‹Sinn von Sein› stellenden und beantwortenden Ontologie erscheint Ontologie als eine ‹transzendentale› Wissenschaft. Auch das ist überraschend, da sich der Begriff der Transzendentalität bisher wesentlich auf die Konstitutionsleistungen des (erkennenden) Subjekts bezog. Das gilt denn auch sowohl für Kant als auch für Husserl. So lautet Kants oberster Grundsatz einer ‚transzendentalen Deduktion', daß „die Bedingungen der *Möglichkeit der Erfahrung* überhaupt [...] zugleich Bedingungen der *Möglichkeit der Gegenstände der Erfahrung*" sind.[10] Mit anderen Worten: Die Konstitutionsleistungen des (erkennenden) Subjekts, das universale phänomenologische Konstituens Husserls, betreffen die Erfahrung (als strukturierte Wissensbildung) *und* die Gegenstände (als Objekte einer apriorischen Synthesis). Heideggers ‚transzendentale' Vorstellung setzt an die Stelle dieser apriorischen Synthesis (als Leistung des Verstandes) wiederum den Begriff des ‚Sinns von Sein': „Transzendentale Erkenntnis untersucht [...] nicht das Seiende selbst, sondern die Möglichkeit des vorgängigen Seinsverständnisses, d.h. zugleich: die Seinsverfassung des Seienden. Sie betrifft das Überschreiten (Transzendenz) der reinen Vernunft zum Seienden, so daß sich diesem jetzt allererst als möglichem Gegenstand Erfahrung anmessen kann."[11] Damit sucht Heidegger klarzumachen, daß der von ihm aufgegriffene Aristotelische Begriff des Seins weder ein generischer Begriff ist (Sein als oberstes Genus) noch ein transzendenter. Dieser Begriff soll vielmehr das jedem Erkennen von Sein schon ‚bedingend' zugrundeliegende Verständnis von Sein bezeichnen. Daher auch die Konfundierung der Frage nach dem, was das Sein ist, und der Frage nach dem Sinn von Sein. Noch einmal anders ausgedrückt: Die Frage ‚Was ist das Sein?' wird über die Konstitution des Sinnes von ‚Sein' zu beantworten versucht.

Heidegger bezeichnet diesen Beantwortungsversuch als *Fundamentalontologie*. Fundamental ist diese Ontologie, weil sie in der Konzeption Heideggers auch noch die ‚regionalen Ontologien' Husserls, nämlich die auf ‚Regionen' des Seienden bezogenen Sachwissenschaften ‚fundieren' soll. Dabei soll, entsprechend der ‚transzendentalen' Fassung dieses Ontologisierungsprogramms, die ‚fundamentale' Frage nach dem Sinn von Sein methodisch als die Frage nach einem ‚fundamentalen' Seins*verständnis* gestellt und beantwortet werden. Das Entscheidende ist dabei, daß dieses Verständnis, im Gegensatz zu Husserls Theorie der (welterzeugenden) Subjektivität, im Subjekt wirkt, aber durch das Subjekt nicht erzeugt bzw. ihm als etwas Verfügbares zugeordnet wird. Dieses Verständnis ist nach Heidegger in gewisser Weise *vor* dem

Subjekt *da*, nämlich als subjektiv nicht verfügbares, konstitutives Element seines subjektiven Lebens.

Nun richtet sich Heideggers philosophisches Interesse nicht auf die konkrete Subjektivität, sondern, eben als Fundamentalontologie, auf Strukturen, die in dieser Subjektivität als Strukturen von etwas anderem, nämlich als Strukturen des Seins, erkennbar werden. Wollte man dennoch von einer ‚Subjekttheorie' Heideggers sprechen, dann in dem Sinne, daß Welt, daß das Seiende (in der Terminologie Heideggers) *im* Subjekt konstituiert wird, aber nicht *durch* das Subjekt. Deshalb spricht Heidegger in *Sein und Zeit* auch nicht vom Subjekt und seinen Konstitutionsleistungen, sondern vom *Dasein* und seinen Verständnisstrukturen. Fundamentalontologie ist nach Heidegger eine Analyse des Daseins („existenziale Analytik des Daseins",[12] wie er sagt). Diese soll sagen, was das Sein ist und wie es ist, und damit auch die Frage nach dem ‚Sinn von Sein' beantworten.

Was ist das Besondere an diesem Dasein, also am Menschen als Objekt einer ontologischen Analyse? Heideggers Antwort lautet: „Das Dasein ist ein Seiendes, das nicht nur unter anderem Seienden vorkommt. Es ist vielmehr dadurch ontisch ausgezeichnet, daß es diesem Seienden in seinem Sein *um* dieses Sein selbst geht. Zu dieser Seinsverfassung des Daseins gehört aber dann, daß es in seinem Sein zu diesem Sein ein Seinsverhältnis hat. Und dies wiederum besagt: Dasein versteht sich in irgendeiner Weise und Ausdrücklichkeit in seinem Sein. Diesem Seienden eignet, daß mit und durch sein Sein dieses ihm selbst erschlossen ist. *Seinsverständnis ist selbst eine Seinsbestimmtheit des Daseins.*"[13] Anders ausgedrückt: Das Dasein (der Mensch) ist derjenige Teil der Welt, in dem diese selbst zur Sprache kommt, in dem diese ein Bewußtsein von sich selbst bildet, indem sie sich ‚zu sich selbst verhält'. Dieses reflexive Moment, das keineswegs nur ein ‚intellektuelles', durch Nachdenken charakterisierbares Moment ist, sondern, wie Heidegger dann in *Sein und Zeit* zu zeigen sucht, alle Akte des Menschseins wesentlich bestimmt, macht die ontische Besonderheit, das Besondere dieses Seienden in der Welt, aus.

Wir haben es hier mit einer typischen ‚existenzphilosophischen' Argumentation zu tun: Der Mensch ist das (einzige) Sein, dem es in seinem Sein um dieses Sein (um sich selbst) geht, und, wie Heidegger weiter formuliert: „Das ‚Wesen' des Daseins liegt in seiner

Existenz."[14] Aber Heideggers Philosophie ist im strengen Sinne keine Existenzphilosophie (wie etwa die Philosophie von Jean-Paul Sartre oder Karl Jaspers), weil eben nicht dem Subjekt in seiner individuellen Existenz, sondern dem, was sich ‚an ihm' ontologisch zum Ausdruck bringt, die philosophische Aufmerksamkeit gehört. Es geht, noch einmal, um die Konstitution der Welt (nach Heidegger: des Seins) *im* Subjekt, nicht *durch* das Subjekt. Deshalb ist Heideggers Analyse des Daseins auch nicht, wie er selbst hervorhebt, Anthropologie – diese wäre in Husserls Terminologie eine ‚regionale' Ontologie, nämlich eine Sachwissenschaft vom Menschen –, sondern Fundamentalontologie oder Metaphysik. In Heideggers Kant-Buch (1929) heißt es: „Die für eine Grundlegung der Metaphysik notwendige Frage, was der Mensch sei, übernimmt die Metaphysik des Daseins."[15] Der Mensch wird zum Spiegel – nicht eines christlichen Gottes, sondern eines Aristotelischen Seins.

Der Aufbau einer Fundamentalontologie in *Sein und Zeit* setzt bei einer Analyse des ‚alltäglichen In-der-Welt-seins' ein. Dasein ist in einem ursprünglichen Sinne ein lebensweltliches, ein alltägliches Phänomen, nicht transzendentales Ich, wie es sich z.B. bei Husserl den Anschein gibt. Den Sinn dieses Daseins bestimmt Heidegger als Sorge, nicht im existentialistischen, sondern Strukturen der Alltäglichkeit analysierenden Sinne. Diese führen auf Formen des ‚eigentlichen In-der-Welt-seins', wiederum nicht existentialistisch, sondern ‚ontologisch' als ‚Sein zum Tode' charakterisiert. Als ‚Sinn von Sein' erweist sich auf dieser Stufe der Analyse die ‚Zeitlichkeit', ihr entspricht unter den Formen des Daseins das ‚zeitliche In-der-Welt-sein'. Nach C. F. Gethmann[16] stellt sich dieser Aufbau als Ausdruck einer methodischen Spiralbewegung wie folgt dar:

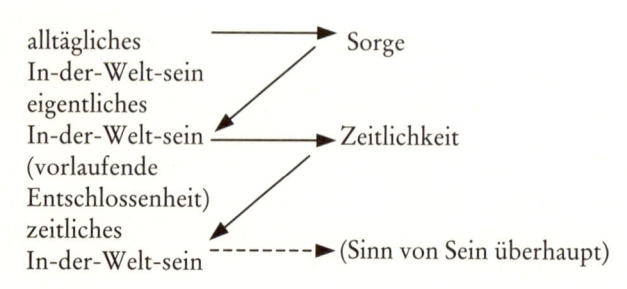

```
alltägliches            ────────►  Sorge
In-der-Welt-sein                 ╱
eigentliches                    ╱
In-der-Welt-sein  ─────────────►  Zeitlichkeit
(vorlaufende                   ╱
Entschlossenheit)             ╱
zeitliches                   ╱
In-der-Welt-sein  ─ ─ ─ ─ ─ ►  (Sinn von Sein überhaupt)
```

Die linke Seite weist die Bewegung in den *Formen des Daseins* aus, die rechte Seite die Bewegung in der Bestimmung des *Sinnes von Sein*. Der letzte Schritt, nämlich die Bestimmung des Sinnes von Sein überhaupt, bleibt unausgeführt; er war dem dritten Abschnitt der ersten Hälfte von *Sein und Zeit* vorbehalten. Wo er später, nach der sogenannten Kehre Heideggers, versucht wird, bleibt er ohne methodischen Zusammenhang mit dem Hauptwerk und dessen argumentativen Mitteln. Doch zunächst einige Worte mehr über die Analysen in *Sein und Zeit*.

3. In-der-Welt-sein

Wir haben gesehen, daß die auch von Heidegger ausdrücklich gestellte und zu beantworten versuchte Frage ‚Was ist der Mensch?' nach den Analysegesichtspunkten von *Sein und Zeit* nicht anthropologisch, sondern fundamentalontologisch zu verstehen ist. Das bedeutet allerdings nicht, daß es unzulässig ist, aus Heideggers Analysen des Daseins auch anthropologischen Gewinn zu ziehen. Tatsächlich lassen sich – auch gegen die Intentionen Heideggers – im engeren Sinne anthropologische Analysen so gegenüber den fundamentalontologischen Absichten isolieren, daß ihr ‚Wahrheitsgehalt' nicht abhängig von diesen Absichten und ihrer in mancher Hinsicht problematischen Realisierung bleibt.

Das läßt sich bereits anhand der schon angeführten Bestimmung, wonach das Wesen des Daseins in seiner Existenz liegt, verdeutlichen. Diese Bestimmung besagt, daß das, was der Mensch ist, nicht in einer Analyse von *Eigenschaften* gegebener Exemplare der Gattung Mensch festgestellt werden kann. Was der Mensch ist, zeigt sich vielmehr darin, wie er existiert und wie er sich in seiner Existenz selbst versteht. Was sich über den Menschen sagen läßt, ist nicht Folge einer Definition des Menschen, wie sie etwa die klassische Definition als *animal rationale* darstellt, sondern Ausdruck sich wandelnder Wirklichkeiten und ihrer Verständnisse. Nach Heidegger wird der Mensch daher auch nicht in *Kategorien* beschrieben, die in ähnlicher Weise auch auf andere Dinge Anwendung finden, sondern in sogenannten *Existenzialien*, d.h. in Strukturen menschlichen Weltvollzugs, die sich ‚aus dem Phänomenbereich des In-der-Welt-seins' isolieren lassen.[17] Im Sinne der weitergehenden fundamentalontologischen Konzeption Heideggers sind es dann eben diese Existenzialien, z.B. Sorge und Zeitlichkeit, die es erlauben, in einem konstitutionstheoretischen Rahmen an die Stelle des transzendentalen, weltlosen Subjekts Husserls das konkrete, welthafte Subjekt zu setzen. In Heideggers Analysen, ob man sie nun als ontologische oder anthropologische versteht, kehrt das Subjekt in die Welt zurück – nicht als reines Bewußtsein, sondern als leibhafte (und gerade darin dann auch wieder Welt konstituierende) Subjektivität.

Insofern sind aber auch Heideggers Analysen zum ‚In-der-Welt-sein‘, mit denen *Sein und Zeit* einsetzt, im Grunde wieder gegen Husserls Versuch gerichtet, in einer transzendentalen Reduktion zwischen der Welt, die das Subjekt nicht ist, und der Welt, die das Subjekt als methodisch-residuales Subjekt ist, zu unterscheiden. Nach Heidegger hat diese Unterscheidung nur einen abgeleiteten Status; sie ist als fundamentale Unterscheidung nicht möglich. Das gilt auch für ein sich gerade in Heideggers Formulierung zunächst nahelegendes ‚räumliches‘ Mißverständnis, wonach sich das Subjekt (das Dasein) in der Welt befinden könnte wie das Wasser im Glas und das Kleid im Schrank.[18] Hier wäre Welt eine Behälterwelt, das Dasein gehörte zu ihrem Inventar. Dagegen Heidegger: „‚Welt‘ ist ontologisch keine Bestimmung *des* Seienden, das wesenhaft das Dasein *nicht* ist, sondern ein Charakter des Daseins selbst."[19] Anders ausgedrückt: Auf einer fundamentalen Stufe, die nach Heidegger die alltägliche ist, kann das Subjekt (das Dasein) von seinen Weltbezügen nicht isoliert werden. Und noch einfacher ausgedrückt: Wir stehen in einem ursprünglichen, durch Rekurs auf einfache Erfahrungen leicht zu bestätigenden Sinne der Welt nicht als einem Dingzusammenhang gegenüber, sondern sind stets in Handlungszusammenhängen begriffen, in deren Rahmen Welt zunächst nur in der Weise des Umgangs-mit, des Zu-tun-habens-mit, des Sorgens-für usw. in den Blick tritt. Erst die sogenannte theoretische Einstellung unterscheidet zwischen der Welt, wie sie ‚an sich‘ oder als konstituierte und erläuterungsbedürftige beschaffen ist, und dem Subjekt, das – als transzendentales Subjekt selbst weltlos – diese Welt betrachtet, konstituiert, denkt.

Gemeint ist mit diesem vor-theoretischen In-der-Welt-sein allerdings kein Garten Eden, in dem das Unterscheiden und das

Denken noch nicht erfunden wären. Heidegger sucht vielmehr mit diesem Begriff, mit dem Existenzial der ‚Weltlichkeit', wie er sagt, noch hinter solche Unterscheidungen wie die zwischen natürlicher und theoretischer Einstellung, Subjekt und Objekt, Konstituierendem und Konstituiertem zu kommen. Seine Analyse verhält sich, aus methodischen Gründen, gegenüber derartigen Unterscheidungen neutral und zeigt, daß sie selbst einen abgeleiteten, d.h. nicht ursprünglichen, Status haben. Gleichzeitig wird gezeigt, daß dem Dasein in der Weise des In-der-Welt-seins, z.B. in der Weise des In-Handlungen-begriffen-seins, sein Wesen nicht etwa verschlossen ist – weil dieses Dasein eben noch über keine theoretische Einstellung verfügt –, sondern daß es ihm im Gegenteil gerade in dieser Weise wahrhaft *erschlossen* ist. Wenn Heidegger dabei vom In-der-Welt-sein als einer ‚a priori notwendigen Verfassung des Daseins'[20] spricht, dann ist damit zum einen wieder ein fundamentales Seins*verständnis* des Daseins bezeichnet, zum anderen auf einen Umstand verwiesen, den Husserl später, wohl in direktem Anschluß an Heideggers Analysen des In-der-Welt-seins, in der Formel von einem ‚lebensweltlichen Apriori' ausgedrückt hat. Gemeint ist die ‚Geltungsfundierung' auch des wissenschaftlichen (‚objektiven') Apriori in der konkreten, lebensweltlich verfaßten Subjektivität.[21] Deren vor-theoretischen Charakter charakterisiert Husserl wiederum als „Lebenspraxis des handanlegenden Tuns".[22]

Den Versuch, Phänomene des In-der-Welt-seins unter einem einheitlichen Gesichtspunkt zu fassen, markiert der Begriff – in Heideggers Differenzierung zwischen Kategorien und Existenzialien das Existenzial – der *Sorge*. Zugleich ist damit im Aufbau von *Sein und Zeit* ein erster Seinssinn des Daseins bestimmt. Mit Sorge ist dabei nicht gemeint, daß sich das Dasein etwa ständig Sorgen macht, sondern eine strukturelle Eigenart. Diese wird darin zum Ausdruck gebracht, daß es dem Dasein in allen seinen Vollzügen stets ‚um etwas geht', und daß dieser Tatbestand im *besorgenden* Umgang mit den Dingen oder im *fürsorgenden* Umgang mit anderem Dasein, mit anderen Menschen, zum Ausdruck kommt. Bewußt greift Heidegger auch hier wieder einen alltagssprachlichen Terminus auf, setzt wohl auch bewußt dessen appellative Konnotation in seine Argumentation ein, sucht dabei aber eine Strukturganzheit in den Griff zu bekommen. Dessen Reformulierung als

„Sich-vorweg-schon-sein-in-(der-Welt-) als Sein-bei (innerweltlich begegnendem Seienden)"[23] läßt dann alle alltagssprachliche Vertrautheit beiseite, allerdings auch jede fachphilosophische Vertrautheit. An den Umwegen, die Heidegger einschlägt, um ausgetretene Pfade der Philosophie zu vermeiden, lauert der (sprachliche) Manierismus.

Zu den großartigen Ausarbeitungen der Sorgestruktur des Daseins in der Analyse Heideggers gehört die Bestimmung der *Angst* als ‚Grundbefindlichkeit' des Daseins (als Angst vor dem In-der-Welt-sein selbst[24]), der *Furcht* als der „an die ‚Welt' verfallenen, uneigentlichen und ihr selbst als solche verborgenen Angst"[25] sowie der Verfallsformen der Sorge als bloße Geschäftigkeit. Hier macht Heidegger auch auf die eigentümliche Dialektik von ‚alltäglicher Vertrautheit' aller Lebensbezüge und der hinter den Verfallsformen der Geschäftigkeit liegenden *Unheimlichkeit* dieser Bezüge aufmerksam. Das Vertraute gewinnt in der Analyse der Verfallenheit eine neue Dimension, die Dimension des ‚Nicht-zuhause-seins'.[26] Zu diesen Ausarbeitungen gehört ferner die Unterscheidung zwischen (im Modus des Besorgens begegnender) Welt als *Zuhandenem* und Welt als *Vorhandenem*. Wie kaum eine andere Stelle in *Sein und Zeit* macht diese Unterscheidung den vortheoretischen Charakter fundamentaler Weltkonstitution deutlich. Gemeint ist, daß Dinge zunächst stets in einem ‚Werkzusammenhang'[27] oder Handlungszusammenhang auftreten. Sie sind *Zeug* – Werkzeug, Schreibzeug, Arbeitszeug. Erst wo sie aus einem Werk- oder Handlungszusammenhang herausspringen, indem uns etwa (das Beispiel Heideggers ist ein Hammer) die Dinge um die Ohren fliegen, verlieren sie ihren ursprünglichen Charakter, Teil, und zwar unauffälliger Teil, eines derartigen Zusammenhangs zu sein; sie werden, was sie auch noch sind, z. B. splitterndes Holz, brechende Nägel, kurz Vorhandenes: „Die pure Vorhandenheit meldet sich am Zeug."[28] Auch hier also wieder: Die ‚Weltlichkeit der Welt' ist nichts, das pragmatischen Zusammenhängen vorausginge, sondern etwas, das sich in derartigen Zusammenhängen, in diesem Falle in Form eines Mißlingens, ‚zeigt'. Gegen das erkenntnistheoretische Mißverständnis einer fundamentalen Ordnung von Subjekt und Objekt setzt Heidegger seine Analyse des ‚hantierenden, gebrauchenden Besorgens', „das seine eigene ‚Erkenntnis' hat".[29]

Von dieser Erkenntnis handelt Heidegger unter den Begriffen der Befindlichkeit und des Verstehens: „Wenn dem Dasein wesenhaft die Seinsart des In-der-Welt-seins zukommt, dann gehört zum wesenhaften Bestand seines Seinsverständnisses das Verstehen von In-der-Welt-sein."[30] In-der-Welt-sein wird hier aufgefaßt als ‹Sich-verstehen-in-einer-Situation›. Dieses Verstehen kann bereits in der Weise erfolgen, daß das Dasein auf seine Umwelt reagiert, daß es beansprucht oder bedroht wird, sich als Seiendes unter anderem Seienden erfährt. Auch diese Erfahrung ist nach Heidegger bereits ein Erkennen, etwa dessen, was man zu tun hat, was von einem erwartet wird, was man braucht. Heidegger beschreibt sie als *Befindlichkeit* – das Dasein findet sich in bestimmten Situationen vor –, unter dem Gesichtspunkt einer puren ‹Faktizität der Überantwortung› an bestimmte Situationen als *Geworfenheit*.

Die ‹aktive› Form der Befindlichkeit ist wiederum das Verstehen. Gemeint ist, daß sich das Dasein in Situationen, in denen es sich zunächst einfach vorfindet, *orientiert*. Das aber bedeutet, daß auch der Begriff des Verstehens kein erst in einer theoretischen Einstellung gewonnener Begriff ist. Heidegger versucht vielmehr deutlich zu machen, daß sich das (menschliche) Dasein schlechthin in der Weise des Verstehens vollzieht: als Dasein, das aus seinen Möglichkeiten lebt, eine dieser Möglichkeiten ergreift und sich dann als diese ergriffene Möglichkeit versteht, aber auch als das einer ‹öffentlichen Ausgelegtheit› ausgelieferte Dasein, das sich versteht, wie ‹man› sich versteht. Und wieder kommt es darauf an, daß auch dieses ‹Man›, das das Dasein in seiner indifferenten Subjektivität auch ist, manchmal auch nur ist, zum Wesen des Daseins gehört: „‹Die Anderen› besagt nicht soviel wie: der ganze Rest der Übrigen außer mir, aus dem sich das Ich heraushebt, die Anderen sind vielmehr die, von denen man selbst sich zumeist *nicht* unterscheidet, unter denen man auch ist."[31] Mit anderen Worten: Nicht das Ich konstituiert die Mitwelt, indem es sich als cartesisches Ich mühsam in eine andere Welt quält, sondern diese (gemeinsame) Welt ist immer schon die Welt des Daseins, Mit-Dasein ist Inbegriff des Daseins (auch in seiner Durchschnittlichkeit). Ist das trivial? Schön wäre es. Aber dem Erkenntnistheoretiker ist eben (leider) nichts trivial.

Gegen den Erkenntnistheoretiker formuliert Heidegger die These, daß nicht nur ‚Subjekt' und ‚Welt' abgeleitete Kategorien eines ursprünglichen Verstehens sind, sondern auch ‚Anschauung' und ‚Denken',[32] insofern jene das Verstehen der Sinnlichkeit, dieses das Verstehen des Verstandes ist. Bevor eine theoretische Einstellung ihre Unterscheidung trifft, ist das Verstehen schon da: „Befindlichkeit und Verstehen charakterisieren als Existenzialien die ursprüngliche Erschlossenheit des In-der-Welt-seins."[33] Der Gegensatz zur klassischen Form der Erkenntnistheorie ist klar. Diese ist, aus der Sicht Heideggers, wesentlich befaßt mit *unserer Sicht der Dinge*, etwa im Rahmen einer Theorie der Subjektivität oder des sogenannten Subjekt-Objekt-Problems. Paradigma ist der wissenschaftliche Geist, der im Lichte einer Theorie die Welt beschreibt, oder der kontemplative Geist, der ihr betrachtend gegenübersteht. Man denke etwa an Karl Poppers Scheinwerfertheorie des Geistes,[34] in deren Rahmen das, was der Fall ist, stets Fall einer Theorie ist, oder an Caspar David Friedrichs „Frau in der Morgensonne", die bewegungslos im Schnittpunkt der Sonnenstrahlen vor einer stillen Landschaft steht.

In beiden Fällen ist die Welt schon zerlegt, in die Welt der Dinge und der Natur und in die Welt des Subjekts, das ihr gegenübersteht, still oder geschäftig, Anschauung oder Verstand, jedenfalls isolierbar oder isoliert gegenüber einer Welt, die es nicht ist. Ganz anders in Heideggers Analyse. Hier ist das Dasein selbst das ‚wesentliche Ding', an dem alles klar wird, klar werden soll. Nicht im Sinne eines weltkonstituierenden oder weltbetrachtenden Subjekts, sondern im Sinne eines Verstehenszusammenhangs, in dem subjekthafte und welthafte Aspekte noch ungeschieden sind. Dasein, so Heidegger, ist weder Zuhandenes noch Vorhandenes,[35] sondern umsichtiger Umgang mit anderem Seienden, nämlich Sorge.

Der weitere Gang der Analyse kann hier nur noch angedeutet werden. Mit dem Seinssinn der Sorge beschreibt Heidegger unter den Formen des Daseins ein ‚eigentliches' In-der-Welt-sein, das wiederum als ‚Sein-zum-Tode' (Vorlaufen des Daseins in seinen Tod) und als das Gerufen-sein vor dieses ‚letzte' Sein-können (Entschlossenheit des Daseins angesichts dieses Könnens) bestimmt wird. Der Tod bzw. das Wissen vom ‚eigenen' Tod wird hier zum Orientierungspunkt, von dem her das je eigene Leben gesehen und organisiert wird. Dieses ‚Vorlaufen in den Tod' eröffnet zugleich die Chance, die alltägliche ‚Verfallenheit' des Daseins an die Welt zu erkennen. Insofern ‚kommt das Dasein auf sich zu', wenn es in seinen Tod ‚vorläuft'. Wieder stellt dabei die Kennzeichnung als ‚eigentlich' kein normatives (anthropologisches), sondern ein deskriptives (ontologisches) Element des Daseins dar, eben seine Bestimmung, ‚Sein-zum-Tode' zu sein: „Die Forderung, in Eigentlichkeit zu leben, wäre (abgesehen davon, daß sie im Rahmen der Fundamentalontologie nicht gerechtfertigt werden kann) geradezu widersinnig, weil das Dasein dadurch ständig aus seiner Vertrautheit mit der Welt heraustreten müßte."[36] Deshalb hat auch Heideggers Begriff der Eigentlichkeit z.B. nichts mit Sartres Begriff der Authentizität gemein.

Die Einheit der Sorgestruktur des Daseins liegt wiederum in deren *Zeitlichkeit*; nicht weil das Dasein Zeit hat oder keine Zeit hat, weil die Uhren mal langsamer, mal schneller gehen, sondern weil das Dasein in seiner eigentlichen Form des In-der-Welt-seins selbst zeitlich ist. Heidegger stellt fest: In der Zeitlichkeit „gründet das für das Sein des Daseins konstitutive Seinsverständnis. Der Entwurf eines Sinnes von Sein überhaupt kann sich im Horizont der Zeit vollziehen".[37] Wie er sich vollzieht, d.h. wie Heidegger die fundamentalontologische Frage nach dem ‚Sinn vom Sein überhaupt' beantworten will, aber bleibt offen – *Sein und Zeit* bricht an dieser Stelle mit der Frage „Offenbart sich die *Zeit* selbst als Horizont des *Seins*?"[38] ab.

Auch wenn damit, gemessen an ihren ursprünglichen Absichten, die fundamentalontologische Analyse nicht an ihr Ziel gelangt, bleibt die entscheidende Leistung dieser Analyse, nämlich die Hervorhebung *situationsinvarianter Strukturen* des Daseins, damit der Orientierungsstruktur des Menschen, davon unberührt. Die anthropologischen Einsichten Heideggers lassen sich, so könnte man auch sagen, gegenüber den Lücken des fundamentalontologischen Programms isolieren. Daß man damit die Intentionen Heideggers verläßt, ist klar, aber in der Philosophie nichts Ungewöhnliches. Einsichten, darunter die philosophischen, sind frei – auch gegenüber ihrem Autor.

Dabei ist es so, daß Heideggers Einsichten in *Sein und Zeit* nicht so sehr *erklären* als vielmehr – sei es nun in Form von Fundamentalontologie oder Anthropologie – *beschreiben*. Eben deshalb wäre aber auch die Philosophie von *Sein und Zeit* falsch verstanden, wenn man sie als eine ‚Theorie' – mit definierten Anwendungsbereichen, Konsequenzen, Überprüfungsmechanismen, Methodenidealen – auffassen würde. Hier wird nichts behauptet, was zu überprüfen wäre, nichts vorgeschrieben, was zu leben wäre, nichts zur Verfügung gestellt, was Anwendung suchte. Was hier beschrieben wird, ist, in der Sprache des späten Husserl, ein lebensweltliches *Apriori*, d.h. ein Lebens- und Orientierungszusammenhang, aus dem sich dann allerdings auch Theorie als *eine* Möglichkeit partikularer Rationalität, nämlich der wissenschaftlichen Rationalität, herausarbeiten läßt. Das ist nach Husserl (und dem Konstruktivismus der Erlanger und Konstanzer Schule in der neueren Wissenschaftstheorie[39]) auch ihr eigentlicher Sinn. Nicht nach Heidegger, und zwar wiederum aus fundamentalontologischen Gründen. Wenn der ‚Sinn von Sein' klar ist, dann ist nach Heidegger alles klar; weiterer Theorien bedarf es hier nicht, und keiner anderen Philosophie.

4. Kehre

Das Überraschende ist: Heidegger selbst war offenbar anderer Meinung. Nicht während er *Sein und Zeit* schrieb, aber danach, und zwar seit etwa 1930, literarisch greifbar allerdings erst zehn Jahre später (1930–1940 veröffentlicht Heidegger, wie schon 1916–1927, wenig). In einer Interpretation seines bisherigen Werkes richtet sich nun auf dieses Werk ein Verdacht, den Heidegger gegen die philosophische Tradition insgesamt zu richten beginnt, nämlich in Form eines aneignenden Denkens in die, wie es jetzt heißt, ‚Seinsvergessenheit' geführt zu haben. Heidegger spricht nun von einer Kehre, die sich in seinem Denken vollzieht, wobei er allerdings an zentralen Begriffen aus *Sein und Zeit*, wie Dasein, Existenz, Entwurf und Entschlossenheit, erläuternd festhält. In dieser Erläuterung verlieren die genannten Begriffe ihre ‚existentialistischen' Konnotationen; was das Dasein ist und wie es ist, wird der auch in *Sein und Zeit* noch verbliebenen Dimension der Subjektivität entzogen. Zugleich wird von Heidegger der Eindruck befördert, daß dies alles noch ‚nach Plan' geschehe. Im Brief *Über den Humanismus* (1946) heißt es über die Konzeption des nicht geschriebenen dritten Abschnitts der ersten Hälfte von *Sein und Zeit:* „Hier kehrt sich das Ganze um."[40] Erläuternd fährt Heidegger fort: „Diese Kehre ist nicht eine Änderung des Standpunktes von *Sein und Zeit,* sondern in ihr gelangt das versuchte Denken erst in die Ortschaft der Dimension, aus der ‚Sein und Zeit' erfahren ist und zwar erfahren aus der Grunderfahrung der Seinsvergessenheit."[41]

Tatsächlich liegt eine gewisse philosophische Konsequenz in Heideggers Vorstellung dieser Kehre. Die die Analysen in *Sein und Zeit* leitende Idee ist, daß sich Welt nicht *durch* das Subjekt, sondern *im* Subjekt konstituiert, daß alle subjektiven Akte in nicht-subjektiven Befindlichkeiten fundiert sind. Insofern verdankt sich das Subjekt auch in seinem ‚entwerfenden' Charakter einem anderen, das weder Subjekt (Dasein) noch Welt ist. Nach Heidegger ist es dann schon in *Sein und Zeit* das Sein, das jene Unverfügbarkeit des Konstitutionsgeschehens darstellt. Also liegt, in der Konsequenz dieser Auffassung, die Vorstellung nahe, daß das Subjekt, das Dasein, dieses Konstitutionsgeschehen auch lediglich *hinnimmt,* hinzunehmen hat – als, wie sich Heidegger nun ausdrückt, ‚Geschick des Seins'. Die Kehre wäre dann: Nicht das Dasein geht (sich selbst entwerfend) mit dem Sein um, sondern das Sein geht mit dem Dasein um. Die ‚Schickungen' des Seins machen eine ‚Seinsgeschichte' aus; an die Stelle *phänomenologischer Forschung* (über die Seinsweise des Daseins) tritt nunmehr ein *seinsgeschichtliches Denken.*

Schlüsselschriften Heideggers sind in diesem Zusammenhang die Vorträge *Vom Wesen der Wahrheit* und *Platons Lehre von der Wahrheit,* beide 1930/31 entstanden, aber erst 1942/43 veröffentlicht. Hatte Heidegger in *Sein und Zeit* noch geschrieben, daß es Wahrheit nur ‚gibt', „sofern und solange Dasein ist",[42] so heißt es jetzt in *Vom Wesen der Wahrheit:* „Wahrheit ist die Entbergung des Seienden, durch die eine Offenheit west."[43] Die Dinge drehen sich um: nicht das Dasein hat Wahrheit, sondern die Wahrheit hat das Dasein. Und da Wahrheit und Sein (ganz im traditionellen scholastischen Sinne einer Konvertibilität von Transzendentalien) dasselbe sind, hat das Sein, hier als das Offene, Entbergende, Lichtende bezeichnet, das Dasein. Entsprechend wird jetzt die Terminologie von *Sein und Zeit* kunstvoll angeglichen: „der Mensch west so, daß er das ‚Da', das heißt die Lichtung des Seins, ist. Dieses

,Sein' des Da, und nur dieses, hat den Grundzug der Ek-sistenz, das heißt des ekstatischen Innestehens in der Wahrheit des Seins."[44]

In *Platons Lehre von der Wahrheit* wiederum wird der Verlust dieser Wahrheit als ‚Unverborgenheit' in der Geschichte der europäischen Metaphysik konstatiert. Wahrheit wird in dieser Geschichte zur bloßen Richtigkeit eines verfügenden Denkens; sie degeneriert, so Heidegger jetzt, zur Metaphysik. Die Geschichte der Metaphysik erscheint als eine Verfallsgeschichte. Entsprechend vollzieht sich Heideggers Kritik an dieser Geschichte auch in Auseinandersetzung mit philosophischen Klassikern wie Leibniz, Kant, Schelling, Hegel und Nietzsche, in dessen Philosophie die Geschichte der ‚Seinsvergessenheit' nach Heidegger kulminiert. Vor dem metaphysischen Sündenfall stehen Vorsokratiker, nämlich Anaximander, Parmenides und Heraklit; Versöhnung im Sinne einer Rückkehr des Denkens zur ‚Wahrheit des Seins' ist nur bei den Dichtern, bei Rilke z. B., vor allem aber bei Hölderlin.

Mit der Forderung, den „Schritt zurück aus der Philosophie in das Denken des Seyns" zu tun,[45] mit der Forderung eines in diesem Sinne ‚wesentlichen' Denkens verläßt Heidegger nicht nur die inhaltlichen, sondern auch die methodischen Grenzen von *Sein und Zeit* – leider damit häufig auch die Grenzen der Verständlichkeit. Seine Sprache wird noch gespreizter, bildhafter, nimmt dichterische Elemente auf, nähert sich damit selbst der Dichtung, feiert. Die Frage nach dem ‚Sinn von Sein', in *Sein und Zeit* noch mit der älteren Idee phänomenologischer Forschung verbunden, lautet jetzt: „Doch das Sein – was ist das Sein? Es ist Es selbst. Dies zu erfahren und zu sagen, muß das künftige Denken lernen."[46] Es muß nach Heidegger noch manches andere lernen; z. B. das: „Die Geschichte des Denkens ist noch Anderes als nur die Historie wechselnder Meinungen und Lehren der Philosophen. Die Geschichte des Denkens ist die Beschickung des Wesens des Menschen aus dem Geschick des Seins."[47] Heidegger schreibt nun ‚Sein' mit (griechischem) y (‚Seyn') oder streicht ‚Sein' kreuzweise durch (~~Sein~~). Diese ‚kreuzweise Durchstreichung' soll in die vier Gegenden des ‚Gevierts' weisen,[48] das Heidegger an anderer Stelle als die Einheit von Erde und Himmel, Göttlichen und Sterblichen beschreibt.[49]

Der Mensch avanciert nun zum ‚Hirten des Seins', die Sprache zum ‚Haus des Seins', „darin wohnend der Mensch ek-sistiert, indem er der Wahrheit des Seins, sie hütend, gehört".⁵⁰ Aus Philosophie wird nach Heidegger ein ‚einfaches Sagen' – ‚einfach' an seiner Nähe zu jenem Sein gemessen, das sich in *Sein und Zeit* schließlich der Festlegung auf einen bestimmten ‚Sinn' entzog und das sich jetzt als ‚Geschick des Denkens' zu erkennen geben soll: „Das künftige Denken ist nicht mehr Philosophie, weil es ursprünglicher denkt als die Metaphysik, welcher Name das gleiche sagt. Das künftige Denken kann aber auch nicht mehr, wie Hegel verlangte, den Namen der ‚Liebe zur Weisheit' ablegen und die Weisheit selbst in der Gestalt des absoluten Wissens geworden sein. Das Denken ist auf dem Abstieg in die Armut seines vorläufigen Wesens. Das Denken sammelt die Sprache in das einfache Sagen. Die Sprache ist so die Sprache des Seins, wie die Wolken die Wolken des Himmels sind. Das Denken legt mit seinem Sagen unscheinbare Furchen in die Sprache. Sie sind noch unscheinbarer als die Furchen, die der Landmann langsamen Schrittes durch das Feld zieht."⁵¹

Monument eines zur Metaphysik verfallenen Denkens ist aber nach Heidegger nicht nur die Philosophie, es sind auch Wissenschaft und Technik. Dieselbe Rationalität, die, sich die Welt aneignend, in der Metaphysik arbeitet, arbeitet auch hier. Technik erscheint in der Analyse Heideggers geradezu als ‚vollendete Metaphysik'.⁵² In den *Holzwegen* (1950) heißt es: „Was den Menschen längst schon mit dem Tod und zwar mit demjenigen seines Wesens bedroht, ist das Unbedingte des bloßen Wollens im Sinne des vorsätzlichen Sichdurchsetzens in allem. Was den Menschen in seinem Wesen bedroht, ist die Willensmeinung, durch eine friedliche Entbindung, Umformung, Speicherung und Lenkung der Naturenergien könne der Mensch das Menschsein für alle erträglich und im ganzen glücklich machen. Aber der Friede dieses Friedlichen ist lediglich die ungestört währende Unrast der Raserei des vorsätzlich nur auf sich gestellten Sichdurchsetzens. Was den Menschen in seinem Wesen bedroht, ist die Meinung, dieses Durchsetzen des Herstellens lasse sich ohne Gefahr wagen."⁵³ Das klingt verblüffend nüchtern, entspricht auch ganz anderen Technikanalysen, etwa im Rahmen der Frankfurter Schule, wird aber sogleich wieder in das ‚wesentliche' seinsgeschichtliche Denken zurückgenommen: „Das Wesen der Technik kommt nur langsam an den Tag. Dieser Tag ist die zum bloß technischen Tag umgefertigte Weltnacht. Dieser Tag ist der kürzeste Tag. Mit ihm droht ein einziger endloser Winter. Jetzt versagt sich dem Menschen nicht nur der Schutz, sondern das Unversehrte des ganzen Seienden bleibt im Finstern. Das Heile entzieht sich. Die Welt wird heil-los."[54] Gegen das ‚Unheil' der Technik stehen nicht besonnene Formen auch philosophischer Rationalität, sondern ‚Dichten und Denken', die ‚heile Welt' von Feldweg, Bergbach und Glockenturm. Das ist, wie man es auch wendet, Romantik. Nichts gegen Romantik (sie ist auch meine stille Liebe), nur: Romantik löst keine Probleme, sie vergegenwärtigt sie allenfalls.

‚Dichten und Denken' ist in der Spätphilosophie Heideggers keine leere Formel. Heidegger sucht sie vielmehr in seiner eigenen Sprache auch selbst zu realisieren, in einer Sprache zwischen Meister Eckhart und Hölderlin. Darüber hinaus verleiht diese Sprache auch dem Sein, nach dessen ‚Sinn' zunächst (in *Sein und Zeit*) auf eine vergleichsweise nüchterne Weise gefragt wurde, eine poetische Natur. Nicht nur in der Beschwörung von ‚Feldweg' und ‚Glockenturm': „Wir kommen", schreibt Heidegger in *Aus der Erfahrung des Denkens* (1954), „für die Götter zu spät und zu früh für das Seyn. Dessen angefangenes Gedicht ist der Mensch."[55] Dabei ist die Kehre nach Heidegger nicht nur etwas, das sich im Denken, sondern auch etwas, das sich im Sein, in dessen Geschichte vollzieht. Insofern wäre im übrigen auch *Sein und Zeit* aus der Sicht der Spätphilosophie kein philosophischer Irrtum – als den ihn Heidegger ja auch nicht darzustellen sucht –, sondern ein Teil jener Seinsgeschichte. Heidegger selbst, so sucht er die Umstände seiner Kehre zu erläutern, verleiht ihr mit seinem Werk philosophischen Ausdruck. Auch in der Weise von ‚Dichten und Denken'.

Nun geht die Konkurrenz der Philosophie mit der Dichtung für die Philosophie schlecht aus. Die Philosophie verliert, wenn sie selbst zur Dichtung zu werden trachtet, das, was sie ihrem Wesen nach ist; sie verliert ihre argumentative Kraft. Philosophie hört auf, eine methodische Disziplin zu sein. Indem ihr Heidegger aber in seiner Spätphilosophie dieses Wesen, argumentativ und methodisch zu sein, als schlechte Metaphysik bestreitet, verläßt er nicht nur die herkömmlichen Wege der Philosophie – was ja auch seine Absicht ist –, sondern im Grunde auch, so paradox das aus der Sicht Heideggers erscheinen muß, deren menschliche Form. Zu dieser menschlichen Form der Philosophie gehört auch der (philosophische) Irrtum. Man sollte aber seine Irrtümer, auch um eines ‚wesentlichen' oder ‚strengen' Denkens willen, nur sich selbst, nicht einer höheren Instanz, etwa dem Sein, ankreiden.

Doch das ist kein versöhnlicher Schluß. Ein besserer Schluß ist, diesseits und jenseits von *Sein und Zeit*, nunmehr sogar naheliegend, ein Gedicht. Es wurde 1917 von Heidegger im *Bodenseebuch* (einem „Buch für Land und Leute") veröffentlicht und trägt den Titel *Abendgang auf der Reichenau*:[56]

> Seewärts fließt ein silbern Leuchten
> zu fernen dunkeln Ufern fort,
> und in die sommermüden, abendfeuchten
> Gärten sinkt wie ein verhalten Liebeswort
> die Nacht.
> Und zwischen mondenweißen Giebeln
> verfängt sich noch ein letzter Vogelruf
> vom alten Turmdach her –
> und was der lichte Sommertag mir schuf,
> ruht früchteschwer –
> aus Ewigkeiten
> eine sinnjenseitige Fracht –
> mir in der grauen Wüste
> einer großen Einfalt.

HELMUT LETHEN

Carl Schmitt:
Der Begriff des Politischen (1927)

> „Man nannte erwachsen, wem ein Licht aufgegangen war über die Feindschaft unter den Menschen."
>
> Marieluise Fleißer:
> *Ein Pfund Orangen*, 1929

1. 1921. Das *enfant terrible* der Rechtslehre in Greifswald

Ernst Robert Curtius und Carl Schmitt, junge Professoren der Romanistik beziehungsweise Rechtswissenschaft, wechseln im Jahre 1921 Briefe. Beide stehen am Beginn einer großen Karriere. Beide fühlen sich am Ort ihres Lehrstuhls im ‚Exil'. Curtius lehrt in Marburg, Schmitt in Greifswald. Curtius tröstet Schmitt, daß Greifswald wohl nur ein „befristetes Exil" sein werde; denn dieser Ort sei wie Marburg, „eine Pönitenz, mit der wir viel abverdient haben werden". Beide preisen dagegen den *genius loci* des Rheinlands mit seinem „Lateinertum" und treffen sich unter dem Wahlspruch: „Nur südlich vom Limes kann man eben leben!"[1]

Während der Greifswalder Zeit erscheint Schmitts zweite große Monographie *Die Diktatur,* die nicht nur Curtius, sondern auch Walter Benjamin begeistert. Der Begriff der ‚Diktatur' ist in diesen Jahren im sozialistischen Lager zwischen Kautsky, Lenin und Trotzki heiß umstritten. Der Untertitel von Schmitts Buch deutet auf diese Aktualität hin: „Von den Anfängen des modernen Souveränitätsgedankens bis zum proletarischen Klassenkampf".

Bei bürgerlichen Rechtsgelehrten scheint die Befassung mit dem Phänomen der Diktatur ein Tabu. Als juristisches Problem trifft es auf unverhohlene Aversion. Grund genug für Schmitt, sich als *enfant terrible* der Rechtszunft in seinem neuen Buch der Diktatur zu widmen.

Carl Schmitt beginnt die Reflexionen über die Diktatur mit einer Rückbesinnung auf die humanistischen Schriftsteller der Renaissance, die ihren Begriff der Diktatur in der römischen Geschichte vorfanden. „Die Diktatur ist eine weise Erfindung der römischen Republik [...]. Der Diktator, der auf Ersuchen des Senats vom Konsul ernannt wird, hat die Aufgabe, die gefährliche Lage, die Grund zu seiner Ernennung ist, zu beseitigen, nämlich entweder Krieg zu führen [...] oder einen Aufruhr im Innern niederzuschlagen [...]."[2] Die „innere Dialektik" der Diktatur liege darin, daß in ihr die Norm negiert werde, deren Herrschaft durch die Diktatur gesichert werden solle.[3]

Schnell kommt er folglich auf den Denker zu sprechen, mit dem er in Zukunft oft verglichen werden wird, auf Machiavelli. Für diesen sei die Diktatur ein technisches Mittel der republikanischen Verfassung gewesen, die Freiheit zu wahren.

Schon auf den ersten Seiten seines Buchs über die Diktatur wird klar, welche Eigenschaften Schmitt zeitlebens an den Renaissance-Denkern schätzen wird. Er bewundert die *Kälte der Diktion,* mit der Machiavelli das Problem der Macht behandelt. Die Kälte entsteht, indem der Denker alle moralischen Kategorien aus seinen Sätzen über die Diktatur entfernt, um diese als rein technisches Problem der Staatsführung abhandeln zu können.

Daneben fesselt ihn ein anderes Element dieses Denkens. Schmitt entdeckt, daß diesen politischen Theorien eine „*pessimistische Anthropologie*" zugrunde liegt: d.h. das Axiom von der „natürlichen Bosheit des Menschen", das zwangsläufig da auftrete, wo staatliche Autorität begründet werden müsse.[4] Hand in Hand mit diesem Axiom gehe eine Vorstellung „*vom Volk, als dem großen, bunten Tier, das mit bestimmten Praktiken behandelt werden muß*".[5] An der technischen Staatsauffassung interessiert Schmitt das quasi *maschinelle Funktionieren der Exekutive*. In ihr ist wie beim Militär „prompter" Gehorsam vorausgesetzt. Nicht zufällig illustriert Schmitt die *Kommunikationsstruktur des Befehls* wie Lenin am Muster eines modernen Betriebs: „Der einfachste Transportbetrieb wird unmöglich, wenn derjenige, der den Transport auszuführen hat, an den zu transportierenden Dingen ein anderes Interesse nimmt als das, daß sie eben transportiert werden müssen. Wenn ein Postbeamter die zu bestellenden Briefe auf ihren Inhalt prüfen sollte, so würde das bedeuten, daß die posttechnische Organisation benutzt wird, um irgendwelche, außerhalb dieser Organisation gelegenen Zwecke durchzusetzen, was der technischen Vollkommenheit der Organisation notwendig widerspricht."[6] (Ein Freund, der in den achtziger Jahren in der Volksrepublik China weilte, erzählte mir von den Schwierigkeiten, einen Expreßbrief am Schalter eines Postamts in Peking aufzugeben. Die Dringlichkeit des Schreibens wurde von der Schalterbeamtin rundweg bezweifelt. Als er, der fremde Kunde, auf Eile bestand, habe die Beamtin das Kuvert geöffnet und in aller Seelenruhe begonnen, sich in den Brief zu versenken, um kopfschüttelnd zu bemerken, so eilig könne sie die Sache nicht finden. Der Inhalt des Briefes bestätige sie in dem Verdacht, der Brief erreiche mit der normalen Post seinen Adressaten früh genug.)

Daß Schmitt das Ideal einer funktionierenden Exekutive und der Notwendigkeit ihrer Befehlsstruktur mit einem modernen Transportbetrieb vergleicht, ist um so auffälliger, als er später nichts so hassen wird wie die liberale Ansicht des Staates als eines „Betriebs", den er verächtlich eine „leerlaufende Maschine" nennt. Unter den Bedingungen einer Diktatur hat er gegen den maschinellen Vollzug der souveränen Entscheidung nichts einzuwenden.

Schmitt fesseln an den frühen Lehren der Staatsraison der Diktatur also drei Elemente:
– die Sachlichkeit der moralfernen technischen Argumentation. In seiner Polemik gegen den moralisierenden Liberalismus gefällt es ihm, wie Thomas Hobbes moralische Ideen in physikalische Bewegungsgesetze zu überführen; so erzeugt seine wissenschaftliche Prosa die oft gerühmte ‚Kälte' der amoralischen Diktion;
– das Axiom der bösen Natur des Menschen, dessen Bosheit er als eine animalische Kraft bewundert und von der er gleichzeitig seine „Herrschaftsbedürftigkeit" ableitet;[7]
– und die Notwendigkeit einer Befehlsstruktur, die die Entscheidungen des Souveräns mechanisch weiterleitet.

So sehr ihn diese Elemente faszinieren, so undeutlich bleibt, um welcher Substanz, welcher Normen willen hier eine Diktatur gerechtfertigt werden sollte. Schmitt konstatiert selbst die „Indifferenz" des staatstechnischen Denkens „gegenüber dem weiteren politischen Zweck". Im Habitus der neuen Sachlichkeit vergleicht Schmitt 1922 den Staatstheoretiker mit einem „Ingenieur", bei dem „ein technisches Interesse an der Herstellung einer Sache vorhanden sein kann, ohne daß er an dem weiteren Zweck, dem die herzustellende Sache dient, das geringste eigene Interesse zu haben braucht".[8]

Das Buch über die Diktatur zeigt die Signatur von Schmitts Denken, das sich freilich in der Bewertung des Technischen wandeln wird. In polemischem Widerspruch zur expressionistischen Generation hat die Ohnmacht des Intellektuellen für ihn ihren diskreten Charme verloren. „Formlosigkeit" ist für Schmitt Horror. Ihn faszinieren Ordnungsmuster selbst in diktatorischer Form. Von ihnen geht der ästhetische Reiz des Symmetrischen der Kristalle aus.

Als Curtius aus Marburg dem Juristen Schmitt in Greifswald seinen Enthusiasmus über dieses Buch mitteilt, scheint die Bürgerkriegssituation in einigen Regionen Deutschlands noch nicht geklärt. Beide Professoren sind sich einig in der Verachtung der „Formlosigkeit" der Deutschen, sie schwärmen für die „Latinität", in der, wie Curtius schreibt, „Ordnung und Tiefe, Klarheit und Glut" vereint sein könnten.[9]

„Ordnung und Glut" – davon handelt *Der Begriff des Politischen* in seinen drei Fassungen von 1927, 1932 und 1933. In diesem Buch sollte die gespenstische Leere, die das Politische in der *Diktatur* umgab, durch eine Bestimmung des Wesens des Politischen abgelöst werden. Die Schrift gilt bis heute als zentrale Kampfschrift gegen einen humanitär gesonnenen Liberalismus, folglich als moralischer Skandal. Wer die Schrift nie gelesen hat, wird dennoch gehört haben, in dieser Schrift werde ‚Feindschaft' als Bedingung des Politischen definiert und zwar eine ‚Feindschaft', die die Tötung des Anderen einbeziehe.

2. Die Skandalschrift: *Der Begriff des Politischen*

Noch fünf Jahre nach der ersten Fassung, die 1927 erschienen war, alarmierte einen wohlmeinenden Rezensenten die Amoralität dieser Schrift. 1932 wurde in der Zeitschrift *Kant-Studien* die „dämonische Kälte der Objektivität", mit der die „Bejahung des bösen Menschen" stattfinde, hervorgehoben. Schmitt plädiere, schreibt Helmut Kuhn dort, für den Prozeß der Rückkehr des Menschen in den „Naturzustand" niemals zu zivilisierender Aggressivität, ein „Naturzustand", der sich, laut Schmitt, „im Dunkeln" der Republik wieder anbahne. Es sei ein „Raubtieridyll".[10]

1932 kämpft Helmut Kuhn mit der Schwierigkeit, die Rationalität von Schmitts Argumentation vom Habitus eines Dandys zu unterscheiden, dem er „ästhetischen Dekadenz-Immoralismus" bescheinigt.[11] Das *„Frapper le Bourgeois"* war von Schmitt beabsichtigt; er wollte mit dem *Begriff des Politischen* „sekuritätsbedürftige Menschen erschrecken". Dem liberalen Bürger müsse sein Denken als „Teufelei", als satanischer Schachzug erscheinen, weil es die Illusion der Friedensära zerstöre.

Diesen Eindruck zu erzeugen, ist ihm gründlich gelungen. Das Urteil, das Georg Lukács in seinem Buch *Die Zerstörung der Vernunft* Anfang der fünfziger Jahre über den *Begriff des Politischen* fällt, faßt zusammen, was sich als Gemeinplatz über Jahrzehnte gehalten hat: Das Buch sei ein „sich wissenschaftlich gebärdendes Prolegomenon zu dem von Hitler und Rosenberg konstruierten Rassengegensatz".[12]

Nach diesem Urteil verblüfft es, auf Seite 49 der heute zugänglichen Ausgabe, gleichsam im Herzen der Finsternis, folgende Sätze zu finden: „Von den Menschen im Ernst zu fordern, daß sie Menschen töten und bereit sind, zu sterben, damit Handel und Industrie der Überlebenden blühe oder die Konsumkraft der Enkel gedeihe, ist grauenhaft und verrückt. Den Krieg als Menschenmord verfluchen und dann von den Menschen zu verlangen, daß sie Krieg führen und im Kriege töten und sich töten lassen, damit es ‚nie wieder Krieg' gebe, ist ein manifester Betrug. Der Krieg, die Todesbereitschaft kämpfender Menschen, die physische Tötung von andern Menschen, die auf der Seite des Feindes stehen, alles das hat keinen normativen [...] Sinn. Es gibt keinen rationalen Zweck, keine noch so richtige Norm, kein noch so vorbildliches Programm, kein noch so schönes soziales Ideal, keine Legitimität oder Legalität, die es rechtfertigen könnten, daß Menschen sich gegenseitig dafür töten [...]."[13]

Daß mit keiner ethischen, juristischen, geschweige denn ökonomischen Norm die Tötung im Krieg begründet werden könne, müßte selbst den Verächtern von Schmitts Schrift aus dem Herzen gesprochen sein. Aber selbst diese Sätze haben einen geheimen Sprengsatz. Ihre Provokation liegt darin, daß sie auf einen Konsens in liberalen Gesellschaftsformen anspielen, um auf den Widerspruch aufmerksam zu machen, daß in eben diesen Gesellschaften unter der Flagge ethischer Normen, rationaler Zwecke und sozialer Ideale getötet wird, daß also liberale Gesellschaften keine zu rechtfertigende Begründung des mörderischen Tuns zu geben imstande sind. Mit Marx und Sorel teilt Schmitt ein typisches Moment der Polemik gegen den Liberalismus: Der Liberalismus kultiviere bestimmte „Normativitäten" als nützliche Fiktionen, um sie in Ausnahmezuständen über Bord zu werfen. Schmitt setzt diesem „Selbstbetrug" des liberalen Denkens eine Denkfigur Sorels entgegen, die er für ehrlicher hält: den Ausnahmezustand mit seiner diktatorialen *Machtausübung sans phrase* zum Ausgangspunkt des Denkens zu machen.

Allerdings habe ich in dem zitierten Text zwei Auslassungen durch Punkte markiert. Während Schmitt in den zitierten Sätzen die Unfähigkeit liberalen Denkens betont, im Rahmen seiner „Normativitäten" militärisches Töten zu begründen, finden wir an den ausgelassenen Stellen eine positive Begründung der physischen Eliminierung des Feindes. Es heißt zwar, daß die Tötung keinen *normativen* Sinn ergebe. Danach hebt Schmitt allerdings den *existenziellen Sinn* hervor, der sich „in der Realität einer Situation des wirklichen Kampfes gegen einen wirklichen Feind, nicht in irgendwelchen Idealen, Programmen oder Normativitäten" ergebe. Und nach dem zitierten Abschnitt fehlt das Fazit: „Wenn es eine solche physische Vernichtung menschlichen Lebens nicht aus der seinsmäßigen Behauptung der eigenen Existenzform gegenüber einer ebenso seinsmäßigen Verneinung dieser Form geschieht, so läßt sie sich eben nicht rechtfertigen."

Während die liberale Gesellschaft außerstande scheint, normative Kriterien der Zulassung des Tötens eines Feindes zu entwickeln, kennt Schmitt Gründe, die er „existenziell" nennt: Da der Feind dadurch definiert ist, daß er unsere eigene Existenzform verneint, ist es natürlich, daß wir zur Behauptung unserer Existenz den Feind notfalls physisch vernichten müssen.

Diese Sätze klingen trivial, dunkel oder unverständlich. Sie werden verständlicher, wenn wir der Herleitung der Definition des *Feindes* im Buch folgen.

3. Der Feind

Als Schmitt im Jahre 1938 noch einmal die Begriffe ‚Krieg' und ‚Feind' erläutert, erzählt er folgende Anekdote aus Frankreich: „Als ihm der behandelnde Zahnarzt sagte: ‚Sie sind kein Held', erwiderte W. Gueydan de Roussel: ‚Sie sind ja auch nicht mein Feind!'"[14]

Mit dieser Anekdote will Schmitt den Feindbegriff aus der Sphäre privater und psychologischer Redensarten herausnehmen. Tatsächlich wirkt sein Feindbegriff verglichen mit den Definitionen, die man seinerzeit bei Historikern oder Völkerrechtlern finden konnte, exzentrisch. In ihm kristallisieren sich sehr unterschiedliche Denkstile. Schmitts Feindbegriff bildet einen Schnittpunkt zwischen politischem Existenzialismus, Theologie und Ästhetik.

Unzufrieden mit der üblichen Definition des Politischen als ein auf den Staat bezogenes Handeln, sucht Schmitt nach dessen spezifischen Kriterien und beginnt mit einem Gedankenspiel, das uns neuerdings durch den Begriff des ‚Code' aus der Systemtheorie vertraut sein könnte: „Wenn auf dem Gebiet des Moralischen die letzte Unterscheidung Gut und Böse sind; im Ästhetischen Schön und Häßlich; im Ökonomischen Nützlich und Schädlich, so lassen sich alle politischen Handlungen auf die Unterscheidung von Freund und Feind zurückführen."[15] Schmitts Gedankenspiel hat radikale Folgen für den Feindbegriff. Das Wesen des Feindes kann konsequenterweise nicht nach Kriterien der Ethik, der Ästhetik, der Ökonomie oder Rasse bestimmt werden. Der Feind ist in seiner Eigenschaft als ‚Feind' nie Verbrecher (nach moralischen Maßstäben), nie Monster (im Sinne der Ästhetik), nie Konkurrent (auf kommerziellem Feld). Er kann nur aufgrund seines Status als Feind auf einem Terrain, auf dem die Regeln des Kriegsrechts gelten und auf dem er sich durch die Uniform unterscheidet, getötet werden. Es ist nie legitim, ihn als Verbrecher zu behandeln. Der *Partisan* dagegen steht außerhalb der Hegung des Konflikts durch das Kriegsrecht, und er kann darum den Feindstatus nicht für sich beanspruchen. Für Schmitt ist er ein Fall für die Polizei.

Auf dieser Ebene orientiert Schmitt sich durchaus am klassischen Kriegsrecht. Allerdings geht dieses von der Möglichkeit des eingehegten Krieges aus, in dem man Kombattanten und Nicht-Kombattanten noch unterscheiden konnte. Obwohl Schmitt sich immer wieder auf diesen klassischen Feindbegriff beziehen wird, setzt er seinen *begrenzten Feindbegriff* der gegenläufigen Bewegung der *Entgrenzung* aus, sobald er im Rahmen des „totalen Staats" vom „totalen Feind" spricht.[16]

Während es in der ersten Fassung von 1927 Schmitt noch vorrangig um die „Abwehr" eines Feindes geht, der im Konfliktfall als Angreifer die Grenze des eigenen Territoriums übertritt und darum „die Negation der eignen Art von Existenz" bedeutet, löst sich die Feindbestimmung der zweiten Fassung von 1932 von der Vorstellung der Verteidigung des eigenen Gebiets.

An die Stelle des Territorial-Modells tritt ein „Intensitäts-Modell":[17] „Die Unterscheidung von Freund und Feind hat den Sinn, den äußersten Intensitätsgrad einer Verbindung oder Trennung, einer Assoziation oder Dissoziation zu bezeichnen. Der politische Feind braucht nicht moralisch böse, er braucht nicht ästhetisch häßlich zu sein [...]. Er ist eben der andere, der Fremde und es genügt zu seinem Wesen, daß er in einem besonders intensiven Sinne existentiell etwas anderes und Fremdes ist [...]."[18] Im Ernstfall muß der am Konflikt Beteiligte entscheiden, ob der Andere die Negation der eigenen Existenz bedeutet, also physisch eliminiert werden muß.

Mit dieser Wendung zum Intensitäts-Modell löst sich der Begriff des *Feindes* vom Begriff des *Angreifers*. Der Feind wird „bürgerkriegsfähig".[19] Das Terrain des Kampfes ist jetzt nicht mehr an eine äußere Grenze gelegt; der „innere Feind" ist (teuflischerweise) immer schon eingedrungen. Wer aber ist dieser Feind?

4. Im Schnittpunkt verschiedener Denkstile

Der Gedanke, daß der Feind „ein äußerster Intensitätsgrad der Trennung" sei, konnte die radikale Intelligenz der Weimarer Republik faszinieren. Er paßte zu ihren Trennungskulten, mit denen sie sich von den Zumutungen der „Gemeinschaft" distanzieren wollten. Es war eine schillernde Formel. „Schillernd wie eine Benzinpfütze", wie Jan Philipp Reemtsma einmal eine modernistische Passage bei Ernst Jünger genannt hat.

Die Faszination rührt nicht nur von der Dunkelheit der Formulierung. Daß sich die unterschiedlichsten Geister an ihr entzündet haben, hängt damit zusammen, daß sich in der Formel verschiedene Denkstile mischen. Im Rahmen der Rhetorik des Antiliberalismus, deren Tradition sich aus dem 19. Jahrhundert herschreibt, verschmelzen in ihr Motive des politischen Existenzialismus, der sich auch Ende der zwanziger Jahre noch gern auf Kierkegaard beruft, mit einem Habitus der ästhetischen Avantgarde. Doch im Versprechen, in der Trennung einen Zustand äußerster Intensität zu erfahren, das den Avantgardisten lockt, schimmert ein theologischer Grund.

Ich lese das Buch also nicht in der Tradition der Staats- oder Völkerrechtslehre (dazu fehlt mir die Kompetenz), sondern begreife den Text als kulturhistorisches Ereignis, das den Zeitraum 1927 bis 1933 umfaßt und rekonstruiert werden soll, indem ich verschiedene Schichten der Schrift aufblättere.

Politischer Existenzialismus

Ist das Buch ein „Dokument des Politischen Existenzialismus", wie Karl Löwith 1935 behauptete?

Als Helmut Kuhn 1932 die zweite Fassung von Schmitts Essay, der 1927 in einer Zeitschrift und nun in stark veränderter Form als selbständige Publikation erschien, in den *Kant-Studien* rezensiert, betont er, daß Schmitt einen „Raum zur Erprobung der Existenzialität" entwerfe.[20] Schmitt konstruiere als Gegenwelt zum Liberalismus eine Sphäre, in der der „Ernst des Lebens" nur in Todesbereitschaft zu erfahren sei. Da die liberale Gesellschaft den Menschen von den Zonen des Schmerzes und tödlicher Gefahr fernhalte, entferne sie ihn von den eigentlichen Existenzgründen. Denn der Mensch gewinne Identität und Echtheit nur, wenn er etwas habe, wofür er zu töten und zu sterben bereit sei. Das ‚Böse' der menschlichen Natur, an das Schmitt im Sinne eines anthropologischen Credo glaube, sei die „Außenseite des ‚existenziellen Ernstes'". Denn der „böse", der „gefährdete" Mensch sei im Denken von Schmitt wesentlich der Mensch, „dem es ernst" sei.

Das liberale Individuum hat nach dieser Diagnose die Fähigkeit zum Ernst verloren. Es kennt keinen existenziellen Feind und verdeckt seine Leere durch „Fiktionen und Normativitäten". Authentisch wird der Mensch nur in Zonen der Gefahr.

Diese Ansicht hat nach Kuhn eine weitreichende Konsequenz: Die schwarze Anthropologie, derzufolge der Mensch ein gefährliches und riskantes Wesen ist, ist keine Auffassung über die Natur des Menschen. Sie ist, laut Kuhn, nur die „Außenseite des existenziellen Ernstes", hat also ihr Fundament nicht in den beobachteten Personen, sondern in der moralischen Haltung des Beobachters, sie gehört zum Habitus des ernsten Denkers. Der „Naturzustand" der Aggressivität soll also nicht wie bei Thomas Hobbes vom Staat gebändigt und in einem Prozeß der Zivilisierung überwunden werden. Es ist bei Schmitt vielmehr ein permanenter, durch kein Mittel zu mildernder Zustand, ein Elementarreich unter der dünnen Decke liberaler Normen.

Der Naturzustand zeichnet sich durch eine „animalische" Wildheit aus, die, wie Leo Strauss vermutet, von Schmitt bewundert wird. Allerdings hat diese Sympathie ambivalente Züge. Ist sie nicht – wie bei Thomas Hobbes – zivilisierungsfähig, so ist sie doch „herrschaftsbedürftig". In dieser Eigenschaft bildet die Wildheit ein willkommenes Argument für den Staat, der sie domestiziert.

Ästhetik der Avantgarde

Die Grundhaltung des politischen Existenzialismus, in der der „Ernst des Lebens" das Kriterium des Authentischen bildet und Identität nur in Sphären des Schmerzes und im Schatten des Todes zu haben ist, läßt sich nicht nur bei Schmitt feststellen. In Strömungen der Avantgarde, in der Literatur der verschiedenen Lager des politischen Extremismus treffen wir immer wieder auf eine fatale Denkfigur: Unter der Oberfläche der Normativitäten, der nützlichen Fiktionen und des endlosen Palavers des Bürgertums liege das Reich des Elementaren. In gefährlichen Ausnahmezuständen „durchbricht die Kraft des wirklichen Lebens die Kruste einer in Wiederholung erstarrten Mechanik".[21]

Schmitts Definition des Politischen erhebt die Permanenz des Ausnahmezustands, in dem mit dem tödlichen Ernst das „wirkliche Leben" beginnt, zur Normalität des Politischen. Aus dem Blickpunkt des Politischen betrachtet, hört der Krieg nimmer auf, auch wenn die Liberalen zum Zeitpunkt der ersten Fassung von 1927 an eine friedliche Phase der Stabilität und Neutralisierung glauben. Das Politische wird als *Experimentierraum des Lebensernstes* ersehnt.

Mit diesen Ansichten steht Schmitt, wie gesagt, nicht allein auf der weiten Flur der Weimarer Republik. Seit 1927 korrespondiert er mit Ernst Jünger, in dessen Traktaten vom Krieg und der *Totalen Mobilmachung* er verwandte Motive findet. Auch Denker des linken Lagers geraten in den Bann seines Denkens. Die Beziehungen zu Walter Benjamin sind inzwischen Gegenstand der Forschung. Vertrackter sind die Korrespondenzen zu Bert Brecht. Einerseits partizipiert Brecht an der Sprache des Ernstes, wenn er seine Lehrstücke als „Sterbelehren" des Individuums bezeichnet, von seinen Figuren alle Elemente einer liberalen Subjektkonstitution abstreift und den Ausnahmezustand ökonomisch begründet. Andererseits schleppt Brecht die Sprache des existenzialistischen Ernstes auf die Bühne, um vorzuführen, welche Verheerungen sie in der Körperwelt anrichtet, so daß am Ende eines Lehrstücks auf der Bühne nur Leichen liegen bleiben. Immerhin hat Marieluise Fleißer den Satz, den sie 1929 notiert: „Man nannte erwachsen, wem ein Licht aufgegangen war über die Feindschaft unter den Menschen", von ihrem damaligen Mentor Brecht gelernt und gegen ihn gewendet.[22] Im gleichen Jahr schrieb Arnolt Bronnen: „Die Männer fanden eine neue Balance: im Feind", und verkündete als Ideal für Kunst und Sport, „den Tod in die Spiellinie einzuschalten".[23]

Im Ausstrahlungsfeld des politischen Existenzialismus entstehen unheimliche Nachbarschaften. In allen Lagern bestand ein erhöhter Bedarf nach markanten Orientierungsmustern. Und der psychische Stoff, aus dem Schmitt seine plastische *Freund-Feind-Formel* konstruierte, der Schmerz der Trennung und die Sehnsucht nach Verbindung, bildet zudem den Grundstoff des Ästhetischen. Gegen die Kultur des liberalen Bürgertums mit ihren gemischten Temperaturen, den Schattierungen und den Verschwommenheiten der fließenden Grenzen setzt Schmitt die Notwendigkeit der klaren Grenzziehung, der extremen Polarisierung und der Abpanzerung der Haut gegen den subversiven Feind. Sind es die Fronterfahrungen des Ersten Weltkriegs, die Schmitts Pathos der Grenzziehung so anziehend machten?

Da ausschließlich vom Feind die Rede war, könnte der Eindruck entstehen, Schmitts Buch hieße „Der Feind." Was aber macht inzwischen der ‚Freund'?

Wir erfahren in dieser Schrift kaum etwas über den Gegenpol zur Feindschaft. Obwohl der nationale Diskurs dem Autor genügend Vokabeln zur Verfügung gestellt hätte, um die ‚Gemeinschaft' als äussersten Intensitätsgrad der Verschmelzung dem Trennungsphänomen entgegenzusetzen, meidet Schmitt systematisch die Konstruktion der Freundes-Sphäre. Die Tradition der Kulturkritik legte es nahe, die ‹Gemeinschaft› als Ort symbiotischer Wärme im Gegensatz zur Kälte des liberalen Betriebs als Freundes-Sphäre zu definieren.

Schmitt enttäuscht diese Erwartung. Er beruft sich statt dessen in seinem Abschnitt über die Anthropologie des Politischen ausgerechnet auf Helmuth Plessner, der 1924 in seinem Buch über die *Grenzen der Gemeinschaft* eine Abrechnung mit völkischer Gemeinschaftsideologie vorgenommen hatte. Einer der Kritikpunkte von Plessner war gewesen, dass die Ideologie der ‹Gemeinschaft› die inneren Gewalttätigkeiten verdecke. Dem stimmt Schmitt ebenso zu wie Plessners Axiom, dass der Mensch „von Natur aus" der feindlichen Distanz in der Gesellschaft bedürfe, um sich entfalten zu können. Nichts könnte der Gemeinschaftsideologie ferner sein!

Was könnte dann aber das Freundes-Kollektiv zusammenhalten – ausser dem Feind? Wie kommt es zu dem diabolischen Glanz, mit dem Schmitt die „äussersten Intensitätsgrade der Trennung" umgibt? Gehörten die Trennungskulte – von der Mutter, von der Familie, von bodenständiger Gesellung, von symbiotischer Gemeinschaft – nicht eher zum Habitus der sogenannten ‹Asphaltliteraten›, also eher zu der liberalen oder ‹kulturbolschewistischen› Sphäre?

Aus zwei Gründen scheint es Schmitt unmöglich gewesen zu sein, sich eine kollektive Freundes-Sphäre auszumalen, die einen attraktiven Kontrast zum Bild des ‹Feindes› hätte darstellen können. Das ‹Volk›, das offiziell die Stelle besetzte, an der man eine ‹Konkretisierung der Freundes-Sphäre erwarten durfte, ist für Schmitt nur als das „bunte Tier" der Masse interessant, die staatstechnisch domestiziert werden muss. Und der ‹eigene› Platz, auf dem man letzten Endes den Freund vermuten möchte, ist immer schon vom Feind besetzt.

Der Pol der Gemeinschaft ist wie der Pol des Individuums schon immer vom Feind durchdrungen. So mag es nicht verwundern, dass sich Schmitt später auf zwei Zeilen seines Dichterfreundes Theodor Däubler berufen wird, der im *Sang an Palermo* formulierte:

"Der Feind ist unsre eigne Frage als Gestalt.
Und er wird uns, wir ihn zum selben Ende hetzen."

Der Einzelne kann sich vom Feind nicht lösen, weil er sein Schatten ist.

Ich bin allerdings nicht zufrieden mit der Schlußfolgerung, daß in Schmitts Buch die Sphäre der Freunde nicht auszumachen sei. Freilich finden wir sie nicht, wo wir sie gesucht haben, im vertrauten Kreis, in symbiotischen Verhältnissen, in Clan, Zunft oder Rasse. Sie ist woanders. Auf die Frage, wo die Freund-Sphäre zu finden ist, gibt es bei Schmitt eine so harte wie unmißverständliche Antwort: im *Staat*, der die unverbundenen Einzelnen überwölbt, sie fordert, schützt und ihren Möglichkeitshorizont vorzeichnet.

Satanismus

Die Verse von Theodor Däubler sind zwar nicht weniger dunkel als Schmitts Intensitätsmodell der Feindschaft. Sie können unsere Aufmerksamkeit aber auf die dritte Ebene lenken, auf der uns eine überraschende Lösung des Problems der Konstruktion des Feindes winkt.

Ernst Niekisch vermutete schon 1932, daß der Schicht der „unverhüllten Bürgerkriegslehre" in Schmitts Buch ein theologisches Motiv zugrunde liege. „Das Urbild des Freund-Feindverhältnisses" vermutet Niekisch in dem „Verhältnis zwischen Gott und dem Satan". Wie in den Religionskriegen, so stünden auch hier dem Soldaten Gottes die Verschworenen des Satans gegenüber.[24]

Schmitts Schrift gibt tatsächlich einige Hinweise auf diesen theologischen Aspekt, wenn er betont, daß das „theologische Grunddogma von der Sündhaftigkeit der Welt und der Menschen" zwangsläufig zur Unterscheidung von Freund und Feind führe und alle klassischen Lehren der Staatsraison grundiere. Heinrich Meier stellte in seinen Forschungen die These auf, daß die Erbsündenlehre das geheime Zentrum sei, das alle argumentativen Manöver der Schrift steuere. Hinter den Kulissen aller geschichtlichen Veränderungen erblicke Carl Schmitt das unveränderliche Wesen des satanischen Widersachers. Er sei der einzige untrügliche Orientierungspunkt. Die Feindschaft zu ihm bilde den festen Grund, um der Bodenlosigkeit des Liberalismus zu entkommen. Wer dem Satan widerstehen wolle, müsse auf der Feindschaft beharren.[25]

Hat man sich erst einmal zu dieser theologischen Lesart entschieden, so scheint die Fliehkraft sich durchkreuzender Argumentationslinien im Text aufgefangen, seine Rätselhaftigkeit gelöst. Das ist der Zauber und der Verlust einer Interpretation, die alle Elemente des Textes auf *ein* geheimes Zentrum hin angelegt wissen will. Ihr Zauber besteht in der wunderbaren Fähigkeit, alle Elemente der Schrift als kohärent zu erkennen; ihr Verlust besteht darin, daß alle gegenläufigen Bewegungen des Textes stillgelegt und der Wirkungsgrad der Schrift nur zu erklären ist, wenn man die Faszination des Satanismus (die selbst keine theologische ist) bei den unterschiedlichen Lesern unterstellt, die sich von Schmitts Schrift fesseln ließen. Auf jeden Fall reduziert die Ausschließlichkeit der theologischen Lesart den Text um wichtige Aspekte, die seine historische Genese und Wirkung erst verständlich machen.

Ich ziehe es vor, Schmitts Text wie einen Palimpsest zu lesen, der Schicht für Schicht studiert werden sollte, ohne den Anspruch zu erheben, in einer der Schichten den ‚Kern' des Ganzen zu finden. Mir scheint die theologische Lesart auch gar nicht hilfreich zu sein, wenn man die Funktion der Schrift im Kontext der Weimarer Republik bestimmen will.

5. Schmitt im Kontext

In Augenblicken sozialer Desorganisation, in Zeiten, in denen die Gehäuse der Tradition zerfallen und moralische Konventionen ihre Überzeugungskraft einbüßen, werden Verhaltenslehren gebraucht, die Eigenes und Fremdes, Innen und Außen unterscheiden helfen. Verhaltenslehren ermöglichen es, Vertrauenszonen von Gebieten des Mißtrauens abzugrenzen und Identität zu bestimmen.

Die zwanziger Jahre sind Augenblicke tiefgreifender Desorganisation. Vertraute Orientierungsmuster der wilhelminischen Gesellschaft scheinen keine Geltung mehr zu haben, liberale Verhaltensstandards sind nicht eingebürgert. In dieser Situation funktioniert Carl Schmitts Schrift *Der Begriff des Politischen* wie eine Verhaltenslehre.[26] In einer Phase erhitzter sozialer Mobilität mit verschwimmenden Klassengrenzen befriedigt Schmitts Verhaltenslehre den Bedarf nach Aufspaltungen der Umwelt in Vertrauens- und Mißtrauenszonen. In allen antiliberalen Lagern wurden schematische Unterscheidungslehren entwickelt. Im Unterschied zu diesen Lehren kennt Schmitts Bild des Feindes im Jahre 1932 noch keine Physiognomie und keine Uniform, kein rassisches oder ökonomisches Brandmal. Schmitts Schrift scheint eine leere Matrix, auf der zwar vage das Bild des ‚Bourgeois' auftaucht, in die aber ganz verschiedene Typen des Feinds im Bürgerkrieg eingetragen werden können. Eine leere Matrix freilich nur bis 1933. Bis Schmitt sich in den „Schatten der großen Dezision" der Diktatur begibt; bis in den winzigen Ergänzungen der Ausgabe von 1933 die leere Matrix der Freund-Feind-Unterscheidung ihre unheimliche Brauchbarkeit zur Grenzziehung gegen das Judentum als inneren Feind unter Beweis stellt. In diesem Augenblick erhält die Feindkategorie eine physiognomische Gestalt.

Wenn wir uns mit dem Gedanken vertraut machen, daß für den Großteil der künstlerischen Avantgarde zur Zeit der Republik der Liberalismus als Feind galt, so kann es nicht verwundern, daß Carl Schmitt im expressionistischen Jahrzehnt Umgang mit Kreisen der Münchner Bohème pflegte und versuchte, seine Freundschaft mit dem Dadaisten Hugo Ball, mit Franz Blei, vor allem aber mit Theodor Däubler über alle Differenzen hinweg aufrechtzuerhalten.

Dabei hat er, der mit Kunst-Rebellen sympathisierte, nie einen Hehl daraus gemacht, daß für ihn das Unheil im Jahre 1917 begonnen hatte, als die meuternden Matrosen nicht von der politischen Führung als Hochverräter abgeurteilt wurden, weil diese Führung sich durch ihre Rechtsstaatlichkeit habe lähmen lassen. Seine Aversion gegen den Parlamentarismus hat Schmitt nie versteckt – aber wer von den berühmten Intellektuellen (in der Sozialwissenschaft so gut wie in der Literatur und Philosophie) hätte sich damals für den Parlamentarismus stark gemacht? An der Verfassung der Republik interessieren ihn vor allem die diktatorialen Vollmachten des Reichspräsidenten, den er denn auch mit Gutachten stützte.

Die mittlere, die relativ friedliche Phase der Republik, in der Schmitt seinen *Begriff des Politischen* konzipierte, erschien ihm als Phase trügerischer Sekurität, in welcher sich der Staat als leerlaufende Maschine darbietet, das endlose Palaver der Bourgeoisie im Zeichen ökonomischer Sachlichkeit steht, die Erinnerung an den Schmerz des Krieges verblaßt. Als seinen Feind entdeckt er einen Idealtypus von Bourgeois, wie Hegel ihn typisiert hatte: ein Mensch, der die Sphären des unpolitisch-risikolos Privaten nicht verlassen und im Diesseits seine „problemlose Leibhaftigkeit" genießen will. Liberalismus bedeutet für ihn eine Welt des Nicht-Authentischen, des Mangels an Lebensernst.

Die Bilder, die Schmitt von der liberalen Welt malt, stammen samt und sonders aus dem Arsenal der Zivilisationskritik: In Berlin, Paris oder New York erblickt er einen „Himmel mit Badeeinrichtungen, Automobilen und Klubsesseln", ein Diesseits, dessen „heiliges Buch der Fahrplan" wäre. Die liberale Welt ist eine Welt ohne Ernst, weil die Todesbereitschaft fehlt. Zu den Schauerlichkeiten des Liberalismus zählt, daß selbst die Kirche die Lehre der Erbsünde vergißt und folglich zu einer „pazifistischen Organisation" zu degenerieren droht. Diese Welt der Sekurität erfüllt Schmitt mit Ekel: „Der moralische Mensch verlangt nach Tragödie, nach dem Geist der Schwere." Das Erkennen des Feindes allein scheint jetzt den Lebensernst zu garantieren. Darum begrüßt Schmitt den Umstand, daß es 1933 ‚ernst' wird. Von da an ist an Todesschatten, die die „große Dezision" der nationalsozialistischen Diktatur auf das Leben wirft, kein Mangel. Im Jahre 1933 arbeitet Schmitt am „Reichsstatthaltergesetz" zur Gleichschaltung der Länder mit; am 1. Mai tritt er in die NSDAP ein (er hat also eine nicht besonders spektakulär niedrige Mitgliedsnummer, sie liegt über der Zweimillionenmarke). Er wird Reichsgruppenleiter der NS-Hochschuljuristen und Herausgeber der deutschen Juristenzeitung. Der Reichsmarschall Göring ernennt ihn zum Preußischen Staatsrat. Am 1. August 1934 veröffentlicht er in der *Deutschen Juristen-Zeitung* eine Legitimierung der Ermordungen, zu denen es im Zuge der Aktionen gegen den sogenannten „Röhmputsch" gekommen war. 1936 verliert Schmitt nach Angriffen von seiten konkurrierender Fachkollegen, die auf den katholischen Hintergrund seiner Schriften und frühere Freundschaften mit jüdischen Intellektuellen hinweisen, alle Partei- und Ehrenämter bis auf den Berliner Lehrstuhl und den Titel des Preußischen Staatsrats. Nach Kriegsende ist er zwei Jahre in Lagerhaft der amerikanischen Besatzungsmacht. Er verliert seinen Lehrstuhl und zieht sich zurück nach Plettenberg im Sauerland. Dort fühlt er sich im „Exil", meidet öffentliche Auftritte, hat aber einen außerordentlichen Wirkungsradius. 1985 stirbt er in Plettenberg im Alter von 97 Jahren.

Sieben Jahre nach seinem Tod erscheinen seine Tagebuch-Aufzeichnungen aus den Jahren 1947 bis 1951. In ihnen sind alle Motive seines Werks ohne Milderung oder Rücknahme präsent.

Was läßt sich aus seinem Begriff des Politischen lernen? Ist er ein antiquarischer Gegenstand unseres kulturellen Gedächtnisses?

6. Fragen

Am 25. November 1921 teilt Ernst Robert Curtius seinem Greifswalder Kollegen eine Erkenntnis mit, die einen unheilvollen Zug der deutschen Mentalität enthüllen soll: „Zur deutschen Ethik gehört der Satz: man soll es schlecht haben. Und wenn man es einmal gut gehabt hat, wird einem das moralisch verdacht. Glücklichsein ist ein sittliches Manko."[27] Curtius glaubt damit ein heimliches Einverständnis mit seinem Briefpartner formuliert zu haben. Wird aber dieser Grundsatz in Schmitts *Begriff des Politischen* nicht gründlich widerrufen? Steht der Lebensernst, an den der Begriff des Politischen appelliert, nicht in einer Tradition, von der Curtius sich trennen will?

J. P. Stern hat 1995 in seinem Buch *The Dear Purchase* in Texten der deutschen Kulturgeschichte eine fatale Denkfigur entdeckt: Die Teilhabe am Heilsgeschehen muß teuer erkauft sein, will sie den Anspruch auf ‚Echtheit' geltend machen.[28] Der höchste Preis muß erbracht, Extremsituationen müssen aufgesucht, der Abgrund zum mindesten erblickt und die Existenz womöglich preisgegeben werden, soll es zu einer existenziellen Bestätigung kommen. Und wenn Religion die Sinngebung dieses teuren Kaufs nicht mehr leistet, wird sie aus anderen Sphären geholt, vorzugsweise aus dem Krieg.

Steht Schmitts Buch in der deutschen Tradition des teuren Kaufs?

Man kann das Buch historisierend lesen und sich fragen, warum es unter den radikalen Intellektuellen der zwanziger Jahre in allen Lagern zu einem Kult des Bösen hat kommen können. Kann dieser Kult als „Außenseite des moralischen Ernstes" begriffen werden? In welch unseliger Tradition ist Lebensernst offenbar nie in der liberalen Austauschsphäre einer Demokratie, sondern immer nur in extremen Ausnahmezuständen, in Krieg und Diktatur zu haben? Warum gilt nur als ‚authentisch', was weh tut, und warum gerät, was nicht weh tut, in den Verdacht des Selbstbetrugs?

Man kann sich auch fragen, wie nützlich es wäre, in dieser Zeit der nicht erklärten ‚gerechten Kriege' mit ihren Militärschlägen aus humanitären Gründen mit Schmitts begrenztem Feindbegriff (unter Abzug der existenziellen und theologischen Komponente) analytisch umzugehen?

Nachdem ich diese Art Literatur in meinem Buch *Verhaltenslehren der Kälte* untersucht hatte, wurde ich zum Liebhaber von Thomas Manns „Schneekapitel" im *Zauberberg*: Der Held widersteht den ästhetischen Verführungen der kristallinen Welt, um in der bürgerlichen Welt der Verschwommenheiten und dem Pulsschlag der organischen Zeit wieder zu Kräften zu kommen. Allerdings ist das nicht das Schlußkapitel des Romans. Danach kommt der Krieg, von dem der Held als anonyme Gestalt verschlungen wird – ohne in den Genuß des Lebensernstes gekommen zu sein.

7. Nachtrag im August 1999: Carl Schmitt als Gespenst im Kosovo-Krieg

In der deutschen Debatte darüber, ob die Militärstrategie der NATO das geeignete Mittel zur „menschenrechtlichen Domestizierung des Naturzustandes zwischen den Staaten sei",[29] spielte Schmitts *Begriff des Politischen* eine merkwürdig verschwiegene Rolle. Nur Jürgen Habermas gestand, die tiefste Quelle der Beunruhigung sei, das politische Scheitern des militärischen Einsatzes, der als Maßnahme der Menschenrechtspolitik gerechtfertigt wurde, könne Carl Schmitt recht geben. Denn dieser hat „Rechtspazifismus" nicht nur für ein falsches, sondern auch für ein grausames Projekt gehalten hat.

Schmitt hatte im *Begriff des Politischen* darauf hingewiesen, daß Kriegführende, die sich auf Menschenrechte berufen, „den Feind gleichzeitig in moralischen und anderen Kategorien herabsetzen und zum menschlichen Scheusal machen müssen, das nicht nur abgewehrt, sondern definitiv *vernichtet* werden muß, *also nicht mehr nur ein in seine Grenzen zurückzuweisender Feind ist*".[30] Schmitt vermutete, daß die Moralisierung einer von Haus aus neutralen Staatsräson die Menschenrechtspolitik zu einem heillosen „Kampf gegen das Böse" werden lasse. Er warnte vor einer Situation, in der der Krieg mit „pazifistischem Vokabularium" gerechtfertigt werde. Das setze die Regeln des Krieges außer Kraft und mißachte den Status des Gegners als „Feind". Als Krieg – ohne den Kampf zwischen Gleichwertigen, von oben herab geführt – sei er im Grunde nichts weiter als Strafexpedition, Exekution, Polizeimaßnahme. „Der Gegner heißt nicht mehr Feind, aber dafür wird er als Friedensbrecher und Friedensstörer *hors-la-loi* und *hors l'humanité* gesetzt [...]."[31]

Der Streit der deutschen Intellektuellen um die Rechtfertigung der NATO-Strategie im Kosovo-Krieg hat gezeigt, daß Schmitts Schrift *Der Begriff des Politischen* als Provokation nach wie vor virulent ist. Je mehr sie tabuisiert wird, desto unheimlicher wird sie werden. Denn es kann gegenwärtig nicht ausgeschlossen werden, daß in Zukunft die bange Frage, die Habermas in seinem Artikel gestellt hat, mit Ja beantwortet werden muß: „Stößt der Universalismus der Aufklärung hier auf den Eigensinn einer politischen Gewalt, der unauslöschlich der Antrieb zur kollektiven Selbstbehauptung eines partikulären Gemeinwesens eingeschrieben ist?" Carl Schmitt hat versucht, das Problemfeld des „Eigensinns" der politischen Gewalt mit neuen Kategorien abzustecken.

KARL-SIEGBERT REHBERG *

Mängelwesen, Entlastung und Institutionen.
Arnold Gehlen: *Der Mensch* (1940)

> „Was den *Menschen* angeht, so lebt dieses 1940 erschienene Buch immer noch [...].
> Es kommt niemand darum herum, und niemand macht über das Thema ein besseres, jedenfalls bisher."
>
> Arnold Gehlen (1957)[1]

1. Gehlen und die Philosophische Anthropologie

‚Schul'-Zusammenhänge und ‚Schul'-Konflikte

Als Arnold Gehlens anthropologisches Hauptwerk, *Der Mensch*, 1940 erstmals erschien, war es nicht die Initialschrift der ‚Philosophischen Anthropologie', für die es gleichwohl – neben den Hauptwerken Max Schelers und Helmuth Plessners – zu einem Schlüsselbuch wurde. Diese philosophische Denkrichtung war schon in den zwanziger Jahren des vergangenen Jahrhunderts begründet worden und gehörte in Deutschland zu den populären Zeit-Philosophien. Sie beeinflußte pädagogische, medizinische, psychologische oder soziologische Wissensbestände; in all diesen Fachdisziplinen entwickelten sich in der Folge spezielle Anthropologien. Gegen die Hegel-Marx'schen Geschichtsphilosophien,[2] aber auch gegen den klassifikatorischen Neukantianismus oder den Existentialismus (dessen Autoren sich ihrerseits von der Anthropologie als Basis der Menschenwissenschaften abgrenzten), schließlich auch gegen bestimmte Ausprägungen der Phänomenologie kam es in Deutschland in den zwanziger und dreißiger Jahren zu einer ‚anthropologischen Wende' im philosophischen Denken.[3] Die Philosophische Anthropologie wollte den Menschen vor dem Hintergrund der naturwissenschaftlichen Erkenntnisse seit Darwin deuten. Sie sollte eine biologisch informierte Wissenschaft sein, die sich jedoch ausdrücklich nicht auf den Boden der Naturwissenschaft stellte, also gerade nicht ‚biologistisch' argumentierte. Das Thema war dem abendländischen Denken vertraut, und viele der seit der Antike entwickelten Bestimmungen des Menschen wurden übernommen. Aber Max Scheler, Helmuth Plessner und Arnold Gehlen wollten den Menschen nicht mehr von seiner Seele oder vom Geiste her oder als gottähnliches Geschöpf auslegen, sondern aus seiner Konstitution als Körper- *und* Geistwesen. Dafür bot sich, angeregt durch neueste Forschungen wie z.B. die Großaffenexperimente Wolfgang Köhlers,[4] die methodisch geschärfte Abhebung von den Tieren an. Der Tier-Mensch-Übergang, die evolutionäre Entwicklung des *homo sapiens* wurde zum Ausgangspunkt, verführte die Autoren jedoch nicht zu einer gradualistischen Anschauungsweise, nach welcher der Mensch nur ein leistungsfähigeres Tier sei. Betont wurde vielmehr dessen *Sonderstellung*. Das betrifft besonders das Lebensumfeld von Tier und Mensch. Die Struktur eines Tieres muß im Zusammenhang mit seiner Umwelt erforscht werden. Demgegenüber lebt der Mensch „nicht in einem Verhältnis organischer oder instinktiver Einpassung in irgendwelche bestimmte, angebbare Außenbedingungen", vielmehr sehen wir ihn ‚überall' leben und die Naturumstände verändern, weshalb *Kultur* ein aus der menschlichen Umwelt-Ungebundenheit sich ergebender „anthropo-biologischer" Begriff ist. Insofern gibt es das „anthropologische Grundgesetz" der „natürlichen Künstlichkeit" (Plessner) oder ist der Mensch – wie Gehlen formulierte – „von Natur ein Kulturwesen".[5]

So gelang dieser deutschen Denk-‚Schule'[6] eine Präzisierung grundlegender Problemstellungen durch eine ‚Arbeit am Begriff' des Menschen, die den Blick für die (zumeist unausgesprochen bleibenden) anthropologischen Grundlagen und Aussagen vieler Sozialtheorien ebenso wie die anthropologische Dimension aller Menschen- und Kulturwissenschaften (einschließlich der historischen Psychologie, Mentalitätsgeschichte, Zivilisationstheorie etc.) schärfte.[7] Plessner bestimmte die Aufgabe der Philosophischen Anthropologie dadurch, daß der Mensch gerade im Zeitalter seiner Bedrohung in den Mittelpunkt zu rücken sei: Nach dem Ersten Weltkrieg dränge „ein neuer sozialer Zustand […] ans Licht. In der Auflösung einer von Christentum und Antike bestimmten Welt stellt sich der Mensch, nun völlig von Gott verlassen, gegen die Drohung, in der Tierheit zu versinken, erneut die Frage nach Wesen und Ziel des Menschseins."[8] Bedrohlich wirkten auch Massengesellschaft und – so wird man rückblickend hinzufügen müssen – die Potentiale der Massenvernichtung. Solche Grundlagenreflexion mag auch in Zeiten modischer Subjektverdrängung (in poststrukturalistischen, ‚postmodernen' und systemtheoretischen Zeitströmungen) ihre Aktualität nicht verloren haben.

Schon 1922 war eine Vorläuferschrift, *Das Menschheitsrätsel* von Paul Alsberg,[9] erschienen, in der die Sonderstellung des Menschen als eines Wesens beschrieben wurde, das sich der Natur nicht anpasse (wie die Tiere), sondern die Naturbedingungen durch „Körperausschaltung" transzendiere. In den Grundzügen war hier der Kern der Philosophischen Anthropologie formuliert, nämlich das Wesen des Menschen von seiner körperlichen Konstitution aus zu analysieren, jedoch gegenüber der evolutionsbiologischen Perspektive die „Distanz zum Körper im Körper" zu betonen.[10] Auch hatte Alsberg bereits Grundzüge der Entlastungsthese formuliert, wie Gehlen sie dann in den Mittelpunkt seiner Funktionstheorie der Kultur und der Institutionen rückte.[11]

Die eigentlichen Gründungsschriften der Philosophischen Anthropologie lagen – nicht ohne Prioritätenstreit – bereits seit 1928 vor, vor allem mit Max Schelers *Die Stellung des Menschen im Kosmos*,[12] aber auch Helmuth Plessners *Die Stufen des Organischen und der Mensch*.[13] Scheler hatte seine anthropologische Konzeption ein Jahr zuvor in der Darmstädter „Schule der Weisheit" des Grafen Hermann Keyserling zusammenfassend dargelegt; da Schelers plötzlicher Tod im Jahre 1928 verhinderte, daß er seine geplante große Grundlegung der Anthropologie fertigstellen konnte,[14] war es dieses schmale Büchlein, das zur eigentlichen Gründungsschrift der Philosophischen Anthropologie wurde.

Arnold Gehlen entwickelte mit seinem anthropologischen Hauptwerk *Der Mensch* zwölf Jahre nach diesen Grundlegungen des philosophisch-anthropologischen Denkansatzes dessen am meisten entwickelte *empirische* Ausarbeitung und wurde – trotz mancher Einseitigkeit und Unabgeschlossenheit – zum letzten (und m.E. empirisch ertragreichsten) der Hauptautoren dieser deutschen Philosophie-Tradition.[15] Zuvor hatte er seinen philosophischen Standort mehrfach gewechselt. Formelhaft kann man die von ihm eingenommenen philosophischen Positionen *existential-phänomenologisch*, *objektiv-idealistisch* und *erfahrungswissenschaftlich-anthropologisch* nennen.[16] Ab 1935 näherte er sich mit dem Entwurf einer philosophischen Handlungslehre[17] der anthropologischen Reflexion an, jedoch nicht ohne Abwehrgefechte und immer neue Distanzierungsversuche. 1935 übernahm er Schelers Leitbegriff einer „Philosophischen Anthropologie" vor allem dadurch, daß er zunächst polemisch von ihm abrückte.[18] Aber schon ein Jahr später publizierte er erstmals als Kern seiner Anthropologie das *Entlastungs*-Modell.[19] „Erfahrung" wurde zum Grundbegriff seiner neuen methodischen Haltung, von der er selbst einmal gesagt hat, sie verlaufe „in Richtung des Comte'schen Gesetzes".[20] Die gleichwohl noch nicht aufgegebenen Abgrenzungsbemühungen mögen merkwürdig erscheinen, wenn man daran denkt, daß Nicolai Hartmann 1941 in einer begeisterten Rezension des Gehlenschen Werkes emphatisch ausgerufen hatte: „Auf nichts, soweit ich mich zurückerinnern kann, hat man in Fachkreisen der deutschen Philosophie so sehnlich gewartet wie auf einen neuen, grundlegenden Ansatz der philosophischen Anthropologie."[21] Aber erst nach 1945 freundete Gehlen sich umstandslos mit dieser ‚Schul'-Bezeichnung an und freute sich nun sogar darüber, daß „‚Anthropologie' jetzt endlich durchgedrungen ist; das hat mehr als 30 Jahre gedauert, von Scheler an 43 Jahre. Erst mußte ‚Existentialismus' abgewickelt und durchschaut sein, und heute leben die Leute lange."[22]

Philosophische Anthropologie als „empirische Philosophie"

Philosophische Anthropologie sollte für Gehlen das Denken im Bereich der Erfahrung und der Nachvollziehbarkeit halten.[23] Zwar war das 1940 nicht unzeitgemäß, wenigstens nicht unvereinbar mit den Versuchen einer totalitären Politisierung der Philosophie; jedoch war Gehlens Entscheidung keine flüchtige ideologische Anpassung, sondern wies einen Weg zur gegenseitigen Durchdringung von einzelwissenschaftlichem und philosophischem Denken.[24] Sein anti-metaphysischer Ansatz wurde von manchen Philosophen scharf kritisiert, zumindest als Reflexionsverlust empfunden. Sehr dezidiert hat das Bruno Liebrucks ausgedrückt: „Mit Gehlens Metaphysikenthaltung" habe es „so wenig auf sich wie mit einer ‚empirischen Philosophie', die es nicht gibt und niemals gegeben hat".[25] Unbeeindruckt von solcher Kritik baute Gehlen seine sachaufschließende Kategorienforschung[26] aus und folgte damit zugleich einem erkenntnistheoretischen Prinzip, das er programmatisch seit seiner Schrift über die Willensfreiheit[27] oft wiederholt hat: daß die Menschen nämlich nur erkennen könnten, was für sie im Horizont der *Machbarkeit* liegt. So optierte er für Grundzüge eines Pragmatismus, wie er ihn schon bei Kant angelegt fand, ausgearbeitet jedoch erst im amerikanischen Pragmatismus, etwa bei dem ihm über Eduard Baumgarten vermittelten John Dewey, später auch im Werk von George Herbert Mead.[28] Gehlen verband seinen Durchbruch zu einem „wirklichkeitswissenschaftlichen" Programm[29] mit der Hoffnung, daß die Philosophische Anthropologie zu einer *Grundlagenwissenschaft* ausgebaut werden könne, zu einem disziplinübergreifenden Unternehmen von Philosophen, Verhaltensforschern, Biologen, Psychologen, Soziologen etc. Wenn es zu dieser Institutionalisierung wissenschaftlicher Diskursüberschneidungen auch nicht kam, hat die hochgesteckte Zielsetzung doch zum Gelingen einer modellhaften Zusammenfassung einzelwissenschaftlichen Wissens ebenso beigetragen wie zur Rezeption der anthropologischen Grundargumente in unterschiedlichsten Disziplinen.

Gehlen hatte vor allem von Johann Gottfried Herder gelernt, spekulative Kausaltheoreme durch eine *konstellative* und strukturelle Analyse der menschlichen Organisation zu ersetzen. So kommt er – wie auch Max Scheler und Helmuth Plessner – zu einer Theorie der „Stellung" oder „Position" des Menschen in der Welt. Dadurch wird die Frage nach Letzt-‚Ursachen' suspendierbar: „die Intelligenz hat nicht die Sprache ‚bewirkt' oder der aufrechte Gang die Intelligenz oder umgekehrt. Dieses Wesen ist *ein* Naturentwurf,[30] und zu seiner Lebensfähigkeit gehören genau diese Eigenschaften."[31]

2. Gehlens „anthropologisches Schema" im Überblick

Gehlen nennt seine Anthropologie „elementar", denn „dieses Elementare reicht eben beim Menschen ganz außerordentlich weit". Nicht gehe es ihm um einen „naturalistischen" oder biologistischen Ansatz, denn von dieser Seite ließe sich der einmalige „Gesamtentwurf der Natur",[32] welcher im Menschen vorliege, nicht verstehen; auch käme man so an die „Innenseite" des Menschen nicht heran. Erst eine anthropo-biologische Betrachtungsweise, die von den menschlichen „Existenz*bedingungen*" ausgehe, könne alle diese Aspekte behandeln. Anders gesagt: „Die Natur hat dem Menschen eine Sonderstellung angewiesen", was soviel heißt, daß sie „im Menschen eine sonst nicht vorhandene, noch nie ausprobierte Richtung der Entwicklung eingeschlagen [hat], sie hat ein neues Organisationsprinzip zu erschaffen beliebt". Vor dem Hintergrund des methodisch grundlegenden Mensch-Tier-Vergleichs wird die Besonderheit des Menschen so beschrieben, wie das schon Scheler tat, daß er sich nämlich in einer Weise zu sich selbst verhalten muß, wie dies kein Tier tut, daß er sein Leben *führen* muß.[33]

Gehlens anthropologischer Entwurf geht von dem konstitutionellen Zwang des Menschen aus, „zu sich selbst Stellung nehmen zu müssen, wozu eben ein ‚Bild', eine Deutungsformel notwendig ist".[34] Das ist die eine Seite des zur Leitformel seiner Anthropologie gemachten Nietzsche-Wortes vom Menschen als dem „noch nicht festgestellten Tier".[35] Die andere Seite betrifft die konstitutionelle Gefährdetheit und Riskiertheit des Menschen. Das heißt zum einen, daß dieses Wesen nicht festgerückt in einer Anpassungssphäre lebt, zum anderen, daß über den Menschen Endgültiges nie festgestellt werden kann. So ist der Mensch prinzipiell darauf angewiesen, Selbstdeutungen zu produzieren. Es ist eine doppelte Nicht-Fixiertheit, die ihn bestimmt, eine merkwürdige Labilität, zugleich aber auch Offenheit, Veränderbarkeit, eben: „Plastizität".

Daraus entwickelt Gehlen ein prägnant verdichtetes „anthropologisches Schema",[36] das vorab kurz zusammengefaßt sei:[37] Der Mensch ist zuallererst ein „Mängelwesen", charakterisierbar durch Unangepaßtheiten, Unspezialisiertheiten, Organ-Primitivismen (z.B. das fehlende Haarkleid), durch fehlende Angriffsorgane und Fluchtspezialisierungen – eben durch einen „lebensgefährlichen Mangel an echten Instinkten" und seine in der ganzen Säuglings- und Kinderzeit „ganz unvergleichlich langfristige Schutzbedürftigkeit".[38] Er ist ein „weltoffenes" und darum notwendig „handelndes Wesen", das auf Entlastungen angewiesen, deshalb auch sprach- und symbolisierungsfähig ist und von seiner reagiblen Welt- und „Selbst-Produktivität" abhängt. Gerade wegen seines „Unfertigseins" bedarf dieses „offene" Wesen aber auch der verpflichtenden Stabilisierung: „Selbstzucht, Erziehung, Züchtung als

In-Form-Kommen und In-Form-Bleiben" gehören für Gehlen zu den menschlichen Existenzbedingungen.[39] Schließlich ist dieses „‚riskierte' Wesen mit einer konstitutionellen Chance zu verunglücken" notwendig „vorsehend" – der Mensch *muß* ein Prometheus sein, ist also „angewiesen auf das Entfernte, auf das Nichtgegenwärtige in Raum und Zeit, er lebt – im Gegensatz zum Tier – für die Zukunft hin und nicht in der Gegenwart".[40] Er ist, wie Thomas Hobbes schön formulierte, das Wesen, das „schon der künftige Hunger hungrig macht".[41]

3. Mängel und Gefährdungen: anthropo-biologische Modelle und Ausgangsprobleme

Mängelwesen

Ausgangspunkt der Gehlenschen Anthropologie ist die bekannte und umstrittene Setzung, daß der Mensch biologisch als „Mängelwesen" aufzufassen sei, zumindest im Vergleich mit den Tieren. Es ist dies eine klassische philosophische Modellvorstellung, ausgeprägt bereits in der Antike; schon dem älteren Plinius erschien die Natur als „finstere Stiefmutter", denn nur „den Menschen setzt sie am Tage seiner Geburt nackt auf den nackten Boden aus und erniedrigt ihn zu Wimmern und Weinen; kein anderes Tier verurteilt sie zu Tränen und dies gleich zu Beginn des Lebens."[42]

„Mängelwesen" ist für Gehlen *kein* „Substanzbegriff", vielmehr soll er gerade leisten, was Hans Freyer gegen ihn einwandte: „Man setzt den Menschen fiktiv als Tier, um dann zu finden, daß er als solches höchst unvollkommen und sogar unmöglich ist."[43] Der Begriff solle „keine strenge wissenschaftliche Bezeichnung sein [...], nur eine Denkhilfe für sehr komplexe Zusammenhänge".[44] Zwar ließe sich eine exaktere Benennung denken, etwa die Ersetzung von „Mängelwesen" durch den korrekteren Ausdruck „organisch unspezialisiertes Wesen". Das wäre weniger angreifbar, aber kaum ebenso einprägsam gewesen. Entscheidend ist jedoch: Gehlen hätte mit einer solchen Klarstellung eine wichtige ‚begriffspolitische' Verschiebung vorgenommen, er hätte den suggestiven Ausgangspunkt seiner Ordnungstheorie aufgeben müssen. Denn nur, wenn der Mensch mit seiner *mangelnden* Organ-

Spezialisiertheit als ein fragiles, gefährdetes, „entartungsbereites" und „riskiertes", also auf Kompensation durch Ordnung angewiesenes Wesen aufgefaßt wird, werden die Mittel der Selbststabilisierung der Gattung – Gewohnheiten, Charakter, besonders aber fixierte Weltdeutungen und *Institutionen* – zu Notwendigkeiten des Überlebens, gegen die jeder kritische Einwand als funktionsbedrohend zu verstummen hat. So ist es die existentielle Bedrohung, die sich in der Wahl des Begriffs „Mängelwesen" ausdrückt, welche dramatisch nach Mitteln ihrer Aufhebung verlangt.

Schon Herder leitete die Mängelausstattung des Menschen aus seiner morphologischen Struktur ab: Zentral ist seine *Aufrichtung*, durch die er gewinnt, was ihn erst zum Menschen macht. Das nicht mehr an den Boden gefesselte Wesen muß sich die Welt übersehbar machen und immer neu strukturieren. Dafür bedarf es eines zentralen Koordinationsorgans, eben des Großhirns und der damit verbundenen Komplexitätssteigerung der neuro-physiologischen Vernetzungen. Diese Aufrichtung bedeutet des weiteren, daß sehr viele Außenweltdaten in dieses Wesen hineinströmen und von ihm wahrgenommen werden können, daß es eben weltoffen und reizoffen, oder wie Gehlen polemisch zuspitzt: *reizüberflutet* ist. Herder schrieb, daß der Mensch wehrlos erschaffen worden sei, seine Organisation ihn aber nicht ohne jede Verteidigungsmöglichkeit lasse. Allerdings: aufgerichtet und kultiviert (oder „poliziert", wie Herder mit Rousseau bzw. dem französischen Adjektiv formulierte[45]) ist er abhängig von der Entwicklung künstlicher Mittel, seiner Werkzeuge und Waffen, um sich am Leben zu erhalten. Gehlen hat seine Abhängigkeit vom Modell Herders klar bekannt, als er die berühmt gewordene Formulierung prägte: „Die philosophische Anthropologie hat seit Herder keinen Schritt vorwärts getan, und es ist im Schema dieselbe Auffassung, die ich mit den Mitteln moderner Wissenschaft entwickeln will. Sie braucht auch keinen Schritt vorwärts zu tun, denn dies ist die Wahrheit."[46]

Instinktreduktion

Die These von der „Instinktreduktion" schuf eine Verbindung zur Verhaltensforschung von Konrad Lorenz und verknüpfte die menschliche „Plastizität" mit den von Gehlen stets betonten Gefährdungen des Menschen durch Orientierungslosigkeit und einen schwer bewältigbaren Entscheidungsdruck. Gehlen neigte in seinen letzten Lebensjahren dazu – wohl angesichts der ihn tief beunruhigenden Studentenrevolte der ‚68er'-Jahre –, mit Konrad Lorenz eine Instinktbasis der Aggressivität anzunehmen, und meinte zudem, den menschlichen Instinktabbau in früheren Schriften übertrieben zu haben. Unverändert allerdings hielt er daran fest, daß die menschlichen Handlungen unbeschreiblich vielseitig und vor allem sozial vermittelt sind, weshalb sie nur aus dem Gesamtzusammenhang von Situation und Handlungssubjekt zu verstehen seien. Auf die Ablaufsicherheit des Instinktverhaltens bezogen, heißt das für ihn, von einer „Instinkt*reduktion*" auszugehen. Dieser Verlust der Instinktsicherheit führt zu einer *Entdifferenzierung* der Antriebe: Verschiedenste Auslöser und unterschiedlichste Situationswerte können zu einem Verhalten anreizen und es im Rahmen eines wiederum selbst nicht leicht abschätzbaren Möglichkeitsspielraums bedingen, d.h. Verhaltensweisen werden kontingent. Die menschliche Sexualität mag dafür als Beispiel einstehen, denn „Entdifferenzierung ergreift offenbar bis zu einem gewissen Grade sogar das Antriebssystem, das hormonal gesteuert ist: das sexuelle. Es gibt kaum eine Tätigkeit, bis zu den spirituellsten, die nicht von daher einen Teil ihrer dynamischen Besetzung gewinnen *könnte,* während umgekehrt das sexuelle stets noch *anderen* Determinanten Raum gibt: sozialen, ästhetischen, rituellen usw."[47]

Antriebsmangel und Antriebsüberschuß

Die Überlastungen der menschlichen Konstitution sieht Gehlen auch im Antriebs*überschuß*, womit er eine – allerdings über Alfred Seidel und Max Scheler umgeleitete – Vorstellung von Sigmund Freud aufnimmt. Daraus ergeben sich Sublimierungszwänge und -chancen, also die Umformung von Antrieben in „Dauerinteressen" und höherentwickelte Motive. So entstehen eine „Interessenarchitektur" und der Zwang des Menschen zur „Selbstzucht":[48] „Wir nennen nämlich ein Gefüge von Interessen, Bedürfnissen, Neigungen und Gewohnheiten (in Summa: Antrieben), welche anspruchsvoll, angeeignet, geführt, gegeneinander stellungnehmend ausgelesen und welche auf Dauer gestellt sind – einen *Charakter.*"[49]

Antriebe und Bedürfnisse können zu „Selbstzwecken" werden. Diese Möglichkeit einer produktiven „Umkehr der Antriebsrichtung" ist eine Folge der Nicht-Vorgeordnetheit menschlicher Antriebe. Auch muß der Mensch seine Bedürfnisse aufschieben können, wodurch ein Leerraum entsteht, ein „Hiatus" zwischen den Bedürfnissen und den Erfüllungen, und in diesem Leerraum liegt nicht nur die Handlung, sondern auch alles „sachgemäße Denken":[50] Darauf basiert *Kultur*.

Die andere Seite dieses „Antriebsüberschusses" ist für Gehlen der nicht minder konstitutionelle Antriebs*mangel*, die Selbstbezogenheit, der „Triebhang" des Menschen, dessen Grunddilemma es ist, der eigenen Antriebsschwäche ebenso ausgeliefert zu sein wie einem Triebüberschuß. Daraus resultiert eine grundlegende Angst vor der Nichtrealisierbarkeit der in der Person angelegten Potentialität. Die Welt ist nur erreichbar durch die Formierung der Person, und umgekehrt die Selbstverfügung nur durch den Umweg über die Weltdinge – zwei Seiten der den Menschen bestimmenden *Indirektheit*.

Vererbung, Rasse

In einer Anthropologie, welche die *Eigentätigkeit*, Plastizität und aktive Selbstformierung so sehr in den Mittelpunkt stellt wie die Gehlensche, ist es von Interesse, wie sich der Autor zum Problem der genetischen Anlagen, also zur Frage nach den als *vererblich* angesehenen menschlichen Eigenschaften und Fähigkeiten stellt. Gehlen blieb hier stets skeptisch, da empirisch nur „Längsschnittbetrachtungen über Generationen hinweg" darüber Aufschluß geben könnten. Vor allem sieht er im „Charakter" keine durch vererbte Strukturen determinierte Größe, da die „konkrete Orientierung der Interessen, Dauerantriebe, Gesinnungen usw., die in einem Haltungsgefüge endet, [...] sehr offensichtlich von dem abhängig [ist], was in einer sozialen Organisation jeweils gefordert, nahegelegt oder verhindert wird" – das ist gut verbindbar mit einem soziologischen Konzept wie dem des *Habitus*, wie Pierre Bourdieu es ausgearbeitet hat.

Allerdings geht Gehlen davon aus, daß gewisse „Grundfunktionen" – wie er mit Gerhard Pfahler sagt –, bestimmte „Wesenszüge" oder Strukturen, Fähigkeiten oder Begabungen vererbbar sind, so das „Temperament" oder gewisse „Grundqualitäten der Vitalpsyche", welche eine Reihe von Sekundäreigenschaften nach sich ziehen, wie z. B. „Unselbständigkeit, Oberflächlichkeit, Unerschütterlichkeit, Gelassenheit, Pedanterie, Schüchternheit, Umständlichkeit, Sprunghaftigkeit" usw. Aber: es komme darauf an, was daraus gemacht werde, und hierüber gebe es nur wenig Kausalwissen.

Gegenüber der Einlassung auf Vererbungsfragen blieb Gehlen in *Der Mensch* sehr viel zurückhaltender in der Rassenfrage. In seinem Verzicht auf eine rassenanthropologische Konkretisierung der ‚elementaren' Anthropologie kommt eine Spannung zum herrschenden Rassismus zum Ausdruck. Auch sind antisemitische Wendungen von ihm unbekannt. Gehlen setzte – zumindest versuchsweise – auf eine ‚kulturwissenschaftliche' Thematisierung der Rasse, auf eine Lehre vom *Rassenmythos*.[51] Gehlen sah im Rassenkonzept wohl keine Stabilisierungsgewinne für die labilen und in der Moderne zusätzlich gefährdeten Menschen, eher eine Aufschwung-Mythologie, der er – bürgerlich-konservativ – vielleicht eher abwartend-skeptisch, wenn auch nicht *im Prinzip* ablehnend, gegenüberstand.

4. Der menschliche Leistungsaufbau

Die Handlung

Die sachlichen und methodischen Problemstellungen, von denen Gehlen ausging, führen sämtlich zu jener zentralen Kategorie, die er in seinem gesamtem Werk in immer neuen Wendungen variiert hat: der *Handlung*. Damit sind zwei Seiten angesprochen: Zum einen ist der Begriff methodisch geschickt gewählt, weil mit seiner Hilfe jeder Leib-Seele- oder Körper-Geist-Dualismus vermieden werden kann, er ist *eo ipso* synthetisch. Mit der zentralen Stellung dieses Begriffs wird ein phänomenologischer Zugang zum Reichtum verschiedener Handlungsaspekte eröffnet, denn Handlungen beinhalten eben immer Situationsdeutungen, Vollzüge, Rückempfindungen, Auswertungen der Situation, tätige Bezugnahmen auf das Selbstsein im Handlungsvollzug, ebenso Anschlußmöglichkeiten, Entscheidungen, Automatismen – all das geht in jeder

Handlung zusammen. Handlungen sind in diesem Sinne nie ohne ‚Geist', zugleich basieren sie auf körperlichen Routinen, auch gehen Gewohnheiten in sie ein. Vor allem aber: es gibt in jedem Handlungsvollzug ein kompliziertes, *einheits*stiftendes Wechselspiel von Planungen, phantasierten Verlaufsentwürfen, Beobachtungen, Selbstempfindungen, Korrekturen, Dynamismen etc. Das Gehlensche Handlungskonzept hat aber auch eine andere Seite: Man kann es ‚programmatisch' nennen, es betrifft dann einen das ganze Menschen- und Weltbild Gehlens bestimmenden *Aktivismus*,[52] also nietzscheanische Motive, die bei der Erstveröffentlichung des Buches durchaus politisch konnotiert waren. Allerdings ist auch hier eine Ambivalenz spürbar. Zum einen ahnt man die Faszination, die der faschistische Aktivismus für viele Intellektuelle bot. Zum anderen war eine sozusagen aufklärerische Komponente mit im Spiel: Die selbsttätige Verwirklichung des Menschen in der Welt erscheint Gehlen als Voraussetzung für ein vollgültiges menschliches Leben und wird – in der Tradition des abendländischen Denkens, vor allem auch der Machbarkeitspostulate der Aufklärung und der daraus gespeisten Moderne – von diesem ‚Gegenaufklärer' mit Bildern der Weltbewältigung, der Umarbeitung der Natur und aktiven Selbstschaffung der menschlichen Person illuminiert.[53] Schließlich steht die instrumentalistische Seite des Gehlenschen Handlungsbegriffes dem Marxschen Arbeitsbegriff nicht fern, worauf z.B. Leo Kofler hingewiesen hat; auch die späte Gehlen-Rezeption von Georg Lukács wurde dadurch erleichtert.[54]

Handlungen sind notwendig *symbolisch* und auf verschiedene Bewegungsprogramme bezogen, welche selbst wieder veränderbar und kombinierbar sind. Es handelt sich immer um entlastete Kommunikationsprozesse, die sich selbst potenzieren und den Anreiz zur Weiterentwicklung aus sich selbst ziehen und die eingelagert sind in einen „,Hof' von Bewegungs- und Umgangsphantasmen", welche zugleich die Gegenstände freilegen und zu objektiver Geltung bringen.[55] Die handlungsbestimmenden Gesetzlichkeiten liegen für Gehlen in einem selbstbezüglichen Handlungsaufbau, also einem „Kreisprozeß" der Leistungskopplung und der Rückmeldung von Erfolgen und Mißerfolgen. Das ist ein Modell, das dem der Kybernetik ähnlich ist, und Gehlen hat es in der gleichen Zeit entwickelt, als Norbert Wiener seine ersten

Überlegungen zur kybernetischen Maschinentheorie anstellte, also in den frühen vierziger Jahren des vergangenen Jahrhunderts. Allerdings war für ihn weniger die Maschinentheorie das Vorbild als eher dynamische Modelle in der Biologie, Medizin und Psychologie. Korrekturen des Handlungsverlaufs durch Rückmeldungen führen zu Erfolgsoptimierungen, die, einmal festgehalten, den Handlungsprozeß abkürzen und regulieren können. Das sind bereits Entlastungsleistungen, durch die ein hohes Reaktionspotential aufgebaut werden kann.

Reflexion ist *ein* Aspekt der Selbstbezüglichkeit des Menschen, für Gehlen jedoch – schon seit seiner glänzenden phänomenologischen Habilitationsschrift von 1931 – mit den gefährlichen Seiten eines „Triebhanges" und einer „unwirklich" bleibenden Selbstzentriertheit unlösbar verknüpft.[56] Aktualisiert wurde diese Überzeugung durch die in der modernen Industriegesellschaft weit verbreitete und in den Menschen tief verankerte „Psychisierung", die eine nie gekannte Sensibilisierung bewirken, aber auch zu so etwas wie einem narzißtischen Reflexions-Hedonismus führen kann. Zeitkritische Analysen und Thesen, die Gehlen seit 1949 sehr scharfsichtig in seinen Studien zur Sozialpsychologie und Soziologie des industriellen Zeitalters ausgearbeitet hat,[57] nehmen vorweg, was in den späten achtziger Jahren von Zeit-Kritikern wie Richard Sennett festgestellt wurde, aber auch von den „communitarians" (wie Robert Bellah) vertreten wird. Auch diese Autoren postulieren, daß ein atomistischer Subjektivismus, ein öffentlichkeitsunfähig und bindungsarm gewordener Individualismus (beispielsweise in einer Therapiekultur) zwar zu Sensibilitätssteigerungen führen kann, daß diese Ich-zentrierten Einstellungen aber auch die Gefahr in sich bergen, die Grundlagen der Freiheit, denen sie sich verdanken, zu zerstören.[58]

Reflexion erkennt Gehlen als produktiv nur dann an, wenn sie zu einem Indirektheitsniveau führt, auf dem der Mensch sich den Sachgegebenheiten gegenüber „halten" kann, wenn er nachdenkend die Welt der Gegebenheiten nicht ausblendet, sondern in seinen Aktionsradius einbezieht. Das Verhältnis von Handlung und Reflexion wurde schon in Gehlens Frühschriften zu dualistisch gefaßt. Demgegenüber wäre gerade aus seiner Anthropologie zu lernen, daß keine Handlung ohne begleitende Selbstbeobachtung möglich ist. Statt dessen errichtete er, der zur Überwindung so vieler Dualismen beigetragen hat – gegen seine eigenen *Sach*einsichten –, eine neue, unvermittelt bleibende Opposition, wenn er darauf bestand, daß man „nicht gleichzeitig handeln und reflektieren" könne. Lebensphilosophische und vitalistische Motive schlagen hier durch und begründen Gehlens ablehnende Haltung gegenüber einer nachdenkenden und als handlungshemmend verworfenen Kritik. Die Konkretisierung der ‚elementaren' Überlegungen führte unter den Bedingungen der Studentenrevolte und des Demokratisierungsschubes in der Bundesrepublik der sechziger und siebziger Jahre zur scharfen Abrechnung mit den (Links-)Intellektuellen. Gegen die kritische Reflexion wurde die Übermacht der „Sachzwänge" ins Feld geführt.[59]

Entlastung

Von der Handlung aus lassen sich alle weiteren Kategorien ableiten, am wichtigsten die der „Entlastung", ein weiterer Schlüsselbegriff der Gehlenschen Anthropologie. Auch dieser Gedanke verweist auf die Umarbeitung von Triebenergien in Freuds *Sublimierungs*-Modell. Gehlen betont dabei die Fortschritte der Weltbeherrschung, jene „Höherlegung" von Umgangserfahrungen und -erfolgen, die zu einer mentalen Repräsentanz der Welt führt. Somit bleiben die Menschen nicht der Unmittelbarkeit der Konfrontation mit Dingen und anderen Menschen ausgeliefert, sondern können Formen der beherrschenden (Selbstbeherrschung einschließenden) Distanz und des dadurch eröffneten Überblicks entwickeln. Nur in entlasteter Form können Sacherfolge festgehalten und Lösungen *prinzipiell* verfügt werden, läßt sich kulturell sichern, was handelnd schon erreicht worden ist.

Die *organische Basis* des menschlichen Entlastungsvermögens ist das „Höherlegen" von Erfahrungen, die im tastenden Umgang und taktilen Erfassen der Gegenstände gewonnen wurden, in die Sehwahrnehmung. Ebenso gibt es Vollzugsrhythmen, welche aus Probierbewegungen entwickelt werden; so entstehen „gekonnte Bewegungen". Die Rückseite davon ist der Wilhelm Dilthey und Max Scheler entlehnte Gedanke, daß jedes Bewußtsein sich an Sachwiderständen entwickelt. In ihnen werden bestimmte Knotenpunkte oder „Angelpunkte" eines Handlungsablaufes mit einer Reihe bloßer Ablaufautomatismen verknüpft. Zuerst einmal „begreift" das Kind die Welt. Wir haben den Vorgang der taktilen Weltentdeckung ja auch im Deutschen noch in der Etymologie dieses kognitivistischen Wortes festgehalten. Das Tastempfinden ist gekoppelt an bestimmte Seh- und Höreindrücke und läßt sich durch weitere sinnliche Wahrnehmungen verstärken. Der Seheindruck ermöglicht die wichtigste Entlastung, d.h. das ‚Mitsehen' der ertasteten Qualitäten; so kann man z.B. die Schwere eines Dinges sehen oder daß eine Ofenplatte heiß sein dürfte, wenn sie glüht. Dasselbe gilt für die Oberflächenbeschaffenheit, die Rauhheit und für Größenmaße natürlich ohnehin, die ja sozusagen im Seheindruck als Außenrepräsentanz angelegt sind.

Sprache und Phantasie

Die Beweglichkeit und Reagibilität, die Offenheit und Produktivität der menschlichen Welt- und Selbstaneignung läßt sich vor allem an der *Sprache* zeigen, weshalb – wie schon Nicolai Hartmann sah – das „Zentralstück des ganzen Werkes"[60] eine *Theorie der Sprache* ist, deren Anregungsreichtum in den Fachwissenschaften bis heute noch nicht genügend ausgewertet worden ist. Gezeigt wird die „*Strukturgleichheit* von Sprache und Antrieben", also die „Sprachmäßigkeit" (Herder) des menschlichen Trieb- und Leistungsaufbaus. Das bedeutet, daß die Antriebe *strukturell* der Sprache vergleichbar, ähnlich entwicklungsfähig und variabel sind. Die sprachliche Flexibilität, die mit diesem Symbolsystem verbundenen Verweisungsspielräume, die kulturelle Geprägtheit der sprachlich repräsentierten Innen- und Außenzustände, das alles macht sie zum zentralen Medium und zugleich zum Modell einer „entlasteten" Lebensführung.

Gehlen analysiert die Zusammenhänge von Wahrnehmung, Bewegung und Sprache; diese erweisen sich als grundlagentheoretisches Zentrum seiner Kulturtheorie. Bekanntlich geht er von den motorischen Voraussetzungen und Bewegungsautomatismen des Menschen aus, zeigt also, daß derart leistungs- und ausbaufähige Systeme wie die Sprache auf ganz elementare Bewegungsvoraussetzungen gegründet sind. In jeder Körperbewegung, insbesondere in der Lautproduktion (also in der Aktivierung des „Sprech-Hör-Systems"), führt die Eigentätigkeit des Menschen zu einer „Beliebigkeit der Verfügbarkeit" der so gewonnenen und motorisch in Gang gesetzten Bewegungsformen. Die vorintellektuellen, vitalen Bedingungen der Sprache werden in dieser Analyse vorsprachlicher „Sprachwurzeln" von den intellektuellen nicht geschieden, Intellektualität gründet sich gerade in ihnen. Intellektuelle Leistungen sind nichts ‚Höheres' oder etwa einer eigenen Seins-Sphäre zuzuordnen, sondern reichen tief bis in die vitalen Wurzeln des Menschen hinunter. Die Lautproduktion ist – wie schon George Herbert Mead sah[61] – das Grundmodell für den selbstempfindlichen und rückgekoppelten Bewegungsreichtum des Menschen. In einem Kreislauf, innerhalb dessen das Vokalisierte und das Gehörte sich gegenseitig bestimmen und festlegen, wird der Laut als selbstproduzierter gehört, erkannt und kann als solcher auch wiederholt werden. Das führt zu lustbetonten Verstärkungen der Selbstproduktion, etwa zur Entdeckung der Subjekthaftigkeit des Ichs. Sprach- und Handlungsvollzüge sind für Gehlen immer – das ist entscheidend für die Kulturtheorie – auch *symbolisch*. So lebt der Mensch notwendig in Deutungszusammenhängen. Deshalb steht die Sprache im Zentrum seiner Beschreibung der Lebensform dieses Kulturwesens (das doch gerade auch durch seine Bildmächtigkeit gekennzeichnet ist), denn die entscheidende Leistung Gehlens liegt hier gerade darin, daß er die *strukturellen* Aspekte des menschlichen *Sprachvermögens* (und nicht einfach nur das Sprechen) zum *Modell der plastischen Selbst-Modellierung des Menschen* machte. Gehlens Theorie ist hier – wie bei der Beschreibung anderer dynamischer Kreisprozesse – keineswegs starr und ordnungsfixiert.[62]

Alle diese im Medium der Sprachlichkeit entwickelten Möglichkeiten sind eng verbunden mit der *Phantasie*. Ausgehend von dem Melchior Palagyi entlehnten Begriff „Bewegungsphantasie", nennt Gehlen „Phantasie" – also die symbolische „Auflading" und „Bearbeitung" der gesehenen, der ertasteten und der in die Erinnerung hineingenommenen, insofern einverleibten, Dinge – die „eigentlich kommunikative Macht", durch welche „die Einheit unseres Bewegungs- und Empfindungslebens" hergestellt werde.[63] Phantasmen sind Eigenproduktionen, Verlängerungen und Steigerungen menschlicher Fähigkeiten – und zwar sensueller wie mentaler; immer geht es um den Ausbau von Bewegungs- oder Empfindungsvermögen, schließlich um die geistige Verfügbarkeit all dieser Umgangserfahrungen. Die Phantasietätigkeit (z.B. das von

Ernst Bloch so ins Recht gesetzte Tagträumen[64]) wird von Gehlen nicht, wie Freud das tat, als „Brücke" zwischen Wunsch und Erfüllungsmöglichkeit gedeutet. Vielmehr dient sie für ihn – mit Blick auf die Erfassung der Ding- und Sachwelt – der Einübung des „Sachgehorsams".[65] Selbstverständlich leugnet Gehlen nicht, daß hinter den Phantasieproduktionen Bedürfnisse, Triebregungen und Befriedigungswünsche stehen – das gerade macht ja den „Hiatus" beim Menschen aus.

5. Ordnungsleistungen

Zucht – Charakter – Person

Letztlich zielt Gehlens existentielle Problemstellung auf die Herausbildung der *Person*. Alle Formierungs- und Zuchtleistungen werden von ihm im Begriff des *Charakters* zusammengefaßt, das meint ein „System inhaltreicher, an die Welt verteilter Antriebe, Dauerinteressen, Bedürfnisse, Folgebedürfnisse usw.", so daß er „Handlung und Stoff der Handlung in Einem [ist], am Ende ein Haltungsgefüge aus übernommenen, angeeigneten oder abgestoßenen, aber immer verwerteten Antrieben, die man tätig aneinander und an der Welt orientiert hat, oder die sich als Nebenerfolge unserer Handlungen gegeneinander mitfolgend feststellten oder ‚herausstellten'".[66] Immer geht es um den Zusammenhang von Handlungsmöglichkeit und biographischer Selbstsicherung, also um die, wie Gehlen sagte, eigentliche Frage jeder Ethik, nämlich „wie man einen Charakter bekommt".[67]

Gehlen hat das zugespitzt in seiner Formulierung vom Menschen als „Zuchtwesen". Der Zuchtbegriff spielte immer zuerst auf Kant an, aber Gehlen ließ 1940 offen, ob man nicht doch lieber an Alfred Rosenberg und die Züchtungsphantasien der Nazis denken wolle, zeitweise wohl auch sollte. „Zucht", das hieß für Gehlen allerdings vor allem *Selbst*zucht, Disziplin, ganz allgemein aber: Umschaffung der Person, Umkehr der Antriebsrichtung, Herausarbeitung des „Kulturwesens" aus den Bedingungen der ersten Natur. Zur zeitgemäßen Plausibilisierung kommentierte er, daß es eine der „Grundtatsachen jeder *Erziehung*" sei, daß „Zucht und Stählung des Körpers das einzige Mittel zur Bildung des Charakters, d.h. eines festen Willens sind".[68] Gerade in dieser Illustration zeigt sich die Nähe dieser Lehre von der Selbstzucht zu jener adelig-militärisch-bürgerlichen Synthese-Ethik, welche gerne als Katalog ‚preußischer Tugenden' verstanden wird. Selbstbeherrschung als Bedingung der Herrschaft über andere, die Überwindung der Dekadenz-Gefährdungen durch Selbstbemächtigung, auch die Rettung des Männlich-Aktiven vor dem ‚ewig Weiblichen' – das begründete das Selbstverständnis sehr unterschiedlicher Aktionstypen.

Von den „Obersten Führungssystemen" zu den Institutionen

Die elementare Anthropologie ist von Anfang an auf die Erörterung sozialer Ordnungsgarantien für das handelnde und immer gefährdete menschliche Wesen hin angelegt. Schon die Konstitution des Charakters, also einer biographisch auszubildenden, durchgeformten und Steigerungschancen erst eröffnenden Reduktion der Handlungskontingenz, wurde von Gehlen auf soziale Ordnungen oder – wie er gerne sagte – auf „Zuchtsysteme" bezogen. Damit ist nun das ‚Geistproblem' eng verbunden. „Geist" ist ihm kein von außen (z.B. gottgegeben) hinzutretendes Sondervermögen des Menschen, auch kein dem Stufenaufbau der Lebensformen entgegengesetztes Prinzip (wie bei Max Scheler oder Ludwig Klages), sondern eine Synthese, die sich aus der Gesamtkonstellation von Intelligenz, Empfindsamkeit, Phantasie, Körperbeherrschung und der Realisation des Willens durch Handlungen ergibt. Witzig wandte Gehlen einmal gegen den Vorwurf, er verfehle ‚biologistisch' das Wesen des Geistes, ein, der sei schon darum kein Absolutes, weil man sonst „jedes schlechte Gedicht oder gestümperte Buch, ja jede Phrase des Alltags mit dem Stempel der Absolutheit" versehen müsse, denn „das ist alles auch Geist".[69] Sofern Gehlen von „Geist" spricht, meint das immer die vom Menschen aus seinen Fähigkeiten herausgebildeten synthetischen Formen der produktiven Stellungnahme zu sich selbst und zur Welt. Die daraus sich ergebenden objektiven Ordnungssynthesen behandelte er zuerst noch ideenfixiert, nämlich *unmittelbar* als kollektiv verankerte und sozial normierende Deutungssysteme. Waren sie ‚abschließend' – wie die Religionen und viele Weltanschauungen (z.B. die faschistische) je für sich beanspruchen –, so wurden sie während der Nazi-Herrschaft anpreisend „Oberste Führungssysteme" genannt.

Das 1950 neu konzipierte Abschlußkapitel des Buches[70] führte als Resultat der anthropologischen Reflexion an dieser Stelle dann aber die „Institutionenlehre" ein, die Gehlens Hauptleistung auf dem Feld der soziologischen Theorie ist. Gehlen gab jetzt zu, seine in den ersten drei Auflagen entwickelten Ableitungen korrigieren zu müssen. Durch Carl Schmitt sei er auf den entscheidenden Gedanken des französischen Rechtstheoretikers Maurice Hauriou gestoßen, nach welchem „ein Führungssystem *(‚Idée directrice')* stets das einer *Institution* sei". Das bedeutet, daß eine religiöse Ethik oder *Weltanschauung* „wissenschaftlich und objektiv nur in bezug auf die gesellschaftlichen Institutionen" zu verstehen sei. Bezieht man sich allein auf die normierende und angstbewältigende Kraft von Deutungssystemen – wie das Gehlen früher getan hatte –, dann komme man zu einer Art „Kurzschluß", durch den die gesellschaftliche Welt sozialer Institutionen ausgeklammert bleibe. Erst wenn derart naturalistische Selbsttäuschungen durchschaut sind, können geisteswissenschaftliche Probleme höheren Ranges als sozial vermittelte analysiert werden, „weil Religion, Kunst, Recht, Technik usw. wissenschaftlich gesehen, *gesellschaftliche* Tatsachen sind". Max Weber habe diese Perspektive in seiner Religionssoziologie „zu einer einsam gebliebenen Höhe entwickelt". Die Welten des „objektiven Geistes" sind also soziologisch zu behandeln, wobei Gehlen hoffte, daß man bei einiger philosophischer Bildung den Fehler eines „Soziologismus" vermeiden könne.[71]

Gehlen wollte die Institutionen nicht funktionalistisch ableiten, sondern in ihnen Produkte eines „ideativen" Bewußtseins sehen, das er dem „technischen" und dem „historisch-psychologischen" an die Seite stellte.[72] Jedoch schwebt ihm (trotz des unausgesprochen nachwirkenden Einflusses der Hegelschen Konzeption der sich gesellschaftlich verwirklichenden Formen der ‚Sittlichkeit') keine ‚idealistische' Deutung der Geburt der Institutionen vor. Vielmehr leitet er diese „Sozialregulationen" aus dem Handeln und besonders aus dem Zusammenhandeln von Menschen ab. Ähnlich wie Émile Durkheim geht Gehlen hypothetisch vom Totemismus als einer Art „Ur-Institution" aus. Wie in diesen frühesten Formen entstehe soziale Geltung aus gemeinschaftlich vollzogenen Ritualen und werde durch diese wiederum auch wiederholbar und „dauerhaft". Es ist also ein mimetisches, ein „darstellendes" oder ritualisiertes Verhalten, das in Sollwerte und soziale Geltungen umschlagen kann; es entstehen überprägnante Formen des Handlungsvollzugs, an die man wieder anknüpfen kann oder sogar muß. Institutionen sichern das *indirekte* Verhältnis, das der Mensch zu anderen und zu sich selbst aufbauen muß. Gehlen sah in ihnen unwahrscheinliche und mühsam erreichte Stabilisierungen, deren geschichtlich gewordene Ordnungsleistungen er im 20. Jahrhundert in Auflösung begriffen sah. Er ahnte, daß die eigene affirmative, aber durchdringende Analyse dieser Institutionen, die eigentlich unbefragt und unreflektiert gelten müßten, ebenso zu deren Relativierung und Bedrohung beiträgt wie die von ihm verabscheute Kritik an den Institutionen. Aber das bezeichnet konservative Ängste des Autors – der theoretische Ertrag einer dynamischen Institutionentheorie, wie Gehlen sie in der vierten Auflage seines anthropologischen Hauptwerkes (1950) erstmals formuliert hat, geht darin nicht auf. Der Reichtum der von ihm ‚gefundenen' Kategorien ist noch für die neuesten institutionentheoretischen Debatten anregend,[73] indem er beispielsweise ein Verständnis für sekundäre Zweckmäßigkeiten eröffnet (wie sich etwa aus einem Ritual Sacherfolge bei der Tier- und Pflanzenhege und schließlich deren ökonomische Nutzbarkeit ergeben können). Ebenso werden institutionelle Spannungsbalancen in Gehlenschen Begriffen vorzüglich faßbar.[74]

6. Ein Jahrhundertbuch der Kulturwissenschaften?

Der produktive Aspekt der Gehlenschen Anthropologie liegt in der empirischen Durchführung des *Entlastungsmodells,* also im einleuchtenden Zusammenschluß von Handlung, Wahrnehmung, Bewegung und Sprache – bis hin zu den Sozialformen. Die eigentliche Leistung liegt hier in der Darstellung von *Dynamismen* und Kreisprozessen, in denen der Sachumgang und die höhergelegten Formen der symbolischen Repräsentation der Dinge zusammengedacht werden. Vor allem geht es immer um die innere Plastizität der Bewegungen, die Möglichkeitsspielräume eröffnet, die zugleich aber koordiniert und beherrscht werden muß.

Liest man Gehlens Anthropologie als Versuch zur Grundlegung einer Theorie der Kultur, d.h. als Wissenschaft von den künstlichen Bedingungen und Formen des menschlichen Lebens, so basiert sein als „Anthropo-Biologie" propagierter Ansatz auf dem Paradox einer Naturtheorie des Kulturellen. Dieses Grundbuch fand Fortsetzungen in der Institutionentheorie, wie er sie 1950 zuerst in der Bearbeitung von *Der Mensch* (4. Auflage) und weiter dann 1956 in *Urmensch und Spätkultur* ausgearbeitet hat. Seine elementare Anthropologie liefert ebenso den bleibenden Argumentationsrahmen für seine später entwickelte Kultur- und Zeitkritik, etwa für *Die Seele im technischen Zeitalter* oder *Moral und Hypermoral*, eingeschränkt sogar für seine kunstsoziologische Schrift *Zeit-Bilder*.[75] Abschließend möchte ich behaupten, daß die Gehlen motivierenden und aus seinen Analysen wiederum bestärkten *politischen* Konsequenzen seines Denkens nicht notwendig aus seinem anthropologischen Modell folgen, so sehr sie aus der Sicht des Autors für dessen Ausarbeitung eine der Voraussetzungen waren. Zwar liegen der Gehlenschen Anthropologie existentielle Motive der Lebensangst und eines gegen sie geworfenen politischen ‚Aktivismus' zugrunde, weshalb eine „Ordnungslehre" von Anfang an das Ziel seiner anthropologischen Argumentation ist. Aber die Leistungskraft seines Beitrages zur Philosophischen Anthropologie liegt paradoxerweise gerade nicht so sehr in der Zucht- und Führungs-Fixiertheit, sondern in der Vielschichtigkeit seiner Analysen der menschlichen „Plastizität", „Sprachmäßigkeit", „Situationsenthobenheit" und „Eigentätigkeit". Das alles sind Konkretisierungen der Schelerschen Kategorie der „Weltoffenheit" – und das ist der prägnante Kern der kulturtheoretischen Anthropologie Arnold Gehlens.

PETER BÜRGER

Jean-Paul Sartre:
Das Sein und das Nichts (1943).
„Draußen sind wir zu finden." Sartres Subjekt-Begriff

Heute eine Rettung Jean-Paul Sartres unternehmen zu wollen, scheint ein Unterfangen zu sein, das von Anfang an zum Scheitern verurteilt ist. Der Typus des Intellektuellen, den Sartre auf so beeindruckende Weise repräsentierte, gehört, so sagt man, endgültig der Vergangenheit an. Er setzt eine Kultur voraus, die im 18. Jahrhundert entstanden ist, als die Intellektuellen sich im Einklang wußten mit der geschichtlichen Bewegung und aus diesem Wissen die Kraft zogen, sich an deren Spitze zu setzen.[1] In unserem Jahrhundert hat die marxistische Geschichtsphilosophie noch einmal ein vergleichbares Selbstbewußtsein des Intellektuellen möglich gemacht; aber dieses ist mit den sozialistischen Gesellschaften untergegangen. Daß es tatsächlich schwierig geworden ist, die seit dem Tod Sartres leer gebliebene Stelle einzunehmen, wird am deutlichsten dort erkennbar, wo jemand dies versucht wie unlängst Bourdieu mit seinem Angriff auf den Euro *(„l'idée Tietmeyer"),* der bereits im Titel an einer falschen Personalisierung leidet, oder Derrida mit seinem pathetischen Hinweis auf das Elend der Welt, „die Millionen Kinder, die jedes Jahr an Wassermangel sterben", „die vielen Frauen, die geschlagen oder Opfer von zum Teil tödlichen Mißhandlungen werden".[2] Mag der Leser zunächst noch den Eindruck haben, hier breche endlich jemand das unerträgliche Schweigen der Intellektuellen und sage, was gesagt werden müsse, bleibt ihm am Ende doch ein schaler Nachgeschmack. Dieser rührt daher, daß das Medium die Aussage in das Gegenteil dessen verwandelt hat, was ihr Autor intendierte. Umrahmt von Bildern, die den Philosophen in der Pose des Denkers zeigen, wird seine Anklage ungewollt zu einer überdimensionalen Selbstanzeige. Und dies auch dann, wenn er in seiner Einlassung die Bedingungen reflektiert, „die die Medien und die Öffentlichkeit den Intellektuellen bereitstellen". Um Mißverständnisse zu vermeiden: Es geht mir nicht um eine Kritik der Äußerungen von Bourdieu und Derrida; ich möchte nur auf ein Problem aufmerksam machen: Den Platz Sartres kann deshalb keiner mehr einnehmen, weil es ihn so, wie er in der Nachkriegszeit entstanden ist, heute nicht mehr gibt. Heißt das, daß auch das Denken Sartres für uns zu einem Kapitel der Philosophiegeschichte geworden ist, das keinen lebendigen Bezug mehr zu unserer Gegenwart hat? Orientiert man sich an der Geschichte der französischen Philosophie des 20. Jahrhunderts, die Vincent Descombes verfaßt hat, so sieht es in der Tat so aus. Der Autor widmet Sartre gerade noch einen 6½ Seiten umfassenden Anhang zu dem Kapitel über die Hegel-Interpretation von Kojève.[3] Ansonsten behandelt er Merleau-Ponty, die Semiologen, Foucault, Derrida, Deleuze und Lyotard. Die postmodernen Denker, so scheint es, haben Sartre verdrängt. Dieser Sicht muß man sich nicht anschließen, und ich werde es auch nicht tun. Freilich, ob eine Rettung zentraler Motive des Sartreschen Denkens gelingt, wird sich erst am Ende meines Versuchs zeigen. Vorerst kann ich nur ganz grob skizzieren, wie ich vorgehen will. Ausgehend von der Annahme, daß im Denken Foucaults Fragen angesprochen sind, die uns umtreiben, möchte ich die Vermutung erhärten, daß sich Antworten auf diese Fragen im Denken Sartres finden lassen.

In einem späten Text hat Foucault behauptet, seine Arbeit habe immer der Frage des Subjekts gegolten. Das ist insofern erstaunlich, als man ihn bis dahin eher als Theoretiker der Verabschiedung des Subjekts gelesen hat. Der Schlußsatz aus *Die Ordnung der Dinge* ist oft genug zitiert worden, in dem er die Möglichkeit, „daß der Mensch verschwindet wie am Meeresufer ein Gesicht im Sand" als Verheißung anspricht. In seinem letzten, Fragment gebliebenen Projekt, der *Geschichte der Sexualität,* kehrt Foucault aber zur Subjektproblematik zurück und fragt nach der Modellierung des Selbst in der Antike. Zwischen seinen frühen Arbeiten, in denen er Diskurse und Praktiken untersucht, die das Subjekt prägen, und den späten, in denen er nach der Möglichkeit der Selbstgestaltung fragt, tut sich eine Kluft auf, die auch durch die folgende Bestimmung des Subjekts nicht geschlossen wird: „Das Wort Subjekt hat einen zweifachen Sinn: vermittels Kontrolle und Abhängigkeit jemandem unterworfen sein und durch Bewußtsein und Selbsterkenntnis seiner eigenen Identität verhaftet sein."[4] Entgegen der herkömmlichen Sicht, die das Subjekt zum Ursprung des Handelns macht, faßt Foucault es als Resultat von Praktiken und Diskursen auf. Es wäre also gerade nicht die Instanz, die autonomes Handeln ermöglicht, sondern ein Schema, das den Menschen in eine doppelte Abhängigkeit bringt, indem es ihn der Kontrolle durch andere und der Fixierung an die eigene Identität unterwirft. Wie soll es dann aber möglich sein, daß das Ich sich selbst gestaltet? Denkbar ist das nur, wenn man dem Ich die Fähigkeit zuspricht, sich von dem Subjekt-Schema zu befreien. „Wir müssen uns das, was wir sein könnten, ausdenken und aufbauen, um diese Art von politischem ‚*double-bind*‘ abzuschütteln, der in der gleichzeitigen Individualisierung und Totalisierung durch moderne Machtstrukturen besteht. [...] Wir müssen neue Formen der Subjektivität zustandebringen, indem wir die Art von Individualität, die man uns jahrhundertelang auferlegt hat, zurückweisen."[5] Alle Determinationen, von denen er ausführlich in seinen früheren Büchern (vor allem in *Überwachen und Strafen*) gehandelt hat, scheinen plötzlich zurückgetreten gegenüber einer ursprünglichen Autonomie des Ichs, das nicht nur sich selbst, sondern sogar neue Schemata von Subjektivität entwerfen kann. Wie eine solche Autonomie des Ichs nachfreudianisch gedacht werden könnte, dazu finden sich bei Foucault kaum mehr als Einfälle, die im Gedanken einer Ästhetik der Existenz kulminieren. Sartre dagegen hat eben diese Frage – das möchte ich zu zeigen versuchen – seit den späten dreißiger Jahren in den Mittelpunkt seines Denkens gestellt.

Stark schematisiert könnte man sagen, Foucaults unterschiedliche Ansätze stellen uns vor das Problem, daß sie das Subjekt zugleich als determiniert und als frei darstellen. Denn einmal erscheint es als Resultat diskursiver und nicht-diskursiver (vor allem disziplinarischer) Praktiken, zum anderen aber soll es die Fähigkeit zur Selbstgestaltung haben. Determination und Freiheit stoßen hier unvermittelt aufeinander. Wie läßt sich die Kluft schließen?

Sartre macht zunächst den Versuch, den Widerspruch zwischen Determination und Freiheit nach der Seite der Freiheit hin aufzulösen. Das tut er in *Das Sein und das Nichts* von 1943. Unter dem Eindruck des Marxismus sieht er sich in der Folgezeit jedoch genötigt, die Tatsache der Determination anzuerkennen, gibt deshalb aber sein Projekt, eine Philosophie der Freiheit zu formulieren, nicht auf, wohl aber muß er sie umbauen. Das geschieht unter anderem dadurch, daß er sowohl marxistische wie freudianische Elemente in seine Konstruktion des Subjekts aufnimmt, während er in *Das Sein und das Nichts* noch Marx unberücksichtigt gelassen und gegen Freud polemisiert hatte.

Es gibt kein Bewußtsein an sich, sondern nur Bewußtsein von etwas: „Toute conscience est conscience *de* quelque chose". Dieser Gedanke Husserls hat den jungen Sartre begeistert, und er hat ihm einen kurzen, aber außerordentlich dichten Aufsatz gewidmet.[6] Mit Husserls Begriff der Intentionalität schien sich eine Lösung des Subjekt-Objekt-Problems abzuzeichnen. Hatte die idealistische Bewußtseinsphilosophie gefragt, wie der Baum ins Bewußtsein kommt, und damit den Baum als Bewußtseinsinhalt aufgefaßt – „O philosophie alimentaire!" spottet Sartre –, so konnte mit Husserl die Bewegungsrichtung umgekehrt werden und Bewußtsein als gerichtet auf etwas, eben als Intentionalität, verstanden werden.

Die Faszination Sartres für den Gedanken Husserls dürfte freilich noch von etwas anderem herrühren. Er ermöglicht Sartre nämlich, die eigene Subjektivität anders zu denken denn als sich selbst unzugängliche Innerlichkeit. In der Tat gelten dem herkömmlichen Verständnis auch Emotionen als Bewußtseinsinhalte, die sich von Erkenntnissen vor allem dadurch unterscheiden, daß sie einem zustoßen. Das Ich findet sie in sich vor und vermag nichts gegen sie. Wenn man aber Gefühle wie Liebe und Haß nun gleichfalls als Weisen der Gerichtetheit auf die Welt begreift, dann erschließt sich in ihnen deren Gegenstand als liebens- bzw. als hassenswert. Die sogenannten ›subjektiven‹ Reaktionen, die unverfügbare Bewußtseinsinhalte waren, werden als Weisen der Erschließung von Welt erkennbar. Sartre triumphiert:

„Nous voilà délivrés de Proust. Délivrés en même temps de la ›vie intérieure‹: [...] tout est dehors, tout, jusqu'à nous-mêmes: dehors, dans le monde, parmi les autres."[7]

(Endlich sind wir Proust los und zugleich das ‚Innenleben': [...] alles ist draußen, alles, sogar wir; draußen in der Welt unter den Dingen.)

Warum triumphiert Sartre? Offenbar weil ihm Husserls Gedanke mehr bedeutet als die Lösung eines philosophischen Problems, nämlich die Möglichkeit, sich selbst nach einem anderen Schema zu denken als dem der Innerlichkeit. Wenn das Bewußtsein kein Raum war, in den auf ungeklärte Weise die Welt eindringt und wo die sogenannten subjektiven Reaktionen in „der übelriechenden Salzlauge des Geistes" schwimmen, sondern eine Bewegung auf die Dinge zu, dann war man ein für allemal vom Innenleben befreit und damit zugleich von dem Selbst, das man mit sich schleppte wie eine Last. Aber warum will sich Sartre vom Innenleben befreien? Warum bestimmt er das welterschließende Bewußtsein als ein Sich-aufsprengen in Richtung auf etwas („Connaître, c'est s'éclater vers")?[8] Die Gründe dafür werden erkennbar, wenn man sich die Bilder näher ansieht, mit denen er das Innenleben und das Selbst charakterisiert: Jenes gilt ihm als feuchte, gastrische Innerlichkeit („moite intimité gastrique"), dieses als weicher Nebel („un brouillard mou"[9]). Nicht nur der für die Vernunft undurchsichtigen Innerlichkeit, auch dem Selbst, insofern es so ungreifbar ist wie Nebelschwaden, begegnet Sartre mit Mißtrauen und sucht sich ihrer zu entledigen. Daß es sich dabei nicht um ein bloßes Gedankenspiel handelt, sondern um den Versuch, sich mit den Mitteln des Denkens zu bestimmen, das lassen Briefe und Aufzeichnungen deutlich erkennen.

Früh bereits scheint er ein Verfahren entwickelt zu haben, um sich Gefühlsregungen abzugewöhnen, die er als unangemessen empfindet. Es besteht darin, sie lächerlich zu machen und dadurch Distanz zu sich zu gewinnen. So spricht der 20jährige in einem Brief an seine Jugendfreundin Simone Jolivet von seinem altjüngferlichen Charakter und nennt sich blödsinnig sentimental, feige und verzärtelt („stupidement sentimental, couard et douillet").[10] Die Karikatur, die er von sich entwirft, ermöglicht ihm, einen emotionalen Selbstbezug zu vermeiden, und gibt ihm zugleich ein Bewußtsein der Überlegenheit. Es resultiert daraus, daß er sich nicht nur über frühere Gestalten seines Selbst zu erheben vermag, sondern auch über sein je gegenwärtiges Erleben. In den Kriegstagebüchern bringt er dieses eigentümlich gespaltene Selbstwertgefühl auf den Begriff: „La forme essentielle de mon orgueil consiste à être sans solidarité avec moi-même" (Die wesentliche Form meines Stolzes besteht darin, keine Solidarität mit mir zu haben).[11] Freilich, die so gewonnene Freiheit hat ihren Preis, der darin besteht, daß Sartre nie ganz mit dem eigenen Erleben übereinstimmt. Da er jede Gefühlsregung, jede seelische Reaktion sogleich analysiert und klassifiziert, gibt es für ihn keine unmittelbare Erfahrung. Er ist nur der Blick dessen, der die eigenen Regungen so unbeteiligt betrachtet, als wären sie die eines anderen: „Mais qu'étais-je alors moi-même? Un simple regard, ni triste ni gai, contemplatif et réservé sur ce que je disais, ce qui me venait à l'esprit ou au cœur. Je vivais dissocié de moi-même, comme M. Teste."[12]

Aber fällt Sartres Ich wirklich mit jenem unbeteiligten Blick zusammen, der die Unmittelbarkeit des Erlebens tilgt, indem er es objektiviert? Selbst wenn dem so sein sollte, wird man fragen, was diesen Blick ermöglicht hat. Sartre selbst weist in diesem Zusammenhang auf die Freundschaft hin, die ihn zunächst mit Nizan, später mit Beauvoir verbunden hat. Es handelt sich dabei, vor allem in der Beziehung zwischen Sartre und Beauvoir, um ein wechselseitiges Vertrauensverhältnis, das kein Geheimnis vor dem anderen kennt. Und eben im Geheimnis, in dem, was man niemandem sagt, besteht ja das Innenleben. Es wird geschaffen durch das Schweigen, das es umgibt. Indem Sartre und Beauvoir alles ansprechen, haben sie das Innenleben zum Verschwinden gebracht. Das Ergebnis ist ein Glück, das erdrückend ist wie die Hitze des Sommers: „un bonheur écrasant et semblable à l'été,"[13] ein Glück, das keinen Raum läßt, um sich nach etwas anderem zu sehnen. Ein „erdrückendes Glück" – die Formulierung ist ambivalent. An einer anderen Stelle spricht Sartre von der erstickenden Durchsichtigkeit der Freundschaft („translucidité étouffante de l'amitié"[14]). Einerseits ermöglicht die Freundschaft mit Beauvoir ihm jenen versachlichenden Blick auf sich selbst, andererseits trennt sie ihn auch von sich selbst ab, so daß er das Gefühl eines Mangels nicht los wird („Il y avait, de ce fait, quelque chose qui manquait en moi"[15]). Einerseits leben sie gemeinsam eine „strahlende Existenz", stellen eine von anderen beneidete und respektierte Kraft dar („nous constituions une *force* enviée et respectée"[16]), andererseits ist dieses Dasein, das jede Lebensäußerung einer unerbittlichen Vernunft aussetzt, versengend („un peu torride"[17]), und Sartre gesteht, ununterbrochen dem Druck einer anderen Gegenwart ausgeliefert gewesen zu sein: „je sentais constamment sur moi la pression totale d'une autre présence".[18] Von welchem Ich, so mag man fragen, ist hier die Rede? Jedenfalls nicht von dem des unbeteiligten Blicks, aber auch nicht von dem des unmittelbaren Erlebens. Vielleicht muß man von einem dritten

Ich sprechen, das sich aus dem Hin und Her zwischen den beiden Ich-Gestalten ergibt, das dann, wie Sartre anmerkt, die Gestalt der *mauvaise foi* hätte, der Unentschiedenheit zwischen zwei Möglichkeiten: „en un sens j'étais tout entier dans le coup et, en un autre sens, je m'en échappais en me *voyant* être dans le coup"[19] (Einerseits war ich ganz und gar bei der Sache, und andererseits entkam ich ihr, indem ich mich sah, wie ich ganz bei der Sache war). Dieses Ich verharrt weder in der Unmittelbarkeit des Erlebens, noch in der Teilnahmslosigkeit des objektivierenden Blicks, sondern entflieht sich, indem es sich zwischen diesen beiden Positionen in Bewegung hält.

Im Denken Sartres sind die Spuren des Cartesianismus überdeutlich; in einem aber weicht er davon ab. Das Ich gilt ihm nicht als Fixpunkt, auf den Philosophie und Wissenschaft sich gründen lassen, sondern als Bewegung. Diese Bewegung charakterisiert er bereits im Husserl-Aufsatz als Flucht, als Abfolge von Explosionen, die uns von uns losreißen und in die Welt der Dinge schleudern: „une suite liée d'éclatements qui nous arrachent à nousmêmes, qui ne laissent même pas à un ‚nous-mêmes' le loisir de se former derrière eux, mais qui nous jettent [...] parmi les choses".[20] Daraus wird Sartre dann in *Das Sein und das Nichts* die Projekt-Struktur menschlichen Handelns entwickeln, das er auch dort als Flucht charakterisiert, als ein Sich-selbst-Entkommen, ein Sich-von-sich-Losreißen („arrachement à soi-même").[21]

Freilich bleibt die Freiheit solange unvollkommen, wie nur diejenigen Fremdbestimmungen gebannt sind, die der Mensch in sich vorfindet oder besser: als die er sich vorfindet; denn die Welt, die seine Handlungsmöglichkeiten einschränkt, behält dann immer noch ihre Bestimmungsmacht. Sie erfährt Sartre, als er im September 1939 eingezogen wird. Daß er sich der neuen, in jeder Hinsicht ungewohnten Situation stellt, zeigen seine Kriegstagebücher. Sie sind ein Zeugnis dafür, wie dieses Denken zwar nicht aus dem Leben selbst entspringt, wohl aber aus dem Zusammentreffen der Lektüre von Heideggers *Sein und Zeit* mit der Extremsituation des Krieges. Gerade die Fassungslosigkeit, mit der einer seiner Kameraden auf die Situation reagiert, veranlaßt ihn dazu, eine objektivierende Einstellung einzunehmen. In phänomenologischen Analysen der „Welt des Krieges" bringt er zunächst den Schock auf den Begriff, den der erleidet, der plötzlich aus dem bürgerlichen Alltagsleben herausgerissen wird. Für den Einberufenen gibt es plötzlich kein Privatleben mehr, überall ist er umgeben von den Lebensäußerungen seiner Kameraden. Da er seine Bewegungsfreiheit verloren hat, wird die Umwelt für ihn zur Kulisse. Wie überhaupt alle Dinge ihre Bedeutung verändern. Das Gasthaus, in dem die Truppe einquartiert ist, hat eben durch die Einquartierung seine zivile Bestimmung verloren und wird zur bloßen Unterkunft, wo Soldaten kampieren. Die Bedeutung, die solche Analysen für den Schreibenden haben, liegt auf der Hand. Indem dieser die neue Welt genau in den Blick nimmt, verschafft er sich Distanz zu ihr und versperrt sich zugleich den Weg in die Depression. Eine kleine Szene ist diesbezüglich aufschlußreich. Sartre befindet sich auf der Rückfahrt vom Urlaub: kalte Züge, Unterbringung in Baracken. Entsprechend gedrückt ist die Stimmung der Soldaten: „des types accablés ou râleurs".[22] Sartre leugnet das Niederziehende, Düstere des Barackenraums nicht, in dem sie wie Vieh zusammengepfercht sind; aber er setzt seinen Willen gegen die Trostlosigkeit, die von der Situation ausgeht, betrachtet diese von außen und läßt sich nicht in die gedrückte Stimmung hineinziehen:

„J'ai bien senti que le sinistre et la tristesse sont affaire de volonté car je sentais ça devant moi et je n'étais pas dedans et je ne voulais pas y être."[23]

(Ich habe gespürt, daß das Grausige und die Trostlosigkeit eine Sache des Willens sind, denn ich hatte das vor mir, aber ich war nicht drin und ich wollte nicht drin sein.)

Sartre gibt sich jedoch nicht damit zufrieden, die Haltung eines Stoikers einzunehmen, dem es gelingt, gegenüber einer für ihn mißlichen Lage auf Distanz zu gehen; er will den Krieg nicht nur als ein Übel hinnehmen *(accepter),* sondern ihn zu seiner eigenen Sache machen *(assumer):*

„Non pas *accepter* ce qui vous arrive. C'est trop et pas assez. *L'assumer* (quand on a compris que rien ne peut vous arriver que par vous-même), c'est-à-dire le reprendre à son compte exactement *comme si* on se l'était donné par décret."[24]

(Nicht nur *hinnehmen,* was einem passiert. Das ist zu viel und nicht genug. Es *sich zu eigen machen* [wenn man begriffen hat, daß alles einem nur durch einen selbst zustoßen kann], d.h. es genau so zu seiner Sache machen, *als ob* man es über sich verfügt hätte.)

Statt nur passiv auf die Situation zu reagieren, will er sie so auffassen, als ob er sie sich selbst geschaffen hätte. Indem er sich als den wählt, zu dem die Situation ihn gemacht hat, wird die Unerträglichkeit des über ihn hereinbrechenden Geschehens in einen Raum freien Handelns verwandelt. Irritierend bleibt freilich das ‚Als ob', mit dem das Bewußtsein sich davon zu überzeugen versucht, daß es alles sich selbst verdankt.

Um zu verstehen, wie Sartre zu dieser Auffassung kommt, muß man im Blick behalten, daß er vor seiner Einberufung Heideggers *Sein und Zeit* gelesen hat. Einerseits hilft ihm Heidegger, die Situation zu bewältigen, in die er hineingeraten ist; andererseits nutzt er den Krieg, um die Probe auf Heideggers Denken zu machen. Nach Heidegger erreicht der Mensch, der zunächst und zumeist in der alles nivellierenden Durchschnittlichkeit des Alltagsdaseins dahinlebt, Eigentlichkeit nur im Durchgang durch eine existentielle Angst, in der die alltägliche Vertrautheit zusammenbricht. Sartre übersetzt: Authentizität kann nur in der Verzweiflung erreicht werden („L'authenticité ne peut être atteinte que dans le désespoir").[25] Aber Sartre ist nicht verzweifelt, vielmehr glaubt er fest daran, daß der Krieg nur ein Jahr dauern wird. Zugleich durchschaut er das Moment von Selbstbetrug, das in diesem Optimismus steckt. Um das Im-Krieg-Sein authentisch erleben zu können, müßte er seinen Optimismus aufgeben. Genau das tut er in einer Art von Gedankenexperiment. Solange er an seiner optimistischen Sicht festhält, behalten die Orientierungen seines bisherigen Lebens (Beauvoir, andere Frauen, seine schriftstellerischen Pläne) ihre Gültigkeit, gibt er diese Sicht preis, so bricht alles zusammen, aber im Gegenzug erfährt er voll und ganz, was es heißt, im Krieg zu sein. Das nämlich läßt sich nur in und durch die Angst realisieren: „Si je n'y crois plus [sc. à mon optimisme de défense], tout s'écroule: un vide noir mais en échange je réalise plus pleinement la guerre [...]. Ceci ne peut se ‚réaliser' que dans et par l'angoisse".[26] Sartre schildert nicht etwa einen Augenblick totaler Verzweiflung, sondern er stellt sich einen solchen Augenblick vor. Und da er *Sein und Zeit* gelesen hat, weiß er, daß dieser ihm nicht nur alle Sicherheiten nimmt, sondern ihm dafür („en échange") auch etwas gibt: die authentische Erfahrung des Krieges. Ja, er erwägt sogar den Gedanken, daß auf die Verzweiflung eine gelassene, aber versehrte Freude („joie calme et meurtrie") folgen könnte, die er zugleich mit literarischen Reminiszenzen (Gide, Dostojewski) und einem Glücksaugenblick assoziiert, den er beim Sonnenaufgang während des Transports an die Front erlebt hat. Die Stelle hat etwas Befremdendes, sie enthüllt eine gleichsam gespaltene Bewußtseinsbewegung. Sartre will den Krieg und das, was er für den einzelnen mit sich bringt, nicht nur passiv erdulden, sondern ihn zu seiner Sache machen. Er kann das deshalb, weil er ihm eine bestimmte Funktion für sein Erleben und Denken zuweist. Dadurch und nur dadurch wird der Krieg, wie er immer wieder betont, zu *seinem* Krieg („ma guerre"). Das Ergebnis dieses Kriegs ist die Aufforderung zur Selbstpreisgabe („une invite à me perdre, à renoncer à moi totalement, même à mes écrits")[27] und die Verwandlung des Ichs in ein reines Bewußtsein, das teilnahmslos die Abschnitte seines Lebens betrachtet. Obwohl es ihm darum geht, das Im-Krieg-Sein wirklich zu erfahren, scheint er dieser Erfahrung gerade auszuweichen, insofern er den Krieg immer aus der Perspektive dessen betrachtet, der weiß, wozu dieser für ihn nützlich ist. Ausgehend von dem Vorsatz, aus der existentiellen Situation heraus zu denken, unterwirft er schließlich doch die Situation seinem Denken. So verwundert es denn auch nicht, daß die Selbstpreisgabe, zu der der Krieg ihn herausfordert, schließlich nur dazu führt, ihn in den zu verwandeln, der er immer schon war: reines Bewußtsein, das teilnahmslos sein Leben betrachtet wie eine Reihe von Erfahrungen, die ihn nichts angehen („comme des séries d'expériences qui ne l'engagent pas").[28]

Das Freiheits-Denken Sartres in den *Carnets* ist in erster Linie eines der Befreiung vom Ich, auch das Annehmen der Situation ist von diesem Ziel her gedacht. Unfrei wären wir also vor allem durch die Bindung an uns selbst. Nur weil wir um unser Selbst bangen und um alles, was mit diesem zusammenhängt, erleben wir eine Situation als unerträglich. Sartre entwickelt Denkstrategien, die es einem ermöglichen (sollen), sich von der Fesselung an das eigene Selbst zu lösen. Dadurch wird er zu einem Denker, der auf seine Weise auf Probleme antwortet, die postmoderne Autoren formuliert haben. Der späte Foucault hat es der Philosophie zur Aufgabe gemacht, „neue Formen der Subjektivität zustandezubringen, indem wir die Art von Individualität, die man uns jahrhundertelang auferlegt hat, zurückweisen". Er hat dabei nicht zuletzt an das Schema der Innerlichkeit gedacht, das durch die Einführung der Beichtpflicht auf dem Lateran-Konzil 1215 institutionalisiert worden ist. Die Kirche, so der Gedanke Foucaults, hat nicht nur die Gläubigen beherrscht, indem sie deren Gewissen erforschte, sie hat vielmehr durch die Beichtpraxis das Gewissen allererst geschaffen. Um andere, nicht über die Innerlichkeit laufende Weisen des Umgangs mit dem Selbst sichtbar zu machen, hat Foucault sich der antiken Selbstsorge zugewandt, in der er offenbar ein mögliches Vorbild für „neue Formen der Subjektivität" gesehen hat. Wie jedoch eine Abkehr vom Schema der sich als Innerlichkeit erfahrenden Subjektivität überhaupt zu denken wäre, darüber sagen die Texte Foucaults nichts. Sartre dagegen hat das Problem nicht nur als theoretisches aufgegriffen, sondern gelebt. Und auch Lacans berühmt-berüchtigte Umkehr des Freudschen „Wo Es war, soll Ich werden" ließe sich durchaus als eine radikale Korrektur der Psychoanalyse im Sinne des Sartreschen Subjektbegriffs auslegen. Hatte Freud es noch dem Analytiker zur Aufgabe gemacht, das Ich des Analysanden zu stärken, sieht Lacan darin die Stützung eines narzißtischen Ichs, das als vergangenes abzutun Ziel der Analyse wäre.

Nun ließe sich gegen die von mir vorgenommene Lektüre des Sartreschen Subjektbegriffs im Zeichen einer postmodernen Fragestellung der Einwand erheben, dieser werde ja ausschließlich dem Frühwerk Sartres entnommen, dem Husserl-Aufsatz und den Kriegstagebüchern, Arbeiten, die vor *Das Sein und das Nichts* entstanden seien, erst in diesem Werk aber habe Sartres Subjektphilosophie ihre gültige Gestalt gefunden. Ganz davon abgesehen, daß Sartre mit der Arbeit an seinem ersten Hauptwerk bereits während der Kriegsgefangenschaft beginnt,[29] wäre der Einwand nur dann stichhaltig, wenn sich zwischen den Tagebüchern und *L'Être et le néant* ein Bruch nachweisen ließe. Das ist aber nicht der Fall. In den Tagebüchern hat Sartre Freiheit als eine Bewegung beschrieben, mit der das Ich sich von sich selbst losreißt, sowie als Bereitschaft, eine gegebene Situation so anzunehmen, als hätte das Ich sie gewählt. Möglich wurde diese Einstellung deshalb, weil Sartre sich als den gewählt hatte, der das Im-Kriege-Sein begreifen will. In den Begriffen von *Das Sein und das Nichts* formuliert: Sartre überschreitet die gegebene Situation im Hinblick auf ein Ziel (hier: das Begreifen des Im-Krieg-Seins). Dies ist nur möglich aufgrund eines doppelten Bruchs: zum einen mit dem, der er unter Bedingungen des Lebens im Frieden war, zum anderen mit jener Welt des Friedens. Nur das Sich-Losreißen von sich und von der Welt („arrachement à soi-même, et au monde"[30]) ermöglicht den freien Selbstentwurf auf ein Ziel hin. Konsequent bestimmt Sartre in *Das Sein und das Nichts* den Menschen als ein Wesen, das einen nichtendenden Bruch mit der Welt und sich selbst realisieren kann („un être qui peut réaliser une rupture néantisante avec le monde et avec soi-même"[31]). Deutlicher freilich als in den Tagebüchern arbeitet er jetzt die synthetisierende Kraft der Zielprojektion heraus. Diese fällt mit der Selbstwahl zusammen und ermöglicht zugleich dem Ich, die Situation, in der es sich vorfindet, im Hinblick auf das zu erreichende Ziel einzuschätzen:

„Ainsi, l'intention, d'un même surgissement unitaire, pose la fin, se choisit et apprécie le donné à partir de la fin."[32]

(In ein und derselben Bewegung des Auftauchens setzt die Intention das Ziel, wählt sich und beurteilt das Gegebene vom Ziel her.)

Die auf das zu verwirklichende Ziel gerichtete Intention ist das Ereignis, aus dem das sich selbst bestimmende Subjekt entspringt. Ihm geht nichts vorher, was sein Handeln anstoßen könnte. Das, was gewöhnlich als Handlungsmotiv unterstellt wird, z.B. die Unerträglichkeit einer Lage, erschließt sich Sartre zufolge erst aus der Zielprojektion, d.h. aus der Selbstwahl dessen, der sich anschickt, diese seine Lage zu verändern. Auch subjektive Antriebskräfte (mobiles) deutet Sartre als auf ein Ziel gerichtete Selbstwahl: „La passion n'est-elle pas d'abord projet et entreprise, ne pose-t-elle pas justement un état de choses comme intolérable [...]?"[33] (Ist die Leidenschaft nicht zunächst Projekt und Vorhaben, setzt sie nicht einen Zustand als unerträglich?)

Als ein frei auf ein Ziel hin sich entwerfendes hat das Subjekt Sartre keine Identität, denn als identisches wäre es den Dingen gleich. Von seiner Vergangenheit ist es durch eine Kluft getrennt, die es weder überbrücken kann noch will. Sie ist für es wirklich vergangen. Einzig die das Ziel versprechende Zukunft im Blick erhellt sich ihm das eigene Selbst und die Gegenwart nur in deren Licht. Freilich sowie das Ziel erreicht ist, versinkt dieses und die ihm zugehörende Gestalt des Selbst in der Vergangenheit, während der nächste Entwurf bereits die Umrisse einer neuen Gestalt des Selbst erkennen läßt. Schon in den Tagebüchern heißt es: Der Mensch ist ein Wesen, das sich in die Zukunft entflieht („L'homme est un être qui se fuit dans l'avenir"[34]).

Sartre hat tatsächlich jede Determination zum Verschwinden gebracht. Nichts geht dem freien Selbstentwurf voraus, was nicht von der damit gesetzten Zielprojektion her erst seinen Sinn und seine Bestimmung erführe. Um die Radikalität dieser Philosophie zu verstehen, muß man die historische Extremsituation in Betracht ziehen, in der sie entstanden ist. Der größte Teil Frankreichs ist von deutschen Truppen besetzt, im übrigen Teil des Landes herrscht eine von den Deutschen abhängige Regierung. Kaum je in der Geschichte Frankreichs war das Schicksal des Landes so ausschließlich in fremden Händen, hatten die Franzosen so geringe Möglichkeiten, die Ziele ihres Handelns selbst zu bestimmen. Wenn wir Drieu la Rochelle glauben, blieb ihnen gar nichts anderes übrig, als mit den Besatzern zu kollaborieren. Sartre nun stellt sich keine geringere Aufgabe als die, diese verzweifelte Situation einzig mit den Mitteln des Denkens zu verändern, den Franzosen zu zeigen, daß sie auch unter den Bedingungen der Besetzung sich als frei handelnde Subjekte entwerfen können, wenn sie sich weder nostalgisch an die Vergangenheit noch ästhetisch an die Gegenwart verlieren, sondern sich ganz von der zu realisierenden Zukunft her begreifen. Daß eine solche Deutung tatsächlich die Intentionen Sartres trifft, dafür spricht eine Stelle aus den *Carnets*, in der er die Philosophie Heideggers als den Versuch begreift, die tragische Situation Deutschlands nach dem ersten Weltkrieg durch eine Philosophie der freien Entscheidung zu überwinden: „La philosophie de Heidegger, c'est une assomption libre de son époque. Et son époque, c'était précisément une époque tragique d' ‚Untergang' et de désespoir pour l'Allemagne. […] Et l'attitude de Heidegger est évidemment un dépassement libre vers la philosophie de ce profil pathétique de l'Histoire."[35]

Später hat Sartre – unter dem Einfluß des Freudianismus und des Marxismus – die Abstraktheit seiner frühen Philosophie der Freiheit rückhaltlos kritisiert. Als er 1970 auf einen in den vierziger Jahren geschriebenen Text stößt, in dem es heißt, unabhängig von den Umständen sei der Mensch immer frei zu wählen, ob er ein Verräter sein wolle oder nicht, ist er entsetzt („j'ai été proprement scandalisé"),[36] gibt aber zu bedenken, daß die Okkupation die Franzosen tatsächlich vor die Alternative stellte, ob sie für oder gegen die Deutschen sein wollten. Heute wissen wir aufgrund historischer Forschungen, daß auch damals die Situation weitaus komplizierter war und daß viele eher eine zwiespältige Antwort auf eine zwiespältige Situation gegeben haben. Trotzdem ist der Hinweis auf die Okkupation hilfreich, nicht weil sich aus der historischen Situation die Philosophie Sartres erklären ließe (das wäre deterministisch gedacht), wohl aber weil die Situation eine der Ermöglichungsbedingungen des Sartreschen Denkens darstellt. Eine andere ist die Begegnung mit der Philosophie Heideggers.

Nach dem Ende der Okkupation mußte auch Sartre erkennen, daß die von ihm geleugneten Determinationen in der Realität fortbestehen. Ich bin der Sohn dieser Eltern und bin in diese Zeit hineingeboren; ich mag mich dazu stellen, wie ich will, zunächst einmal bin ich nicht Selbstentwurf auf ein Ziel hin, sondern der, zu dem man mich gemacht hat. Der Gedanke einer Philosophie der Freiheit hat Sartre trotzdem nicht losgelassen, nur mußte sie anders angelegt werden, wenn sie dem Rechnung tragen wollte. In seinen Untersuchungen über Baudelaire, Genet und Flaubert wird Sartre dem Problem nachgehen.[37] Jean Genet wächst als Waisenkind in einer Bauernfamilie auf. Hier gilt: Man ist, was man hat. Genet, das Waisenkind, hat nichts. Um zu erfahren, was es heißt, etwas zu besitzen, begeht er kleine Diebstähle. Eines Tages wird er dabei ertappt. Der Blick der Erwachsenen macht ihn zu dem, der er von nun an für die anderen ist, zu einem Dieb. Er hat gestohlen, also ist er ein Dieb. Das Kind vermag den Trugschluß nicht aufzulösen, es hat nicht die intellektuellen Mittel, um sich zu verteidigen; vermag nicht zu erkennen, daß die guten Menschen den Bösen brauchen als Projektionsfläche für ihre eigene Negativität. Das Kind übernimmt die Sicht der Erwachsenen, entdeckt nachträglich, daß es hat stehlen wollen. Soweit ist es noch passiv, läßt sich formen vom Blick der Erwachsenen, die aus dem unschuldig dahinlebenden Kind einen Dieb gemacht haben, einen, dessen ›Natur‹ es ist zu stehlen. Dann aber, so Sartre, ergreift der kleine Genet die Initiative. Er, der eben noch vor Scham vergehen wollte, entschließt sich zu leben, indem er sich als Dieb wählt. Nicht was man aus uns macht, ist das Entscheidende, sondern was wir aus dem machen, was man aus uns gemacht hat. „L'important n'est pas ce qu'on fait de nous mais ce que nous faisons nous-mêmes de ce qu'on a fait de nous."³⁸ Die Bestimmung Genets durch die Welt, in der er aufwächst, sowie durch das Wissen der Erwachsenen von seiner Herkunft wird mit aller Deutlichkeit herausgearbeitet. Sartre spricht sogar von einem Verhängnis, einer Schicksalsfügung (fatalité). Aber das, worauf es ihm ankommt, ist die Tatsache, daß Genet dieses Schicksal ergreift, es zu dem macht, das er gewollt hat.

„Donc il a choisi le pire: il n'avait pas d'autre choix. Sa vie est toute tracée: ce sera le voyage au bout du malheur [...]. Puisqu'il ne peut échapper à la fatalité, il sera sa propre fatalité; puisqu'on lui rend la vie invivable il vivra cette impossibilité de vivre comme s'il l'avait créée tout exprès pour lui-même, épreuve particulière à lui seul réservée."³⁹

(Er hat also das Schlimmste gewählt: er hatte keine andere Wahl. Sein Leben ist vorgezeichnet, es wird die Reise ans Ende des Unglücks sein [...]. Da er dem Schicksal nicht entfliehen kann, wird er sein eigenes Schicksal sein; da man es ihm unmöglich macht, das Leben zu leben, wird er diese Unmöglichkeit zu leben leben, als ob er sie absichtlich für sich geschaffen hätte, eine besondere, ihm allein vorbehaltene Prüfung.)

Der Begriff Wahl bezeichnet hier offensichtlich nicht das, was wir gewöhnlich darunter verstehen, die Möglichkeit, sich zwischen Alternativen zu entscheiden, sondern das aktive Ergreifen einer Bestimmung, der man nicht ausweichen kann. Wieder taucht hier das Als ob auf, das uns schon in den *Carnets* begegnet ist, als es für Sartre darum ging, den Krieg zu seiner Sache zu machen. Aber was ändert sich durch diese Veränderung der Einstellung? Sartre würde darauf vermutlich antworten: fast nichts, das heißt alles. Von dem Augenblick an, in dem Genet sich gesagt hat, ich werde Dieb sein, verwandelt er sein Geschick in den freien Entwurf seiner selbst. Damit eröffnet er sich die Möglichkeit, alle Dimensionen des Dieb-Seins zu erfahren, wodurch er schließlich zum Schriftsteller wird. Indem er sich ganz auf sein Schicksal einläßt, überschreitet er es am Ende. Subjektivität ist für Sartre auf dieser Stufe seines Denkens zunächst Kontingenz, das, was mir passiert („c'est *ce qui m'arrive*"), aber in dem Maße, wie ich diese ursprüngliche Kontingenz zu meiner Notwendigkeit mache, ist sie auch Ich, das, wo ich mir passiere („où *je* m'arrive").⁴⁰

Es ging mir nicht darum, *L'Être et le néant* zu rekonstruieren; vielmehr habe ich versucht, eine Rettung zentraler Motive von Sartres Denken zu skizzieren. Wenn es stimmt, daß – wie Foucault behauptet – das Schema der Subjektivität die Individuen in eine doppelte Abhängigkeit bringt, dann ist die Frage legitim, ob und wenn ja wie wir uns davon lösen können. Die Antworten, die Sartre darauf gegeben hat, zeigen, wie eine solche Subjektivität aussehen könnte. Deutlicher als das Hauptwerk lassen die *Carnets* – und darin scheint mir ihre Stärke zu liegen – auch den Preis erkennen, der dafür zu entrichten ist, wenn das Ich sich zu sich selbst in ein Verhältnis der Äußerlichkeit setzt.

Die Konstruktion eines Lebens, das sich jede Erfahrung von Innerlichkeit versagt, ist von der Empfindung eines unbestimmten Mangels begleitet, die dauernd niedergehalten werden muß. Vielleicht kann man die komplizierten sexuellen Beziehungen, die Sartre und Beauvoir mit ihren Freunden verbinden, aus dem Zwang erklären, diesen Mangel zu kompensieren. Es ist jedenfalls auffällig, daß der allem Anschein nach unerschütterliche Optimismus des Sartreschen Denkens immer wieder von Sätzen durchbrochen wird, die diesen radikal in Frage stellen: „L'histoire d'une vie, quelle qu'elle soit, est l'histoire d'un échec"[41] (Die Geschichte eines Lebens, wie es auch sei, ist die Geschichte eines Scheiterns).[42] Trotzdem gibt es gute Gründe für eine Rückkehr zu Sartre, sei es vielleicht auch nur den, daß sein Denken quersteht zur Kultur des Unernstes, die unsere Zeit prägt.

GERHARD SCHWEPPENHÄUSER

Am Ende der bürgerlichen Geschichtsphilosophie.
Max Horkheimer/Theodor W. Adorno:
Dialektik der Aufklärung (1947)

1. Aufklärung und Kritik

Nicht erst seit der europäischen Aufklärung, aber seither mit verstärkter Kraft, versuchten Philosophen, die Unwahrheit, den Schein, das Falsche zu destruieren. Kritik ist unerläßliche Vorarbeit für die Konstruktion und den Begriff des Wahren (die Angemessenheit vom Begriff an den Gegenstand), des Richtigen (das Normative und Gerechte) und des Wesentlichen (die von den Erscheinungsformen immer auch verschiedenen Strukturen des Seienden). Im 18. Jahrhundert, dem Zeitalter der Aufklärung, wurde Publizität als Medium des rationalen Nachdenkens etabliert. Die Wahrheit war nicht einfach vorhanden und zu verkünden, sondern Ergebnis einer gemeinsamen konstruktiven Suche. Deren Grundlage konnte nur die allen Menschen gemeinsame Vernunft sein. Werte und Normen des Politischen und Gesellschaftlichen mußten von nun an diesem Maßstab genügen. Herauszufinden, inwieweit religiöse Dogmen und Formen gesellschaftlicher Herrschaft rational gerechtfertigt sind und welche Normen in Wissenschaften und Künsten legitimerweise Geltung beanspruchen, war das Geschäft der Aufklärer. In Deutschland war es vor allem Immanuel Kant, der diesen Impuls weitertrieb. Adorno sagte über Kant, daß er „Autonomie, also Urteil nach eigener Einsicht im Gegensatz zur Heteronomie, zum Gehorsam gegen fremd Anbefohlenes", lehrte.[1] Kant hat gezeigt: Aufklärung ist ein Projekt, das von der Zielvorstellung eines individuellen und gesellschaftlichen Ausgangs *„des Menschen aus seiner selbstverschuldeten Unmündigkeit"* hinein in eine Weltrepublik geleitet ist. Es erfordert die Freiheit, „von seiner Vernunft in allen Stücken öffentlichen Gebrauch zu machen";[2] und niemand wußte besser als Kant, daß diese Freiheit in geschichtlichen Kämpfen errungen und gesichert werden muß.

Aufklärende Kritik wurde immer stärker als *praktische* Aufgabe begriffen. Das 19. Jahrhundert war in Europa das Zeitalter der kämpferischen Intellektuellen – wie Heinrich Heine, Emile Zola oder Karl Marx, der schrieb, daß „die Waffe der Kritik" die „Kritik der Waffen nicht ersetzen" könne, und das Wort von der „Kritik im Handgemenge" prägte. Der Kampf gegen gesellschaftliche Verhältnisse, die nicht mehr hingenommen werden konnten, und die Reflexion, die nach dem Wesen dieser Verhältnisse fragte, danach, wodurch sie sich von menschenwürdigen Verhältnissen unterscheiden, wollten verbunden sein. Der erreichte Grad der Arbeitsteilung isolierte die Intellektuellen, verwies sie aber auf ihren Bezug zur gesellschaftlichen Totalität.

2. Kritische Theorie als Revolutionstheorie und Vernunftkritik

Die „kritischen Theoretiker" der Philosophie des 19. Jahrhunderts waren Karl Marx und Friedrich Nietzsche. Marx ging es um die „Darstellung" des modernen Systems einer tauschwertorientierten Produktionsweise, die zugleich dessen „Kritik" sei. Er verband Ideologie- und Ökonomiekritik, indem er untersuchte, warum im entwickelten kapitalistischen Tauschverhältnis der gesellschaftliche Charakter der menschlichen Arbeitsprodukte irrtümlich so erscheint, als wäre er deren Natureigenschaft. Die gesellschaftliche Formbestimmtheit eines Produkts ist ihr Tauschwert, der sich im Prinzip aus dem Quantum der in ihr aufgespeicherten gesellschaftlich notwendigen Arbeitszeit bemißt. Durch seinen Tauschwert wird jedes Ding als Ware in ein bestimmtes Verhältnis zu jedem anderen Ding gesetzt. Doch es hat den Anschein, als entsprängen die Kriterien, nach denen wir die Dinge als Waren gegeneinander tauschen, diesen Dingen selbst, als wären sie deren Eigenschaften. Die mythenkritische Einsicht in den „Fetischcharakter der Ware", die besagt, daß unsere Vergesellschaftung über den Mechanismus des Warentauschs gesteuert wird – ein Steuerungsmechanismus, bei dem wir selber zwar Akteure sind, aber nicht selbstbewußte Akteure –, wird heute indirekt von sozialen Handlungs- und Systemtheorien bestätigt, die zeigen, wie sich gesellschaftliche Systeme selbst hervorbringen und zu steuern scheinen, bis hin zur neuen Weltordnung, in der globale, transnationale und transsubjektive Akteure das Geschehen bestimmen.[3]

Unter Philosophen scheint heute freilich Nietzsche, der als Kritiker der aufklärerischen Kritik auftrat, auf den ersten Blick aktueller. Ihm ging es darum, die Aufklärung durch Nachweis des blinden Flecks der Rationalität zu überwinden. In der Vernunft selbst steckt, was diese als ihr Gegenteil verkündet: die Natur, der Trieb, die Gewalt. Im Kern der Vernunft steckt der Wille zur Macht, stellte Nietzsche fest. Seine *fröhliche Wissenschaft* wurde nicht mit dem Frohsinn der Destruktion betrieben, sondern vermittelte allenfalls noch das Glück des Erkennens. Nietzsche ging es dabei um die Kritik der überlieferten kulturellen „Verleumdung der Natur".[4] „Philosophieren am Leitfaden des Leibes" war bei ihm die Konsequenz aus der Einsicht, daß das Elend der Rationalität die Verdrängung ihres a-rationalen Urgrundes ist. Wird die *animalitas* des *animal rationale* im Kult der Rationalität verdrängt, erkrankt die Rationalität. Das Verdrängte kehrt wieder in Destruktivitätsschüben, im Umschlag von Rationalität in Irrationalität. Nietzsches Vernunftkritik trug entscheidend zu Sigmund Freuds Erklärung des „Unbehagens in der Kultur" bei. In einem Akt der verzweifelten Identifikation mit dem Unabwendbaren, der Destruktivität, versuchte Nietzsche dann, als Philosoph den Anschluß nicht zu verpassen; er wollte aufspüren und auf den Begriff bringen, was an der Zeit war, nämlich den Nihilismus aufgeklärter Wissenschaft, den es zu stürzen und durch eine „Umwertung der Werte" zu überwinden gelte.

3. Kritische Theorie als negative Revolutionstheorie und Selbstkritik der Vernunft

Anders die Kritische Theorie des 20. Jahrhunderts. Sie verband Ideologiekritik, Sozialpsychologie und Vernunftkritik. Die Gesellschaftstheorie des Instituts für Sozialforschung in Frankfurt begann nach dem definitiven Ende der revolutionären Kämpfe in Deutschland als Theorie der gescheiterten Revolution.[5] Sie war eine interdisziplinäre Untersuchung der Gründe, warum die Menschen, statt um ihre Befreiung zu kämpfen, sich freiwillig neuer Herrschaft unterwerfen. Dazu reichte eine ökonomische Gesellschaftstheorie nicht aus; Sozialpsychologie und Kulturtheorie kamen hinzu.

In den zwanziger Jahren war die kapitalistische Vergesellschaftungsform der westlichen Industrienationen weltumspannend geworden. Ihr innerer Antagonismus von Reichtum und gleichzeitigem Elend machte die Krise zur Normalität.[6] In der Überflußproduktion mit simultanem Mangel gehörten Absatzkrisen, Lohnsenkungen, Massenentlassungen und die Schaffung neuer Absatzmärkte durch Kriege zum Alltag. Die Weltwirtschaftskrise bedrohte die beginnende demokratische Verwaltungsform der kapitalistischen Wirtschaftsweise. Zwar kehrte die ökonomische Krise seit etwa 1825 im Abstand von etwa zehn Jahren periodisch wieder, aber inzwischen waren strukturelle Veränderungen eingetreten. „Die menschenarme, kapitalintensive Massenproduktion wächst an Bedeutung und mit ihr die Gefahr dauernder Überproduktion und ‚struktureller' Arbeitslosigkeit",[7] resümierte Friedrich Pollock, der Wirtschaftstheoretiker des Instituts für Sozialforschung, im Jahre 1933. In den zwanziger Jahren hatte die Regulation des ökonomischen Geschehens durch den Staat vergleichsweise humane Fortschritte gezeigt. Doch die innere Gefährdung der Stabilität lag darin, daß autoritäre Herrschaft, die die bestehenden Besitzverhältnisse zu sichern versprach, die aussichtsreichste Krisenbewältigung zu bieten schien. Der Übergang zum autoritären Staat hatte sich bereits abgezeichnet.

In dieser Situation mußten die Wissenschaftler, die Max Horkheimer im Institut für Sozialforschung versammelte, erkennen, daß die Theorie-Praxis-Verschränkung, mit der Marx gerechnet hatte, ausgeblieben war. Die Solidarisierung des kämpfenden Proletariats, das sich mit der Avantgarde der kritischen Intellektuellen verbindet – von Lenins Konstrukt einer Arbeiteraristokratie bis zu Maos Avantgardetheorie immer wieder heraufbeschworen –, kam über Ansätze nicht hinaus.[8] Und dort, wo der Sozialismus politisch installiert wurde, geschah das von oben, ebenfalls in Gestalt eines autoritären Herrschaftssystems. Die Sowjetunion galt für Horkheimer zwar als notwendiges Experiment, aber schon lange vor dem Hitler-Stalin-Pakt, spätestens seit die Hoffnung auf ein Überspringen des revolutionären Funkens auf Deutschland und die anderen europäischen Industrieländer sich zerschlagen hatte, hatte er (ohne falsche Gleichsetzungen) Gemeinsamkeiten und Differenzen der neuen politischen Lösungen gesehen. Er teilte Rosa Luxemburgs Kritik der abstrakten Negation bürgerlicher Demokratie im Leninismus. Kritische Theorie setzte am normativen Anspruch der bürgerlichen Gesellschaft auf Befreiung des Individuums, Autonomie, Gerechtigkeit und verwirklichter Vernunft in den Beziehungen der Menschen an, einem Anspruch, den diese Gesellschaft auch historisch ansatzweise realisiert hat.[9]

Der Begriff „Kritische Theorie" wurde im Exil von Horkheimer als Name für das wissenschaftliche Projekt des Instituts erfunden, das von Marx und Freud angeregte Überlegungen mit den aktuellsten Methoden moderner empirischer Sozialforschung verband. Dank Horkheimers politischer Weitsicht war die Emigration schon lange vorbereitet gewesen. Über Genf und Paris kam das Institut in die USA. In diesen Jahren geschah etwas Einmaliges. Die vertriebenen Wissenschaftler – Herbert Marcuse, Leo Löwenthal, Friedrich Pollock, Franz Neumann und viele andere – arbeiteten unbeirrt an dem von Horkheimer entwickelten Forschungsprogramm eines interdisziplinären Materialismus. Sie arbeiteten zwar nicht, als wäre nichts geschehen – aber das Faszinierende ist, daß man heute den Publikationen und den breit angelegten empirischen Projekten aus dieser Zeit die Belastungen, Sorgen und Pressionen nicht ansieht, denen sie abgerungen worden sind. Man fragt sich schlicht: Wie haben sie das nur geschafft? Wie Brecht „öfter als die Schuhe die Länder wechselnd", arbeiteten die Institutsmitglieder in voller Konzentration und mit beispielloser Produktivität. Die Kritische Theorie war ihre Heimat geworden; sie gelangten „auf der Flucht vor den Mördern" ins ‚Zentrum' ihrer Theorie, „aber auch an den Ort ihrer Krise",[10] die schließlich in der *Dialektik der Aufklärung* ihren Ausdruck finden sollte.

Den Begriff „Marxismus" wollte man im Exil vermeiden – auch um das Projekt in den Gastländern nicht zu gefährden, vor allem aber, weil der Marxismus nicht nur die ökonomische *Analyse* von Marx teilte, sondern auch seine *Prognose* verabsolutierte. Damit gab er in Horkheimers Augen den kritischen Gehalt der Marxschen Theorie preis, darin der „Bürgerlichen Wissenschaft" ähnlich, die das gleiche mit anderen Mitteln tat. Kritische Theorie ist also in diesem Sinne kein Neo-, Hegel- oder sonstiger Marxismus, wie immer wieder behauptet wird. Denn sie setzt voraus, daß die

Marxsche Theorie in der vorliegenden Gestalt nicht ausreiche, um die aktuelle Krise zu begreifen. Die Analyse von Marx und seine Theorie des Fetischcharakters der Ware trafen zwar zu, aber aus dem analysierten Zustand folgte offenkundig ein ganz anderer geschichtlicher Verlauf. Die Marxsche Theorie mußte erweitert werden, und zwar gerade um solche Ansätze, die der Marxismus ablehnte, nämlich, wie gesagt, vor allem Psychologie, Vernunft- und Kulturtheorie.[11]

4. Kritische Theorie als philosophische Reflexion der Dialektik der Aufklärung

Bereits in den dreißiger Jahren erkannten die Kritischen Theoretiker die Tendenz zur Universalität der modernen Wirtschafts- und Vergesellschaftungsform. Nationalsozialismus und Antisemitismus waren ihnen zufolge nicht mythologisch, als Produkt eines angeblichen „deutschen Volks- oder Nationalcharakters", sondern funktional zu erklären: als eine Funktion der Herrschaftsstabilisierung.[12] Weil wir den objektiven Widerspruch nicht ertragen können, daß wir uns ausbeuten und beherrschen lassen müssen, um überhaupt leben zu können, müßten wir unsere Widerstandsimpulse dagegen verdrängen oder zumindest verinnerlichen. Kritikfähigkeit würde den Widerspruch im Bewußtsein wachhalten. Das werde jedoch von zwei Seiten erfolgreich bekämpft: von außen durch Manipulation, durch die modernen Herrschaftstechniken der Massengesellschaft, und von innen durch Identifikation mit dem Unausweichlichen. Letzteres sei der weitaus stabilere Faktor: Bindungen und affektive Besetzungen sind der psychologische Kitt, der die unfreie Gesellschaft zusammenhält.[13]

Zu Beginn der vierziger Jahre wurde die Kritische Theorie eine Theorie der unmöglichen Revolution.[14] Sie ging davon aus, daß die Umwälzungsbedürftigkeit der Gesellschaft offenkundig, umwälzende Praxis aber nachhaltig blockiert war. Die widerspruchsvolle Erfahrung von der praktischen Unmöglichkeit einer Revolution führte jedoch nicht zum Ende des theoretischen Projekts, sondern im Gegenteil dazu, die Untersuchung tiefer anzusetzen: nämlich als Herrschafts-, Vernunft-, Wissenschafts- und- Zivilisationskritik.[15] Das sind die Erkenntnisabsichten der *Dialektik der Aufklärung,* die Horkheimer und Adorno im kalifornischen Exil gemeinsam verfaßten. Dieses Buch resümierte die Schlüsselerfahrungen kritischer europäischer Intellektueller im 20. Jahrhundert. Es leitete auch den Übergang von der kollektiven Forschung des Instituts für Sozialforschung zur philosophischen Arbeit einzelner ein, der für die spätere Kritische Theorie charakteristisch wurde.

Wenn Nationalsozialismus, Faschismus, Stalinismus und andere Diktaturen global triumphieren, schien es dann noch vielversprechend, durch einen interdisziplinären Materialismus der revolutionären Veränderung den Boden bereiten zu wollen? Viel eher schien es doch an der Zeit, zu begreifen, „warum die Menschheit, anstatt in einen wahrhaft menschlichen Zustand einzutreten, in eine neue Art von Barbarei versinkt". Die „Aporie" einer „Selbstzerstörung der Aufklärung" zeichnete sich ab: „Freiheit in der Gesellschaft" sei „vom aufklärenden Denken unabtrennbar", aber zugleich enthalte aufklärendes Denken, ebenso wie „die konkreten historischen Formen, die Institutionen der Gesellschaft, in die es verflochten ist, schon den Keim zu jenem Rückschritt [...], der heute sich ereignet".[16]

Das Buch setzt mit der dialektischen These ein, moderne Rationalität und Mythos seien ineinander verschränkt. Man kann sicher nicht sagen, daß ein solcher Gedanke damals in der Luft gelegen hat, aber er lag auch nicht ganz fern, und andere hatten schon Versuche in diese Richtung unternommen.

Das Grundmotiv: das Ineinander von Vernunft und Mythos, geht auf Siegfried Kracauer zurück, der die sozialästhetische Physiognomie der entwickelten Industriegesellschaften in den zwanziger Jahren dechiffriert hatte. Er nannte sie 1927 „das Massenornament", das „von der Seite der Vernunft her" betrachtet werden müsse. Dann zeige sich nämlich, daß es in Wahrheit ein „mythologischer Kult" sei, „der in ein abstraktes Gewand sich hüllt".[17] Die Massenornamente des Nationalsozialismus erwiesen sich der Kritischen Theorie dann als abstrakter, d. h. äußerlicher, nicht geglaubter Kult, der sich in ein mythologisches Gewand gehüllt hat.

Alfred Döblin hatte in seinem vielgelesenen Roman *Berlin Alexanderplatz* von 1929 Vergleiche zwischen archaisch-mythologischem und neuzeitlich-rationalem Denken gezogen. Das tertium comparationis war die Gewalt. Franz Biberkopfs brutale Mordtat an seiner Freundin wurde nüchtern, mit ausgiebigen Formelzitaten, als Anwendungsfall der mechanischen Gesetze Newtons geschildert, in Gestalt einer „zeitgemäßen Betrachtung", die scheinbar „gänzlich ohne Erinnyen" auskomme. Die Erinnyen traten dann aber doch in ihr Recht ein, als Döblin das Mordgeschehen aus der Orestie kunstvoll in den kriminalistischen, gerichtsmedizinischen Report über Biberkopf einwob. Unsere telekommunikativen und tötungstechnischen Mittel seien andere als in der Antike, bedeutete Döblin den Lesern, aber die destruktiven Konflikte nicht, und daher könne es Franz Biberkopf durchaus „mit alten Helden aufnehmen".[18]

In seiner Habilitationsschrift über Kierkegaard hatte sich Adorno 1931 mit den mythologischen Rückständen in der bürgerlichen Gesellschaft des 19. Jahrhunderts beschäftigt. Hier entwickelte er seinen Begriff des Mythischen. Rolf Tiedemann referiert ihn so: Das Mythische sei „der Versuch, die ‚Produktivität des Geistes' – und im weitesten Sinn den Bereich der Geschichte überhaupt – in Natur zurückzuübersetzen".[19] Schon bei Kierkegaard, so Adorno, werde das Mythische in gegensätzlicher Einheit mit dem Historischen gedacht. Wenn man in Betracht zieht, daß in der Vorstellung vom Historischen, die im 19. Jahrhundert herrschte, die Rationalität und das logos-orientierte Fortschrittsdenken angesiedelt sind, dann wird deutlich, daß Adorno hier „eine erste Formulierung jener Dialektik der Aufklärung"[20] fand, von der über zehn Jahre später die Rede sein würde. Es ist der Grundgedanke, daß die bürgerliche Gesellschaft fortschreitende Rationalität freisetzt, die aber – und hierin besteht die Differenz zwischen der Kritischen Theorie und Max Webers „Entzauberungs"-Theorem – als ökonomische dazu verurteilt ist, wirklichen humanen Fortschritt zu blockieren und strukturell alles beim Alten zu belassen. Insofern stehe Rationalität unter einem mythischen Bann, der die Befreiung von der ewigen Wiederkehr des Gleichen verhindert und Vernunft selbst regredieren läßt.

Horkheimer hatte schon in seiner Habilitationsschrift, einer Studie über die *Anfänge der bürgerlichen Geschichtsphilosophie*, die 1930 erschienen war, anhand einer materialistischen Vico-Lektüre die These entwickelt, daß die Mythologie eine unabdingbare frühe „Vorform der Erkenntnis" sei, „aus der unsere Wissenschaft entsprungen ist".[21] Die mythischen Erzählungen, so Horkheimer mit Vico, enthielten historische und soziale Einsichten, weil sie die gesellschaftliche Wirklichkeit, der sie zugehören – wenn auch verzerrt –, reflektierten. Wenn die Herrschenden als Giganten dargestellt werden, meinte Vico, so werde damit bildlich beschrieben, wie ein Staatswesen funktioniert, nämlich auf der Basis von stabilisierten Eigentumsverhältnissen sowie Befehl und Gehorsam. Der Mythos war für Vico in diesem Fall nichts anderes als Frühform und Keimzelle der politischen Wissenschaft. Horkheimer folgte ihm darin, und erst recht, wenn Vico bereits den Klassenantagonismus als basales soziales Faktum, und damit als „Schlüssel zur griechischen Mythologie", dechiffrierte.[22] Schließlich hob er resümierend hervor, Vico habe zwar die welthistorische Lehre von der zyklischen „Wiederkehr alter Formen" vertreten und konstatiert, daß „die Menschheit je am Ende eines Zyklus in Barbarei versinkt". Aber im wohltuenden Gegensatz etwa zu Oswald Spengler, der die Zyklentheorie verdünnt wieder aufkoche, sei Vico von der „philosophischen Überzeugung" durchdrungen gewesen, daß „die ewige Aufgabe" darin bestehe, am Ende doch die „Herrschaft einer gerechten Lebensordnung" zu verwirklichen.[23] Als sicherer Prognostiker beschloß Horkheimer seine Studie mit der Bemerkung, daß Vico recht habe, wenn er „die Möglichkeit des Rückfalls in die Barbarei" niemals ganz ausschließe. Denn, so Horkheimer mit Blick auf die Wirklichkeit von 1930, „unter der trügenden Oberfläche der Gegenwart enthüllen sich innerhalb der Kulturstaaten Spannungen, die sehr wohl furchtbare Rückschläge zu bedingen vermöchten. Freilich nur in dem Maße waltet über den menschlichen Ereignissen das Fatum, als es die Gesellschaft nicht vermag, ihre Angelegenheiten in ihrem eigenen Interesse selbstbewußt zu regeln".[24]

1944 nun, 14 Jahre später, hatte sich für Horkheimer das Schicksal endgültig über den Menschen zusammengezogen, deren Unmündigkeit halb fremd- und halb selbstverschuldet war. Der Mythos hatte die Aufklärung eingeholt. Jetzt war es höchste Zeit, deren Wechselverhältnis auch von der anderen Seite her aufzurollen und zu rekonstruieren, wie sich aufgeklärte Vernunft aus eigenem Antrieb in Mythologie zurückentwickelt.

In der *Dialektik der Aufklärung* wird daher zunächst ein dialektischer „Begriff der Aufklärung" entfaltet. Das 20. Jahrhundert habe die Ziele der Aufklärung verwirklicht. Rationalität und Wissenschaft sind entfaltet. Mythologische Naturbeherrschungsversuche, die historischen Frühformen von Aufklärung, sind triumphal durch Technik und Industrie ersetzt. Fortschreitende Rationalität zerstört die Gewißheiten mythischer Weltauslegung. Der Formalisierungsprozeß der Vernunft, der im Rationalismus beginnt und über Auguste Comte und den Pragmatismus bis hin zum logischen Positivismus des Wiener Kreises fortschreitet, erscheint als auf Dauer gestellte Götzendämmerung, die schließlich, im Zeichen der „Ratio des Kapitals",[25] im Tod Gottes gipfelt – aber nur, um an die Stelle der entzauberten Ideale das vergötzte falsche Ideal einer formalisierten, szientifischen Systemvernunft zu setzen. Im Siegeszug der Aufklärung erkennen Horkheimer und Adorno deren Gegenteil. Vernunft werde zum Herrschaftsmittel, wissenschaftliche Rationalität zum starren, geschlossenen System, dem alles subsumiert werden soll, egal, ob es hineinpaßt oder nicht. Der Höchststand moderner Produktivkräfte diene dem Höchstmaß an Destruktivität: dem Weltkrieg und dem industrieförmigen Völkermord. Aufklärung sei insofern nicht verwirklicht worden – oder, mit Horkheimers und Adornos Worten: „Aufklärung schlägt in Mythologie zurück".[26]

Diesem Prozeß der „Selbstzerstörung" soll durch „Selbstbesinnung" der Aufklärung Einhalt geboten werden.[27] Die Autoren springen nicht aus der Vernunft heraus, suchen nicht ihr „Anderes" zu beschwören, sondern entwerfen die Grundlage ihrer radikalen Selbstkritik. Sie bekämpfen „die modische Ideologie, welche Liquidation von Aufklärung zu ihrer eigensten Sache macht".[28] Damit grenzen sie sich klar von der kulturpessimistischen, rückwärtsgewandten Aufklärungs- und Zivilisationskritik von Spengler, Ludwig Klages oder Rudolf Borchardt ab, deren desillusionistischer Negativbilanz der Moderne die *Dialektik der Aufklärung* trotzdem viel verdankt. Aber sie formuliert eben keine Dekadenztheorie der Aufklärung, sondern arbeitet deren „Doppelcharakter" heraus, der „als historisches Grundmotiv" nicht an eine geistesgeschichtliche Epoche gebunden sei, sondern an den Begriff von Aufklärung schlechthin. Dieser wird, auf den Spuren von Nietzsche, als „fortschreitendes Denken" verstanden. Daher wird die Untersuchung „bis zum Beginn überlieferter Geschichte ausgedehnt".[29]

Das Adorno-Archiv in Frankfurt hat vor kurzem aus dem Nachlaß des Autors die erste Fassung jenes berühmten Kapitels veröffentlicht, in dem Adorno über *Odysseus oder Mythos und Aufklärung* nachdenkt. Zahlreiche Passagen, die nicht in die Buchfassung übernommen wurden, machen deutlich, wie Adorno seine geschichtsphilosophischen Thesen entwickelt hat: auf der Folie einer (ideologie-)kritischen Lektüre der Antikerezeption seiner Zeit, und zwar sowohl der Philologie, die er „positivistisch" nennt, als auch der Religionswissenschaft und, vor allem, der spätromantischen, von Nietzsches Frühschriften geprägten esoterischen Kulturphilosophie. Er benutzt diese Lektüren als Hilfsmittel zur Klärung einer zentralen Frage: Wie ist die „Einheit von Mythologie und Entmythologisierung in der Klassengesellschaft" zu rekonstruieren?[30] Von Rudolf Borchardt, dem klugen Deuter der Antike „im Dienste der repressiven Ideologie", übernimmt Adorno das methodisch-hermeneutische „Prinzip, Aufklärung und Ratio geschichtsphilosophisch weit hinter die Grenze von systematischer Spekulation und organisierter Wissenschaft zurückzuverfolgen".[31] Damit gewinnt die Kritische Theorie ein Erkenntnisinstrument, mit dem die *Vorgeschichte* als *Urgeschichte* der Zivilisation begriffen werden kann, in der „Rationalität in der Organisation der Arbeit bei gleichzeitiger Verhöhnung solcher Rationalität in der fortbestehenden Verfügung über die organisierte Arbeit der anderen"[32] in einer widerspruchsvollen Einheit tradiert wird, was die Gesellschaft als ganze in der Vorgeschichte gebannt erscheinen läßt.

Adorno rekonstruiert die Genesis moderner Subjektivität als eine Geschichte der Naturbeherrschung. Deren Schlüsselbegriff ist das Opfer, das, zunächst als unmittelbare archaische Gewalt, später zum bürgerlichen Tauschprinzip profanisiert, Grundlage aller herrschaftsförmigen Vergesellschaftung ist. „Die Geschichte der Zivilisation ist die Geschichte der Introversion des Opfers. Mit anderen Worten: die Geschichte der Entsagung."[33] Das zeigt Adorno anhand seiner berühmt gewordenen Lektüre der *Odyssee.* Ihr durch die Irre fahrender Held, der sich listig am Leben erhält, wird „als Urbild [...] des bürgerlichen Individuums" interpretiert, „dessen Begriff in jener einheitlichen Selbstbehauptung entspringt, deren vorweltliches Muster der Umgetriebene abgibt".[34] Odysseus läßt sich von seinen Gefährten an den Mast des Bootes binden, um dem verlockenden Gesang der Sirenen lauschen zu können, ohne ihm folgen zu müssen und ins Verderben zu stürzen, während seine Gefährten, denen er die Ohren mit Wachs verstopft hat, von Versuchungen unangefochten rudern müssen. Adorno liest das als eine antizipatorische Allegorie: Der bürgerliche Kunstgenuß lebt von der Exploitation der Arbeit Unterdrückter, und er findet in einer arbeitsteiligen Gesellschaft statt, in der Kunst als Objekt der kontemplativen Begierde zugleich ohnmächtig abgespalten bleibt. In Odysseus' schlauer Tarnung mit dem Decknamen „Niemand", die den tumben, vorzivilisatorischen Zyklopen Polyphem täuscht und ihn Odysseus' Gewalttat preisgibt, erkennt Adorno bereits die neuzeitliche Signatur eines Selbsts, das zwar andere beherrscht, sich aber virtuell selbst durchstreicht: Selbstbehauptung als Selbstverleugnung. Adorno will zeigen, daß schon dem Epos, das aus dem Mythos hervorgeht, das Grundmotiv von Aufklärung eingeschrieben ist, nämlich die Autonomie des Subjekts, nur in einer sich selbst nicht bewußten dialektischen Gestalt, in der Selbst- und Fremdbestimmtheit oszillieren. „Furchtbares hat die Menschheit sich antun müssen", heißt es im Geiste von Nietzsche und Freud, „bis das Selbst, der identische, zweckgerichtete, männliche Charakter des Menschen geschaffen war, und etwas davon wird noch in jeder Kindheit wiederholt."[35]

Horkheimer untersucht im nächsten Teil des Buches den Zusammenhang von Systemrationalität und prinzipiengeleiteter Ethik. Er möchte an Kant demonstrieren, daß das bürgerliche Denken sein Ideal in der lückenlosen Systemhaftigkeit einer wissenschaftlichen Vernunft hat, die aus sich selbst heraus unfähig sei, moralische Intuitionen rational zu begründen und es daher nur zu ohnmächtigen moralisierenden Proklamationen bringen könne. Den immoralistischen „dunklen Schriftstellern des Bürgertums", de Sade und Nietzsche, komme dagegen das Verdienst zu, daß sie „die Konsequenzen der Aufklärung" „nicht wie seine Apologeten" „durch harmonistische Doktrinen abzubiegen getrachtet" hätten. „Sie haben nicht vorgegeben, daß die formalistische Vernunft in einem engeren Zusammenhang mit der Moral als mit der Unmoral stünde. Während die hellen das unlösliche Bündnis von Vernunft und Untat, von bürgerlicher Gesellschaft und Herrschaft durch Leugnung stützten, sprachen jene rücksichtslos die schockierende Wahrheit aus."[36]

Adornos Gedanke aus dem Kapitel *Kulturindustrie* lautet: Die ewige Wiederkehr des Gleichen, Grundmotiv des Mythos, ist auch das Prinzip der Massenkultur des 20. Jahrhunderts, die auf höchstem technischen Stand produziert und mit ihren Produkten die Konsumenten im Bann einer steten Wiederholung gefangen hält. Kulturindustrie sei die Übertragung der Produktions- und Verwertungslogik von Waren auf geistige Gebilde. Nicht der für die bürgerliche Gesellschaft unabdingbare Warencharakter der Erzeugnisse von freien Künstlern, die sich als Marktsubjekte betätigen müssen, sei das Novum, sondern die *restlose* Übertragung ökonomischer Kriterien auf kulturelle Produktion und deren offenes Einbekenntnis bzw. die Ersetzung des Gebrauchswerts der Kulturwaren durch ihren Tauschwert.[37] Die ‚fordistische' Zerlegung der Produktion in Segmente und ihre durchgängige Stereotypisierung, die im Arbeitsprozeß auch die der Wahrnehmung nach sich zieht, werde zum Muster kultureller Reproduktion schlechthin. „Der Montagecharakter der Kulturindustrie, die synthetische, dirigierte Herstellungsweise ihrer Produkte"[38] diene der gesellschaftlichen Integration durch Mediation der alltäglichen Lebensbereiche. Die Folge sei die „falsche Identität von Allgemeinem und Besonderem".[39] Als industrieller, medial vermittelter Amüsierbetrieb werde die Kulturindustrie zur Verlängerung der Arbeit in die Freizeit. Daraus folgern die Autoren, daß die Funktion der Kulturindustrie die Verdoppelung der bestehenden Welt ist. Der kritische Gehalt, den der moderne Kulturbegriff immer auch gehabt habe, gehe verloren, nämlich der eines Überschusses über die tauschwertförmige Reproduktionsarbeit, mithin ein Begriff von Kultur als Platzhalter eines möglichen Anderen.[40]

Dem Scheitern von Aufklärung als historischer Bewegung der Rationalität spürt schließlich das letzte Kapitel, *Elemente des Antisemitismus,* nach. An ihm haben Horkheimer, Adorno und Leo Löwenthal gemeinsam gearbeitet. Es verbindet sozialpsychologische und ökonomiekritische Motive mit einer Theorie des mimetischen Verhaltens. Der faschistische Agitator ahmt die verhaßten, vermeintlich jüdischen Züge und Verhaltensweisen der Opfer nach, um das Pogrom einzuleiten, in dem die Täter regressiv ihre archaischen gewalttätigen Impulse ausleben können. Aber die Methoden des Agitators und das wissenschaftlich-technisch verwaltete und organisierte Pogrom sind höchst rationale Veranstaltungen. Der Impuls der Nachahmung, der frühen Entwicklungsstufen des Menschen zugehört, wird in den Dienst moderner autoritärer Herrschaft genommen, wobei regressive Bedürfnisse der Individuen für den Fortbestand von Herrschaft nutzbar gemacht werden können. Zivilisation bedient sich der Regression hinter den Stand der Zivilisation, um sich zu erhalten. Auf diese Weise erweist sich ihr Erfolg als Scheitern.

Die *Dialektik der Aufklärung* endet mit einer Sammlung von Horkheimers Aphorismen, die die vernunftkritischen und anthropologischen Motive des Buches in komprimierter Form variieren und Horkheimers Spätphilosophie vorbereiten.

Die *Dialektik der Aufklärung* kann als eine dialektische Kritik der Moderne gelesen werden; als eine Kritik, die zur Moderne gehört und deren normative Intentionen nicht preisgibt, sondern zeigt, wie sie sich selbst wider Willen preisgeben, indem sich die Normativität der Moderne – als liberalistische Ideologie der formalen Freiheit des Tauschverhältnisses in der Warengesellschaft und als faschistische Ideologie der totalen Steuerung der Gesellschaft – zu Tode siegt, oder wie sie defaitistisch ihren eigenen Untergang einleitet, noch ehe sie sich umfassend und nachhaltig an der sozialen Realität erproben konnte.

Hegel zufolge ging es der Philosophie der Moderne um die kritische Selbstbegründung ihrer normativen Maßstäbe, um Zukunftsöffnung, historisches Prozeßdenken. Subjektivität, Freiheit und Autonomie wurden von Hegel als dialektische Errungenschaften rekonstruiert: Seine Theorie der Moderne war zugleich Kritik der Moderne. Die Legitimation selbstreflexiver Vernunft liege erst in der Herstellung einer Totalität der Idee, die alle Momente des Besonderen, alle geschichtlichen und gesellschaftlichen Gestalten, die sie durchläuft, als Ganzes begreift.[41] Demgegenüber bezeichnete Marx den revolutionären, irreversiblen und permanenten Traditionsbruch als Signatur der Moderne. Bewußtsein und Praxis der Moderne befreien sich vom Alpdruck der Tradition und träten an, ihre eigene Geschichte „aus freien Stücken", unter selbstgewählten Umständen zu machen. Auch Marx konzipierte dies dialektisch, nämlich als Auftakt zur modernen tauschwertzentrierten Wirtschaftsweise, die in einer Jagd um den Erdball als Weltmarkt etabliert wird, sich als Verwertung des Werts auf sich selbst zurückwendet und aus sich das prekäre, wiederum alpdruckartige Verhältnis von Produktiv- und Destruktivkräften gebiert.

Nach Max Weber ist die Moderne das Zeitalter der „Entzauberung der Welt", die Auflösung ihrer Einheit im Zuge des okzidentalen Rationalisierungsprozesses. Wenn die normative Verbindlichkeit religiöser und metaphysischer Weltdeutungen und ihre soziale Integrationskraft zerfalle, werde Vernunft zur Zweckrationalität, also zum Vermögen, Handlungsziele zu bestimmen und die nötigen Mittel anzuwenden. Die Suche nach Wahrheit der Erkenntnis wird nach Weber zur Aufgabe der Wissenschaften. Die neue profane Kultur habe Wissenschaft, Religion, Moral, Recht und Kunst als autonome Teilbereiche hervorgebracht. Die Subsysteme liegen im Streit über die Fragen der übergeordneten Sinngebung, der sich nicht mehr beilegen oder aufheben läßt in einem neuen philosophischen Gesamtsystem. Der Rationalisierungsprozeß sei ein theoretischer Differenzierungsprozeß, aus dem auch der moderne soziale Individualismus hervorgeht. Der Zerfall berge zugleich Chancen zu neuer Sinngebung und Integration auf höherer Wissens- und Freiheitsstufe: Leitideen können nur noch überzeugen, wenn sie mit kritischer Rationalität kompatibel sind. Nur was der rationalen Prüfung durch Gegenargumente standhält, kann normativ verbindlich sein.

Doch das Potential, das Weber im Entzauberungsprozeß sah, hat sich der Geschichtsphilosophie der *Dialektik der Aufklärung* zufolge, die eine Theorie der Pathologien der Moderne ist,[42] als Trug erwiesen. Ihre Zivilisationstheorie begreift Nationalsozialismus und Faschismus als verkehrten Modernisierungsschub und zugleich als Wiederkehr des Verdrängten. Die Dialektik der Moderne besteht, so Gunzelin Schmid Noerr, für sie in zwei ineinander verschränkten Tendenzen, die weit über die historisch begrenzte Phase der nationalsozialistischen Herrschaft hinausreichen: einerseits der sozioökonomische Zwang zur Monopolisierung, andererseits die sozialpsychologische Wiederkehr des verdrängten archaischen Erbes, nämlich der Rebellion der unterdrückten Natur, die projektiv im Antisemitismus kanalisiert werden kann.[43]

Horkheimer und Adorno rekonstruieren die Entzauberung der Welt im modernen okzidentalen Rationalismus als „Fluchtbahn des Subjekts vor den mythischen Mächten",[44] die freilich – das ist die Pointe des Buches – im finalen Stadium der Aufgeklärtheit aus ihrer Verdrängung verwandelt wiederkehren. Wenn der Triumph der Naturbeherrschung via technologisch-instrumentelle Rationalität am Ende dazu führt, daß das von Menschen gemachte Vergesellschaftungsverhältnis, das auf einer sich in der Logik des Warentauschs rationalisierenden Logik der Herrschaft beruht, nun wie ein unwandelbares zweites Naturverhältnis erscheint – mit dem Unterschied allerdings, daß die von ihm entbundenen Destruktivkräfte alles in den Schatten stellen, was die erste Natur auf diesem Gebiet zustande bringt –, dann findet, so meinten Adorno und Horkheimer, eine ‚Wiederverzauberung' statt, die zum Gegenstand einer auf Selbstreflexion der Rationalität verpflichteten Kritik werden muß.

Die *Dialektik der Aufklärung* versucht eine Rekonstruktion der zivilisatorischen *Urgeschichte* des Subjekts. Sie beschreibt die Selbstkonstitution als Selbsterhaltung durch Herrschaft, die Selbstverleugnung produziert. Spätestens hier kommen Nietzsches Intentionen in der Kritischen Theorie voll zum Tragen. Der Selbsterhaltung via Naturbeherrschung nach außen und innen wohnt eine Dialektik von Rationalität und Irrationalität, Vernunft und Herrschaft, Aufklärung und Mythologie inne. Die *Dialektik der Aufklärung* ist dabei darauf aus, den Mythos durch Erinnerung zu *versöhnen:* im Programm eines „Eingedenken[s] der Natur im Subjekt", der „verkannten Wahrheit aller Kultur".[45] Der Mythos soll nicht zwanghaft fortgeschrieben werden durch die endlose Spirale von Herrschaft. Wenn es um die Relation von Aufklärung und Mythos geht, kann nicht auf den Begriff des Widerspruchs verzichtet werden. Horkheimer und Adorno sprechen zwar vom „Doppelcharakter der Aufklärung".[46] Aber ‚doppelt' heißt hier nicht ‚sowohl-als-auch', sondern es bedeutet, daß Widersprüchliches aneinander gebunden ist. Im Hinblick auf die Affirmation des mythischen Naturzusammenhangs trägt Mythologie nach Horkheimer und Adorno den Widerspruch insofern schon in sich, als sie Ansatz einer Erklärung der Natur ist und somit ihre Beherrschung intendiert. Im Hinblick auf die rationale Durchdringung und Unterwerfung der Natur trägt Aufklärung den Widerspruch insofern in sich, als sie durch die Reduktion von Begriffen auf Zeichen und von Vernunft auf instrumentellen Verstand den Naturzwang vermittelt reproduziert.

Diese Deutungen „aus einer weltgeschichtlichen Vogelperspektive"[47] treffen nicht alle im einzelnen zu. So hebt etwa die Francis-

Bacon-Interpretation der *Dialektik der Aufklärung* ganz auf Bacons Satz „Wissen ist Macht" ab und berücksichtigt nicht, wie sehr der hierin ganz renaissancephilosophische Bacon hervorhob, daß wir nichts über die Natur wissen würden, wenn wir uns ihr nicht mimetisch anzuschmiegen vermöchten, ohne von vornherein auf Aneignung aus zu sein. Das Problem der *Dialektik der Aufklärung* ist ihr impliziter Anspruch, eine negative Universalgeschichte der abendländischen Zivilisation zu formulieren. Die Motivation dazu ist einleuchtend: „Die *Dialektik der Aufklärung* sucht nach der unterirdischen ‚faschistischen' Struktur der abendländischen Geschichte und spürt diese Struktur als Bemächtigung in der Vernunft selbst auf."[48] Auch das methodische Prinzip der Übertreibung, mit deren Hilfe einzelnes auf die zugrundeliegende Gesamttendenz hin transparent gemacht werden kann, überzeugt. Dennoch führt „das paradoxe Verhältnis von Diagnose und Kritik"[49] in Aporien, die in der Rezeption des Buches vielfach zum Anlaß für methodologische Metakritik geworden sind. Die bekannteste, wenn auch nicht die triftigste, stammt von Jürgen Habermas: Die Kritische Theorie ziehe sich seit der *Dialektik der Aufklärung* auf ihrem vorgeschobenen Posten einer totalisierenden Ideologiekritik gleichsam selbst den normativen Boden unter den Füßen weg, weil sie kein positives Prinzip nicht-instrumenteller Vernunft mehr ausweisen könne, von dem aus die regressive Rationalität kritisiert werden könne.[50] Das seither immerzu wiederholte Argument vom performativen Widerspruch kann freilich eine Philosophie nicht wirklich treffen, die von vornherein dialektisch angelegt ist. Schwerer wiegt der Einwand von Gunzelin Schmid Noerr, der auf die geschichtsphilosophische Zwickmühle der *Dialektik der Aufklärung* hingewiesen hat. Das Buch konstruiere „eine einheitliche Tendenz der Geschichte", aber nicht in der Absicht, diese Tendenz zu hypostasieren „und damit den Gegenkräften *apriori* die Chance abzusprechen".[51] Im Ergebnis laufe die Konstruktion dann aber doch auf den Beweis hinaus, daß Gegenkräfte keine Chance hätten. Von Walter Benjamin werde der geschichtsphilosophische Röntgenblick übernommen, der jedes Zeugnis der Kultur zugleich als eines der Barbarei erkannte, nicht aber Benjamins „messianische Revolutionshoffnung". Die Autoren würden nicht so sehr zukünftige Glücksmöglichkeiten, sondern unwiderrufliches historisches Leiden fokussieren, dessen sie sich und die Leser in erinnernder Solidarität vergewissern wollen. Die Perspektive „auf die Glücksansprüche und deren Scheitern in der Geschichte" werde „in eine universelle Gesetzlichkeit" transformiert, meint Schmid Noerr.[52]

Es läßt sich nicht leugnen, daß die Konstruktion der selbstwidersprüchlichen Entwicklung der europäischen Rationalität in der *Dialektik der Aufklärung* eine problematische Tendenz zur Abgeschlossenheit hat, die angesichts der Entstehungssituation des Buches nachvollziehbar ist, aber philosophisch erhebliche Probleme aufwirft. Vergegenwärtigt man sich aber den Entwurfscharakter des Buches, auf den seine Autoren immer wieder hinwiesen – besonders Adorno, der alle seine späteren Arbeiten zur Musikphilosophie, Soziologie, Erkenntnistheorie und Ästhetik als ausgeführte Exkurse dazu verstand –, dann erscheint die Radikalität der Konstruktion notwendig und legitim. Sie ermöglichte es, in der Mitte des Jahrhunderts „die Tendenzen, die den kulturellen Fortschritt in sein Gegenteil verwandeln",[53] aufzuzeigen, wie die Autoren im Rückblick 1966 bemerkten. Der Widerspruch zwischen universeller Abgeschlossenheit und randständigen Öffnungen für entgegenwirkende Ursachen war für sie die Signatur der Epoche, die es auf den Begriff zu bringen galt.

Für die Konstruktion des Buches ist die Kategorie des Widerspruchs also unverzichtbar. Nur sollte man die *Dialektik der Aufklärung* nicht konstruktivistisch lesen: Ihre Autoren konstruieren den prinzipiellen Widerspruch zwischen mythischem und aufklärerischem Denken nicht, sondern konstatieren ihn. Sie gehen davon aus, daß Mythos und Aufklärung Reflexionsbegriffe (im Sinne der Hegelschen Wesenslogik) sind, die durch selbstkritische, unreduzierte Vernunft theoretisch aus ihrer wesenslogischen Komplementarität herausgelöst und als Momente einer widerspruchsvollen Identität aufgehoben werden können. Praktisch hingegen stehen die widersprüchlichen Begriffe für antagonistische Realkräfte – die, als unbegriffene, den unerlösten vorweltlichen Gestalten in den Mythen ähneln.

Nur mit Hilfe der radikalen Schärfe des Widerspruchs konnten Horkheimer und Adorno plausibel machen, daß der nationalsozialistische Antisemitismus sowohl eklatanter, schreiender Gegensatz zur aufgeklärten Rationalität ist als auch zugleich deren eigenes Produkt. Die technologisch ersonnene und auf dem höchsten

Niveau instrumenteller Vernunft durchgeführte industrielle Ermordung der europäischen Juden kann, auch wenn sie sich dem Begreifen widersetzt, in der Theorie auf dialektische Begriffe gebracht werden – und ich meine, im Gegensatz zur postmodernen und systemtheoretischen Theorie der Moderne: letztlich *nur* auf dialektische Begriffe, nicht bloß auf solche der Ambivalenz, der Zweideutigkeit oder der Paradoxie.

Die *Dialektik der Aufklärung* ist in ihrer Radikalität, mit der sie die beobachtete Widersprüchlichkeit ihres Gegenstandes in die eigene Konstruktion mit hineinnimmt, auch eine legitime Erbin der alttestamentarischen Apokalyptik, der Offenbarung über den katastrophischen Weltzustand, der nur durch radikale Umwälzung alles Bestehenden gewendet werden könnte. Aber ihr liegt eine *negative* Apokalyptik zugrunde, denn die biblischen Apokalyptiker waren von der Naherwartung des endzeitlichen Umschlags zum Besseren durchdrungen, den es zu verkünden galt.[54] Die Verzweiflung über die Unheilsgeschichte ist in der *Dialektik der Aufklärung* keine Spiegelschrift der Erlösungshoffnung mehr, aber die genaueste Anstrengung, den negativen Befund zum Ausdruck zu bringen, und darin auch wieder nicht ganz hoffnungslos. Für diese Mitteilungshaltung haben Horkheimer und Adorno später das Bild der „Flaschenpost" benutzt, die in der Stunde auf den Weg gebracht wurde, als die Unmöglichkeit der Revolution Gewißheit geworden war.

5. Flaschenpost-Lektüren

Die erste Fassung des Textes wurde 1944 zunächst in den USA als vervielfältigtes Typoskript vom Institut für Sozialforschung unter dem späteren Untertitel *Philosophische Fragmente* herausgegeben. 1947 erschien der Text dann im Amsterdamer Exilverlag Querido als Buch, von dem in der Folgezeit eine untergründige Wirkung ausging. In der Bundesrepublik lag es nicht vor, nur wenige Leser konnten sich Exemplare aus Amsterdam beschaffen. Während der Studentenrevolte kursierten Raubdrucke, die intensiv studiert wurden. Die Flaschenpost wurde „mit lautem Knall entkorkt", wie Leo Löwenthal es später genannt hat. Nun mochte sich Horkheimer dem Wunsch nach einer Neuauflage nicht mehr verschließen (gegen die Adorno auch früher schon nichts einzuwenden gehabt hätte). 1969 veröffentlichte sie der S. Fischer Verlag in Frankfurt. Im Laufe einer nachhaltigen Wirkungsgeschichte haben Kulturkritik, kritische Theorien technologischer Naturbeherrschung, feministische und vernunftkritische Diskurse entscheidende Impulse aus der *Dialektik der Aufklärung* bezogen.[55]

Im Spätwerk von Horkheimer und Adorno, in der kurz nach der *Dialektik der Aufklärung* geschriebenen *Kritik der instrumentellen Vernunft* und der *Negativen Dialektik*, die in den sechziger Jahren bei Fischer bzw. Suhrkamp veröffentlicht wurden, wurde der Gedankengang der *Dialektik der Aufklärung* fortgesetzt als fulminante Kritik der identifikatorischen neuzeitlichen Vernunft, die sich zum System ausbreitet und das Besondere, Individuelle, Nichtidentische nur als Exemplar begreift, es der Systemlogik unterwirft und das A-Rationale vernachlässigt. Dadurch werde die Rationalität, als technologisch-kalkulierende Vernunft der Großkonzerne, der Konzentrationslager und Vernichtungskriege, selbst irrational. Die kritische Theorie der Rationalität zeigte, daß Vernunft nicht mehr Erkenntnis der Natur und des gesellschaftlichen Seins beansprucht, sondern zum Instrument im Selbsterhaltungskampf regrediert. Die Vernunft verstehe sich selbst nur noch als Mittel, als Teil eines Kalküls.

Der Übergang des Paradigmas der objektiven Vernunft zu dem der instrumentellen Vernunft, den Horkheimer und Adorno damals diagnostizierten,[56] hat sich durchgesetzt. Heute wird in der Naturwissenschaft, in Technologie und Ökonomie die Frage nach dem ‚Wozu' vielfach verdrängt und statt dessen nur noch die Frage nach dem ‚Wie' gestellt. Das Ziel der Optimierung von Funktionalität, Effizienz und Rentabilität wird mit dem Hinweis auf Sachzwänge, die allemal Marktzwänge sind, gerechtfertigt. Das Ziel ist nicht mehr hinterfragbar, wenn Zweckreflexion ausbleibt. Die ökologische Krise ist daher als das jüngste Produkt der Selbstbeschränkung der Vernunft zum Instrument beschrieben worden.

Der kanadische Philosoph Charles Taylor hat das Phänomen der Ambivalenz der Moderne beinahe mit Horkheimers Worten beschrieben: „Die Entzauberung der Welt hängt mit einem [...] Phänomen zusammen, das vielen Menschen [...] große Sorge bereitet. Dieses Phänomen könnte man den Vorrang der instrumentellen Vernunft nennen. Unter ‚instrumenteller Vernunft' verstehe ich die Art von Rationalität, auf die wir uns stützen, wenn wir die ökonomische Anwendung der Mittel zu einem gegebenen Zweck berechnen. Das Maß des Erfolgs ist hierbei die maximale Effizienz, also das günstigste Verhältnis zwischen Kosten und Produktivität."[57] Leider verzichtet Taylor darauf, den dialektischen Kern der Ambivalenz transparent zu machen.

Begriff und Theorie der Kulturindustrie erschienen noch vor wenigen Jahren wie totgesagt. Stellvertretend sei an das Urteil des Kommunikationsphilosophen Norbert Bolz erinnert. Zu Beginn der neunziger Jahre tat er die Kritik der Kulturindustrie von Horkheimer und Adorno als melancholischen, elitär-bildungsbürgerlichen „Schwanengesang der Gutenberg-Galaxis" ab. Die kritische Theorie der Kulturindustrie sei der klare Verlierer im Theoriewettstreit mit Walter Benjamin. Dessen Apologie der neuen Medien mit ihrem wahrnehmungs- und gesellschaftsumwälzenden Potential habe entscheidende Aspekte von Marshall McLuhans Medientheorie vorweggenommen, weshalb Bolz Benjamin zum anschlußfähigen, modernisierungstauglichen Beschleunigungstheoretiker ausrief.[58] Der Überzeugungskraft dieses Interpretationsangebots kann ich hier nicht nachgehen. Was aber Bolz' Verdikt über die Theorie der Kulturindustrie betrifft, so hat sich daran inzwischen einiges geändert, und zwar nicht zuletzt bei Bolz selbst, der die Rekonstruktion des wahrnehmungsleitenden „Schematismus" der Kulturindustrie inzwischen als zutreffende Erklärung für den Luhmannschen Befund ansieht, daß wir heute aufgrund eines technologischen Aprioris nur das von der Welt wüßten, was wir durch die Massenmedien von ihr wissen.[59] Der Begriff der Kulturindustrie hat aber auch wieder Eingang in das Instrumentarium *kritischer* Gesellschaftsdiagnose gefunden, und zwar im Kontext des Globalisierungsdiskurses in der Soziologie.

Ulrich Beck bezeichnet die Bilder-Ströme der globalen Kulturindustrie[60] als wichtige Integrationsfaktoren einer weltweiten Vergesellschaftung nach der Epoche der Systemkonkurrenz. Scott Lash geht davon aus, daß wir bereits „im Zeitalter der globalen Kulturindustrie" leben. Diese unterscheidet er von der ‚klassischen', weil die Massenproduktion der Unterhaltungsindustrie heute nicht mehr inhaltsgeleitet und darstellungsorientiert sei, sondern auf Interaktion zwischen Technologie und Benutzer ausgerichtet. Frühere Kulturindustrien hätten die Trennung, nicht die

Verbindung von Produkt und Benutzer vorausgesetzt, die globalen von heute dagegen die „Logik der Schnittstelle". Bei der Integration in den multimedialen Verbund würden Inhalte und die Technologien zugleich verinnerlicht. „Wir sehen uns der Kultur nicht mehr als Publikum, als Leser, Zuschauer oder Zuhörer gegenüber, sondern als Wirkende, als Benutzer", meint Lash. Die ältere Kritische Theorie sei davon ausgegangen, daß die Kultur der industriellen Produktion nachfolge und ihr immer ähnlicher werde; heute kehre sich dies um, und die produzierende Industrie werde dem Muster der Kulturindustrie immer ähnlicher.[61] Heinz Steinert distanziert sich von Lash, dem er ein noch zu affirmatives Verhältnis zur globalen Kulturindustrie, als potentieller Arbeitsbeschaffungsmaßnahme, unterstellt. Er vertritt die These, Adornos Annahme, es gebe keine Kultur mehr außerhalb der Warenform, sei mit der Zeit immer richtiger geworden. Allerdings seien daraus andere Konsequenzen für deren Kritik zu ziehen. Nach Steinert ist es ein Fehler, wenn die Kritik gegenwärtiger Kulturindustrie noch ein „literarisches Modell" zur Beschreibung von deren Produkten zugrunde legt, wo in Wirklichkeit ein „Geisterbahn-Modell" angemessen wäre, weil auf die Erzeugung von Zuständen abgezielt wird, in die wir uns versetzen lassen wollen. Adornos Rekurs auf das Unterscheidungskriterium ‚autonome Kunstwerke vs. kulturindustrielle Waren' sei so nicht mehr zu machen, weil das implizite revolutionäre Emanzipationsversprechen großer Kunstwerke heute nicht mehr als tragende Hintergrundannahme zur Verfügung stehe. Dennoch sei die Theorie der Kulturindustrie mehr denn je unverzichtbar, wenn man die Gegenwartskultur begreifen wolle.[62] Der kontroverse Diskurs über Begriff und Phänomen der Kulturindustrie geht weiter[63] – aber die Bestandsaufnahmen der Soziologen zeigen auf jeden Fall, daß die kritische Theorie der Kulturindustrie an der Zeit ist. Die Bilder-Ströme der globalen Kulturindustrie fließen unablässig, und wir sollten uns einen Begriff davon machen, was da fließt und wohin. Ohne die Analysen der *Dialektik der Aufklärung* könnten wir das nicht.

CHRISTA BÜRGER

Simone de Beauvoir:
Das andere Geschlecht (1949).
Theorie als Autobiographie

Simone de Beauvoir hat sich stets und entschieden zu einer Haltung des Rationalismus bekannt, die ihr den Zugang zum Unbewußten verstellte. Die Freudsche Theorie, die sie nur bruchstückhaft zur Kenntnis genommen hat, habe sie abgestoßen, weil sie darin nur einen Angriff auf die menschliche Freiheit habe erblicken können.[1] Wenn sie auch ahnt, daß der Glaube, sich von den eigenen Wurzeln gelöst zu haben, ein rationalistischer Irrtum sein könnte, so hat sie sich doch niemals die Frage gestellt, was sich unter der eigentümlichen Gefühlskälte verbirgt, von der ihre Kindheitserinnerungen bestimmt sind. Um eben diese Frage aber geht es mir.

Die Lebensgefährtin Sartres hat sich, wie dieser selbst, um die Funktion und den Eigensinn ästhetischer Verfahren wenig gekümmert. Beauvoirs Essays sind ebensosehr Erzählung, ihre Romane theoretische Abhandlungen. Es kommt der Schreibenden ganz offensichtlich auf ihr Argument an, nicht auf die Form der Darstellung.

Ich werde im folgenden nicht die Textur eines bestimmten Werks auseinandernehmen, um das Verhältnis der einzelnen Darstellungsformen zueinander zu bestimmen; vielmehr nehme ich Beauvoirs Schriften als ein Gesamtkorpus von Texten, in dem eine Anzahl von Motiven durcheinandergespielt wird.

Um dieses Gewirke wiederkehrender Motive zu verstehen, bediene ich mich des Begriffs des Mythos, wobei ich diesen in unterschiedlicher Bedeutung verwenden muß. Simone de Beauvoir selbst gebraucht Mythos (im Sinn des frühen Barthes) als kritischen Begriff, wenn sie vom Mythos der Weiblichkeit spricht, von *l'éternel féminin*. Damit beansprucht sie aber einen Ort jenseits dieses Mythos, gemäß der von ihr zu Beginn ihres großen feministischen Essays eingenommenen Perspektive einer existentialistischen Moral. „Man kommt nicht als Frau zur Welt: man wird es"[2] – dieser Satz, mit dem der zweite Teil von *Das andere Geschlecht* einsetzt, ist sicher einer der meistzitierten der feministischen

Theorie. Daß „man" Frau wird, ist danach nicht biologisches Schicksal, wie es die Freudsche Weiblichkeitstheorie behauptet, sondern Ergebnis historisch-gesellschaftlicher Entwicklung. Der Satz, seiner grammatischen Form nach eine einfache Tatsachenbehauptung, schließt ein Werturteil in sich. ‚Frau werden' bedeutet, sich Bedingungen zu unterwerfen, von denen ‚man' sich auch losmachen kann; bedeutet den Rückfall der Transzendenz in Immanenz und damit eine Verletzung des kategorischen Imperativs jener Moral: die eigene Freiheit zu erfüllen durch unaufhörliche Selbstüberschreitungen in „eine unendlich geöffnete Zukunft".[3]

Für Beauvoir ist dieser Wechsel der Position die Bedingung der Rechtfertigung ihrer Existenz. Den Preis, den sie dafür zahlt, kennt sie selber wohl nicht: das Andere des anderen Geschlechts bleibt unerhellt. Sie selbst aber, die Schreibende, wie ich sie lese, verfällt dem Mythos, dessen Begriff die *Dialektik der Aufklärung* von Adorno und Horkheimer entfaltet. Könnte es sein, so möchte ich fragen, daß der Rationalismus Beauvoirs „die radikal gewordene, mythische Angst" ist?[4] „Ich las: am Meeresufer verschied eine Nixe; aus Liebe zu einem schönen Prinzen hatte sie auf ihre unsterbliche Seele verzichtet, sie verwandelte sich in Schaum. Diese Stimme, die ohne Unterlaß in ihr gesprochen hatte: ‚Ich bin da', war für immer verstummt: mir schien das ganze Universum im Schweigen versunken. Aber nein. Gott versprach mir die Ewigkeit: niemals würde ich aufhören zu sehen, zu hören, zu mir zu sprechen. Es würde kein Ende geben."[5]

Die Bewegung der doppelten Verneinung in diesem Erinnerungsfragment aus der Kindheit Beauvoirs enthüllt für einen kurzen, pathetischen Augenblick das Lebensprogramm einer Frau, die nicht „Frau werden" will, die nicht verstummt wie Andersens kleine Seejungfrau. Zu erkennen gibt sich ein Wille zum Selbst, in dem Blindheit und Luzidität zusammenfallen. Beauvoir ist eine Jongleuse der Verdrängung, gepanzert mit einem soliden Vertrauen auf ihre Befähigung zum Glücklichsein, ihren *parti pris d'optimisme*.[6] Weder ihren Krisen noch ihren Beglückungen geht sie auf den Grund. Sorgfältig vermeidet sie es, an Zonen zu rühren, die ihr nicht geheuer sind. Aber die verdrängten Ängste und Wünsche kehren wieder, verstellt: als Literatur.

Die junge Simone berauscht sich an ihrer „glorreichen Einzigartigkeit",[7] die sich aus dem Lehm der sie umgebenden Alltäglichkeit erhebt. In den verheißungsvollen *moments of being*, wie Virginia Woolf die Ekstasen ihrer Kindheit genannt hat, kommt dem Ich der Memoiren die eigene Zukunft entgegen als der Sinn, den sie selber sich gibt. Sie weiß, daß sie erwartet wird – von ihrem eigenen Entwurf: die junge Simone von Mlle de Beauvoir, der erfolgreichen und gefeierten Schriftstellerin.

Immer wieder hat Beauvoir sich die Frage nach der Begründung und Rechtfertigung ihres Lebens und Schreibens gestellt; sie hat den kategorischen Imperativ der existentialistischen Moral konkret zu verwirklichen gesucht. Früh schon ist sie durchdrungen von der Gewißheit, Schriftstellerin zu werden, d. h. sich schreibend noch einmal selbst hervorzubringen als nicht-abgeleitete, sich durch sich selbst rechtfertigende Existenz.

Für das Lebensprogramm, das die junge Simone für sich entworfen hat, stellen daher die überfallartigen Anwandlungen von *non-being*, der Selbstauflösung in der Vorstellung der eigenen Sterblichkeit, eine äußerste Bedrohung dar. Den vernichtenden Gedanken, daß der Wille, der eigenen Existenz einen Sinn zu geben, nichts als eine Illusion sein könnte, läßt sie nicht an sich herankommen, aber er ist da in dem durch nichts zu beschwichtigenden Bild, das die Erzählung von Andersen in ihr zurückgelassen hat: der im Meeresschaum sich auflösende Körper der schönen Nixe, den die Wellen wegspülen werden mitsamt ihrer unerlösten Sehnsucht. Sie liest: Die kleine Seejungfrau opfert das Beste, was sie besitzt, ihre wunderbare Stimme, der Hexe und bekommt dafür die bezauberndste Menschengestalt; aber sie bezahlt ihren schwebenden Gang mit folternden Schmerzen und erringt weder die Liebe ihres Prinzen noch die Unsterblichkeit ihrer Seele und muß am Ende im Nichts versinken. Sie liest und wendet sich ab: sie wird ihr Leben leben. Sie ist unermüdlich in ihren Versuchen, sich schreibend selbst vorwegzunehmen.[8] So oft sie dabei auch scheitert, sie setzt immer wieder neu an, denn es gilt ja, den Mangel an Notwendigkeit, der ihrem Dasein innewohnt, zu überwinden, so viele Augenblicke ihres Lebens wie möglich dem Vergessen zu entreißen, der Kontingenz und der Endlichkeit, anders ausgedrückt: zufälliges Leben in „schöne Geschichten" zu verwandeln.[9]

Immerfort schreibend versucht sie jene Momente der Todesfurcht zu vergessen, als wären sie nur eine Art Sturm, der ein auf das Leben eingeschworenes Dasein ein paar Tage lang verheert, bis es wieder zu sich kommt.[10] Die „Sturm- und Geisteswut" der Mystikerinnen und Hysterikerinnen, aus der sich ein bedeutungsvoller Unterstrom weiblichen Schreibens speist, vermag Simone de Beauvoir, die sich dem Rationalismus verschrieben hat, nicht als eine Erfahrung eigener Ordnung anzuerkennen.[11] Sie ist überzeugt, daß sie, sie selbst, das Subjekt eines metaphysischen Sinns ist, den sie mit jeder Lebensäußerung entbinden kann.

Das Problem, wie Bedeutung, also: Notwendigkeit, erzeugt werden kann, hat Beauvoir lange umgetrieben; lange hat sie sich zwischen dem Universalismus Hegels und dem Existentialismus Kierkegaards nicht entscheiden können, zwischen der Geschichte und dem einzelnen Dasein. Diese Unentschiedenheit schlägt sich in ihren Büchern nieder, worin nicht selten Konstruktion und Erzählung einander widerstreiten. Die Karriere Beauvoirs als Schriftstellerin beginnt daher erst eigentlich in dem Moment, wo sie, auf Anregung Sartres, sich entschließt, ihr eigenes Leben als Stoff ihrer Bücher zu „benutzen".[12] Der Ausdruck, von geradezu schockierender Direktheit, verrät die Selbstherrlichkeit des Geistes, der sich als Schöpfer setzt und sich über die Natur zu erheben wähnt. „Ich habe alle Materialien, die ich aus meinem Gedächtnis geschöpft habe, zerstoßen, verändert [es gäbe auch die Übersetzungsmöglichkeit: verstümmelt], herausgehämmert, auseinandergezogen, kombiniert, versetzt, verzogen, manchmal sogar verkehrt, und immer neu erschaffen."[13]

In dieser Kaskade gewalttätiger Negationen spricht sich ein geradezu unheimlicher Wunsch nach der Ver-Formung des gelebten Lebens aus, als müßte die Schreibende die Gefahr eines Rückfalls vergangener Augenblicke in die Immanenz beschwören.

Die ungewöhnliche Heftigkeit, mit der sie die Herrschaft über ihr Leben als Stoff behauptet, hängt aber wohl auch mit dem Bedürfnis zusammen, dem Autobiographievorwurf zu entgehen, der die Literatur von Frauen mit dem vernichtenden Urteil der Trivialität bedroht.[14] In ihren Selbstinterpretationen hat sich Beauvoir gewehrt gegen Versuche, die *Mandarins* als Schlüsselroman zu lesen.[15] Aber mit Ausnahme ihrer ersten Publikation, *L'Invitée* (deutscher Titel: *Sie kam und blieb*), die sie als Roman ankündigt, tragen ihre Bücher keine Gattungsbezeichnung und lassen die Grenze zwischen Fiktion und Realität offen. In dieser Undeutlichkeit, die den Status der Texte in der Schwebe hält, verbirgt sich eine von der Autorin verleugnete Motivation ihres Schreibens, eben: sich auszudrücken. Manifest wird diese in Textpassagen, wo die Perspektive unscharf wird und die Schreibende mit der Figur, die sie analysiert, verschmilzt (wie in einer Selbstinterpretation des frühen Romans). „Wie der Tod, von dem man spricht, ohne ihn jemals von Angesicht zu Angesicht zu sehen, blieb das Bewußtsein des Anderen für mich eine Redeweise; wenn es geschah, daß ich seine Existenz realisieren mußte, dann hatte ich mich mit einem Skandal herumzuschlagen von derselben Ordnung wie der Tod und genauso inakzeptabel; dieser übrigens konnte absurderweise jenen kompensieren: ich nehme dem Anderen das Leben, und er verliert die Macht über die Welt und über mich [...]. Ein Bewußtsein offenbarte sich vor mir, in seiner nicht reduzierbaren Präsenz; aus Eifersucht, aus Neid beging ich einen Fehler, der mich ihm auslieferte: und ich fand mein Heil, indem ich es vernichtete."[16]

Was an diesem Text verstört, ist ein im Gestus des Wissens auftretendes Zugleich von Blindheit und Bewußtheit, eine Vermengung von existentialistischer Selbsterfahrung und philosophischer Reflexion. Unter seinem metaphysischen Aspekt, gesteht Beauvoir, habe der Mord sie schon immer fasziniert. Aber sie verweilt auffällig lange bei der philosophischen Begründung des Tötungswunsches: der Blick des Anderen, der mich sieht, macht mich zum Objekt; die bloße Existenz eines anderen selbständigen Bewußtseins negiert das eigene. Um Selbst zu sein, muß ich ihn also vernichten (ihn zum Objekt machen). Beauvoir unterschlägt dabei das Wissen, daß sie als Frau außerhalb des Anerkennungskampfes steht, d. h. nichts ist. Das verdrängte Wissen kehrt jedoch wieder, es äußert sich in dem Wunsch, dieses Nicht-Sein aus seiner Passivität zu erlösen, sei es auch durch einen Mord. Beauvoir, die wie Sartre sich den Blick in ihr Inneres stets strikt untersagt hat, delegiert die dunklen Anteile ihres Selbst an ihre Figuren. In nahezu allen ihren Büchern führen diese das spukhafte Dasein von Stellvertreterinnen.

Der Erfolg der großen feministischen Untersuchung, auf die sie sich nach fast dreißigjähriger Schreibpraxis eingelassen hat, erklärt sich vielleicht aus der Tatsache, daß es ihr dabei gelungen ist, die auseinanderstrebenden Impulse ihres Schreibens in Übereinstimmung zu bringen, Konstruktion und Erzählung, Theorie und phänomenologische Beschreibung, allgemeines Schicksal und individuelle Erfahrung gewaltlos zu verschränken; pointiert formuliert: Beauvoirs Hauptwerk ist eine Autobiographie in der Form einer wissenschaftlichen Abhandlung.

Den lebensgeschichtlichen Anlaß ihrer Untersuchung hat Beauvoir nicht geleugnet. Als Lebensgefährtin eines Mannes, den sie von Anfang an als ihr überlegen erachtet habe, schreibt sie, sei es ihr darum gegangen, die *condition féminine* zu „definieren" in der besonderen Form, die sie ihr gegeben habe.[17] Die individuelle Erfahrung vermag aber in dem Buch deshalb als idealtypisch zu erscheinen, weil Beauvoir ihr eigenes Leben gelebt hat, als wäre es eine sinnvoll geordnete Erzählung. Das zweite Buch der *Memoiren einer Tochter aus gutem Hause,* das die junge Simone an die Schwelle zur Universität führt, endet mit einem Gelöbnis: „Vier oder fünf Studienjahre und dann ein ganzes Dasein, das ich mit meinen Händen formen würde. Mein Leben würde eine schöne Geschichte werden, die sich verwirklichen würde, während ich sie mir erzählte."[18]

Beauvoir wiederholt das Gelöbnis viele Jahre später,[19] aber es beansprucht hinfort die Geltung einer philosophischen Maxime, die von fern an La Rochefoucauld erinnert: „man kann sich selbst nicht kennen, allenfalls sich erzählen".[20] Wenn man die normative Bündigkeit dieses Satzes mit dem oben zitierten über das eigene Leben als Stoff zusammenhält, hat man das *ganze* Schreibprojekt Beauvoirs. Das Ich, das sich erzählt, hat keine Innenwelt. Es will sich darstellen als exemplarisches Subjekt, das sich nach dem Entwurf, den es von sich gemacht hat, schreibend hervorbringt. Es blickt nicht von einem festen Standort in der Gegenwart in seine Vergangenheit zurück, um diese sich zu vergegenwärtigen; vielmehr entsteht ihm schreibend eine Vergangenheit von der Zukunft her, die es sich entwirft.

Was Simone de Beauvoirs feministischen Essay[21] so unmittelbar einleuchtend macht, scheint mir die Wahl des narrativen Schemas, nach dem er gebaut ist: des Entwicklungsromans, seinerseits eine durch eine lange Tradition beglaubigte Form der Erzählung. In charakteristischer Weise freilich weicht *Das andere Geschlecht* vom Schema ab; erzählt wird nicht die Geschichte eines einzelnen Individuums, dessen besonderes Dasein sich bereits in seinem Namen ankündigt, sondern die „des Geschlechts", das keine eigene hat. Der Entwicklungsroman erzählt die Geschichte des Helden von ihrem Ende her, das nachträglich allen Phasen des gelebten Lebens Sinn verleiht. Auch die Geschichte, besser: das Schicksal des anderen Geschlechts ist vom Ende her erzählt, der Befreiung. Diese aber bedarf, anders als die Selbstverwirklichung des Helden im Entwicklungsroman, der Beglaubigung. Und so hat die Autorin in die mühselige Geschichte des anderen Geschlechts von der demütigen Gebärde der Schicksalsergebenheit der Frauen im verschütteten Pompeji bis zur intellektuellen und sexuellen Freiheit der berufstätigen Frau in der Mitte des 20. Jahrhunderts die eigene „schöne Geschichte" eingezeichnet. Schön ist diese Geschichte, weil sie dem Selbstentwurf der Protagonistin entspricht und weil diese durch nichts sich in ihrem entschlossenen Vorwärtsgehen aufhalten läßt.

Von der Emanzipation des anderen Geschlechts her stellt sich die Frage nach dem Ursprung der Unterdrückung der Frau. Beauvoir nähert sich ihr über eine sprachphilosophische Reflexion. Die Rede vom ewig Weiblichen, *l'éternel féminin*, hat keine männliche Entsprechung. Sie gründet in der Geschichtslosigkeit des anderen Geschlechts, das sich und dem Helden des Entwicklungsromans ein Rätsel ist. Einmal aufgelöst, weist das Rätsel auf die Ungleichgewichtigkeit der Polarität der Geschlechter zurück: „[Die Frau] bestimmt und unterscheidet sich mit Bezug auf den Mann, dieser aber nicht mit Bezug auf sie; sie ist das Unwesentliche angesichts des Wesentlichen. Er ist das Subjekt, er ist das Absolute: sie ist das Andere."[22]

Das andere Geschlecht, einer eigenen Geschichte beraubt, geistert durch die Geschichte der (männlichen) Menschheit als verführerisches Bild, das sich entzieht, sobald man sich ihm zu nähern versucht: als Mythos der Weiblichkeit. Beauvoir verwendet den Begriff im Sinne der wenig später von Roland Barthes in den *Mythen des Alltags* ausgearbeiteten Semiologie. Das Prinzip des Mythos ist die Deformation; er verwandelt Geschichte in Natur zurück, aber so, daß diese Verwandlung unkenntlich gemacht wird. Weil die Bilder des Mythos natürlich zu sein scheinen, sind sie unwiderleglich. In seiner Jahrtausende alten Geschichte hat das Patriarchat die Namen und Gesichter wirklicher Frauen zerstört und über die „ausgekratzten Zeichen", die Ingeborg Bachmanns Franza im Tempel der Hatschepsut in der ägyptischen Totenstadt

Luxor entziffert,[23] die fiktiven Bilder des Mythos gelegt, unwiderlegbar.

Mit einer an Obsession grenzenden Gründlichkeit gräbt Beauvoir sich durch die Unterdrückungsgeschichte der Frau im alten Ägypten, in der griechischen Antike, im römischen Reich, im christlich-feudalen Mittelalter, im französischen Absolutismus, um festzustellen, daß weder die Aufklärung noch die Große Revolution die Stellung der Frau verändert haben. Bei dieser Grabung geht es ihr, anders als bei der mimetischen Erinnerungsarbeit Bachmanns, nicht um Wiederherstellung eines Vergangenen, sondern um den Eintritt der Frauen in die Geschichte, also um ihre eigene Zukunft. Der Entwicklungsroman des anderen Geschlechts erzählt den Weg der Frau durch die Geschichte hindurch vom Mythos der ‚Weiblichkeit' zur weiblichen Freiheit in zwei Modi, als historische Kritik und als „gelebte Erfahrung".

Das Kapitel *Geschichte* setzt mit einem jener apodiktischen Sätze ein, die für Beauvoir so charakteristisch sind: „Diese Welt hat immer den Männern gehört."[24] Der Frau, die den Satz geschrieben hat, ist erst spät dieses ‚Faktum' zum Bewußtsein gekommen, nämlich als sie, gerade vierzig geworden, nach einem neuen Schreibprojekt sucht und Sartre ihr die Aufgabe stellt, der Bedeutung ihrer *féminité* für ihr Leben nachzugehen.

„Ich hatte eine Erleuchtung: die Welt war eine Welt der Männer, meine Kindheit hatte sich genährt von Mythen, die Männer erfunden hatten, und ich hatte darauf nicht in derselben Weise reagiert, wie ich es getan hätte, wäre ich ein Junge gewesen."[25]

Das erste ‚Faktum', das die Unterwerfung der Frau begründet, ist ihre „absurde Gebärfähigkeit".[26] Diese ist zwar für die Erhaltung der Menschheit notwendig, doch bedarf es planender Eingriffe, um das Gleichgewicht zwischen Produktion und Reproduktion zu sichern. Für Beauvoir sind Schwangerschaft, Gebären, Nähren und Aufziehen von Kindern natürliche Funktionen, bei denen kein Entwurf im Spiel ist, also nicht Arbeit. Während der Beitrag des Mannes zum Überleben der Gattung in planvollen Handlungen besteht, welche die Gegenwart zur Zukunft hin überschreiten und in denen er sich verwirklicht als sich Zwecke setzendes, Welt gestaltendes Subjekt, kennt die Frau den Stolz des Hervorbringens nicht. Sie fühlt sich verurteilt zur Passivität, undurchschaubaren Naturmächten ausgeliefert. Die männliche Aktivität hat die Existenz selbst zum Wert gemacht, sie hat über die Natur und die Frau den Sieg davongetragen.[27] Beauvoirs Denken bewegt sich innerhalb eines dichotomischen, normativ überformten Geschichtsmodells, worin sich Transzendenz und Immanenz gegenüberstehen. Der geschichtliche Fortschritt ist für sie daher gleichbedeutend mit dem Sieg des männlichen Prinzips, des Geistes über das Leben. Und die Unterwerfung der Frau stellt eine notwendige Etappe dar in der Geschichte der Menschheit. Beauvoir läßt die Annahme durchaus zu, daß es in der Frühgeschichte der Menschheit Phasen des Matriarchats gegeben hat. Aber sie deutet den Kult der Großen Göttin als bloßen Ausdruck der Angst vor einer übermächtigen Natur; sie verbindet damit Begriffe wie Kontingenz, Zufall, Dauer, Mysterium und setzt dagegen das triumphierende Prinzip des Lichts, der planenden Kreativität, der Ordnung und des Gesetzes. Daher ist der Sieg des Patriarchats kein zufälliges Ereignis, aber auch nicht das Ergebnis einer gewaltsamen Revolution, sondern das logische Ende eines langen Emanzipationsprozesses, aus dem nur der männliche Mensch als Subjekt hervorgeht, der weibliche aber als das „Andere", und d.h. als Nicht-Subjekt. Über das Werkzeug und die Waffe befreit sich der Mann aus der Abhängigkeit von der Natur. Am Bild der Frau aber haftet noch die Erinnerung an den Schrecken einer ungezähmten Natur. Ihre bloße Existenz, notwendig für die Erhaltung des Lebens, ist zugleich eine ständige Bedrohung, welche die Gesetzgeber des Patriarchats in eine die Unterdrückung der Frau endgültig besiegelnde Rechtsform gebannt haben.

Für Beauvoir, die das Herr-Knecht-Kapitel der *Phänomenologie des Geistes* aus der Perspektive ihrer existentialistischen Ethik liest, sind Anerkennung und Arbeit *die* Triebkräfte der Geschichte. Die Stimmigkeit ihrer Hegellektüre braucht hier nicht zu interessieren; natürlich macht sie sich das Kapitel zurecht, um aus ihm ein Modell zu gewinnen, aus dem sie die zentralen Thesen ihres Essays: das ‚Faktum' der männlichen Dominanz und die Wirkmächtigkeit des Mythos vom *éternel féminin* ableiten kann. Im Herrn und im Knecht erkennt sie komplementäre Existenzweisen des Mannes. Vor aller Geschichte war der Anerkennungskampf. Der Herr, der sein Leben einsetzt und den Tod nicht scheut, trägt den Sieg davon; der Knecht, der sein Leben erhalten will und in Todesangst erzittert, dient ihm fortan „in der Furcht des Herrn". Aber nun erfolgt der dialektische Umschlag: in der Arbeit für den Herrn arbeitet der Knecht seine Todesfurcht ab und kommt zu Selbstbewußtsein, indem er sich in den Produkten, die er erzeugt, anschauen kann. Er wird zum Subjekt der Geschichte, die er, im Projekt sich immer neu entwerfend und sich selbst immer voraus, sich in die Zukunft transzendierend, vorantreibt.

Die Gestalt des Herrn verschmilzt Beauvoir mit der des unglücklichen Bewußtseins. Auch er ist bei ihr Subjekt der Geschichte, aber im Modus des Traums. Der Herr hat nur den unmittelbaren Genuß der Dinge und nichts und niemanden, in dem er sich als Selbst erkennen kann. Die bewußtseinslosen Dinge setzen ihm keinen Widerstand entgegen, und die Anerkennung des Knechts gilt ihm nichts, weil er nicht seinesgleichen ist. Der Herr ist also unglücklich und nie befriedigt. Aber er sehnt sich nach Ruhe und nach einem Glück, das vom Zweifel des Bewußtseins nichts weiß; er beginnt zu träumen.[28]

In den Mythos des *éternel féminin* projiziert der Herr (der Mann), was er fürchtet, was er liebt und haßt. Die Frau ist *Alles,* aber ein abgeleitetes. Sie ist zugleich das absolut Andere, ewig ersehnt und ewig unerreichbar, und Verkörperung einer unaufhebbaren Enttäuschung, zu sein, was sie nicht ist: das ewig Weibliche, und nicht das zu sein, was sie ist: ein weiblicher Mensch, ohne die Freiheit, sich selbst zu verwirklichen über einen Entwurf, Immanenz gegenüber der Transzendenz.

Es ist die Gestalt der Mutter, Françoise, an der sich die Rebellion der jungen Simone gegen die *condition féminine* entzündet. Françoise ist der Inbegriff dessen, was Beauvoir in dem philosophischen Begriff der Immanenz zusammenfaßt: die Bejahung der eigenen Abhängigkeit, die Unterwerfung unter das, was „sich gehört",[29] das reflexhafte Sich-zurücknehmen und das aus einer Habitus gewordenen Selbstauslöschung entstandene Bedürfnis, die Tochter nach der eigenen Weiblichkeitsauffassung zu modeln, d.h. die *condition féminine* weiterzugeben.[30] An der Schwelle zum Erwachsenenalter, während sie der Mutter beim Geschirrspülen hilft, hat Simone einen Tagtraum, in dem die sinnliche Erfahrung und das Bild einer vorweggenommenen Zukunft als Frau zusammenschießen.

„In meinem Kopf entstand ein Bild mit einer so trostlosen Deutlichkeit, daß ich mich noch jetzt daran erinnere: eine Reihe von grauen Fliesen erstreckte sich bis zum Horizont, schmaler werdend gemäß den Gesetzen der Perspektive, aber alle identisch und gleich; das waren die Tage und die Monate und die Jahre. Ich aber, ich hatte mich doch, seit meiner Geburt, jeden Abend ein wenig reicher als am Tag zuvor schlafen gelegt; ich ging aufwärts, von Stufe zu Stufe; wenn ich nun oben nur auf eine eintönige Fläche kam, ohne Ziel, auf das ich zugehn konnte, wozu dann [überhaupt gehen]? Nein, sagte ich mir, während ich einen Stapel mit Tellern im Küchenschrank verstaute, mein Leben wird irgendwohin führen."[31]

Die Tochter sagt Nein zum Dasein der Mutter, der Frau, und wendet sich an den Vater, der ihren Wunsch, einen Beruf zu ergreifen, unterstützt. Simones Nein gilt der geheimen Komplizenschaft der Frauen mit dem Patriarchat, die ihr von Françoise in so vorbildlicher Weise vorgelebt wird.[32]

Mit dem Motiv der weiblichen Komplizenschaft führt Beauvoir in die vom Patriarchat bestimmte passive, die negative Geschichte der Frauen eine moralische Dimension ein. Denn die junge Simone ist gegen die verführerische Wirkung des Mythos der Weiblichkeit durchaus nicht gefeit gewesen, lange Zeit mag sie sich nicht gewehrt haben gegen die Bilder, mit denen ihre Kindheit umstellt war. Und bis in ihre Kritik hinein ist etwas von der alten Faszination spürbar – gegenüber dem suggestiven Singsang Claudels verschlägt es ihr buchstäblich die Sprache; sie beschränkt sich aufs Zitieren.

Der zweite Teil von Beauvoirs Autobiographie, *In den besten Jahren*, beginnt mit einer triumphalen Beglaubigung des Schlusses der *Memoiren einer Tochter aus gutem Hause;* nichts wird mehr der Schreibenden das Gefühl der Freiheit rauben können, das alle ihre Entscheidungen, ihr Denken, ihre Unternehmungen bis in die banalsten alltäglichen Verrichtungen hinfort begleitet. Wovon sie als kleines Mädchen geträumt, wonach sie als Studentin gestrebt hat, für die Gefährtin Sartres ist es unveräußerliches Eigentum. Und vom schon erreichten Ziel her kann sie nun die „schöne Geschichte" ihres Lebens erzählen in einem Buch, in dessen Gewebe Autobiographie, Literatur und Theorie unauflösbar ineinander übergehen.

Wie in den Memoiren erzählt Beauvoir auch in der *Gelebten Erfahrung,* dem zweiten Teil des *Anderen Geschlechts,* die Entwicklungsgeschichte des weiblichen Kindes als allmählichen und unmerklichen Verlust des Eigensinns.[33] Der Versuch erst, ihre eigene Kindheit zu beschreiben, wird ihr zum Anlaß, über den Grund der anfallartigen Zornesausbrüche und Schreikrämpfe des kleinen Mädchens nachzudenken, das sie sich vergegenwärtigt, und sie erkennt darin den Ausdruck einer Revolte gegen die Wörter, die Willkür der Gebote und Verbote, gegen die es Amok läuft. Es sind die Wörter, über die die Normen der Gesellschaft in das Kind eindringen; die Macht der Wörter aber ist deswegen so revoltierend, weil sie dem Kind nicht die Festigkeit von Körpern entgegensetzen. Die kleine Simone hat im Kampf gegen die Normen ihrer Umwelt keine (weiblichen) Verbündeten außer der noch unwissenderen kleinen Schwester. Besonders die Mutter verhält sich seinem Emanzipationsbedürfnis gegenüber feindlich, in offener Komplizenschaft mit der Ordnung des Patriarchats. Gegen ihren Urteilssatz, etwas sei lächerlich,[34] gibt es keinen Einspruch. Es hilft auch nichts, durchschaut zu haben, daß bestimmte Verbote auf das weibliche Geschlecht zielen, wie das Wort „unpassend".[35] Die junge Simone und ihre kleine Schwester beginnen zu ahnen, daß sich hinter solchen Sätzen ein Geheimnis verbirgt, gegen das sie sich zur Wehr setzen müssen; aber sie besitzen keine Waffen; die Wahrheit, lernen sie, ist nichts für sie. Das Wissen ist männlich.[36]

So wird aus der kindlichen Rebellin zunächst ein artiges kleines Mädchen, dann ein wohlerzogenes junges Mädchen, das alle Stadien der Entwicklung zur ‚Weiblichkeit' exemplarisch durchläuft. Um die Reste des kindlichen Eigensinns zu retten, tritt sie den Fluchtweg an; sie beginnt Tagebuch zu schreiben und setzt an die Stelle der verlorenen Religion einen Kult der Natur, in dem sie jedoch den Traum des Kindes wiederbelebt: einzig zu sein und Macht zu besitzen.

Im Alltag jedoch folgt dem jungen Mädchen der *ennui*, die quälende Empfindung, mehr zu *sein*, als ihr zu realisieren möglich ist.[37] Sie verliert sich in der Stimmung einer vagen Erwartung, dem Ursprung des weiblichen Narzißmus. Dies ist die Falle, in der die Reste des Widerstands gegen die noch undurchschaute Ordnung der Geschlechter sich aufzulösen drohen. Das junge Mädchen wird sich selbst zum Objekt und identifiziert sich mit den herrschenden Weiblichkeitsvorstellungen, mit den verführerischen Bildern ihrer Märchenbücher, deren Figuren in ihrer Gefühlswelt ein gespenstisches Dasein führen, Verlockungen ins Dämmer der Ambivalenzen, wo Schönheit und Tod, Entsagung und Triumph dicht nebeneinander liegen.

„Erschöpft, das Gesicht zwischen den Händen verborgen, erlebt sie das Wunder der Entsagung [...]. Sie lernt, daß sie, um glücklich zu sein, geliebt werden muß; um geliebt zu werden, muß sie auf die Liebe warten [...]. In den Chansons, in den Märchen sieht man, wie der junge Mann auf Abenteuer auszieht auf der Suche nach der Frau; er durchbohrt Drachen, er bekämpft Riesen; sie ist eingeschlossen in einen Turm, einen Palast, einen Garten, eine Höhle, an einen Felsen gekettet, gefangen, eingeschlafen: sie wartet [...] eine ganze Kohorte zarter Heldinnen, zerschlagen, passiv, verwundet, auf den Knien liegend, gedemütigt, sie alle lehren ihre junge Schwester den faszinierenden Zauber der gemarterten Schönheit, verlassen, ergeben."[38]

Das verbockte Schweigen der jungen Simone, ihre nächtlichen Tränen, ihr zwischen Aufsässigkeit und Langeweile schwankendes Verhalten sind die äußeren Anzeichen eines inneren Dramas mit ungewissem Ausgang. Sie ist gleichwohl dem Zauber jener Bilder nicht verfallen. So erzählen die Memoiren wirklich eine schöne Parallelgeschichte zum Essay, nämlich die Befreiung einer jungen Frau aus dem Bann des Entsagungszaubers.

Nun verwebt die Erzählerin diese Geschichte mit den anders verlaufenden zweier Jugendgefährten, ihres Cousins Jacques und ihrer Freundin Zaza. Die junge Simone erfährt sich als Abwesende, als Gefangene einer Welt, zu der sie nicht gehört und die ihr ein Bild ihrer selbst zurückspiegelt, in dem sie sich nicht erkennen kann.[39] Und sie sucht nach dieser Abwesenden, die sich erst noch erschaffen muß, in der Freundschaft und in der Liebe. Die Geschichten von Zaza und Jacques stehen im Zeichen der Initiation.

Lange Zeit ist sich die junge Simone über die Natur ihres Verhältnisses zu dem aus einer wohlhabenden Industriellenfamilie stammenden Cousin nicht im klaren. Sie bewundert seine ästhetische Bildung, seine gesellschaftliche Gewandtheit und seinen bohemienhaften Lebensstil; sie genießt den Luxus seiner Bibliothek und die nächtlichen Streifzüge durch die Pariser Cafés; die Aura des *ennui*, mit der Jacques sich umgibt, wird zum Stoff ihrer Tagträume. Indessen, Jacques erklärt sich nicht, und Simone findet nicht den Mut, nach dem Grund seiner Schwermut zu fragen und der Unentschiedenheit der Beziehung ein Ende zu setzen. Statt dessen träumt sie sich in ihre Lieblingsheldinnen hinein: Sie ist Yvonne de Galais *(Le Grand Meaulnes)*, die noch in der Hochzeitsnacht auf das Glück eines gemeinsamen Lebens verzichtet und wie die Damen der Ritterromane den Geliebten in die Welt der Abenteuer entläßt; sie ist Alissa, die „schöne Seele" aus Gides Roman *La Porte étroite,* die wie die Heiligen mittelalterlicher Legendenmärchen auf ihre Schönheit und die Liebe ihres Geliebten verzichtet;[40] sie ist die „jeune fille Violaine" Claudels, der das „Heil" des Geliebten notwendiger ist als das eigene.[41]

Aus der Verstrickung in den Mythos des *éternel féminin* vermag Simone sich aus eigener Kraft nicht zu befreien. Wie der Protagonist in Alain-Fourniers Kultroman *Le Grand Meaulnes* lebt Jacques in zwei Welten, der „hohen Liebe" und der Erotik, die sich ihm in zwei Frauen verkörpern: der *jeune fille* Simone und der *fille* (der Kokotte). Beiden gegenüber fühlt er sich schuldig, aber er heiratet, wie seine Familie es von ihm erwartet, ein junges Mädchen mit Vermögen. Für Jacques nimmt die Geschichte von da an eine tragische Wendung: Er versagt im Studium, seine Ehe wird nach wenigen Jahren geschieden, er ruiniert das Familienunternehmen und stirbt bald darauf, verarmt und heruntergekommen. Für Simone bedeutet aber Jacques' Heirat das Ende einer Lebenslüge, in der sie sich einzurichten im Begriff war. Und so erfährt sie, was für andere junge Mädchen eine Katastrophe gewesen wäre, als Wiederholung, im Sinn der Philosophie Kierkegaards.[42] Sie nimmt ihren Weg nach vorn wieder auf, auf dem ihr alsbald Sartre begegnen sollte.

Während ihrer Liebe zu Jacques ist die junge Simone dem Mythos des *éternel féminin* aufgesessen, d.h. in den Begriffen ihrer späteren existentialistischen Ethik: Sie verharrt in der *mauvaise foi,* sie trifft keine Wahl. Die Enttäuschung über den kläglichen Ausgang dieser Beziehung und die Scham über die Rolle, die sie selbst dabei gespielt hat, spaltet sie von sich ab. Sie läßt sich von einer ihrer Figuren vertreten: Paule, die große Liebende in den *Mandarins,* ist vielleicht auch deshalb eine ihrer unheimlichsten Gestalten.

Beauvoir hat die Geschichte mehrfach „verwendet". Sie liegt der Analyse der Liebenden in dem Kapitel *Rechtfertigungen* des

Essays als wirklich gelebte Erfahrung zugrunde, wird als reale Begegnung erzählt in *In den besten Jahren* und als Romanepisode in den *Mandarins*. Am Anfang ihrer Karriere als Gymnasiallehrerin in Rouen hat Beauvoir die Entstehung einer Psychose bei einer Kollegin miterlebt. Louise Perron verleugnet die Tatsache, daß sie von ihrem Geliebten verlassen worden ist. Sie verweigert nicht nur die Annahme neuer Wahrnehmungen, sondern interpretiert zwanghaft alle zufälligen Erscheinungen der äußeren Welt als Zeichen, die auf die Gefühle des Geliebten für sie verweisen. Beauvoir verfolgt das allmähliche Hinübergleiten dieser Frau in den Wahnsinn mit einer ihr sonst fremden Empathie.

Im Wahnsinn der Louise Perron, in dem sie die Passion von Bretons Nadja wiedererkannt haben wird, entziffert Beauvoir das Selbstvernichtungsbegehren einer in der Inauthentizität festgehaltenen Liebe. Die Liebende im Essay macht aus der *condition féminine* eine Wahl und transzendiert diese so. Indem sie den Geliebten idolisiert, wird aus der Passivität der weiblichen Existenz ein Akt, der sie rechtfertigt.

„Sie wählt sich als die ihre Versklavung so heiß Begehrende, daß diese ihr als Ausdruck ihrer Freiheit erscheint; sie trachtet danach, ihre Situation als inessentielles Objekt zu überwinden, indem sie sie radikal auf sich nimmt."[43]

Im traditionellen Entwicklungsroman geht es Hegel zufolge um den „Konflikt zwischen der Poesie des Herzens und der entgegenstehenden Prosa der Verhältnisse";[44] die Lehrjahre des Helden sind daher vor allem Lehrjahre des Herzens. Auch in dem Bildungsroman *des* Geschlechts, den Beauvoir konstruiert, spielt daher die Liebe eine zentrale Rolle, aber sie hat, wie das Kapitel der *Rechtfertigungen* es exemplarisch zeigt, für die liebende Frau eine andere Bedeutung als für den Helden des Entwicklungsromans. Ein auf die Immanenz eingeschworenes Dasein vermag sich nicht als handelndes zu verwirklichen.[45] Wenn sie auch durch die Liebe, die sie erweckt, ihren eigenen Wert entdeckt, so ist es doch nur ein Wert für den Mann, von dem sie sich geliebt weiß und in dem sie ihre Wirklichkeit findet.[46] So wird für die Liebende die Liebe zur Falle: sich an den anderen zu verlieren. Ihre ‚Rechtfertigung' besteht dann einzig darin, daß sie den Selbstverlust bejaht. Beauvoir beurteilt auch die Frauen nach dem Maßstab der existentialistischen Ethik, aber die „gelebte Erfahrung" führt doch auch immer wieder zu der Einsicht, die sie im Durchgang durch die *Geschichte* formuliert: Der moralische Einsatz einer Frau, die den Weg der Unabhängigkeit wählt, ist ungleich höher als der eines Mannes.[47] Die wirkliche Geschichte bedeutet daher für diese Ethik einen immerwährenden Skandal.

Dieser Skandal bestimmt die Dramatik der Konstellation, in die Beauvoir ihre eigene Lebensgeschichte mit der ihrer Freundin treten läßt. Die Erzählung, die den geheimen Lebensrhythmus der *Mémoires* beherrscht, scheint sich von der Erzählerin zu emanzipieren derart, daß deren „schöne Geschichte" sich über die der schicksalhaft vorherbestimmten der Freundin erhebt. Mit der Tragödie Zazas betritt Beauvoir eine Region, die sie sich durch ihren Rationalismus verschlossen hatte, die des Mythos, jetzt aber im vollen Wortsinn der alten Griechen, wonach die Dinge „zugrunde gehen nach der Notwendigkeit", weil sie verstrickt sind in den Schuldzusammenhang alles Lebendigen und dafür Buße zahlen müssen (Adorno).[48]

Mit dem Namen Zazas enden alle vier Bücher der Memoiren, die beiden ersten verknüpfen damit die Hoffnung auf die gemeinsam zu erringende Emanzipation; die beiden letzten beschwören den Namen der todgeweihten Zaza als Opfer auf dem Weg ins Freie: Die Liebe zu Zaza hat das kleine Mädchen aus der Falle des Narzißmus befreit;[49] die Verheißung, mit der die junge Simone die Domäne des Wissens betritt: daß sie ihre Existenz wie eine mit Sinn erfüllte Erzählung leben würde, schließt Zaza mit ein;[50] das dritte Buch endet mit dem Versprechen, das sie sich selbst gibt: um Zazas Leben zu kämpfen;[51] das letzte mit einem Bekenntnis zur Schuld der Lebendigen: („Ich habe lange gedacht, daß ich meine Freiheit mit ihrem Tod bezahlt hätte"[52]). Dieser letzte Satz der *Mémoires* erhält durch das Temporaladverb und die Verkehrung der Subjekte (es ist die Überlebende, die „bezahlt", nicht die Tote) eine Einschränkung, als könnte die Schreibende den Gedanken einer geheimnisvollen Verbindung zwischen ihrem eigenen Leben und dem Tod der Freundin nicht aushalten, als müßte sie die Schuld abwehren, die das mythische Schema des gründenden Opfers vom lebendigen Dasein einfordert.

Die vergebliche Geschichte Zazas, die die ‚klassische' Entwicklung von der Wildheit des weiblichen Kindes, die romantische Sehnsucht des jungen Mädchens zur Ergebung der Frau durchläuft, ist mit einer auffälligen Symmetrie und Systematik, kontrapunktisch zu derjenigen der Erzählerin durchgeführt. Zaza ist „Muttertochter" wie Simone „Vatertochter";[53] aber die Allianz von Mutter und Tochter, welche die freie Kindheit Zazas ermöglicht hatte, zerbricht, als diese sie am nötigsten brauchte. Unendlich gewährend gegenüber dem Kind, verlangt die Mutter von der erwachsenen Tochter unbedingte Unterwerfung unter die vorgezeichnete Frauenrolle. Im Falle von Simone verläuft die Beziehungsdynamik in entgegengesetzter Richtung: die strenge Überwachung, der sie als Kind und junges Mädchen unterliegt, lockert sich, als die Mutter einsehen muß, daß sich die Tochter ihrem Einfluß entzieht.

In der Zaza-Erzählung der *Memoiren* erhält das Leben Elizabeth Le Coins seine besondere Intensität durch die latente Todesdrohung, die es von Anfang an begleitet und die Zaza verinnerlicht hat. Die Erzählerin scheint zunächst noch zu schwanken, nach welchem Maß sie die Erscheinung der Freundin messen soll. Die furchtbaren Brandverletzungen, die diese bei einem häuslichen Unfall davongetragen hat, gehören auf die Seite des Schicksals; die Wunde am Bein, die sie sich selbst zufügt, gehört auf die Seite der Wahl[54] – und macht Zaza zur Schwester der eigensinnigen, zwischen Lethargie und Exzeß oszillierenden Mädchenfiguren Beauvoirs, die dieses schwankende Selbstgefühl aus eigener Erfahrung kennt.[55] In dem Bild, das so entsteht, vermischen sich, wie im Fall von Jacques, literarische Reminiszenzen und Wirklichkeitsfragmente bis zur Unkenntlichkeit. Mit beunruhigender Präzision taucht das Motiv weiblicher Selbstverstümmelung in einem Augenblick mystischer Trance im Werk Beauvoirs immer wieder auf, um sofort wieder zu verschwinden. Die Schreibende kann den Blick auf die reale Wiederkehr archaischer Reste nicht aushalten. Die Qualen der stummen Seejungfrau *sind da,* reale Präsenz, die den Geist der Analyse zum Rückzug zwingt, zum Rückzug in den Mythos, der keiner Erklärung bedürftig ist. Vor einer jungen Frau, die sich, „mit manischer Geduld" und ekstatischem Lächeln eine brennende Zigarette an den Handballen hält,[56] bricht das Interpretationssystem der Erzählenden, der Grund ihrer Weltsicherheit, ein. Sie hat es zu tun mit einer „Gezeichneten", einem Dasein jenseits der Dichotomie von Transzendenz und Immanenz.

Die Geschichte von Zazas frühem Tod wird von der Erzählerin mit einer unheimlichen Logik konstruiert. Es ist die Geschichte eines Opfers, in der sich zwei Erzählordnungen überschneiden und zwei Zeiten, Vorgeschichte und Zukunft. Zaza ist das letzte Opfer des Patriarchats, und sie ist das Opfer, das Simone für ihre eigene Emanzipation bringen muß: Während sich für Simone der Weg ins Freie öffnet, kämpft Zaza mit abnehmender Kraft und vergeblich um ihr Lebensglück.[57] Sie unterliegt einer Mutter, die, exemplarische Mittäterin, das Gesetz des Patriarchats vertritt, erbarmungslos wie die Hexe im Märchen von der kleinen Seejungfrau. Beauvoir erzählt die Geschichte der Freundin bruchstückhaft, wie der Ich-Erzähler des *Grand Meaulnes,* zitiert aus Briefen, kommentiert, interpretiert. Zweimal unterwirft Zaza sich dem Liebesverbot der Mutter, das sich auf das patriarchale Dogma gründet, wonach allein der Mann Subjekt der Liebe sein kann.[58] Zaza versteht, fast noch ein Kind, worum es geht in der Passion von Tristan und Isolde, aber sie überwindet die Versuchung zum Selbstmord. Auch ihre zweite große Liebe (zu Merleau-Ponty) endet mit einem Verzicht; Zaza, die Geste der verlassenen Yvonne de Galais wiederholend, zieht, schon in der Vorahnung ihres Todes, aus der Entsagung eine mystisch getönte Freude[59] und macht die Freundin zu ihrer Sprecherin bei dem Geliebten. Vielleicht hat Simone de Beauvoir diesen Auftrag, für eine Verstummte zu sprechen, als Beweggrund und Rechtfertigung ihres Schreibens angenommen.

Denn dieses Schreiben, angetrieben von einem rastlosen Bedürfnis nach Erklärung, Analyse, Kommentar, ist zugleich besessen von einer untergründigen Sehnsucht nach Erlösung, die den manifesten Rationalismus der Autorin immer wieder umkehrt in den Mythos. Den Ort dieses Umschlags markiert die zweideutige Figur der Wiederholung, die ebenso zur existentialistischen Ethik gehört wie zum Mythos.[60]

RENATE LACHMANN

Dialogisches Denken und Rhetorik bei Michail Bachtin

1.

„Es gibt nichts absolut Totes, jeder Sinn wird seine Auferstehung feiern",[1] schreibt Michail Bachtin ein Jahr vor seinem Tod. Mit frappierender Genauigkeit bestätigt die Rezeptionsgeschichte seines Werks diesen Satz: Seit Beginn der zwanziger Jahre (und in den folgenden Jahrzehnten) konzipiert, niedergeschrieben und rekonstruiert, haben seine zentralen Theoreme erst seit Mitte der sechziger Jahre ihre Auferstehung erfahren.[2] Nachdem sie ihre politisch bedingte Verdrängung überlebt haben, können sie nun als brisante Beiträge zu aktuellen kultur- und literaturtheoretischen Diskussionen, ja als Vorwegnahmen dominierender Denkfiguren der Gegenwart gelesen werden. Östliche und westliche Diskurse berühren und widersprechen sich in unterschiedliche Interessen verfolgenden Lektüren seiner Arbeiten zum dialogischen Prinzip des Wortes, zur Polyphonie des Romans, zur Groteske und zur Karnevalskultur, zu Rabelais und zu Dostoevskij, zur Sprachphilosophie und zu Freud.

Es ist der viele Disziplinen tangierende und provozierende Duktus der Bachtinschen Untersuchungen, in denen heterogene Denktraditionen verschmolzen werden, aber auch die Polyvalenz der Begrifflichkeit, deren Spezifikum eine flottierende auslegungsbedürftige Metaphorik ist, die das Bachtinsche Werk für diese Vielfachlesbarkeit anfällig macht. Oder anders: In divergierenden Rezeptionssträngen wird der Verfechter der Heteroglossie, des Sinnpluralismus und der immer aufgeschobenen letzten Wahrheit beim vielstimmigen Wort genommen.

Kurz nach der 1963 erfolgten Neuauflage seines 1929 geschriebenen Buches *Probleme der Poetik Dostoevskijs*[3] findet die für den französischen literaturtheoretischen Kontext entscheidende Berührung mit Bachtin statt: Die aus Sofia stammende Strukturalistin Julia Kristeva entwickelt aus Bachtins Prinzip des Wort und Text bedingenden Dialogismus ihr Konzept der Intertextualität, das nun seit 35 Jahren die Texttheorie irritiert (mit sich abschwächender Intensität).

Dieses Konzept, das den Einzeltext in einem Verweisungszusammenhang mit den anderen Texten und deren Interdependenz als dialogische reflektiert, markiert den Beginn des poststrukturalen Denkens in der Literaturtheorie. In den USA gerät Bachtin in den Kontext der Dekonstruktivismus-Debatte, in die Umklammerung postmoderner Theoreme zur Dezentrierung des Subjekts, zur Repräsentations- und Logozentrismus-Kritik. Diese eher postideologische Rezeption wird durch eine re-ideologisierende ausgependelt, die Bachtin aufgrund seiner Sprachphilosophie zum marxistischen Kulturkritiker par excellence avancieren läßt. Auch in der ehemaligen Sowjetunion ist Bachtin Objekt extremer Lesarten geworden. Zum einen seitens einer neoslavophilen Gruppierung, die Bachtin zum Verkünder eines allslavischen Heilsgedankens stilisiert, zum anderen seitens der avanciertesten Theorie-Schule: der Tartu-Moskauer Kultursemiotik. Hier, parteiisch gesagt, sind die Bachtinschen Theoreme in die besseren Hände geraten: Sein Zeichen- und Kulturbegriff wurde weitergedacht und präzisiert, seine Terminologie geprüft. Die neunziger Jahre, von verschiedenen internationalen Bachtin-Konferenzen geprägt, zeigen ein zunehmendes Interesse für die philosophischen Wurzeln Bachtinschen Denkens, auch das Moskauer Bachtin-Laboratorium (*bachtinskaja laboratorija*), das seine Werke und solche unter dem Namen seiner Schüler publizierte Arbeiten[4] reediert, bekundet eine deutlich philosophiehistorische Tendenz.[5] Außerhalb dieser Schulen und Gruppierungen berufen sich die Humor- und Groteskespezialisten ebenso wie die Wiederentdecker des Körpers auf Bachtins Konzept der Leiblichkeit und der fröhlichen Materie, der Überschreitung, Entgrenzung und der heiteren Anarchie. Dieses Konzept formuliert ein von weltanschaulichem Pathos getragenes Modell eines angst- und herrschaftsfreien Raums, in dem das Lachen den Körper aus seiner Unterwerfung unter die öffentliche Zensur befreit, einen Körper, der, mit seinen niedrigen Funktionen versöhnt, seinen Tod nicht als Ende, sondern als Verheißung der Wiedergeburt hinnimmt. Der individuelle Tod wird so zur Bestätigung des Nicht-Todes der Gattung, des Gesamtkörpers Menschheit. Das Volk, das in diesem angstfreien Raum agiert, ist ein Geschichte und konkrete Zeit übersteigendes Über-

Individuum, das die Lachkultur vermittels eines Ensembles von Riten und Symbolen periodisch inszeniert und damit eine Lebensform auf Zeit, den Karneval, in Erscheinung treten läßt.[6]

Das Prinzip des Lachens, das diese Lebensform organisiert, übersteigt die Gegenstände, auf die es sich temporär richtet: d.h. die offiziellen Institutionen und das Sakrale. Es ist ein den Gattungskörper der Menschheit erschütterndes, dem „Weltganzen" geltendes Lachen, in dem eine „zweite Wahrheit" über die Welt verkündet wird. Diese offenbart sich als Ort, an dem das „Körperdrama" von Geburt, Koitus, Tod, Wachsen, Essen, Trinken und Entleerung sich abspielt. Die Wahrheit der zweiten Offenbarung ist die Wahrheit der Relativität, der Krise und des Wechsels: die Wahrheit der Ambivalenz. Im Akt des Karnevalslachens wird die Krise als Verneinung und Bejahung manifest, als Spott und Triumph. Das Schwellen- und Krisenbewußtsein, das der Karnevalsperiode entspricht, verweigert die Lösung, die Vereindeutigung: Es dementiert das Absolute des Todes.

Damit gewinnt die Bachtinsche Konzeption ihre utopische Dimension: die Versöhnung von Leben und Tod im Lachen der Ambivalenz. In der Lachhandlung werden Wechsel und Krise als die eigentlichen primären Bedingungen des Lebens gegen Dogma, Herrschaft und Autorität ausgespielt. Das Spektakuläre der karnevalesken Rituale richtet sich nicht eigentlich gegen die Institutionen, deren Funktionen und Formen lediglich auf Zeit usurpiert werden, sondern gegen jenen Verlust utopischen Potentials, den Dogma, Autorität und die eine alternativelose Wahrheit verursachen.

Das Lachen ist die alles umfassende Geste, die die Ambivalenzerfahrung artikuliert, und es repräsentiert zugleich die Grundkompetenz des Menschen, die ihm die Überwindung der „kosmischen Angst" ermöglicht. Die kosmische Angst, die den Gattungskörper der Menschheit erfaßt, ist stärker als die individuelle Angst vor dem individuellen Tod. Das Lachprinzip, das sie aufhebt, indem sie sie in die Sprache des Materiell-Leiblichen übersetzt, ließe sich somit als das kulturgenerierende Prinzip überhaupt begreifen, denn nur die im Lachen hervorgebrachte Kultur reflektiert das Werden, den Umbruch, die Schwelle, die Wiederkehr, das Nicht-Ende. Das Lachprinzip garantiert die Regeneration des Gattungskörpers, die Akkumulation der Kulturerfahrung als Gedächtnis, das sich zyklisch in den konkreten Formen der Karnevalsriten zum Ausdruck bringt.

So wie Bachtin den Tod der Gattung Mensch leugnet, leugnet er den Tod eines das Individuum überschreitenden Sinngebungs- und Sinnerneuerungsprozesses, der die endgültige Wahrheit nicht ausspricht, sondern als uneinholbare vor sich hertreibt. Sinn entsteht in der sozialen Interaktion, im dialogischen Prozeß, er ist das dynamische, unruhige Produkt des Kontaktes antagonistischer Positionen, der Berührung des Eigenen mit dem Fremden, des Ichs mit dem Anderen. Sinn ist nicht löschbar. Nicht, daß etwas konserviert wird, ist entscheidend, sondern daß ein Sinnelement nicht aufhört zu leben, seine Explosivkraft erhält, und daß die Spuren seiner antagonistischen Entstehung lesbar bleiben.

Karneval ist inszenierte Ambivalenz, in der das Widerspiel von inoffizieller und offizieller Kultur, von Sinn und Gegensinn reflektiert wird.

Aber es gibt noch einen anderen Ort, in dem Ambivalenz inszeniert wird: die Literatur, genauer: die „karnevalisierte" Literatur. Mit diesem die konventionelle Literaturgeschichtsschreibung provozierenden Begriff versucht Bachtin, eine Tradition europäischer Literatur zu profilieren, deren Beginn er im synkretistischen Genre der antiken menippeischen Satire und deren moderne Repräsentation er im Roman des dialogischen Typs sehen will. Im dialogischen Roman, zu dessen Hauptvertreter Dostoevskij avanciert, setzt die Berührung zweier oder mehrerer Sinnpositionen einen semantischen Dynamismus der Uneindeutigkeit in Gang, der den endgültigen, finiten Sinn vorenthält. Die Urszene des Dialogs aber ist nicht der Roman, sondern das Wort selbst. Das Einzelwort wird zur „Arena", in der sich konträre Sinnpositionen kreuzen, Frage und Replik sich berühren, die eigene und die fremde Stimme zusammenklingen.

Das Wort, das auf diese Weise aus seiner monologischen Verläßlichkeit gelöst wird, erhält eine Art Zwitterhaftigkeit, eine innere Ambivalenz. Und es verfügt in der Bachtinschen Konzeption auch über die Fähigkeit, das semantische Drama, das der Dialog in es einspielt, zu speichern und weiterzugeben. Damit wird es zum Träger der Spuren seines Gebrauchs und der soziokulturellen Kontexte, durch die es von Generation zu Generation, von Mund zu Mund gewandert ist.

2.

In der Theoriebildung Bachtins spielt die Rhetorik in doppelter Hinsicht eine konstitutive Rolle, zum einen als deskriptiver Apparat, zum anderen als Ensemble von heterogenen Redetypen mit je spezifischer Lexik, Argumentationsstrategie und stilistischer Ausstattung. Die metaphorische Terminologie Bachtins, die für die Beschreibung bestimmter Formen der Dialogizität entwickelt wird, hat einen rhetorischen Kern, ebenso wie die systematische Analyse der kommunikativen Funktion von Redegenres eine rhetorische Ausrichtung verrät. In Weiterführung einer früheren Arbeit geht es mir nicht nur um den Nachweis der Präsenz der Rhetorik als sekundärer Grammatik und des Rhetorischen als Bezeichnung für einen zwischen dem Monologischen und Dialogischen angesiedelten Redemodus im Denken Bachtins, sondern um die Aufdeckung einer kryptischen Spur nicht-kodifizierter rhetorischer Tradition, die in Bachtins Rezeption der Dialoge Platos sich andeutet. Der Akzent liegt dabei auf der Interpretation der Bachtinschen Bewertung redeorientierter Wahrheitsfindung des von Bachtin apostrophierten ‚sokratischen Dialogs' – dessen gebremste Dialogizität hervorgehoben wird – mit den prominenten Verfahren der Synkrisis und Anakrisis, die Bachtin seinem terminologischen Vokabular nachdrücklich einverleibt. Die implizite Rhetorik der platonischen Dialoge, die sich ihrerseits bekanntlich in Opposition zur Sophistik versteht, vollzieht in ihrer Argumentationsführung – neueren Forschungen zufolge – eine spezifische wandernd-kreisende Bewegung, die letztlich auf einen im Mythos (Apoll) gründenden Ritus zurückgeführt werden kann. Dieses archaische Moment taucht auch in Bachtins spekulativen Konzepten zur unabschließbaren Wahrheitssuche und der Verneinung des ‚letzten endgültigen Wortes' auf und verweist auf die Kontinuität einer voraristotelischen (d.h. unkodifizierten) Rhetoriktradition, deren zentraler Punkt eine dialogisch-polylogische, in Rede gebannte Bewegung ist. Während der Redemodus ‚sokratischer Dialog' für Bachtins Typologie des Prosaworts Hintergrundparadigma ist (womit die archaische Spur überdeckt wird), ist die ‚menippeische Satire' Prototyp des synkretistischen Genres. Bachtin entwickelt von daher eine über Rabelais zu Dostoevskij führende Traditionslinie.

Begreift man Bachtin weniger als Literaturwissenschaftler im strengen Sinn (falls es einen solchen für die Literaturwissenschaft überhaupt geben kann) denn als Vertreter einer „Anderswissenschaft" (*inonauka*, wie der russische Bachtininterpret Igor Peskov formuliert[7]), die eigene Regeln hat, oder als einen wissenschaftlichen Mythopoeten, einen Denker kreativer Unschärfe, verschafft man sich Lizenzen für die Interpretation seiner Begriffsmetaphorik, die über ein semantisches Feld des Werdens, Sich-Herstellens, Noch-Nicht-Ausgesprochenseins, des Aufgeschobenseins der endgültigen Wahrheit, des Zurückhaltens des letzten Wortes, der Unabschließbarkeit und der Ursprungslosigkeit gleitet. Es geht um die Profilierung eines Sinnbildungsprozesses, der das Individuum übersteigt und in dem jeder Sinn seine Auferstehung hat: „selbst ein vergangener, d.h. im Dialog früherer Jahrhunderte entstandener Sinn, kann niemals stabil, ein für allemal vollendet, abgeschlossen werden, er wird im Prozeß der folgenden Entwicklung des Dialogs sich verändern, indem er sich erneuert. In jedem Moment des Dialogs liegen gewaltige Massen vergessenen Sinns beschlossen, doch in der weiteren Entwicklung können sie von neuem in Erinnerung gebracht werden und leben im neuen Kontext, in erneuerter Gestalt auf."[8]

Zu Sätzen dieser Art tritt eine deskriptive, gattungsbezogene Metaphorik, die stilistische, strukturelle und thematische Besonderheiten umkreist und auf eine nachklassische Phase der Rhetorik verweist. Stilmischung, Vielsprachigkeit, Schwelle, Skandal, Exzeß, Hypertrophie und insbesondere Phantastik sind die in diesen Kontext gehörenden Signifikanten.

Es läßt sich also davon ausgehen, daß sowohl die spekulativen als auch die theoretischen Konzepte Bachtins eng mit der rhetorischen Tradition verbunden, mehr noch, davon geprägt sind. Mit seiner Entdeckung des dialogischen Prinzips, das in verschiedenen Aspekten der Rhetorik seine verborgene Rolle spielt, hat Bachtin eben diese Rhetorik zugleich in eine Art Meta-Rhetorik transformiert. ‚Meta' ist hier im Sinne von „hinausgehend über" und nicht im Sinne der Etablierung einer Meta-Ebene gemeint. Bachtin selbst hat das meta, im Sinne der älteren Tradition, in dem von ihm eingeführten Begriff der Meta-Linguistik gebraucht. Die Metalinguistik hat einen über die Systemlinguistik mit ihrem streng ausgelegten binaristischen Zeichenbegriff hinausgehenden Gegenstand: das dialogische Wort. Dieses figuriert in Bachtins Typologie des Prosaworts neben dem denotativen, deskriptiven Wort, das als Ausdruck einer abgeschlossenen auktorialen Sinnsetzung des Sprechers gelten kann, und dem Objektwort (dem Wort der dargestellten Person) als dritter Typus. Es ist das Wort mit Einstellung auf ein fremdes, implizites, mitverstandenes Wort, das zweistimmige Wort.

Nach der in den sechziger Jahren erfolgten Renaissance der Rhetorik, die aus einer alten Disziplin eine neue, moderne machte, was durch ihre strukturalistische und semiotische Aneignung nachhaltig bekräftigt wurde, ließe sich auch Bachtins These zur Rolle des Dialogischen in rhetorisch geprägten Formen als implizite Wiederbelebung rhetorischen Denkens interpretieren.

In seinem großen Essay *Das Wort im Roman (Slovo v romane)*,[9] in seinem Dostoevskij- und in seinem Rabelais-Buch hat sich Bachtin mit der Rhetorik auseinandergesetzt und eine spezifische Abgrenzungstopik entwickelt, die die rhetorische Dialogizität von der Dialogizität künstlerischer Prosa zu unterscheiden erlaubt.

Das grundlegende Unterscheidungskriterium besteht für Bachtin in der Art und Weise der dialogischen Darstellung des Wortes, die er mit der Opposition „Echtheit/Unechtheit" (*podlinnost'/nepodlinnost'*) zu umschreiben versucht. Während Echtheit bedeutet, daß die Wechselbeziehung zwischen dem Wort und dem „Leben der Sprache" bewußt gemacht und in die Darstellung miteinbezogen wird (*osoznanie sootnesennosti slova s žizn'ju jazyka*), was den lebensweltlichen Kontext ebenso einschließt wie das kulturelle Gedächtnis, ist die unechte, oberflächliche Dialogizität in ihrer Neigung zur Abstraktheit jeglicher Verbindung mit der Sprache in ihrer Vielschichtigkeit entblößt und aus der Kommunikation eines konkreten Milieus ausgegliedert.

In Bachtins Konzeption erhält die Rhetorik (das Rhetorische) einen Platz zwischen den rein monologischen und den dialogischen Formen der Rede, wobei die konstitutive Rolle rhetorischer Formen bei der Entstehung des Romans als eines Gattungssynkretismus ebenso anerkannt wird wie die Bedeutung der Rhetorik bei der Analyse des dialogischen als fremden Wortes. Bachtin schlägt nun vor, von einer „besonderen rhetorischen Zweistimmigkeit" im Unterschied zu einer künstlerisch-prosaischen und „von der zweistimmigen rhetorischen Wiedergabe des fremden Wortes [...] im Unterschied zur zweistimmigen Abbildung im Roman" zu sprechen, in der die „Einstellung auf die Gestalt [er sagt „Bild", *obraz*] der Sprache in ihrer Vielschichtigkeit zu konkretem Ausdruck gelangt".[10]

Hierbei sind nun zwei von Bachtin nicht gesonderte Ebenen zu unterscheiden: die Ebene der Grammatik (der Deskription und Analyse) und die Ebene der konkreten Redeformen, der sprachlichen Aktivität überhaupt. Rhetorik als eine Art sekundäre Grammatik gehört ebenso wie Bachtins Metalinguistik zur ersten Ebene, während die dialogisierten Redeformen, die dialogisierten Genres und diejenigen Eigenschaften der Redeinteraktion zur zweiten Ebene gehören, die als Dialogizität bzw. Rhetorizität hervortreten. Des weiteren ergibt sich aus den Bemerkungen Bachtins zu Rhetorik und Roman, daß die Rhetorik in doppelter Weise die Entwicklung der künstlerischen Prosa bestimmt hat: zum einen als einer der formgenerierenden Faktoren bei der Entstehung des antiken Romans, und zum anderen als Inventar von Verfahren und Redegenres rein außerkünstlerischen Charakters, das die Kunstprosa immer wieder zu beeinflussen vermochte.

Im ersten Fall generiert die Rhetorik künstlerische Formen, im zweiten funktioniert sie als Matrix, als paradigmatisches Schema, in dem das Sprechverhalten verschiedener sozialer Schichten seine Spuren hinterlassen hat, d.h. sie injiziert in die Romanform gerade solche Elemente, die aus einem markiert außerkünstlerischen, lebensweltlich-umgangssprachlichen Zusammenhang stammen.

Die Aufdeckung oder Konstruktion dessen, was Bachtin Dialogizität der Sprache und Zweistimmigkeit des Wortes genannt hat, verdankt sich einer Analyse von Redeformen und konzentriert sich auf die Beschreibung einzelner Dialogizität hervortreibender Verfahren. Bachtins Ansatz ist somit eher deskriptiv als präskriptiv. Die Rhetorik als Sekundärgrammatik erfüllt deskriptive und präskriptive bzw. normativ-praktische Funktionen – im Hinblick auf die Hervorbringung einer konkreten Rede (im Rahmen der drei Genera) – doch basiert die deskriptiv-systematisierende und typologisierende Darstellung (Tropen- und Figuren-Lehre, Status- und Argumentenlehre etc.) auf der Analyse. In der analytischen, deskriptiven und typologisierenden Bearbeitung von Redeformen berühren sich also Rhetorik und Bachtins Methode; der normative Aspekt der Rhetorik hat seine Entsprechung in der Bachtinschen Privilegierung der dialogischen Phänomene.

Aber Metalinguistik und Rhetorik koinzidieren nicht nur in der Redeanalyse, sondern auch in der Definitionsarbeit im Bereich von *inventio* und *elocutio,* etwa bei der Bestimmung dialogischer Strategien der *inventio argumentorum* sowie dialogischer Verfahren, die auf der Ebene der Stilistik Relevanz gewinnen. Gerade hier nun gilt es, die dialogische Implikation der rhetorischen Rede- und Stilkonzeption im Kontext der Bachtinschen kritischen Distanzierung zu diskutieren.

Denn einerseits ist es plausibel, daß der Binarismus der Bachtinschen Theorie auf die Dichotomie monologisch/dialogisch nicht verzichten kann, andererseits aber bleibt unbegründet, warum nun das Rhetorische als Ort des ambivalenten Diskurses ausgeschlossen bleiben muß. Schon der rhetorische Sprachansatz erlaubt eine bestimmte Position gegenüber der Dialogizität. Zunächst: Die Abweichungsstrategien, die eine Rhetorik (als Sekundärgrammatik) beschreibt und vorschreibt, bestätigen die dichotomische Sprachkonzeption, ohne die Interaktion zwischen den beiden Polen, die sie konstituieren, als Ambivalenzspannung zu erfassen, das heißt die Ambivalenzbeziehung zwischen Primär- und Sekundärkode wird nicht thematisiert. Doch ist eine solche als dialogischer Kontakt zwischen den beiden Kodes (zwischen *proprium* und *improprium*) vorstellbar: Das sekundärsprachliche *improprium*-Zeichen erscheint als Replik auf das primäre, das seinerseits durch dieses revoziert wird und in ihm enthalten bleibt. Die Dialogizität des Sekundärzeichens, z.B. der Trope, kann die Poetizität eines Textes als semantische Ambivalenz (Ambiguität) konstituieren.

Die Trope wendet sich gegen das habitualisierte, vorfindliche Wort der *consuetudo* (gegen das andere, fremde Wort) und schließt es gleichzeitig ein. In dieser „Doppeltgerichtetheit" *(dvunapravlennost')* des tropischen Wortes liegt die Möglichkeit, einen ‚doppeltgerichteten' Text (Jakobsons „double sensed message")[11] aufzubauen, wobei der Grad und die Art des Tropischen (Tropizität) und die Dialogizität einander bedingen. Die Rhetorik als Instanz, die die Einrichtung eines stabilen, hierarchisch geordneten Systems von Kommunikationsformen unterstützt, entscheidet auch über Zulässigkeit/Nichtzulässigkeit bestimmter Typen von Tropizität, womit die Dialogizität restringiert und reguliert wird. Am Beispiel der Metaphorik ließe sich die Tendenz zu einer entfalteten Dialogizität einerseits und einer gebremsten andererseits zeigen. Die topologische Metaphorik läßt die Spannung zwischen *proprium* und *improprium* nicht mehr als dialogisch wahrnehmen, sie ist geregelt; die innovative Metaphorik dagegen intensiviert den dialogischen Bezug durch den Regelverstoß.

Die Doppeltgerichtetheit aber ist dialogisch. Das Dialogische realisiert sich innerhalb des tropischen Ausdrucks, nicht als Konflikt zweier Wertpositionen (wie es für das zweistimmige Wort Bachtins gilt), sondern eher als Interaktion zwischen dem Primär- und dem Sekundärzeichen. In der Trope treffen zwei Sinnpositionen aufeinander, kreuzen sich zwei Ausdrucksebenen; die eigentliche mit der uneigentlichen. Im *improprie*-Ausdruck drängt eine archaische Schicht der Kultur an die Oberfläche, in der Spuren des Mythos zutage treten, oder nimmt ein „Utopisches" Gestalt an, das durch die Überschreitung der akzeptierten semantischen Grenzen auf die unendliche Ausdehnbarkeit des semantischen Feldes hinweist.

Die archaische Schicht gehört einer frühen Etappe des sprachlichen Denkens an, die utopische einer künftigen. Beide Pole – Gedächtnis und Innovation – wirken vor dem Hintergrund des normativen Kodes der gegebenen Sprache, und zwar als Abweichungen. Die Abweichungen – archaisch/utopisch – erscheinen als Fremdelemente, als Elemente anderer Kontexte, als fremde Wörter (*čužie slova*), Fremdwörter. In der aristotelischen Rhetorik ist die Konzeption des fremden Wortes in Begriffen wie *xenikon* oder *barbarismos* (freilich mit anderer wertender Konnotation belegt) enthalten.

(Viktor Šklovskij hat sich bekanntlich in seiner Theorie der „Verfremdung" [*ostranenie*] auf das aristotelische *xenikon* bezogen[12] – wobei das dialogische Moment für ihn nicht im Vordergrund stand. Auch alle Erscheinungen des Synkretismus lassen sich den dialogischen Formen zurechnen.)

3.

Bachtin läßt die Vorstellung der inneren Dialogizität der Tropen durchaus zu und wendet auf diese sogar seinen Begriff der Zweistimmigkeit an, doch besteht er auf deren rein formaler Äußerlichkeit, ihrer Abstraktheit und vermißt jegliche Berührung mit tatsächlicher „Zweisprachigkeit" *(dvujazyčie)* und „Stilvarietät" *(raznostil'nost')*. Zweistimmigkeit aus dieser Perspektive erscheint als schwaches Echo dessen, was in den zutiefst dialogisierten Redeformen vor sich geht, in denen die lebendige zwei- bzw. mehrstimmige Stimme erklingt. Diese durchdringt das Wort, zergliedert und zerspaltet es durch die Erzeugung von Doppelsinn- oder Mehrfachsinnstrukturen.

Mit der Stimme treibt Bachtin sein metaphorisches Pathos auf die Spitze; die Zweistimmigkeit ist nicht nur Mittel, sondern Selbstzweck; im Prosatext ist sie nicht etwa Schwelle zur Handlung, sondern selbst Handlung; die potentielle Unendlichkeit des Dialogs suspendiert auch das Sujet. Seine pointierte Formulierung lautet:

„Alles ist Mittel, der Dialog allein Ziel. Eine einzelne Stimme beendet nichts und entscheidet nichts. Zwei Stimmen sind das Minimum des Lebens."[13]

Es ist nicht von ungefähr, daß die in der Bachtinschen Konzeption konstitutiven Begriffe „Äußerung" *(vyskazyvanie)*, „Zweistimmigkeit" *(dvugolosost'*, die in das Konzept der „Vielstimmigkeit", „Polyphonie", im Raum des Romans, in dem sich viele Stimmen kreuzen, gesteigert wird), weiter: „Replik" in einem direkten Sinne, „innere Rede"/„äußere Rede", Autor bzw. Sprecher/Hörer den Bereich der Stimme, nicht den der Schrift im Sinne der *écriture*, profilieren. Das ließe sich folgendermaßen interpretieren: In der Stimme als Replik auf den Anderen artikuliert sich das Sprecher-Ich, entsteht der Freiraum gegen die Verschriftung. Gegen den Buchstaben tritt die Zweistimmigkeit, gegen die „Literatur" *(pis'mennost')* die Mündlichkeit stilisierende Form des *skaz*. Der Roman, als Ort einer karnevalesken Zeichenpraxis, in seiner generischen Polyvalenz, verstößt gegen den Kanon Literatur, indem er die Stimmen anderer Texte ‚erklingen' läßt und die etablierte Hierarchie der Literatursprache aufbricht durch das Chaos lebendiger Rede. Das Auffinden der Stimme als Zweistimmigkeit und Polyphonie, die Verstimmlichung des gelesenen Textes als Handlung gegen eine fixierende Lektüre, Hören statt Lesen treiben Stimme und Schrift in die beiden Pole einer Opposition auseinander: Die verschriftete Stimme spricht, indem sie in der Schrift ihre ambivalente Stimmspur hörbar macht, gegen den Buchstaben des Gesetzten, des Gesetzes, an.

Im ‚stimmlichen‘ Text des Romans, und das ist Bachtins Pointe, wird die Ambivalenz zwischen Buchstäblichkeit (und fixierter Buchtradition) und der Spontaneität der Polyphonie in eine Spannungskurve verdichtet, die die Überschreitung der Gattungsgrenzen, den Synkretismus der Stile und die „Vielsprachigkeit" *(raznorečie)* abbildet. Die polyphone Zersetzung des Gesetzten, das sich dennoch behauptet, entspricht der ambivalenten Karnevalsgeste, die den inoffiziellen, herrschaftsfreien Raum aus dem offiziellen Herrschaftsraum herausbricht, ohne diesen wirklich zu tangieren.

Gegen die Hypostase des Buchstabens hat Bachtin die Hypostase der Stimme gesetzt, die ‚dargestellte‘ Stimme, die verschriftete Rede, die durch das Erkennen der Spur der Stimme deskriptualisiert oder genauer: entgrammatisiert wird. Ausgehend von der Stimme als Ambivalenz- und als Doppelstimme führt seine Idee zu einer Diaphonologie, nicht zu einer Grammatologie.

Doch ließe sich einwenden, daß der Begriff der Stimme selbst – von Bachtin in eine terminologisierte Metapher transformiert – aus der Rhetorik stammt, in der er eine zentrale Rolle bei den Anweisungen zur Redeausführung spielt. Im rhetorischen Metatext unterliegt nach *inventio, dispositio, elocutio* und *memoria* der fünfte Teil, die *pronuntiatio*, genauen Regeln, die der Intonierung, Betonung, Gestik und Instrumentalisierung der Rede mit Ausdrucksmitteln des Vokalischen gewidmet sind. Die *pronuntiatio* erscheint als Funktor der *elocutio*, insbesondere bei der Bearbeitung der Tropen. Stimme und Trope sind eng verknüpft.

Bachtin hat die rhetorische Qualität der Stimme nicht zur Kenntnis genommen, obgleich er andernorts darauf hinweist, daß die rhetorischen Genres gerade deshalb Einfluß auf die Kunstprosa ausüben konnten, weil sie öffentlich vorgetragen wurden, mit Hilfe lebendiger Stimmen.

Allerdings verschwindet die Stimme mit zunehmender Verschriftlichung der rhetorischen Genera. Und dies gilt insbesonre für das Verstummen der rhetorischen Stimme in den Prosagattungen, in die sie zuvor eingedrungen ist. Aber das ist just die verschriftete Stimme, die Bachtin zu deskriptualisieren versucht. Die metaphorische ‚Wiederauferweckung der Stimme aus dem Schriftgrab' gilt also der rhetorischen, in den Text versunkenen Stimme. Denn: Bachtin versucht die Stimme zu entrhetorisieren durch begriffliche Umschreibungen, die außerhalb rhetorischer Systematik liegen: „Zur Bestimmung der Stimme gehören Timbre, Stimmhöhe, Skala und die ästhetische Kategorie des Lyrischen, Dramatischen. Aber auch: Weltanschauung, das Schicksal des Menschen. Der Mensch tritt als ganzheitliche Stimme *(celostnyj golos)* in den Dialog ein. Er nimmt nicht nur mit seinen Gedanken, sondern mit seinem Schicksal, seiner ganzen Persönlichkeit daran teil."[14]

Die Kriterien von Stimme und Sinn spielen bei der Bachtinschen dialogischen Evolution der von der Rhetorik definierten Tropen die entscheidende Rolle. Damit tritt Bachtin der Rhetorik als Metatext mit Präzisierungen und Differenzbestimmungen entgegen. Zwar kann er einräumen, daß nicht nur das Prosa-Wort, dem er eine klar gegliederte Typologie widmet (die rein methodisch an der Rhetorik orientiert ist), eine Doppelsinn-Struktur aufweist, sondern auch das „poetische-Wort" im engeren Sinn, d.h. die Trope, in der deutlich zwei Sinnpositionen in Konflikt geraten. Aber Bachtin konstatiert in der Trope, besonders in der Metapher, die Abwesenheit einer semantischen Konstellation, die durch zwei Dialogstimmen zustande komme, in denen zwei Wertakzente ihre Stimme erhielten. Die poetische Trope verzichtet auf die Berührung mit dem fremden (anderen) Wort, repräsentiert die mit sich selbst identische Stimme, die Selbstgenügsamkeit des tropischen Ausdrucks.

Bachtin scheint die rhetorische Tradition kippen zu wollen, indem er sie zugleich in ihren Grundannahmen bestätigt; denn durch ‚Prosaisierung' des so verstandenen poetischen Wortes, d.h. der Trope, wird die Doppelstimmigkeit im Sinne konfligierender Sinnpositionen wieder hergestellt, die poetisch-tropische Verkürzung aufgehoben. (Bachtins Beispiel ist die Ironie.) Auch die Metapher wird dialogisch mobilisiert mit Rückgriff auf einen aus der Humboldt-Potebnja-Tradition der Sprachphilosophie stammenden Begriff, den der *enérgeia:* „Daher kann sich die innere Dialogizität des zweistimmigen Wortes in der künstlerischen Prosa niemals thematisch erschöpfen (wie auch die metaphorische Energie der Sprache sich niemals thematisch erschöpfen kann)."[15] Die Metapher – so ließe sich weiterführen – ist nicht nur zweisinnig im engeren Verständnis, sondern sie umschließt auch die Dimension des Fremden als Schnittpunkt zweier differenter semantischer Reihen.

Ohne den Begriff der Stimme läßt sich der des dialogischen Wortes nicht fassen. Die Stimme ist die Spur vor jeder Spur, sie trägt Ablagerungen des Wortes vor, dringt in die Geschichte des Wortes vor, dringt in die Geschichte des Wortes im Wort ein. Die Stimme dezentriert, überschreitet den Zeichenraum, den das Wort absteckt, indem es mit der anderen, der fremden Stimme sich kreuzt. Im Wort intoniert die Stimme den Werkakzent – die punktuelle, transitorische ideologische Entscheidung in der verbalen Interaktion. Das Wort wird in seiner Zeichenhaftigkeit und in seiner Materialität durch die Stimme konstituiert, die das psychische Innen mit dem sozialen Außen verknüpft. Der Chronotop der Stimme ist die antizipierte Vergangenheit, die Nicht-Präsenz.

Wenn ihre Materialität auch unverzichtbar ist, so ist die Stimme doch nicht phonetisch, das heißt, sie läßt sich nicht auf Daten der Phonetik reduzieren. Bachtin beklagt das Beharrungsvermögen der phonetischen Qualitäten des Wortes, die eine Permanenz simulieren, der keine Sinnidentität des Wortes entsprechen kann. Es ist die Stimme, die die Indexikalität des Wortes zerstört, den wiedererkennbaren Sinn falsifiziert. So wird die Endlichkeit und Fixierung, die Präsenz des Wortes eingeholt, indem die Stimme das Wort in immer andere fremde Kontexte einstimmt oder Stimmen re-voziert, die im Wort sedimentiert sind. Denn die Stimme setzt im Wort die Stimme voraus. Die Rolle der Stimme ist subversiv: Sie läßt das Wort nicht zur Ruhe kommen, löscht (vorläufig) Wertakzente, die es artikuliert hat, überlagert es mit neuen, hebt alte hervor. Die Stimme, die Stimmen schaffen Dezentrierung, Aufspaltung, Differenzierung. Das vielstimmige Wort wird zum Ort einer verbalen Interaktion, die keinem Zeichenzentralismus unterworfen ist, die sich der Vereinheitlichung widersetzt und die Dominanz des einen Sinns, der einen Wahrheit unterläuft.

Die Kritik an der Fiktion eines vereindeutigenden, sinnidentifizierenden Wortes, das auf der Basis eines Zeichenbinarismus funktioniert, in dem das Zeichen zum Signal wird, berührt sich

mit Jacques Derridas Logozentrismus-Kritik. Bachtins Kritik rekurriert auf das Konzept der Stimme, des Dialogs, Kontextes und Kontaktes und kehrt die Opposition der *Grammatologie* um: nicht *phoné (logos)* vs. *gramma*, sondern *gramma (logos)* vs. *phoné*.
Die Umkehrung der von Derrida entlarvten Koalition von Logos und Phone in eine solche von Logos und Gramma bei Bachtin ändert nichts an dem Befund einer generellen Gemeinsamkeit. Sie läßt sich insbesondere über den Begriff der *poly-phoné* bestätigen. Die Dezentrierung von Subjekt und Sinn, das Konzept der antizipierten Vergangenheit, der immer offen gehaltenen Zukunft, des verweigerten ersten und letzten Wortes und die explizite Logozentrismuskritik Bachtins sind solche Koinzidenzen. Der den Monologismus apostrophierende Objektivismus wird als Gefahr erkannt, die auf dem Wege der Durchsetzung einer einheitlich strukturierten Zeichengemeinschaft alle Aufspaltung und Differenzierung verhindert. Das System erstickt die Stimme. Die Schrift Derridas als differentielle Aufschubstruktur und als uneinholbare Nachträglichkeit gibt der Bachtinschen Stimme ihre logoskritische Kontur. Die Schrift ist für Bachtin jene disziplinierende Kraft, die den Sinnpluralismus und die Vielstimmigkeit einebnet, zugleich aber die Schrift zum Speicher der Stimmen werden läßt; es gilt, Schrift zum Klingen zu bringen. So bewegt sich die Stimme in einem Prozeß zwischen Grammatisierung und Entgrammatisierung. In der Vielzahl der Intonationen, die den einen Sinn zersetzen, verstummt das Stimmwort in die Schrift, doch um eben diese Intonationen, die vielfach gekreuzten Sinnintentionen zu erfassen, bedarf es der Wahrnehmung der Stimmspuren, die in der schriftlichen Fixierung eine Art vorläufiger Eindeutigkeit ‚erlitten' haben. Die Schrift ist ohne die zusätzliche Anstrengung, sie zu verstimmlichen, nicht dialogisch. Nur im Roman gelingt diese Verstimmlichung der Schrift.

So verstanden läßt sich vom ‚vokalischen' Text des Romans sprechen, dessen Ambivalenzspannung in der unüberwindbaren Differenz zwischen der schriftlichen Fixierung, die auktoriale Garantien für die eine Wahrheit zu geben scheint, und der Polyphonie, die als antiauktoriale, zentrifugale Kraft auftritt, sich aufbaut.

Die Übertretung jenes „Raumes, den unsere Kultur unseren Gebärden und unserem Sprechen einräumt",[16] findet im Roman statt. Der Roman, der immer als Kritik der Kodes auftritt, denen er sich verdankt, entwirft sich in der Replik auf die konkreten anderen Texte. Indem er seine Traditionen schafft und aufhebt, kann er als Gattung gedacht werden, die zwischen Retrospektive und infiniter Potentialität die Fixierung der Schrift – den Beginn des Archivs – ambivalentisiert. In der homophonen Redundanz des verschrifteten Textes muß die polyphone Entropie lesbar/hörbar bleiben.

Die Dezentrierung von Subjekt und Sinn wird von Bachtin immer im Angesicht der Pluralität und des Werdens gedacht, gedacht gegen das Vergessen der Spuren. Der Logozentrismus im Sinne Derridas als Epoche der „parole pleine", des sinnidentischen Wortes, hat die Reflexion über Ursprung und Status der Schrift als Spur der Spur unterdrückt. Die „écriture en général", die weder „image" noch „figuration" noch „signe de signe"[17] ist, wird von einem bestimmten Schriftmodell unterschieden, das als Instrument und Technik der Repräsentation eines Sprachsystems dient (womit Derrida de Saussures reduktionistischem Schriftbegriff entgegenkommt), Konzepte aber wie „signe, technique, représentation, langue"[18] werden in einem Sprachsystem denkbar, das der phonetisch-alphabetischen Schrift verbunden ist, einem System, in dem die logozentrische Metaphysik entstand, die den Sinn des Seins als Präsenz determiniert.

Derrida, der den *Cours de linguistique générale* gegen den Strich grammatologisch liest, läßt seinen *écriture*-Begriff zwischen zwei Polen oszillieren, dem der Fixierung und dem der Emanzipation des Zeichens, womit er sich Bachtin nähert und sich gleichzeitig von ihm entfernt: „Si ‚écriture' signifie inscription et d'abord institution durable d'un signe (et c'est le seul noyau irréductible du concept d'écriture), l'ecriture en général couvre tout le champ des signes linguistiques."[19] Das wird in folgendem Zitat noch deutlicher: „L'idée même d'institution – donc d'arbitraire du signe – est impensable avant la possibilité de l'écriture et hors de sond horizon."[20]

Das heißt, Derrida macht sich gerade die Arbitraritätsthese (gegen Jakobson) zu eigen, um die Schrift als nicht-äußerlichen, nicht-natürlichen und nicht-ikonographischen Signifikanten zu etablieren. Und von hier aus versucht er die Dekonstruktion dessen, was er die logozentrische Metaphysik nennt, die, ohne die

Frage nach der Schrift zu stellen, ihre Methoden der Analyse, Erklärung, Lektüre und Interpretation entworfen hat.

Mit demselben Begriff liest Derrida das Wort als Schrift, mit dem Bachtin es als Stimme hört – dem der Spur.

Das Wort selbst ist Schrift als „trace instituée" und als „trace immotivée". Der kryptische Dogmatismus dieser These – die Idee der ‚Institution der Spur' macht sie dogmatisch – wird gemildert durch das Konzept der ständigen Versetzung der Zeichenidentität: „L'identité à soi du signifié se dérobe et se déplace sans cesse. Le propre du representamen, c'est d' être soi et un autre, de se produire comme une structure de renvoi, de se distraire de soi."[21]

Das ist eine kleine Parallele zu Bachtins Zeichenverständnis als Doppeltes, Alterität Umschließendes, als eine ständig sich umstrukturierende Verweisung. Die Spur, „l'origine de l'origine" oder „archi-trace"[22] („Ursprung des Ursprungs", oder „Ursprung"), konstituiert die Schrift als „archi-écriture"[23] („Urschrift"), die nicht mehr Objekt einer Wissenschaft ist - nicht reduzierbar auf die Form der Präsenz. Das antiszientistische Pathos, das dem Definitorischen (Vereindeutigenden) und dem Ver-Gegenwärtigenden die Bewegung der Spur entzieht, trifft sich mit Bachtins Profilierung des Erkennens der Stimmspur. Bachtin deckt wie Derrida die ‚Unterdrückung' der Spur auf, der Spur als Archi-Phänomen des Gedächtnisses, die Löschung des im Wortgedächtnis gespeicherten und abgelagerten Sinns. Die Unterdrückung der Spur ist die Unterdrückung der Antwort-Struktur des Wortes, der Dialogizität als Setzung in der Übersetzung. Die Archi-Schrift Derridas suggeriert die Analogie zur Archi-Stimme Bachtins, die immer schon die Spur der anderen Stimme trägt.

4.

Während Derridas Konzept unter anderem auf das Schriftkonzept, d.h. die Grammatologie, der Kabbala[24] zurückgeführt werden kann, hat das Bachtinsche Konzept der Dialogstimme eine rhetorische Wurzel.

Allerdings verstellt sein reduktionistisches Rhetorik-Konzept die Tatsache dieser Herkunft. Denn Bachtin rekurriert auf die offizielle kanonisierte Variante der Rhetorik und konzentriert sich dabei ausschließlich auf ihre klassische, normative Ausprägung.

Rhetorik in diesem Verständnis funktioniert gerade durch Ausschluß von Vielsprachigkeit, durch Disziplinierung dialogischer Potentiale und wirkt auf die Vereinheitlichung des kommunikativen Systems innerhalb einer sich vereinheitlichenden zentralistischen Kultur hin.[25]

Bachtin verkennt die Koexistenz von offizieller zentripetaler und inoffizieller zentrifugaler Rhetorik und er unterschätzt die der klassischen Rhetorik des *decorum* gegenüberstehende unklassische, manieristische Tradition, wie sie etwa im Concettismus des 17. Jahrhunderts pointiert zum Ausdruck kommt. Gerade die concettistische *acumen*-Lehre, die sich in einem unklassischen rhetorischen Metatext artikuliert, führt die Möglichkeit dialogischen tropischen Ausdrucks vor, die in den Kontext der Bachtinschen gehört. Es sind gegen die Normativität des *decorum* verstoßende Formen (*lusus verborum*, kühne Metaphern, Oxymoron, Neologismen), in denen sich das dialogische Potential, befreit von Normen wie Maß und Harmonie, in extremer semantischer Konstellation entfaltet. Aber Bachtin läßt nicht nur diese regelsprengende Variante rhetorischer Tradition unberücksichtigt (die allerdings in den Traktaten der Concettisten eine Art Offizialisierung und Kodifizierung erfahren hat), sondern integriert auch diejenige Funktion der Rhetorik nicht, die keinerlei Kodifizierung erfahren hat und in ihrer anti-systematischen, transgressiven Wirkung just jenes Prosagenre generiert hat, das Bachtins Genealogie der sogenannten karnevalisierten Prosaformen mitbegründet hat, die Menippee. Die Menippee erscheint als gewissermaßen verkehrtes, umgestülptes rhetorisches Genre. Ohne Rückgriff auf das deskriptive Instrumentarium der offiziellen Rhetorik unternimmt Bachtin eine Analyse der stilistischen und argumentativ-thematischen Strukturen der Menippee und deckt in ihnen die karnevalistische Umstrukturierung der konventionalisierten rhetorischen Redeformen auf. Damit gibt er diesem nicht kodifizierten Genre einen systematischen Ort, fügt es in eine Tradition, die er von der Antike bis in den modernen Roman verfolgt, und füllt eine Lücke, die die dogmatische Rhetorik offen gelassen hat. Und so dringt die vergessene (verdrängte) inoffizielle Seite der Rhetorik in Bachtins Konzeption ein und wird implizit Bestandteil seiner Theorie.

Neben dieser unbewußten Transformation gibt es evidente Anknüpfungen. Etwa im Bereich der Terminologie; Bachtin bearbeitet die Begrifflichkeit und das interpretatorische Potential von Termini wie Synkrisis, Anakrisis, Enthymema, Trope etc. Selbst dort, wo die rhetorische Terminologie fehlt, erweist sich die konzeptuelle Einstellung als letztlich rhetorisch. Bezeichnungen vom Typ „Wort mit Seitenblick" *(slovo s ogljadkoj),* „Wort mit Hintertür" *(slovo s lazejkoj),* und andere für Bachtins wissenschaftliche Prosa charakteristische terminologisierte Metaphern erweitern nicht nur das Inventar deskriptiver Begriffe, denen sich die Rhetorik seit ihren Anfängen bedient, sondern beleuchten auch Phänomene, die außerhalb des Blickfeldes der kodifizierten Rhetorik liegen.

Doch der Zusammenhang mit einem besonderen Aspekt antiker Rhetorik läßt sich auch an einem anderen Punkt aufzeigen. Bachtin etabliert seinen Begriff der Dialogizität unter Berufung auf den „sokratischen Dialog", dessen Hauptzüge für seine Argumentation die folgenden sind: zum einen „die Vorstellung von der dialogischen Natur der Wahrheit, [...] die dem offiziellen Monologismus [...] entgegengestellt wurde, der eine fertige Wahrheit zu besitzen beanspruchte";[26] zum anderen die konstitutiven Verfahren der Synkrisis und Anakrisis (die Plato durch seinen Dialoggenerator Sokrates als Zusammenführen verschiedener Gesichtspunkte zu einem Thema und als Revokation der Meinung der Gesprächspartner in Szene setzen läßt).

In der Menippee, die Bachtin als karnevalisierte, aus dem sokratischen Dialog weiterentwickelte Gattung und als direkte Vorläuferform des Romans versteht, wird der Synkretismus rhetorischer Genres hervorgehoben, die in den Plato-Dialogen konstitutiv sind: Diatribe (Dialog mit dem abwesenden Partner); Soliloquium (Dialog mit sich selbst); Symposium (Festmahls-, Dia- bzw. Polylog) mit dem „Recht auf besondere Lizenzen, Familiarität, Exzentrik und Ambivalenz".[27]

Hierzu gibt es plausible gräzistische Kritik. In Wolfgang Röslers Auseinandersetzung[28] mit der Bachtinschen Gattungsgenealogie werden alle von diesem für die Menippee namhaft gemachten Charakteristika mit Verweis auf die attische Komödie, die Tragödie und das Epos für hinfällig erklärt. Das karnevaleske Moment, das Bachtin dem sokratischen Dialog, wenn auch in gezügelter Form, zuschreibt, verlegt Rösler in eine Zeit weit vor der Entstehung des Typs ‚sokratischer Dialog' und konstatiert – den Begriff „Transposition", den Bachtin für die Beziehung zwischen karnevalesker Volkskultur und literarischem Text einsetzt, problematisierend – das Karnevaleske nicht als Reflex im Text, sondern als dessen Bestandteil.

Dagegen läßt sich auf anderer Ebene zwischen dem sokratischen Dialog und Bachtins Wahrheits- und Dialogkonzept ein Bezug konstruieren, den die Neulektüre der platonischen Dialoge Gerhard Baudys[29] nahelegt. Es gibt darin keinen Bezug auf Bachtin, so daß das Karnevaleske keine problematische Kategorie ist. Baudy stellt die Metaphorik des „Irrwegs" der wandernden Bewegung *(plane)* als die Grundsemantik der Argumentationsführung der platonischen Dialoge heraus (letztere zählt er zur künstlerischen Prosa), die er im Kontext der apollinischen Kulte sieht.

Die Dialoggestalt, besonders in den frühen Dialogen, sei kreisförmig, oder aber die Gesprächsrunde ende aporetisch. Platon bediene sich nicht nur strukturell, sondern auch lexikalisch der Irrweg-Metaphorik, die aus einer kultischen Tradition stamme und sich im Labyrinth-Tanz realisiere. Die Irrweg-Metaphorik sei eng mit dem Begriff des „Unterwegsseins" verbunden, werde im „Phaidon" von Sokrates selbst gedeutet: Die Irrwegigkeit der Gedanken und Argumente, des Sich-im-Kreis-Bewegens auf der Wahrheitssuche habe kathartische Funktion. Sokrates übernehme hierbei die Rolle des Theseus, der die Tradition überwindet. Theseus – eine Präfiguration Sokrates' – und Sokrates selbst sind Schützlinge Apolls. Vor seinem Tod verfaßt Sokrates im Gefängnis eine Hymne an Apoll und begleitet in Gedanken die Gesandtschaft der Athener nach Delos, wo der Apoll-Kult als Labyrinth-Tanz vollzogen wird. Das choreographische Schema des Labyrinth-Tanzes lasse sich demnach als Interpretationsmuster auf die sokratische Irrweg-Metapher anwenden.

Bachtins Verständnis des sokratischen Dialogs und dessen Rolle als Basis dialogisierten Genres könnte demnach mit einer Vorgeschichte verbunden werden, die im Mythos wurzelt. Die Spuren des Mythos als aus einer außersystemlichen Semantik hervorgegangenes Vor-Bild bestimmen die Argumentationsstrukturen des sokratischen Dialogs. Das Bild des Labyrinth-Tanzes, transformiert in den sprachlichen Tanz der dialogisierenden Akteure, liegt der unabschließbaren Annäherung an die Wahrheit zugrunde, in der Bachtin das Wesen der Dialogizität erblickt. So gesehen steht er in einer platonischen Tradition undogmatischer, anti-sophistischer polylogischer Rhetorik, die in der Behandlung der „letzten Fragen" offen und unabgeschlossen ist. Bachtin schließt diese spezifisch mit dem Apoll-Kult verbundene mythische Folie in seine Konzeption keineswegs explizit ein, und doch partizipiert er am Fortleben des Mythischen, dessen unerschöpfliche Energie er selbst hervorhebt. Aufgrund seiner Überlegungen über die Entstehung und Entwicklung der Gattung, in denen er das Gedächtnis als deren wesentliche Dimension bezeichnet, läßt sich die wissenschaftliche Prosa Bachtins im Horizont eines Gattungsgedächtnisses, eines Gedächtnisses der Formen und Konzepte situieren. In seiner innovativen, Sprache und Literatur betreffenden Theorie wird die verdeckte Tradition einer sehr alten (dialogischen) Rhetorik weitergeschrieben, die, mit dem Mythos verbunden, der normorientierten Rhetorik vorausliegt; zugleich aber wird die aristotelische (monologische) Regelrhetorik für die Beschreibung von Verfahren herangezogen.

Die Bachtinsche Theorie der Dialogizität führt eine rhetorische Tradition fort und über sich hinaus in eine Meta-Rhetorik. Letztlich kann man diese Meta-Rhetorik auf den mythischen Utopismus[30] reduzieren, den er in folgende Worte kleidet: „Bisher hat sich nichts Endgültiges in der Welt ereignet, das letzte Wort der Welt und das letzte Wort über die Welt sind noch nicht gesprochen, die Welt ist offen und frei, noch liegt alles in der Zukunft und wird immer in der Zukunft liegen."[31]

WALTER ERHART

Claude Lévi-Strauss:
Die elementaren Strukturen der Verwandtschaft (1949)

Am Beginn einer unvoreingenommenen Lektüre der *Elementaren Strukturen der Verwandtschaft* mag das Erstaunen darüber stehen, daß dieses Buch überhaupt zu den „Büchern des Jahrhunderts" zählt: ein gelehrtes Werk von etwa 700 Seiten, dem schon bald nach seinem Erscheinen kein geringerer als Georges Bataille bescheinigt, es behandle ein Thema von geradezu „verzweifelter Langeweile".[1] In der Tat: Claude Lévi-Strauss berichtet über Verwandtschaftssysteme in sogenannten primitiven Gesellschaften, und über Hunderte von Seiten werden Verwandtschaftsverhältnisse in Australien, China und Indien nachgewiesen, abgehandelt, aufgelistet und verglichen, auch tabellarisch, in Diagrammen, mit mathematischen Gleichungen und schematischen Abstammungstafeln.

Darüber hinaus beginnt die Abhandlung mit einer eher trockenen Definition: „Unter ‚elementaren Strukturen der Verwandtschaft' verstehe ich solche, in denen die Nomenklatur es ermöglicht, den Kreis der Blutsverwandten und der Schwiegerverwandten unmittelbar zu bestimmen: Systeme, welche die Heirat mit einem bestimmten Typus von Verwandten festlegen; oder, wenn man es lieber will, Systeme, die zwar alle Mitglieder der Gruppe als Verwandte definieren, diese jedoch in zwei Kategorien unterteilen: mögliche Gatten und verbotene Gatten. Den Namen ‚komplexe Strukturen' behalten wir jenen Systemen vor, die sich darauf beschränken, den Kreis der Verwandten zu definieren und die Bestimmung der Gatten anderen, ökonomischen oder psychologischen, Mechanismen überlassen. Der Ausdruck ‚elementare Strukturen' entspricht also in dieser Arbeit dem, was die Soziologen gewöhnlich ‚Präferenzheirat' nennen."[2]

Eine weitere Studie über „Präferenzheiraten" verspricht nicht gerade revolutionäres Neuland. Schon der nächste Satz des Vorworts aber legt eine Spur: Warum ersetzt Lévi-Strauss den Begriff der „Präferenzheirat" so unscheinbar und bescheiden durch den Begriff der „elementaren Strukturen"? Die ebenfalls noch spröde

Antwort: „Wir konnten diese Terminologie nicht beibehalten, da der Hauptgegenstand dieses Buches darin besteht, aufzuzeigen, daß die Heiratsregeln, die Nomenklatur sowie das System der Privilegien und Verbote untrennbare Aspekte ein und derselben Realität sind, welche die Struktur des betrachteten Systems ist."[3]

Regeln, Nomenklatur, Realität, System, Struktur: Mit dem hier abgesteckten Begriffsfeld wechselt Lévi-Strauss plötzlich von einer scheinbar vertrauten soziologischen Diskussion über „Präferenzheiraten" in ein neues Untersuchungsgebiet, das dem ethnographischen Material auf den nächsten 700 Seiten die Sprengkraft einer neuen Theorie unterlegt – die Geburtsstunde eines Phänomens, das mit dem Begriff „Strukturalismus" fortan nur sehr oberflächlich bezeichnet ist.

Um ein Buch von gleichzeitig „verzweifelter Langeweile" und revolutionärem Elan vorzustellen, muß vieles ausgelassen und vieles vergröbert werden. Ich beginne mit einer kurzen Rekapitulation des Inhalts, um in einem zweiten Schritt den Gründen für die ungeheure Resonanz dieses theoretischen Entwurfs auf die Spur zu kommen: einer intellektuellen Revolution, die das französische und europäische Denken um 1950 einschneidend veränderte. Zuletzt möchte ich die bis heute andauernde Kritik an diesem ersten Buch von Lévi-Strauss zumindest erwähnen und vor allem einige aktuelle Anknüpfungspunkte dieser in die Jahre gekommenen Theorie skizzieren.

Welch fundamentale Fragen das Buch von Lévi-Strauss über Verwandtschaftssysteme und Heiratsregeln stellen und beantworten möchte, ist – nach dem Vorwort – an der ersten Überschrift der Einleitung abzulesen: „Natur und Kultur". Lévi-Strauss lehnt es dabei von vornherein ab, die längst überwundene Frage aufzunehmen, wo genau denn die Natur aufhöre und die Kultur anfange, sich also an dem seit je vergeblichen Unternehmen zu beteiligen, den Inhalt der Begriffsphänomene „Natur" und „Kultur" zu bestimmen. Statt einer Unterscheidung wählt Lévi-Strauss einen anderen Weg und fragt, welche strukturelle Voraussetzung denn erfüllt sein muß, wenn von Kultur gesprochen werden kann: „Überall dort, wo eine Regel auftaucht, wissen wir mit Bestimmtheit, daß wir uns auf der Ebene der Kultur befinden."[4]

Kultur als Ganzes kann inhaltlich jedoch genau deshalb schwer oder überhaupt nicht bestimmt werden, weil es überall unterschiedliche Regeln und soziale Übereinkünfte gibt. Wenn man deshalb umgekehrt die strukturelle Voraussetzung der „Natur" benennen will, stößt man auf Universalität – auf eine anthropologische Konstante, die ungeachtet aller kultureller Diversifikationen allen Gesellschaften gemeinsam ist. „Denn das, was bei allen Menschen konstant ist, entzieht sich zwangsläufig dem Bereich der Bräuche, Techniken und Institutionen, durch die ihre Gruppen sich unterscheiden und einander entgegentreten."[5]

Mit dieser Argumentation hat Lévi-Strauss plötzlich doch eine Unterscheidung von Natur und Kultur gefunden: den Gegensatz von Universalität und Regel. Statt ‚kulturelle' und ‚natürliche' Gegebenheiten voneinander abzugrenzen, sucht Lévi-Strauss nun nach einer Verbindungsstelle, an der Natur und Kultur ununterscheidbar ineinandergreifen: nach einer sozialen Regel, die universal, und nach einer anthropologischen Universalität, die dennoch als soziale Regel und als kulturelle Übereinkunft erkennbar ist. Er findet diese auf einem Terrain, das die Ethnologen, Soziologen, Psychologen und Historiker schon immer und vor allem das ganze 19. Jahrhundert hindurch beschäftigt hat: dem Rätsel des Inzest-Tabus.

Das Inzest-Verbot reglementiert und untersagt bestimmte sexuelle Beziehungen. Es greift in die Natur ein – und läßt sich doch in allen uns bekannten gesellschaftlichen Kulturen beobachten, ist demnach universal, ja ‚natürlich'. Es gehört zu einem Bereich sexueller und gesellschaftlicher Normen, in dem die beiden „Ordnungen" der Natur und Kultur immer schon ineinandergreifen, zu den „Beziehungen zwischen den Geschlechtern", auf welchem „Gebiet" sich der „Übergang zwischen den beiden Ordnungen vollziehen kann und muß".[6] Da es also ganz unterschiedliche soziale Regeln – auch zwischen den Geschlechtern – gibt, aber universale geschlechtliche Verbote, könnte das universal auftretende Verbot inzestuöser Beziehungen demnach ein Zeichen für „die Kultur selbst"[7] sein: jene exponierte Regelung, die Kultur initiiert und an der sich das Funktionieren von Kultur ablesen läßt.

Lévi-Strauss kritisiert in einem ersten Schritt – im zweiten Kapitel der Einführung „Das Problem des Inzests" – alle bisher vorgeschlagenen Lösungen des Inzest-Verbotes: Es sind dies – kurz gefaßt – die biologische, die psychologische und die historische Erklärung. Die biologische Erklärung des Inzest-Verbotes geht von eugenischen Motiven der natürlichen Selektion aus, von einer biologischen Regel der Natur. Die psychologische Erklärung begründet das Verbot mit einer psychischen Hemmung der Sexualität bei nahe zusammenlebenden Verwandten. Die historisch-funktionalistische Erklärung leitet das Inzest-Verbot von einer Geschichte ab, in der einst die Praxis der Raubehen und die sakral-religiösen Traditionen der „Blutscheu" geherrscht hätten: Von dieser heute nicht mehr geltenden Praxis her soll sich das Inzest-Verbot – gleichsam als funktionale Schwundstufe – bis heute erhalten haben.

Lévi-Strauss setzt mit seiner Erklärung um einiges tiefer an. Eine Analyse des Inzest-Phänomens könne sich weder mit natürlich-biologischen Gegebenheiten noch mit historischen und sozialen „Modalitäten der Institution in dieser oder jener besonderen Gesellschaft"[8] zufriedengeben. Sie müsse zunächst grundsätzlicher fragen, „welche tiefen und allgegenwärtigen Ursachen bewirken, daß es in allen Gesellschaften und zu allen Zeiten eine Reglementierung der Beziehungen zwischen den Geschlechtern gibt".[9] Und genau dies markiert den Einsatz des strukturalen Denkens: nicht zu fragen, wie es zu dieser und jener Regel kam, sondern warum es überhaupt jene allgemeine und überall geltende Regel gibt, jenes „allgemeine Merkmal [...], einige Verwandtschaftsgrade zu verbieten".[10]

Bevor die von Lévi-Strauss in den Blick gerückte Allgemeinheit dieser Regel näher betrachtet wird, gilt es zunächst zwei grundsätzliche Voraussetzungen bei der Klärung des Inzest-Rätsels zu beachten. Inzest ist erstens nicht mit Sexualität zwischen Blutsverwandten gleichzusetzen, sondern ein Begriff für Heiratsregeln und Heiratsverbote: für die universal auftretende Regel, einige Verwandtschaftsgrade zu verbieten (die Heirat zwischen Geschwistern etwa, oder zwischen den Kindern von zwei Brüdern), bestimmte Verbindungen zwischen den Geschlechtern also zu untersagen, andere zu erlauben oder zu fördern. Die für moderne Gesellschaften reduzierte Formel, Inzest bedeute Sexualität zwischen Eltern und Kindern sowie zwischen Geschwistern, ist ein hiervon abgeleitetes Phänomen, an dessen Ursprung etwas ganz anderes sichtbar wird: Heiratsregeln, die nach bestimmten elementaren Mustern organisiert sind. Diese Regeln sind nicht ‚natürlich', weil sie in soziale Regelungen eingepaßt sind, weil sie vor allem auch die Natur außer Kraft setzen können: wenn z. B. die Heirat zwischen den Kindern von Bruder und Schwester, die sog. Kreuzkusinenheirat, in allen Kulturen erlaubt ist, die Heirat zwischen den Kindern zweier Brüder oder zweier Schwestern, die sog. Parallelkusinenheirat, streng verboten ist. Da biologische und sexuelle Gesichtspunkte hier folglich keine Rolle spielen, haben wir es mit universalen kulturellen Regeln zu tun. Familien sind keineswegs natürliche Gegebenheiten von Blutsverwandtschaft und Abstammung, sondern Produkte einer Kultur, die der Natur bestimmte Verbindungen vorschreibt und so ganz eigene Verwandtschaftsgesetze, die Regeln der „Allianz" hervorbringt.

Heiratsregeln und Inzest-Verbote sind zweitens die grundlegenden Elemente einer Gesellschaft, die ihre Existenz in erster Linie durch matrimoniale Tauschgeschäfte sicherstellt. „Die Grundlagen des Tauschs": Mit diesem Kapitel beginnt die eigentliche ethnologische Studie, nach Vorwort und langer Einführung. Lévi-Strauss überführt die Diskussion über das Inzest-Verbot dort in eine Analyse der „elementaren Strukturen" – nicht nur der Verwandtschaft, sondern der Gesellschaften schlechthin. Zu diesem Zweck entlehnt er die Theorie des französischen Soziologen Marcel Mauss über die *Gabe*,[11] um sie auf die Geschlechterverhältnisse zu übertragen: Mit Ehen und Heiraten tauschen sich gesellschaftliche Gruppen aus, und es sind keineswegs Männer und Frauen, die sich (wie in modernen Gesellschaften und in modernen Lesarten) patriarchalisch oder ehelich gegenüberstehen. Es sind vielmehr zwei männliche Gruppen, zwischen denen die Frauen als Tauschobjekte und als Tauschgüter zirkulieren: Die eigenen Frauen werden in andere Gruppen transferiert, dafür können fremde Frauen der eigenen Gesellschaft hinzugefügt und dieser buchstäblich einverleibt werden.

Der entscheidende Gedanke dieser zunächst ethnologischen, dann jedoch anthropologisch verallgemeinerten Betrachtung ist die Umkehrung des Inzest-Verbotes in eine positiv formulierte Regel. Das Verbot der Heirat zwischen bestimmten Verwandtschaftsgraden bedeutet positiv: die eigene verwandtschaftliche Gruppe nach außen hin zu öffnen, mit anderen Gruppen in Kontakt und in wechselseitige Beziehungen zu treten, heißt gesellschaftliche Vernetzung zu organisieren und sich selbst als Gruppe nicht nach innen abzuschließen. Im Kapitel „Endogamie und

Exogamie" formuliert Lévi-Strauss solche positiven Effekte: Durch Heiraten und Allianzen treten Gruppen in friedliche Beziehung und etablieren Regeln der Gegenseitigkeit. In gewisser Weise ist das Inzesttabu sogar selbst eine solche „Regel der Gegenseitigkeit",[12] eine Verpflichtung, Exogamie zu praktizieren. Das Verbot, in die eigene Verwandtschaft hinein zu heiraten, läßt sich demzufolge als Initiation von Gesellschaft schlechthin verstehen, als Aufforderung, etwa durch Kreuzkusinenheirat stabile soziale Bündnisse zu stiften. Jahrzehnte später wird Michel Foucault diesen Ansatz aufnehmen und weiterentwickeln: Die Verbote, die Tabus und Repressionen einer Gesellschaft sind nicht als Ausfluß einer ominösen Macht zu interpretieren, die immer nur verbietet, Freiheit einschränkt und Individuen reglementiert; all diese Grenzziehungen und Machteffekte öffnen vielmehr ein Feld sozialer und kultureller Praktiken, die positive Effekte erzielen, Sozialität ermöglichen und so erst die Realität des scheinbar Verbotenen herstellen.[13]

Im Tauschprinzip hat Lévi-Strauss eine universale Struktur entdeckt, die als eine gesellschaftliche Regel Gesellschaft zugleich begründet. Vielleicht aber läßt sich an dieser Stelle immer noch nicht ermessen, warum dieses Buch über die *Elementaren Strukturen der Verwandtschaft* zu einem theoretischen Ereignis des 20. Jahrhunderts geworden ist. Ein großes Rätsel des 19. Jahrhunderts, das noch Sigmund Freud – ohne Erfolg – beschäftigt hat, der Ursprung des Inzest-Tabus,[14] mag hier gelöst sein – mit ethnographischen Untersuchungen und Feldforschungen, auf eine imponierende, interdisziplinäre Weise, die das Thema aus seinen disziplinären Zwängen und Irrtümern befreit und zweifellos zu den epochalen ethnologischen Leistungen des 20. Jahrhunderts gehört. Die eigentliche revolutionäre Wirkung dieses Buches liegt aber in etwas gänzlich Neuem begründet, in einer Theorie und einer Methodik, die Ethnologie und Anthropologie nicht nur neu zu begründen, sondern zugleich als neue Leitdisziplinen aller Humanwissenschaften zu inthronisieren versuchte. Fünf wesentliche Bestandteile dieser Wirkung seien genannt.

1. Der Universalitätsanspruch des Strukturalismus

In einem Zwischenkapitel des Buches reflektiert der Autor über das bisherige Vorgehen und gibt zu, sich noch in einem „Stadium der Vorarbeit und Skizzierung" zu befinden: Es sei noch nicht an der Zeit, „einen Beweis zu führen"; statt dessen soll eine „Pause" eingelegt werden. Diese Pause könnte zugleich – einen „Augenblick" lang – dazu dienen, die „Prämissen" des Buches zu „überdenken". In diesem unscheinbaren, ja bescheidenen Moment gibt Lévi-Strauss plötzlich zu erkennen, worum es ihm im Grunde, in der Grundlegung seiner Beweisführung geht: Jede solche Untersuchung über basale gesellschaftliche Organisationsformen – so Lévi-Strauss – wäre „ganz sinnlos", wenn sie nicht „bestimmte Grundstrukturen des menschlichen Geistes berücksichtigen" würde.[15]

Genau dies aber versucht Lévi-Strauss zu leisten: Das Tauschprinzip als eine Regel sozialer Gegenseitigkeit erklärt nicht nur das Inzestverbot und den Frauentausch, sondern auch die universale „Grundstruktur" des sozialen Lebens und jeglicher Kultur überhaupt. Deshalb bringt der Ethnologe in dieser „Pause" die Theorie über die kindliche Psyche (etwa eines Jean Piaget[16]) ins Spiel, deshalb auch übernimmt er die These vom Kind als einem primitiven Eingeborenen der Erwachsenenwelt, um auch darin einen „universellen Fundus" an Strukturen zu entdecken, aus dem die „geistigen Schemata des Erwachsenen" geformt sind.[17] Die am Problem beteiligten sozialwissenschaftlichen Disziplinen werden sämtlich auf die von ihnen selbst gerade nicht erkannten grundlegenden Strukturen des Denkens bezogen. Auf der anderen Seite etabliert sich ein strukturalistisches Modell auf diese Weise plötzlich als eine neue wissenschaftliche Theorie, die ungelöste Widersprüche und grundlegende Aufgaben der unterschiedlichsten Disziplinen zu lösen imstande ist.[18]

2. Der Universalitätsanspruch der Ethnologie

Wenn Lévi-Strauss fast *en passant* erwähnt, „daß das kindliche Denken so etwas wie einen gemeinsamen Nenner aller Denkformen und aller Kulturen bildet",[19] so bezieht sich dies um so direkter auch auf das ethnologische Feld archaischer Kulturen, mit dem dieses Buch hauptsächlich beschäftigt ist. Und in der Tat reißt Lévi-Strauss die in der Ethnologie bis dahin unbestrittenen Grenzzäune zwischen dem primitiven und dem zivilisierten Denken ein – zunächst wieder eher beiläufig, indem er seine strukturellen Ergebnisse, das Verhalten von Gruppen in Tauschprozessen, zuweilen am Beispiel des zivilen westlichen Alltags illustriert, etwa bei Begegnungen von Fremden im Restaurant oder beim ethnographisch auffallenden Gruppenverhalten in Eisenbahnabteilen.[20] Verbunden sind diese Hinweise mit der nur gelegentlich hervortretenden Annahme, daß die „elementaren Strukturen der Verwandtschaft" insgesamt keineswegs auf archaische Verwandtschaftsformen beschränkt sind, sondern anthropologisch sehr tiefgreifende Strukturen abbilden: daß moderne Familien etwa ebenfalls – immer noch und immer schon – nach den Regeln des Tausches organisiert sind.[21]

3. Die Kritik des geschichtlichen Denkens

Vor allem wenn sich Lévi-Strauss den bisherigen Leistungen der Anthropologie und der Sozialwissenschaften zuwendet, beginnt er die dort zumeist vorherrschenden Erklärungen zu kritisieren. Um die strukturellen Fundamente der Verwandtschaftsbeziehungen freizulegen, werden die Argumente des „Historizismus"[22] konsequent bloßgestellt: Genealogische Herleitungen – so Lévi-Strauss – verfehlen stets den Ansatz einer strukturalen Analyse, die gerade nach einem Fundus konstanter Regeln fragt, aus denen die historischen Varianten ihrerseits geschöpft sind. Auch dies war eine Provokation: Die strukturalistische Theorie wurde sogleich inmitten der von den historischen Wissenschaften besetzten Untersuchungsfelder etabliert – eine Provokation, die so stark war, daß sie etwa in Deutschland über Jahrzehnte hinweg Strukturalismus und Poststrukturalismus als ‚ahistorisch' zu diffamieren half, auch als dieses Argument längst als falsch und als überholt gelten konnte.[23]

4. Die Verbindung von Anthropologie und Linguistik

Zu Beginn des Buches, noch in der Einführung, erläutert Lévi-Strauss den Grundirrtum historischer-soziologischer Teilerklärungen mit dem Hinweis auf einen Fehler, wie ihn ein Linguist begehen würde, „der meint, mit der Untersuchung der *Geschichte* des Vokabulars *alle* phonetischen oder morphologischen Gesetze erschöpfend zu behandeln, die der Entwicklung der Sprache zugrunde liegen".[24] Im Anspruch und in der Durchsetzung der strukturalistischen Methode bedeutete dies einen entscheidenden und dabei so naheliegenden Schachzug: Die „elementaren Strukturen" der Verwandtschaft werden mit der Universalität der Sprache in Verbindung gebracht und in ein wechselseitiges Verhältnis gesetzt. Sprache und reziproke Tauschgeschäfte erhellen sich wechselseitig als die basalen Operationen des menschlichen Geistes. Am Ende des Buches benutzt Lévi-Strauss genau diese Analogie, um seine Beweisführung noch einmal zu untermauern und ihr gewissermaßen einen krönenden Abschluß zu verschaffen: „Das Inzestverbot ist so universal wie die Sprache, und auch wenn es zutrifft, daß wir über die Natur der Sprache besser unterrichtet sind als über den Ursprung der Exogamie, können wir doch nur dann hoffen, den Sinn der Institution zu begreifen, wenn wir den Vergleich bis zu Ende führen."[25] Begriffen aber haben wir die „elementaren" Verwandtschaftsstrukturen, wenn wir den Frauentausch als eine universale Grammatik der Gesellschaften verstehen. Tauschgeschäfte beginnen heißt, in eine Sprache und in eine Kommunikation zwischen Gesellschaften zu treten. Der Inzest bildet demnach einen *„Mißbrauch der Sprache"*, die Frauen aber sind *„Zeichen"*, die wie Zeichen funktionieren müssen. Ihre gesellschaftliche Existenz beruht darauf, *„kommuniziert* zu werden".[26]

5. Die Dominanz der Relation über die Substanz

Das Tauschsystem und die Regel der Gegenseitigkeit bestimmen das Verhältnis der Geschlechter, aber auch alle anderen elementaren Vorgänge in Gesellschaften. Am Anfang sowohl von Gesellschaften als auch von strukturalen Analysen steht die Priorität von Verhältnissen und Relationen gegenüber Akteuren, stehen Strukturen statt Inhalte. Es sind gerade nicht die Subjekte, die sich Regeln geben und Verwandtschaften initiieren, sondern es sind die „elementaren Strukturen", die Gesellschaftlichkeit produzieren. Eine „Ordnung hinter dem zu finden, was sich uns als Unordnung zeigt"[27] – dies hat Lévi-Strauss einmal als seinen grundlegenden, strukturalistischen Impuls genannt: eine Ordnung des Denkens, die gegenüber der historischen Kontingenz und der inhaltlichen Varianten das Modell invarianter Strukturen favorisiert. So stellen die Regeln der Dualität und Alternanz, der Opposition und der Symmetrie keine kulturellen Konstruktionen dar, deren historische Existenz es zu erklären gilt, vielmehr sind dies die

„fundamentalen und unmittelbaren Gegebenheiten der geistigen und sozialen Realität",[28] durch die Subjekte selbst erst ins Leben gerufen werden. Deshalb ist es für Lévi-Strauss nicht so sehr entscheidend, ob irgendwann einmal Männer oder Frauen getauscht werden, ob dies freiwillig oder unter Zwang geschieht, ob und wie der bislang universale Frauentausch moralisch zu bewerten sei: Es sind stets die Strukturen, die den Elementen ihren Platz vorschreiben und diese immer in ihrem Verhältnis zur Struktur bestimmen. „Das Tauschverhältnis geht also den ausgetauschten Dingen voraus und ist von ihnen unabhängig. Und die Güter, die identisch sind, wenn man sie isoliert betrachtet, sind nicht mehr identisch, wenn man sie an den Platz stellt, der ihnen in der Struktur der Gegenseitigkeit zukommt."[29]

Mit einem vergleichsweise einfachen ethnologischen Auftrag, nämlich das Rätsel des Inzest-Tabus zu entschlüsseln, hat Lévi-Strauss eine Umkehrung der Humanwissenschaften initiiert, die fortan den Menschen als Effekt der ihn produzierenden Relationen bestimmten – eine Provokation mit Langzeitwirkung, die bis zum sogenannten Poststrukturalismus, aber auch bis zur Soziologie eines Pierre Bourdieu reichen wird.[30]

Ich habe zuletzt – mit den fünf eben genannten Themen – das gewissermaßen harte strukturalistische Programm dieses Buches herauspräpariert, das die umständliche ethnographische Abhandlung über „Präferenzheiraten" in eine Programmschrift des Strukturalismus verwandelt hat – eine Programmschrift übrigens, die das Wort „Strukturalismus" vermeidet. Gleichwohl aber macht das ethnologische Anliegen des Buches, in jener angedeuteten eleganten Mischung von Bescheidenheit und Grundsätzlichkeit, unmißverständlich klar, daß sich am Horizont der auf ihre Fehler verwiesenen und in ihrem grundsätzlichen Wissensanspruch geradezu degradierten wissenschaftlichen Disziplinen sehr wohl eine neue Wissenschaft abzeichnet – eine Wissenschaft der „elementaren Strukturen".[31]

Wie ein vergleichsweise junger, unbekannter Autor eine neue Wissenschaft ins Leben ruft, die schon bald die intellektuelle Szene in Frankreich und in Europa provoziert und beherrscht – diese Biographie hinter dem Jahrhundertbuch ist schon öfter erzählt worden.[32] Der sechsundzwanzig Jahre alte Absolvent der

Philosophie Claude Lévi-Strauss, Gymnasiallehrer in der Provinz, erhält 1934 einen Anruf von Céléstin Bouglé, damals Direktor der *École Normale Supérieure*, mit der Frage, ob er sich nicht als Soziologieprofessor an der Universität von São Paulo bewerben möchte. Lévi-Strauss entdeckt in Brasilien die Ethnologie: Mehrmals reist er ins Landesinnere, studiert das Leben der Nambikwara-Indianer und organisiert mit seiner Frau ethnographische Ausstellungen in Paris. 1939 lernt er in New York – dorthin gelangt er auf der Flucht vor den in Frankreich einrückenden deutschen Besatzungstruppen – den Sprachwissenschaftler Roman Jacobson kennen: eine Initialzündung, aus der die Verbindung von Ethnologie und Linguistik, der *Strukturalismus*, hervorgeht: „Ich war damals eine Art naiver Strukturalist. Ich praktizierte Strukturalismus, ohne es zu wissen. Jacobson hat mir die Existenz eines bereits in einer anderen Disziplin aufgestellten Korpus von Lehren eröffnet: der Linguistik, die ich nie betrieben hatte. Für mich war das eine Erleuchtung."[33]

1948 kehrt Claude Lévi-Strauss nach Frankreich zurück, mit einer Doktorarbeit im Gepäck: *Die elementaren Strukturen der Verwandtschaft*. Nur wenige Dissertationen dürften im 20. Jahrhundert eine solch ungeheure Wirkung entfaltet haben: Zahlreiche junge Philosophen und Soziologen verdanken dem Buch ihre Bekanntschaft mit einer neuen Anthropologie und der strukturalistischen Theorie – und nicht selten ein Initiationserlebnis. Manche sehen in den *Elementaren Strukturen* ein theoretisches Ereignis, das nur mit Marx und mit Freuds *Traumdeutung* zu vergleichen ist;[34] Simone de Beauvoir, wie Lévi-Strauss 1908 geboren, entdeckt eine Bestätigung und Grundlegung ihrer zeitgleich erschienenen Studie über *Das andere Geschlecht*, nämlich jene anthropologisch situierte Tauschpraxis, aufgrund derer Frauen als Waren veräußert werden.[35] Als eine „Versöhnung von Engels und Hegel" und als Erwachen der französischen Soziologie nach langem Schlummer feiert Simone de Beauvoir *Die elementaren Strukturen der Verwandtschaft* im führenden Organ der französischen Existentialisten, *Les Temps Modernes*.[36] Die „Geburt eines Helden": So wurde die durch Lévi-Strauss herbeigeführte Gründung der strukturalistischen Bewegung später mehrfach umschrieben.[37]

Dementsprechend heldenhaft verläuft die akademische Karriere des Claude Lévi-Strauss. Die schnell berühmt gewordene Dissertation verhilft dem Ethnologen schon ein Jahr später zu einer Professur an der *École pratique des hautes études,* zehn Jahre später wird Lévi-Strauss in das *Collège de France* gewählt – auf einen Lehrstuhl für Soziale Anthropologie. In der Zwischenzeit ist ein Buch erschienen, das fast noch berühmter wird als die Dissertation, da es in der Form eines literarischen Reiseberichts und einer intellektuellen Autobiographie die ethnologische Feldforschung und das ethnographische Schreiben neu begründet: *Traurige Tropen.*[38]

Trotz des revolutionären Auftakts war die Theorie über *Die elementaren Strukturen der Verwandtschaft* keineswegs voraussetzungslos. Lévi-Strauss steht in der Tradition von Auguste Comte und Émile Durkheim, er widmet sein Buch dem amerikanischen Ethnographen und Soziologen Lewis H. Morgan, er bewundert den aus Deutschland emigrierten Anthropologen Franz Boas. Mit Marcel Mauss und Roman Jacobson sind zudem jene Denker bereits genannt, deren Theorien Lévi-Strauss aufgreift, übernimmt und gleichzeitig im Hinblick auf eine neue anthropologische Grundlegung miteinander kombiniert. Einerseits befreit Lévi-Strauss das anthropologisch-ethnologische Denken, die Theorien der Sexualität und der Geschlechter, von jeder latenten, bis dahin durchaus üblichen naturwissenschaftlichen, auch biologischen Reduktion und entwickelt eine Kulturtheorie der „elementaren Strukturen". Andererseits verlagert er den Schwerpunkt der Humanwissenschaften von einer eher idealistisch-philosophischen Tradition auf einen Szientismus, der an die Naturwissenschaften erinnert und es plötzlich möglich macht, Kulturwissenschaften in der Nähe einer universalen Gesetzeswissenschaft zu sehen (dazu dient etwa auch der gelegentliche, aber explizite Hinweis von Lévi-Strauss auf die Mathematik). Mit diesem doppelten Programm entfaltet sich der Erfolg des Buches und der von ihm inaugurierten Theoriebildung. Die Kulturwissenschaften erobern sich neue, vormals naturwissenschaftlich besetzte Felder, gleichzeitig werden sie aufgrund ihres neuen elementaren und universalen Anspruchs wissenschaftlich nobilitiert.

Schon kurz nach ihrem Erscheinen haben *Die elementaren Strukturen der Verwandtschaft* – auch aus diesem Grund – heftige Kritik hervorgerufen, die diese Theorie bis heute nahezu unverändert begleitet. Claude Lefort formulierte bereits 1951 (auch als Antwort auf Simone de Beauvoirs positive Rezension) eine philosophische Kritik am strukturalistischen Modell: Lévi-Strauss hege den geheimen und vergeblichen Wunsch, die Gesellschaften nach einem einzigen mathematischen Modell rekonstruieren zu wollen. Auch deshalb konstatiere er dort ausschließlich Regeln, wo es eigentlich Verhaltensweisen und Motive zu analysieren gelte.[39] Von seiten der Ethnologie wurde dementsprechend der universale Geltungsanspruch des Verwandtschaftsmodells für alle bis dahin lebenden Völker und Gesellschaften in Frage gestellt und bestritten.[40] In einer Art Meta-Kritik haben Gesellschaftstheoretiker und poststrukturalistische Philosophen zuletzt den Versuch unternommen, die geheimen Motive des Theoretikers Lévi-Strauss freizulegen und den Anspruch des theoretischen Modells so gleichsam von innen her aufzulösen. Jacques Derrida und Axel Honneth führen den Wunsch des Ethnologen, dem ersten Organisationsprinzip der Kultur nachzuspüren, auf jene tiefe rousseauistische Sehnsucht nach einem Ursprung zurück: einem Denken, das nicht nur die Zivilisation an ihre verdrängten Anfänge erinnert, sondern auch den Abstand der Zeiten aufheben will und ein nostalgisches Ursprungsdenken aktiviert. „Ein strukturalistischer Rousseau" – so überschreibt Axel Honneth seine Kritik am strukturalistischen Impuls.[41] „Die Struktur, das Zeichen und das Spiel" – so formuliert Jacques Derrida seine Einwände gegen einen Struktur-Begriff, der fälschlicherweise ein Zentrum und einen Ursprung dort anzugeben versucht, wo sich – etwa in der Differenz zwischen Natur und Kultur – ein tiefer Bruch der Denkbarkeit und des Bezeichnens überhaupt zeige.[42]

Statt dieser Kritik nachzugehen und sie ihrerseits zu entkräften, seien zum Schluß lediglich einige Anschlußmöglichkeiten skizziert, mit deren Hilfe sich *Die elementaren Strukturen der Verwandtschaft* vielleicht auch im Jahre 2000 trotz aller Kritik behaupten können: als Quelle theoretischer Inspiration und als Instrument in gegenwärtigen kulturwissenschaftlichen Debatten.

Gender Studies

Auffallend ist die zentrale Stellung, die Lévi-Strauss den „Beziehungen zwischen den Geschlechtern" zuspricht: Dort vollzieht sich der „Übergang zwischen den beiden Ordnungen" der Natur und Kultur, von dort aus gelangt Lévi-Strauss überhaupt erst zu seiner fundamentalen Fragestellung, „welche tiefen und allgegenwärtigen Ursachen bewirken, daß es in allen Gesellschaften und zu allen Zeiten eine Reglementierung der Beziehungen zwischen den Geschlechtern gibt".[43] Heute gehört es gewissermaßen zu den Elementarsätzen der Humanwissenschaften, daß die Geschlechter kulturell konstruiert sind. Erst 1975 aber hat die amerikanische Kulturanthropologin Gayle Rubin in einem aufsehenerregenden Artikel mit dem Titel *The Traffic in Women* die Unterscheidung zwischen *sex* und *gender* – in direktem Anschluß an Lévi-Strauss – geprägt.[44] Das *sex/gender*-System jeder Gesellschaft verdankt sich eben nicht bloßen Konventionen und Rollenzwängen, sondern einer „politischen Ökonomie der Sexualität" – jenen „elementaren Strukturen", die in der Psychoanalyse etwa lediglich nach innen verlagert worden sind. *The Traffic*, das sexuelle Tauschgeschäft und die Regel der Gegenseitigkeit, findet heute eben *in* den Frauen statt – in einer psychisch verankerten Ökonomie, die Geschlechtsidentität immer noch nach den elementaren Tauschverfahren organisiert, in denen Frauen sich selbst als Verbindungsglieder und als Medien verstehen.[45]

Nicht ‚Männer' sind die „Inhaber der Macht", sondern ‚Väter': Mit dieser Erkenntnis hat Juliet Mitchell 1971 – auf dem Höhepunkt der feministischen Bewegung – die beunruhigende Tatsache erklärt, daß bei aller Einsicht in die Notwendigkeit der Emanzipation die psychischen Widerstände auch in den Frauen selbst jene so selbstverständliche Freiheit so schwer erreichbar werden lassen.[46] Frauen nämlich sind ‚Töchter' – und als Töchter sind sie in die ihnen einverleibten Tauschprozesse der Verwandtschaft immer schon eingebunden. Wie Gayle Rubin greift Mitchell deshalb auf Lévi-Strauss zurück – um die psychoanalytische Konstellation von Vater, Mutter und Kind wieder zu öffnen für tiefer gelagerte Strukturen und Relationen einer „Verwandtschaft", die ihre materielle Basis längst verloren hat,[47] gleichwohl aber die fortdauernde psychische Verankerung eines „elementaren" *sex/gender*-Systems enthüllt.[48]

Judith Butler hat gezeigt, daß *gender trouble*, das „Unbehagen der Geschlechter", eher auf komplizierten Zeichenprozessen beruht als auf der historischen Formel von Unterdrückung und Befreiung.[49] Statt durch biologische Notwendigkeiten oder durch politisch-ökonomische Zwänge werden Geschlechter heute durch die Fortschreibung von Zeichen und durch Bezeichnungen reproduziert, und aus diesem Grund geht auch Butler auf Lévi-Strauss und auf Foucault zurück: um zu zeigen, daß die geschlechtlichen Subjekte durch die ihnen zugeordneten und zwischen ihnen zirkulierenden Zeichen nicht nur gegängelt, sondern immer auch produziert werden.[50] Es scheint deshalb allemal aussichtsreicher, Zeichenprozesse und Austauschgeschäfte zwischen den Geschlechtern neu zu organisieren und zu verändern, als an die Freiheit egalitärer Subjekte zu appellieren. Und es könnte sein, daß für diese Aufgabe des 21. Jahrhunderts *Die elementaren Strukturen der Verwandtschaft* von Lévi-Strauss nützlicher sind als Simone de Beauvoirs Programmschrift für einen egalitären Feminismus.

Soziologie

Pierre Bourdieu hat in seiner Antrittsvorlesung am *Collège de France* im Jahr 1982 die Grundzüge einer Soziologie entworfen, die statt einer Rekonstruktion gesellschaftlicher Selbstverständnisse stets gegen die Alltagsmythologie des *common sense* verstoßen sollte. Einer der tiefsten Irrtümer bestehe demzufolge nicht nur in der präsupponierten Freiheit gesellschaftlicher Akteure, sondern auch in der gegenteiligen Auffassung, die Menschen wären allein durch gesellschaftliche Strukturen determiniert: „Es fällt leichter, soziale Tatsachen als Sachen oder Personen zu behandeln denn als Relationen. Deshalb sind jene beiden entscheidenden Brüche mit der Spontanphilosophie der Geschichte und mit der Alltagssicht von sozialer Welt: Fernand Braudels Analyse historischer Phänomene von ‚langer Dauer' und Claude Lévi-Strauss' Anwendung der strukturalistischen Denkweise auf derart störrische Objekte wie Verwandtschaftsbeziehungen oder symbolische Systeme, letztlich auch wieder in scholastischen Disputationen über das Verhältnis von Individuum und Struktur versandet."[51]

Die Polemik gegen einen Strukturalismus, der die Opposition zwischen Individuum und Struktur, Freiheit und Determination sowie Geschichte und System gegründet und verfestigt haben soll, hat inzwischen an Überzeugungskraft eingebüßt und allerorten einem „Denken in Feld-Begriffen"[52] Platz gemacht. Wie sich schon an der ersten Gegenüberstellung von Natur und Kultur in den *Elementaren Strukturen der Verwandtschaft* gezeigt hat, lohnt sich eine neue Lektüre von Lévi-Strauss, um den von Bourdieu bezeichneten Weg der Theoriebildung noch einmal zu begehen: Erst die „Ersetzung der naiven Beziehung zwischen Individuum und Gesellschaft"[53] durch Relationen des sozialen Feldes nämlich ermöglicht es, das „Hauptaugenmerk auf den Raum der Beziehungen zu lenken, innerhalb dessen sich die Akteure bewegen".[54]

Kulturwissenschaften

Im letzten Jahrzehnt des 20. Jahrhunderts zeigen sich Literatur- und Kulturwissenschaften von den Möglichkeiten der Ethnologie fasziniert. Explizit und programmatisch war unlängst von einer „anthropologischen Wende" oder gar von einer „Ethnologisierung der Literaturwissenschaft" die Rede.[55] Die Ausstrahlungskraft der ethnologischen Forschung, die einst den Weg des jungen Philosophen Lévi-Strauss inspirierte, scheint nunmehr auch in der Literaturwissenschaft angekommen. Auf der einen Seite bedeutet dies eine längst fällige Auflösung der Nationalphilologien, eine Reflexion auf globale und sich dennoch immer noch unterscheidende Kulturen sowie den Abschied vom eurozentrischen Monopol der hermeneutisch inspirierten Deutungswissenschaften.[56] Auf der anderen Seite aber scheint die damit verbundene Rhetorik des Fremden nicht selten ein neues Deutungsmonopol zu errichten, das als gängige Münze schnell verbraucht zu werden droht: eine seltsame Auszeichnung, ja Sakralisierung dessen, was nur immer fremd ist und die Aura der Alterität verbreitet. Die Kulturwissenschaften erwecken heute zuweilen den Eindruck, das vormals ‚Eigene' in dem Maße zu entwerten, wie sie das ‚Fremde' und ‚Andere' überall eilfertig entdecken.[57] ‚Fremdheit' wird dabei nicht selten zu einem neuen Zauberwort, vor dem ein Verständnis übergreifender oder elementarer Strukturen gar nicht erst versucht wird.

Der gegenwärtige Siegeszug der ‚Kulturwissenschaft' auf einem Feld, das einst von der ‚Gesellschaftstheorie' besetzt war, verdankt sich einer mikroskopischen Vielfalt, Fremdheit und Diversifikation zahlreicher unübersehbar gewordener Kulturen, die sich nicht mehr mittels übergeordneter Strukturen und Theorien erfassen lassen.[58] Die Faszination und Strahlungskraft des Fremden aber könnten sich in dem Maße schnell wieder verbrauchen, wie das Bedürfnis nach einem Verständnis des Eigenen wächst – und hier nach einer Einsicht in übergreifende, womöglich gesellschaftliche oder ‚elementare' Strukturen. Die Betriebsamkeit der Kulturwissenschaften kann vermutlich jene Lücken nicht füllen, die sich inmitten der Aufmerksamkeit auf regionale Motive, kulturelle Differenzen und Aspekte des Fremden gleichwohl bemerkbar machen: einerseits die Analyse von Strukturen, die das Eigene und das Fremde in ein Verhältnis zueinander setzen, eine Gesellschaftstheorie andererseits, die kulturellen Phänomenen ihren Platz in übergreifenden Zusammenhängen zuweist. Der Anstoß von Lévi-Strauss seit den *Elementaren Strukturen der Verwandtschaft* war es stets, das Fremde und das Eigene in einem Feld der Strukturen und der Modelle zu verklammern, das Eigene im Fremden und das Fremde im Eigenen zu erkennen.[59] Auf ähnliche Weise scheint es sinnvoll, inmitten der gegenwärtig eifrigen Suche nach kulturellen Diversifikationen und Inkommensurabilitäten, inmitten eines neuen Vertrauens in die symbolische Kraft kultureller Zeichenvielfalt dennoch an das Projekt eines Lévi-Strauss zu erinnern, das Feld der Kulturen mittels ‚elementarer Strukturen' zu ordnen und dabei den anthropologisch tief verankerten Relationen im Weltverständnis des *homo sapiens* genauso viel Aufmerksamkeit zu schenken wie den flüchtigen Erscheinungen stets wandelbarer Kulturen.

RAINER ROSENBERG

Georg Lukács:
Die Zerstörung der Vernunft (1954)

„Am krassesten wohl manifestierte sich in dem Buch *Die Zerstörung der Vernunft* die von Georg Lukács' eigener," heißt es in Theodor W. Adornos bekanntem Aufsatz *Erpreßte Versöhnung* von 1958.[1] Und Herbert Schnädelbach kam 1983 zu dem Schluß, daß das Buch „nicht zu retten" und nur noch als ein zeitgenössisches Dokument zu verstehen sei, „das seine eigene Wirkungsgeschichte innerhalb des Marxismus gehabt haben mag".[2]

Ein Buch des Jahrhunderts? Man nimmt es zur Hand und stößt gleich am Anfang auf eine Passage, in der der Autor ausdrücklich ein Verfahren verteidigt, das zum Mindeststandard jeder wissenschaftlichen Argumentation gehört, nämlich die Beweisvorlage für den behaupteten Sachverhalt. Konkret: Er rechtfertigt sich dafür, daß er sich auf die Argumentation der Philosophen einläßt und sein Urteil durch authentische Aussagenmitteilung beglaubigt. Lukács spricht von „immanenter Kritik", nennt diese „ein berechtigtes, ja unentbehrliches Moment für die Darstellung und Entlarvung reaktionärer Tendenzen in der Philosophie" und beruft sich darauf, daß die „Klassiker des Marxismus" sie auch stets verwendet haben, so Engels im *Anti-Dühring,* so Lenin im *Empiriokritizismus.* Die Ablehnung der immanenten Kritik gehe nämlich von der „sektiererischen" Auffassung aus, „als ob alles, was für einen bewußten Marxisten-Leninisten sich von selbst versteht, auch für seine Leser ohne Beweis einleuchtend wäre". Lukács versichert, daß der „Gegensatz der verschiedenen bürgerlichen Ideologien zu den Errungenschaften des dialektischen und historischen Materialismus" die „selbstverständliche Grundlage" seiner Behandlung und Kritik sei. „Aber auch der sachliche, philosophische Nachweis der inneren Inkohärenz, Widersprüchlichkeit usw. der einzelnen Philosophien ist unumgänglich, wenn man ihren reaktionären Charakter wirklich konkret zur Evidenz bringen will."[3]

Dieser eine Absatz des Vorworts, das mit „Budapest, November 1952" datiert ist, könnte genügen, um sich das geistige Klima zu vergegenwärtigen, in dem das Buch geschrieben wurde. Aber im Weiterlesen wird man auch bald feststellen, daß das Buch selbst in dem von diesem Klima geprägten Diskurs steht, nicht über ihm – trotz des Verstoßes gegen eine seiner Regeln.

Ich habe diesen Diskurs in seiner Fremdheit für heutige Leser solcher Texte an anderer Stelle zu charakterisieren versucht[4] und dort auch den Standpunkt vertreten, daß seine Hauptmerkmale sich auf die Weltanschauungsform zurückführen lassen, die die Marxsche Theorie im Marxismus-Leninismus angenommen hatte. Lukács hat diese Weltanschauungsform in einem Aufsatz von 1934 quasi zu einem Glaubensbekenntnis verdichtet, das auch über der *Zerstörung der Vernunft* stehen könnte: „Die Grundlage einer jeden richtigen Erkenntnis der Wirklichkeit, gleichviel ob es sich um Natur oder Gesellschaft handle, ist die Anerkennung der Objektivität der Außenwelt, d.h. ihrer Existenz unabhängig vom menschlichen Bewußtsein. Jede Auffassung der Außenwelt ist nichts anderes als eine Widerspiegelung der unabhängig vom Bewußtsein existierenden Welt durch das menschliche Bewußtsein. […] Die Theorie der Widerspiegelung ist die gemeinsame Grundlage für *sämtliche* Formen der theoretischen und praktischen Bewältigung der Wirklichkeit durch das menschliche Bewußtsein. […] Die richtige, umfassende Theorie der Widerspiegelung ist erst im dialektischen Materialismus, in den Werken von Marx, Engels, Lenin und Stalin entstanden. Für das bürgerliche Bewußtsein ist eine richtige Theorie der Widerspiegelung unmöglich. Selbstverständlich gibt es in der *Praxis* der bürgerlichen Wissenschaft und Kunst zahllose Fälle der richtigen Widerspiegelung der Wirklichkeit und auch in der Theorie nicht wenige Vorstöße in der Richtung einer richtigen Fragestellung oder Lösung. Sobald jedoch die Frage ins Erkenntnistheoretische erhoben wird, bleibt jeder bürgerliche Denker entweder im mechanischen Materialismus stecken oder sinkt in den philosophischen Idealismus hinab."[5] Das kann nur heißen: Die notwendige Voraussetzung dafür, diese Erkenntnisschranke zu durchbrechen, ist das proletarische Klassenbewußtsein, worunter Marxisten wie Lukács nicht die jeweilige reale Bewußtseinslage der Arbeiter, sondern den „bewußt gewordenen Sinn" der geschichtlichen Lage der Arbeiterklasse im Marxismus verstehen.[6] Wenn der Marxismus in der Engels-Nachfolge eine wissenschaftliche Lösung der Weltanschauungsfragen prätendiert, sich aber selbst als einzig möglichen Zugang zu diesem Wissen darstellt, dann wird verständlich, daß er unter seinen Anhängern den philosophischen Diskurs generiert, in dem auch *Die Zerstörung der Vernunft* steht. Da er die ‚richtige' Antwort auf alle Weltanschauungsfragen weiß, kann dieser Diskurs vom Standpunkt der absoluten Überlegenheit das gesamte philosophische Denken an der von ihm gewußten Wahrheit messen und nach dem Grad der Annäherung an sie bzw. der Entfernung von ihr beurteilen. Jede epistemologische Problematisierung der Realität der Außenwelt erscheint dann als durch den sozialen Status des Philosophen verursachte Erkenntnisunfähigkeit oder als interessenbedingte bewußte Verschleierung, als Täuschungsmanöver, das der moralischen Verurteilung verfällt. In der Stalin-Zeit hat dieser Diskurs zweifellos an Rigidität, Arroganz und Aggressivität noch zugenommen; im Prinzip ist es – meine ich – aber der Diskurs des Marxismus als Weltanschauung.

Am meisten befremden dürfte heutige Leser, die sich durch die *Dialektik der Aufklärung* hindurchgearbeitet haben, jedoch der ungebrochene Fortschrittsoptimismus, von dem Lukács' Abhandlung getragen wird, obwohl sie die Geschichte einer Gegen-Aufklärung erzählt. Der Marxismus hat diesen Optimismus aus der Identifikation des prozessierenden Hegelschen Weltgeists als der realen geschichtlichen Bewegung gewonnen, indem er die Vollendung der Geschichte, die bei Hegel im Kopf des Philosophen stattfindet, zur praktisch-gesellschaftlichen ‚Mission' der Arbeiterklasse erklärt: die Aufhebung der Entfremdung der Arbeit durch die proletarische Revolution als der wahre Sinn des Hegelschen Gedankens von der Rückkehr des Geistes aus seinem Anderssein zu sich selbst. Die Teleologie war in dieser Konzeption durch die materialistische Begründung des Geschichtsprozesses verdeckt, aber nicht eliminiert worden. Immerhin war – siehe eben Horkheimer und Adorno – eine Reflexion auf die Marxsche Fassung des Entfremdungsgedankens möglich, die aus dieser Teleologie herausführte und damit allerdings auch den Optimismus verlor. Lukács hat sie, auf den Marxschen Ansatz bei Hegel zurückkommend, aus der Latenz wieder hervorgeholt, indem er die Geschichte beim Namen der Vernunft nennt. „Die Verwandlung der Substanz in Subjekt bei Hegel", schreibt er, „ist zugleich die Entdeckung des alles umfassenden und alle Tiefen ergreifenden Waltens der Vernunft in der Wirklichkeit"[7] und: „Wenn das Denken über diese Grenzen [des subjektiven Idealismus – R. R.] hinausstrebt, wenn es reale Inhalte philosophisch erkennen will, dann muß es sich einerseits auf die Widerspiegelungstheorie des Materialismus stützen, andererseits auf den dialektisch begriffenen Weltzusammenhang, und zwar auf einen Weltzusammenhang, der nicht bloß als statischer Zusammenhang von Objektivitäten und Strukturen zu fassen ist, sondern als der dynamische Zusammenhang der Entwicklung (der Aufwärtsbewegung) und damit der vernünftigen Geschichte."[8]

War der Geschichte dank der ihr innewaltenden Vernunft die „Aufwärtsbewegung" zum Kommunismus vorgezeichnet und war die Philosophie nichts anderes als die ideologische Widerspiegelung dieser sich in Klassenkämpfen vollziehenden Bewegung, dann ließ sich philosophisches Denken daran messen, inwieweit es diese Vernunft erkannt oder deren Erkenntnis vorgearbeitet hatte. Man darf wohl annehmen, daß Lukács die revolutionäre Rolle nicht angezweifelt hat, die auch religiöse Bewegungen in Europa noch bis ins 19. Jahrhundert hinein spielen konnten. Mindestens für die Zeit seit Hegel mußte ihm unter den genannten Voraussetzungen jedoch der realgeschichtliche Kampf zwischen Fortschritt und Reaktion in der Philosophiegeschichte als Widerstreit zwischen fortschrittsfördernder rationaler Erkenntnisgewißheit und einem Denken erscheinen, das diese Erkenntnisgewißheit und den Glauben an die Vernunft der Geschichte verloren hatte. Lukács faßt alle Philosophie, von der letzteres gesagt werden kann, unter dem Begriff des Irrationalismus zusammen und bestimmt ihre gesellschaftliche Funktion als Remythisierung der Wirklichkeit zum Zwecke bürgerlicher Herrschaftssicherung. *Die Zerstörung der Vernunft* sollte die „Hauptlinie" der Entwicklung des modernen Irrationalismus herausarbeiten und damit zugleich als Beschreibung von Deutschlands „Weg [...] zu Hitler auf dem Gebiet der Philosophie" gelesen werden können.[9] Darin nun sehe ich heute das eigentliche Skandalon dieses Buches. Lukács' These: „es gibt keine ‚unschuldige' Weltanschauung",[10] ist nicht auszudiskutieren. Selbstverständlich gilt sie oder gilt sie nicht ebenso für Nietzsche wie für Marx. Auch wenn wir es ablehnen, diese Philosophen mit den Verbrechen des Nationalsozialismus bzw. des Stalinismus in Zusammenhang zu bringen, müssen wir akzeptieren, daß die Berufung auf ihre Lehren möglich war. Das Skandalon sehe ich darin, daß das Buch alle nichtmarxistischen bzw. nicht zu Marx hinführenden philosophiegeschichtlich relevanten Strömungen des 19. und 20. Jahrhunderts – vom ‚mittleren' Schelling, Schopenhauer, Kierkegaard und Nietzsche über Dilthey, Simmel und Scheler bis zu Heidegger und Jaspers – sowie die gesamte Soziologie von Schmoller, Tönnies und Max Weber bis zu Mannheim als Marksteine auf dem Weg in die Katastrophe des Zweiten Weltkriegs darzustellen versucht.

Das war natürlich, wenn die „bürgerliche" Philosophie nichts anderes als „gedanklicher Widerschein der realen Entwicklung Deutschlands"[11] sein konnte, nur die Konsequenz aus einer Auffassung des Nationalsozialismus als lediglich einer Variante der Herrschaftsform, zu der die bürgerlich-kapitalistische Gesellschaft in ihrem letzten, dem imperialistischen, Stadium notwendig übergehen mußte. Lukács hat diese Auffassung in dem umfangreichen Nachwort *Über den Irrationalismus der Nachkriegszeit* von 1953 noch bekräftigt, indem er die Politik der USA geradezu als eine Steigerungsform des Hitlerschen „Kreuzzugs" gegen den Kommunismus beschreibt, „in dem das bisher erlangte tiefste geistige Niveau sich mit Lüge und Provokation (Reichstagsbrand), mit viehischer Grausamkeit (Auschwitz usw.) paarte. Dieser vorläufige Tiefpunkt ist nun durch den von Washington inszenierten ‚kalten Krieg' wieder überschritten. Auch hier mischt sich der ideologische Angriff mit Provokationen verschiedenster Art, wobei die Hitlersche Abart dieses Kampfes auf allen Gebieten übertroffen wird."[12]

Man könnte dieses Nachwort als pflichtschuldigen Einsatz in der Propagandaschlacht des Kalten Krieges abtun, zu dem sich der Autor vielleicht auch nur bereit fand, um sein Buch veröffentlichen zu können. Wenn es nicht die als Abstieg von den Höhen des klassischen deutschen Idealismus erzählte Geschichte der „bürgerlichen" Philosophie in die Schilderung eines allgemeinen Verfallsprozesses der bürgerlichen Kultur überführte und damit auf den Ausgangspunkt von Lukács' Frühwerk zurückverwiese. *Die Zerstörung der Vernunft* erhält so ihren Platz in einer von Lukács' Anfängen her datierenden Kulturkritik, die den Vergleich mit der *Dialektik der Aufklärung* herausfordert.

Sehen wir erst einmal davon ab, daß Lukács die Kritik jetzt aus einer Außenperspektive übt, von einem realen Ort vorgeblich unentfremdeten Lebens aus, konzentriert er sie unbeirrt auf die bürgerlichen Ideologen, ihre Arbeit an der Remythisierung der Wirklichkeit. Was der Irrationalismus in der Philosophie zustande bringt, ist ihm der „Modernismus" in der Kunst, dem er bekanntlich den größten Teil der modernen Kunst zugerechnet hat. Dahinter tritt das, was Horkheimer und Adorno unter dem Begriff der „Kulturindustrie" gefaßt haben und was für sie die kulturelle Situation der Gegenwart bezeichnete, bei Lukács weit zurück. Es kommt bei ihm nur am Rande, und auch dort nur unter moralischem Gesichtspunkt, ins Blickfeld: „Während früher, und besonders in Europa, die Instinktentfesselung als Kunstgehalt auf kleine Kreise einer ‚Elite' der dekadenten parasitären Intelligenz beschränkt war, wird jetzt dieser Gehalt breit popularisiert. Die Grenzen zwischen ‚esoterischer' Kunst und Massenkitsch werden immer energischer abgetragen. Film, Radio, Digest usw. verbreiten in größerem Ausmaße dasselbe, was etwa bei Faulkner als ‚hohe' Literatur gefeiert wird: das ungehemmte Loslassen auch der schlechtesten Instinkte."[13] Wo Horkheimer und Adorno eine hochtechnisierte und nach dem organisatorischen Muster industrieller Großunternehmen durchrationalisierte Produktion identischer kultureller Massenware beschreiben, stehen bei Lukács immer noch die Philosophen- und Dichterindividuen, die das Geschäft bourgeoiser Herrschaftsstabilisierung besorgen. Sein Blick ist auf den Irrationalismus in Philosophie und ‚hoher' Kunst fixiert, und aus dieser Fixierung heraus kann er seine Kritik, mit dem Entstehen des vermeintlich alternativen Gesellschaftszustands, in dem er seinen Beobachtungsposten hat, auch auf die bürgerliche Kultur einschränken, ist der kapitalismuskritische Ansatz bei ihm davor gefeit, sich wie seinerzeit in *Geschichte und Klassenbewußtsein* zu einer Kritik der modernen Welt auszuweiten, die jetzt auch die sozialistische Gesellschaft beträfe. Reflexionen über den Anteil der Aufklärung daran, daß die „technische Rationalität" zur „Rationalität der Herrschaft selbst" wird,[14] sucht man vergebens. Für Lukács kommt der Rationalismus der Aufklärung nur noch als Vorstufe einer Vernunft in Betracht, deren Begriff die rationalistische Denkform, die Logik, in eine Dialektik transzendiert, die sich schließlich – im Marxismus – als Abbildung realer Bewegungsgesetze der Materie im Denken begreift. So sieht er auch neue Mythen nur in der irrationalistischen bürgerlichen Philosophie und in der modernen Kunst entstehen, liegt es ihm doch fern, die in allen modernen Gesellschaften lebenden Mythen der instrumentellen Vernunft, die Horkheimer und Adorno aus der aufklärerischen Selbstermächtigung des Menschen selbst herleiten, als solche zu identifizieren.

Dabei war es doch eben Lukács, der Anfang der zwanziger Jahre eine Rationalismus-Kritik geboten hatte, die die *Dialektik der Aufklärung* in wichtigen Punkten vorwegnimmt. Lukács hatte in *Geschichte und Klassenbewußtsein,* wie Adorno ihm noch in der eingangs zitierten Polemik zugesteht, „die Kategorie der Verdinglichung erstmals auf die philosophische Problematik prinzipiell" angewandt.[15] Er ging darin von der Formalisierung aller sozialen Beziehungen im Zuge der Kapitalismus-Entwicklung aus, in der nach Marx „das bestimmte gesellschaftliche Verhältnis der Menschen selbst [...] für sie die phantasmagorische Form eines Verhältnisses von Dingen annimmt".[16] Diese Formalisierung der Beziehungen ermöglichte und erforderte zugleich eine rationelle Kalkulation der Ergebnisse menschlichen Handelns und zeitigte eine „scheinbar restlose, bis ins tiefste physische und psychische Sein des Menschen hineinreichende Rationalisierung der Welt", die „jedoch ihre Grenzen an dem formellen Charakter ihrer eigenen Rationalität" finde.[17] Denn sie wird nur möglich um den Preis des Absehens vom „qualitativ-materiellen Wesen der ‚Dinge'",[18] des Ausklammerns der konkret-inhaltlichen Fragen nach dem Ganzen des durch die Warenwirtschaft entstandenen Lebenszusammenhangs, der als quasi naturwüchsig und undurchschaubar hingenommen wird. Lukács faßt diese formelle Rationalität als die der kapitalistischen „Verdinglichung der Welt" entsprechende Bewußtseinsstruktur: „Die verdinglichte Welt erscheint nunmehr – philosophisch, auf zweiter Potenz, in ‚kritischer' Beleuchtung – endgültig als die einzig mögliche, einzig begrifflich erfaßbare, begreifbare Welt, die für uns Menschen gegeben ist. [...] Aus der verdinglichten Struktur des Bewußtseins ist die moderne kritische Philosophie entstanden."[19]

Parallelen des europäischen philosophischen Denkens zu der Kapitalismus-Entwicklung hatte bekanntlich schon Max Weber gezogen, wie auch Ferdinand Tönnies, den Lukács mit der Feststellung zitiert, daß „wissenschaftliche Begriffe, die ihrem gewöhnlichen Ursprunge und ihrer dinglichen Beschaffenheit nach

Urteile sind, durch welche Empfindungskomplexen *Namen* gegeben werden", sich „innerhalb der Wissenschaft, wie Waren innerhalb der Gesellschaft" verhalten. „Sie kommen zusammen im System wie Waren auf dem Markte. Der oberste wissenschaftliche Begriff, welcher nicht mehr den Namen von etwas Wirklichem enthält, ist gleich dem Gelde."[20]

„Rationalismus", d. h. „ein Formsystem, dessen Zusammenhang auf die verstandesgemäß erfaßbare, vom Verstand erzeugbare und darum vom Verstand beherrschbare, voraussehbare und berechenbare Seite der Erscheinungen gerichtet war", hat es – wie Lukács unter Berufung auf Max Weber[21] vermerkt – „in den verschiedensten Epochen, in den verschiedensten Formen" gegeben. Während er jedoch in allen vormodernen Gesellschaften nur zur Organisation genau isolierter Teilsysteme, als Mittel zum Erreichen eines nicht rationalen Zweckes, fungierte, trete der Rationalismus in der Moderne mit dem Anspruch auf, *„das Prinzip* des Zusammenhanges sämtlicher Phänomene, die sich dem Leben des Menschen in Natur und Gesellschaft gegenüberstellen, entdeckt zu haben".[22] Diesen Anspruch könne er aber nur durch eine Formalisierung des Denkens erfüllen, die sowohl „die Frage nach dem *Inhalt* jener Formen, in denen ‹wir› die Welt erkennen und erkennen können", als auch „das Problem des Ganzen und das der letzten Substanz der Erkenntnis" ausklammert.[23] (In der Eliminierung dieses Fragenkomplexes aus den Denkoperationen der reinen Vernunft sieht Lukács die Funktion des Kantschen ‹Ding an sich›.)

Es ist hier nicht der Ort, Lukács' Darstellung der „Antinomien des bürgerlichen Denkens" zu referieren, nach der „die Großartigkeit, die Paradoxie und die Tragik der klassischen deutschen Philosophie" darin beschlossen liegen, daß diese „den irrationalen Charakter der Gegebenheit des Begriffsinhalts begreift, an ihm festhält, jedoch über diese Feststellung hinaus, sie überwindet, das System aufzurichten bestrebt ist",[24] und schließlich – wie Lukács meinte – mit ihrer Konstruktion des identischen Subjekt-Objekts, der Einführung der Kategorie der Tätigkeit und der Dimension der Geschichte sowie der dialektischen Methode bis an die Schwelle zur Auflösung der „Ding-an-sich-Irrationalität" gelangte, sie aber nicht wirklich überschreiten konnte.

Festgehalten sei hier nur eben Lukács' prinzipielle Kritik der „modernen rationalistischen Formsysteme", in deren „Widerstreit zwischen ihrem Wesen als von ‚uns' ‚erzeugten' Systemen und [zwischen] ihrer menschenfremden und menschenfernen Notwendigkeit" er „nichts anderes als die logisch-methodologische Formulierung des modernen Gesellschaftszustandes" sieht. Es sei „durchaus nicht zufällig, daß gleich zu Beginn der modernen philosophischen Entwicklung die universale Mathematik als Erkenntnisideal auftaucht: als Versuch, ein rationelles Beziehungssystem zu schaffen, das sämtliche formelle Möglichkeiten, alle Proportionen und Relationen des rationalisierten Daseins umfaßt, mit dessen Hilfe alles Erscheinende – unabhängig von seiner sachlich-materiellen Differentiation – zum Gegenstand eines exakten Kalküls werden kann". Damit richte „sich aber der Versuch, alles Irrationell-Inhaltliche auszuschalten, nicht nur auf das Objekt, sondern in immer geschärfterem Maße auch auf das Subjekt. Die kritische Klärung der Kontemplation bemüht sich immer energischer in der Richtung, aus ihrem eigenen Verhalten alle subjektiv-irrationellen Momente, alles Anthropomorphe restlos auszumerzen; das Subjekt der Erkenntnis immer energischer von dem ‚Menschen' abzulösen und es in ein reines – rein formelles – Subjekt zu verwandeln."[25]

In der Auseinandersetzung mit Lukács ist mehrfach, zuletzt von Herbert Schnädelbach, auf den lebensphilosophischen Hintergrund von *Geschichte und Klassenbewußtsein* hingewiesen worden. Schnädelbach nennt es direkt „ein im Kern lebensphilosophisches Werk mit marxistischer Oberfläche". An vielen Stellen erscheine es so, „als hätte Lukács nur lebensphilosophische Termini durch marxistische ersetzt", beispielsweise den Begriff des Lebens durch den „gesellschaftlichen Gesamtprozeß".[26] Zweifellos läßt gerade Lukács' Rationalismus-Kritik diesen Hintergrund deutlich erkennen. Und in seinem Vorwort zur Neuausgabe von 1967 rechnet er auch selbst, ohne diesen Hintergrund ausdrücklich zu benennen, *Geschichte und Klassenbewußtsein* – eine autobiographische Skizze von 1933 zitierend – den Schriften zu, die seinen Weg zu Marx, seine „Lehrjahre des Marxismus" dokumentieren.[27] Die eigentliche Ankunft bei Marx sah er – ausweislich des genannten Vorworts – in der Korrektur seines Marx-Verständnisses durch das Studium von Lenins Schriften, in seiner Ankunft im Marxismus-Leninismus. Dessen Verfestigung der Marxschen Theorie zur ‚geschlossenen' Weltanschauung ist kennzeichnend für Lukács' Werke seit Anfang der dreißiger Jahre, auch – wie hier gezeigt werden sollte – für *Die Zerstörung der Vernunft*. Als philosophische Doktrin einer Partei, die die Voraussetzungen für das Erreichen ihrer Ziele in dem Land, in dem sie zur Herrschaft gelangt war, nur auf dem Wege der nachholenden technischen Modernisierung schaffen zu können glaubte, kannte der Marxismus-Leninismus keine Skrupel gegenüber jener formellen, technischen Rationalität, die dem frühen Lukács zum Problem geworden war. Sie wurde in der sozialistischen Praxis um so wichtiger, je mehr der Marxismus-Leninismus zum bloßen Herrschaftsdiskurs pervertierte. Theoretisch hatte sich das Problem jedoch scheinbar damit erledigt, daß für ihn diese Rationalität des Denkens im Sozialismus keine bloß formelle mehr war, sondern aus der wissenschaftlichen Weltanschauung, als die sich der Marxismus-Leninismus begriff, unmittelbar hervorging. Sie konnte als die „neue Qualität" erscheinen, die den Rationalismus der Aufklärung und der klassischen deutschen Philosophie im Hegelschen Sinne aufhob und damit als Tradition hinter sich versammelte. Die Fronten waren geklärt: hier der Prozeß des Fortschritts der Vernunft zur wissenschaftlichen Weltanschauung, dort der Abfall von der Vernunft und der fortgesetzte Angriff auf sie von Schelling und der deutschen Romantik bis zur bürgerlichen Philosophie der Gegenwart. Ein Ansatz zur Selbstreflexion des gesamten in der Tradition der Aufklärung sich bewegenden Denkens, wie ihn Horkheimer und Adorno geboten haben, war innerhalb dieses Schemas nicht mehr zu finden.

Heutigen Lesern, die sich in der „Kulturindustrie" eingerichtet und mit ihr umzugehen gelernt haben und deren Denken von der Philosophie der Postmoderne geprägt ist, wird der Kulturpessimismus der *Dialektik der Aufklärung*, wird Adornos – dem Lukács von *Die Seele und die Formen* so verwandte – Beschwörung des authentischen Kunstwerks genauso fremd erscheinen wie die Fortschrittsgläubigkeit der *Zerstörung der Vernunft*. Sie werden möglicherweise da wie dort das Bemühen um die Rettung des autonomen Subjekts am Werke sehen, das ihnen Diskursanalyse und Dekonstruktion längst selbst zum Mythos erklärt haben. Vielleicht sehen sie aber auch, wenn sie von den Wertungen abstrahieren, an wievielen Punkten Horkheimers und Adornos soziokulturelle Analyse der Moderne dem Poststrukturalismus vorgearbeitet hat – Michel Foucault hat in einem späten Interview selbst darauf hingewiesen.[28] Von der *Zerstörung der Vernunft* dagegen scheint kein Weg mehr in die Gegenwart zu führen.

Ein „Buch des Jahrhunderts"? Dieses Jahrhundert verstehen wir heute mit der *Dialektik der Aufklärung* sicher besser als mit der *Zerstörung der Vernunft*. Und über die Auflösung der klassischen deutschen Philosophie erfahren wir genaueres und mehr aus Karl Löwiths 1939 im japanischen Exil abgeschlossenem Band *Von Hegel zu Nietzsche,* den Lukács kannte und auf den er Bezug nimmt. Aber selbst wenn wir von der Wirkung der Bücher ausgehen, der öffentlichen Aufmerksamkeit, die sie erregt, und den Debatten, die sie verursacht haben, käme von Lukács' Schriften wohl am ehesten *Geschichte und Klassenbewußtsein* der Rang eines „Jahrhundertbuches" zu. Dennoch: Auch *Die Zerstörung der Vernunft* hat in ihrer Zeit, wenngleich zunächst vor allem in der DDR, ein Wirkungspotential entfaltet, von dem man sich heute schwerlich noch eine Vorstellung machen kann. Es lag vielleicht gerade auch in ihren skandalösen Vereinfachungen, in der Bestimmtheit, mit der sie uns die Fragen nach dem Gang der neueren bürgerlichen Philosophie zu beantworten wußte. Wir – die erste Generation, die sich ihre philosophische Bildung nach 1945 im Osten erwarb – haben das Buch damals, obwohl Lukács schon im ersten Satz sagt, daß er das nicht bietet, natürlich als eine Philosophiegeschichte gelesen (etwas anderes hatten wir nicht) und mit dem Wissensstoff auch die Anschauungsweise aufgenommen, in der er uns vermittelt wurde. Daran hatten wir lange zu tragen. Immerhin war *Die Zerstörung der Vernunft* das Buch, das uns mit weiten Strecken der Philosophiegeschichte des 20. Jahrhunderts überhaupt erst bekannt machte, in dem wir viele Namen, die uns später noch öfter begegnen sollten, zum ersten Mal buchstabierten. Neu und erhellend für uns war daran aber vor allem, daß es im Unterschied zu dem, was wir kannten, die Philosophie prinzipiell auf ihre Abhängigkeit vom sozialen Standort des Philosophen hin befragte und zugleich in ihrer Wirkung auf das allgemeine Bewußtsein beschrieb. Wir lernten an diesem Buch Ideologiekritik. Und war es nicht auch die erste ideologiekritische philosophiegeschichtliche Zusammenhangsdarstellung?

Zweifellos hat die Grundthese, unter der Lukács' gesamte Kritik der nachhegelschen bürgerlichen Philosophie steht: daß ihre objektive gesellschaftliche Funktion nichts anderes als die Festigung und der Erhalt der kapitalistischen Ordnung und die Abwehr des Sozialismus gewesen sei, in unseren Köpfen, wie auch später noch in den Köpfen mancher westdeutscher Achtundsechziger, mit zu der Blockade geführt, sich auf die Erwägungen nichtmarxistischer Denker überhaupt noch ernsthaft einzulassen. Die Entdifferenzierungsleistung, die diese These voraussetzte und die es Lukács ermöglichte, ein quietistisches philosophisches Denken wie das Schopenhauers und ein aktivistisches wie das Nietzsches unter einen Hut zu bringen, bewältigte er bekanntlich mit dem Begriffspaar von direkter und indirekter Apologetik: Schopenhauer bestätigte den unter sozialer Ungerechtigkeit leidenden Menschen, daß die Welt schlecht eingerichtet ist, lehrte sie zugleich aber die Sinnlosigkeit dieser Welt und damit auch jedes Aufbegehrens. Dem Bürger, den sie von allen gesellschaftlichen Pflichten befreite, gab sie das gute Gewissen zurück, mit dem er sich in dieser sinnlosen Welt einrichten konnte, wie Lukács es in dem berühmten Bild vom „Hotel Abgrund" beschrieben hat: „So erhebt sich das – formell architektonisch geistvoll und übersichtlich aufgebaute – System Schopenhauers, wie ein schönes, mit allem Komfort ausgestattetes modernes Hotel, am Rande des Abgrundes, des Nichts, der Sinnlosigkeit. Und der tägliche Anblick des Abgrundes, zwischen behaglich genossenen Mahlzeiten und Kunstproduktionen, kann die Freude an diesem raffinierten Komfort nur erhöhen."[29]

So inadäquat diese Lukács'sche Bilanz der Philosophie Schopenhauers auch war, sie eröffnete uns – mit dem Blick auf die Biographie des Philosophen – einen Aspekt, unter dem man die Geschichte der Philosophie jedenfalls *auch* betrachten konnte. Es ist dies nur ein Beispiel für die in dem Buch enthaltenen wissens- bzw. wissenschaftssoziologischen Ansätze, deren Entwicklung – eingebunden in den Diskurs des Marxismus-Leninismus, unter dem Horizont der Widerspiegelungstheorie – freilich ihre reduktionistische Form nicht sprengen konnte. Ein anderes Beispiel bietet Lukács' Eingehen auf Nietzsches aphoristische Ausdrucksweise. Er stellt sie einerseits in den Zusammenhang der von ihm diagnostizierten „endgültigen Auflösung des idealistischen Systemgedankens" nach Hegel, sieht in ihr zugleich aber auch die „allgemeine Erscheinung in der Geschichte der Ideologien, daß Denker, die eine gesellschaftliche Entwicklung erst in ihren Keimen beobachten können, die hierin jedoch bereits das Neue erblicken und es, insbesondere auf dem Gebiet der Moral, begrifflich zu erfassen bestrebt sind, die essayistischen, aphoristischen Formen deswegen bevorzugen, weil diese Formen die Mischung von bloßer Ahnung der zukünftigen Entwicklung und scharfer Beobachtung und Bewertung ihrer Symptome den adäquatesten Ausdruck sichern. Dies zeigt sich bei Montaigne und Mandeville, bei den französischen Moralisten von La Rochefoucauld bis zu Vauvenargues und Chamfort."[30] Aus dieser Zeitsituation heraus, „die nur erst Keime und Ansätze des Kommenden produzierte", hatte Lukács, für den Nietzsche natürlich der „führende Philosoph der imperialistischen Reaktion" ist, vorher bereits dessen Rückgriff auf die Form des Mythos erklärt, um schließlich beides – „die Ausdrucksart des Mythos wie seine aphoristische Form" – auch als Wirkungsfaktoren zu würdigen: Solche „Mythen und Aphorismen" konnten, „je nach den jeweiligen Augenblicksinteressen der Bourgeoisie und den Bestrebungen ihrer Ideologen, sehr verschieden, oft geradezu entgegengesetzt, gruppiert und interpretiert" werden.[31] Das sei hier weitaus einfacher als „bei Denkern, die den Zusammenhang ihrer Gedankenwelt in systematischer Form ausgedrückt haben", und erkläre eben auch „den Wechsel in der dauernden Wirksamkeit Nietzsches": „es werden in jeder Etappe, je nach den augenblicklichen Bedürfnissen, andere Aphorismen in den Vordergrund gestellt und miteinander verbunden".[32]

Die durch das ganze Buch hindurchgehenden Fragen, die Lukács zu beantworten versucht, sind Wirkungsfragen – Fragen nach den Wirkungsursachen und Wirkungsweisen bestimmter philosophischer Richtungen, wie etwa, warum Schopenhauers philosophisches Hauptwerk, das bei seinem Erscheinen 1818 kaum beachtet worden war, nach 1848 zum Bestseller wurde; warum Weltanschauungsphilosophien im 19. Jahrhundert die Form des Mythos annahmen und – nachdem Neukantianismus, Positivismus und Empiriokritizismus die Philosophie auf Erkenntnistheorie und Logik zurückgeführt hatten – gegen Ende des Jahrhunderts wieder verstärkt zur Geltung kamen und wie sie ins allgemeine Bewußtsein eindrangen. Lukács' Antworten gehen immer auf die sozialpsychologische Verfassung der Rezipienten zurück, die er ihrerseits oft reichlich unvermittelt aus den ökonomischen und politischen Vorgängen ableitet. Sie erscheinen uns darum heute auch vielfach einseitig oder verkürzt, selbst wenn wir die Verunsicherung großer Teile des Bürgertums durch die kapitalistische Entwicklung, auf die er vorzugsweise abhebt, nicht bezweifeln. Was uns damals für das Buch einnahm und worin ich auch heute noch sein historisches Verdienst sehe, ist jedoch, daß diese Fragen überhaupt gestellt wurden und daß es die Philosophiegeschichte nicht mehr allein aus der Immanenz des philosophischen Denkens hervorgehen ließ.

Nun hat das Lukács-Jahrbuch 1996 einen Aufsatz von Friedhelm Lövenich veröffentlicht,[33] der die gängigen Urteile über *Die Zerstörung der Vernunft* von eben dieser Fragestellung her revidieren möchte. Der Autor, der wahrscheinlich jünger als das Buch ist, hat es – wie man heute sagt – „mit Adorno und Habermas gelesen" und kommt ausgerechnet bei einer solchen Lektüre zu ganz anderen Schlußfolgerungen als diese selbst. Wenn man nämlich „den von Adorno eingeklagten Kern des Irrationalismus: den verzerrten Protest gegen die Verdinglichung in der Moderne, mit dem ‚metaphysischen Bedürfnis' der Leser derartiger Bücher" vermittle und „Lukács' oft verfehlter und vergröberter Analyse der *Werke* [...] ideologiekritische Kompetenz" zumute „in der Erklärung der Faszination ihrer mythisch angelegte(n) Kritik der Moderne für ihre *Leser*", dann gewinne Lukács' Analyse „neue Plausibilität".[34] Lövenich liest *Die Zerstörung der Vernunft* als eine Rezeptionsgeschichte der Philosophie, als ein philosophiesoziologisches Werk, und sein Aufsatz will zeigen, wie sie so gelesen werden kann. Dabei unterstellt er Lukács nicht die Absicht, eine spezielle Rezeptionsgeschichte geplant zu haben; er betont vielmehr, daß man die von ihm vorgeschlagene Inversion durchführen müsse, damit *Die Zerstörung der Vernunft* „weniger als ein Programm für die bürgerliche Philosophiegeschichte" erscheine „als vielmehr für die Geschichte der bürgerlichen Ideologie, die sich tendenziell als ‚Gedankensystem' auflöst und zunehmend zu philosophischer Kulturindustrie und theoretischer Massenkultur verkommt".[35] Mit der Rede von der „Kulturindustrialisierung der Philosophie", also der Herstellung konfektionierter Weltanschauungsmythen für den Massenbedarf, verdeutlicht Lövenich seine Ansicht, daß man mit seiner Lektüreweise aus Lukács' Buch doch auch Aufschlüsse erhalten könne, die in die gleiche Richtung gehen wie das Kulturindustrie-Kapitel aus der *Dialektik der Aufklärung*.

Wie Weltanschauungsphilosophie zur „theoretischen Massenkultur" verkommt, ist übrigens eine Frage, die Lukács an mehreren Stellen des Buches auch direkt thematisiert. Lövenich selbst zitiert eine Passage aus dem ersten Kapitel, in der Lukács dem möglichen Einwand begegnet, daß er den Einfluß der Philosophen auf das allgemeine Bewußtsein überschätze, weil es sich etwa im Falle Schopenhauers oder Nietzsches doch um „esoterische, nur in ganz engen Kreisen verbreitete Lehren" gehandelt habe. Lukács spricht von der über „Universitäten, Vorträge, Presse usw." erzeugten „indirekte(n), unterirdische(n) Massenwirkung" und kalkuliert dabei den auf diesem Wege eintretenden Vergröberungseffekt als wirkungssteigernd ein. So habe Nietzsche auf Tausende und Abertausende eingewirkt, denen nicht einmal sein Name bekannt war.[36] Den entgegengesetzten Fall verkörpert für ihn William James: „Er wendet sich [...] sofort nicht an verhältnismäßig enge Gelehrtenkreise, sondern erstrebt, die Weltanschauungsbedürfnisse des Alltags, des Durchschnittsmenschen zu befriedigen. [...] Bei James tritt der Gedanke des Mythenschaffens nirgends mit jener klaren Inhaltlichkeit hervor wie etwa bei Nietzsche, [...] er schafft aber eine erkenntnistheoretische Grundlegung und sogar ein moralisches Gebot dafür, daß jeder Babitt auf allen Gebieten des Lebens für seinen persönlichen Gebrauch jene Mythen schaffe oder annehme, die ihm gerade nützlich scheinen."[37] Lövenich scheint entgangen zu sein, daß Lukács an dieser Stelle auch ausdrücklich von einem „Warenhaus der Weltanschauungen" spricht.

Ungeachtet der Fülle solcher wirkungsgeschichtlicher Reflexionen, die das Buch enthält, hat Lövenich aber sicher recht, daß man es ‚gegen den Strich' lesen muß, um seine Gesamteinschätzung nachvollziehen zu können: „als Wirkungsgeschichte der Philosophie betrachtet, zeigt es, wie ‚Weltanschauung' und Ideologie als Kompensation der psychischen und sozialen Defizite eingesetzt, wie die Philosophie zur Kulturindustrie gemacht werden kann: [...] Was Lukács offenzulegen versucht, ist das gesellschaftliche Unbewußte des philosophischen Bewußtseins; die ‚Zerstörung der Vernunft' ist als Philosophiesoziologie eine Sozialpsychologie des bürgerlichen Bewußtseins."[38] Manchem wird diese Wertung dann vielleicht immer noch als zu hoch gegriffen erscheinen, weil er allenfalls erkennen kann, daß das Buch – *à rebours* gelesen – den Blick für diese nach Lövenichs Bekunden bis heute unterbelichtete Dimension der Philosophiegeschichte freigibt. Jedenfalls weiß ich nicht, wie sich Zustimmung und Widerspruch in bezug auf Lövenichs Aufsatz verteilen. Für mich, der ich davon ausgegangen war, daß es schwerfallen würde, die Wirkung dieses Buches in seiner Zeit verständlich zu machen, ist der Aufsatz aber schon deswegen wichtig, weil er darauf hindeutet, daß man mit der *Zerstörung der Vernunft* – über den Dogmatismus des Buches und die Kruditäten seiner Sprache hinwegsehend – möglicherweise immer noch etwas anfangen kann. Und daß das einem Jüngeren heute eher zu gelingen scheint als denen, die sich, wie ich, von seinem prägenden Einfluß erst zu lösen hatten.

GISELA FEBEL

Das unendliche Gespräch – Annäherungen an Hans-Georg Gadamers *Wahrheit und Methode* (1960)

1. Im Zeichen Celans

Hans-Georg Gadamer überschreibt einen schmalen Band über die Gedichtfolge *Atemkristall* von Paul Celan mit der doppelten Frage: „Wer bin Ich und wer bist Du?" Diese doppelte Frage faßt das ganze Seinsverständnis Gadamers ein, als ein lebendiges Geschehen des Verstehens und Verstehenwollens, das sich im Medium der Sprache und des dialogischen Fragens und Antwortens vollzieht, wie er es auch in seinem Hauptwerk *Wahrheit und Methode* von 1960 entwickelt. Doch ich möchte mich ihm auf einem Umweg nähern. Lesen wir daher zunächst einige Zeilen aus den Gedanken zu Celan. Gadamer beschreibt hier am Beispiel der schwer verständlichen und dem Schweigen zuneigenden Gedichte eines Paul Celan den zentralen Bereich der Erfahrung der Kunst, der deutenden und fehlenden Auseinandersetzung mit dem Kunstwerk, die am Anfang seiner Hermeneutik als eine wesentlich ungeteilt dem Leben zugehörige Erfahrung gesetzt wird.

„Paul Celans Gedichte erreichen uns", schreibt Gadamer, „– und wir verfehlen sie. Er selbst hat sein Werk als ‚Flaschenpost' verstanden, und wenn auch immer wieder einer, einer und ein anderer, die Post findet und aufnimmt, überzeugt, daß er eine Botschaft empfing – was für eine Botschaft? Was wird ihm da gesagt? Jenseits allen Anspruchs, durch wissenschaftliche Untersuchungen zu gesicherten Ergebnissen zu gelangen, versucht das vorliegende Buch, die Erfahrungen eines Lesers in Worte zu fassen, den solche Flaschenpost erreicht hat. Es sind Entzifferungsversuche, wie die von fast unleserlich gewordenen Schriftzeichen. Niemand zweifelt, da stand etwas. Man muß vieles erwägen, erraten, ergänzen – und schließlich wird man entziffert haben, wird lesen und hören – und vielleicht richtig."[1]

Die Erfahrung des Kunstwerks erzeugt, so Gadamer, stets nur ein ungefähres und ungesichertes Wissen, da der menschliche Verstand in seiner Endlichkeit prinzipiell das Ganze des Sinns verfehlen muß. Das Kunstwerk steht einem nicht wie ein natürliches Objekt gegenüber – selbst wenn diese Gesichertheit des physischen Objekts, von dem der Betrachter sich abgrenzen kann, letztlich nur eine weitere Illusion ist –, sondern es „erreicht uns". Es erreicht uns als eine Botschaft, die mitteilt, auch etwas mitteilt – Gadamer wird immer wieder gegenüber bloß formalen Analysen auf der Inhaltlichkeit ästhetischer Erfahrung bestehen –,[2] etwas mitteilt also, das aber dennoch nicht als Mitteilung endgültig faßbar und abgrenzbar ist.[3] Die Begegnung mit dem Kunstwerk – oder weiter gefaßt mit jedem kulturellen und historischen Gegenstand, ja mit der Geschichtlichkeit überhaupt – wird, wie hier am Beispiel der Gedichte Celans, in eine Bewegung gefaßt, eine Bewegung von „erwägen, erraten, entziffern", an deren Ende ein nur „vielleicht richtiges" Verstehen erreicht wird. Verstehen ist nicht das abschließbare Ergebnis dieses Entzifferns, sondern der Prozeß selbst. In *Wahrheit und Methode* schreibt Gadamer: „Verstehen ist ein Geschehen".[4]

Der Widerpart eines solchen Verstehens, in dem das Geschehen des Sinns ausdrücklich als eine *„Erfahrung* des Lesers" apostrophiert wird und dabei auch der individuelle, in seine je eigene Lebenspraxis eingebundene Mensch gemeint ist, der Widerpart zu einem solchen Verstehen also wäre die von Gadamer als „wissenschaftliche" bzw. methodische Zugehensweise bezeichnete Illusion, es wären in Sachen der Kunst „gesicherte Ergebnisse zu erwarten".[5] Damit wiederholt sich in diesen Worten die polemische Gegenüberstellung des Titels seines Hauptwerks: „Wahrheit und Methode", der eigentlich – wäre es keine goetheanische Formel, die auf Drängen des Verlegers vor den ursprünglichen Haupttitel *Grundzüge einer philosophischen Hermeneutik* gesetzt wurde[6] – auch „Wahrheit *oder* Methode" lauten könnte. Gadamer versucht darin bekanntlich unter anderem gegenüber einer zu groß gewordenen Wissenschaftsgläubigkeit oder Rationalisierung der Vernunft im 20. Jahrhundert, was er etwas verkürzt mit „Methode" bezeichnet, mittels der Erfahrung der Kunst eine andere Erschließung von Wahrheit zu entwerfen, die jene des hermeneutischen Verstehensprozesses ist.

Hintergrund dieses Verstehens ist eine andauernde Gesprächssituation, die Gadamer auch in bezug auf seine Celan-Deutungen anklingen läßt. Er betont das Lesen, aber auch das Hören. Dieser immer wieder hervorgehobene Sinn markiert die Offenheit für das Aufnehmen eines andauernden Sinnstiftungs- und Tradierungsgeschehens, welches auch die Weitergabe von Text und Sinn vom einen zum anderen und noch zu einem anderen versinnbildlicht.

Auf das für den hermeneutischen Prozeß ebenfalls zentrale Moment der Tradition, des Früher und Jetzt in seiner Distanz und Nähe, weist die Ferne und zugleich die unzweifelhafte Sicherheit der Spur, die das künstlerische Zeichen ausmacht:[7] „Niemand zweifelt, da stand etwas",[8] heißt es bei Gadamer, doch was, das bleibt offen. Die Tradition ist keine kontinuierliche (mehr). Gadamer ist sich der Brüche und Verwerfungen der Geschichte durchaus bewußt, auch wenn immer wieder Vorwürfe laut wurden, er habe eine historische, ja reaktionäre Kontinuität hypostasiert, die so nicht existieren könne, und sein Traditionsbegriff verhindere eine ideologiekritische Position gegenüber der Überlieferung.[9] Das Kontinuum der Tradition ist jedoch bei Gadamer keines der Sachen oder gar der Werte, sondern allenfalls eines der Sprache und der Rezeption – wie man mit der an seine Hermeneutik anschließenden literaturwissenschaftlichen Terminologie sagen könnte.[10] Durch die Sprache und die Deutung der verblassenden Zeichen wird in der lebendigen Person des Deutenden oder, um es weniger individuell zu sagen, im Horizont der gegenwärtigen kulturellen Gemeinschaft, ein je anderer und neuer Bezug zum Sinnganzen hergestellt. Das Verstehen als ununterbrochenes Geschehen in der lebendigen Praxis des Menschen, das Verstehensangebot als ununterbrochenes Fragen und Antworten, das ein Text oder ein Begriff darstellt, der sich mit seinen veränderten Deutungen anreichert, andere verliert – diese Bewegung bildet ein Kontinuum, das jedoch nicht als linearer Zeitverlauf zu verstehen ist. Es ist eher, um es mit dem Begriff von Gilles Deleuze zu bezeichnen, ein Rhizom,[11] ein selbständig weiterwachsendes Geflecht, ein temporales Veränderungsgeflecht von Begriffsdeutungen. Hans-Georg Gadamer nennt dies die Wirkungsgeschichte.[12]

In die Wirkungsgeschichte sind die deutenden Menschen ebenso einbegriffen wie die Wandlung der historischen Begriffe und Gegenstände durch und im Deutungsvorgang und im Fortschreiten der Zeit. Anders als bei Schleiermacher, dessen historische Verdienste für die Entwicklung einer modernen Hermeneutik auf der Basis der Sprache Gadamer durchaus würdigt,[13] geht es keineswegs um die Einholung eines ursprünglich vom Autor gemeinten Sinns, einer ursprünglichen Totalität, die durch die Geschichte verlorengegangen wäre. Gadamer setzt an die Stelle der kongenialen Einfühlung des Interpreten in die Sinnabsichten des künstlerischen Genies zunächst das Verstehen des Textes in seiner historischen Veränderung. Jedoch ist Verstehen von Texten mehr als Literaturinterpretation. „Im Verstehen der Überlieferung werden", so Gadamer, „nicht nur Texte verstanden, sondern Einsichten erworben und Wahrheiten erkannt."[14] Er bestreitet daher auch heftig die These Emilio Bettis, Interpretationsgeschehen sei eine Umkehrung der Bewegung des Erschaffens, also eine schrittweise Rückannäherung an eine ursprüngliche Sinntotalität.[15] Gadamers Blick geht nach vorne, in die Gegenwart der Lebenden; der Deutende ist ihm kein zweites Genie, sondern ein aufmerksamer Übersetzer,[16] der verantwortungsvoll die Wirkungsgeschichte weiterschreibt und zu einem immer neuen „Anders-Verstehen" kommt. Dieses Andersverstehen ist ein Garant für die Offenheit des hermeneutischen Geschehens, es stellt aber auch ein gewisses moralisches Postulat dar, dem sich Gadamers Schreiben selbst immer wieder stellt.

Lesen wir noch ein wenig weiter in den Vorbemerkungen zu den Celan-Interpretationen, um diese Spur des Andersverstehens zu vertiefen: „Wer meint, er ‚verstünde' Celans Gedichte bereits, mit dem rede ich nicht – für den schreibe ich nicht. Er weiß nicht, was hier Verstehen ist. Dagegen ist es eine legitime Erfahrung, wenn ein anderer Leser finden sollte, daß er ‚schon immer' diese Gedichte so verstanden habe, wie der Verfasser vorschlägt. [...] Meint der Leser, er verstehe diese Gedichte anders und besser, ist noch mehr gewonnen. Dann wird seine Gegenrede uns alle weiterbringen – näher an das dichterische Werk."[17]

Die erste Haltung ist die des ‚wissenschaftlichen' Lesers, der glaubt, das Verstehensgeschehen könne irgendwann zum Stillstand kommen. Ihm entgeht die eigentliche Erfahrung der Kunst völlig. Die zweite referiert eine Hermeneutik des Typus des kongenialen Einfühlens in den „immer schon" verstandenen Sinn à la Schleiermacher. Die beste Form der Interpretation ist jedoch die dritte, jene des Andersverstehens. Sie ist es, die eine Annäherung an das Werk zu ermöglichen scheint. Das Befragen des Werks, sein – oft unverständliches – Antworten, ein erneutes Befragen im neuen Horizont des errungenen, wenn man so sagen darf, „Zwischenverständnisses" usw., das bildet die berühmte Gadamersche Figur des hermeneutischen Zirkels, der eigentlich kein Zirkel sondern eine Spirale oder eine Schraubbewegung ist, die eine Näherung an den Sinn des Ganzen ermöglicht, weil der Sinn des Ganzen nur Sinn in dieser Deutungsbewegung und als diese Bewegung ist.[18]

Nicht das Richtigverstehen, das Erklären, wie Manfred Riedel in seinem berühmten Methodenwerk *Verstehen oder Erklären?* plakativ resümiert,[19] nicht das methodische Abschließen der denkenden Suche nach Regeln, nicht die Logik des Denkens (auch nicht die Hegelsche Logik[20]), sondern das Andersverstehen gehört wesentlich zum Verstehensprozeß, jedenfalls insofern er ein Moment der Erfahrung des Kunstwerks ist – so im ersten Teil von *Wahrheit und Methode* – bzw. – wie Gadamer im zweiten Teil des Buches darlegt – insofern dieses Verstehen die Grundlage der Verfahren und der Wissenschaftlichkeit aller Geisteswissenschaften expliziert, die eine andere sein soll und ist als die der Naturwissenschaften. Hier berührt die Überlegung Gadamers – wohl ohne sein damaliges Wissen – die gleichzeitig von MacLuhan proklamierte These der zwei Kulturen. Allerdings betont Gadamer zwar die Spezifik der Geisteswissenschaften und die Besonderheit der Kultur der historischen Gegenstände – was eine heftige Legitimationsdebatte und paradoxerweise auch eine Methodendiskussion in den deutschen Geisteswissenschaften und in der Wissenssoziologie und Kulturpolitik von Marquard und Ritter bis zu Habermas ausgelöst oder zumindest befördert hat –, aber Gadamer geht nicht von einer Unversöhnlichkeit der Wissensfelder aus und zweifelt keineswegs die Existenznotwendigkeit der Geisteswissenschaften an. Im Gegenteil. Seine Reflexion auf die Bedingungen des Verstehens geschichtlicher Gegenstände will er in gewisser Weise auch als skeptische Gegenrede zur Einseitigkeit der (natur)wissenschaftlichen Methode (die er auch in den historischen und den Sozialwissenschaften und anderswo am Werk sieht) verstanden wissen. So habe gegenüber einem „bis zum Aberglauben wissenschaftsgläubigen Zeitalter", wie es das 20. Jahrhundert sicherlich war, „die Einseitigkeit des hermeneutischen Universalismus die Wahrheit des Korrektivs für sich".[21]

Andersverstehen ist auch stets „Gegenrede".[22] Gadamer sieht in der Bejahung des notwendigen Andersverstehens keineswegs eine nihilistische Tendenz, man könnte fast euphemistisch von einer „Kultur der Gegenrede" sprechen. Odo Marquard hat in diesem Aspekt der hermeneutischen Philosophie das Residuum der Skepsis in der Neuzeit vermutet.[23] Die Gegenrede, oder weniger provokativ formuliert, wie es Gadamer auch tut, eine wirklich dialogische Form des Gesprächs, ist nicht nur der Garant einer immer neuen kritischen Distanz sowohl zur auf Festschreibung von Ergebnissen ausgerichteten „Reflexionsphilosophie"[24] als auch zur Gefahr, der Tradition unkritisch zu verfallen. Gegenrede und Zuhören bilden auch die Bewegung des willentlichen Selbstentfremdens und der Begegnung mit dem Anderen, allerdings mit dem letztendlichen Ziel einer immer neuen Rückkehr zu sich selbst, einer Selbstvergewisserung des Seins und des Einzelnen. Hierin folgt Gadamer Hegels Bestimmung des Geschichtlichen und zitiert seine „Grundbestimmung des geschichtlichen Geistes: sich mit sich selbst zu versöhnen, sich selbst zu erkennen im Anderssein".[25] Die hermeneutische Lektüre des Anderen bei Gadamer steht zwar dabei in einem Zusammenhang mit der Problematik des Anderen und dessen grundsätzlicher Alterität, wie sie insbesondere die französischsprachige Philosophie mit Emmanuel Lévinas und anderen entwickelt hat, das „Erkenntnisinteresse", um diesen schlichten Ausdruck einmal zu verwenden, liegt jedoch auf der Seite des Eigenen, des Selbst, für das das Fremde stets nur ein Umweg zu sich sein kann. „Im Fremden das Eigene zu erkennen, in ihm heimisch zu werden, ist die Grundbewegung des Geistes, dessen Sein nur Rückkehr zu sich selbst aus dem Anderssein ist",[26] schreibt Gadamer und resümiert darin ganz hegelianisch das Wesen der Bildung als „Bewegung von Entfremdung und Aneignung in einer vollständigen Bemächtigung der Substanz".[27] Diese „vollständige Bemächtigung" weist Gadamer jedoch mit seiner Vorstellung der Allgemeingültigkeit des Historischen zurück. Die Relativität des je Gedeuteten ist nicht endgültig aufzuheben, es kann nur auf die Bedingungen der Erfassung des historischen Anderen in allgemeiner Form reflektiert werden. Damit wird Hegels *Logik* außer Kraft und die Alterität in gewisser Weise wieder, wenn auch nur begrenzt, in ihr Recht gesetzt: Das Fremde bleibt fremd, manchmal wohl etwas weniger, und, was noch wichtiger erscheint, das Eigene ist auf jenes Fremde angewiesen, denn ohne den Anderen oder das Andere ist kein Erkennen des Selbst möglich. Daraus folgt für Gadamer eine Ethik des Gesprächs, der Toleranz und der Offenheit, die Anlaß zu vielen Debatten gegeben hat – insbesondere in Abgleichung mit der Position von Habermas, der eher tiefenpsychologische Analogien für das Ideal eines „herrschaftsfreien Diskurses" in Anschlag bringen wollte.[28] Es steht in jedem Fall jedoch außer Zweifel, daß diese Ethik des Gesprächs für Hans-Georg Gadamer keine akademische Formel war und ist, sondern ins Leben jedes einzelnen hineinwirken soll. Ganz besonders intensiv hat er dies in seinem eigenen Leben als „passionierter Lehrer"[29] und in seinen vielen Vorträgen umgesetzt, die er noch immer mit dem ausdrücklichen Wunsch nach einem regen und langen Gesprächsaustausch mit dem Publikum verbindet. Im Gespräch zeigt Gadamer keine Ermüdung, der Austausch scheint tatsächlich seine Lebensessenz zu sein. Noch mit 96 Jahren habe ich ihn an die zwei Stunden mit jungen Zuhörern diskutieren hören können. Rede und Gegenrede, Lesen und Hören, die Frage nach dem Ich vermittelt über das Du – das macht das hermeneutische Verstehen und auch den Prozeß des Lebens aus, oder wie es bei Celan heißt:

In die Rillen
der Himmelsmünze im Türspalt
preßt *du* das Wort,
dem *ich* entrollte.[30]

2. Zwischen Abschluß und Anfang

Das Hauptwerk Gadamers, *Wahrheit und Methode – Grundzüge einer philosophischen Hermeneutik,* steht in vielerlei Hinsicht in einer Mitte. Es erscheint etwa in der Mitte des Jahrhunderts, 1960, die ersten Fassungen und Vorarbeiten stammen bereits aus den fünfziger Jahren.[31] Es steht aber auch – obgleich ein „Alterswerk" und erst im sechzigsten Lebensjahr Gadamers publiziert – in der Mitte und im Fluß seiner philosophischen Produktivität, die bis heute nicht nachgelassen hat. Der 1900 geborene Philosoph ist schon aus biographischen Gründen als ein Mann des Jahrhunderts zu bezeichnen. *Wahrheit und Methode* steht aber keineswegs als statuenhaftes Monument in der Mitte der Produktivität Gadamers; die in ihm formulierten Gedanken wollen Anstoß sein und sind von ihm selber immer wieder weitergeführt und bis heute umgedacht worden. Das Werk befindet sich in einem gewissen Fluß, zu dem eine so große Zahl von weiteren Editionen (von 1965, 1968 und 1970), die mit Vorworten, Nachworten und Ergänzungen angereichert wurden, von Debatten, Rezensionen und Übersetzungen in viele Sprachen hinzugetreten sind, daß es von seinem Erscheinen an in eine dynamische Interpretationsbewegung geraten ist, wie sie Gadamer selbst von lebendiger Philosophie einfordert. Es ist schwierig zu sagen, wo das Werk anfängt und wo es endet, zumal manches in ihm auch ein wenig wie die Zusammenfügung heterogener Elemente wirkt, wenngleich sich alle einzelnen phänomenologischen und historischen Analysen (etwa zum Spiel, zum Geschmack, zu Dilthey etc.) dem Leitgedanken der Entwicklung einer grundlegenden Disziplin, der philosophischen Hermeneutik, die der Titel fordert, unterordnen lassen.[32]

Wahrheit und Methode steht auch insofern in einer Mitte, als es gewissermaßen ein Abschluß und ein Anfang zugleich ist. Es ist eine beeindruckende Abrechnung mit der Tendenz des Historismus zur Verwissenschaftlichung von Geschichte, die sich an die Entmachtung der Metaphysik anschloß, und mit der Kantischen Ästhetik und der an ihr kritisierten Subjektivierung und damit Entkräftung der ästhetischen Erfahrung, die den Geniekult und die romantische Hermeneutik befördert haben. Damit schließt Gadamer noch einmal das 19. Jahrhundert ab. Es ist aber auch ein Anfang, ein Neuanfang, der sich auf die Suche nach umfassenden Prinzipien des Verstehens begibt und diese nicht zuletzt in der sprachlichen Verfaßtheit des Menschen findet. In der Verabsolutierung der Rolle der Sprache oder des Gesprächs – wozu noch mehr zu sagen sein wird – berührt sich die Gadamersche Hermeneutik, bei aller Differenz, mit den anderen im Zuge des *linguistic turn* entwickelten philosophischen Positionen, die die Sprache in den Mittelpunkt stellen. Der Anfang besteht auch in einer Neuvalorisierung der ästhetischen und geschichtlichen Erfahrung im Kontext einer umfassenden Verstehenswelt, wobei diese beinahe moralistische Position angesichts einer rasant zunehmenden Fragmentarisierung der Eindrücke und Erfahrungen in der globalen Informationsgesellschaft eine neue Aktualität gewinnen kann.

Gadamers Buch steht auch von seiner Motivation her in einer Mitte, in der Dualität von Kritik und Sorge. Es entspringt einem kritischen Blick auf die Naturwissenschaften und die Durchdringung alles Denkens durch das Ideal der vollständigen Rationalisierbarkeit.[33] Obgleich in *Wahrheit und Methode* nicht explizit ausgeführt, kann man darin – eventuell auch in Verbindung mit Heideggers Begriff der Technik – den Ansatz für eine mögliche Kritik der durchgängigen Technisierung aller Lebensprozesse sehen, die Gadamer jedoch nicht ausführt. Sein eigentliches Augenmerk gilt der Sorge um den Verlust der historischen Dimension und damit der Lebendigkeit des Lebens. Ohne die Verbindung mit der Geschichte, außerhalb der Geschichte, kann menschliches Sein nicht gedacht werden. Dabei geht es nicht um die Frage der Verbindung mit einem Ursprung, aus dem sich ein je historisches Szenario herleiten ließe, – hierin ist die Hermeneutik grundsätzlich jedem Fundamentalismus und Nationalismus feindlich gesinnt –, vielmehr befindet sich der Mensch in einem fortdauernden Wirken des Geschichtlichen, das ihm stets neu ereignishaft entgegentreten wird. Indem er sich fragend und deutend damit in Verbindung, d.h. (im Wortsinn) auseinander-setzt, schreibt er sich in die Wirkungsgeschichte ein und gewinnt sein Selbst- und Weltverstehen aus ihr. Der Mensch kann seine Geschichte, auch die unliebsame, nicht verlassen, wie Gadamer weiß, allenfalls kann er sie verdrängen, wobei selbst das Nichtgesagte noch weiter in der Geschichte zu wirken vermag, insofern es, um einen verwandten Begriff aus der Semiotik zu verwenden, zum „großen Text" gehört.

3. Auf dem Weg zur Universalität der Sprache

An dieser Stelle sollen kurz die Struktur und der Fortgang der Argumentation für eine philosophische Hermeneutik in *Wahrheit und Methode* rekapituliert werden. Die entscheidenden Schlüssel hierzu hat uns die Analyse der wenigen Sätze zu Celans Lyrik bereits an die Hand gegeben. Das Buch ist in drei große Teile gliedert, die häufig mit den drei Erfahrungsbereichen Kunst, Geschichte und Sprache erläutert werden, obwohl der dritte Teil nach Gadamers Bemerkungen im Vorwort selbst nicht eigentlich der Sprache, sondern der Philosophie, d.h. genauer dem Philosophischwerden der Hermeneutik, gewidmet ist.[34] Der erste Teil ist überschrieben mit „Freilegung der Wahrheitsfrage an der Erfahrung der Kunst". In diesem Teil entwickelt Gadamer den Gedanken einer ästhetischen Erfahrung, die über die reduktionistische Sicht der Kantischen Ästhetik hinausreicht und dem Subjekt eine größere Welterfahrung ermöglicht. Dies ist die erste Spielart der, wie es in der Einleitung heißt, „Erfahrungsweisen [...], die außerhalb der Wissenschaft liegen [...], Erfahrungsweisen, in denen sich Wahrheit kundtut, die nicht mit den methodischen Mitteln der Wissenschaft verifiziert werden kann".[35] Dadurch wird die Kunst selbst aufgewertet und zum Gegenstand philosophischer Reflexion erhoben, die Erfahrung der Kunst erhält einen „paradigmatischen Wert"[36] für alle wissenschaftliche Welterklärung übersteigenden Erfahrungsweisen: „Daß an einem Kunstwerk Wahrheit erfahren wird, die uns auf keinem anderen Wege erreichbar ist, macht die philosophische Bedeutung der Kunst aus, die sich gegen jedes Räsonnement behauptet. So ist neben der Erfahrung der Philosophie die Erfahrung der Kunst die eindringlichste Mahnung an das wissenschaftliche Bewußtsein, sich seine Grenzen einzugestehen."[37]

Gadamer scheint hier eine anti-ästhetische Position einzunehmen, indem er scharf die reduktive Subjektivierung des ästhetischen Urteils seit Kant kritisiert. Durch ihn sei die eigentliche Aufgabe des Kunsterlebnisses, eine Welt zu erschließen, die sich anders nicht zeigen kann,[38] aus dem Blick geraten. Dies hat nach Gadamer zweierlei fatale Konsequenzen: Zum einen geht ein Teil der Wahrheitsdimension verloren, eben jener, in dem die Kunsterfahrung einen – soll man sagen unmittelbareren? – jedenfalls nicht begrifflichen oder theoretischen Bezug zum Leben herstellt, denn „jedes Erlebnis [ist] auf das Ganze des eigenen Lebens bezogen", und „das ästhetische Erlebnis ist nicht nur eine Art von Erlebnis neben anderen, sondern repräsentiert die Wesenheit von Erlebnis überhaupt".[39] Gadamer sieht darin einen Verlust und fragt (rhetorisch versteht sich): „geht es an, den Begriff der Wahrheit der begrifflichen Erkenntnis vorzubehalten? Muß man nicht auch anerkennen, daß das Kunstwerk Wahrheit habe?"[40] Diese

Tendenz der Revalorisierung einer umfassenden ästhetischen Erfahrung mit einem *nicht* diskursiven Wahrheitsanspruch könnte man jedoch anstatt als Anti-Ästhetik geradezu als eine zutiefst moderne Ästhetik begreifen, wie sie die moderne Poesie seit Baudelaire und Mallarmé mit dem Gedanken der Intensität einfordert und wie sie in Frankreich Jean-François Lyotard und andere in der Neudeutung der Rolle des Erhabenen in der Kunst zu beschreiben versuchen.[41]

Die zweite Konsequenz der Subjektivierung der Ästhetik im 18. und 19. Jahrhundert betrifft die Entwicklung der Disziplin der Geisteswissenschaften, zumindest in Deutschland, wo sie sich von den „humanities" mit ihrer Implikation, immer auch „moral sciences" zu sein,[42] wegentwickelt haben und ganz unter den Druck der Verwissenschaftlichung geraten waren (oder sind). Zwar haben sie nun einen eigenen Bereich, den des ästhetischen Urteilens, dem aber keine wissenschaftliche Dignität mehr zukommen sollte.

„Jetzt war der Weg verbaut", schreibt Gadamer, „die Überlieferung, deren Pflege und deren Studium sie sich widmeten, in ihrem eigentümlichen Wahrheitsanspruch anzuerkennen. Damit ging der methodischen Eigenart der Geisteswissenschaften ihre Legitimation im Grunde verloren. [...] Die radikale Subjektivierung, die Kants Neubegründung der Ästhetik einschloß, hat so wahrhaft Epoche gemacht. Indem sie jede andere theoretische Erkenntnis als die der Naturwissenschaft diskreditierte, hat sie die Selbstbesinnung der Geisteswissenschaften in die Anlehnung an die Methodenlehre der Naturwissenschaften gedrängt."[43]

Der zweite Teil von *Wahrheit und Methode* nimmt diese Position auf und vollzieht, so der Untertitel, „die Ausweitung der Wahrheitsfrage auf das Verstehen in den Geisteswissenschaften" überhaupt. Hier entwickelt Gadamer die konstitutive Rolle des Historischen für jeden Verstehensvorgang. Die Erfahrung der Geschichte tritt nun in den Mittelpunkt der Überlegungen. In diesem zweiten Teil entwickelt Gadamer seine eigentliche hermeneutische Verfahrensweise, er beschreibt den „hermeneutischen Zirkel"[44] und verteidigt die Notwendigkeit von Vorurteilen (im außermoralischen Sinn) gegen das aufklärerische Verdikt. War ein Vorurteil noch für Gaston Bachelard ein „epistemologisches Hindernis",[45] das es zu beseitigen gilt, so ist es für Gadamer gar nicht möglich, sich aus der schon von Heidegger formulierten „wesenhaften Vorurteilshaftigkeit allen Verstehens" zu befreien.[46] Da wir immer schon in einer Wirkungsgeschichte des Begriffs und des Urteilens befangen sind, kann man sich nur um Bewußtmachung der Vorurteile und deren kritische Integration in das Verstehensgeschehen bemühen. Dieser selbstkritische Umgang mit den Vorurteilen ist Teil der spezifischen Methodik der hermeneutischen Verfahren. Gadamer schreibt: „Ein mit methodischem Bewußtsein geführtes Verstehen wird bestrebt sein müssen, seine Antizipationen nicht einfach zu vollziehen, sondern sie selber bewußt zu machen, um sie zu kontrollieren und dadurch von den Sachen her das rechte Verständnis zu gewinnen."[47] Allerdings kann man sagen, daß Gadamer in diesem Punkt letztlich auf eine ethische Forderung ausweicht oder sich doch der ungeliebten Methodenstrenge der Naturwissenschaften implizit bedienen muß, um die mögliche Existenz eines solchen kritischen Bewußtseins erklären zu können, und hierin liegt vielleicht eine – besonders von der linken Ideologiekritik rasch diagnostizierte – Schwäche des einfachen hermeneutischen Zirkels aus Vorverstehen, Abgleichung an der Sache, Korrektur und Besserverstehen. Die durch das Modell des Gesprächs auch eingeführte intersubjektive Komponente bildet hierbei jedoch ein gewisses Korrektiv.

Gadamer kritisiert das Schema der Aufklärung der „Überwindung des Mythos [und des Vorurteils] durch den Logos",[48] indem er es selbst als Vorurteil aufweist: „Dies grundlegende Vorurteil der Aufklärung ist das Vorurteil gegen die Vorurteile überhaupt und damit die Entmachtung der Überlieferung."[49] Demgegenüber will Gadamer die Überlieferung als „Sinnkontinuität"[50] verstehen, die sich in der Form der Wirkungsgeschichte an die Gegenwart kommuniziert. Eine besondere Form der im Sinne einer positiven *auctoritas* gedachten Autorität soll von ihm rehabilitiert werden, nämlich die der Tradition, insofern diese vernünftig einsehbar ist.[51] Gadamer versucht so, den Gegensatz zwischen Tradition, als Fortwirken von Sitten und Wissen, und Vernunft, als abstrakte Möglichkeit des absolut neuen Reflektierens, aufzuheben. „Am Anfang aller historischen Hermeneutik muß daher die *Auflösung des abstrakten Gegensatzes zwischen Tradition und Historie, zwischen Geschichte und Wissen von ihr stehen.*"[52] Überlieferung und Bezug zur Vergangenheit bestimmen, ob wir es wollen oder nicht, selbst noch in den Revolutionen, das Leben in der jeweiligen Gegenwart; ein Leben jenseits von Überlieferungszusammenhängen ist eine naive Illusion oder mit Gadamers Worten: „Wir stehen vielmehr ständig in Überlieferungen, und dieses Darinstehen ist kein vergegenständlichendes Verhalten, so daß das, was die Überlieferung sagt, als ein anderes, Fremdes, gedacht wäre – es ist immer schon ein Eigenes, Vorbild und Abschreckung, ein Sichwiedererkennen, in dem für unser späteres historisches Nachurteil kaum noch Erkennen, sondern unbefangenste Anverwandlung der Überlieferung zu gewahren ist."[53]

Kernpunkt der hermeneutischen Verfahren wird daher die Applikation.[54] Hierin geht Gadamer entscheidend über eine bloße Kunstlehre des Verstehens hinaus, von der er sich wiederholt distanziert.[55] Es gilt, bewußt die aus der Überlieferung gewonnene Erkenntnis, die Erfahrung des Historischen in der Gegenwart, auch und gerade im Leben des Interpreten, zu applizieren. Verstehen wird darin erst Wirkung. Erst im Medium bzw. im Leben des Interpreten wird hermeneutisches Geschehen auch ganz wörtlich „Wirkungsgeschichte": „Applikation ist", schreibt Gadamer hierzu, „keine nachträgliche Anwendung von etwas gegebenem Allgemeinen, das zunächst in sich verstanden würde, auf einen konkreten Fall, sondern ist erst das wirkliche Verständnis des Allgemeinen selbst, das der gegebene Text *für uns* ist. Das Verstehen erweist sich als eine Weise von Wirkung und weiß sich als eine solche Wirkung."[56]

Hier rücken auch die von jeher applizierenden Hermeneutiken der juristischen und theologischen Fächer als Modelle in den Blick,[57] in denen nach Erscheinen des Buches ebenfalls eine langanhaltende Debatte um die Erneuerung der Hermeneutik eingesetzt hat.[58] Gadamer entwickelt an dieser Stelle im Rückgriff auf Aristoteles' Ethik Grundzüge einer ethischen Applikation der Hermeneutik, deren Elemente eine „Modifikation der Tugend des sittlichen Wissens" sowie „Einsicht und Nachsicht" sind.[59]

Das zentrale Moment der ethischen Dimension dieses Buches, wenn es denn eine hat, was so explizit von Gadamer selbst nicht beansprucht oder zu behaupten gewagt wird, ist jedoch die Entwicklung einer Ethik des Fragens und Antwortens, des Gesprächs, in der er in gewisser Weise (gegen die hegelianische Dialektik) an die platonische Dialektik anknüpft. Die Logik von Frage und Antwort wird am Ende des zweiten Teils entworfen, führt aber schon zur Erörterung der Rolle der Sprache, die den dritten Teil des Buches einnimmt.

Der dritte Teil von *Wahrheit und Methode* verspricht dem Leser eine „ontologische Wendung der Hermeneutik am Leitfaden der Sprache", so der Titel. Hier tritt die „Sprache als Medium der hermeneutischen Erfahrung"[60] selbst in den Blick. Der dritte Teil trägt am stärksten Entwurfscharakter und wurde in vielen späteren Schriften zum Gespräch und zur Sprache präzisiert und ergänzt. Gadamer bleibt hier zunächst stark an Heideggers Sprachverständnis orientiert, und manche Passagen sind auch als recht verschwommen kritisiert worden, was er selbst eingeräumt hat.[61] Überhaupt ist ihm, wenn das Einschieben einer Anekdote hier erlaubt ist, das Schreiben, wie seine Autobiographie von 1975 uns mitteilt, nicht leichtgefallen, weil der Übervater Heidegger ihn dabei im Geiste heimsuchte: „So[nst] blieb mir", so Gadamer, „das Schreiben auf lange hinaus eine rechte Qual. Immer hatte ich das verdammte Gefühl, Heidegger gucke mir dabei über die Schultern."[62]

Die Sprache als gemeinsam geteiltes Medium allen Verstehens und Aussagens zu sehen ermöglicht Gadamer im Anschluß an Heidegger eine Universalisierung des Verstehensproblems und den Übergang von einer geisteswissenschaftlichen Hermeneutik zu einer philosophischen Hermeneutik, in der die Erfahrung und ihre (eben sprachlichen) Bedingungen selbst zum Gegenstand des Verstehens werden. Hier ist ein kurzer Klärungsversuch des Begriffs der Sprache bei Gadamer nötig.

„Sprache geht nicht im Bewußtsein des Sprechenden auf und ist insofern mehr als ein subjektives Verhalten", heißt es im Vorwort zur zweiten Auflage.[63] Sprache ist sogar sehr viel mehr, sie ist eine Weltansicht, ja eine Vielfalt von Weltansichten. Im dritten Teil von *Wahrheit und Methode* rekurriert Gadamer insbesondere auf diesen Humboldtschen Begriff der Sprache[64] und geht noch über ihn hinaus, wenn er sagt: „Die Sprache ist nicht nur eine der Ausstattungen, die dem Menschen, der in der Welt ist, zukommt, sondern auf ihr beruht, und in ihr stellt sich dar, daß die Menschen überhaupt *Welt* haben. [... Das] Dasein der Welt aber ist sprachlich verfaßt. [...] Nicht nur ist die Welt nur Welt, sofern sie zur Sprache kommt – die Sprache hat ihr eigentliches Dasein nur darin, daß sich in ihr die Welt darstellt."[65]

So kommt der Sprache Universalität zu, da es keine Welt außerhalb der sprachlichen Konstituierung gibt. Sie hat dieselbe Universalität wie die Vernunft.[66] Sprache und Denken werden gewissermaßen koextensiv. Dieser Sprachbegriff darf aber nach Gadamer kein leerer sein. Er kritisiert scharf alle Positionen der an den Formen und Funktionsweisen von Sprache interessierten Sprachwissenschaft und Sprachphilosophie.[67] So spart er linguistische, semantische und sprachanalytische Gesichtspunkte aus, obwohl diese sich keineswegs ausschließen müssen, wie etwa Paul Ricœur in seiner Verbindung einer semantischen und rhetorischen Analyse der Metapher mit einer Beschreibung des hermeneutischen Verstehens durch und in der Sprache gezeigt hat.[68] Sprache in einem Weltbezug ist für Gadamer immer „Inhalt", sie ist „nicht ein bestimmter Typus von Sprache (wie der Sprachwissenschaftler die Sprache sieht), sondern durch das, was in dieser Sprache gesprochen wird bzw. überliefert ist."[69] Insofern ist sie eine Sprache der „Sachverhalte" bzw. der „Sachlichkeit",[70] was aber keineswegs bedeutet, daß sich so die Welt vergegenständlichen würde, denn „was Gegenstand der Erkenntnis und der Aussage ist, ist vielmehr immer schon von dem Welthorizont der Sprache umschlossen".[71] Sprache ist auch der alles umgebende Horizont, das Medium der Sachen und der Gesprächspartner, mehr noch, sie ist der Vollzug des Gesprächs. Daher ist sie auch der universale Ort des hermeneutischen Verstehens, den Gadamer als „Mitte der Sprache" bezeichnet, „von der aus sich unsere gesamte Welterfahrung und im besonderen die hermeneutische Erfahrung entfaltet".[72]

Am Ende von *Wahrheit und Methode* kommt Gadamer auf das unendliche Gespräch zurück. In der Logik von Frage und Antwort, wie sie am Ende des zweiten Teils entwickelt wird und in der das Verstehen als „Wechselverhältnis von der Art eines Gesprächs" erscheint,[73] ist es wesentlich, die „logische Struktur der Offenheit"[74] des Verstehens zu bewahren, oder, um die poetischere Formulierung Gadamers zu verwenden, es geht im Fragen darum, „daß die Wahrheitsmöglichkeit in der Schwebe bleibt – solches In-die-Schwebe-bringen ist das eigentliche und ursprüngliche Wesen des Fragens. Fragen läßt immer in der Schwebe befindliche

Möglichkeiten sehen".[75] Im Fragen und Antworten und erneuten Fragen soll das Verstehen als jene berühmte „Verschmelzung der Horizonte"[76] in der Sprache gemeinschaftlich werden. Doch wir sind nicht die Regisseure, allenfalls die Akteure dieses Gesprächs, da Sprache und Überlieferung auch ohne unser individuelles Zutun geschehen könnten. Gadamer stimmt in der merkwürdig paradoxen Formulierung, „daß die Sprache uns spricht, [eher] als daß wir sie sprechen",[77] überraschend mit einem Grundgedanken der Textsemiotik überein; allerdings verzichtet diese auf die ontologische Schwere des Befundes und beläßt es bei der Feststellung, daß uns heute eine Welt von Zeichen und Texten immer schon einschließt. Für Gadamer stellt die Sprache aber nicht nur eine Umwelt her, sondern erschließt eine „Tiefendimension".[78] Sie hat eine Vergangenheit, ist Sprache aus der Geschichte und schickt uns immer wieder Antworten, auf die die gegenwärtig Lebenden die Frage erneut zu finden aufgerufen sind. Es kommt also am Ende nicht nur auf die Dialektik des Fragens an, sondern auf das rechte *Hören*. Die Offenheit des Hörens läßt auch ferne, vergangene Gesprächspartner, fremde, zu tolerierende und zu verstehende Meinungen, merkwürdige Chiffren, Flaschenpost von fremden Horizonten zu Wort kommen und Teil des unendlichen Gesprächs werden.

4. Gespräch und Zeugenschaft

Das unendliche Gespräch mag ein utopischer und auch ein tröstlicher Gedanke sein, den schon Hölderlin in ähnliche Worte gefaßt hatte: „Seit ein Gespräch wir sind und hören von einander" heißt es in der *Friedensfeier* aus den *Vaterländischen Gesängen*.[79] Hermeneutik mag als eine Möglichkeit der Replik auf die Endlichkeit erscheinen und insofern auch – wie Odo Marquard schreibt – auf den Tod.[80] Die Notwendigkeit von Hermeneutik in unserer heutigen Welt als Replik auf den Tod bzw. die Vergänglichkeit erläutert Marquard ganz im Sinne einer Klage über den Kulturverfall als einen Effekt der Beschleunigung der Moden und damit des Sinkens der „Überlieferungstüchtigkeit". Hinter diesem Wortmonstrum verbirgt sich folgende Diagnose: „Die moderne Welt radikalisiert die Vergänglichkeit. So entgleitet immer schneller

[...] jene geschichtliche Herkunft, die die Menschen doch sind, in die Unverständlichkeit. [...] Hermeneutik [...] hat um so mehr Konjunktur, je mehr sich der Wirklichkeitswandel beschleunigt und dadurch immer mehr Vertrautheitsverluste d.h. Fremdheit produziert."[81]

Bekanntlich schließt Marquard im Anschluß an Joachim Ritter daraus auf die Notwendigkeit der Hermeneutik und insbesondere der Geisteswissenschaften für unsere Welt, jedoch lediglich in ihrer kompensatorischen Funktion. Eine solche Kleingeisterei dürfte Gadamer nicht im Sinne gehabt haben. Sein Werk fordert eine umfassende Gültigkeit der Hermeneutik ein, wie er im Vorwort zur zweiten Auflage von *Wahrheit und Methode* noch einmal bestätigt. Es geht ihm wie schon Kant um die „Bedingungen unserer Erkenntnis". Gadamer resümiert seine Grundfrage mit folgenden Worten: „In diesem Sinne [von Bedingungen der Erkenntnis] stellt auch die vorliegende Untersuchung eine philosophische Frage. Aber sie stellt sie keineswegs nur an die sogenannten Geisteswissenschaften [...], sie stellt sie überhaupt nicht nur an die Wissenschaft und ihre Erfahrungsweisen – sie stellt sie an das Ganze der menschlichen Welterfahrung und Lebenspraxis. Sie fragt uns, um es kantisch auszudrücken: Wie ist Verstehen möglich?"[82]

Die Aktualität einer Replik auf Vergänglichkeit dürfte also kaum in der Legitimationsproblematik der Geisteswissenschaften alleine zu sehen sein. Gadamer hat in seinem Artikel über Hermeneutik auf das erste Auftauchen des Begriffs bei Dannhauer 1654, also am Ende des Dreißigjährigen Krieges hingewiesen, der nicht zuletzt auch, wie Marquard hinzufügt, ein „konfessioneller Bürgerkrieg" war.[83] An diesem Ort der Geschichte wird der Auslegungsstreit zwischen Reformation und Gegenreformation zu einem „hermeneutischen Krieg [... zu einem] Bürgerkrieg um den absoluten Text".[84] Die historische Notwendigkeit, auf die vielfache Todeserfahrung des Bürgerkriegs zu reagieren, ist, so Marquard, die oder zumindest eine Geburtsstunde der Hermeneutik als einer pluralistischen und literarischen Hermeneutik, die vom Absolutheitsanspruch der rechten Textauslegung abrückt und damit die Idee des Gesprächs vorbereiten hilft.[85]

Liegt da nicht der Gedanke nahe, daß auch Mitte des 20. Jahrhunderts eine blutige Erfahrung der Eskalation totalitärer Ansprüche in der deutschen Geschichte, nämlich die des Faschismus, der Vernichtungslager und des Zweiten Weltkriegs, den Hintergrund für die Emphase des Bezugs auf Leben und Lebenspraxis, Gespräch und Sprache als gemeinschaftliche Weltansicht bildet, die die Gadamersche Philosophie von Anfang bis heute durchzieht? Seine Hermeneutik erscheint so als eine utopische Replik auf die Endlichkeit und den Tod, wie ihn die Erfahrungen des ganzen vergangenen Jahrhunderts überdeutlich vor Augen gestellt haben, und als eine Aufforderung, ja eine Verpflichtung, diesen Teil der Geschichte, so schwer es fallen mag, in die Überlieferung und in die immer neue Verstehensbemühung aufzunehmen. Bei aller Vielfalt der Reaktionen aus Theologie, Jurisprudenz und Sozialwissenschaften, trotz der Anknüpfung der Literaturtheorie in der Rezeptionstheorie von Hans Robert Jauß und der leider heute allzu oft unterschätzten hermeneutischen Interpretationslehre Peter Szondis, der Reaktion der französischen Phänomenologie,[86] man könnte noch manch andere nennen, ist Hermeneutik daher eine weitgehend deutsche Angelegenheit geblieben.[87] *Wahrheit und Methode* ist zweifellos ein Buch des 20. Jahrhunderts, d.h. aber auch des Jahrhunderts, in dem die Deutschen lange Jahre eine unheilvolle Rolle gespielt haben. Vielleicht lehnt sich das Bild des unendlichen Gesprächs und des Hörens-von-einander bei Gadamer nicht zufällig an einen Vers Hölderlins aus den *Vaterländischen Gesängen* an, und vielleicht verbirgt sich auch im hermeneutischen Gespräch das versöhnliche Motiv einer *Friedensfeier*.

Doch nicht alles Geschehen in der Sprache ist versöhnlich. Das hermeneutische Verstehen sollte auch die Pflege der Überlieferung als Zeugenschaft begreifen für diejenigen, die nicht mehr selbst zeugen können, wie es eine zentrale Erfahrung des modernen Kunstwerks ist.[88] Es gilt zu hören, wo, wie Paul Celan in seiner Gedichtfolge *Atemkristall* schreibt, „Ein Ohr, abgetrennt, lauscht",[89] wo die gemeinsame kulturelle Sprache scheinbar verloren ist, weil das Ich vertrieben wurde und so – wieder bei Celan – „das Dach über uns / abtrug, Schiefer um Schiefer, / Silbe um Silbe".[90] Es gilt die Sprache zu verstehen und den historischen Schmerz zu erinnern, wenn Celan von einem leeren Raum ohne Sprache schreibt[91] und Gadamer darin noch immer das Fortdauern der Sprache als Zeugenschaft sieht:

Stehen, im Schatten
des Wundenmals in der Luft.
Für-niemand-und-nichts-Stehn.
Unerkannt,
für dich
allein.

Mit allem, was darin Raum hat,
auch ohne
Sprache.

Die Erfahrung des Kunstwerks anzunehmen, die Erfahrung der Geschichte zuzulassen, die Erfahrung der Sprache selbst noch am Rande der Stille zu hören, die Verpflichtung auf dieses Deutungsgeschehen macht die Kraft der Gadamerschen Hermeneutik aus. Sie sucht ein möglichst interessefreies Verstehen und stößt, nimmt man sie beim Wort, auf eine ethische Verantwortung, das Gespräch unendlich fortzuführen, auf eine Verpflichtung zur Zeugenschaft, die nicht beim Verstummen stehenbleiben kann. Gadamer kommentiert das Celansche Gedicht denn auch mit den Worten: „Ja, wenn der letzte Vers das eine Wort ‚Sprache' ist, so wird damit ‚Sprache' nicht nur nachdrücklich betont, sondern ‚gesetzt'. Daher meint das ‚auch ohne Sprache' noch etwas Weiteres. Noch bevor es Sprache ist, noch im stummen Stehen und Sichhalten an das, woran selbst ein Thomas nicht zweifeln kann, ist es doch schon Sprache. Worin das Zeugnis des Stehens sich ganz kundtun wird und kundtun soll, soll sein. Es soll Sprache sein. Und diese Sprache wird, wie das unerkannte Stehen, das für niemanden und nichts steht, wahrhaft Zeugnis sein, gerade weil es nichts will: ‚für sich allein'."[92]

FRANZ VON KUTSCHERA

Thomas S. Kuhn:
Die Struktur wissenschaftlicher Revolutionen (1962)

Thomas Kuhns *The Structure of Scientific Revolutions*, das in der ersten Auflage 1962 erschienen ist, wurde schon bald als „Meilenstein in der Geistesgeschichte" bezeichnet. Bis heute hat es nichts von seiner Aktualität und Brisanz verloren. Es hat die Entwicklung von Erkenntnistheorie und Wissenschaftstheorie der letzten Jahrzehnte mit geprägt und das Leitbild wissenschaftlicher Erkenntnis verwandelt.

1. Zur Person des Autors

Thomas Kuhn wurde am 18. Juli 1922 in Cincinnati (Ohio) geboren. Er studierte Theoretische Physik in Harvard, u. a. bei John H. van Vleck, der später einen Nobelpreis für Physik erhielt. Er schloß dieses Studium 1949 mit der Promotion ab. Schon während seines Studiums begann er sich für Wissenschaftsgeschichte zu interessieren. Erste Anregungen dazu empfing er von James B. Conant, dem Chemiker, Kulturpolitiker und Diplomaten, der 1953–55 Hochkommissar und danach bis 1957 der erste amerikanische Botschafter in der Bundesrepublik Deutschland war. Als Kuhn in Harvard studierte, war Conant dort Präsident der Universität. Nach seiner Promotion wandte sich Kuhn ganz der Wissenschaftsgeschichte zu und vertrat dieses Fach zunächst in Harvard, dann in Berkeley und Princeton, wo er von 1972 bis 1979 auch Mitglied am Institute for Advanced Studies war, und endlich am Massachusetts Institute for Technology in Boston. Dort ließ er sich 1992 emeritieren.

Schon während seines Studiums wurde Kuhn am Beispiel der Aristotelischen Physik die konzeptuelle Unvergleichbarkeit von Theorien über denselben Gegenstand aus unterschiedlichen Kulturen oder Epochen deutlich,[1] und so kam er von Anfang an dazu, Wissenschaftsgeschichte nicht unter dem oberflächlichen Aspekt zu betrachten, wer wann schon wußte, was wir heute zu wissen glauben. Ihm ging es vielmehr darum, frühere Theorien und Weltbilder in ihrer geschichtlichen Eigenart und aus ihrer geschichtlichen Situation heraus zu verstehen. Sein erstes Buch *The Copernican Revolution* (1957) bemüht sich in diesem Sinn darum, die Einbettung der frühneuzeitlichen Astronomie und Physik in Religion und Philosophie aufzuzeigen. Seine Einsichten über die Schwierigkeiten, hinreichend verschiedene Weltbilder und Theorien miteinander zu vergleichen, fanden dann 1962 ihren Ausdruck in Kuhns bekanntestem Werk, dem Buch, von dem hier die Rede sein soll: *Die Struktur wissenschaftlicher Revolutionen*. 1970 erschien eine zweite, erweiterte Auflage. Die regen Diskussionen, die dieses Buch auslöste, fanden einen Niederschlag in der Aufsatzsammlung *Die Entstehung des Neuen* (hg. von Lorenz Krüger, 1977, der Titel der engl. Version [ebenfalls 1977] lautet *The Essential Tension*). Von 1972 bis 1979 arbeitete Kuhn über die Geschichte der Quantentheorie. Das Ergebnis ist das Buch *Black-Body Theory and the Quantum Discontinuity, 1894–1912* (1978, 2. Aufl. 1987). Aufsätze wie *Commensurability, Comparability, Communicability* (1982) und *Was sind wissenschaftliche Revolutionen?* (1982) belegen Kuhns fortdauernde Bemühungen um Präzisierungen und Unterscheidungen zu den Thesen seines Hauptwerks, die den zahlreichen kritischen Einwänden gerecht werden sollten.

Thomas Kuhn ist am 17. Juni 1996 in Cambridge (Massachusetts) gestorben. Er hatte das Glück des Tüchtigen, hervorragende Lehrer und Kollegen zu finden und an den besten Universitäten Amerikas hervorragende Studenten zu haben. Seine Fragestellungen und Thesen paßten in die geistigen Strömungen der Zeit, und so fand er von Beginn an ein breites Echo. Kuhn war ein ungemein gebildeter, außerordentlich breit interessierter Wissenschaftler und ein aufmerksamer, anregender und hilfreicher Diskussionspartner, der immer bereit war, seine Positionen erneut kritisch zu überdenken.

2. Inhalt und Anliegen des Buches

Will man die Grundintention des Buches *Die Struktur wissenschaftlicher Revolutionen* charakterisieren, so wird man am besten sagen: Es geht Kuhn um die Kritik am erkenntnistheoretischen

Fundamentalismus und, im Zusammenhang damit, um die Kritik an der Idee wissenschaftlichen Fortschritts als einer Kumulation der Erkenntnisse. Daher ist sein Buch auf dem Hintergrund von zwei anderen „Büchern des Jahrhunderts" aus dem Bereich der Philosophie zu sehen: Karl Poppers *Logik der Forschung* (1934) und Ludwig Wittgensteins *Philosophische Untersuchungen* (1953). Diese beiden Arbeiten haben eine Problematik in die Analytische Philosophie eingeführt, die sich schon am Beginn des 19. Jahrhunderts den Geschichts- und Sprachwissenschaften gestellt hatte und die vor allem Friedrich Schleiermacher formuliert hat. Über ihn, Wilhelm Dilthey, Martin Heidegger und Hans-Georg Gadamer ist diese Problematik dem heutigen Bewußtsein auch auf ganz anderen Wegen vermittelt worden, die mehr von den Geistes- als den Naturwissenschaften ausgingen. Auf sie kann ich hier nicht eingehen, ich wollte aber jedenfalls darauf hinweisen, daß die Probleme Poppers, Wittgensteins und Kuhns einen breiteren geistesgeschichtlichen Hintergrund haben, auch wenn davon in ihren Werken nichts aufscheint.

Zurück zum *erkenntnistheoretischen Fundamentalismus*. Was man heute so bezeichnet – und wovon man sich mit dieser Bezeichnung auch schon distanziert –, ist jene Erkenntniskonzeption, an der sich fast die gesamte Philosophie von Aristoteles bis Kant orientiert hat. Ihre dominierende Rolle zeigt sich besonders deutlich darin, daß sich die Skepsis – eine seit der Antike starke Unterströmung der großen Philosophie – von Anfang an allein gegen die Möglichkeit fundamentalistischer Erkenntnis richtete, also davon ausging, Erkenntnis gebe es, wenn überhaupt, nur im Sinne dieser Konzeption. Das Vorbild des Fundamentalismus war die Mathematik, denn in ihr eröffnete sich zuerst die Möglichkeit von sicheren, unbezweifelbaren Einsichten und stringenten Beweisen. Am Beginn des 5. Jahrhunderts v. Chr. war die Klage über die Unfähigkeit des Menschen, zuverlässige Erkenntnis zu erreichen, ein fester Topos der Dichtung. Allein die Götter verfügten über sichere Erkenntnis, hieß es, wir Menschen seien hingegen auf Vermutungen angewiesen, die sich immer wieder als falsch erweisen; wir könnten nichts wissen, und unsere Suche nach Wissen bleibe vergeblich. Der Dichter Theognis sagt: „Wir raten vergeblich herum, wissen aber nichts." Die große Leistung der Griechen in der Mathematik bestand nun darin, sie in eine beweisende Wissenschaft umgeformt zu haben. In ihr eröffnete sich damit auch dem Menschen die Möglichkeit von Erkenntnis mit einer gewissermaßen göttlichen Sicherheit: Ausgehend von einfachen, evidenten Axiomen ließen sich die Theoreme der Geometrie streng logisch beweisen. So ist es kein Wunder, daß die Mathematik zum Vorbild der Philosophie wie der anderen Wissenschaften wurde. Und als man am Beginn der Neuzeit an eine Neubegründung von Philosophie und Wissenschaften ging, war wiederum die Mathematik das Leitbild, auf das sich z.B. Hobbes, Descartes, Spinoza und Leibniz explizit bezogen.

Das fundamentalistische Erkenntnismodell besteht aus einem Erkenntnisbegriff und einer These. Unter ‚Wissen' versteht man meist eine richtige und begründete Überzeugung: Um zu wissen, daß der Angeklagte schuldig ist, muß der Richter davon zunächst einmal überzeugt sein. Der Angeklagte muß ferner tatsächlich schuldig sein; wäre er das nicht, so könnte es der Richter nicht wissen. Endlich muß der Richter gute Gründe für seine Überzeugung haben, er muß seine Überzeugung aufgrund von Zeugenaussagen und Indizien gewonnen haben, denn eine bloße Annahme ist noch kein Wissen, auch dann nicht, wenn sie richtig ist. Das Problem, das schon Platon im *Theätet* diskutiert hat – dort findet sich übrigens auch das Beispiel des Richters –, ist nun folgendes: Jede Begründung geht von Voraussetzungen, den ersten Prämissen des Arguments, die selber nicht begründet werden. Die Prämissen stellen also kein Wissen im angegebenen Sinn dar, sondern bloß wahre Überzeugungen. Was aus nicht Gewußtem abgeleitet wird, kann aber kein Wissen sein. Der begründete Satz ist nicht sicherer als die ersten Prämissen der Begründung. Man müßte also fordern, daß auch sie ein Wissen darstellen, also begründet sind, aber das führt zu einem infiniten Regreß der Begründungen. Dieser Regreß endet nur dann, wenn die ersten Annahmen der Begründung so evident sind, daß sie keiner weiteren Begründung bedürfen. Das ist nun der Ansatzpunkt für eine fundamentalistische Bestimmung des Wissens: Wissen ist eine wahre und durch selbst nicht mehr begründungsbedürftige Sätze begründete Überzeugung. Die Begründung eines Satzes mit ersten Prämissen, die einer Begründung nicht bedürfen, bezeichnet man oft als „Letztbegründung". Wissen ist dann wahre, letztbegründete Überzeugung.

Das also ist der fundamentalistische Erkenntnisbegriff. Die These des Fundamentalismus ist, daß es solche Erkenntnis gibt, und das heißt insbesondere: Es gibt Sätze, die einer Begründung nicht bedürftig sind, die evident sind und keinen vernünftigen Zweifel an ihrer Geltung zulassen. Solche Sätze bilden das Fundament, die Basis unserer Erkenntnis.

Das fundamentalistische Erkenntnisideal ist zwar anspruchsvoll, aber außerordentlich attraktiv. Denn danach lassen sich eigene wie fremde Erkenntnisansprüche kontrollieren: Man kann prüfen, ob eine angebliche Letztbegründung tatsächlich von evidenten, zweifelsfreien Prämissen ausgeht, und ob die Schlußfolgerungen aus diesen Prämissen logisch korrekt sind. Zudem können wir uns mit unseren eigenen Überzeugungen, etwas in diesem Sinn zu wissen, nur dann irren, wenn wir logische Fehler machen. Ob uns die ersten Prämissen evident sind, ist ja unproblematisch. Logische Fehler lassen sich aber weitestgehend vermeiden, wenn man die Schlußfolgerungen in einzelne, elementare Schritte zerlegt und den Beweis z.B. im Sinne der symbolischen Logik formalisiert. Ferner gibt es einen sicheren Erkenntnisfortschritt. Es kann nicht passieren, daß die Grundlagen unserer Theorien aufgrund neuer Erfahrungen oder Einsichten erschüttert werden. Die Basissätze sind ja in sich evident, ihre Geltung hängt nicht von Voraussetzungen ab, ist also nicht durch neue Erfahrungen gefährdet. Auch das, was aus ihnen logisch folgt, bleibt bestehen. Die Basis kann so nur durch neue Einsichten erweitert werden, oder wir können erkennen, daß weitere Sätze aus den Basissätzen folgen. Letztbegründete Erkenntnis ist demnach kumulativ.

Das Programm ist also attraktiv. Ist es aber auch durchführbar? Ist es überhaupt realistisch? Geht wissenschaftliche Erkenntnis tatsächlich so vor? Das hat schon Karl Popper in der *Logik der Forschung* (1934) energisch bestritten.[2] Dort wendet er sich gegen den *Empirismus*, eine Variante des Fundamentalismus. Der Empirismus geht von Sätzen aus, die aufgrund direkter Beobachtungen evidentermaßen wahr sind. Solche Sätze besagen immer nur etwas über Einzelfälle; generelle Aussagen lassen sich durch endlich viele Beobachtungen nicht verifizieren. Der Empirismus behauptet aber, sie ließen sich durch Beobachtungen induktiv bestätigen. Poppers Argumentation beginnt nun mit der Humeschen Kritik am induktiven Schließen. Sie ist zwar nur zum Teil berechtigt, die (subjektive) Wahrscheinlichkeit, die wir einer Theorie aufgrund von Beobachtungen zuordnen, ergibt sich aber jedenfalls nicht allein aus ihnen, sondern auch aus der Wahrscheinlichkeitsbewertung, von der wir ausgehen. Die stellt jedoch eine unbegründete Antizipation dar, eine Erwartung, mit der wir an die Phänomene herangehen. Theorien können also nicht aus Erfahrungen erschlossen werden – weder deduktiv noch induktiv –, sie können jedoch an der Erfahrung scheitern. Der Prozeß wissenschaftlicher Erkenntnis verläuft nach Popper so, daß wir aufgrund der verfügbaren empirischen Daten Theorien entwerfen, die weit über diese Daten hinausgehen, entweder im Sinn einer Generalisierung oder in Form der Annahme einer Realität hinter den Erscheinungen, welche die beobachtbaren Phänomene bewirkt. Wir erklären z.B. die chemischen Eigenschaften von Stoffen durch ihre molekulare Struktur und das Leuchten der Sonne durch die Fusion von Atomkernen in ihrem Innern. Theorien sind also kreative Entwürfe, und die müssen sich dann in strengen Tests bewähren. Wir leiten aus ihnen Voraussagen über die Ergebnisse von Experimenten ab, wobei es vor allem auf solche Prognosen ankommt, deren Eintreffen nach den bekannten Daten nicht ohnehin wahrscheinlich ist. Stellen wir im Experiment fest, daß die Voraussage nicht eintrifft, so ist die Theorie gescheitert und wir müssen uns nach einer anderen umsehen. Es kann zwar auch dann sinnvoll sein, an einer Theorie festzuhalten, wenn ihre Voraussage nicht eintrifft. Man kann z.B. störende Einflüsse annehmen oder ein Versagen der Meßinstrumente. Wenn sich solche Annahmen jedoch nicht unabhängig bestätigen lassen, handelt es sich um bloße ad-hoc-Hypothesen, und die sind unzulässig. Bestätigt sich die Voraussage hingegen im Experiment, so hat die Theorie diesen Test bestanden, sie hat sich in diesem Fall bewährt und empfiehlt sich damit für eine weitere Überprüfung. Das heißt nicht, daß ihre Wahrheit bewiesen wäre, nicht einmal, daß wir sie als wahrscheinlich wahr ansehen könnten. Theorien bleiben immer Hypothesen. Auch gut und über lange Zeit bewährte Theorien können sich später als falsch erweisen. Wir lernen also, wie Popper sagt, nur aus unseren Fehlern. Mit Sicherheit können wir lediglich sagen, eine Theorie sei falsch, nicht aber, sie sei richtig. Wir lernen aus der Erfahrung nur so, daß wir Theorien entwerfen und prüfen. Die Natur antwortet nur auf Fragen, die wir an sie stellen. Systematische Fragestellungen ergeben sich nur aus Hypothesen, und in diesem Sinn sagt Popper, Erfahrung sei immer Erfahrung im Lichte von Theorien. Als Motto seiner *Logik der Forschung* zitiert er Novalis: „Hypothesen sind Netze: Nur der wird fangen, der auswirft."

Bewährung ist also keine Wahrheitsgarantie, denn sie ist immer vorläufig. Der Erkenntnisfortschritt liegt allein darin, daß wir im Laufe der Zeit immer mehr falsche Theorien eliminieren und neue entwerfen, die zu den Daten passen, über die wir schon verfügen – zu jenen, an denen sich die alten Theorien bewährt haben, wie zu jenen, an denen sie gescheitert sind. In der Folge unserer sukzessiven Theorien über ein Gebiet nimmt also die Menge der korrekten Voraussagen, der Wahrheitsgehalt der Theorien zu, während die Menge der falschen Voraussagen, der Falschheitsgehalt, abnimmt. Beobachtungen bilden für Popper nicht den Fels, auf dem wir unsere Theorien bauen, sondern die Klippen, an denen sie scheitern können. Poppers Konzeption wissenschaftlicher Erkenntnis, sein *kritischer Rationalismus*, ist also nicht fundamentalistisch. Sie empfiehlt sich, weil sie in großen Zügen dem Vorgehen in den Wissenschaften entspricht; daher war sie auch außerordentlich einflußreich. Sie hat freilich auch ihre Mängel, auf die ich hier aber nicht eingehen kann.[3]

In Wittgensteins *Philosophischen Untersuchungen* (1953) spielt der Begriff des *Sprachspiels* eine zentrale Rolle. Er hat seinen Ort zunächst in der Sprachphilosophie. Wittgenstein geht davon aus, daß Sprechen eine Aktivität ist, die in den Kontext nichtsprachlicher Aktivitäten, einer „Lebensform", eingebunden und auf deren Hintergrund zu interpretieren ist. In jedem Sprachspiel gelten spezifische sprachliche Regeln. Während Wittgenstein unter „Sprachspielen" zunächst vor allem Verwendungsweisen der Sprache versteht und Formen sprachlichen Handelns wie Auffordern, Behaupten, etwas Bezeugen oder jemanden Taufen, die dann von John L. Austin und John R. Searle systematisch untersucht worden sind, erweitert er den Begriff später so, daß daraus zugleich ein erkenntnistheoretisches Konzept wird. Er redet z.B. vom Sprachspiel der Wissenschaften und stellt ihm jenes der Religion gegenüber.[4] Das Sprachspiel der Wissenschaft besteht nicht nur in einer speziellen Sprache oder Form der Sprachverwendung, sondern dazu gehören auch die Normen wissenschaftlicher Rationalität, Begründungs- und Argumentationsweisen sowie Grundannahmen der Wissenschaften wie z.B. der Realismus oder fundamentale wissenschaftliche Theorien. Das Sprachspiel der Religion hat demgegenüber seine eigene Sprache, seine eigenen Standards vernünftigen Redens, seine eigenen Grundannahmen. Nach Wittgenstein bewegen wir uns mit unserem Bemühen um Erkenntnis, unserem Argumentieren und Begründen jeweils in einem Sprachspiel, im Rahmen von dessen Regeln und Voraussetzungen. Auch diese Vorstellung führt zu einer radikal antifundamentalistischen Position: So etwas wie Begründungen gibt es nur innerhalb eines Sprachspiels. In ihm kann man manche Annahmen mit anderen begründen, für seine fundamentalen Annahmen gibt es aber keine Begründung. Diese Annahmen lassen sich nicht kritisieren, insbesondere nicht von einer neutralen Basis aus oder im Rahmen eines anderen Sprachspiels, denn dort gelten ganz andere Regeln und Voraussetzungen, und der Sinn der Annahmen wird in diesem fremden Kontext verfälscht. Daher sind hinreichend unterschiedliche Sprachspiele letztlich unvergleichbar. Sie lassen sich nicht als richtig oder falsch bezeichnen, sondern stellen unterschiedliche Praktiken dar. Der Grundgedanke ist: Es gibt keine voraussetzungslose Erkenntnis; wir bewegen uns denkend, sprechend oder argumentierend immer im Rahmen von nicht einholbaren Voraussetzungen. Es gibt keine absolute, sondern viele unterschiedliche und unvergleichbare Grundlagen von Erkenntnis. Der Fundamentalismus erscheint von hier aus als eine naive Verabsolutierung jenes Sprachspiels, in dem wir uns gerade bewegen.

Unter erkenntnistheoretischen Aspekten hat Thomas Kuhns Konzept des Paradigmas viel mit dem des Sprachspiels gemeinsam. Es ist aber das Verdienst von Kuhn, daß er in seinem Buch *Die Struktur wissenschaftlicher Revolutionen* durch konkrete wissenschaftsgeschichtliche Untersuchungen gezeigt hat, daß Ideen wie die von Wittgenstein nicht nur eine abstrakt philosophische Bedeutung haben, sondern auch für das Verständnis der Entwicklungen in den Einzelwissenschaften wichtig sind. Der zentrale Begriff in Kuhns Analysen ist der des *Paradigmas*. Darunter versteht er zunächst einfach eine fundamentale Theorie, wie etwa die klassische Mechanik oder die Evolutionstheorie, die im normalen Wissenschaftsbetrieb nicht Gegenstand, sondern Mittel wissenschaftlicher Untersuchungen ist, die also verwendet wird zu Erklärungen oder Voraussagen und lediglich auf neue Bereiche angewendet oder erweitert wird. Die Resultate von Messungen und Experimenten werden im Licht dieser Theorie gedeutet, sie werden mit ihren Begriffen und im Sinn ihrer Annahmen interpretiert. In einem umfassenderen Sinn des Wortes gehört zu einem Paradigma hingegen nicht nur eine oder mehrere Theorien, sondern auch die Sprache, in der sie formuliert sind, mit ihrem Begriffssystem; es zählen dazu Hintergrundannahmen und

Erwartungen, Methoden, Rationalitätskriterien, Argumentationsformen sowie Zielvorstellungen und Ideale wissenschaftlicher Erkenntnis. Darin liegt die Verwandtschaft zu Wittgensteins Begriff des Sprachspiels. Die Pointe Kuhns ist, daß es nur relativ zu einem Paradigma Begründungen, Erklärungen und eindeutige Beschreibungen von Phänomenen gibt, daß nur relativ zu ihm von bestimmten Beobachtungsresultaten die Rede sein kann. Das wird besonders dann deutlich, wenn eine Phase normaler Wissenschaft, in der man sich in einem bestimmten Paradigma bewegt und es die Grundlage der Forschung bildet, abgelöst wird durch eine wissenschaftliche Revolution, an deren Ende das Paradigma durch ein anderes ersetzt wird. Ein Beispiel wäre etwa der Übergang von der klassischen Physik zur relativistischen. Kuhn betont, daß es bei einer solchen Revolution keine paradigmenneutralen Kriterien gibt, mit denen sich eine Entscheidung zwischen den Konkurrenten, zwischen der alten und der neuen Theorie, rechtfertigen ließe. Es gibt kein *experimentum crucis*, denn die Beobachtungen werden von beiden Paradigmen verschieden gedeutet.

In den Überlegungen Kuhns spielt dabei der Gedanke einer *Theoriebeladenheit der Beobachtungen* eine entscheidende Rolle.[5] Danach gehen auch in beobachtungsmäßige Feststellungen unbegründete Annahmen ein. Der empiristischen Idee nach sollten sie Sätze sein, die durch einfache, direkte Beobachtungen entscheidbar sind und keine hypothetischen Elemente enthalten, die durch die Beobachtung selbst nicht abgedeckt sind. Wenn wir aber z. B. sagen, daß wir in einer Nebelkammer die Bahn eines Elektrons beobachten, so setzen wir Theorien darüber voraus, daß geladene Teilchen durch Ionisierung in der Kammer die Tröpfchenspur erzeugen, die wir sehen, sowie Theorien, die besagen, wie Elektronen von Magnetfeldern abgelenkt werden. Selbst bei ganz einfachen Messungen machen wir Voraussetzungen. Stellen wir z. B. durch Abtragen eines Meterstabes auf zwei Strecken deren gleiche Länge fest, so setzen wir voraus, daß der Meterstab beim Transport seine Länge nicht verändert, und das können wir offenbar nicht wieder durch Messungen mit dem Meterstab überprüfen. Wenn ich eine Beobachtung so beschreibe, daß da eine Katze auf der Wiese sitzt, so setze ich voraus, daß andere mögliche Deutungen meiner Beobachtung, daß es sich z. B. um ein Plüschtier handelt oder um ein Exemplar einer bislang unbekannten Spezies, das zwar aussieht wie eine Katze, aber Eier legt oder sich von Gras ernährt, höchst unwahrscheinlich sind. Beobachtungsmäßige Feststellungen erfolgen im Lichte vorgängiger Annahmen oder Erwartungen und sind daher nicht sicherer als diese. Ohne Vorurteile keine Erfahrung.

Von der Theoriebeladenheit von Beobachtungen ist die *Theoriebeladenheit der Sprache* zu unterscheiden. Die enge Verbindung von Sprache und Weltsicht hat zuerst Wilhelm von Humboldt betont. Verschiedene Sprachen sind für ihn nicht nur verschiedene Instrumente zur Beschreibung der einen Welt, sondern mit ihnen verbinden sich verschiedene Auffassungen und Sichtweisen der Realität. Eine Sprache ist kein neutrales Beschreibungsmittel, Beschreiben heißt vielmehr immer schon Deuten. Man kann nicht sauber zwischen der Bedeutung eines Wortes wie „Katze" und unseren Annahmen über Katzen unterscheiden. Man versteht das Wort nicht, wenn man nichts über Katzen weiß, über ihr Aussehen und Verhalten, und man kann nicht alle Sätze als Bedeutungswahrheiten ansehen, die man für wahr halten muß, um das Wort zu verstehen. Euklidische wie nicht-euklidische Geometrien reden von „Geraden" und „Ebenen", aber diese Wörter haben in ihnen verschiedene Bedeutungen, die sich aus den Axiomen als Grundannahmen über das ergeben, was diese Wörter bezeichnen. Sprachliche Beschreibungen haben also einen Hintergrund von Annahmen über die Sache, ohne die sie gar keinen Sinn machen.

Wegen der Theoriebeladenheit der Beobachtungen können also Experimente nicht zwischen konkurrierenden Paradigmen entscheiden. Es gibt ferner für zwei solche Paradigmen keine gemeinsamen Prämissen, mit denen sich die eine Theorie als falsch erweisen ließe, denn die Paradigmen unterscheiden sich schon in den grundlegenden Annahmen und nicht bloß im Detail. Wegen der Theoriebeladenheit der Sprache gibt es oft nicht einmal neutrale Beschreibungen der Konfliktpunkte, und es existieren auch keine gemeinsamen Rationalitätsstandards. Die beiden Paradigmen sind also *inkommensurabel,* wie Kuhn sagt. Daher kann man auch nicht behaupten, die Revolution bedeute einen Fortschritt der Wissenschaft, denn die alte Theorie wird nicht durch eine nach neutralen, allgemeingültigen Kriterien bessere ersetzt – solche Kriterien gibt es eben nicht –, sondern einfach durch eine andere.

Kuhns konkrete Untersuchungen belegen sehr viel klarer als die abstrakten und z.T. auch vagen Hinweise Wittgensteins, daß die

Grundidee des Fundamentalismus angesichts der wissenschaftsgeschichtlichen Tatsachen nicht haltbar ist. Eine Basis für Begründungen gibt es nur im Rahmen eines Paradigmas, wenn es aber mehrere Paradigmen gibt, zwischen denen keine neutrale Entscheidung möglich ist, dann heißt das: Es gibt viele gleichberechtigte Erkenntnisfundamente, und das heißt wiederum: Die ursprüngliche Idee des Fundamentalismus ist unhaltbar. Der Terminus „Paradigma" kennzeichnet ein völlig anderes Erkenntnismodell, als es der Fundamentalismus vertrat: Die Einsicht, daß all unsere Erkenntnisansprüche sich auf Voraussetzungen stützen, also keiner Letztbegründung zugänglich sind, wird hier ernst genommen: Von Erkenntnis, Rationalität, Begründung kann nur in einem Paradigma die Rede sein. Paradigmen sind kreative Entwürfe, und sie sind untereinander inkommensurabel, eine rationale Entscheidung zwischen ihnen ist letztlich unmöglich, weil dafür die neutralen Kriterien fehlen.

3. Wirkung

Inhaltlicher Rang und Größe der Wirkung fallen bei Büchern nicht immer zusammen. Es gibt substantiell sehr bedeutende Werke der Philosophie, die über längere Zeit hinweg praktisch überhaupt nicht zur Kenntnis genommen wurden – ein klassisches Beispiel dafür ist Gottlob Freges *Begriffsschrift* von 1879, die den bedeutendsten Fortschritt der Logik seit Aristoteles markiert, aber erst später im 20. Jahrhundert verstanden und gewürdigt worden ist. Auf der anderen Seite stehen Werke mit großer Breitenwirkung, aber wenig sachlicher Relevanz. Oft sind es gerade die Unklarheiten und Inkonsistenzen, die ein Werk für viele attraktiv machen, und wer sagt, was ohnehin schon jeder denkt, findet leichter Resonanz als einer, der zum Umdenken auffordert. Kuhns Werk ist in seiner gedanklichen Substanz sicher bedeutend. Ich habe schon gesagt: Zwar ist nicht alles neu, neu ist aber die Demonstration der Gedanken an einer Fülle von konkretem wissenschaftshistorischen Material und die Transformation einer abstrakten und noch recht vagen philosophischen Idee in eine wissenschaftsgeschichtliche Theorie. Darauf vor allem beruht die enorme Wirkung, die das Buch schon gleich nach seinem Erscheinen entfaltet hat. Über eine Million Exemplare sind inzwischen verkauft worden – für ein wissenschaftliches Werk eine ganz einmalige Zahl –, und das Buch ist in über 20 Sprachen übersetzt worden. Das alte, im Grunde schon aufgegebene fundamentalistische Leitbild wissenschaftlicher Erkenntnis wurde durch ein neues Erkenntnismodell ersetzt, die an rein logischen Standards der Rationalität orientierte empiristische Wissenschaftstheorie, für die Namen wie Carnap und Hempel stehen, wurde durch eine den tatsächlichen Prozessen wissenschaftlicher Entwicklungen angemessenere Auffassung ersetzt. Soziologische Betrachtungen von Wissenschaft gewannen an Bedeutung, die Grenzen zwischen Natur- und Geisteswissenschaften verloren an Absolutheit, der Realismus, das zentrale Thema der Erkenntnistheorie, wurde mit neuen Argumenten konfrontiert. Evolutionisten fühlten sich bestätigt, denn eine Anwendung der biologischen Evolutionstheorie auf den Menschen erfordert ja auch eine evolutionäre Deutung kultureller Leistungen, wie es wissenschaftliche Theorien sind; Kuhns Erkenntnismodell kommt dem entgegen, weil es nicht dem teleologischen Bild einer zunehmenden Annäherung an die Wahrheit entspricht, sondern dem eines evolutionären Prozesses mit so etwas wie Mutation und Selektion – die Mutationen wären die kreativen Entwürfe von Theorien, und die Selektion geschähe in den experimentellen Tests.

Für einen Teil der Breitenwirkung des Kuhnschen Buches sind allerdings auch seine Nähe zum Relativismus und Irrationalismus verantwortlich, die der Schar wirrer Geister entgegenzukommen schien, die sich zur Philosophie ja von jeher auch hingezogen fühlt.

4. Kritik

Damit komme ich zur kritischen Diskussion, die Kuhns Werk ausgelöst hat und die bis heute andauert. In der Hauptsache wirft sie Kuhn genau diesen Relativismus und Irrationalismus vor, und das mit einigem Recht. Nach seinen Aussagen gibt es keine Rechtfertigung dafür, ein bestimmtes Paradigma zu akzeptieren, denn es gibt keine paradigmenneutralen Erfahrungen, Begründungen und Rationalitätsstandards. All das gibt es nur in einem Paradigma, aber dort eben auch nur in Form nicht weiter begründbarer Vorurteile. Man kann die Grundannahmen eines Paradigmas natürlich kritisieren, aber dazu muß man dann eben von anderen, ebenfalls unbegründeten Voraussetzungen ausgehen. Die Kritik steht also auf dem Boden eines anderen Paradigmas, von dem man jedoch nicht behaupten kann, es sei besser als das kritisierte. Mit unseren Unterscheidungen von wahr und falsch, begründet und unbegründet bewegen wir uns also immer im Rahmen von uneinholbaren Vorurteilen, und von welchen wir ausgehen, hängt letztlich von äußeren, insbesondere sozialen Bedingungen ab. Es bleibt uns meist gar nichts anderes übrig, als jenes Paradigma zu übernehmen, das in unserer sozialen oder beruflichen Umgebung gerade in Geltung ist. Von zwei konkurrierenden Paradigmen setzt sich bei einer wissenschaftlichen Revolution nicht das nach objektiven Kriterien bessere durch – solche Kriterien gibt es wie gesagt nicht –, sondern jenes, das eine wirkungsvollere Propaganda entfaltet. Ein neues Paradigma obsiegt nicht dadurch, daß die Anhänger des alten mit vernünftigen Gründen überzeugt werden, sondern daß sie aussterben.

Der Irrationalismusvorwurf gegen Kuhn beruht nicht auf einer Mißdeutung seiner Aussagen, denn alles, was eben gesagt wurde, läßt sich durch Texte seines Buches belegen, und seine Thesen haben auch den Skeptizismen, Relativismen und Irrationalismen kräftigen Auftrieb gegeben. Will man das paradigmatische Erkenntnismodell als eine vernünftige Alternative zum Fundamentalismus ansehen, so muß man es daher so fassen, daß sich damit kein Relativismus verbindet, nach dem alles geht und damit gar nichts mehr. Kuhn verfolgt in seinem Buch in erster Linie eine kritische Absicht; ihm geht es darum, die fundamentalistische Konzeption wissenschaftlicher Erkenntnis zu widerlegen. Aus dieser Absicht heraus überzeichnet er die Probleme zum Teil ganz erheblich. Wenn man diese Übertreibungen zurückschraubt, bleibt ein durchaus rationaler Kern, denn dann kann man im Sinne Poppers von einer Bewährung von Paradigmen sprechen. Unser Grund, ein Paradigma zu akzeptieren oder an ihm festzuhalten, ist dann, daß es sich in der Erfahrung bewährt.

Nun bewährt sich eine Theorie an Beobachtungen, und wenn diese theoriebeladen sind und schon im Licht der Theorie selbst gedeutet werden, gibt es keine theorieneutralen Kriterien der Bewährung. Dieses Problem betont Kuhn gegenüber Popper, aber er unterscheidet dabei nicht zwischen Theoriebeladenheit und Theorieabhängigkeit. Zunächst einmal kann man nicht beides haben: den empirischen Gehalt einer Theorie, d.h. die Möglichkeit, daß sie an der Erfahrung scheitert, und ihre Immunität gegenüber Erfahrungen. Determiniert ein Paradigma die Erfahrungen, die wir in seinem Lichte machen, in dem Sinn, daß es schon festlegt, daß die Beobachtungen immer so ausfallen, daß sie das Paradigma bestätigen, so ist es immun. Dann ist es aber auch mit jeder Beschaffenheit der Welt verträglich und besagt so nichts über sie. Obwohl es keine Beobachtungsaussagen gibt, die von jeglicher Deutung, von allen hypothetischen Elementen frei wären, unterscheiden wir doch zwischen Tatsachen und ihren Deutungen. Diese Unterscheidung ist zwar nicht scharf, hat aber doch in der Regel einen hinreichend klaren Sinn. Auch bloß graduelle Unterschiede sind Unterschiede. Selbst wenn sich ein klassischer und ein relativistischer Physiker in der Deutung von Experimenten unterscheiden, gibt es doch gewisse Beschreibungen der Ergebnisse, in denen beide übereinstimmen. Über den Ausschlag eines Meßinstruments z.B. streiten sie sich nicht, nur darüber was daraus zu folgern ist. Sie waren sich einig in der Bewertung vieler Experimente wie dem von Michelson: Es hatte die gleiche Ausbreitungsgeschwindigkeit des Lichts in allen Richtungen von einem bewegten Punkt (der Erde) aus nachgewiesen. Man war sich einig, daß die Relativitätstheorie gewisse Phänomene einfacher erklären konnte als die klassische Physik, insbesondere ohne Zusatzhypothesen. Die Ablenkung von Lichtstrahlen in der Nähe der Sonne war eine Feststellung, die nicht durch die allgemeine Relativitätstheorie determiniert war, sondern ein echter Test, bei dem sie hätte scheitern können. Es ist also höchst unplausibel, daß die Theoriebeladenheit unserer Erfahrungen derart stark sein soll, daß es keine Beobachtungen gibt, in denen die Vertreter konkurrierender Theorien übereinstimmen. Es gibt keine alltäglichen oder wissenschaftlichen Paradigmen, die immun gegenüber aller Erfahrung wären. Ein naturwissenschaftliches Paradigma sagt uns, wie wir Experimente anstellen sollen und was wir für ihren Ausgang zu erwarten haben, aber es determiniert nicht ihr Ergebnis.

Theorien, die einen empirischen Gehalt haben, also etwas über die Welt besagen, können also nicht mit allen möglichen Erfahrungen verträglich sein, und damit kann man bei ihnen auch von Bewährung sprechen. Angesichts der Theoriebeladenheit der Erfahrung ist Bewährung zwar keine Sache, die sich so einfach beurteilen läßt, wie das bei Popper erscheint, trotzdem bleibt es aber sinnvoll, von der Rechtfertigung eines Paradigmas durch seine Bewährung zu sprechen.

Bei wissenschaftlichen Revolutionen handelt es sich ferner in der Regel nicht um eine vollständige Aufgabe des alten Paradigmas, sondern nur um eine Veränderung zentraler Teile. Zu einer radikal anderen Weltsicht kann man nicht so leicht übergehen. Dafür fehlen passende sprachliche Ausdrucksmittel, Begründungsverfahren und Rationalitätskriterien. Was wir in der Geistes- und Wissenschaftsgeschichte beobachten, ist ein stückweiser Wandel von Paradigmen, wobei durch wiederholte Wandlungen natürlich beliebig starke Modifikationen entstehen können. Wenn danach selbst bei Revolutionen jeweils ein großer Teil des alten Paradigmas in Geltung bleibt, kann es auch konstante Rationalitätskriterien geben, mit denen sie sich rechtfertigen lassen. Kuhn weist in seinen wissenschaftsgeschichtlichen Analysen keinen einzigen Fall auf, in dem es nicht gute, obgleich nicht zwingende Gründe dafür gab, die alte Theorie durch die neue zu ersetzen. Es gibt zwar auch einen Wandel von Rationalitätskriterien, seit den Anfängen der Logik ist aber die klassische Logik in Geltung geblieben. Wir verfügen heute zwar über sehr viel reichere logische Theorien als z.B. die aristotelische Syllogistik, aber deren Theoreme gelten noch immer, und Analoges wäre für die Mathematik zu sagen.

Endlich können zwei Theorien nicht zugleich unverträglich sein, also konkurrierende Beschreibungen der Natur, und inkommensurabel. Sind sie unverträglich, so gibt es mindestens einen Satz *A*, der in beiden Theorien denselben Sinn hat, so daß aus der einen *A*, aus der anderen aber *nicht-A* folgt. Sind die Theorien hingegen inkommensurabel, so sind die Aussagen, die aus ihnen folgen, sinnverschieden und können sich daher nicht widersprechen. Die These von der Inkommensurabilität von Paradigmen steht denn auch im Mittelpunkt der heutigen Diskussionen der Kuhnschen Ideen. Er selbst hat sie später als Unübersetzbarkeit zweier Theorien ineinander erklärt, aber betont, solche Inkommensurabilität sei immer nur lokal. Zwei in einer Situation revolutionären Wandels miteinander konkurrierende Theorien teilten zwar die meisten Begriffe, manche Termini würden in ihnen aber auch in unterschiedlicher Bedeutung verwendet. Ein Theorienwandel beginnt danach mit einer konzeptuellen Umorientierung, wie etwa beim Übergang von der klassischen zur relativistischen Mechanik mit ihrer völlig neuartigen Annahme einer Korrelation von Raum und Zeit. Eine solche Auffassung ist dann nicht mehr in einem anstößigen Sinn relativistisch. Aus der

Verschiedenheit von Beschreibungen folgt ja nicht, daß sie keinen identischen Gegenstand mit einer beschreibungsunabhängigen Natur haben. Diese Auffassung widerspricht auch nicht der Idee eines Erkenntnisfortschritts, denn der besteht eben nicht nur in der Akkumulation von Fakten, sondern auch in der besseren konzeptuellen Organisation unseres Wissens.

Wie so oft hat auch im Fall des paradigmatischen Erkenntnismodells von Thomas Kuhn eine zunächst sehr stark auftretende Theorie im Laufe ihrer Diskussionen Federn lassen müssen. Was geblieben ist, ist aber genug, um von einem „Buch des Jahrhunderts" zu sprechen.

URSULA LINK-HEER

Michel Foucault:
Les mots et les choses (1966)

„Foucault comme des petits pains" – „Foucault geht weg wie warme Semmeln", lautete eine Schlagzeile des *Nouvel Observateur* vom 10. August 1966. Wenige Monate nach dem Erscheinen von Foucaults *Les mots et les choses* verblüffte sein sensationeller Verkaufserfolg. Binnen vier Monaten waren bereits drei Auflagen dieses nicht leicht konsumierbaren Buches vergriffen, das als *Une archéologie des sciences humaines,* wie der Untertitel lautet, sich an einen doch eher begrenzten Leserkreis zu wenden schien. Mit diesem Buch von vierhundert äußerst dichten und konzentrierten Seiten wurde Foucault (1926-1984) schlagartig berühmt, und mit ihm und seinen ersten Übersetzungen unter zwei verschiedenen autorisierten Titeln – *Le parole e le cose* (1967), *The Order of Things* (1970), *Die Ordnung der Dinge* (1971) – setzte die internationale Resonanz Foucaults ein, die in der Folge allen seinen Veröffentlichungen Ereignischarakter verleihen sollte.[1]

Meine Präsentation von *Les mots et les choses / Die Ordnung der Dinge*[2] besteht aus drei Teilen: 1. einer kurzen Situierung des Buches im Kontext von Foucaults Gesamtœuvre, 2. einer Skizze seiner Resonanz im intellektuellen Feld und in ganz unterschiedlichen wissenschaftlichen Disziplinen, und schließlich 3. einem Versuch, das spezifische Profil des Buches in seiner Originalität zu konturieren.

1. Das einzelne Buch und das Gesamtwerk

Läßt man die Reihe der Hauptbücher Foucaults Revue passieren, die wie *Les mots et les choses* ein intensives Quellenstudium zur Voraussetzung haben – also die frühe *Histoire de la folie* (1961, verschiedene Titel), *Naissance de la clinique* (1963), *Surveiller et punir* (1975) und die *Histoire de la sexualité* (1976/1984, verschiedene Titel)[3] –, so mutet es heute ganz unentscheidbar an, welches Buch als das Hauptwerk anzusehen wäre. Zwischen allen diesen Büchern, die eines langen Atems bedurften, sind vielfältige Verknüpfungen zu entdecken, wie zugleich auch immer ein Wechsel auf ein anderes Terrain und zu einer anderen Problematik konstatierbar ist. Der ganz und gar verschiedene Umgang mit dem Irresein in Mittelalter und Renaissance, im „âge classique" (17. und 18. Jahrhundert) und an der Schwelle um 1800, den Foucault in der Geschichte des Wahnsinns darstellt, gibt bereits die große Dreiteilung der ordnungsgebenden Denkräume (der *Epistemai*) zu erkennen, die *Die Ordnung der Dinge* systematisch exploriert. Doch während es Foucault in seiner *thèse* von 1961 vorwiegend um Institutionen (wie die Leprosorien, das *hôpital général* und Anstaltstypen), um Verordnungen und gesellschaftliche Praktiken gegangen war, kurz um all das, was man seit seiner Antrittsvorlesung am Collège de France als den Bereich der nicht-diskursiven Praktiken bezeichnet, untersucht er in *Les mots et les choses* ausschließlich den Diskurs, das heißt die schriftlich-sprachliche Seite von Feldern des faktisch Ausgesagten. Deutlich sind auch eine Reihe von Bezügen des Buches *Naissance de la clinique (Die Geburt der Klinik)* auf den späteren Bestseller von 1966: Schon hier war Foucault auf die „Analytik der Endlichkeit" gestoßen, die er dort ins Zentrum der anthropozentrischen Episteme der Moderne rückt. Schon in diesem Buch über die Medizin spricht er von „konkreten Apriori" als Bedingungen der je spezifischen „Sichtbarkeit" von Krankheiten wie auch der Transformationen der medizinischen Erfahrung. Doch wenn auch überdies bereits der Untertitel, *Eine Archäologie des ärztlichen Blicks*, eine Kontinuität zum Untertitel der *Ordnung der Dinge* stiftet, so klammert diese zweite *Archäologie der Humanwissenschaften* jedoch überraschenderweise das medizinische Wissen aus – und das, obwohl *Die Geburt der Klinik* mit einer Reflexion über „die Bedeutung der Medizin für die Konstituierung der Wissenschaften vom Menschen" endete.[4] Offenbar liebte dieser Autor es nicht, sich zu wiederholen. Erst in *L'Archéologie du savoir* (1969), deutsch: *Archäologie des Wissens* (1973), seinem „Discours de la méthode", in dem Foucault in systematischer Weise auf die Kritiker von *Les mots et les choses* zu antworten sucht, wird wieder vielfältiges Beispielmaterial aus medizinischen Disziplinen herangezogen.

Wie hiermit angedeutet ist, kann man das Porträt eines einzelnen Buches von Foucault leicht verfehlen, weil es eine Reihe großer Bücher gibt und nicht *das* Hauptbuch. Es ist üblich geworden, das Denken Foucaults im Aufgreifen seiner eigenen Formulierungen in mehrere große Etappen oder Phasen zu gliedern.[5] *Les mots et les choses* zählt dann zur Phase der „Archäologie", auf die die Phase der „Genealogie" und „Machtanalytik" und schließlich die Phase des Interesses an einer „Ethik der Existenz" und an „Selbsttechniken" gefolgt seien. Durch ein solches Phasenschema wird *Les mots et les choses* mitunter in eine gewisse historische Ferne gerückt und als eine frühe Etappe im Denken Foucaults gesehen, die von Fokussierungen auf neue, ‚aktuellere' Fragestellungen abgelöst erscheint.

Trennt man das einzelne Buch jedoch wieder aus der imponierenden Wucht des Foucaultschen Gesamtœuvres heraus, liest man – wieder – das *ganze* Buch, so entfaltet es eine Faszination, die sich nicht zuletzt der Fülle des konkreten Materials verdankt, das Foucault studiert hat. Dieses Material, das Foucault als konkrete Aussageereignisse in verschiedenen Wissensfeldern perspektiviert (er spricht auch von „Empirizitäten" und „Positivitäten"), überschreitet die Textkanons, die den geisteswissenschaftlichen Disziplinen damals vertraut waren, und läßt sich auch nicht einfach auf einen philosophischen Grundgedanken verrechnen. Aus diesem Grund ist *Les mots et les choses* allerdings auch nicht eigentlich resümierbar. Seine anhaltende stimulative Bedeutung für heutige Forschung scheint mir denn auch darin zu liegen, daß die epistemischen Profile, die Foucault erarbeitet hat, eine Folie bieten, vor der wir das Denken auch eines einzelnen Autors schärfer erfassen können, und zwar gerade auch dann, wenn er eher ‚quer' zu diesen epistemischen Profilen zu stehen scheint. Foucault selbst hat seinen Grundbegriff der *Episteme* bereits in der *Archäologie des Wissens* wieder aufgegeben, weil er dessen partielle Identifikation mit einem Totalisierungskonzept im ideengeschichtlichen Sinne von ‚Weltanschauung' verhindern wollte. Statt von „Episteme" sprach er fortan lieber von „interdiskursiven Konfigurationen" oder von einem Feld von „Interpositivität".[6]

2. Resonanzen

Didier Eribon hat in seiner Foucault-Biographie das unmittelbare Echo auf Foucaults theoretischen Bestseller des Jahres 1966 eingehend dargestellt. In der wissenschaftstheoretischen Umbruchssituation der sechziger Jahre, für die damals noch das Schlagwort *Strukturalismus* stand, wurde der Schlußsatz von *Les mots et les choses*, daß „der Mensch" auch wieder verschwinden könne „wie am Meeresufer ein Gesicht im Sand", als Skandalon berühmt. Wer das gesamte Buch gelesen hatte, hatte darin auch den Satz finden können, daß „der Mensch" vor dem Ende des 18. Jahrhunderts nicht existiert habe. Es ging also nicht darum, daß Foucault die (biologische) menschliche Spezies aussterben lassen wollte. Doch wurde seine Wette, daß die Episteme der Moderne ebenso verschwinden könnten, wie die Episteme der Ähnlichkeit und die der Repräsentation verschwunden waren, indem abrupt ganz andere Modalitäten des Denkens auftauchten, gerne und nicht ohne *mauvaise foi* als Beweis für die Inhumanität struktularer Analysen gelesen. Besonders von hegelmarxistischer Seite und von Sartre und den *Temps modernes* wurde das Buch mit Kaskaden von Vorwürfen überschüttet: Zerstörung des Menschen und des Subjekts, Leugnung jeden Bezugs des Wissens auf die Wahrheit, Verachtung der Praxis, der Geschichte und des Wandels zugunsten der Anonymität starrer Strukturen – so die Hauptwaffen, die man gegen *Les mots et les choses* als das „letzte Bollwerk der Bourgeoisie gegen Marx" (Sartre) schleuderte.[7] Daneben gab es natürlich auch andere Lektüren, Begeisterung und Zustimmung, vor allem von Gilles Deleuze.[8]

Diese Pariser Konstellation der Aufnahme des Buches reproduzierte sich mit kulturspezifischen Varianten dann auch außerhalb Frankreichs.

Heute, vierunddreißig Jahre nach dem Erscheinen von *Les mots et les choses*, dürfte sich das Buch mit seinen Übersetzungen jedem genaueren wirkungsgeschichtlichen Porträt eher entziehen. Dies hängt mit der bekannten Tatsache zusammen, daß *Die Ordnung der Dinge* die Grenzen der herkömmlichen Disziplinen und Fachrichtungen sprengt und in sie alle eine Unruhe hineingetragen hat. Da ist zunächst das Faktum, daß die ‚Humanwissenschaften', deren Entstehungsbedingungen Foucault beschreibt, in Deutschland (vor Foucault) gar kein Begriff waren. Hier setzte man eine Teilung zwischen ‚Natur'- und ‚Geisteswissenschaften' voraus, wobei man zumeist mit Wilhelm Dilthey davon ausging, daß die ersteren ‚erklärend' prozessierten, die zweiten hingegen ‚verstehend' oder

‚hermeneutisch'. Demgegenüber spricht Foucault von einem „Trieder des Wissens",[9] der sich im 19. Jahrhundert konstituiert und aus formal-deduktiven Wissenschaften (Modell: Mathematik), empirisch-analytischen Wissenschaften (Modell: Biologie) und der Philosophie besteht. Die Humanwissenschaften sind mit keinem dieser drei Typen identisch, sondern situieren sich in deren Zwischenräumen, was ihre Instabilität erklärt und ihr Schwanken zwischen Empirie und Spekulation. Foucault führt diese Prekarität auf die prekäre (die moderne *Episteme* fundierende) Instanz „des Menschen" als einer „empirisch-transzendentalen Dublette"[10] zurück, d.h. eines endlichen Wesens, das es empirisch zu erfassen gilt, das gleichzeitig aber auch den Erkenntnisgrund allen Wissens bildet.

Auch *Les mots et les choses* kann sich aus dieser Prekarität des Zwischenräumlichen nicht herausnehmen, so sehr das Buch auch, wie man mit Luhmann sagen könnte, seinen Beobachterstandpunkt sucht – auf seine ihm eigentümliche Weise. Man hat es als ein philosophisches Buch rezipiert oder sogar ganz und gar auf Autoren des philosophischen Kanons zurückgeführt, wie Jürgen Habermas es tut. Dieser entschärfte die materiale Seite der *Ordnung der Dinge*, indem er Bögen großer Philosophennamen über sie schlug – nach dem Modell: „Foucault entwickelt in einem großen Bogen, der von Kant und Fichte bis zu Husserl und Heidegger reicht, seinen Grundgedanken [...]."[11] Wer Habermas liest, käme nicht auf den Gedanken, daß Foucault sich (um in der *Episteme* der Moderne zu bleiben) außer mit Kant vor allem mit Bopps Konjugationssystem der Sanskritsprache, mit Cuviers Vergleichender Anatomie, mit Ricardos Politischer Ökonomie und anderen ‚Kleinigkeiten' auseinandersetzt, die Habermas nicht einmal der Erwähnung für würdig hält.

Wie dieses prominente Beispiel zeigt, wurde *Die Ordnung der Dinge* als ein philosophisches Buch gelesen, obwohl philosophische Autoren in ihm nur eine Randstellung genießen oder dort, wo sie ins Zentrum gerückt werden, wie Kant, nicht als Begründer der ihnen entsprechenden *Episteme* aufgefaßt werden. Man kann diesen selektiven (statt integralen) Lektüremodus als eine Lektüre der Demontage bezeichnen. Tatsächlich beruhen alle Rezeptionsakte auf solchen Demontagen. Jede Disziplin demontiert das Buch auf ihre Weise, so daß wir nur in der Überwindung der Arbeitsteiligkeit der Disziplinen zu einer Art von ‚integralem' Bild der Resonanz des Buches gelangen könnten. Ich kann zu dieser Vielschichtigkeit nur einige Hinweise geben. *Les mots et les choses* ist auch deshalb kein ‚typisch' philosophisches Buch, weil es sich vor allem um ein wissenschaftshistorisches Buch handelt, das an die französische Tradition der Epistemologie[12] von Gaston Bachelard, Georges Canguilhem und Louis Althusser anknüpft – ein besonders wichtiges Konzept ist hier das der „coupure epistémologique", des wissenschaftshistorischen und wissenschaftstheoretischen „Einschnitts" oder „Bruchs" –, gleichzeitig aber diese Tradition nicht einfach fortsetzt, sondern ganz neue Felder des Wissens allererst konstelliert. Damit wurde es zugleich zu einer Herausforderung der Geschichtswissenschaften, deren Vertreter dieses Buch als ahistorisch oder antihistorisch bekämpft haben oder aber in ihm eine Etappe foucauldianischer Revolutionierung des Konzepts der Geschichte und der historiographischen Praxis sahen.[13] Da *Die Ordnung der Dinge* von der Naturgeschichte und von der Emergenz der modernen Biologie spricht, handelt es sich um ein Buch, das die Biologen angeht. Und Foucault war stolz darauf, daß François Jacob, der Nobelpreisträger für Biologie, aus seinem Buch Nutzen gezogen hatte: „Jacob hat *La Logique du vivant* geschrieben; sie enthielt Kapitel über die Geschichte der Biologie, über das Funktionieren des biologischen Diskurses und über die biologische Praxis, und er hat mir selbst gesagt, daß er mein Buch benutzt hat."[14] Insofern *Die Ordnung der Dinge* aber auch von der Analyse der Reichtümer und der Ökonomie spricht, wird man annehmen, daß das Buch unter Ökonomen diskutiert wird. Tatsächlich finde ich (ein Zufall) in einem von Luce Giard herausgegebenen Band *Michel Foucault – Lire l'œuvre* (1991) die Lektüre eines Ökonomen, Claude Ménard, der jedoch – zumindest für Frankreich – eine überraschende Echolosigkeit in der Zunft konstatiert und die Frage nach den Resistenzen, die hier im Spiel sind, stellt.[15] Im gleichen Band stammt eine zweite Lektüre von *Les mots et les choses* im übrigen von einer Physikerin, Cathérine Chevalley, die am Beispiel der Quantenmechanik die Historizität und Systematizität physikalischer Theoriebildungsprozesse im Lichte von Foucaults *Archiv*-Begriff verfolgt.[16] Und so könnte man fortfahren, einzelne Rezeptionsakte pêle-mêle aneinanderzureihen: zum Beispiel die Frage eines Genfer Geographen, Claude

Raffestin, ob Foucault die Geographie hätte „revolutionieren" können.[17] Oder Herbert Mehrtens von der Archäologie des Wissens der Humanwissenschaften inspiriertes Buch *Moderne Sprache Mathematik*, das einen Versuch über „Diskurs und Sprache der Mathematik" und das „Subjekt formaler Systeme" unternimmt.[18] Foucault hat also einen außergewöhnlich weiten Radius von Disziplinen erreicht, so daß die Geschichte der Wirkung und Ausstrahlung der *Ordnung der Dinge* in einem arbeitsteilig organisierten Wissenschaftssystem nicht mehr faßbar erscheint.

Und dieses Bild gewinnt auch kein sehr viel klareres Profil, wenn ich mich in Richtung jener Disziplinen bewege, die meiner eigenen – der Literaturwissenschaft – benachbarter sind. Anders als in den sechziger und siebziger Jahren haben sich Linguistik und Literaturwissenschaft zunehmend voneinander entfernt, weshalb ich mich über die *fortune* von *Les mots et les choses* in der heutigen Linguistik nicht zu äußern wage.[19] Heute steht die Soziologie derzeitiger Literatur- und Kulturwissenschaft sehr viel näher als die Sprachwissenschaft. Die soziologische Forschung hat sich intensiv mit dem Œuvre Foucaults befaßt, besonders im Zusammenhang von Fragen nach den Konstitutionsbedingungen der Moderne. *Die Ordnung der Dinge* spielt dabei begreiflicherweise nur als eine Etappe im Werk Foucaults eine Rolle.[20]

Auf eine andere Lektüre vom Typ der Demontage stoßen wir, wenn wir uns in die Disziplin der Kunstwissenschaft und der Kunstgeschichte begeben. Das erste Kapitel der *Ordnung der Dinge* nach dem Vorwort (bzw. den zwei Vorworten der deutschen Ausgabe) besteht aus einer Bildbeschreibung oder einem Bildkommentar zu Diego Velázquez' Gemälde *Las Meninas (Die Hoffräulein)* im Madrider Prado. Dieser Text ist einer der berühmtesten Foucaults. Die zwölf bzw. vierzehn Seiten (in der deutschen Ausgabe) sind in sich rund und abgeschlossen und lassen sich wie ein Anthologiestück par excellence aus dem Ganzen des Buches heraustrennen, obwohl sie in intensivster Weise auf das Ganze bezogen sind, geht es Foucault doch darum, am Beispiel dieses Gemäldes zu zeigen, was er unter Repräsentation versteht und weshalb diese subjektlos ist. Diese kleine Bildbeschreibung hat eine außerordentliche Faszinationskraft entfaltet und auch bei Künstlern und in der Belletristik zahlreiche Spuren hinterlassen. Ein Modell der Repräsentation und ein Hologramm des ganzen Buches, das auch den Kontrast zur subjektfokalisierten Moderne zeigt, wies die Bildbeschreibung über sich hinaus,[21] gleichzeitig aber bot sie eine Vertiefung in einen einzigen Gegenstand, der in der Sichtbarkeit seiner Form-Inhalt-Immanenz ernst genommen wird ohne jegliche Ablenkung durch geschichtliche Datenerhebungen zum Entstehungskontext, wie sie in der Kunstwissenschaft üblich sind. „Wie kommt es", schrieb die amerikanische Kunsthistorikerin Svetlana Alpers, „daß die wichtigste Studie, der ernsthafteste, eindringlichste Text, der sich in unseren Tagen mit diesem Gemälde beschäftigt hat, von Michel Foucault stammt?"[22] Was ich als den Lektüremodus der Demontage bezeichnet habe, läßt sich hier in seiner Produktivität erfassen: Für einzelne Disziplinen werden gewisse Abschnitte des Buches, die die Konventionen und die Methodik des Faches irritieren, zum herausgelösten Text, gar Mustertext, dem eine Erneuerung der Disziplin zugetraut wird. Und was für die Bildbeschreibung der *Meninas* gilt,[23] läßt sich auch für die Interpretationen und Kommentare literarischer Texte konstatieren, die das Buch enthält. Doch obwohl die kunstwissenschaftliche wie künstlerische Rezeption, wie der Kunsthistoriker Heinrich Dilly schreibt, „ihre Bezugspunkte in einzelnen Passagen Foucaults, jedoch nicht in dessen gesamten Werk [hat]",[24] bedeutet diese Begrenzung keinesfalls, daß der Kunsthistoriker die Wirkung Foucaults auf sein Fach zu überschauen vermöchte. Auf die Resonanzen Foucaults in der deutschen Kunstwissenschaft befragt, antwortete Dilly 1988, wie außerordentlich schwierig es sei, hier zu empirischen Daten zu gelangen. Allenfalls könne er sich zu folgender Behauptung über weite und komplizierte Wege ‚versteigen': „Foucault schleicht sich auf zwei Wegen in die deutsche Kunstgeschichtsschreibung; der erste führt über die Seminarreferate, Magisterarbeiten und Dissertationen der Studierenden, die trotz streng geregelter Curricula immer noch von der wechselsseitigen Erhellung der Disziplinen profitieren. Der andere Weg führt von Frankreich über den Atlantik, von dort wieder nach Europa zurück in die deutschsprachigen Länder. Ein dritter wäre zu nennen: er kommt aus Italien und wird von den Arbeiten von Carlo Ginzburg und Salvatore Setti markiert. Es sind weite Wege."[25]

In der Literaturwissenschaft liegen die Verhältnisse sehr ähnlich, wie sie Dilly für die Kunstwissenschaft beschreibt. Ich denke, daß es nicht einfach auf einer *déformation professionnelle* beruht, wenn ich davon ausgehe, daß *Les mots et les choses,* ebenso wie der diskursanalytische Ansatz, den die *Archäologie des Wissens* expliziert, hier in besonders intensiver und weitreichender Weise ihre Wirkung entfaltet haben.[26] Dabei knüpfte man zum einen – wie im Falle der Bildbeschreibung der *Meninas* – an einzelne ‚Anthologiestücke' zu literarischen Texten an: den Kommentar zu Borges' „chinesischer Enzyklopädie" im Vorwort und die „Interpretation" des *Don Quijote,* die Foucault zwischen das Kapitel über die *Episteme der Ähnlichkeit* und die *Episteme der Repräsentation* plaziert hat, also in einem „Zwischenraum", ein darstellungsarchitektonisches Verfahren, das er ein weiteres Mal wiederholt, wenn er an den „Grenzen der Repräsentation", das heißt im Übergang zu der *Episteme der Moderne,* die *Justine* und *Juliette* des Marquis de Sade kommentiert. Dabei stellte sich besonders die Frage nach der Funktion und dem Ort der ästhetischen Phänomene in diesem Buch über Ordnungen der Wissenskonstitution: Welcher Sonderstatus wird der Literatur konzediert? Solche Fragen führen zu einer komplexen diskurstheoretischen Problematik: Wie ist das Verhältnis von Spezialdiskursen, wie sie in den diskursiven Formationen der Allgemeinen Grammatik, der Naturgeschichte, der Analyse der Reichtümer, dann der Philologie, der Biologie und der Ökonomie auftauchen, und dem, was die Spezialdiskurse übergreift und verbindet, wofür sich der Begriff des Interdiskurses anbietet?[27] Foucaults Konzept der *Episteme* zielt auf solche interdiskursiven Phänomene, auf die sich die künstlerischen und literarischen Produkte jedoch in offenbar anderer Weise beziehen als das Archiv des (Spezial)wissens. Seit *Les mots et les choses* sind die Spielarten der Bezüge zwischen Literatur und Wissen zu einer zentralen Fragestellung der Literaturwissenschaft geworden.

An dieser Stelle möchte ich den rezeptionsorientierten Parcours zu Resonanzen von *Les mots et les choses* in einem höchst weit gefächerten Terrain unterschiedlicher Disziplinen von den naturwissenschaftlichen über die historischen bis zu den ästhetischen abbrechen, um zu der Architektur des Buches selbst zu kommen. Wie ich zu zeigen versucht habe, ist die Wirkungsgeschichte insofern singulär, als das Buch die unterschiedlichsten Einzeldisziplinen im Kern ihres Selbstverständnisses fasziniert, irritiert oder intrigiert hat. Dies ist einer der Gründe dafür, weshalb die Parameter seiner Ausstrahlung auch vierunddreißig Jahre später noch nicht historisierbar erscheinen, erst recht nicht von Einzelpersonen überschaut werden können. Als ein zweites spezifisches Charakteristikum läßt sich der Doppelcharakter des Buches als einer allgemeinen Theorie der Modellierungen des Denkens einerseits wie andererseits als einer die Spezialdisziplinen gerade auch in den Modi ihrer Ausdifferenziertheit fundamental tangierenden Untersuchung anführen. Damit unterscheidet es sich auch unter wirkungs- und rezeptionsgeschichtlichem Aspekt von rein philosophischen Schriften ebenso wie von ideen- und weltanschauungsgeschichtlichen Kulturtheorien, die in ganz anderer Weise benutzt werden. Im folgenden wird es mir darauf ankommen, dieses Profil, durch das sich *Les mots et les choses* von epochalen und globalen Kulturtheorien und -geschichten abhebt, zu verdeutlichen.

3. Versuch eines Profils

Wenn man *Les mots et les choses* für eine erste Übersicht grob schematisiert, was nicht kongruent mit den raffinierteren Darstellungsmodi und der vielbewunderten oder aber als „zu literarisch" kritisierten Formulierungsverve des Autors ist, so haben wir es mit der Abfolge dreier großer Ordnungsräume zu tun, in denen sich das Wissen konstituiert und die als *Epistemai* bezeichnet werden. Diese drei Epistemen unterscheiden sich durch tiefenstrukturell gelagerte Grundmuster der Wahrnehmungsdispositionen und Konstitutionsbedingungen von Wissen und Wissensfeldern, die je eigene „historische Apriori" bilden und die Foucault auf drei begriffliche Nenner bringt: 1. Das Wissen wird im Modus der Ähnlichkeit disponiert; 2. das Wissen ordnet sich im Modus der Repräsentation, 3. das Wissen wird anthropozentrisch und ordnet sich im Modus der Historizität. Die Abfolge dieser Epistemai wird nicht als eine wie auch immer geartete kontinuierliche Entwicklung gesehen, sondern im Gegenteil als radikal diskontinuierlich aufgefaßt, doch verschwimmen die Umbrüche nicht in der Tiefe dehnbarer Epochenbegriffe, sondern werden von Foucault chronologisch genau datiert. „Bis zum Ende des 16. Jahrhunderts hat die Ähnlichkeit im Denken (savoir) der [westlichen]

Kultur eine tragende Rolle gespielt",[28] beginnt Foucault seine Ausführungen über die Episteme der Ähnlichkeit oder der Renaissance. Im Übergang zur Episteme der Repräsentation wird das *Don-Quijote*-Kapitel als ein Scharnier eingesetzt, um das Ende der „alten Spiele der Ähnlichkeiten und der Zeichen"[29] zu markieren (die Aventuren Don Quijotes spielen die „Prosa der Welt" gleichsam aus). „Am Anfang des siebzehnten Jahrhunderts", so Foucault, „hört das Denken auf, sich in dem Element der Ähnlichkeit zu bewegen."[30] Die neuen Empirizitäten im epistemischen Modus der Repräsentation, deren Emergenz Foucault konstatiert, nämlich „die allgemeine Grammatik, die Naturgeschichte, die Analyse der Reichtümer […] haben als chronologische Markierungspunkte Lancelot und Bopp, Ray und Cuvier, Petty und Ricardo, von denen die ersten um 1660 und die jeweils zweiten in den Jahren von 1800 bis 1810 schrieben".[31] Die Datierung der Episteme der Repräsentation umgreift also den Zeitraum vom Beginn des 17. Jahrhunderts und markanter seit 1660 bis zum Ende des 18. Jahrhunderts. Foucault spricht auch von der Episteme des „klassischen Zeitalters", oder kurz: der „klassischen Episteme", eine Bezeichnung, die sich also nicht bloß auf „das Zeitalter Ludwigs XIV." bzw. die französische Klassik bezieht, sondern mehr noch auf das 18. Jahrhundert, das herkömmlicherweise „das Zeitalter der Aufklärung" genannt wird.

Diese Wissensordnung der Repräsentation aber zerfällt ebenso plötzlich wie das Denken im Modus der Ähnlichkeit. Es taucht etwas Neues auf, eine Unumgänglichkeit, die Empirizitäten und Positivitäten im Modus der Geschichte zu perzipieren. Zu diesem Bruch gehört „die Konstituierung einer Vielzahl von Wissenschaften", „die Erscheinung der Literatur" als ein vom Wissen separiert gedachtes Phänomen mit einem besonderen Diskursstatus, „der Rückzug der Philosophie auf ihr eigenes Werden, das Auftauchen [l'émergence] der Geschichte als ein Wissen wie zugleich die Seinsweise der Empirizität".[32] Diesen Umbruch datiert Foucault auf zwei aufeinanderfolgende Phasen zwischen 1775 und 1825, wobei er einen chronologisch noch enger gefaßten Zeitraum, die Jahre zwischen etwa 1795 und 1800, als die Krisis faßt, in der die Wörter, die Klassen der Lebewesen und die Reichtümer eine neue Seinsform bekommen, die mit der Repräsentation nicht mehr kompatibel ist. Ab hier datiert er also jene Episteme der

Moderne, deren mögliches Ende am Schluß des Buches evoziert wird.

So genaue Datierungen sind wir von der Ideengeschichte nicht gewohnt. Denn diese geht von Entwicklungen aus, während Foucaults Zäsuren einen „tiefen Bruch" konstatieren, in dem etwas „verschwindet" und etwas „auftaucht" (Foucault benutzt häufig die aus der Biologie stammenden Begriffe der Emergenz und der Mutation, die in der Übersetzung getilgt sind). Diese aus keinem Einzelereignis, weder der Französischen Revolution noch dem Auftreten eines Philosophen, erklärbare Diskontinuität statuiert Foucault als solche. Der Bruch ist selbst ein Ereignis, und zwar ein rätselhaftes, wie Foucault betont, wobei seinen Formulierungen zu entnehmen ist, daß seine Perspektivierung, die ihrerseits mit den Sagbarkeiten und Darstellungskonventionen der diversen Geschichten (sei es der Sprache, der Wirtschaft, der Medizin) bricht, neue Formulier- und Sagbarkeiten exploriert. Ich beschränke mich auf ein Beispiel zur Zäsur, die die Episteme der Moderne von der klassischen Episteme trennt: „Philologie, Biologie und Politische Ökonomie bilden sich nicht anstelle der allgemeinen Grammatik, der Naturgeschichte und der Analyse der Reichtümer, sondern dort, wo diese Wissensgebiete nicht existierten, in dem Raum, den sie weiß ließen, in der Tiefe der Furche, die ihre großen theoretischen Segmente trennte und die [vom Rumoren des ontologischen Kontinuums ausgefüllt war]. Der Gegenstand des Wissens im neunzehnten Jahrhundert bildet sich genau dort, wo die klassische Fülle des Seins zum Schweigen gelangte."[33] Solche Formulierungen erscheinen zunächst rätselhaft und klären sich erst in einer geduldigen Lektüre des Argumentationszusammenhangs.

Ich möchte nun Foucaults Vorgehen, bei dem nicht berühmte philosophische oder auch theologische Auseinandersetzungen als Leitfaden dienen, sondern vielmehr die konkreten Texte der Wissensexposition untersucht werden, an einigen Beispielen erläutern. Das Wissen, um das es Foucault vorrangig geht, betrifft die Sprache, die Lebewesen und das Wirtschaften. Und die Texte, die diese Wissensformen exponieren, werden von Foucault so metikulös beschrieben, als würde es sich um die *Meninas* handeln. Diese ‚metikulöse' Lektüre unterscheidet sich in charakteristischer Weise von ideen- bzw. traditionellen wissenschaftshistorischen Darstellungen: Während solche Darstellungen in den Quellentexten nach Formulierungen suchen, die sich als ‚Vorläufer' späterer, ‚richtiger' Erkenntnisse, also letztlich als ‚Vorläufer' des jeweiligen Wissens des Wissenshistorikers deuten lassen können – oder während solche Darstellungen ganze Kapitel ‚kuriosen' oder einfach ‚falschen' Wissens am liebsten mit dem Mantel des Schweigens bedecken möchten, geht Foucault, überspitzt gesagt, genau umgekehrt vor. Er interessiert sich gerade für die Masse des aus späterer Sicht ‚falschen' Wissens, läßt es ausführlich zu Worte kommen und analysiert es auf seine immanente Strukturiertheit hin, die sich vor allem anhand hoher Reproduktionskraft, also zahlreicher Wiederholungen in zahlreichen Kapiteln und Texten, erfassen läßt.

Nehmen wir als Beispiel eine Pflanze namens Eisenhut: „Zwischen den Augen und dem Eisenhut", so faßt Foucault eine Passage aus Oswald Crollius' Signaturenlehre zusammen, „besteht eine Sympathie. Diese unvorhergesehene Affinität bliebe im Schatten, wenn es auf der Pflanze nicht eine Signatur, ein Zeichen gäbe, das besagt, daß sie für die Augenkrankheiten gut ist. Dieses Zeichen ist vollkommen lesbar in ihren Samenkörnern: das sind kleine dunkle Kügelchen, eingefaßt in weiße Schalen, die ungefähr das darstellen, was die Lider für die Augen sind."[34] Zwar waren diese Signaturenlehre und der Analogismus von Mikro- und Makrokosmos den Wissens- und Ideenhistorikern auch vor Foucault bekannt, doch hatte man dieses Denken, indem man es in „mystische", „magische" und „(bereits) wissenschaftliche" Elemente zu zergliedern suchte, stets als fundamental widersprüchlich und äußerst disparat empfunden. Paracelsus und die vorfoucauldianische Literatur über ihn bietet dazu ein reiches Anschauungsmaterial.[35] Demgegenüber präsentiert Foucault scheinbar hinterhältig das umfangreiche Quellenmaterial in einer Weise, die nach und nach sozusagen wissensproduzierende ‚fixe Ideen' der jeweiligen Episteme hervortreten läßt: zunächst viele partielle, dann eine beschränkte Anzahl von omnipräsenten Bedingungen der ‚Wißbarkeit', wie ich sagen möchte, und der Sagbarkeit – schließlich eine so fundamentale Kategorie des „historischen Apriori" wie die „Ähnlichkeit". Die „Ähnlichkeit" mit ihrem Formenfächer *(convenientia, aemulatio, analogia, sympathia)* steht dabei für die Gesamtheit entsprechender Sagbarkeits-Bedingungen – sie kennzeichnet einen Rahmen, d.h. eine Grenze der ‚Wißbarkeit'. Foucault zeigt, warum die Wissensproduzenten der „Ähnlichkeit" gerade nach Ähnlichkeiten der ikonischen Gestalt suchten, warum sie sich für später Interessantes „nicht interessierten", obwohl es vor ihren Augen lag: eben weil sie daraus kein epistemisch gültiges Wissen hätten produzieren können.

Während die traditionelle Ideengeschichte im 16. Jahrhundert immerhin einzelne ‚richtige Ideen' entdeckte, die dann im 17. ‚weiter ausgebaut' werden konnten, zerschlägt Foucault solche Progreßvorstellungen radikal, indem er sogar die ‚richtigen' Aussagen der Ähnlichkeits-Episteme als Aussagen eben der Ähnlichkeits-Episteme analysiert und damit für die späteren Epistemen (bis hin zu unserer) entwertet oder, anders gesagt: nicht rettet.

Die *klassische Episteme* läßt sich ihm zufolge nicht als ‚Fortschritt' des zuvor akkumulierten Wissens begreifen, sondern bloß als Errichtung eines gänzlich neuen „historischen Aprioris", wobei die „Ähnlichkeit" überhaupt keine Rolle mehr spielt. Es geht jetzt vielmehr um eine „Repräsentation" aller Gegenstände des Wissens: Gegenstände („die Dinge") werden überhaupt nur ‚gewußt', wenn sie richtig repräsentiert, d.h. im Wissen abgebildet werden, was mittels Taxonomien von Genera und Spezies erfolgt.

Grundlage für diese Abbildbarkeit (*représentabilité*/Repräsentierbarkeit) der Dinge, und zwar aller Dinge, ist ein ganz neues Zeichenverständnis, das nicht mehr auf Motiviertheit (durch ein Ähnlichkeitsmerkmal –, von welcher noch so ‚kuriosen' Art auch immer) beruht, sondern auf Arbitrarität. Wir alle kennen dieses Zeichenverständnis aus der Linguistik Ferdinand de Saussures: Ein Signifikant vertritt ein Signifikat und kann es exakt evozieren, weil er ein rein konventionelles Substitut ist, das dem der Sprache Kundigen gleichzeitig mit der „Idee" des Dings gegeben ist, wie Saussure sagt. Man liest Foucault nicht falsch, wenn man sich das Zeichenkonzept der „Allgemeinen Grammatik" des „klassischen Zeitalters" mit Hilfe von Saussure in dessen Grundprinzip klar macht, denn Foucault sagt selbst, daß Saussure das arbiträre und binäre Zeichenkonzept der klassischen Episteme der Repräsentation neu entdeckt habe[36] – und tatsächlich hat ja Saussures *Cours de linguistique générale* im 20. Jahrhundert einem „Paradigmawechsel" ersten Ranges als Bezugsinstanz gedient.

Ist also diese Repräsentierbarkeit alles Seienden einmal gegeben, so kann jedes Ding, das man entdeckt, auch im Wissen abgebildet werden, unter der Voraussetzung, daß es richtig klassifiziert und eingeordnet wird. Man hat dieses Denken traditionellerweise als „Rationalismus" bezeichnet. Und man könnte sagen, daß Foucault uns diesen „Rationalismus", den wir längst zu kennen glaubten, ganz neu erschließt, indem er nicht bloß von Descartes spricht (der hier im übrigen kaum ‚zu Worte kommt'), sondern wieder ein umfangreiches Quellenmaterial konsultiert und präsentiert: zahlreiche enzyklopädische Artikel (das „klassische" und aufklärerische „Zeitalter" ist ja auch das Zeitalter der Enzyklopädien), Linnés *Systema naturae,* Buffons *Histoire naturelle,* Jussieus *Genera plantarum,* Graslins *Essai analytique sur la richesse,* Turgots *Valeur et monnaie,* Hume, Adam Smith, den Gedanken der „Universalsprache": Condorcet, Destutt de Tracy und die *idéologues,* und so fort. Wie bereits gesagt, ist dies alles nicht resümierbar, doch läßt sich das Prinzip der Wissensabbildung mittels der Klassifikation von Genera und Spezies mit Hilfe eines Beispiels von Linné durchaus verdeutlichen.

Um die Pflanzen zu klassifizieren, sagt Linné, muß „jedes Merkmal [aus] der Zahl, der Gestalt, der Proportion, [dem Standort] [abgeleitet] werden".[37] „Wenn man zum Beispiel", so erläutert Foucault, „die Fortpflanzungsorgane der Pflanze studiert, wird es ausreichen, aber auch unerläßlich sein, die Staubgefäße und Stempel zu zählen (oder eventuell ihr Fehlen festzustellen) und zu bestimmen, welche Form sie haben, nach welcher geometrischen Gestalt sie in der Blüte verteilt sind (Kreis, Sechseck, Dreieck), welches ihre Größe in bezug auf die anderen Organe ist."[38] Dieses Ordnungswissen, das nach distinktiven Merkmalen klassifiziert, ordnet die Natur ganz neu. Diese kann überhaupt nur ‚gewußt' werden, insofern sie die adäquate Benennung und ihren taxonomischen Ort bekommt. Denn in der Natur selbst erscheint alles in wilder Mischung, wie Adanson in seiner 1772 gehaltenen Vorlesung über Naturgeschichte ausführt: „Hier wird das Gold mit einem anderen Metall, mit einem Stein oder mit Erde gemischt. Dort wächst die Eiche neben dem Veilchen. Unter den Pflanzen irren ebenfalls der Vierfüßler, das Reptil und das Insekt umher."[39] Ebenso wie diese zufällig anmutenden Nachbarschaften im konkreten Raum bleiben auch die zeitlichen Abfolgeereignisse dem Wissen äußerlich, eben weil sie in eine taxonomische Ordnung überführt werden. „Die lückenlose Festigkeit eines Netzes der Arten und Gattungen und die Abfolge der Ereignisse, die es verwirrt haben",[40] konstituieren Foucault zufolge nicht zwei verschiedene Perzeptionsweisen der Natur, die man als „Fixismus" vom „Transformismus" als einer Art von „Evolutionismus" zu unterscheiden gesucht hat, sondern sie sind komplementär. Die Zeit wird nicht als ein Entwicklungsprinzip für die innere Organisation der Lebewesen gesehen, sondern gehört zu den „Unbilden", den Umwälzungen im äußeren Raum, die die Kontinuität der Dinge zerstreut, trennt und wieder verflechtet. Das Wissen aber organisiert das Kontinuum des repräsentierbaren Seienden unabhängig und losgelöst von allem Zufälligen, ob es sich dabei um das ungeordnete Vorkommen der Wesen im Raum der Natur handelt oder die Unbilden und Katastrophen in der Zeit. Und diese Gesamtheit der Dinge oder des Seienden ist zugleich das Sein. Foucault vernichtet damit all jene Auffassungen, die im naturgeschichtlichen Denken des 18. Jahrhunderts ‚Vorläufer' des späteren Evolutionismus sehen, wie er auch die Ontologie des „klassischen Zeitalters" von der ontologischen Problematik der Moderne scharf abtrennt: „Le continuum de la représentation et de l'être, une ontologie définie négativement comme absence de néant, une représentabilité générale de l'être, et l'être manifesté par la présence de la représentation, – tout ceci fait partie de la configuration d'ensemble de l'*épistèmé* classique." – „Das Kontinuum der [Repräsentation] und des Seins, [eine negativ als Absenz von nichts definierte Ontologie], eine allgemeine Repräsentierbarkeit des Seins und das durch die Präsenz der Repräsentation [manifestierte] Sein – alles das gehört zur Konfiguration der Gesamtheit der klassischen *episteme*."[41] Das Sein wird durch die Präsenz der Repräsentation „manifestiert" oder „gezeigt", nicht jedoch „offenbart", wie es in der Übersetzung (des öfteren) heißt, wodurch heideggerianische Konnotationen entstehen, die in der *klassischen Episteme* ganz fehl am Platz sind, zeigt doch Foucault gerade, daß das mit dem Sein deckungsgleiche Kontinuum der Repräsentation die „Zeit" und das „Nichts" im Sinne Heideggers und Sartres gar nicht kennt.

In der *Episteme der Moderne,* also im 19. und 20. Jahrhundert, verschwindet die Naturgeschichte, die die Lebewesen nach ihren distinktiven Merkmalen klassifiziert und taxonomisch repräsentiert. Und zugleich verschwinden auch die Analyse der Reichtümer und die Allgemeine Grammatik. Als neues großes Raster der Wissensproduktion wie zugleich seiner Disposition taucht „*die Geschichte*" auf, und damit verknüpft die Problematiken der Lebensprozesse, der Produktionsprozesse und der Sprachprozesse. Nunmehr heißen die zentralen Kategorien „Leben", „Arbeit", „Sprache". Doch übernimmt weder „das Leben" irgendeine Nachfolge der von der Naturgeschichte klassifizierten Lebewesen, noch hat „die Arbeit" mehr etwas mit den alten Zusammenhängen der Repräsentation des Reichtums durch Preise und Wert zu tun, und auch „die Sprache" ist nicht mehr eine geordnete Konfiguration distinktiver Merkmale und ein Regelwerk, sondern ist *energeia* und *dynamis* geworden. Das Sein der Dinge war nur Illusion. Die Historizität prozessiert funktional und nicht ordnend.

Wieder beschränke ich mich auf ein Beispiel und wähle es, um die Inkompatibilität mit der Naturgeschichte zu illustrieren, aus dem Bereich des „Lebens". Bei seiner Untersuchung des Textkorpus stößt Foucault darauf, daß die Fragestellung nach den Lebensprozessen und der Lebenskraft, nach Organfunktionen und Funktionskopplungen einen Fokuswechsel von der Pflanze hin zum Tier impliziert: „Seit dem Moment, in dem Merkmale, Strukturen, in die Tiefe hingestuft, zum Leben aufsteigen – jenem souveränen, unendlich entfernten, aber konstitutiven Fluchtpunkt –, ist es das Tier, das zur privilegierten Gestalt wird mit seinen verborgenen Knochengerüsten, seinen eingehüllten Organen und so vielen unsichtbaren Funktionen und jener fernen Kraft in der Tiefe von allem, die es am Leben erhält. Wenn das Lebendige eine Klasse von Wesen ist, sagt das Gras besser als alles andere seine klare Essenz aus. Wenn aber das Lebendige eine Manifestation des Lebens ist, läßt das Tier besser feststellen, worin sein Rätsel besteht. Mehr als das ruhige Bild der Merkmale zeigt es den unaufhörlichen Übergang des Anorganischen zum Organischen durch die Atmung oder die Nahrung und die umgekehrte, [sich unter der Einwirkung des Todes vollziehende] Transformation der großen funktionalen Architekturen [zu] Staub ohne Leben."[42] Es folgt ein Zitat aus Cuviers pathologischer Anatomie.

Während die *klassische Episteme* ihre Objekte als fundamental gegeben und sichtbar auffaßt, um sie für das Wissen zu entdecken, fragt die historizistische Episteme der Moderne nach dem Unsichtbaren von Ursprung, Entstehung und Entwicklung. Foucaults Überlegungen anläßlich der pathologischen Anatomie von Cuvier zeigen anschaulich, wieso dieses neue „historische Apriori" zu einer „Analytik der Endlichkeit" führt. Die Lebensprozesse, aber auch die Sprach- und Produktionsprozesse gehen in den Tod über. Gleichzeitig aber werden „das Leben" (ebenso wie „die Arbeit" und „die Sprache") als eine Kraft oder als eine Energie aufgefaßt, die an der Endlichkeit nicht ihre Grenze findet, sondern sie transzendiert. Deshalb bezeichnet Foucault die neuen Kategorien des „Lebens", der „Arbeit" und der „Sprache" auch als Quasi-Transzendentalien. Überall besteht gültiges Wissen nun aus einer dualistischen Struktur, aus einer Doppelung von Empirischem und Transzendentalem. Und die empirisch-transzendentale Dublette par excellence ist in dieser Konstellation eines gedoppelten „Wißbarkeits"-Regimes „der Mensch". Auf der einen Seite gibt es stets „positiv" zu konstruierende Filiationen der Entwicklung, wie sie biologisch von Darwin in ihre klassische Form gebracht wurden, – auf der anderen Seite stets eine tendenziell „philosophische" Reflexion über die zugrundeliegende Entwicklungs-„Kraft", Lebens-„Kraft", Bewegungs-„Energie", sowohl eine metaphysische Versuchung wie zugleich die Revokation jeder Metaphysik.

Diese fundamentale dualistische Struktur der historizistischen *Episteme* und der Humanwissenschaften ist vor Foucault niemals in dieser Schärfe beschrieben worden. Und erst Foucault konnte damit den immer schon beobachteten Dualismus zwischen empirischem Materialismus und transzendentalem Idealismus bei Kant in seiner epistemologischen Logik klären – was ohne die Analyse der zahlreichen Quellen abseits des Höhenkamms schlicht nicht einsichtig wäre. Wenn dann Philosophen wie Habermas kommen und bloß die Aussagen zu Kant herausfischen, wird man sagen müssen: Foucault's Love's Labour's Lost.

Ich möchte nun zu einer Art von Fazit kommen.

Kaum mehr verständlich erscheint aus heutiger Sicht der seinerzeit verbreitete Vorwurf, es handle sich um ein ‚ahistorisches' Buch. Bekanntlich hat sich Foucault selbst immer vom ‚Strukturalismus' distanziert, dem das Etikett des ‚Ahistorischen' in großen Teilen der intellektuellen öffentlichen Meinung seinerzeit bereits unlösbar anzuheften schien. Dieses Klischee beruhte auf einer oberflächlichen manichäischen Entgegensetzung der beiden (von Foucault vermutlich deshalb vermiedenen) Begriffe ‚Synchronie' und ‚Diachronie' bei Ferdinand de Saussure: Man stellte Saussures innovative Frageweise des ‚Synchronischen' als angebliche Alternative zur angeblich von ihm verworfenen ‚Diachronie' hin – während Saussure lediglich die isolierte Rekonstruktion einzelner, aus ihrem jeweiligen ‚synchronischen' Feld herausgerissener ‚Entwicklungslinien' (etwa phonetischer, semantischer oder etymologischer) kritisiert hatte: Es ändern sich ihm zufolge nie isolierbare ‚Entwicklungslinien', sondern immer ‚Synchronien', alle einzelnen Änderungen strahlen sozusagen seitlich im Feld aus. Eigentlich hatte Saussure mithin zeigen wollen, daß die alte ‚Diachronie' von ‚Linien' ahistorisch war und erst die stetige ‚synchronische' Fundierung aller ‚diachronischen' Fragestellungen historisch – von einer manichäischen Dichotomie konnte also bei ihm keine Rede sein. Vielleicht um den seinerzeit eingefahrenen Klischees vom ‚ahistorischen Strukturalismus' keine Angriffsfläche zu bieten, sind in Foucaults Buch die ‚synchronischen' und die ‚diachronischen' Aspekte auch in der Präsentation stets von vornherein enggeführt. Auch handelt es sich bei der jeweils ausführlichen Darstellung der drei *Epistemen* keinesfalls um drei reine ‚Synchronien': Diese Darstellungen wimmeln vielmehr von einer seltenen Fülle konkreter Ereignisse. Worum es Foucault allerdings geht, ist der Nachweis, daß sich dieses Gewimmel innerepistemischer Ereignisse nicht zu kontinuierlichen und heimlich teleologischen ‚Linien' ordnet, die dann an ‚Epochenschwellen' wie von einem Zauberstab geleitet sozusagen die Farbe wechseln und ‚in eine neue Qualität umschlagen'. Zu jeder Spielart einer solchen offen oder versteckt hegelianischen ‚Logik' bricht der Foucaultsche Diskurs die Brücken radikal ab. Wo so etwas wie eine ‚neue Qualität' zu beobachten ist (und das eigentliche Thema des Buches ist die Beschreibung zweier solcher historischer Schwellen), da erweist sie sich nach Foucault als radikale Diskontinuität. Das Neue ist also kein ‚Resultat der Entwicklung des Alten' – es ist strikt unprognostizierbar, ein Sprung und eine Emergenz, deren Ort die Beschreibung möglichst eng einkreist, aber nicht, um ihr eine ‚Logik' zu unterschieben, sondern um ihre Kontingenz zu explorieren. Die heftige Kritik, auf die Foucault bei allen Hegelmarxisten und sonstigen Vertretern einer progreß-logisch gedachten Moderneauffassung stieß, erklärt sich demnach eigentlich aus seiner radikalisierten Geschichtsauffassung und keinesfalls aus einer vorgeblich ‚ahistorischen' Sicht. Daß er die Brücken nicht nur zu semantisch-‚logischen' Tricks wie der ‚Negation der Negation' oder der ‚bestimmten Negation' abbrach, sondern jede Spur von ‚Evolutionslinien', ‚kulturellem Wandel', kurz impliziter Teleologie und Entelechie leugnete, und das nicht bloß als philosophische Deklaration wie Nietzsche, sondern gestützt auf umfangreiches ‚positives' Material, das ließ sein Buch zu recht als einigermaßen unheimlich erscheinen. Wie wenig ‚ahistorisch' ein solches Denken ist, zeigt allerdings seine Nähe zu Walter Benjamins historischem Materialismus, was das Prinzip der Diskontinuität betrifft. Das Klischee vom ‚ahistorischen Ansatz' will im Rückblick eher wie eine Art kollektive Verleugnung zwecks Selbstberuhigung erscheinen.

Eine zweite Form der Abwehr, gegen die sich Foucault expliziter verteidigt hat, weil er ihr größere Angriffsflächen geboten hatte, war das kultur- bzw. geistestypologische *misreading*. Dieses *misreading* konnte sich in zustimmender Form äußern: Hier wurden die drei Epistemen als drei epochale Kultur- bzw. Geistestypen gelesen, denen – wenn zwischen ihnen auch zeitliche Diskontinuität herrschte – epochenintern, sozusagen (zeit-),räumlich', Kontinuität unterstellt wurde. Auf einen Geistestyp der „Ähnlichkeit" sei ein Geistestyp der „Repräsentation" und darauf einer der „historischen Evolution" gefolgt. Setzt man für die drei Typen metaphorisch drei Farben (etwa gelb, rot und blau), so seien in der ersten Episteme alle Texte und sonstigen kulturellen Produkte gelb, in der zweiten rot und in der dritten blau vorzustellen. Tatsächlich hatte Foucault diese Fehllektüre eher implizit als explizit zurückgewiesen: Wenn er die gängigen sozialhistorischen ‚dialektischen Umschläge' (um 1650 zum ‚feudalbürgerlichen' Absolutismus, um 1800 zur ‚bürgerlichen' Hegemonie) in seinem Buch explizit gar nicht berührte, so reklamierte er implizit natürlich um so deutlicher auch eine radikale Diskontinuität im Nebeneinander, also in der synchronen, quasi (zeit-),räumlichen' Dimension zwischen seinen Epistemen und etwa der sozioökonomischen bzw. politischen Geschichte. Das sahen seine marxistischen Kritiker sehr deutlich, die ihm etwa sein völliges Schweigen über die Französische Revolution ankreideten. Deren Bedeutung hatte Foucault allerdings kurz zuvor in der *Geburt der Klinik* unmißverständlich anerkannt, so daß sein Schweigen über sie in der *Ordnung der Dinge* signalisierte: Es gibt drei Wissensbereiche, die in der Zeit der Revolution diskontinuierlich abbrechen und drei ganz anderen Emergenzen Platz machen, ohne daß diese Diskontinuität ‚positiv' mit der Revolution zusammenhängt. Damit war implizit die Diskontinuität auch im Nebeneinander der Wissens- und Praxisbereiche, der Spezial- und Interdiskurse deutlich genug statuiert – oder eben doch nicht deutlich genug, wie die ausführliche Behandlung dieses Mißverständnisses in der *Archäologie des Wissens* und wie es nicht zuletzt der Verzicht auf den Episteme-Begriff in seiner weiteren Arbeit als eine Art Selbstkritik Foucaults nahezulegen scheinen.

Sowohl in der Diachronie wie in der Synchronie, deren unlösbaren Zusammenhang Foucault implizit stets voraussetzt, herrscht also bei ihm das Prinzip der Diskontinuität bzw. der A-Teleologie oder Kontingenz. Eine Episteme als ein historisch-spezifischer Zeit-Raum ist im Neben- wie im Nacheinander diskontinuierlich von anderen Epistemen getrennt. Foucault nennt die Epistemen auch bewußt paradox ‚historische Aprioris', d.h. historisch begrenzte, zeit-räumliche Bedingungen möglichen Sagens, Bedingungen von Sagbarkeit. Es liegt nahe, als konkretes Beispiel für ein solches historisches Apriori dasjenige der „Humanwissenschaften" zu kommentieren, also den vielgescholtenen Satz, daß ‚der Mensch' demnächst verschwinden werde. In den Humanwissenschaften herrscht nach Foucaults detaillierter Rekonstruktion ein durchgängig gedoppeltes Sagbarkeits-Regime, dasjenige der „empirisch-transzendentalen Dublette". Der ‚Mensch' erscheint darin als irreduzibel gedoppelt in empirisches Objekt (Evolutionsbiologie, Kapitalbewegungen, Sprachstrukturen) und ‚kreative', konstitutive Ursprungsenergie (spontaner Lebenselan, kreative Arbeit, expressive Energeia). Nur ‚der Mensch' ist in den Humanwissenschaften und bereits in der ihnen unmittelbar vorausgehenden historizistischen Episteme ein empirisches Objekt, das gleichzeitig dessen subjektives Konstitutionsprinzip ist (‚der Mensch' als ‚Schöpfer seiner selbst'). Daß dieses Regime von Sagbarkeit wie jedes andere dem Prinzip der Diskontinuität, also der Endlichkeit, gehorchen muß, dafür findet Foucault bereits Indizien im synchronischen Nebeneinander mit Wissensformen, in denen die Subjektivität sozusagen in ein generatives Modell übersetzt erscheint (etwa die Psychoanalyse): Aus der Diskontinuität im Nebeneinander prognostiziert er die Diskontinuität im Nacheinander, d.h. das künftige Verschwinden der epistemologisch privilegierten Stellung eines welt- und sich selbst setzenden Subjekts mit Namen ‚Mensch'. Am Ende des 20. Jahrhunderts, nach dem Auftauchen des geklonten Schafes Dolly, hat diese Prognose nicht an Brisanz verloren – im Gegenteil.[43]

WERNER STEGMAIER

Jacques Derrida:
De la Grammatologie (1967)

1. Voraussetzungen

Derridas *Grammatologie*, französisch *De la Grammatologie,* erschien im Jahr 1967. Sie wurde in Deutschland zunächst kaum bemerkt, auch nicht, als sie 1974 bei Suhrkamp in deutscher Übersetzung erschien.[1] Als man sie schließlich las, empfand man sie als philosophisch schockierend, und philosophisch schockierend wirkt sie auf die meisten nach wie vor. Die *Grammatologie* gehört heute zu den berühmtesten, aber auch umstrittensten Werken der Philosophie des 20. Jahrhunderts, und nicht nur der Philosophie, sondern auch der Theorie der Literatur und des Rechts.

Auf dem Feld der Literatur und des Rechts hat sie, und zwar besonders in den USA, zunächst ihre stärkste Wirkung ausgeübt. Denn dort geht es vor allem um ‚Buchstaben' und ‚Schriften'. Griechisch ‚gramma' (bzw. Plural ‚ta grammata') heißt ‚Buchstabe(n)', ‚Schriftzeichen', aber auch ‚Schrift', ‚Schriftstück' und ‚Buch', ‚Geschriebenes' überhaupt, *Grammatologie* meint also ‚Wissenschaft vom Geschriebenen'. Sie ist zu unterscheiden von der ‚grammatiké (téchne)', der Technik oder Kunstlehre von den Buchstaben. Dazu gehörte im Griechischen zunächst die Kenntnis der Schriftzeichen, des Alphabets, also die Schreib- und Lesekunst, und dann mehr und mehr auch die Kenntnis der Regeln der Wort- und Satzbildung, also die ‚Grammatik' im modernen Sinn. Sie wurde von den Sophisten, dann von den Philosophen Platon und Aristoteles auf den Weg gebracht. Beide gelten zugleich als die maßgeblichen Urheber des abendländischen, westlichen, europäischen Denkens überhaupt. Schrift und Denken wurden in der Philosophie somit schon früh, im 5. und 4. Jahrhundert v. Chr., zusammen gedacht. Zu einer eigenständigen Wissenschaft machte die Grammatik jedoch erst Dionysios Thrax im 2. Jahrhundert v. Chr.: Er verstand sie als empirische Wissenschaft, die alle Probleme behandeln sollte, die zur vollständigen Interpretation eines literarischen Werkes benötigt werden, also als Sprach- und Literaturwissenschaft zugleich.[2]

Die ‚Grammatologie' als Wissenschaft von der Schrift und vom Geschriebenen als solchem entstand sehr viel später, in der zweiten Hälfte des 18. Jahrhunderts: Man befaßte sich nun verstärkt mit den Zeichen als solchen, wurde dabei auf andere Schriftsysteme neugierig, z. B. auf das altägyptische und das chinesische, und fragte sich, wie *diese* Schriftsysteme sich denn auf das Denken auswirkten – und das hieß für Europäer vor allem: wieweit sie das wissenschaftliche Denken behinderten, das sich in Europa inzwischen so glanzvoll entwickelt hatte. Zu dieser Zeit kam in Europa auch die Ethnologie auf – und *das* hieß nun: Man begann zugleich auf den europäischen „Ethnozentrismus" (das ist der Begriff, mit dem Derrida in der *Grammatologie* einsetzt[3]) aufmerksam zu werden, auf die merkwürdige Überlegenheit, die sich Europa vor allen übrigen Erdteilen zusprach und bis heute zuspricht – zuspricht aufgrund seines philosophischen und wissenschaftlichen Denkens. In jüngster Zeit ist die Grammatologie auch in die Politologie, Soziologie und Kulturwissenschaft vorgedrungen: Man fragt nun mehr und mehr, wie Kultur von Schrift abhängt, wie soziale Kulturen von Schriftsystemen bedingt sind.[4] Das Wort ‚Grammatologie' selbst läßt sich vor Derrida jedoch kaum nachweisen; es ist ganz mit seinem Namen verbunden.[5]

Er gebraucht es in philosophischer Absicht, und er gebraucht es mit einem außerordentlich hohen philosophischen Anspruch: Es geht, schreibt er in einer „Devise", die er seiner *Grammatologie* voranstellt, um die ganze „*Geschichte der Metaphysik* von Platon (über Leibniz) bis Hegel und, jenseits ihrer scheinbaren Grenzen, von den Vorsokratikern bis Heidegger".[6] Solche Ansprüche sind in der europäischen Philosophie allerdings nichts Ungewohntes. Die europäische Philosophie hat es stets als ihre Aufgabe betrachtet, die Bedingungen des Denkens als solchen – das heißt: sowohl des philosophischen und wissenschaftlichen als auch des alltäglichen Denkens – neu zu überprüfen und dem Denken dadurch neue Wege zu eröffnen. Es verstand sich in diesem Sinn als *innovative* Wissenschaft vom Denken überhaupt. Neue Wege des Denkens, Umwendungen, Umkehrungen, Umorientierungen im Denken überhaupt, wurden für das abendländische, europäische, westliche Denken immer dann unabweisbar, wenn deutlich wurde, daß die bisherigen Orientierungen nicht selbstverständlich waren, daß es zu ihnen Alternativen gab. Die bloße Möglichkeit von Alternativen zur gewohnten Orientierung im Denken reichte schon aus. Denn sie stellt dann vor Entscheidungen: Man *kann* dann auch anders denken in den Wissenschaften und bei der Gestaltung des Lebens überhaupt.

Versuchen wir uns zu orientieren: Am Beginn des abendländischen, europäischen, westlichen Denkens stehen zwei schockierende Neuorientierungen, die es erst zu dem machten, was es dann wurde, zum abendländischen, europäischen, westlichen Denken. Sie sind maßgeblich mit den Namen einerseits des Griechen Sokrates, andererseits – etwa vier Jahrhunderte später – des Juden Jesus von Nazareth verbunden. Ihre Neuorientierungen scheinen als so schockierend empfunden worden zu sein, daß man sich genötigt sah, den einen wie den anderen hinzurichten – die unterschiedlichen Umstände können hier beiseite bleiben. Gerade ihr Tod, den sie beide bewußt auf sich nahmen, den sie, ohne andere Schuld, für ihr neues Denken in Kauf nahmen, hatte dann jedoch dazu beigetragen, daß ihr Denken sich durchsetzte und das Abendland, Europa, den Westen prägte – ihre Tode, halten wir das fest, die die Konsequenz ihres Denkens waren, festigten die Wirkung ihres neuen Denkens, hielten es, könnten wir sagen, lebendig. Ihr neues Denken war, wie ihre Herkunft, ganz unterschiedlich: Der eine, Sokrates, war Bürger eines ruhmreichen griechischen Stadtstaats, der die Wahrheit aus bloßer Vernunft gegen die alten Mythologien setzte, der andere, Jesus von Nazareth, Bergprediger in einem unterdrückten Volk, der gegen eine lang erprobte Rationalität der Schrift-Auslegung eine neue Religion der Liebe setzte. Ihre Neuorientierungen wurden denn auch erst im Verlauf von Jahrhunderten zu dem zusammengeführt, was dann für ein Jahrtausend, bis zum Beginn der Neuzeit, zur herrschenden christlichen Philosophie wurde, und es brauchte dann noch einmal mehrere Jahrhunderte schwerer philosophischer und sozialer Auseinandersetzungen, bis sich dazu Alternativen im Denken eröffneten, Neuorientierungen zu ihren Neuorientierungen. Aber diese Neuorientierungen haben ihre Neuorientierungen nicht widerlegt, nicht einmal abgelöst, sondern überlagert und verschoben, und so bewegen wir uns noch immer in ihnen.

Trotz aller offensichtlichen Unterschiede im neuen Denken des Griechen Sokrates und des Juden Jesus gibt es eine merkwürdige Gemeinsamkeit unter ihnen: daß beide nicht schrieben. Derrida setzt als Motto über das erste Kapitel des ersten Teils seiner *Grammatologie:* „Sokrates, der, der nicht schreibt" und setzt hinzu: „Nietzsche".[7] Sokrates hat bekanntlich keine Schriften hinterlassen, und das meiste, was wir von ihm wissen, wissen wir von Platon, der ihn in seinen Dialogen verewigt hat. In einem seiner gewichtigsten Dialoge, dem *Phaidros,* läßt er Sokrates ausführlich begründen, warum er nicht schreibe: Das Geschriebene könne in die Hände von Leuten kommen, für die es nicht bestimmt war und die es mißverstehen könnten. Schriften seien, ohne ihren Autor, der sie verteidigen könne, wehrlos gegen solche Mißverständnisse, und darum habe man sich vor ihnen zu hüten. (Das wird der große abendländische Einwand gegen die Schrift bleiben; er hat eine ganze hermeneutische Kultur hervorgebracht, die unablässige Arbeit an der Vermeidung von Mißverständnissen.) Platon läßt seinen Dialog *Phaidros* seinerseits mit einer Schrift beginnen, der Schrift eines damals hochberühmten Redners, einer niedergeschriebenen Liebesrede, mit der nun beliebige Andere die Liebe eines Dritten gewinnen können sollten, und er führt vor, wie diese Schrift sich gegen die Einwände des Sokrates, des unmittelbar gegenwärtigen Sokrates, nicht verteidigen kann. Der junge Phaidros, der von der Schrift zunächst ganz überzeugt und dabei war, sie auswendig zu lernen, erliegt den Reden des Sokrates, die von der Wahrheit handeln und der Schönheit, die zu ihr führe, und vom unmittelbaren Gespräch, das dies möglich mache; er erliegt dem überwältigenden Charisma, mit dem Sokrates diese Reden vorträgt, und nimmt – er, der so sehr auf die Schrift vertraut hatte – Abstand von der Schrift. Es geht also um die unterschiedliche Wirkung der toten Schrift hier und der lebendigen Stimme da. Das aber ist auch der Unterschied, den der Jude Jesus macht. Die jüdische Religion, das jüdische Denken vollzog sich bis dahin und bis heute als Auslegung der Schrift, der Tora, die Mose auf dem Berg Sinai von Gott erhalten hatte. ‚Tora' heißt ‚Weisung', ‚Orientierung'. Sie ist die Orientierung Gottes für sein Volk. Sie ist unerschöpflich und muß darum bis ins scheinbar Kleinste und Nebensächlichste immer neu studiert und ausgelegt werden. Jesus aber, von dem in den Evangelien solche Auslegungen, Diskussionen mit angesehenen Schriftgelehrten, berichtet werden, sagt nun, er sei wohl gekommen, die Tora zu erfüllen (Mt 5,17), jedoch nicht ihrem Buchstaben nach und nicht um des Buchstabens willen, sondern, wie es später Paulus und Johannes formulierten, ihrem „Geist" nach, dem Geist, der die Buchstaben erst lebendig werden läßt und seinerseits charismatisch ist. Das war schockierend vor dem Hintergrund, daß es ja für die Juden Gott selbst war, der schrieb, Buchstabe für Buchstabe, und nicht nur Buchstabe für Buchstabe, sondern auch zwischen den Buchstaben schrieb, so daß auch das dort nicht Geschriebene von unerschöpflicher Bedeutung war. Nach der neuen Religion, dem Christentum, dagegen sollte Gott nun in einem Menschen, Christus, erschienen sein, der nicht schrieb, dessen Evangelium nicht das Gesetz, sondern die Seligkeit war, und der dafür am Kreuz starb.

Derrida spricht in der *Grammatologie,* ohne auf die Tode von Sokrates und Christus direkt Bezug zu nehmen (jedoch auf Platons *Phaidros*), in bezug auf Stimme und Schrift von einer „Ökonomie des Todes" *(„économie de la mort"*[8]*),* einer Ökonomie des Todes, die eine „Organisation des Lebens" („organisation de la vie") sei. Leben und Tod ermöglichen einander – Leben ist nur möglich unter der Bedingung des Todes –, und sie ermöglichen einander, indem sie einander durchkreuzen, der Tod das Leben, das Leben den Tod aufhebt. Das aber gilt auch für die Stimme und die Schrift: Die Stimme erstirbt in der Schrift, wird in ihr unhörbar mit allem, was zu ihr gehört, Stärke, Höhe, Farbe, Rhythmus, Melodie usw., aber sie bleibt durch die Schrift auch lebendig, was die Stimme spricht, kann, wenn – und nur wenn – es niedergeschrieben wurde, später re-zitiert werden. Wir *lesen* heute von Sokrates, Christus und anderen. Allerdings lesen wir von ihnen im Horizont *unserer* Orientierung, auf eine Weise, gegen die sie sich nicht verteidigen können, gegen die sie wehrlos sind.

Man muß also mit Umkehrungen und Durchkreuzungen im Verhältnis von Schrift und Stimme rechnen. Das zeigte sich schon bald bei den Schülern des Sokrates und den Aposteln Christi. Ihre Umorientierungen von der Schrift zur Stimme wurden dadurch erhalten, daß sie von ihren Schülern niedergeschrieben wurden, eben dadurch aber auch schon wieder umgekehrt, durchkreuzt. Bleiben wir jetzt in der Philosophie: Platon, der Schüler des Sokrates, der für das unmittelbare Gespräch, den Dialog plädierte, *schrieb* Dialoge, und Aristoteles, der Schüler Platons, entschied sich dann bewußt für die Schrift und schuf dadurch den Typus der europäischen Wissenschaft, wie er uns heute vertraut und selbstverständlich geworden ist. Wissenschaftliches Wissen ist für uns erst wissenschaftliches Wissen, wenn es schriftlich formuliert und einer allgemeinen, anonymen Öffentlichkeit zugänglich gemacht ist; es ist wissenschaftliches Wissen erst dann, wenn es in der Schrift von der Person ihres Autors unabhängig geworden – wir könnten sagen: wenn ihr Autor für sie gestorben – ist. Aber auch hier soll es dann nicht die Schrift selbst, der Buchstabe sein, worum es geht, sondern der ‚Geist' oder, wie wir heute lieber sagen, der ‚Sinn' des Geschriebenen, also das, was wiederum *nicht* geschrieben, sondern mit Hilfe des Geschriebenen *gedacht* wird. Die Schrift soll bloßes Mittel für die Wiedererweckung des Gedachten, sie soll ‚nur' Zeichen sein.

Es ist dieses ‚nur', an dem Derrida mit seiner *Grammatologie* ansetzt, dieses ‚nur', in dem sich, wie er schreibt, eine „Erniedrigung" („l'abaissement"[9]) der Schrift ausspricht, und es geht ihm um ihre „Befreiung" von dieser Erniedrigung.[10] Was ist, fragt er, die europäische Wissenschaft, was ist das europäische Denken, wenn es sich zugleich der Schrift und ihrer Erniedrigung verdankt? Könnte, was dem europäischen Denken als „konstituierte Normalität" („normalité constituée") erscheint, eine „Irre" („errance") des Denkens von den Anfängen an (den Anfängen bei dem Griechen Sokrates und dem Juden Jesus) sein? Da es sich aber nun einmal, schließt er seine „Devise", um eine „konstituierte Normalität" handelt, ist es nur „in Gestalt der absoluten Gefahr" und „unter dem Anschein von Monstrosität" möglich, sie aufzubrechen.[11] Sein Buch muß also schockieren.

Man kann, wenn man will, in der *Grammatologie* ihrerseits einen religiösen, messianischen Unterton hören. Die europäische Kultur hat eine Wissenschaft hervorgebracht, die eine bestimmte Politologie, Ökonomie und Technologie ermöglicht hat, durch die sie sich inzwischen über die ganze Erde verbreitet hat. Sie betrachtet diese Wissenschaft als höchsten Maßstab für sich selbst und versteht sich so im ganzen als wissenschaftliche Kultur. Dennoch ist sie im Vergleich zu anderen Kulturen noch sehr jung, erst etwas über 2000 Jahre alt, und in dieser Jugend hat sie, das wird man nicht vergessen dürfen, im abgelaufenen 20. Jahrhundert zu den entsetzlichsten Katastrophen geführt, die je von Menschen verursacht wurden. Man kann nicht ausschließen, daß diese Katastrophen mit dem europäischen Denken selbst zu tun haben, mit seinen frühen Orientierungen und Umorientierungen. Schon vor etwas mehr als einem Jahrhundert, als der große Siegeszug der europäischen Wissenschaft in vollem Gang war, wurde in der europäischen Philosophie der Wert dieser Wissenschaft selbst fragwürdig. Das geschah vor allem durch Nietzsche, auf den sich Derrida in vielem beruft. Nietzsche, ebenfalls ein schockierender Philosoph, vielleicht der schockierende Philosoph schlechthin, fragte scharf und scharfsinnig nach dem „Nutzen und Nachteil" der Wissenschaft „für das Leben",[12] und noch einmal etwas mehr als ein Jahrhundert zuvor hatte Kant der Philosophie als erstes Kritik zur Aufgabe gemacht, das heißt Begrenzung des wissenschaftlichen Denkens zugunsten anderer, vor allem ethischer Orientierung. Er brach damit – und darum nannte man ihn zu seiner Zeit den „Alleszermalmer" –, im wissenschaftlichen, besonders im mathematischen Denken den Maßstab des pragmatischen und ethischen Denkens zu sehen, und suchte die besonderen „Bedingungen der Möglichkeit" des wissenschaftlichen Denkens neu und genau einzugrenzen – wir würden heute sagen: zu rekonstruieren. Dabei ergab sich jedoch eine Schwierigkeit, die erst im 20. Jahrhundert ganz deutlich wurde – durch Edmund Husserl, dem Derrida seine ersten Arbeiten widmete:[13] daß eine Kritik, die dem wissenschaftlichen Denken eine Grenze zieht, selbst diese Grenze überschreiten muß. Um eine Grenze zu ziehen, muß man sie überschreiten, sie von innen nach außen durchkreuzen und jenseits ihrer operieren. Man muß sie mit anderen Worten ‚destruieren', indem man sie ‚konstruiert', man kann sie nur, wie Derrida sagt, ‚dekonstruieren' – der Begriff „Dekonstruktion" ist inzwischen zum Label seines Philosophierens geworden.[14] Aber Dekonstruktion ist, wie man leicht sieht, nur ein anderer Name für die Kritik der Vernunft durch die Vernunft, des Denkens durch das Denken, und als nichts anderes kündigt Derrida sein Buch auch an: als eine „kritische Lektüre" früherer Kritik.[15]

Von einem Durchkreuzen der Grenze zwischen wissenschaftlichem und nicht-wissenschaftlichem Denken kann man nicht wissenschaftliche Ergebnisse im üblichen Sinn erwarten. Die ‚Ergebnisse' ergeben sich hier auf andere Weise, wir könnten sagen

– um auf den Begriff zurückzukommen – in Gestalt einer Umorientierung. Durch eine Umorientierung im Denken wird der Charakter der Wissenschaft selbst oder, wie Derrida schreibt, werden die „Prämissen einer zielgerichteten Beweisführung" („démonstration orientée"[16]) verändert, bis hin zu dem Willen, überhaupt im herkömmlichen Sinn beweisen zu wollen. Der Beweis, so Derrida, „orientiert [schon] die faktischen Evidenzen" („la démonstration oriente les évidences factuelles").[17] Aber seine Möglichkeiten kommen hier selbst an eine Grenze.

Damit haben wir schon grob die Ziele von Derridas Buch umrissen. Auch der Aufbau der *Grammatologie* erfüllt nicht die ‚normalen' wissenschaftlichen Maßstäbe. Sie bietet nicht nur keine Ergebnisse in der üblichen Form, auch ihr Gang, ihr Vorgehen ist merkwürdig. Der erste Teil ist überschrieben „Die Schrift vor dem Buchstaben", und das erste Kapitel wiederum „Das Ende des Buches und der Anfang der Schrift". Merkwürdige Umkehrungen, Durchkreuzungen der gewohnten Begriffs-Verhältnisse: zuerst die Schrift vor dem Buchstaben und dann wieder das Buch vor der Schrift! Die Schrift wäre also Anfang und Ende zugleich – also auch Ursache und Wirkung zugleich? Oder schließt sich das Buch zu einem Kreis, bei dem man naturgemäß nicht sagen kann, was Anfang und Ende ist? In der *Grammatologie* liegen die Dinge so: Zu mehr als zwei Dritteln besteht sie aus einer Interpretation, der Interpretation einer Schrift, einer Schrift von Jean-Jacques Rousseau, die, im Vergleich zu Rousseaus übrigen Schriften, „kurz und kaum bekannt" ist,[18] des *Essai sur l'origine des langues*. Rousseau ist durch seine Unterscheidung von Natur und Kultur berühmt geworden, die Botschaft, die Natur des Menschen sei gut oder doch gut gewesen und durch die Kultur verdorben, böse geworden. Im *Essai sur l'origine des langues* sucht Rousseau dafür Gründe in der Schrift. Er teilt insofern die alte „Erniedrigung" der Schrift und verschärft sie noch. Eben darum setzt Derrida sich so ausführlich mit ihm auseinander. Rousseau stellt die Frage nach dem Ursprung der Sprachen ebenfalls nicht historisch, sondern philosophisch, fragt nach den Bedingungen und Bedürfnissen in der Natur des Menschen, die zuerst die Sprache, dann die Schrift notwendig gemacht hätten, und nach den Wirkungen, die beide dann wiederum auf die Natur des Menschen ausübten. So fällt sein *Essai* genau in das Interesse Derridas, und darum widmet er ihm zwei Drittel seines Werkes. Aber nicht nur Rousseaus *Essai*, auch Derridas Interpretation des *Essai* ist wenig bekannt geworden. Wird die *Grammatologie* diskutiert, so fast ausschließlich ihr erstes Drittel, der erste Teil „Die Schrift vor dem Buchstaben", und auch wir werden hier nicht anders verfahren können.

Dieser erste Teil soll dennoch, wie Derrida in seiner „Vorbemerkung" schreibt, nur Vorbereitung des zweiten sein: Es „sollen in großen Zügen eine theoretische Grundlage entworfen, bestimmte kritische Wegmarken gewiesen und eine Reihe von kritischen Begriffen vorgeschlagen werden. – Der zweite Teil, ‚Natur, Kultur, Schrift', soll diese Begriffe an einem Beispiel überprüfen […]."[19]

„Beispiel", das könnte bedeuten, daß man darauf auch verzichten könnte, wenn man nur an der Theorie, den theoretischen Grundlagen interessiert ist. Aber Derrida schränkt das gleich wieder ein. Er verwende, schreibt er, nur „aus Bequemlichkeit" den Ausdruck „Beispiel". Tatsächlich gehe es nicht ohne die Interpretation von Rousseaus *Essai*, nämlich deshalb, weil Rousseau zwar das metaphysische Denken der Schrift noch teile, zugleich aber als erster dessen Bruchstellen erkennen lasse, an denen nun eine neue Kritik, Derridas Dekonstruktion ansetzen könne. Das aber bedeutet, daß die „theoretischen Grundlagen", die Derrida vorausschickt, nicht wirklich Grundlagen, sondern ihrerseits erst aus der Rousseau-Interpretation gewonnen sind, und so liest sich die *Grammatologie* auch. Also ist sie nach herkömmlichen Kriterien ein zirkelhaftes und damit ein wissenschaftlich unmögliches Buch, und so läßt es sich leicht von Anfang an zurückweisen. Aber Derrida wird auch das umkehren: Er wird die Unmöglichkeit des Buches zeigen.

Die „theoretischen Grundlagen" sind bei Derrida von einem bestimmten „Beispiel" nicht zu trennen – was bedeutet das, vorausgesetzt, man akzeptiert es? Es bedeutet, daß Derrida seine theoretischen Grundlagen an und aus diesem Beispiel entwickelt, daß sein Text aus dem Text hervorgeht, den er interpretiert. Er geht aus ihm dadurch hervor, daß er ihn „kritisch" liest, daß er also – nach dem, was wir zuvor sagten – die Grenzen verfolgt, die Rousseau zieht, und kenntlich macht, *wie* er sie zieht, und er kann das wiederum nur tun, indem er sie überschreitet, durchkreuzt oder kurz „dekonstruiert". Er rekonstruiert Rousseaus begriffliche Konstruktion, um kenntlich zu machen, wo sie Brüche und Lücken hat, wo die Begriffe einander widersprechen und Begründungen fehlen. Er tut also, was man bei Interpretationen auch sonst tut. Aber er tut dabei dennoch etwas Besonderes: Er will Rousseau nicht widerlegen und oder auch nur korrigieren, vielmehr die Brüche und Lücken in Rousseaus Text nutzen, um von ihnen aus weiterzudenken, um in sie seinen eigenen Text hineinzukonstruieren oder, wie er sich ausdrückt, „einzuschreiben". Er zeigt so offen, daß er vom Text eines anderen lebt – aber jeder Interpret lebt von dem Text, den er interpretiert, und auch der, der angibt, einen neuen Text zu schreiben, setzt dabei alte Texte voraus, in die er sich einschreibt, nur ohne sie zu nennen. Derrida sagt ausdrücklich, daß er den Text eines anderen (und die Texte, die dieser wiederum voraussetzt) „ergänzt": Er ergänzt ihn um etwas, das dieser Text selbst nicht sagt, nicht sagen wollte oder noch nicht sagen konnte. „Dekonstruktion" heißt dann: Veränderung durch Ergänzung – und man kann nie etwas ganz Neues sagen, kann immer nur ergänzen. Andererseits aber braucht jeder geschriebene Text, wie vorher schon deutlich wurde, eine solche Ergänzung, um wieder, wie man sagt, ‚zur Sprache zu kommen'; er ‚spräche' nicht ohne sie, würde nicht wieder lebendig. Die „theoretischen Grundlagen", die Derrida in seiner Rousseau-Dekonstruktion erarbeitet, aber sind eben diese der „Ergänzung", des „supplément", des Supplements, und Supplement ist wiederum der Begriff, den Rousseau einführt, um das Verhältnis von Stimme und Schrift zu begründen. Die Schrift, so Rousseau, ist „nur" ein Supplement der Stimme, ein „gefährliches Supplement", ohne das sie nicht auskommt und das dennoch ihre Natur zu zerstören droht. So schließt sich ein Kreis, der Kreis der *Grammatologie*.

Es geht also, um ihn nochmals nachzuziehen, um eine Umorientierung im Denken des Denkens überhaupt im Rekurs auf die Schrift, wovon alle Wissenschaften berührt sind, sofern sie auf eine bestimmte Weise denken und von der Schrift Gebrauch machen, um eine neue Kritik, eine neue Grenzziehung des Denkens, die nur als Durchkreuzung geltender Grenzen möglich ist, um Dekonstruktion von Strukturen des Denkens in Gestalt einer Einschreibung neuer Texte in alte, was nur in der Schrift möglich ist, in der Schrift, die im europäischen Denken gleichwohl zu einem bloßen Supplement herabgesetzt worden war. Wir werden in dieser Umorientierung keinen Anfang und kein Ende finden, kein Prinzip, aus dem alles abzuleiten ist, und kein System, in dem es vollständig abgeleitet ist. Aber wir bringen andererseits schon eine bestimmte Orientierung mit, wenn wir ein Buch wie die *Grammatologie* lesen, die Ausrichtung auf einen Anfang und ein Ende und auf ein Prinzip und ein System. Also müssen wir davon ausgehen und uns unsererseits auf einen Weg der Dekonstruktion begeben: der Dekonstruktion unserer gewohnten, scheinbar selbstverständlichen wissenschaftlichen Orientierung, die auf der Schrift beruht, die Schrift aber erniedrigt, zu einer neuen Orientierung hin, die die Schrift nicht mehr erniedrigt.

Derridas Dekonstruktion von Rousseaus Text verhundertfacht dessen Umfang. Ähnliches können wir uns hier nicht leisten. Also müssen wir abkürzen. Ich tue das mit Hilfe grober Schematisierungen und mit dem Mittel der Schrift, mit Graphiken. Zugleich kürze ich dabei fast ganz um Derridas Rousseau-Dekonstruktion ab.

2. Rekonstruktion der Dekonstruktion

Stimme und Schrift

In der Stimme, so hat man nach Derrida bisher gedacht, vernimmt der Sprechende sich selbst (vgl. Abb. S. 346). Er vernimmt im Gespräch stets, wie das, was er sagt, auf andere wirkt, wie es von anderen verstanden wird. Er hat die vollkommene Kontrolle über die Bedeutung seiner Zeichen. In der Stimme tritt das, was man ‚sagen will' und nur ‚mittels' Zeichen sagen kann, ‚rein' hervor. Die Bedeutung ist in ihr unmittelbar „präsent". Die Zeichen, die Worte, die Gesten, werden zu bloßen Mitteln, die in ihrem Zweck verschwinden, und Zweck von Mitteln *ist*, in ihrem Zweck zu verschwinden. Die Präsenz der Partner gewährleistet die Präsenz der Bedeutung, es kommt in diesem Denken, so Derrida, zur „völligen Auslöschung des Signifikanten".

STIMME	SCHRIFT
Sich-im-Sprechen-Vernehmen:	Lesen von Zeichen (Buchstaben) von Zeichen (Lauten) anderer:
vollkommene Kontrolle der Bedeutung der eigenen Zeichen	*Äußerlichkeit, Zufälligkeit, Zeitlichkeit der Zeichen*
Gegenwart: Selbst-/Re-Präsentation in Zeichen:	Zwei Abwesenheiten (Nicht-Präsenzen): 1. des „Signatars" (des Unterzeichnenden) 2. des „Referenten" (des Bezeichneten)
Präsenz der Bedeutung in austauschbaren Zeichen	*Stehen-Bleiben der Bedeutung in bestimmten Schrift-Zeichen*
Moderne: Selbst-Gewißheit im Denken:	Artikulation (Gliederung) von Bedeutung
selbstgewisses Subjekt von flüchtigen Vorstellungen	*Verdeutlichung der Bedeutung durch vorgegebene und festgelegte Zeichen*
Antike: Selbst-Ständigkeit im Sein:	Raum-Zeitlichkeit
ständiger nicht-sinnlicher Grund von wechselnden sinnlichen Eigenschaften	*Sinnlichkeit der Zeichen Mitteilbarkeit durch Zeichen*
„völlige Auslöschung des Signifikanten"	Hervortreten des Zeichens in Raum und Zeit
Eines–Sein in der Zeit, Tilgung der Zeit	Verräumlichung/Verzeitlichung aller Bedeutungen *(dissémination – Zerstreuung)*

| „PHILOSOPHIE DER PRÄSENZ" | „EXTERIORITÄT DES SIGNIFIKANTEN" |

Die Bedeutung, die so konzipiert wird, ist eine Bedeutung ‚jenseits' der Zeichen, die physisch übermittelt werden, sie ist in diesem Sinn ‚meta'-physisch. Als solche ist sie der Zeit entzogen, sie bleibt stets eine und dieselbe, gleichgültig, wer sie wann wem gegenüber ‚zum Ausdruck bringt'. Die Zeit ist in ihr getilgt. Die Zeit, den Zufall, das unkontrollierte Anders-Werden zu tilgen und reine Präsenz zu schaffen aber war das Grundmotiv der europäischen Metaphysik überhaupt. In der Antike – maßgeblich: Aristoteles – hatte man die Präsenz ontologisch angesetzt, als Selbst-Ständigkeit im Sein, in Gestalt bleibender, nicht sinnlicher, nur dem Denken zugänglicher Dinge (‚Substanzen'), die wechselnden sinnlich wahrnehmbaren Eigenschaften (‚Akzidentien') zugrunde liegen sollten. In der Moderne – maßgeblich hier: Descartes – verlagerte man die Präsenz in das Bewußtsein der Dinge. Man ging nun psychologisch von einem ‚Subjekt' aus, dessen flüchtige Vorstellungen das Sein nur noch re-präsentieren, einem Subjekt jedoch, das im bloßen Denken sich seiner selbst vergewissern und jene Vorstellungen von sich aus methodisch zu einer für es sinnvollen Welt ordnen kann. In der Gegenwart – beginnend maßgeblich mit Frege – gab man schrittweise nach der ontologischen auch die psychologische Metaphysik auf und rekurrierte auf die bloße Präsenz der Bedeutung, einer Bedeutung, die, wie beschrieben, wiederum durch unterschiedliche und austauschbare Zeichen ‚ausgedrückt' werden kann.

Die Schrift dagegen erinnert, allerdings auf eine paradoxe und darum leicht zu übersehende Weise, an die Zeit, den Zufall, das unkontrollierte Anders-Werden. Schrift ermöglicht Mitteilung ohne Präsenz. Geschriebenes stammt meist von anderen, die abwesend sind, es ist zu einer anderen Zeit geschrieben, als man es liest, es kann für den, der es liest, bestimmt sein oder nicht, und der, der es liest, kann es so oder anders lesen, unkontrollierbar für den, der es geschrieben hat. Zeichen der Schrift sind insofern, im Gegensatz zu den Zeichen der Stimme, äußerlich, zeitlich und zweideutig. Man hat es bei ihnen, so Derrida, mit zwei „Abwesenheiten", zwei Nicht-Präsenzen zu tun, 1. der Abwesenheit des „Signatars", des Unterzeichnenden, des Zeichen-Gebenden, des Autors, und 2. des „Referenten", des Bezeichneten, des Gegenstands, um den es geht: Beide können in der Schrift ihre Bedeutungen nicht mehr von sich aus deutlich machen, sie erscheinen nur noch in Zeichen. Andererseits aber sind es die Schrift-Zeichen, die die Bedeutungen über die Zeit hinweg präsent halten, und auf diese Funktion des Präsent-Haltens hat sie die Metaphysik der Präsenz denn auch zu reduzieren versucht. Die Reduktion gelingt jedoch nicht. Denn wenn es Zeichen sind, die Bedeutungen artikulieren, also gliedern und gestalten, so tut dies jedes Zeichen auf seine bestimmte Weise. Man kann zwar unter Zeichen wählen, aber doch nur unter solchen, die im Gebrauch und anderen verständlich sind; Zeichen sind insofern vorgegeben. Damit aber liefert man den Sinn, den man mitteilen will, dem mehr oder weniger starken Eigensinn vorgegebener Zeichen aus. Und das gilt dann natürlich nicht nur für geschriebene, sondern auch für gesprochene Zeichen, für Worte im Gespräch: Die Schrift-Zeichen machen auf die Eigenheit, Äußerlichkeit, Zufälligkeit, Zeitlichkeit der Zeichen überhaupt aufmerksam. Als geschriebene aber haben sie noch die Besonderheit, auf die wir schon aufmerksam gemacht haben: Sie stehen nebeneinander im Raum (auf der Schrifttafel, dem Papier, dem Bildschirm) und lassen so zu, daß man sich gegen ihren Zeitsinn im Raum unter ihnen hin und her bewegt, daß man vor- und zurück-‚springt‘, an bestimmten Stellen verweilt, hier und dort etwas einfügt, sich also in ihren Text „einschreibt". Statt sie Zeit und Raum zu entziehen und sie als immer eine und dieselbe zu präsentieren, verräumlicht und verzeitlicht die Schrift die Bedeutung, vervielfältigt und, so Derrida, „zerstreut" sie ins Vieldeutige („dissémination").

Dekonstruktion der Philosophie der Präsenz und der Metaphysik des Zeichens

Derrida kommt zur „Exteriorität des Signifikanten", der Äußerlichkeit und Eigenheit des Zeichens, seinerseits durch eine Dekonstruktion der „Philosophie der Präsenz", der Gegenwart der Bedeutung. Sie beruht in seiner Sicht auf einer Metaphysik des Zeichens, die am prägnantesten von Aristoteles formuliert wurde (vgl. Abb. S. 349): „Es sind also die Laute, zu denen die Stimme gebildet wird, Zeichen der in der Seele hervorgerufenen Vorstellungen, und die Schrift wieder ein Zeichen der Laute. Und wie wir nicht alle dieselbe Schrift haben, so sind auch die Laute nicht bei allen dieselben. Was aber durch beide an erster Stelle angezeigt wird, die einfachen seelischen Vorstellungen, sind bei allen Menschen dieselben, und ebenso sind es die Dinge, deren Abbilder die Vorstellungen sind."[20]

Aristoteles geht von den Lauten in der Stimme aus. Sie unterscheiden sich in den unterschiedlichen Sprachen, ebenso die Zeichen der Schrift, die sie wiedergeben. Wenn denkbar sein soll, daß etwas allgemeingültig als etwas verstanden werden kann, müssen bei allen Menschen gleiche Vorstellungen in der Seele vorausgesetzt werden, die durch jene Zeichen angezeigt werden und die ihrerseits Abbilder von Sachverhalten (pragmata) sind. Wenn die Buchstaben der Schrift willkürliche Zeichen für die Laute der Stimme sind und diese wiederum willkürliche Zeichen für die Vorstellungen in der Seele und dennoch von Sachverhalten die Rede sein soll, die für alle dieselben sind, dann muß zwischen den Vorstellungen in der Seele und diesen Sachverhalten ein nichtwillkürliches Verhältnis bestehen: Aristoteles denkt es so, daß Vorstellungen Eindrücke (pathemata) der Sachverhalte sind, Bilder

DEKONSTRUKTION DER PHILOSOPHIE DER PRÄSENZ UND DER METAPHYSIK DES ZEICHENS

Aristoteles, de int. 1, 16 a 1-18

SACHEN, Sachverhalte	Eindrücke, GEDANKEN in der Seele	Laute der STIMME	BUCHSTABEN der Schrift
(πράγματα)	(παθήματα, νοήματα)	(τε͂ϛ τῆϛ φωνῆϛ)	(γράμματα)
Abbild-Verhältnis:	unwillkürlich, feststehend	Zeichen-Verhältnis	(σύμβολα, σημεῖα): willkürlich, wechselnd

Jean-Jacques Rousseau, Essai sur l'origine des langues

NATUR (Gesang) Ursprünglichkeit, Reinheit Unverdorbenheit	KULTUR supplément (Ergänzung, Ersatz, Abweichung vom Ursprung)

Jacques Derrida, De la Grammatologie

souveraineté de la présence
(Souveränität der Präsenz):

Selbst-Gegenwart des Logos / der Bedeutung

délai

(zeitlich/räumlicher Aufschub) durch die
Artikulation des Logos / der Bedeutung

SUPPLEMENT DES SUPPLEMENTS
SPIEL DES SUPPLEMENTS

der Sachverhalte in der Seele, die dann bei allen gleich und insofern Gedanken (noëmata) sind. Als Gedanken aber sollen sie losgelöst sein ebenso von den unmittelbaren und ja ebenfalls immer wechselnden Eindrücken der Sachverhalte wie von den willkürlichen Zeichen, die sie anzeigen: Sie sind insofern ‚meta'-physisch, und als solche können sie zur Stütze der metaphysischen Rede vom Bestehen allgemeiner Sachverhalte werden. Die Laute der Stimme aber und die Buchstaben der Schrift werden dabei zu bloßen Randbedingungen.

Bei Rousseau, der an der Überwindung dieser Metaphysik arbeitet, kehrt sie dennoch wieder. Willkürlich soll jetzt die „Kultur", in der wir leben und uns verständigen, gegenüber der „Natur" sein, die wiederum als Hort des Ursprünglichen, Reinen, Unverdorbenen gedacht wird; Rousseau, Philosoph auch der Musik, setzt dabei wieder an den Lauten der Stimme an, die ursprünglich reiner Gesang sein sollen. In seiner Dekonstruktion arbeitet Derrida die Not heraus, in die Rousseau damit kommt: Um sich zu artikulieren, bedarf der Gesang der „Ergänzung" (supplément) eben dessen, was er ausschließen sollte, weil es ihn vom Ursprung entfernt, der Kultur. Die ursprüngliche Natur ist nur als Kultur, durch ihr fremde, sie entfremdende Zeichen, faßbar. Wie bei Aristoteles die Sachverhalte nur von den Gedanken und die Gedanken nur von den willkürlichen Zeichen der Stimme und der Schrift her, so ist bei Rousseau die Natur nur von der Kultur her zu fassen. Das heißt aber dann: als Supplement des Supplements. Die „Souveränität der Präsenz" („souveraineté de la présence") des Denkens, des Logos, entthront sich selbst durch den zeitlich/räumlichen „Aufschub" („délai") seiner Artikulation in Zeichen, sie wird zum „Spiel des Supplements" mit sich selbst.

Metaphysik der Dekonstruktion: Ur-Schrift/Ur-Spur

Wird dieses Spiel des Supplements mit sich selbst begrifflich gefaßt, auf allgemeine Begriffe gebracht, entsteht unvermeidlich eine neue Metaphysik. Derrida stellt sich dem ganz bewußt. Er entwirft eine Metaphysik der Dekonstruktion, die zugleich Metaphysik und Anti-Metaphysik ist, die Metaphysik der „Ur-Spur" („archi-trace") und der „Ur-Schrift" („archi-écriture") (vgl. Abb. S. 351). Sie ist eine Metaphysik, die die Zeichen der Schrift vom Rand in die

METAPHYSIK DER DEKONSTRUKTION: UR-SCHRIFT / UR-SPUR

METAPHYSIK DES ZEICHENS	THEORIEN DES ZEICHENS	ZEICHEN DER THEORIEN	ZEICHEN DER METAPHYSIK
[Aristoteles] πρᾶγμα (Sache) ὁμοία (Wesen) λόγος (Begriff) φωνή (Stimme) ⎯ → γράμματα (Buchstaben, Schrift)	[Leibniz u. v. a.] Signifikat (Bezeichnetes) ⎯ *math. Zeichen?* Signifikant (Bezeichnendes)	[(Kant), Peirce, (Wittgenstein)] [de Saussure] X Signifikant von Signifikanten	[Heidegger, Lévinas] Zeichen von ganz anderem (deutbar/undeutbar) = X
„PRÄSENZ" (Derr.)	„REPRÄSENTATION"	„SEMIOSE", „SPRACHSPIEL"	„SPUR"

UR-SPUR (ARCHI-TRACE) — (Spur, die von Spur zu Spur führt)

UR-SCHRIFT (ARCHI-ÉCRITURE) — (Schrift, die in Schriften geschrieben wird: nicht-präsente, nur in besonderen Schriften lesbare Schrift)

„Ursprung des Ursprungs":

„Nicht-Ursprung"

letzter Ursprung: Gott

Mitte verschiebt. Derrida führt dabei eine Entwicklung fort, die sich in der Philosophie seit langem angebahnt hat. Galten die Zeichen der Schrift bei Aristoteles gegenüber der Präsenz von Sachverhalten in den Gedanken als willkürliche Zeichen willkürlicher Zeichen, so bekamen sie im modernen Ansatz beim Bewußtsein als Re-Präsentanten von Sachverhalten eigenes Gewicht. Bis zum 18. Jahrhundert suchte man mehr und mehr die „Theorie der Sachen auf die Theorie der Zeichen" zurückzuführen.[21] Am berühmtesten wurde Leibniz' Entwurf einer *characteristica universalis*.[22]

Sachverhalte sollten als Gegenstände von Zeichenverknüpfungen, als Signifikate von Signifikanten, verstanden werden. Vorbild waren die mathematischen Zeichen, die sich eindeutig definieren und eindeutig verknüpfen lassen, freilich außer sich nichts bezeichnen, sondern als Zeichen für anderes erst interpretiert werden müssen. Aber dieses andere läßt sich in moderner Sicht wieder nur in Zeichen fassen. Im 19. Jahrhundert kam Peirce dahin, das Ideal mathematischer Eindeutigkeit aufzugeben und den Erkenntnisprozeß im ganzen als Zeichenprozeß (Semiose) zu verstehen, in dem Zeichen durch Zeichen *interpretiert* werden. Die Dinge selbst werden dann, wie schon Kant in seiner *Kritik der reinen Vernunft* klargemacht hatte, zu einem prinzipiell unbekannten X.[23] Im 20. Jahrhundert trägt, wegweisend für Derrida, Heidegger schließlich das X in das Zeichen selbst hinein und versteht es als „Spur", als Zeichen, dessen man sich als eines Zeichens bewußt ist, das nach Deutung verlangt, dessen Deutung jedoch immer offen ist. Indem das Zeichen als Spur nach Deutung verlangt, ist es, so Derrida, Ursprung von Sinn überhaupt. Mit dem Begriff der „Ur-Spur" verweist er darauf, daß das Zeichen ursprünglich Spur, als eine solche Spur aber selbst nicht als Ursprung zu fassen ist. Der „Ursprung des Ursprungs" von Sinn ist so – im Verständnis der Metaphysik, für die der letzte Ursprung nur ein zu reinem Denken fähiger Gott sein konnte – ein „Nicht-Ursprung".

Die Schrift aber ist das, woran das Zeichen als Spur deutlich wird. Ihre Zeichen bleiben stehen wie Spuren für andere Zeiten, in denen sie dann neu gelesen, neu gedeutet werden müssen. Aber aller Sinn für weitere Zeit, folgert nun Derrida, bedarf solcher stehenbleibender Zeichen, auch schon der Sinn in einem längeren Gespräch,[24] und so kann man sagen, daß aller wiederholbarer Sinn ursprünglich auf ‚Schrift' beruht. Die Ur-Spur wäre dann eine „Ur-

Schrift", eine ‚Schrift', die Schriften lesen, Sinn wiederholen läßt, ohne selbst als Schrift präsent zu sein und gelesen werden zu können.

Temporalisierung der Differenz (différence - différance)

Wiederholung des Sinns einer Schrift ist danach aber immer auch Verschiebung des Sinns (vgl. Abb. S. 354).

Das hat tiefgreifende Folgen ebenso für das wissenschaftliche Denken wie für die alltäglich-pragmatische Orientierung. Beide beruhen zuletzt auf Unterscheidungen. Für das metaphysische Denken und auch für das wissenschaftliche, soweit es ihm folgt, *gibt es* Unterschiede, die man zu entdecken und festzustellen hat; für das moderne Denken werden Unterscheidungen *gemacht.* Beide setzen im Prinzip eindeutig unterscheidbare Identitäten – wir könnten nun sagen: klar trennbare Präsenzen oder Repräsentationen – voraus. Sie bedürfen, um einander klar zugeordnet und über die Zeit festgehalten zu werden, der Schrift. Ein Sachzusammenhang stellt sich dann in einer Totalität klar getrennter und klar einander zugeordneter Bedeutungen her. Dies ist, so Derrida, die Idee des „Buches". Ein wissenschaftliches Buch ist auf einen Abschluß in der Sache („fin") hin angelegt. Sein philosophisches Ideal, wie es Hegel formuliert hat, ist die aus einem Prinzip abgeleitete Ordnung, das System.

Bedarf die systematische Ordnung von Sinn aber zur Trennung und Zuordnung der Bedeutungen der Schrift, so dringt mit deren Zeichen wie durch einen „Riß", eine „Ritze" („brisure"), die Verräumlichung und Verzeitlichung der Unterscheidungen und die damit unvermeidlich verbundene Verschiebung des Sinns in sie ein. Zeichen als Spuren von Zeichen lassen sich weder klar voneinander trennen noch klar aufeinander beziehen, ihr Gebrauch stellt sich als zeitlich und damit als singulär heraus. Aus dem „Buch" wird ein „Text", ein Gewebe von Spuren, die auf andere Spuren führen, ein Gewebe durch Spuren „motivierter" Spuren, das keinen Abschluß in der Sache hat, sondern bei dem es je zu einer „motivierten", in metaphysischer Sicht willkürlichen Schließung („clôture") kommt. In dekonstruktiver Sicht ist jeder vermeintliche Abschluß in der Sache, auch in der Wissenschaft, eine willkürliche Schließung.

TEMPORALISIERUNG DER DIFFERENZ (différence → différance)

DIFFÉRENCE (DIFFERENZ) Marginalisierung der Zeichen	BRISURE (RISS, RITZE): Eindringen der Zeichen	DIFFÉRANCE Ausgang von Zeichen
Unterschied ↓ Unterscheidung ↓ Unterscheidbarkeit: getrennte Präsenzen (Identitäten) ↓ **Buch:** Totalität unterscheidbarer Bedeutungen, Abschluß in der Sache (fin) ↓ Ordnung nach einem Prinzip (System)	Trennung und Bewahrung der Trennung in der Zeit durch Schrift-Zeichen ↓ Verräumlichung und Verzeitlichung der Unterscheidung ↓ Zeitversetzte Wiederholung = singulärer Gebrauch von Zeichen: Zeichen Spuren von Zeichen ↓ Text: Gewebe „motivierter" Spuren, „motivierte" Schließung (clôture) ↓ Ordnung nach unfeststellbaren „Motiven"	Unterschied in der Schrift, nicht in der Stimme (kein Wort, kein Begriff) ↓ frz. différer (lat. differre): unterscheiden **und** aufschieben ↓ Festlegung in Zeichen: Aufschub/Zeitgewinn Verschiebung in der Zeit ↓ „différance": Zeichen für die unhörbare Verschiebung von Zeichen ↓ temporalisierte, zerstreute Ordnung: namenloser Ursprung von Unterscheidungen/Namen

Folgt man dem, gibt man die Marginalisierung der Zeichen auf und nimmt bei ihnen – als Schrift und Spur – den Ausgang, so wird man den Unterschied, auf dem alle Ordnung und Orientierung beruht, als solchen anders verstehen müssen. Derrida nennt diesen anders verstandenen Unterschied „*différance*". Er verschiebt das französische Wort „*différence*" (Unterschied), indem er an Stelle des „e" ein „a" setzt. Die Aussprache des Wortes verändert sich dadurch nicht. Der Unterschied besteht nur in der „Schrift", nicht in der „Stimme"; er weist so zunächst auf den Unterschied der Schrift zur Stimme hin. Frz. „différer" (lat. „differre") bedeutet aber nicht nur „unterscheiden", sondern auch „aufschieben". Es schließt so schon ein, was nach Derrida die Schrift-Zeichen leisten, den Aufschub in der Zeit, der dann auch eine Verschiebung ihres Sinns in der Zeit mit sich bringt. Dies, die Verschiebung einer Unterscheidung durch die Unterscheidung als solche, läßt sich nach Begriffen metaphysischer Präsenz nicht fassen. „Différance" ist darum kein definierbarer Begriff, sondern ihrerseits ein Zeichen, Derridas Zeichen für die unhörbare Verschiebung unterscheidender Zeichen in ihrem Gebrauch. Danach haben wir es, soweit wir in unserer Orientierung auf den Gebrauch von Zeichen angewiesen sind, stets mit temporalisierten, zerstreuten Ordnungen zu tun, mit Ordnungen nicht aus definitiven und allgemeinen Begriffen, sondern aus letztlich individuell gebrauchten Zeichen für individuelle Zusammenhänge, d.h. mit „Namen". Namen mögen willkürlich sein, aber es ist zuletzt, in der Wissenschaft wie in der alltäglichen Orientierung, wie schon Hegel sagte, „in Namen, daß wir *denken*".[25] Derrida knüpft in seinem weiteren Philosophieren immer wieder an den Namen an.

3. Wirklichkeiten der Dekonstruktion

In seiner *Grammatologie* geht es Derrida vor allem um Kritik, um eine Erschütterung der Selbstverständlichkeiten des herkömmlichen, in vielem nach wie vor metaphysischen Denkens. Die Philosophie, die daraus entspringt, ist vor allem eine Philosophie des Zeichens und der Zeit, des Spiels der Verschiebung der Zeichen und ihrer Zerstreuung in der Zeit, das in die alte Unterscheidung von Denken und Sein, von Subjekt und Objekt eindringt und sie zerfallen läßt, und somit eine Philosophie der Dezentrierung und der Dekonstruktion. Derrida hat sie fortgesetzt in einer Philosophie der Zerstreuung, der Ränder, der Trennung und Spiegelung, der Sporen (Nietzsches), des Geschlechts (Heideggers), der Postkarte (von Sokrates an Freud und weiter), der Eigennamen, der Unterschrift, des Geldes, der Zeit und des Raumes, später immer mehr des Todes, der Aporie, des Adieu (an Emmanuel Lévinas) und des Willkommens, im Nachdenken von Dichtung (u.a. von Francis Ponge, Paul Celan und James Joyce) und von Malerei, und immer mehr auch über das Politische, das Ethische und das Religiöse, über sich selbst als Jude und Franzose aus der Peripherie.[26] Vor und neben der Grammatologie erging er sich in scharfen öffentlichen Auseinandersetzungen, die in Frankreich erst den Intellektuellen machen, mit Zeitgenossen wie Foucault, Lévi-Strauss und Lévinas.[27] Auf die außerordentliche Anstrengung der *Grammatologie* folgte eine Phase der Ausgelassenheit, die seinen Dekonstruktionen den Ruf der Beliebigkeit einbrachte. In den neunziger Jahren wurde sein Denken, als es sich dem Politischen, Ethischen und Religiösen zuwandte, zunehmend strenger, ernster, schwerblütiger, leidend, todesverhangen.

Die *Grammatologie* ist Derridas Hauptwerk geblieben. Ihre Begriffe sind noch immer fremd und befremdlich und werden, sollen das wohl auch bleiben. Fragen wir dennoch: Können wir mit dem, was sie nahelegt, mit der Zerstreuung der Bedeutungen, dem Verlust von Sachverhalten an ein Spiel von Supplementen, mit Zeichen als Spuren, mit unablässig sich verschiebenden Ordnungen, können wir damit leben, können wir uns darin orientieren? Vielen, den meisten scheint dieses Denken unerträglich, und man kann das verstehen. Denn es bedeutet den Abschied von allem Festen und Feststellbaren, von einem Denken, das Einheit und einen letzten Ursprung und Endzweck versprach, den Abschied von der europäischen Wissenschaft als universalem Maßstab der Orientierung, von ihrem Ideal der Objektivität als vollständiger Bestimmtheit und Begründbarkeit von Sachverhalten, den Abschied von einer universalen Moral des zwischenmenschlichen Handelns, von ihrem Ideal der Normativität als Garant des Sozialen, und den Einbruch von Inkommensurabilität, Kontingenz und Temporalität, von Ungewißheit, Zufälligkeit und Zeitlichkeit in die Orientierung, des bloßen Spiels in die Belange des moralischen Handelns.

Aber vielleicht sind wir ja in unserem Denken längst näher am Denken Derridas, als wir selbst glauben, leben längst schon so, wie er es zu denken versucht, und können und wollen gar nicht anders leben. Derridas Denken, das Denken der Schrift und der Spur, der dissémination, des supplément und der différance könnte unsere alltägliche Orientierung besser erfassen als das Denken der Stimme und der Präsenz, der Einheit, der Autonomie und der Vernunft, nach dem man sie vordem zu denken versuchte. Das kann hier nicht mehr ausgeführt, nur noch angedeutet werden. Die alltägliche Orientierung muß frei sein für immer neue Umorientierungen, auch im Grundsätzlichsten, wenn sie vom Leben nicht bestraft werden soll, und sie hält sich darum nicht an Objekte und Subjekte als etwas Feststehendem, sondern an Zeichen als bloßen Anhaltspunkten, an Zeichen, deren Bedeutung nicht feststeht, sondern die in individuellen Situationen individuellen Sinn bekommen können.[28] Dafür gibt es ein sehr einfaches Argument: Nur wenn Zeichen in unendlich vielen individuellen Situationen in individuell verschobener Bedeutung gebraucht werden können, reicht für die Kommunikation ein endlicher Vorrat an Zeichen aus, der in endlicher Zeit erlernt werden kann. In der alltäglichen Orientierung ist ferner die Distanz, die das Verstehen durch Zeichen schafft, durchaus willkommen. Denn sie schafft eine Distanz zu den Anderen, die Spielräume eröffnet, um die Andersheit der Anderen wahrzunehmen, und einen Aufschub, ein Unterbrechen im Verstehen, der Raum läßt für Entscheidungen und an die Verantwortung für sie erinnert. Die alltägliche Orientierung ist darum nicht haltlos; sie hält sich in Verknüpfungen ihrer Zeichen auf Zeit (wenn man will: in Vertextungen), die sie zu anderer Zeit an jeder Stelle wieder auflösen kann. Das reicht bis in die Formen des Denkens hinein. Man hat längst Möglichkeiten entdeckt, mit temporalisierten Differenzen und Paradoxien produktiv umzugehen.[29] Derrida hat sie mehr und mehr nicht nur im Denken der Schrift und der Spur, sondern auch in der Politischen Philosophie und der Ethik genutzt, einer Politischen Philosophie, die in der Dekonstruktion die Gerechtigkeit erkennt, und einer Ethik des Fremden, der Gabe und der Gastlichkeit, die auf alle Normativität und alle Gegenseitigkeit verzichtet.[30]

EGON FLAIG

Pierre Bourdieu:
Entwurf einer Theorie der Praxis (1972)

1. Vorbemerkung

Das Prestige, welches Pierre Bourdieu umstrahlt, ist enorm. Er ist nicht nur mit Abstand der meistzitierte Soziologe der Gegenwart, sondern wahrscheinlich der meistzitierte lebende Wissenschaftler der Welt. Seine Bücher dringen in alle gedruckten Sprachen ein; seine theoretischen Ansätze erobern sich auf allen Gebieten der Kulturwissenschaften Gelände um Gelände. In der Ethnologie, in der Kunstsoziologie, in der historischen Anthropologie haben seine Theoreme und seine Kategorien einen Widerhall gefunden wie keine Soziologie bisher. Ein Buch wie *Soziologie der symbolischen Formen* wirkt immer noch in der Kunstgeschichte; die *Feinen Unterschiede* haben Bourdieu in Deutschland berühmt gemacht; dieses Buch hat den Blick der Intellektuellen auf Mode, Sport, Wohnungseinrichtung, Musikvorliebe, Parfums und Weingeschmack erheblich verändert; es hat ihnen kategoriale Raster in die Netzhaut eingeschweißt, mit denen sie plötzlich viel schärfer sehen, was sie zu sehen bekommen.

Zentrale Kategorien der Bourdieuschen Soziologie haben Eingang in die Kulturindustrie gefunden: „Habitus" ist zum Allerweltswort geworden, die Begriffe „symbolisches Kapital" und „kulturelles Kapital" tauchen inzwischen auch in außerwissenschaftlichen Zusammenhängen auf.

Dieser Erfolg der Bourdieuschen Theorie war nicht vorhersehbar. Die außerordentliche Spannweite des Bourdieuschen Denkens von der dichtesten theoretischen Reflexion bis zur anschaulichsten Exemplifizierung hat zwar herausgefordert; aber was er schrieb, hat nie als leichte Kost gegolten. Und gerade jenes Buch, das diesem Beitrag als Thema dient und um das sich Bourdieus Denken dreht wie um eine Achse, ist nicht zufällig in deutscher Sprache seit 1979 kein weiteres Mal aufgelegt worden. Nicht zuletzt mag Bourdieus Erfolg darin liegen, daß er auf immer neuen sozialen Gebieten aufgezeigt hat, wie operationabel sein terminologisches Instrumentarium ist. Und der Dauerstreß, dem sich die akademische und intellektuelle Welt ausgesetzt glaubt, sobald sein Name fällt, mag nicht zuletzt daher rühren, daß es Bourdieu am überzeugendsten gelungen ist, aufzuzeigen, wie diejenige kulturelle Produktion, welche man üblicherweise am weitesten von allen sozialen Bedingtheiten entfernt glaubt oder glauben will, in ganz massiver Weise ein soziales Phänomen ist. Gerade die Ausdehnung der Kulturindustrie und ihre zunehmende Bedeutung erhöhen unentwegt die Plausibilität der Bourdieuschen Konzepte. Daher wird dieser Beitrag auch vom *Entwurf einer Theorie der Praxis* handeln, jedoch gleichzeitig den Grundriß der Bourdieuschen Soziologie nachzuzeichnen trachten. Zunächst wird die atypische Karriere von Pierre Bourdieu vorzustellen sein; dann ist zu besehen, wie er in Algerien mit dem Strukturalismus brach; ferner soll der theoretische Gehalt des Buches *Entwurf einer Theorie der Praxis* zur Sprache kommen; danach wird eine knappe Skizze weniger Basisbegriffe der Bourdieuschen Theorie gegeben; und schließlich ist einzugehen auf seine Soziologisierung der Sprache als soziales Sprechen; abschließend sollen gängige Einwände gegen Bourdieus Konzepte zu Wort kommen.

2. Die atypische Karriere

Pierre Bourdieu ist 1930 in einem Bauerndorf des südfranzösischen Béarn geboren. Darauf ist er bis heute stolz, und er stilisiert seine Aversion gegen die Pariser Eleganz und Eloquenz noch immer. Er studierte an der *Ecole normale supérieure* Philosophie, als der später so berühmt gewordene Historiker LeRoy Ladurie als Leiter einer Zelle der KPF noch seine Kommilitonen bespitzelte.[1] 1955 war Bourdieu Agrégé in Philosophie und lehrte ein Jahr an einem Provinzgymnasium. Er plante, seine Doktorarbeit in Philosophie zu schreiben. Doch es kam anders. Er holte den Militärdienst – wie das in Frankreich üblich ist – nach, indem er im Ausland eine kulturelle Tätigkeit übernahm. Bourdieu war auf diese Weise 1958–1960 in Algerien, während der Algerienkrieg tobte. Er lehrte an der Fakultät von Algier. Dort entdeckte er die Unterentwicklung als soziologisches Thema, die Fremdheit der algerischen Gesellschaft, die Auswirkungen der Kolonisierung auf die traditionalen Gesellschaften der algerischen Berberstämme. Und das war für seine philosophische Arbeit nachteilig. Er verriet die Philosophie und lief zur ethnologischen Anthropologie über. Bourdieu ist also Konvertit und Renegat, genauso wie Lévi-Strauss 25 Jahre vor ihm. Sein immenses Interesse für die konkreten Erfahrungen derjenigen, mit denen er sich beschäftigte, wurde weder vom Existentialismus noch vom Marxismus noch vom Strukturalismus mit einer zufriedenstellenden Matrix versorgt.

Gegen Ende des Algerienkriegs kehrte er nach Frankreich zurück und erhielt 1961 an der Universität Lille einen Posten als Soziologe. Er beschäftigte sich nun mit Bildungssoziologie, schulischer Sozialisation, schulischem Erfolg und den familiären und institutionellen Bedingungen. Von hier aus kam die Neigung, sich mit Kunst, Kunstgeschmack und der Rolle der Geschmackserziehung zu beschäftigen; 1966 erschien sein Buch *L'amour de l'art*. Der spätere publizistische Erfolg von Bourdieu darf nicht darüber hinwegtäuschen, daß er institutionell in den sechziger Jahren eine schwache Karriere machte. Genau wie Michel Foucault blieb er ein institutioneller Außenseiter, tätig in marginalen Einrichtungen, wie etwa der *Ecole pratique des hautes Etudes* (ab 1964), die zwar ein hohes intellektuelles Prestige genossen, vor allem im Ausland, aber institutionell – etwa gegenüber dem CNRS – benachteiligt waren.

Ende der sechziger Jahre diversifizierten sich die Interessen von Bourdieu beträchtlich. Sie sind mindestens so weit gespannt wie jene von Georg Simmel und sicherlich weiter als die Max Webers. Es gibt kaum Gegenstände des modernen Alltags, die er nicht gestreift hätte. Genau in diesem Lebensabschnitt, als eine zentrifugale Expansion seiner Interessen einsetzte, schrieb Bourdieu die *Esquisse d' une théorie de la pratique – Entwurf einer Theorie der Praxis;* erschienen ist das Buch 1972. Es ist eine Studie über die Kategorienbildung in den Sozialwissenschaften, mit einem beispiellosen Reichtum an Beispielen. Der Ton ist sehr deutlich, oft scharf, eine dezidierte Absage an den Marxismus Sartrescher Prägung, an den Strukturalismus, aber auch an die phänomenologische Soziologie von Alfred Schütz und eine Kampfansage an die Ethnomethodologie.[2]

Dieses Buch brachte ihm – allmählich – den Durchbruch. 1981 wurde er ins Collège de France kooptiert, eine Institution, in welche bekanntlich nicht die institutionell erfolgreichen Professoren, sondern die intellektuell prestigereichen, sehr oft Außenseiter, aufgenommen werden. Dort ist er bis heute tätig, seine Abteilung nennt sich „Sociologie européenne".

3. Die Vorgeschichte der *Theorie der Praxis* – der Bruch mit dem Strukturalismus

Zunächst zu den Umständen der langwierigen Vorgeschichte dieses Buches. Der Doktorand in Philosophie lehrte 1958–1960 in Algier an der philosophischen Fakultät, während Frankreich dort seinen letzten Kolonialkrieg führte. Bourdieu leistete einen biographischen Brückenschlag: Er entdeckte Ähnlichkeiten zwischen dem französischen Rassismus gegenüber den Nordafrikanern und dem Dünkel der Pariser Akademiker und Intellektuellen gegenüber den Provinzlern; und Bourdieu hat sich in extremer Weise mit der Provinz solidarisiert. Anstatt die traditionelle algerische Lebensweise zu verachten, interessierte er sich für sie. Das Buch *Rasse und Geschichte* von Lévi-Strauss bestärkte ihn darin.[3] Noch mehr inspirierte ihn, was die strukturale Interpretation des großen strukturalistischen Meisters den indianischen Mythen entlockte: Das scheinbar Widersinnigste ist in Wahrheit Element einer Logik, und zwar einer kombinatorischen Logik, die nicht die unsere ist, die wir aber sehr gut erfassen können, wenn wir Oppositionsketten aufstellen, syntagmatische Zeilen und paradigmatische Reihen aufbauen. Das sogenannte primitive Denken entpuppte sich als Ansammlung von komplexen und komplizierten Logiken. Lévi-Strauss gab damit den Ethnologen der fünfziger und sechziger Jahre Instrumente in die Hand, mit denen man den Ethnozentrismus auf neue Weise aufbrechen konnte.

So etwas schwebte dem Doktoranden vor, zusammen mit französischen und algerischen Freunden plante er, die Rituale der traditionellen algerischen Gesellschaft zu untersuchen. Sein Blick fiel auf einen Berberstamm, der im Rif-Gebirge des westlichen Algerien beheimatet ist. Später schreibt er über jenes Vorhaben: „Ich wollte damit bis in den letzten Winkel jenem Rassendünkel nachspüren, der seinen Opfern durch die Selbstbeschämung, die er in ihnen erzeugt, die Erkenntnis und Anerkennung ihrer eigenen Überlieferung versagt."[4]

Eine Reihe von Einzelstudien folgten. Doch sein Vorhaben scheiterte. Nach der strukturalistischen Theorie mußte die Logik aller Riten ein kohärentes Ganzes ergeben. Körperbewegungen und häusliche Raumgrenzen, Hochzeitszeremonien und Fruchtbarkeitsriten sollten klar aufgliederbar sein in Oppositionsketten, in syntagmatische und paradigmatische Reihen, die sich in Diagrammen darstellen ließen. Etwa so:

Weben: Gewebe = Feld: Weizen = Frau/Bauch: Kind

Er versuchte solche Reihen aufzustellen, um die kulturelle Semantik der kabylischen Gesellschaft struktural zu konstruieren. Dabei berücksichtigten er und sein algerischer Partner Abdelmalek Sayad die Themen häusliche Raumausrichtung, Körperbewegungen, Heiratsriten, Jahreseinteilung, Farben usw. Doch es führte zu nichts. 1500 Randlochkarten, immer neu kombiniert, ergaben kein logisches Ganzes. Laufend ergaben sich Widersprüche, und zwar nicht nebensächliche, sondern ganz eklatante.[5] Natürlich mußten Bourdieu und Sayad die perfekte Geschlossenheit suchen, denn erst sie stellt eine logische Erklärung der kulturellen Totalität dar. Und erst eine solche widerspruchsfreie Totalität der kulturellen Phänomene galt dem Strukturalismus als Beweis für die wissenschaftliche Wahrheit der erreichten Erkenntnis. Die beiden gaben schließlich auf. Die wahrscheinlich gründlichste empirische Untersuchung der kulturellen Semantik einer traditionalen Gesellschaft fand keine kohärente modellhafte Erklärung, zumindest nicht auf der Basis der strukturalistischen Theorie. Das war ein intellektueller Schock. Und Bourdieu fing an, theoretische Konsequenzen zu ziehen. Später resümiert er: „Ich habe lange gebraucht, um zu begreifen, daß man die Logik der Praxis nur mit Konstruktionen erfassen kann, die sie als solche zerstören, solange man sich nicht fragt, was Objektivierungsinstrumente wie Stammbäume, Schemata, synoptische Tabellen […] oder schon die einfache Verschriftung eigentlich sind, oder besser noch, was sie anrichten."[6] Erst später merkte Bourdieu, daß die Logik der Praxis eine eigene Logik ist, die in keine kulturelle Semantik einzufangen ist, die ihr wundersam widersprechen kann, ohne daß die Widersprüche wahrgenommen oder gar akut würden.

Der zweite Schock ließ nicht auf sich warten; er kam gleichzeitig. Es handelt sich um die Parallelkusinenheirat, das heißt die Heirat zwischen Personen, deren Väter Brüder sind. Die ethnologische Literatur behauptete, bei den Kabylen sei dieser Heiratstyp präskriptiv, also verbindlich, mindestens aber präferentiell, also der bevorzugte. In der Tat stieß Bourdieu auf einen reichen Diskurs über das Heiraten, welcher es den Kabylen geradezu zur Ehrensache macht, die Tochter des Vaterbruders zu heiraten. Mit einer blumigen Ideologie malen sie aus, wieviel Ehre diese Heirat einbringt, und mit aufwendigen Beispielserien zeigen sie, daß solche Ehen nur Segen bringen.[7]

Und was ergab die Statistik? Es erwies sich, daß die Anzahl der Ehen mit der Parallelkusine höchstens 16% betrug, mindestens 4%.[8] Von einem präskriptiven Heiratstyp, wie ihn die strukturale Ethnologie postuliert hatte, konnte überhaupt keine Rede sein. Und falls es einen präferentiellen Typ überhaupt gab, dann betraf dieser mit Sicherheit nicht die Parallelkusine.

Allerdings fielen den beiden Forschern zwei Auffälligkeiten in die Augen:

Die Kabylen bezeichneten entferntere Verwandte mal als Verwandte, mal nicht. Ob entferntere Verwandte als Verwandte galten oder nicht, schien von reiner Willkür abzuhängen.[9] Hinterher erkannte Bourdieu, daß die Kabylen sich immer dann darauf besinnen, daß sie mit jemandem entfernt verwandt sind, sobald jener Entfernte plötzlich sozialen Erfolg hat, also in die staatliche Administration aufsteigt oder in Frankreich viel Geld verdient. Sie manipulieren ihre Verwandtschaften gemäß ihren Interessenlagen, oder in Bourdieuschen Begriffen: gemäß ihren Strategien. Das heißt aber, daß Heiraten mit entfernteren Verwandten statistisch nicht ermittelbar sind, weil die Kabylen gegenüber dem Fragebogen je nach Interessenlage diese Verwandtschaft erwähnen oder gar nicht erinnern.

Die Hochzeitszeremonien waren desto komplexer und reicher und der materielle Aufwand desto größer, je entfernter die Familien voneinander waren; das simpelste Ritual war die Hochzeit mit der Parallelkusine. Doch eine Logik war nicht zu entdecken, sogar wenn man allerlei Varianten in ein System zueinander bringen wollte.[10] Sayad und Bourdieu brachen ihre Untersuchungen frustriert ab. Erst Ende der sechziger Jahre, als Bourdieu in seinem heimatlichen Béarn die Heiratsstrategien der Hofbauern untersuchte, erwarb und schuf er sich das Instrumentarium, um sein Material über die Kabylen auf neuer theoretischer Basis zu analysieren, nämlich als er die Begriffe der Praxis und der Strategie entfaltet hatte. Und dann plötzlich wurde das kabylische Material hochinteressant.

Es wurde Bourdieu klar, daß die Heirat ein elementarer Bestandteil in den familiären Strategien war. Die Hochzeitsrituale sind daher desto feierlicher, je prestigereicher die durch Heirat gewonnene familiäre Allianz ist. Und es bringt mehr Prestige, wenn man verschwägerte Familien in großen Entfernungen zum eigenen sozialen Kapital rechnen kann, also zum Beziehungskapital. Das heißt im Klartext, die Parallelkusine heiratet nur, wer keine Alternativen hat. „Tatsächlich genügte die Beobachtung, daß das bei Heiraten zwischen angesehenen Familien verschiedener Stämme in aller Pracht entfaltete Ritual bei Heiraten zwischen parallelen Vettern und Basen auf seine einfachste Form reduziert wurde, um Klarheit darüber zu gewinnen, daß jede [...] Ritualform nicht eine aus einer Art semiologischem Spiel hervorgegangene simple Variante ist, sondern eine Dimension einer Strategie."[11]

Die Hochzeitsformen sind also keine Varianten in der Struktur, sondern erhebliche Variationen in der sozialen Funktion der Heirat. Der Strukturalismus hilft demnach an der entscheidenden Stelle, wo es um Gruppenbildung geht, keinen Schritt weiter. Bourdieu ist mit dieser Einsicht auf der Suche nach der Logik der Praxis: Keine Variante, sondern eine Dimension einer Strategie. Diese Strategie zielt darauf, den Einfluß einer Familie, ihre weitgespannten Beziehungen – also ihr soziales Kapital – zu erhöhen, gleichzeitig zielt sie darauf, daß alle diesen Machtzuwachs wahrnehmen, daß also das Prestige der Familie sich erhöht und damit der Heiratswert ihrer Töchter ansteigt und der Beziehungswert ihrer Söhne sich verbessert – in Bourdieuscher Sprache: das symbolische Kapital wird erhöht. Jede Strategie gewinnt ihren Sinn daraus, daß sie sich unterscheidet von anderen, ebenfalls möglichen Strategien. Mit einer prächtigen Hochzeit demonstriert die kabylische Familie zum einen, daß sie in der Lage war, bestimmte andere ebenfalls günstige Gelegenheiten auszuschlagen und just diese zu ergreifen; sie demonstriert aber auch, daß sie ihren Nachbarn überlegen ist, daß ihr symbolisches Kapital auf Kosten der Nachbarn angewachsen ist. Bourdieu resümiert später: „Die Strategie ist nicht etwa das Produkt der Einhaltung einer explizit gesetzten und eingehaltenen Norm, und auch nicht der durch ein unbewußtes ‚Modell' bewirkten Regulierung, sondern das Produkt einer Bewertung der Stellung der jeweiligen Gruppen zueinander."[12]

Damit sei verdeutlicht, wie der soziologische Konvertit mit seiner erstklassigen philosophischen Ausbildung in wenigen Jahren nicht nur sein Fach wechselte, sondern auch noch gezwungen wurde, im neuen Fach nach Lösungen für Probleme zu suchen, vor denen die kohärenteste Theorie seiner Gegenwart, nämlich der Strukturalismus Lévi-Straussianischer Prägung, weitgehend versagte. Wenn man also sagt, Bourdieu habe eine anti-intellektualistische Neigung und eine radikale Abneigung gegen abstrakte Theorien und Philosophien, weil er selber ein gescheiterter Philosoph ist, dann klingt das in Diskussionen sehr gut, weil forsch; es ist aber falsch. Bourdieus Mißtrauen gegen Modellbildungen, die nur ihrer eigenen Logik gehorchen, aber die Logik der Praxis nicht zu fassen kriegen, kommt biographisch vielmehr daher, daß er als treuer Lévi-Straussianer – auch Lévi-Strauss war ein ehemaliger Philosoph – verzweifelt versucht hatte, dessen Theorie mit höchstmöglicher Kohärenz in konkretesten Untersuchungen anzuwenden. Erst als dies scheiterte, und als Bourdieu eine Theorie der Praxis entwerfen mußte, weil philosophische Theorien mit der Logik der Praxis nichts zu tun haben, erst da setzt der anti-intellektualistische Impuls ein. Das richtet sich bei Bourdieu nicht gegen die Intellektuellen – im Gegenteil, denen weist er eine wichtige soziale Rolle zu –, sondern gegen alle Arten, auf scholastische Weise soziale Prozesse oder Phänomene erklären zu wollen.

Doch wir sind immer noch in Algerien und sehen Bourdieu zu, wie er forscht. Und er erleidet wieder eine Enttäuschung. Diesmal beim Gabentausch. Nach Lévi-Strauss besteht Kultur in Kommunikation, im verallgemeinerten Tausch – im Tausch der Frauen, der Gaben, der Worte und Zeichen. Im strukturalistischen Modell fordert jede Gabe eine Gegengabe; bleibt die Gegengabe aus, ist das strukturalistisch gesprochen ein Kommunikationsfehler, soziologisch gesprochen eine Normverletzung. Das Modell läßt nur zwei Möglichkeiten zu: richtige Kommunikation oder Kommunikationsfehler. Laut Modell sieht soziales Leben folgendermaßen aus:

Gabe → Gegengabe → Gegen-Gegengabe → usw.

Das Modell unterstellt, daß Zugzwang besteht; die Gegengabe muß mit absoluter Verbindlichkeit erfolgen. Diesen Zwangscharakter des Austausches bezweifelten schon in den fünfziger Jahren manche nichtstrukturalistische Anthropologen.

Bourdieu hat diesen Zugzwang bei den Kabylen überprüft und wesentliche Mankos in der strukturalistischen Theorie aufgedeckt: Sie berücksichtigt zwei Dinge nicht: a) die Zeit, b) die Problematik einer identischen Gegengabe.

Stellen Sie sich vor, Sie schenken jemandem einen Strauß mit 10 altrosa Nelken – und der Beschenkte läßt eine Stunde später bei Ihnen 10 altrosa Nelken von derselben Größe und von demselben Blumenladen vorbeischicken. Was bedeutet das? Es besteht kein Zweifel: Er hat postwendend ein identisches Gegengeschenk gemacht. Und das heißt, er hat Ihr Geschenk nicht angenommen. Hätte er eine Woche gewartet, Ihnen 9 Nelken oder 11 und von anderer Farbe zugeschickt, dann wäre sowohl an der Ungleichartigkeit der Gegengabe als auch an der verstrichenen Zeit für Sie eindeutig abzulesen, daß der Beschenkte das Geschenk erstens angenommen und daß er es zweitens erwidert hat.[13]

Das strukturalistische Modell kann den Unterschied nicht erfassen; und zwar deswegen nicht, weil es die strategische Dimension der Kommunikation außer acht läßt. Bourdieu kam zu folgendem Diagramm:

Gruppendruck:
→ kein Gegengeschenk
(Entehrung des Beschenkten)

Geschenk (Infragestellung → Gegengeschenk → ...
der Selbstachtung)

→ kein Gegengeschenk
(Verachtung des Schenkers)

Es kann also völlig entgegengesetzte Bedeutungen haben, wenn das Gegengeschenk ausbleibt: Der Beschenkte riskiert, daß er sein Ansehen und seine Ehre verliert, wenn er nicht imstande ist, ein Gegengeschenk zu machen; doch unter anderen Umständen kann der Beschenkte seine Überlegenheit über den Schenker ausdrükken, indem er das Gegengeschenk verweigert; er bekundet damit, daß er ihn verachtet. Das Ausbleiben des Gegengeschenks trägt also seine Bedeutung nicht in sich. Erst durch die Umstände wird erkennbar, ob dieses Ausbleiben soziale Schwäche bedeutet und dem Beschenkten schadet oder ob es soziale Stärke bedeutet und den Schenker verhöhnt. Maßgeblich für die Bedeutung ist der Gruppendruck: In den Augen der dörflichen oder lokalen Gemeinschaft wird allererst im ersten Fall eine Entehrung des Beschenkten, im zweiten Falle eine Demütigung des Schenkers sichtbar.

Analog dazu verhält sich die negative Kommunikation, der Gegenschlag und die Rache. Die strukturalistische Ethnologie hat früh versucht, diese negative Kommunikation als eine Variante des Gabentausches zu sehen:

Beleidigung/Übergriff → Gegenschlag → Gegen-Gegenschlag

Doch bei den Kabylen trifft das realiter nicht zu. Erstens kann der Stärkere, wenn er beleidigt wurde, sich weigern, die Herausforderung anzunehmen. Er muß nur öffentlich klarmachen, daß er dem Beleidiger unverhältnismäßig überlegen ist. Und daß diese Unverhältnismäßigkeit ihn entehren müßte, wenn er jetzt zurückschlüge. Das heißt im Klartext, er verweigert dem Beleidiger die Anerkennung als ein gleichwertiger Partner im sozialen Austausch. Auf diese Weise tut er kund, daß er ihn verachtet. Dadurch erleidet der schwächere Beleidiger einen Ehrverlust, obwohl der Gegenschlag ausgeblieben ist.

Zweitens kann sogar der beleidigte Schwächere merkwürdigerweise vermeiden, einen Gegenschlag zu führen, der ihn wahrscheinlich ins Unglück stürzen würde. Er muß nämlich mit demütigen Gesten versuchen, die Gemeinschaft davon zu überzeugen, daß die Beleidigung oder der Übergriff des Stärkeren ein extremes Unrecht darstellt, ein Unrecht auf allen Ebenen, der religiösen, der familiären, der nachbarschaftlichen usw., einen maßlosen, willkürlichen zu weit gehenden Akt gegen einen Schwächeren, der tendenziell die ganze Gemeinschaft bedroht. Gelingt ihm das, dann hat er den Beleidiger ins Unrecht gesetzt – nach der Regel: Wer einen Mann herausfordert, der unfähig ist, diese Herausforderung anzunehmen, der entehrt sich selbst. Gelingt ihm das nicht, dann muß er zurückschlagen, oder er erleidet einen massiven Ehrverlust.

Das Bourdieusche Schema sieht dann folgendermaßen aus:

	Gruppe	
stellt fest:	übt Druck aus:	
		→ kein Gegenschlag (Entehrung des Geschädigten)
		→ kein Gegenschlag (Beschämung des überlegenen Herausforderers)
Herausforderung →	Infragestellung der Selbstachtung	→ Gegenschlag → ...
		→ Verweigerung des Gegenschlags (Verachtung des Herausforderers)

Je nachdem, wie die Dorfgemeinschaft das Kräfteverhältnis zwischen den Antagonisten definiert, verändern sich deren Handlungsspielraum und deren Handlungsrisiken. Mit den Oppositionsketten der strukturalen Analyse sind diese Unterschiede überhaupt nicht zu erfassen. Diese Unterschiede sind aber für das soziale Leben im kabylischen Dorf entscheidend. An ihnen hingen Prestigegewinn und sozialer Sieg oder Prestigeverlust mit sozialer Niederlage, maßlosem Leid und umfassenden sozialen Nachteilen für die gesamte Familie.

4. Das Buch *Entwurf einer Theorie der Praxis* und die Entdeckung, daß es eine Logik der Praxis gibt

Die Logik der Praxis ist eine genuine Entdeckung Bourdieus.[14] Die Beobachtung, daß Praktiken eigene Logiken haben, die überhaupt nicht identisch sind mit den unterschiedlichen Diskursen, welche die Betroffenen über sich selbst führen, nötigt dazu, ein sehr weites Gebiet des sozialen Handelns zu erschließen, nämlich die Bedeutung des Impliziten, dessen, was die Akteure nicht aussprechen aber bei ihren Handlungen als gültig voraussetzen. Jegliche hermeneutisch verfahrende kulturwissenschaftliche Arbeit stößt hier an ihre Grenzen und produziert Irrtümer; denn sie hat für das Implizite keinen Platz.[15] Daher kann sie nicht umhin, das Unausgesprochene mit dem Ungedachten gleichzusetzen und dem stillen und praktischen Denken, das zu jeder vernünftigen Praxis gehört, den Status echten Denkens abzusprechen.

Dieser Sachverhalt ist eine bittere Angelegenheit für die Kulturwissenschaften. Denn aus ihm folgt, daß das hermeneutische Verstehen das größte Hindernis für Erkenntnis in der Ethnologie darstellt. Der Hermeneutiker glaubt entweder, was der Indigene ihm sagt, oder er glaubt, er könne aus dem Gesagten das Wahre erschließen. Wenn das nicht zutrifft und wenn die Praxis einer Logik folgt, die mit dem, was die Akteure denken, wenig zu tun hat, dann rutscht einem großen Teil der Mentalitätsgeschichte der Boden unter den Füßen weg. Und deswegen haben sich viele Mentalitätshistoriker schwergetan mit Bourdieu. Diejenigen Mentalitätshistoriker, die aus den Diskursen stabile Mentalitäten ableiten wollten, konnten das Axiom nicht akzeptieren, daß die Praxis eben eine eigene Logik befolgt. Wer hingegen Mentalitäten aus dem Verhalten ableitet, der hat mit Bourdieu überhaupt keine Schwierigkeiten, sondern findet ihn immer spannender. Freilich: Im Klartext heißt das, daß man den Begriff der Mentalität opfern muß, weil er zu ungenau ist und zuviel von dem zudeckt, was eigentlich aufzudecken wäre.[16]

Folgerichtig stellt Bourdieu den Begriff der Regel in Frage. Bittet man soziale Akteure, eine bestimmte soziale Handlung zu begründen, dann behelfen sie sich gerne mit dem Hinweis auf eine Regel; sie weichen gerne auf die Sprache der Grammatik, der Moral und des Rechts aus, um eine gesellschaftliche Praxis zu erklären. Doch diese Praxis richtet sich nach ganz anderen Grundsätzen; und die befragten Akteure verschließen die Augen davor, daß sie *in praxi* diese Grundsätze ganz exzellent beherrschen, weil man sie von Kindesbeinen an gelernt hat und sie für fraglos gegeben hält.[17] Das heißt: Wir verstehen die Logik der Praktiken nicht, weil wir den Begründungen glauben und nach Regeln suchen. Den Begriff der Regel bezeichnet Bourdieu folgerichtig als „Haupthindernis für die Konstruktion einer adäquaten Theorie der Praxis".[18] Und zwar deshalb, weil sie einen doppelten Platz besetzt: Sie soll einerseits die Praktiken steuern und damit der praktischen Matrix angehören, andererseits soll sie uns kognitiv Einblick verschaffen in die Kohärenz des Handelns und somit der theoretischen Matrix angehören. Erst wenn man einen solchen Begriff, der auf beiden Ebenen Erklärungskraft vortäuscht, vorbehaltlos opfert, erst dann wird der Weg frei, sich zu fragen, in welchem Verhältnis das theoretische Modell eigentlich zum praktischen Sinn der Handelnden steht. Den Begriff der Regel zurückzuweisen heißt allerdings nicht, daß auf den sozialen Handlungsfeldern alles ungeregelt abliefe. Bourdieu wehrt sich lediglich dagegen, den Regelbegriff so zu verwenden, als sei die Regel deckungsgleich mit einer ‚Norm'. All die ritualisierten Handlungen, welche auf den diversen sozialen Feldern dermaßen wichtig sind, daß von ihnen der soziale Erfolg oder der soziale Tod abhängen, sind sehr wohl ‚geregelt'. Doch gerade das, was als Norm gilt, steuert eben nicht das Handeln der Akteure. Entscheidend sei nicht die Regel, sagte Bourdieu einmal in einer Diskussion, sondern diejenige Regel, entlang welcher man die ‚Regeln' manipulieren darf oder nicht darf. Damit ist das Wichtigste gesagt: Die ‚Normen' selber werden ständig neu interpretiert, die Interpretationen sind ständig umstritten, sie widersprechen sich eklatant. Dennoch sind sie als gemeinsame umkämpfte Bezugspunkte nicht unwichtig: Sie bestimmen zwar das Handeln mitnichten, aber auf sie beruft man sich, wenn man einer Strategie gemäß handelt.

Was sich hier dargestellt findet, ist, wie Bourdieu mit den objektivistischen Theorien in den Kulturwissenschaften bricht, besonders mit dem Strukturalismus. Weggelassen ist, wie er sich abgrenzt von den subjektivistischen Ansätzen z.B. der Phänomenologie eines Alfred Schütz. Die Absage an beide Richtungen ist mit beeindruckender Radikalität formuliert in seinem 1972 erschienen Buch *Esquisse d'une théorie de la pratique précédée de trois études d'ethnologie kabyle* – deutsch: *Entwurf einer Theorie der Praxis, eingeleitet von drei ethnologischen Studien über die Kabylen.* Die deutsche Übersetzung von 1979 ist vergriffen und nicht wieder aufgelegt worden. Das besagt lediglich, daß das dicht geschriebene Buch nur auf einen kleinen Leserkreis rechnen durfte; es hat nicht viel zu bedeuten für die Rezeption der Bourdieuschen Soziologie. Alle grundlegenden Theoreme, fast alle maßgeblichen Kategorien der Bourdieuschen Soziologie finden sich im *Entwurf einer Theorie der Praxis* stringent ausformuliert. Die späteren Werke bauen allesamt auf den Grundlegungen dieses Buches auf. Auch wenn man das 1987 auf deutsch erschienene Werk *Sozialer Sinn. Kritik der theoretischen Vernunft* häufiger zitiert als die *Theorie der Praxis,* so bleibt doch nicht unbemerkt, daß weite Teile aus der *Theorie der Praxis* in umformulierter Weise im neuen Werk anwesend sind. Die leichten Veränderungen, die Bourdieu gelegentlich an seinen theoretischen Annahmen vornimmt, haben von der *Theorie der Praxis* eigentlich nicht weggeführt, sondern sie immer weiter vertieft. Insofern kann man sagen, daß das 1972 erschienene Werk nicht nur für den Wissenschaftler Bourdieu den Durchbruch auf internationaler und nationaler Ebene erbrachte, sondern daß dieses Buch der Ausgangspunkt und der maßgebliche Referenzpunkt seines gesamten Œuvres geblieben ist, selbst wenn die Rezeption vermittels anderer Werke vor sich ging. Wenn man sagt, es sei schwer zu lesen, dann ist zu berücksichtigen, daß Max Weber sich schwieriger liest. Und die Bourdieuschen Darstellungen schwelgen in Beispielen, die meisterhaft eingesetzt sind und mit faszinierender Plastizität dem Leser serielle Erleuchtungen verschaffen.

5. Grundbegriffe: *Habitus, Feld, Kapital*

Zu einigen Grundbegriffen der Soziologie von Pierre Bourdieu. Beginnen wir mit dem *Habitus*. Bestimmte Existenzbedingungen (die meist eine Klasse von Bedingungen darstellen) bringen für das Individuum bestimmte Konditionierungen mit sich. Diese Konditionierungen erzeugen Habitusformen. Der Habitus ist ein „inneres Gesetz", welches großenteils die Antwort ist auf die früh geübte Anpassung an äußere Zwänge.

Struktur:	Individuum:		
Klasse von Existenzbedingungen	→ Habitus (= System von Dispositionen)	→ Reaktionsmöglichkeiten auf Situationen	→ objektive Anpassung ans Feld

Habitusformen sind Systeme von Dispositionen, die dauerhaft und übertragbar sind, d.h. eine Disposition, die in der Schule erworben wurde, kann im Straßenverkehr sich aktualisieren. Insofern sie erworben sind, sind diese Dispositionen strukturierte Strukturen. Insofern sie aber die entscheidende Voraussetzung für unser Handeln sind, sind sie strukturierende Strukturen; unsere erworbenen Dispositionen strukturieren nämlich unsere Praktiken und auch unsere Vorstellungen. Sie sind Schemata für unsere Reaktionen auf soziale Situationen. Sie sind als Schemata von kreativer Qualität, denn sie erlauben, Praktiken und Vorstellungen zu erzeugen in konkreten Situationen. Sie sind also Erzeugungsschemata für Praktiken. Diese Praktiken und Vorstellungen können objektiv an ihr soziales Ziel angepaßt sein, ohne daß subjektiv diese Anpassung angestrebt würde, ohne daß Zwecke bewußt angestrebt würden.[19] Diese objektive Anpassung der Dispositionen an die vorgegebenen sozialen Ziele heißt, daß der Habitus angepaßt ist an das *soziale Feld*, auf dem er zum Einsatz kommt.

Der Habitus ist also ein System erworbener Dispositionen, er überdauert in der Gegenwart und perpetuiert sich, wenn nicht schwere biographische Umorientierungen erfolgen. Dieses System von Dispositionen ist die Basis für jene Kontinuität und Regelmäßigkeit, die wir im sozialen Leben beobachten. Insofern ist der Habitus dem Weberschen Begriff der *Lebensführung* sehr verwandt, doch er ist weitaus präziser und auch im Detail operationabler. „Da er ein erworbenes System von Erzeugungsschemata ist, können mit dem Habitus alle Gedanken, Wahrnehmungen und Handlungen, und nur diese frei hervorgebracht werden, die innerhalb der Grenzen der besonderen Bedingungen seiner eigenen Hervorbringung liegen."[20] Aus solchen Aussagen hat man einen sozialen Determinismus herauslesen wollen: Wenn die Struktur den Habitus erzeugt und dieser stabil ist, dann determiniert im Grunde die Struktur das Handeln; und dann reproduziert sich die Struktur durch das blinde Handeln der Menschen, die keine eigentliche Freiheit haben, und dann ist Bourdieu letztlich doch ein verkappter Strukturalist geblieben. Die Kritik trifft nicht: Bourdieu nimmt keinen Determinismus an, sondern er geht davon aus, daß die Dispositionen auf der einen Seite als Erzeugungsschemata von Praktiken situativ ganz überraschende Erfindungen zulassen, daß sie auf der anderen Seite allerdings habituelle Einschränkungen und Grenzen für spontane Kreationen mit sich bringen.[21] Und wer wollte das leugnen?

Die zweite zentrale Kategorie ist der Begriff des *Feldes*. Ein Feld ist ein soziales Handlungsgebiet mit einer spezifischen Struktur: Das *akademische Feld* ist völlig anders als das *ökonomische*, das *religiöse Feld* grundsätzlich verschieden vom *künstlerisch-literarischen Feld*. Will man sich auf einem Feld erfolgreich bewegen, dann braucht man die entsprechende *Kapital*sorte: Körperkapital nützt nichts auf dem akademischen Feld – wenn man von den Basketball-Mannschaften amerikanischer Colleges absieht. Kulturelles Kapital wie z.B. das Abitur nützt nichts auf dem Fußballplatz, auch wenn ein deutscher UEFA-Schiedsrichter den Doktortitel trägt.

Kapitalsorten:	= *Felder:*	*Habitusformen:*
– ökonomisches	= – Ökonomie	– entsprechend
– kulturelles	= – akadem./ universitär	
– leibliches	= – Sport	
usw.	= usw. –	

Wie kommt ein Künstler auf seinem Feld zum Erfolg? Und wie ein Hochschulassistent auf dem seinigen? Der eine braucht *symbolisches Kapital*, d.h. Prestige, Charisma, der andere kulturelles, also Zeugnisse, Diplome, Veröffentlichungen, und als Professor dann: Preise und Titel. Entscheidend ist, daß man in ein Feld hineinwächst. Hier kommt also der Habitus ins Spiel. Man lernt die Spielregeln eines Feldes desto besser, je früher man sich auf ihm bewegt. Damit eröffnet Bourdieu ein weiteres Thema, nämlich die Frage, auf welche Weise unter welchen familiären, materiellen und zeitlichen Bedingungen die Individuen die für die Teilnahme am Spiel unerläßlichen Kapitalsorten erwerben. Daß Aufsteiger sich anders benehmen als die oben Geborenen, ist ein uraltes Thema der Kulturgeschichte. Nicht zufällig; denn diese Andersheit wiegt außerordentlich schwer bei der Erzeugung sozialer Distinktion. Max Weber hat das Phänomen in seinen Überlegungen zur Kategorie der *Lebensführung* mehrmals gestreift. Doch erst die Soziologie Bourdieus macht aus ihm ein zentrales Anliegen der soziologischen Forschung. Das liegt daran, daß erst der ausdifferenzierte Habitusbegriff der Erwerbsweise einen genauen systematischen Ort einräumt, der stringent sowohl auf die Konstitution des Habitus als auch auf die Modalitäten der Distinktion bezogen ist.

Aber nicht nur die Zeit ist ein maßgeblicher Faktor beim Erwerb derjenigen Kapitalsorten, welche die Akteure zum Mitspielen benötigen, sondern auch der Grad des Engagements. Wer Kapital erwerben will, muß investieren. Der Begriff der *Investition* ist bei Bourdieu keine aus der Ökonomie entlehnte Metapher, er ist eine stringent bezogene Kategorie, innerhalb deren Reichweite die ökonomische Investition als eine genau bestimmbare Variante auftaucht.

Kapital, Feld und *Habitus* hängen zusammen über die *Investition*. Deutlicher: Ohne Investition welcher Art auch immer – sei es das enorm umfangreiche Training eines Tennisspielers oder Musikers, sei es das aufwendige Erlernen alter Sprachen in den *Classics* – kann kein Kapital gesammelt werden, welches man auf dem Feld einsetzen muß, auf dem man mitspielt.

Hier kommt der *Glaube* ins Spiel. Um zu investieren, muß man glauben. Man muß an den Sinn des Spiels glauben, an den Sinn des Erfolgs auf einem bestimmten Feld. Es gibt keine andere Soziologie, die in einem solchen Maße die Rolle des Glaubens für das soziale Handeln betont. Glaube bedeutet: Die Individuen auf einem bestimmten Feld sind zweifelsfrei davon überzeugt, daß dieses Feld das wichtigste des Lebens ist. Das Feld läßt sozusagen nur Spieler zu, die ganz unreflektiert die Grundvoraussetzungen des Feldes anerkennen, sie niemals in Frage stellen. Der Glaube an die selbstverständliche Gültigkeit der Werte eines Feldes ist somit die Eintrittsgebühr: „Mit den unzähligen Akten des Anerkennens, diesem Eintrittsgeld, ohne das man nicht dazu gehört, die ständig kollektive falsche Erkenntnis erzeugen, ohne die das Feld nicht funktioniert und die zugleich Ergebnis dieses Funktionierens sind, investiert man gleichzeitig in das kollektive Unternehmen der Bildung symbolischen Kapitals, das nur gelingen kann, wenn unerkannt bleibt, wie die Logik des Feldes überhaupt funktioniert."[22] Man wertet damit unentwegt dasjenige Feld auf, in dem man sich bewähren, behaupten und durchsetzen will. Wer sich selber über die Schulter schaut und neben sich steht, wer also im strengen Sinne reflektiert, der kann die angemessenen Verhaltensweisen nicht im erwarteten Tempo erzeugen und begeht zwangsläufig Kommunikationsfehler – so hätte Lévi-Strauss gesagt –, Bourdieu würde sagen, habituelle Fehler. Es ist also entscheidend für den sozialen Erfolg, daß die

Akteure nicht erkennen, wie die Logik des Feldes funktioniert, auf dem sie handeln.[23]

Es ist eine Bourdieusche Besonderheit, dem *Leib* eine ganz außerordentliche Aufmerksamkeit zu widmen. Kein anderer Soziologe vor ihm hatte ein solch präzises Instrumentarium und ein solches Sensorium, um die sublimen Markierungen zu bemerken, die das soziale Leben in der Hexis, in der Körperhaltung hinterläßt. Es darf nicht verwundern, daß der Glaube selber bei Bourdieu teilweise zu einem leiblichen Ereignis wird: „Der praktische Glaube ist kein ‚Gemütszustand' und noch weniger eine willentliche Anerkennung eines Korpus von Dogmen und gestifteten Lehren […], sondern […] ein Zustand des Leibes."[24] Der „praktische Sinn", von dem Bourdieu oft spricht, ist nichts anderes als der Umstand, daß dieser Glaube das Individuum total gefangennimmt. Nur total gefangen, spielt man das Spiel wirklich gut.[25]

Dieser Umstand hat forschungsaxiomatische Konsequenzen für den Wissenschaftler, der soziale Akteure beobachtet und ihr Handeln erklären will. Ein Grundproblem etwa für den Ethnologen: Er kann genau diesen Glauben der von ihm beobachteten Akteure nicht verstehen; er kann ihn dann und nur dann nachvollziehen, insofern es ihm gelingt, die Zwänge des Feldes nachzuzeichnen, auf denen seine indigenen Informanten agieren. Der Ethnologe will die Heiratsregeln der von ihm untersuchten Ethnie nicht deswegen untersuchen, weil er beabsichtigt, eine Einheimische zu heiraten, sondern weil er an seiner Heimatuniversität eine Habilitation im Fach Ethnologie fertigstellen will, um Professor zu werden; und dazu plant er in Fristen, die ihm die akademischen Zwänge setzen. Demgegenüber will beispielsweise der Kabyle seine Tochter verheiraten, mit sozialem Gewinn und auf ehrenhafte Weise, wozu ihm nur wenige Jahre Frist bleiben. Die beiden Glaubensformen schließen einander radikal aus; und das hat direkte Konsequenzen für die Forschungspraxis: „Einen Glauben, der mit Existenzbedingungen, die von den eigenen grundverschieden sind, d.h. mit ganz anderen Spielen und Einsätzen zusammenhängt, kann man nicht wirklich leben und noch weniger andere allein durch den Diskurs nacherleben lassen."[26] Daher konnte Bourdieu auf der einen Seite nachhaltig nach einer „Theorie der Bedeutung des Eingeborenseins" verlangen; und doch war er auf der anderen Seite nie anfällig für die Verlockungen der Hermeneutik; scharf hat er sich abgesetzt von den diversen Theorien des Verstehens eines Dilthey oder Husserl.[27]

So entscheidend der Glaube an die Sinnhaftigkeit der Investitionen auf dem jeweiligen sozialen Feld ist, die Genesis des Glaubens wird vergessen, genauso wie man die Genesis des eigenen Habitus vergißt. Beide Vergessensweisen gehören zusammen. Dieses Vergessen gibt der Körperhaltung den Anschein, sie sei von Natur aus elegant, plump, distinguiert, abweisend usw. Und dieses Vergessen macht den modischen oder kulinarischen oder musikalischen Geschmack zu jenem scheinbar individuellen Vermögen, das nicht mehr hinterfragbar ist, ein Vermögen, das wie ein fertiges Ding erscheint, ein Naturding, welches Kant in seiner *Kritik der Urteilskraft* dann als anthropologische Gegegebenheit analysieren konnte.[28]

Bourdieus Soziologie des Geschmacks ist eine radikale Absage an dieses Vergessen, an das Vergessen der sozialen Konstitutionsbedingungen eines scheinbar individuellen Vermögens. Daher ist sein in Deutschland meistgelesenes Buch *Die feinen Unterschiede* mit dem Untertitel *Soziale Kritik der Urteilskraft* versehen – eine deutliche Anspielung an Kant. Philosophisch macht das ausgezeichnet Sinn. Denn so wie Kant die transzendentalen Bedingungen analysierte – also Bedingungen für Möglichkeit von Erkenntnis und Wahrnehmung –, so analysiert Bourdieu diese scheinbar transzendentalen Bedingungen als geronnene soziale Phänomene, als Verdinglichungen, die wir erst erklären können, wenn der Kulturwissenschaftler den enormen sozialen Prozeß des Vergessens rückgängig macht, wenn er die Bedingungen der Sozialisation in die Erinnerung zurückruft – also Anamnesis betreibt –, wenn er das, was als natürliches Ding erscheint, auflöst in den Prozeß seines Werdens, wenn er das Ding als Resultat eines Prozesses behandelt. Adorno sagte einmal: „Alle Verdinglichung ist ein Vergessen". Diese Sentenz könnte man über den Eingang schreiben, welcher in die innersten Räume der Bourdieuschen Soziologie führt. Bourdieu dekonstruiert unentwegt die elementaren Erfahrungen des Alltags selber, unsere Wahrnehmungen, unsere Vorstellungen und die Logik unserer Praktiken, indem er die Selbstverständlichkeiten und die zur Natur gewordenen Annahmen auflöst in Prozesse und Dynamiken.

So gesehen hat Bourdieu die radikalste Dekonstruktion aller klassischen philosophischen Ästhetik betrieben. Auf beunruhigende Weise zeigt er an der Genese des Geschmacks als eines sozialen Phänomens, wie jegliche Ästhetik immer ein Ethos impliziert.[29] Es war ein angekündigter Hammerschlag, als Bourdieu in seinem Buch über *Heideggers politische Ontologie* nachwies, daß Heideggers Wirkung zum großen Teil sich einer spezifischen Performanz des Philosophen verdankte: Der NS-Philosoph beeindruckte seine Gegenüber mit einem radikalisierten philosophischen Habitus. Bourdieu besteht darauf, daß Heidegger fast keinen einzigen originellen Gedanken hatte, jedoch über ein enorm entwickeltes habituelles Vermögen verfügte, was andere – allzumeist von der revolutionären Rechten – gesagt hatten, in eine komprimierte und stringente philosophische Sprache zu übersetzen.[30]

Um so an die sozialen und kulturellen Phänomene heranzugehen, ist ein radikales Denken in Relationen vonnöten. Überall, wo wir fertige Substanzen vor uns zu haben glauben, beweist uns Bourdieu, daß es gar keine Substanzen gibt, keine fertigen Dinge, sondern daß Relationen diese Dinge konstituieren, und daß sie 1) nur so lange sind, was sie zu sein scheinen, wie sie in bestimmten Relationen verharren; verändern sich die Konstellationen und damit auch die Relationen, dann verändern sich auch die Dinge; und daß die Dinge 2) die Resultate von vergessenen oder außer acht gelassenen relationalen Konstitutionsbedingungen sind.[31] Der Geschmack ist erworben, obwohl er als das Allernatürlichste erscheint, und die Habilitation ist ein Akt der sozialen Selektion und der Kooptation, auch wenn wir meinen, sie sei unsere genuine Leistung. Das Bourdieusche Programm ist also ein Kampf gegen die unentwegte Verdinglichung, die das soziale Leben mit sich bringt, ja ohne die das soziale Leben auch gar nicht funktionieren könnte.

Und das ist sehr schwer. Denn unsere Alltagserfahrungen sperren sich mit Vehemenz gegen die wissenschaftliche Dekonstruktion unserer glaubensmäßigen Gewißheiten, unserer Münzen, mit denen wir in der Kommunikation unsere Einsätze liefern. Bourdieu hat also in einem ikonoklastischen Ausmaß mit der Philosophie gebrochen. Kein anderer Soziologe – nicht einmal Georg Simmel – hat so wie Bourdieu genuin philosophische Domänen angegriffen, sie dekonstruiert und ihre soziale Konstituiertheit aufgewiesen.

6. Bourdieu und das Sprechen

Die Wirkung der Bourdieuschen Theorie ist immens, und sie verstärkt sich weiter. Man kann das sehr schön sehen in den Debatten um den Dekonstruktionismus. Als noch vor wenigen Jahren der Satz „Alles ist Text" unwiderstehlich alle Diskussionen in den Kulturwissenschaften plattwalzte; und wo man mit der apodiktischen Verkündigung „Alles ist von der Sprache bestimmt" jeden beliebigen Widersacher in demütige Ehrfurcht versetzte, da ist Bourdieu einer der entschiedensten Gegner dieser scholastischen Illusion geblieben. Es ist nicht zufällig, daß die besten Kritiker des *linguistic turn,* etwa der französische Kulturhistoriker Roger Chartier, in ihren Argumentationen immer Bourdieu zitieren, wenn die Kritik fundamental wird, bei Chartier kann man geradezu die Fußnoten darauf hin durchzählen.

Hätte nicht Clifford Geertz den vielzitierten Balinesischen Hahnenkampf untersucht, sondern Pierre Bourdieu, dann hätten wir keinen groben Holzschnitt, sondern ein vielschichtiges und farbiges Relief; denn Geertz wollte den Hahnenkampf lesen, wie man einen Text liest, wohingegen Bourdieu das Ritual einer praxeologischen Analyse unterzogen und die unterschiedlichen Strategien der Beteiligten, die Manipulationen und ihre Grenzen aufgezeigt hätte, ohne sich täuschen zu lassen von der intrikaten Verweisung der zeichenhaften Elemente aufeinander.[32]

Pierre Bourdieu hat die Sache geradezu umgedreht: Nicht Sprache ist wichtig, sondern das Sprechen. Sprechen ist aber radikal performativ, auf soziale Handlungen und soziale Kontexte ausgerichtet.[33] Es ist in äußerster Weise sozial determiniert. Wenn das Sprechen aber dermaßen starken Determinierungen unterliegt, dann kann die Sprache selber kein wichtiger Faktor der Konstruktion von Realität sein.

Bourdieu hat sich ausgiebig mit dem Sprechen beschäftigt; und seine operationale Kategorie ist der Sprechstil.[34] Sprachgemeinschaften sind nur solche, weil in ihnen eine große Variation an Sprechstilen existiert. Diese Sprechstile sind mitnichten gleichrangig. Die soziale Hierarchie und das kulturelle Kapital bestimmen im vorhinein, noch bevor die Sprecher den Mund aufgetan haben, welchen Platz ihr Sprechstil einnimmt, wie hoch der Distinktionswert der überlegenen Sprechstile ist. Sprechen heißt mitnichten, die Regeln einer Sprache nachzuvollziehen. Die Saussuresche Sprache ist eine scholastische Illusion; weder kommt ihr die Würde einer transzendentalen Struktur zu, nämlich als *langue*, noch kommt ihr praktische Bedeutung zu als *parole*. Sprechen heißt etwas ganz anderes und viel mehr.

Bourdieu hat die Konsequenz nicht gezogen; aber man könnte sie aus seinem Werk ziehen – vor allem aus *Language and Symbolic Power*, nämlich folgende: Die französische Sprache existiert gar nicht. Was existiert, ist lediglich ein Ensemble von Sprechstilen, die innerhalb eines bestimmten Rahmens noch Anspruch darauf erheben können, von fast allen Gruppen verstanden zu werden (und am Rande bröckelt es). Die französische Sprache existiert nur in den Köpfen der Grammatiker und in deren Regelwerken. Daß diese normierte Sprache in den akustischen Medien, in den Zeitungen, auf der Bühne und in der Literatur dominiert, ist ein Machteffekt kultureller Apparate. Wenn diese kulturellen Apparate sich einschneidend verändern, dann bricht die Dominanz der offiziellen französischen Hochsprache sofort zusammen.

Sprechen ist bei Bourdieu auf grundsätzliche Weise keine geistige Tätigkeit; es ist eine *Performanz des Leibes*. Gutes Sprechen ist durch Training erworbene leibliche Artikulation. Die Beherrschung der Sprache hat in radikaler Weise nichts zu tun mit dem Sprechen. Jeder im akademischen Milieu Tätige, der viel schreibt, kann das nachprüfen und wird es bestätigen: Die Worte, die so mühelos aus der Tastatur in den Monitor fließen, die auf dem Bildschirm sich so wundervoll zu Konfigurationen zusammenscharen, mit erstaunlicher Präzision und Aussagekraft, diese Worte stellen sich mitnichten ein, wenn man den Mund auftut. Diese Erfahrung machen wir zwar häufig, aber erst wenn wir diese Erfahrung zum Gegenstand einer systematischen Reflexion machen, wird plötzlich einleuchtend, was Bourdieu behauptet.

7. Kritiken

Es lohnt heute kaum mehr, sich auseinanderzusetzen mit dem früher häufiger anzutreffenden Einwand gegen Bourdieu, sein Habitusbegriff öffne einem sozialen Determinismus alle Bahnen.

Der Habitus ist situationell kreativ.[35] Der Vorwurf beruht einerseits auf einer Unkenntnis der Bourdieuschen Texte, andererseits auf der Annahme, daß sozialer Wandel sich einzig der Kreativität der Akteure verdanke. Doch das ist ein Mythos. Keine Gesellschaft hat es je geschafft und kann es je schaffen, sich identisch zu reproduzieren; denn unentwegt verschieben sich die Relationen zwischen den sozialen Feldern und die Kräfteverhältnisse zwischen den involvierten Gruppen. Die Akteure können gar nicht anders, als dauernd Neues zu schaffen: Selbst wenn sie sich am Alten starrsinnig festklammerten und unentwegt Identisches zu wiederholen sich bemühten, erfolgte diese identische Wiederholung jedesmal unter veränderten Bedingungen, weswegen sie – auch gegen ihren Willen und selbst gegen ihre Wahrnehmung – gar nicht wiederholen können. Das Problem ist nicht, wie sozialer Wandel – samt Kreativität und Veränderung – zu erklären sei. Denn der findet unablässig und spontan statt. Das Problem ist vielmehr, wie es Gesellschaften überhaupt gelingt, sich zu reproduzieren. Das Problem ist das Wunder der Stabilität. Das bedeutet, daß im Rahmen der Bourdieuschen Theorie das Wort ‚Kontinuität' jeglichen Sinn verliert. Es gibt sie nirgendwo. Entscheidend sind vielmehr die Kategorie der Reproduktion und die mit ihr verbundenen Fragen: Wie reproduzieren sich Felder, Kapitalsorten, Familien, soziale Gruppen und Kräfteverhältnisse?

Einleuchtender erscheint eine Kritik an den axiomatischen Voraussetzungen des Habitusbegriffes: Er enthalte eine Sozialisationstheorie, welche unterstellt, es gebe Bündel von Konditionierungsbedingungen, die sich in Klassen zusammenfassen ließen und die zwangsläufig der Primärsozialisation ein übergroßes Gewicht verliehen. Doch diese Sozialisationstheorie bleibe rudimentär; denn Bourdieu untersuche die Familie nicht, welcher jedoch die Primärsozialisation zukomme. Die Frage ist freilich, ob Bourdieu eigens noch familiensoziologische Forschungen betreiben muß, wenn er durch umfassende bildungssoziologische Untersuchungen nachweisen kann, daß die Klassenlage der Herkunftsfamilien in direktem Zusammenhang steht mit denjenigen schulischen Lerndispositionen, die über Erfolg oder Mißerfolg den Ausschlag geben. Ob der Familie für die Primärsozialisiation in Zukunft noch jene beträchtliche Rolle zukommt, die sie bis in die jüngste Vergangenheit spielte, ist eine Frage, die sich Bourdieu selber gestellt hat und auf die er sehr undogmatisch antwortet. Primärsozialisation muß nicht zwangsläufig kongruent sein mit familiärer Sozialisation. Ferner ist die Prävalenz der Primärsozialisation bei Bourdieu nicht deterministisch zu verstehen: entscheidend sind nicht die erworbenen Dispositionen an sich, sondern die Disposition zum Erwerb von Dispositionen; und genau die kann schon sehr früh massiv eingeschränkt sein. Wenn man dieses Phänomen nicht charakterologisch erklären, sondern als soziales behandelt sehen will, sieht man sich zurückverwiesen auf die Kategorie der Primärsozialisation, was immer sie auch im konkreten Falle beinhalten mag.

Kritik wurde auch angemeldet gegen die Annahme eines einheitlichen, die ganze Person beherrschenden Habitus: Vielmehr sei festzustellen, daß die sozialen Akteure sich – je nach den Umständen – nicht nur auf einem einzigen, sondern auf unterschiedlichen Feldern bewegten, zwischen denen keinerlei Homologie bestehe. Folglich verhielten sie sich sehr unterschiedlich, je nachdem, auf welchem Gebiet sie sich gerade aufhielten; und daher müßte man postulieren, daß die Akteure über mehrere Habitus verfügten. Auf den ersten Blick scheint diese Kritik vielversprechend. Doch sie unterstellt eine Fragmentierung der sozialen Akteure, die nur dann plausibel scheint, wenn man die Akteure sehr oberflächlich überblickt. Die Akteure engagieren sich nämlich auf den unterschiedlichen Handlungsgebieten – Beruf, Familie, Liebe, Verein, Hobby – in aller Regel sehr ungleichmäßig. Je mikrosoziologischer, je genauer man hinsieht, desto mehr ist zu erkennen, daß die Akteure auf denjenigen Gebieten sozialen Handelns, in welchem sie wenig Erfolg haben und sich kaum soziale Anerkennung erwerben können, in den allermeisten Fällen ihre Investitionen vermindern; sie desengagieren sich, um ihr Engagement auf demjenigen Handlungsgebiet zu erhöhen, auf dem sie Gewinne machen. Die Romane von Flaubert, Dostojewski, Proust und Musil bieten uns weitaus tiefere Einsichten in diesen Sachverhalt als makrosoziologische Impressionen; und auf solche stützt sich die Fragmentierungstheorie. Diese ist vielleicht doch bloß eine Neuauflage der alten Rollentheorie unter neuem Namen, und sie leidet wohl deswegen unter denselben Nachteilen. Denn es war just Bourdieus Habituskonzept, welches sich der Rollentheorie überlegen gezeigt hat.

Eine neue Entwicklung des Habituskonzepts hat sich insofern ergeben, als Bourdieu inzwischen annimmt, daß es im Grenzfall möglich ist, einen Habitus zu haben, der darin besteht, keinen Habitus zu haben.[36] Das, darauf besteht er, ist kein Paradoxon, sondern ein Grenzfall; und er hat in Untersuchungen festgestellt, daß dieser Grenzfall unter Jugendlichen der Postpop- und der Rap-Szene sehr häufig ist, so daß man versucht ist, von einem Stil zu sprechen. Ob dieser Habitus, keinen Habitus zu haben, ein Phänomen einer spezifischen Jugendkultur ist und somit ein biographisches Zwischenspiel, ist noch keine ausgemachte Sache und muß vorläufig offen bleiben.

Schwierig ist es, den Einwand zu entkräften, Bourdieu erhebe den Soziologen zu einer Inkarnation selbstreflexiven Wissens. In der Tat nimmt Bourdieu an, daß die sozialen Beziehungen zu jeder Zeit transparent gemacht werden können, daß der Grund, auf dem wir selber stehen, uns nicht durch unsere Füße verdeckt ist, sondern sehr weitgehend ausleuchtbar, sofern wir in der Lage sind, bei absoluter Ehrlichkeit und bei umfassender Beherrschung des theoretischen Instrumentariums uns Rechenschaft abzugeben über die Struktur des Feldes, auf welchem wir uns engagieren, über unseren Glauben an die Werte und Gewinne auf diesem Feld, über unsere Strategien und über unsere Motive, diese oder jene Strategie zu bevorzugen. Eine solche Selbstreflexion ist keine philosophische, sondern eine soziologische.[37] Bourdieu nimmt an, daß die Soziologie auf ihrem jetzigen Stand über die kognitiven Instrumentarien verfüge, eine solche Objektivierung der Objektivierung zu leisten. Vielleicht hat er recht.

KONRAD OTT

Jürgen Habermas:
Theorie des kommunikativen Handelns (1981)

1. Einleitung

Als die *Theorie des kommunikativen Handelns* erschien,[1] war die erste Auflage binnen weniger Wochen verkauft. Innerhalb weniger Jahre fand eine intensive Diskussion statt, die Ende der achtziger Jahre abflaute.[2] Die *Entgegnung* (1984) von Jürgen Habermas an seine Kritiker enthält wichtige Äußerungen über neuralgische Punkte der TkH. Ich rechne diese Entgegnung ebenso zum Textkorpus wie die 1984 publizierten *Vorstudien und Ergänzungen zur Theorie des kommunikativen Handelns*.[3] Zum näheren Kontext der TkH zählen auch die moraltheoretischen Schriften, die in dem Band *Moralbewußtsein und kommunikatives Handeln* (1983) versammelt sind, sowie Habermas' Buch über den *Philosophischen Diskurs der Moderne* (1985).

Auf der Ebene, auf der die TkH ansetzt, werden unterschiedliche Theorien wie Teile eines Puzzles zusammengesetzt. Die TkH ist eine Theorie, die andere Theorien produktiv zu verarbeiten beansprucht: Rationalitäts-, Sprechakt-, Handlungs-, Wissenschafts- und Modernitätstheorie. Dabei werden dem Leser unterschiedliche methodische Zugänge und Perspektivenwechsel zugemutet. Unterscheidungen werden häufig in Gitterkästen schematisiert. Hinzu kommen methodologische Reflexionen, die sich in Regiebemerkungen niederschlagen und als Wegweiser im Labyrinth der TkH fungieren.

Drei zentrale Themen*komplexe* hebt Habermas zu Beginn der TkH heraus, die miteinander „verschränkt" seien.[4] Diese betreffen a) den Begriff der kommunikativen Rationalität, b) ein zweistufiges Konzept der Gesellschaft, das die „Paradigmen" Lebenswelt und System verknüpft,[5] sowie c) eine Theorie der Moderne. Diese drei Themenkomplexe werden hauptsächlich in der *„Einleitung"*, zwei sog. *„Zwischenbetrachtungen"* sowie in der *„Schlußbetrachtung"* behandelt. Ich werde nach der Einführung einiger Grundunterscheidungen und Hinweisen zur Methodik (2) bei der Rationalitätsthematik (3) sowie der Theorie der Moderne und den ihr zugehörigen wissenschaftstheoretischen Reflexionen ansetzen (4), mich dann dem Verhältnis zwischen System und Lebenswelt sowie dem Theorem der „Kolonialisierung der Lebenswelt" zuwenden (5) und zuletzt die zentrale These behandeln, Verständigung wohne „als Telos" der menschlichen Rede inne (6).

2. Erste Annäherung, Unterscheidungen, Methodik

Die TkH ist eine Kombination aus Sprachphilosophie und Gesellschaftstheorie. Die begrifflich-philosophischen Explikationen werden mit inhaltlich-soziologischen Fragestellungen verknüpft. Für Habermas kommt es darauf an, über die Begriffsklärungen die substantiellen Fragen der Gesellschaftstheorie nicht aus den Augen zu verlieren und eine „Ebene der Darstellung"[6] zu finden, auf der Philosophie und Soziologie sich begegnen können.

„Die Theorie kommunikativen Handelns zielt [...] auf jenes Moment von Unbedingtheit, welches mit den kritisierbaren Geltungsansprüchen in die Bedingungen der Konsensbildungsprozesse eingebaut ist."[7] Dieses „Moment von Unbedingtheit" sieht Habermas in der Praxis des Gründe-Gebens für ernsthaft erhobene *Geltungsansprüche* sowie den regelförmigen Präsuppositionen dieser Praxis. Die TkH will *in ihrer sprachphilosophischen Dimension* den Sinn einer spezifisch menschlichen Praxis freilegen. Dies verlangt es, den begrifflichen und konzeptionellen Zusammenhang zwischen kommunikativem Handeln als einem Handlungstypus, der universellen Geltungsbasis der Rede, einem Gerüst formaler Weltbezüge, der Lebenswelt als hintergründiger Ressource, der Diskursidee und der Konsensausrichtung der Argumentation zu rekonstruieren. Diese Aufgaben lassen sich mit dem titelartigen Begriff einer „Universalpragmatik" überschreiben. Die TkH entfaltet insofern *rekonstruktiv* das Gefüge von Präsuppositionen, das im Gebrauch verständigungsorientierter Rede implizit enthalten ist, und beansprucht, dabei eine kulturübergreifende Geltungsbasis solcher Rede aufzudecken.

Die TkH ist zugleich eine *Gesellschaftstheorie.* „Die Theorie kommunikativen Handelns ist keine Metatheorie, sondern der

Anfang einer Gesellschaftstheorie, die sich bemüht, ihre kritischen Maßstäbe auszuweisen."[8] Dieser Satz stellt die TkH in die Tradition der Kritischen Theorie der Gesellschaft, wie sie Max Horkheimer in den dreißiger Jahren entworfen hatte.[9] Habermas geht, ähnlich wie Horkheimer, von der Frage aus, wie eine kritische Theorie der modernen Gesellschaft möglich sein könnte. Die TkH zielt daher *in ihrer gesellschaftstheoretischen Dimension* auf eine „Konzeptualisierung des gesellschaftlichen Lebenszusammenhangs, die auf die Paradoxien der Moderne zugeschnitten ist".[10] Dies setzt voraus, daß es derartige Paradoxien ‚gibt', daß man sie identifizieren und die normativen Maßstäbe ihrer Kritik begründen kann. Eine kritische Theorie ermöglicht nicht-beliebige Beurteilungen dessen, was im Gegenstandsbereich der Theorie liegt. Diese Beurteilungen dürfen nicht arbiträr an den Gegenstand ‚von außen' herangetragen werden; dieses Motiv verbindet die TkH mit der Hegelschen Idee immanenter Kritik.

Zur Unterscheidungspraxis

Habermas unterscheidet zwischen a) Handlungstypen, b) Rationalitätsformen und c) Geltungsansprüchen der Rede. Der Handlungsbegriff seinerseits untergliedert sich typologisch in *erfolgsorientierte* (strategische oder instrumentelle), *normenregulierte, expressiv-dramaturgische* und *sprachlich-kommunikative* Handlungsweisen; der Rationalitätsbegriff wird in *instrumentelle, strategische* und *kommunikative* Rationalität untergliedert; die Geltungsansprüche der Rede unterscheiden sich nach *Verständlichkeit, Wahrheit, Richtigkeit und Wahrhaftigkeit*.[11] Definiert wird kommunikatives Handeln als eine intersubjektive Koordinationsleistung, die sich auf Handlungen, Situationsdeutungen und dergleichen bezieht und durch Akte vorbehaltloser Verständigungsbemühungen erfolgt. Im kommunikativen Handeln ist man nicht primär am je eigenen Erfolg, sondern an der Herstellung oder der Erneuerung von Einverständnis über etwas mit anderen interessiert. Einverständnis ist idealiter eine rational motivierte Zustimmung aufgrund von gemeinsam geteilten Gründen.[12] Gründe sind *ipso facto* nichts Privates, sondern intern auf (allgemeine) intersubjektive Anerkennung ausgerichtet. Im Begriff des Arguments ist für Habermas eine Konsens*ausrichtung* sprachpragmatisch impliziert.[13] Aus diesen Unterscheidungen ergibt sich ein System von perspektivischen Verweisungen.

Der Begriff der Rekonstruktion

Man kann Habermas zufolge *entweder* eine strategische *oder* eine verständigungsorientierte Grundeinstellung einnehmen. Die Erfolgsorientierung bei der Manipulation von Dingen einer widerständigen äußeren Realität (instrumentelle Rationalität) oder in bezug auf andere Personen als eigenwilligen, aber beeinflußbaren Gegenspielern (strategische Rationalität) und die Bemühung um sprachliche Verständigung sind *aus der Binnenperspektive eines Akteurs* im Normalfall deutlich zu unterscheiden. Wir wissen intuitiv recht genau, ob wir einen anderen als Gegenspieler oder als Kommunikationspartner behandeln, d.h. ob wir ihn überreden oder überzeugen wollen. Wir wissen auch intuitiv, wann und warum wir ‚umschalten' (etwa vom Argumentieren auf Schmeicheln, Suggerieren, Verhandeln oder Drohen). Zentral für diese Ansicht ist die Unterscheidung von *Teilnehmer-* und *Beobachterperspektive*. Wer diese nicht beachtet, kann Einwände des Typs geltend machen, daß man in vielen Fällen aus der Beobachterperspektive nicht eindeutig sagen könne, ob jemand gegenüber anderen strategisch oder kommunikativ handelt. Solche Einwände verwechseln jedoch Teilnehmer- und die Beobachterperspektive.

Ein Charakteristikum der TkH ist es, eine Theorie von Teilnehmerwissen zu sein. Die zentralen Thesen zur Kommunikationstheorie sowie die Begriffe der Formal- bzw. Universalpragmatik und der Lebenswelt werden *aus der Teilnehmerperspektive* eingeführt. Der methodisch zentrale Begriff der *Rekonstruktion* bezieht sich auf die Aufdeckung der Präsuppositionen einer ausgeübten und insofern ‚beherrschten' oder ‚gekonnten' Praxis. Derartige Rekonstruktionen sind nicht mit hermeneutischen Deutungen zu verwechseln; man eignet sich nicht fremden Sinn verstehend an, sondern eigene *Kompetenzen*, die man gleichwohl mit anderen teilt. Rekonstruktionen gehen von einer intersubjektiv geteilten Praxis aus, deren Ausübung Kompetenzen erfordert, womöglich unter impliziten Regeln steht, sich an Zielen orientiert usw. Sie beziehen sich im Falle der TkH auf all dasjenige, was unterstellt (präsupponiert) werden muß, damit die kommunikative oder die diskursive Redepraxis durchgeführt werden bzw. gelingen kann. Es handelt sich also um Präsuppositionsanalysen, durch die vortheoretisches Wissen expliziert werden soll. Rekonstruktionen stehen der Kantischen Idee einer Reflexion auf Bedingungen der Möglichkeit nahe, sind für Habermas jedoch nur fallible Explikationshypothesen.[14] Die rekonstruktive Explikation des Begriffs kommunikativen Handelns soll sich „arbeitsteilig in die Kooperation mit anderen rekonstruktiven Wissenschaften" einfügen.[15] Auch die Diskursethik, die eine aus der TkH gewonnene Spezialtheorie darstellt, versteht Habermas als eine rekonstruktive Wissenschaft.[16] Wer rekonstruktive Wissenschaften generell ablehnt, wird zentralen Passagen der TkH wenig abgewinnen können. (Man müßte dann jedoch auch die Transzendentalphilosophie ablehnen.) Die rekonstruktive Methode lebt von der Voraussetzung, daß sich Teilnehmer über den Sinn dessen, was sie tun, nicht grundsätzlich im Irrtum befinden (können). Ohne ein gewisses „Grundvertrauen" in Teilnehmerwissen kommt die TkH methodisch also nicht aus.

Kommunikatives Handeln und Diskurs

Die TkH vertritt ein zweistufiges Konzept der Rede. Einfaches kommunikatives Handeln und Diskurse werden unterschieden. Diskurse sind Fortsetzungen kommunikativen Handelns mit argumentativen Mitteln.[17] Diskurse sind unwahrscheinliche Formen kommunikativen Handelns, die gleichwohl in einfachen Redehandlungen *der Möglichkeit nach* immanent angelegt sind. Zu Diskursen kommt es, wenn die in kommunikativen Redehandlungen enthaltenen Geltungsansprüche isoliert und *als solche* problematisiert werden. Insofern steht die Möglichkeit, zu argumentieren, prinzipiell immer offen, sie wird aber längst nicht immer genutzt. Wenn in einfacher Konversation ein implizit erhobener Geltungsanspruch problematisch zu werden beginnt, kann man auf unverfängliche Themen ausweichen, das Gespräch abbrechen oder mit dem Argumentieren beginnen. Es besteht keine moralische Pflicht, immer argumentieren zu sollen.

Im kommunikativen Handeln erhebt man meist mehrere Geltungsansprüche zugleich. Etwa: „Ich verabscheue ihn, seit ich weiß, daß er seine Kinder prügelt." Durch Nachfragen, Erwiderung und Nein-Stellungnahme läßt sich ein bestimmter Geltungsanspruch herausheben: Ist der Abscheu aufrichtig? Woher weißt du, daß er seine Kinder prügelt? Ab wann ist eine körperliche Züchtigung eine „Prügel"? Warum soll man Kinder nicht prügeln? In jeder möglichen Nachfrage thematisiert man einen spezifischen Geltungsanspruch. Dies ist ein erster Schritt auf dem Weg zur Argumentation.

Möglichkeiten des Übergangs zu Formen der Argumentation lassen sich am vereinfachten Modell der Rede zwischen zwei Personen erläutern; reale Diskurse selbst sind komplexe Geflechte von thematisch zentrierten Gesprächen mit wechselnden Teilnehmerkreisen auf unterschiedlichen Foren über einen längeren Zeitraum hinweg, wobei sich auf einer höheren Abstraktionsebene Argumente von Personen, die sie formulieren, loslösen. Dadurch bilden sich Argumentationsräume und -lagen heraus. Diskurse sind, wie Habermas sagt, von Überschwemmungen bedrohte Inseln im Meer alltäglicher kommunikativer Praxis, die „Störungen" im Einverständnis, also Dissense voraussetzen. Das Argumentieren ist eine von mehreren Möglichkeiten, Dissense zu bearbeiten. Die Diskursidee wird in der TkH aus der Teilnehmerperspektive eines Akteurs eingeführt, der darauf reflektiert, welche Bedingungen er als hinlänglich erfüllt unterstellen muß, damit die Praxis, auf die er sich einlassen möchte, überhaupt gelingen kann. Dies unterscheidet die TkH von Diskurstheorien, die reale Diskurse aus der Beobachterperspektive (historisch oder soziologisch) erforschen wollen.

Von Diskursen möchte Habermas in der TkH nur sprechen, wenn der Sinn des fraglichen Geltungsanspruches mögliche Teilnehmer zu der Unterstellung nötigt, daß grundsätzlich ein Einverständnis erzielt werden *könnte*. „Grundsätzlich" besagt, wenn die Argumentation nur offen genug und lange genug geführt würde. Diskurse sind demnach *stricto sensu* nur über Wahrheits- und Richtigkeitsansprüche möglich. Daraus ergibt sich, daß Habermas in der TkH Diskussionen über Werte, über Fragen des Geschmacks, über ästhetische Urteile und über Konzeptionen des ‚guten Lebens' nicht zum Bereich des Diskursfähigen rechnet, sondern von Formen der Kritik spricht. Später hat Habermas diese Position modifiziert. In seinen Schriften der 90er Jahre tauchen Anwendungsdiskurse, politische und juristische sowie sogar ästhetische Diskurse auf. Der Diskursbegriff wird gegenüber der rigiden Konzeption der TkH ausgeweitet. Heute redet man vielfach von diskursiven Verfahren (etwa im Bereich der Technikfolgenabschätzung), in denen konzeptionelle Modifikationen etwa an der streng gefaßten Konsensidee vorgenommen werden.[18]

3. Rationalität und Vernunft

Habermas sieht im Rationalitätsthema einen Konvergenzpunkt des Philosophierens. Personen, Handlungen und sprachliche Äußerungen sind es, denen das Prädikat ‚rational' zu- oder abgesprochen werden kann.[19] Seit dem 19. Jahrhundert ist eine Tendenz mächtig, die Rationalitätstheorie auf Konzepte zweckrationalen Handelns einzuschränken. Dabei geht die kantische Differenz von Verstand und Vernunft verloren. Diese Verkürzung des kantischen Vernunftbegriffs zum Modell „instrumenteller Rationalität" hatte bereits Horkheimer in der *Kritik der instrumentellen Vernunft* kritisiert, ohne daß er jedoch über einen eigenständigen Vernunftbegriff verfügt hätte.

Habermas untersucht die Rationalitätsproblematik an zwei paradigmatischen Fällen: a) der propositionalen Behauptung in kommunikativer Absicht und b) des erfolgsorientierten Eingriffs in die äußere Realität. Beides sind Handlungen, die gelingen oder fehlschlagen können, mit deren Vollzug jedoch unterschiedliche Ansprüche verknüpft werden. Die Behauptung ist mit einem *Wahrheitsanspruch* verknüpft, während die zielorientierte Handlung mit dem Anspruch auf eine *Erfolgsaussicht* verknüpft ist, der in eine sprachliche Äußerung transformiert werden könnte. Geht man nicht *intentione recta* vom Modell des erfolgsorientierten Eingriffs aus, sondern fragt reflexiv nach den Bedingungen, durch die sich die „Einheit einer objektiven Welt für die Angehörigen einer Kommunikationsgemeinschaft"[20] konstituiert, so wird die Orientierung an sprachlich verfaßten Geltungsansprüchen zum Schlüsselphänomen für die Rationalitätstheorie. Das erfolgsorientierte Handeln setzt insofern immer schon Kontexte der Verständigung über Geltungsansprüche voraus.

Sprachlich verfaßte Geltungsansprüche können erhoben, in Frage gestellt, kritisiert, verteidigt und zurückgewiesen werden.

Sie verkörpern fehlbares Wissen, das gegebenenfalls ‚eingelöst' respektive ‚begründet' werden können muß. Damit ist eine begriffliche Beziehung zwischen dem Rationalitätsbegriff und der Idee der Begründbarkeit von Geltungsansprüchen *(claims)* hergestellt. Was als eine Begründung zählt, hängt vom jeweiligen Geltungsanspruch ab. Kommunikative Rationalität reicht so weit wie unser Vermögen, zu Typen von Geltungsansprüchen mit Gründen Stellung zu nehmen.[21] Auch normenkonformes Handeln oder das aufrichtige Preisgeben von inneren Zuständen können als „rational" bezeichnet werden. Zweckrationalität ist nur ein Typus rationalen Handelns.[22]

Über einen Vernunftbegriff verfügen heißt, ein praktisches Interesse an ihm entsprechenden Handlungs- und Redeweisen zu nehmen. Der Begriff kommunikativer Rationalität ist insofern präskriptiv gegen Versuche, die Möglichkeit der Argumentation durch Gewalt, Zwang, Drohpotentiale usw. zu be- oder zu verhindern. Insofern stellen sich diskursive Lösungen als *ausgezeichnete* Möglichkeiten heraus, Dissense zu bearbeiten.

Dieser Begriff der kommunikativen Rationalität ist von Habermas im ersten Kapitel der TkH nur intuitiv eingeführt worden. Man kann mit diesem Begriff aber hinreichend viele Anfangsplausibilitäten aufbieten, die es zulässig erscheinen lassen, das Programm der TkH weiter zu verfolgen.

4. Zur Theorie der Moderne und zum System der Wissenschaften

Habermas knüpft an Max Webers Theorie der Ausdifferenzierung der Wertsphären, der „Entzauberung der Welt" sowie an die Diagnose vom Ende der Verbindlichkeit substantieller, durch Theologie und Metaphysik integrierter Weltbilder an.[23] Habermas grenzt Webers Theorie der okzidentalen Rationalisierung von der Geschichtsphilosophie Hegels ab.[24] Habermas möchte insofern mit Weber eine makrohistorische Perspektive sozialer Evolution mitsamt der Möglichkeit langfristiger Lernprozesse beibehalten,[25] ohne sich die Probleme der idealistischen (Hegel), materialistischen (Marx) oder negativistischen (Horkheimer und Adorno) Geschichtsphilosophien einzuhandeln.[26]

Habermas unterscheidet mit Weber die Wertsphären der Wissenschaft, der Kunst und des Rechts. Die Geleise, in denen die moderne Ausdifferenzierung der Wertsphären erfolgt, sind für Habermas durch das System der Geltungsansprüche gelegt. Das Muster der Dezentrierung von Weltbildern ist also weder zufällig noch allein funktional zu erklären. Hier ergibt sich für die TkH ein interner Zusammenhang zwischen Sprachtheorie und Theorie der Moderne. Die Wertsphären sind für Habermas „großartige Vereinseitigungen der Moderne", die einer Begründung weder fähig noch bedürftig sind, aber ambivalente Folgeprobleme (s. u.) erzeugen.

Die TkH eröffnet mit einer Reflexion auf Status und Funktion einzelner Disziplinen, die den Prozeß der okzidentalen Rationalisierung vorantreiben. Die Wissenschaften sind der paradigmatische Ort *theoretischer Diskurse*. In wissenschaftlichen Auseinandersetzungen hat man insofern ein paradigmatisches Modell diskursiver Rede vorliegen. Die Naturwissenschaften bearbeiten Wahrheitsansprüche. Als spezialisierte Expertenkulturen kapseln sie sich von Alltagsfragen ab, arbeiten aber aufgrund ihrer technologischen Ausrichtung dem ökonomischen System zu.[27] Die historischen Geisteswissenschaften beziehen sich auf Traditionszusammenhänge, die vornehmlich in Texten vorliegen. Die Geisteswissenschaften stehen dabei in einer Spannung zwischen Geschichtsschreibung, die unter Wahrheitsansprüchen steht, und der kritischen Aneignung von Überlieferungen *als Traditionen*. Deren Aneignung ‚verflüssigt' sich in der Moderne innerhalb eines weiten Spektrums zulässiger Interpretationen.

Die *Ökonomie* wiederum konzipiert einen bestimmten Typus der Rationalität, indem sie sich auf die größtmögliche Effizienz beim Einsatz knapper Mittel zur Befriedigung von Bedürfnissen bzw. zur Erreichung beliebiger Zwecke bezieht. Sie versteht sich häufig sogar als allgemeine Theorie rationaler Wahl und beansprucht damit einen *philosophischen* Status in bezug auf die Rationalitätstheorie. Ökonomie, Jurisprudenz sowie die Politikwissenschaft sind direkt auf zentrale gesellschaftliche Teilsysteme bezogen. Diese Wissenschaften haben ihre normativen Bezüge drastisch reduziert. Die Ökonomie thematisiert kaum noch Verteilungsfragen, die Politikwissenschaft distanziert sich von der Idee eines *bonum commune*, die Jurisprudenz wird rechtspositivistisch usw.

Die Grundbegriffe der Theorien weisen nur noch minimale normative Bestimmungen auf (Pareto-Optimalität, Legitimation durch Verfahren). Gerade dort, wo das Nachdenken über zentrale menschliche Angelegenheiten wissenschaftlich diszipliniert und diskursiv verfährt, sind die Tendenzen zur Entmoralisierung am stärksten. Dies ist eine ambivalente Diagnose, die eine plumpe Remoralisierung dieser Disziplinen ausschließt, aber eine kritische Wiederbelebung ihrer normativen Substanz *als Möglichkeit* offenläßt.

Der Soziologie kommt für Habermas die Aufgabe zu, a) allgemeine Grundbegriffe zu bestimmen, b) eine Methode des Sinnverstehens auszuweisen und c) empirisch die Prozesse von Modernisierung und Rationalisierung sowie Muster der Ausbildung von ‚Sozialpathologien', ‚Paradoxien' usw. zu beschreiben.[28] Die Soziologie trifft auf „symbolisch vorstrukturierte Gegenstände",[29] die von sozialen Akteuren intentional erzeugt worden sind. Die reine Beobachtung erschließt den Sinn dieser Erzeugnisse nicht; auch der Sozialwissenschaftler muß daher auf einen Wissensfundus zurückgreifen, über den er als Angehöriger einer soziokulturellen Lebenswelt verfügt. Bezieht sich ein Soziologe auf sprachliche Äußerungen, so hat er zum Sinnverstehen keine Alternative.[30] Auch der Soziologe ist ein (virtueller) Teilnehmer des Sozialen. Die Grenze zwischen Akteuren und Theoretikern bleibt osmotisch; deren Interpretationen weisen zwar keine Identität, wohl aber eine „strukturelle Ähnlichkeit"[31] auf. Das Wissensgefälle zwischen Soziologen und Akteuren, die ihre soziale Welt durch Arbeit und in Interaktionen erzeugen, ist bei Habermas nicht groß.[32]

Die Reflexion auf das Sinnverstehen in den Sozialwissenschaften ist relevant für die zentralen Thesen der TkH, sofern es zutrifft, daß jeder Soziologe sich implizit „auf eine Teilnahme am kommunikativen Handeln einlassen muß und sich mit dem im Objektbereich selbst auftretenden Geltungsansprüchen konfrontiert sieht".[33] Diese Konfrontation nötigt ihn Habermas zufolge zur Stellungnahme. Kenntnisnahme von und Stellungnahme zu Geltungsansprüchen lassen sich zwar analytisch, aber nicht von der Sache her trennen. Habermas behauptet, daß der Soziologe die Gründe, die für oder gegen einen Geltungsanspruch vorgebracht werden können, den er im Objektbereich antrifft, nicht verstehen kann, „ohne – wenigstens implizit – deren Stichhaltigkeit zu beurteilen".[34] Natürlich kann sich der Soziologe einer expliziten Stellungnahme enthalten, die er implizit vollzogen hat. Er kann seine Stellungnahme methodisch ausklammern. Aber dies ist nicht der Punkt, auf den es Habermas ankommt. *Wenn* es zutrifft, daß ein soziologischer Interpret Äußerungen, „die über kritisierbare Geltungsansprüche mit einem Potential an Gründen verknüpft sind [...], nicht deuten [kann], ohne zu ihnen Stellung [zu] nehmen",[35] so ist die verstehende Soziologie *implizit* auf die Kommunikationstheorie verwiesen. Diese Kontroverse scheint auf den ersten Blick nur für die Methodologie der Sozialwissenschaften von Interesse zu sein; in Wirklichkeit ist sie zentral für die Habermassche Konstruktion kritischer Theorie. Der Soziologe, der, wenn man Habermas recht gibt, implizit auf die Maßstäbe kommunikativer Rationalität festgelegt ist, hat nämlich dadurch einen nicht-beliebigen Maßstab gewonnen, den er kritisch auf seinen Gegenstandsbereich beziehen kann. Man könnte demnach nicht Soziologie treiben, ohne den verständigungsorientierten Sprachgebrauch als Originalmodus der Rede anerkannt zu haben.[36] Hätte Habermas recht, so wäre die Soziologie *als solche* festgelegt auf sämtliche normativen Implikationen, die sich daraus entwickeln ließen (z.B. Kritik an systematisch verzerrter Kommunikation). Schnädelbach hat diesen Punkt bestritten,[37] Habermas hat in seiner *Entgegnung* auf seiner Position insistiert.

5. System und Lebenswelt

Gegen die eigenwillige Kombination von Systemtheorie und Lebensweltbegriff zu einer zweistufigen Gesellschaftstheorie wurde mehrfach eingewandt, sie sei bestenfalls eklektizistisch und schlimmstenfalls konfus. Wenden wir uns zunächst dem Lebensweltbegriff zu.

Es geht Habermas um die „grundbegriffliche Verklammerung"[38] zwischen a) der Lebenswelt als einer *Ressource* für kommunikatives Handeln und b) soziologisch beschreibbaren *Komponenten* der Lebenswelt. Somit ist ein *formalpragmatischer* von einem *soziologischen* Lebensweltbegriff zu unterscheiden. Erst im Anschluß an beide Begriffsbildungen kann man die Unterscheidung von System und Lebenswelt, die These von deren Entkopplung und den Topos von der „Kolonialisierung der Lebenswelt" angemessen behandeln.

Formalpragmatischer Lebensweltbegriff

Die TkH fokussiert – ähnlich wie Husserl und Schütz – „Strukturen der Lebenswelt überhaupt".[39] Die Lebenswelt ist *in formalpragmatischer Hinsicht* ein Fundus von Überzeugungen, Deutungsmustern und Wissensbeständen. Die Lebenswelt wird definiert als „sprachlich organisierter Wissensvorrat".[40] Sie läßt sich analytisch in Sprache und Kultur (,Wissen') unterscheiden. Die Lebenswelt ist uns im Modus der Selbstverständlichkeit gegeben, sie ist *in toto* nicht bewußt zu machen und kann *in toto* nicht falsch sein. In unseren sprachlichen Äußerungen können wir sie nur ausschnitthaft thematisieren. Das lebensweltliche Wissen ist holistischer Natur. Es stattet uns mit Überzeugungen, Fertigkeiten, Solidaritäten, Traditionen usw. aus. Wir setzen den Horizont der Lebenswelt immer voraus, wenn wir uns über etwas verständigen.

Die Lebenswelt ist im kommunikativen Handeln „als Kontext" immer präsent. Sie wird als Komplementärbegriff zum kommunikativen Handeln bezeichnet.[41] „Die Lebenswelt bildet das intuitiv gegenwärtige, insofern vertraute und transparente, zugleich unübersehbare Netz der Präsuppositionen, die erfüllt sein müssen, damit eine aktuelle Aussage überhaupt sinnvoll ist."[42] Durch das Medium kommunikativen Handelns wiederum werden lebensweltliche Selbstverständlichkeiten in explizite Wissensbestände verwandelt, die einem argumentativen Test ausgesetzt werden können.[43] Kommunikatives Handeln ist gleichsam ein Jungbrunnen für die Lebenswelt, die sich ständig erneuert, während die Lebenswelt für das kommunikative Handeln die Gewähr dafür ist, daß zwar alles problematisch werden kann, aber nicht alles auf einmal.

Soziologischer Lebensweltbegriff

Für Habermas muß man die methodische Einstellung wechseln, um zum soziologischen Begriff der Lebenswelt zu gelangen. *Formalpragmatisch* ist die Lebenswelt ein Wissensfundus. *Soziologisch* ist die Lebenswelt ein Zusammenspiel von kulturellem Wissen, Formen sozialer Integration, anerkannten normativen Erwartungen und Persönlichkeitsstrukturen. Der soziologische Lebensweltbegriff beinhaltet im Unterschied zum formalpragmatischen auch soziale Machtverhältnisse, Strategien, Zwang, Repression usw. Habermas unterscheidet „Kultur" (als Wissensvorrat), „Gesellschaft" (als normative Ordnung) und „Persönlichkeit" (als Ensemble von Kompetenzen, die zur Ich-Identität beitragen) als drei zentrale Komponenten der soziologisch beschreibbaren Lebenswelt.[44] Kultur ist jetzt nur noch eine von drei Komponenten der Lebenswelt. Der soziologische Lebensweltbegriff ist an die Perspektive des sinnverstehenden Soziologen gebunden.

Es ist keineswegs so, daß Habermas die Lebenswelt als eine ‚heile Welt' oder als ein der Korrektur unbedürftiges Wissen versteht. Daß die vielen soziokulturellen Lebenswelten der Aufklärung und insofern der Rationalisierung bedürfen, steht für ihn außer Frage. Das Projekt der Moderne ist nicht zuletzt das Projekt einer Rationalisierung der Lebenswelt(en). Diese Rationalisierung erfolgt über die drei Komponenten der Lebenswelt sowie über das Zusammenspiel zwischen den formalen Weltbezügen (s. u.) und der Lebenswelt. Uneindeutig bleibt das Verhältnis zwischen der einen Lebenswelt und den vielen soziokulturellen Lebenswelten, mit denen sich die Milieuforschung, die *oral history* usw. beschäftigt.

Zur Systemperspektive

Beide skizzierten Lebensweltbegriffe sind an die Teilnehmerperspektiven des Formalpragmatikers, der das Erbe des Phänomenologen antritt, und des sinnverstehenden Soziologen gebunden.[45] Nun erkennt der Lebensweltheoretiker *als Teilnehmer,* daß sich die Prozesse materieller Reproduktion in der Moderne nicht mehr mit Hilfe des Lebensweltkonzeptes allein angemessen beschreiben lassen. Er vollzieht aus diesem Grund das radikale Manöver der Einführung einer neuen Perspektive, in der die Lebenswelt zum System vergegenständlicht wird. Überlegungen, die „sich innerhalb des Paradigmas der Lebenswelt bewegen, legen eine Veränderung der Methode und der begrifflichen Perspektive, nämlich eine *objektivierende Auffassung der Lebenswelt als System* nahe".[46] Im Hinblick auf die Stoffwechselprozesse (Marx) „empfiehlt es sich" für Habermas, die Lebenswelt „als [...] System zu *vergegenständlichen*".[47]

Die Gesellschaft erscheint nunmehr *aus der Teilnehmerperspektive* nach wie vor als Lebenswelt, während sie sich *aus der Beobachterperspektive* als ein System von funktionalen Handlungen darstellt, die zur materiellen Reproduktion, zum „Stoffwechselprozeß" mit der äußeren Natur und zur Bewältigung von „Überlebensimperativen" beitragen.[48] Der latente Idealismus des formalpragmatischen Lebensweltkonzepts wird durch dieses Manöver durch einen ‚harten' Materialismus ergänzt, der Habermas bis hin zu naturalistischen Formulierungen führt.[49] Der Theoretiker verfügt nunmehr über zwei Perspektiven, was es ihm erlaubt, soziale Phänomene unter verschiedenen Folien zu betrachten.[50]

Die Unterscheidung von System und Lebenswelt ist also zunächst nicht (bereichs-)ontologischer, sondern perspektivischer Natur. Habermas bezeichnet die Ausdrücke „‚System' und ‚Lebenswelt'" als „Begriffsstrategien"[51] und als „analytische Ordnungsbegriffe".[52] In diesem Sinne sind Gesellschaften nun ‚gleichzeitig' System *und* Lebenswelt. Problematisch ist weniger die Unterscheidung an sich, sondern die Idee, „System und Lebenswelt zu Aspekten zusammenzufügen, unter denen die Gesellschaft jeweils im Ganzen analysiert werden kann".[53]

Entkopplung

Habermas wechselt noch ein weiteres Mal die Perspektive. System und Lebenswelt werden nicht länger als totalisierende Perspektiven gedacht, sondern erscheinen als reale Komponenten der Gesellschaft, die sich in historischer Evolution voneinander ablösen.[54] Dadurch wird eine diachron-evolutionäre Perspektive eröffnet. „Ich verstehe die soziale Evolution als einen Differenzierungsvorgang zweiter Ordnung: System und Lebenswelt differenzieren sich, indem die Komplexität des einen und die Rationalität der anderen wächst, nicht nur jeweils als System und als Lebenswelt – beide differenzieren sich gleichzeitig auch voneinander."[55] Waren System und Lebenswelt zunächst zwei *unterschiedliche Perspektiven*, so werden es nun *unterschiedliche Bereiche* der gesellschaftlichen Realität selbst[56] sowie konkurrierende Prinzipien der Vergesellschaftung (System- vs. Sozialintegration).

Die Systemperspektive bezieht sich auf Probleme der materiellen Reproduktion der Gesellschaft.[57] Diese Reproduktion vollzieht sich zunehmend systemisch und wird über das Geldmedium und über Marktmechanismen gesteuert. Hier bilden sich die Domänen systemisch vernetzten instrumentellen und strategischen Handelns (Arbeit, Verkauf, Werbung, Verwaltung usw.).[58] Systembildung hat einige Vorzüge. Bestimmte Aufgabenstellungen können effektiver durch anonyme Steuerungsmedien (Geld) erfüllt werden als durch das aufwendige Medium kommunikativen Handelns, das *unter Effektivitätsgesichtspunkten* häufig nicht konkurrenzfähig ist. Habermas interessiert sich in der TkH für die Systeme der Wirtschaft und des bürokratischen Staatsapparates, für deren Steuerungsmedien (Geld, administrative Macht) sowie für Tendenzen der Kommerzialisierung, Bürokratisierung und Verrechtlichung. Letztere sind für Habermas Indikatoren für die Grenzverläufe zwischen den Systemen und der Lebenswelt.[59]

Kolonialisierung der Lebenswelt

Der Prozeß der sozialen Evolution läßt sich nun so fassen, daß in archaischen Gesellschaften Lebenswelt und System noch ineinander verwoben sind, sich ihre Differenz im Prozeß sozialer Evolution bildet und die systemische Differenzierung in der Moderne zum Motor der sozialen Evolution wird. Zunächst aber mußte sich die traditionelle Lebenswelt in ihren drei Komponenten intern differenziert und rationalisiert haben, damit die „Entkopplung" zwischen Systemen und Lebenswelt einsetzen konnte.[60] Kulturelles Wissen, normative Bindungen und Personen waren einmal Bedingungen und werden allmählich zu „Umwelten" der Systeme. Die einstigen Zentren sozialer Integration rücken an die Peripherie.[61] Entsprachlichte Medien wie Geld übernehmen Aufgaben gesellschaftlicher Integration. Die Rationalisierung der Lebenswelt führt insofern zu ambivalenten Phänomenen.

„Die rationalisierte Lebenswelt ermöglicht die Entstehung und das Wachstum der Subsysteme, deren verselbständigte Imperative auf sie selbst destruktiv zurückschlagen."[62] Die Lebenswelt wird von den Systemen *zugleich* entkoppelt *und* von ihnen abhängig.[63] Die Systeme verselbständigen sich *und* dringen immer tiefer in lebensweltliche Prozesse ein. Dadurch werden moralische Orientierungen randständig und für moderne Gesellschaften beginnt der Drahtseilakt, soziale Integration mittels systemischer Integration herstellen zu müssen, wobei die Subsysteme von normativen Gehalten weitgehend befreit wurden, ihren eigenen Codes folgen und den („alteuropäischen") Code der Moral „rejizieren" dürfen (so Luhmann). Dies führt zur Frage, ob systemische Integration äquivalent zu tradierten Formen der Sozialintegration sein kann, oder ob letztere eine nicht-substitutierbare Ressource darstellen. Habermas nimmt letzteres an. Die Reproduktion der drei Komponenten der Lebenswelt (kulturelles Wissen, normative Ordnung, Personen) kann nicht *nur* über systemische Medien abgewickelt werden.

Die Darstellung der „Interferenzphänomene" und „Austauschprozesse" zwischen System und Lebenswelt als Prinzipien der Vergesellschaftung deckt Ambivalenzen auf. *Sub specie* der komplementären Begriffe von kommunikativem Handeln und Lebenswelt kann die Darstellung der TkH nun kritische Züge annehmen. Einmal kann die Entkopplung von System und Lebenswelt zu einer *kulturellen Verarmung der kommunikativen Alltagspraxis* führen, sofern die kognitiven, normativen und ästhetischen Gehalte der Expertenkulturen (Wissenschaft, Recht, Kunst) nicht *gleichmäßig* an lebensweltliches Wissen angeschlossen werden. Die Rationalisierung der Lebenswelt folgt für Habermas einem *selektiven* Muster, „demzufolge die kognitiv-instrumentelle Rationalität über die Bereiche von Ökonomie und Staat hinaus, in andere, kommunikativ strukturierte Lebensbereiche eindringt und dort auf Kosten moralisch-praktischer und ästhetisch-praktischer Rationalität Vorrang erhält".[64] Die ästhetischen Gehalte der modernen Kunst, die emanzipatorischen Ansätze der Psychoanalyse, die reflexiven Überlegungen der Ethik usw. finden schwerer Eingang in lebensweltliche Kommunikationsformen als andere Wissensbestände.[65] Habermas muß hierbei unterstellen, daß dieses selektive Muster nur für eine bestimmte Epoche der Moderne maßgeblich war, aber nicht schlechterdings zwingend ist. Dieses selektive Muster soll korrigiert werden, indem sich kritische Öffentlichkeiten die Erträge von Wissenschaft, Kunst, Recht, Ethik usw. „auf ganzer Bandbreite" aneignen.

Solange dieses selektive Muster dominiert, ist zu erwarten, daß jenseits schwer zu definierender „Schwellen"[66] die Rationalisierung der Lebenswelt in deren Kolonialisierung übergeht. Die Kolonialisierung der Lebenswelt ist ein Prozeß, in dem systemische Zwänge und Denkmuster als „versachlichte Realitäten"[67] auf lebensweltliche Deutungsmuster zurückwirken. Sie findet u.a. statt, wenn „systemische Zwänge der materiellen Reproduktion unauffällig in die Formen der sozialen Integration selbst eingreifen".[68] Dann erfolgt eine unmerkliche Um- und Überformung kulturellen Wissens durch kommerzanaloge, technizistische, bürokratische und wohl auch szientistische Denkmuster.[69]

Es besteht insofern ein mehrdeutiges und ambivalentes Verhältnis zwischen der auffälligen *Rationalisierung* und einer weitaus schwerer greifbaren *Kolonialisierung* der Lebenswelt. Der dramatischen Diagnose von der Bedrohung der Lebenswelt können nur uneindeutige Belege zugeordnet werden. Es bleibt zudem methodologisch unklar, aus welcher Perspektive die Kolonialisierung der Lebenswelt wahrgenommen oder gar wissenschaftlich erforscht werden kann.[70] Die Analysen der Kolonialisierung der Lebenswelt müssen aus einer Perspektive vorgenommen werden, die weder die Perspektive des einfachen Teilnehmers, des Beobachters, des Formalpragmatikers noch die des sinnverstehenden Soziologen ist. Das Theorem der Kolonialisierung der Lebenswelt läßt sich wohl kaum in ein wissenschaftliches Forschungsprogramm übersetzen. Am ehesten scheint für entsprechende Aufweise eine hellhörige Sprachanalyse geeignet, da sich die Kolonialisierung „gleichsam in den Poren umgangssprachlicher Kommunikation versteckt".[71]

Die TkH als Theorie der Moderne und Gesellschaftstheorie deckt tiefgreifende Ambivalenzen auf. Im zweiten Band der TkH werden zahlreiche Mechanismen und Wirkkräfte aufgewiesen, die zu Resultaten führen *müssen*, die kaum anders denn als ambivalent zu bewerten sind. Stärker als bisher sollte die TkH als eine Theorie gelesen werden, die das Bewußtsein für die Ambivalenzen der Moderne schärft.[72] Etwas als ambivalent zu denken setzt natürlich Wertmaßstäbe voraus.

6. Das *Telos* der Rede; Aussichten

Das Phänomen der menschlichen Sprache ist so reichhaltig, daß man verschiedene Theorien über einzelne ihrer Aspekte entwickeln kann, ohne sie dadurch im Ganzen auszuschöpfen.[73] Geläufig ist die Ebenenunterscheidung von Syntax, Semantik und Pragmatik. Man muß zudem *Redeeinheiten* von *Geltungsansprüchen*, den *Grundfunktionen* sprachlicher Verständigung und den unterstellten formalen *Weltbezügen* unterscheiden.[74]

Einige *Grundfunktionen* seien stichpunktartig genannt. Im kommunikativen Handeln vergewissert man sich einer gemeinsam geteilten Lebenswelt und erneuert sie kontinuierlich, man koordiniert Handlungen und entwirft Handlungspläne, man deutet Situationen und interpretiert Vorkommnisse, man teilt je eigene Befindlichkeiten und innere Zustände mit, man bewertet Ereignisse, man stellt Solidaritäten und Loyalitäten her usw. Auch die Herausbildung personaler Identität ist ohne das Geflecht kommunikativen Handelns, in das jeder Heranwachsende eingespannt ist, undenkbar. Kommunikatives Handeln vergesellschaftet und individuiert *uno actu*.[75]

Die TkH bezieht sich auf Einheiten der Rede.[76] Sprechakte haben allgemein die Form *M p*. Das Zeichen *M* (Modus) bezieht sich auf die illokutionären Modulierungen eines propositionalen Gehalts *p*. Der illokutionäre und der propositionale Bestandteil können unabhängig voneinander variiert werden.[77] Sprechakte sind Sprechaktangebote, die adressiert sind. Diese Prämissen werden ausführlich mit Hilfe der Sprechakttheorie erläutert. Die Analyseeinheit der TkH ist somit weder die einfache Proposition noch der Text als ein Interpretandum, sondern die hinreichend differenzierte Sprechhandlung.

Sprechakte sind wirkliche Handlungen, mit denen wir interpersonale Beziehungen herstellen. Eine Wette anbieten, ein Versprechen machen, ein Geständnis ablegen, eine Sitzung eröffnen, einen Rat geben usw. sind Beispiele für Sprechhandlungen. Diese pragmatische Dimension des Sprachgebrauchs ist kaum zu bestreiten. Habermas setzt nicht bei Sprecherintentionen an, sondern bei den regelförmigen Konventionen, die in Sprechakttypen enthalten sind und von kompetenten Sprechern verstanden werden. Wir wissen für praktische Zwecke hinlänglich genau, was Sprechaktverben bedeuten, mit welchen institutionellen Arrangements sie verknüpft sind usw.[78] Bedeutungswissen ist ein Verfügen über Kompetenzen, Äußerungen regelgerecht zu generieren und zu verstehen. Illokutionäres Bedeutungswissen erfolgt über die Vermittlung der Konventionen, die die Bedeutung von Sprechaktverben festlegen. Diese Vermittlung erfolgt in informellen Situationen exemplarischer Bedeutungseinführung gegenüber Kindern. *Methodisch* führt der Weg der TkH von der Sprechaktanalyse zur formalen Pragmatik. Während Austin und Searle nur (unbefriedigende) Klassifikationen von Sprechakttypen vornehmen, versucht Habermas, Sprechakte auf die Geltungsbasis der Rede zurückzubeziehen.

Formalpragmatik

Einen Geltungsanspruch ernsthaft erheben heißt, bereit zu sein, ihn gegebenenfalls gegenüber beliebigen anderen mit Gründen einzulösen. Geltungsansprüche sind an andere adressiert und man gibt implizit seine Bereitschaft zu verstehen, für den Gehalt eines Sprechaktes mit Gründen einstehen zu können. Der Vollzug einer Behauptung etwa ist mit der Versicherung der Wahrheit (des Zutreffens) dieser Behauptung verbunden. Diese implizite Versicherung wiederum ist auf der Seite des Hörers mit der Erwartung verknüpft, der Sprecher verfüge über Gründe, mit denen er einen Geltungsanspruch einlösen könnte. „Ein Geltungsanspruch ist äquivalent der Behauptung, daß die Bedingungen für die Gültigkeit einer Äußerung erfüllt sind."[79] Gründe verstehen und sie beurteilen läßt sich Habermas zufolge nicht trennen.[80] Wir verstehen insofern einen Satz, wenn wir wissen, was ihn akzeptabel machen könnte, d.h. wenn ein Satz *aus der Teilnehmerperspektive* Bedingungen erfüllt, die erforderlich sind, damit man zu diesem Satz mit „Ja" oder „Nein" Stellung nehmen könnte. Dies ist der Kernsatz der formalpragmatischen Bedeutungstheorie.[81] Über die Wahrheit einer Behauptung oder die Richtigkeit eines normativen Geltungsanspruches kann ich mir letztlich nur mittels der Gründe klarwerden, von denen ich glaube, daß jeder sie gegebenenfalls als Deckungsreserve (als *backing* im Sinne Toulmins) geltend machen könnte.

Geltungsansprüche werden raum-zeitlich, situativ und kontextuell gegenüber spezifischen Anderen erhoben, reichen aber *als* Ansprüche über ihren Entstehungskontext hinaus. Universelle Gültigkeit beanspruchen wir für Wahrheits- und auch für moralische Richtigkeitsansprüche (s.o.); in bezug auf Wertungen oder ästhetische Darstellungen ist die kontexttranszendierende Kraft offenbar schwächer. Hier ist es möglich, daß Geltungsansprüche zwar lokale Kontexte transzendieren, aber dennoch partikular bleiben.[82] Weithin ungeklärt bleibt in der TkH das Problem des Geltungsanspruchs von Werturteilen, da sich diese teilweise dem Wahrhaftigkeitsanspruch zuordnen lassen, teilweise aber auch moralanaloge Geltungsansprüche erheben.[83] Diese Ambivalenz wohnt Werturteilen von Hause aus inne. Je idiosynkratischer Werturteile sind, um so näher sind sie Expressionen, je universeller sie sind, um so näher sind sie Normen und Individualrechten (Frieden, Freiheit, Leben usw.).

Werturteile lassen sich aus unserem alltäglichen kommunikativen Handeln nicht entfernen. Sie sind insofern ein wichtiger Bereich praktischer Vernunft. Durch Reflexion auf Werte können wir zudem die historisch variable Grenze bestimmen, die die Fragen des ‚guten Lebens' von den Fragen der normativen Richtigkeit trennt.[84] Werte könnten ferner eine zentrale Rolle beim „Geltungstransfer" und bei der gesuchten „Vermittlung" zwischen unterschiedlichen Geltungssphären spielen. Insofern müssen gerade die Interpretationen, aufgrund derer wir Wertstandards festlegen und verändern, Teil unserer alltäglichen kommunikativen Praxis werden. Auch aus vielen praktischen Diskursen in den Bereichen anwendungsorientierter Ethik (Umweltethik, Medizinethik usw.) lassen sich axiologische Argumente nicht ausblenden. Eine Axiologie, die der TkH und der Diskursethik entspricht, muß noch geschrieben werden.

Weltbezüge

Geltungsansprüchen korrespondieren formale Welten.[85] Wenn ein Sprecher einen Sprechakt vollzieht, so bezieht er sich damit implizit auf eine a) *objektive Welt* als Gesamtheit der Entitäten, über die wahre Aussagen möglich sind, b) eine *soziale Welt* legitim zu regelnder interpersonaler Beziehungen oder c) eine *subjektive Welt* privilegiert zugänglicher Erlebnisse. Durch Redehandlungen verhalten wir uns (in einer übergreifenden performativen Grundeinstellung) zu einer oder zu mehreren dieser formalen Welten. Die Lebenswelt hat einen anderen Status; sie ist *keine* vierte formale Welt.[86] Zwischen etwas in der Welt, *worüber* man sich verständigt, und der Lebenswelt, *woraus* man Wissen schöpft, ist zu unterscheiden.

„Originalmodus" und „Telos" der Sprache

Habermas vertritt die These vom kommunikativen Handeln als dem „Originalmodus" der menschlichen Rede, demgegenüber andere Sprachverwendungen „parasitär" sind. Zur Einlösung dieser These greift er wiederum auf die Sprechakttheorie zurück. Austin unterscheidet zwischen der *lokutionären*, der *illokutionären* und der *perlokutionären* Rolle. Man sagt etwas (lokutionär), man handelt, indem man etwas sagt (illokutionär), und man bewirkt etwas, dadurch daß man handelt, indem man etwas sagt (perlokutionär). Sprechaktverben, die die illokutionäre Bedeutung des Sprechaktes festlegen, sind selbstidentifizierend bzw. „manifest". Insofern legt die manifeste illokutionäre Bedeutung die anvisierte perlokutionäre Wirkung fest; aber natürlich kann man mit Sprechakten Wirkungen anstreben, die nicht in der Bedeutung des Sprechaktverbums enthalten sind. Man kann also vorbehaltlos den perlokutionären Effekt erzielen wollen, der in der Bedeutung des illokutionären Modus enthalten ist: warnen, indem man warnt. Dies bezeichne ich als *primären* perlokutionären Effekt. Man kann aber auch *sekundäre* perlokutionäre Effekte erzielen wollen. Dann ist der Sprachgebrauch „konsequenzenorientiert".[87] Dieser Sprachgebrauch ist die „Subsumption von Sprechhandlungen, die illokutionären Zielen dienen, unter Bedingungen erfolgsorientierten Handelns".[88] Einige Beispiele:

1) „Durch die Warnung habe ich ihn warnen wollen, daß *p*."
2) „Durch die Warnung habe ich ihn verunsichern wollen."
3) „Durch das Versprechen wollte ich mich selbst verpflichten, *p* zu tun."
4) „Durch das Versprechen wollte ich ihn in Sicherheit wiegen."
5) „Mit dieser Bitte wollte ich ihn darum ersuchen, *p* zu tun."
6) „Mit dieser Bitte wollte ich ihn vor anderen in Verlegenheit bringen."
7) „Mit diesem Rat wollte ich ihm abraten, *p* zu tun."
8) „Mit diesem Rat wollte ich ihn in sein Unglück stürzen."

Die Sätze (1), (3), (5) und (7) sind uninformativ, da die Erläuterung in der Bedeutung des Sprechaktverbs bereits gegeben ist. Die Sätze (2), (4), (6) und (8) sind informativer, da sie sich auf eine Intention beziehen, die jenseits dieser Bedeutung liegt (und verdeckt gehalten werden mußte). Sie beziehen sich auf eine Absicht, die um ihres Erfolges willen nicht zugegeben werden darf. Das Argument von Habermas besagt nun, daß sekundäre perlokutionäre Effekte nur dann mit Erfolgsaussicht angestrebt werden können, wenn der normale illokutionäre Verwendungssinn vorausgesetzt und von anderen akzeptiert wird. Die Unterordnung von Sprechhandlungen unter Bedingungen strategischen Handelns kann nur gelingen, solange Hörer die Erwartung hegen, daß illokutionäre Rede ehrlich gemeint ist. Es handelt sich hierbei um eine Variante des kantischen Arguments, daß die Wahrheitsausrichtung der Sprache Erfolgsbedingung der Lüge ist.[89] Nun wird klar, wie der vielzitierte Satz zu verstehen ist, Verständigung wohne „als Telos der menschlichen Sprache inne".[90] Die Thesen vom Originalmodus und die vom Telos der Rede hängen direkt zusammen. Man dürfte kaum die These vom Originalmodus akzeptieren und die These vom Telos der Rede zurückweisen können.

Diskurstheorie und Konsenstheorie der Wahrheit

Kommt es zum Austausch von Argumenten, so müssen wir kontrafaktisch weitere Unterstellungen machen, ohne die es wenig Sinn machen würde, sich auf die Praxis des Argumentierens ernsthaft einzulassen. Diese Unterstellungen lassen sich als Diskursregeln rekonstruieren. Diese sind Ermöglichungsbedingungen und zugleich kontrafaktische Unterstellungen. In ihrem Zusammenhang verweisen sie auf die Idee einer idealen und herrschaftsfreien Sprechsituation.

Wenn nun kommunikatives Handeln der Originalmodus der menschlichen Rede ist und *wenn* sich verständigungsorientiertes Handeln an Geltungsansprüchen orientieren muß, *wenn* Geltungsansprüche mit Gründen bestritten und „eingelöst" werden können, und *wenn* in diesen Bemühungen des „Einlösens" problematischer Geltungsansprüche immanent ein Übergang zu möglichen Diskursen angelegt ist, dann erscheint zuletzt der Gedanke einer Konsenstheorie der Wahrheit nicht mehr völlig abwegig. Allerdings möchte ich vorschlagen, in bezug auf *theoretische* Diskurse zwischen dem *Begriff* und dem *Kriterium* der Wahrheit zu unterscheiden. Konsens ist das zentrale Kriterium, der Begriff der Wahrheit ist ohne Referenzbezug „nach draußen" nicht vollständig bestimmbar. In bezug auf moralisch-praktische Diskurse, die ohne äußeren Referenzbezug auskommen müssen, ist die Lage noch komplizierter. Dies führt in Fragen der Metaethik und zur Frage, in welchem Sinne der Sollgeltungsanspruch dem Wahrheitsanspruch „analog" ist.[91]

Die TkH und die Sprachphänomene

Die TkH arbeitet mit Abstraktionen, Schematisierungen, Idealisierungen usw. und scheint sich dadurch von der Komplexität des faktischen Sprachgebrauchs hoffnungslos weit zu entfernen und wichtige Phänomene auszublenden (Selbsttäuschung, Verhältnis von Rede und Schrift, narrative Strukturen, Metaphern usw.). Das Zu-verstehen-Geben, Anspielungen und Ironie, Witze, Rhetorik, Gestik usw. werden als Sprachphänomene von der TkH keineswegs geleugnet. Die TkH ist keine Kommunikationsphänomenologie, ist aber mit einer solchen verträglich. Sie weist eher die Maßstäbe aus, ohne die wir den suggestiven Tonfall der Stimme, rhetorisch erzielte Effekte, sublime Verunsicherungen, den strategischen Einsatz moralischer Rede usw. nicht begründet kritisieren können. Habermas glaubt, daß man die Einsichten der TkH beibehalten, deren Abstraktionen aber rückgängig machen kann. „Eine empirische Pragmatik, die sich des formalpragmatischen Ausgangspunktes gar nicht erst vergewisserte, würde nicht über die begrifflichen Instrumente verfügen, die nötig sind, um die rationalen Grundlagen der sprachlichen Kommunikation in der verwirrenden Komplexität der beobachteten Alltagsszenen wiederzuerkennen."[92] Man versteht diese Phänomene Habermas zufolge vor der Folie analysierter Standardfälle besser als wenn man lediglich eine möglichst genaue Beschreibung der Phänomene liefert. Dies gilt auch für mögliche Kommunikationspathologien sowie für Formen systematisch verzerrter Kommunikation.

Nüchterner Enthusiasmus

Der Enthusiasmus der TkH bezieht sich nicht auf eine Utopie. Eine ideale Sprechsituation ist gewiß keine klassenlose Gesellschaft und nicht einmal der „Vorschein einer Lebensform", wie Habermas 1973 formulierte.[93] Diskurse trösten und erlösen nicht;

und man findet in der Teilnahme an Diskursen auch nicht den Sinn des Lebens. Die Machtverhältnisse, die in Diskursen idealiter suspendiert werden, bestehen diskursextern fort. Reale Diskursverfahren werden von nicht-idealen Teilnehmern geführt usw.

Allerdings verweist für Habermas bereits die kommunikative Alltagspraxis trotz aller Verzerrungen und Ver(bl)ödungen voraus auf die Idee einer „posttraditionalen Alltagskommunikation", die „der Eigendynamik verselbständigter Subsysteme Schranken setzt, die eingekapselten Expertenkulturen aufsprengt und damit den kombinierten Gefahren der Verdinglichung wie der Verödung entgeht".[94] Die Leistungen der Expertendiskurse könnten kommunikatives Alltagshandeln befruchten. Die TkH zeigt, daß dies im Prinzip möglich ist, und weist zugleich die Prozesse auf, die diese Möglichkeit verhindern und durchkreuzen. Hierbei spielen die Massenmedien seit jeher eine ambivalente Rolle, wobei sich diese Ambivalenz in der kommerzialisierten Medienindustrie zunehmend zur falschen Seite hin auflöst.[95]

Die kommunikativ vermittelte Lebenswelt ist für Habermas der ‚Ort', an dem sich kognitives Wissen, moralische Überzeugungen, kulturelle Traditionen, axiologische Standards und ästhetische Darstellungen zwanglos begegnen *könnten*.[96] Dies eröffnet den „utopischen Horizont einer bürgerlichen Gesellschaft, in der die formal organisierten Handlungsbereiche des Bourgeois (Ökonomie und Staatsapparat) die Grundlage bilden für die posttraditionale Lebenswelt von Homme (Privatsphäre) und Citoyen (Öffentlichkeit)".[97] Mehr verspricht die TkH nicht.[98] Sie macht deutlich, daß die Theorie diese Idee denken, aber als Theorie nicht verwirklichen kann.

JÜRGEN FOHRMANN

Der Zettelbau.
Niklas Luhmann:
Die Gesellschaft der Gesellschaft (1997)

Die Gesellschaft der Gesellschaft Niklas Luhmanns beginnt mit den Worten: „Bei meiner Aufnahme in die 1969 gegründete Fakultät für Soziologie der Universität Bielefeld fand ich mich konfrontiert mit der Aufforderung, Forschungsprojekte zu benennen, an denen ich arbeite. Mein Projekt lautete damals und seitdem: Theorie der Gesellschaft; Laufzeit: 30 Jahre; Kosten: keine. Die Schwierigkeiten des Projekts waren, was die Laufzeit angeht, realistisch eingeschätzt worden."[1]

Ich komme, um dieses Projekt zu kommentieren, auf einen zweiten Text, auf ein Interview mit Niklas Luhmann, 1987 gedruckt, zurück. Nachdem sein beruflicher Werdegang gestreift worden war (mit 39 Jahren promoviert, im selben Jahr habilitiert und sofort darauf zum Professor für Soziologie an der Universität Bielefeld ernannt) und nachdem er nach den Gründen für seine enorme Publikationstätigkeit gefragt wurde, antwortete Luhmann:

„Als Antwort auf Ihre Frage nach dem Umfang der Publikationstätigkeit kommt aber vor allem meine Zettelkasten-Technik als Erklärung hinzu. Ich denke ja nicht alles allein, sondern das geschieht weitgehend im Zettelkasten. [...] Der Zeitaufwand besteht für mich im wesentlichen darin, ein Manuskript zu tippen. Wenn ich es einmal geschrieben habe, dann nehme ich in der Regel keine Revision mehr vor [...]. Meine Produktivität ist im wesentlichen aus dem Zettelkasten-System zu erklären. Es sind übrigens schon viele Leute hierher gekommen, um sich das anzusehen. [...] Wenn ich Ihnen das kurz erklären darf: Alle Zettel haben eine feste Nummer, es gibt keine systematische Gliederung, der Zettelkasten ist also nicht systematisch geordnet. Hinter dieser einzelnen Nummer gibt es dann Unterabteilungen, zum Beispiel a, b, c, a1, a2, a3 usw., das geht manchmal bis zu 12 Stellen. Ich kann dann von jeder Nummer auf jede andere Stelle in dem Zettelkasten verweisen. Es gibt also keine Linearität, sondern ein spinnenförmiges System, das überall ansetzen kann. In der Entscheidung, was ich an welcher Stelle in den Zettelkasten hineintue, kann damit viel Belieben herrschen, sofern ich nur die anderen Möglichkeiten durch Verweisung verknüpfe. Wenn man das immer macht, entsteht eine innere Struktur, die auf diese Weise nie hineingegeben worden ist, die man dann aber herausziehen kann."[2]

Das „spinnenförmige System" läßt sich mit einem anderen Text, der auch die Funktion einer Metapher hat, vergleichen. Luhmann selbst gibt hier – natürlich nur implizit – einen Hinweis: „Die Logik Spencer Browns ist in einer bezaubernden Weise einfach und kompliziert, elegant und verschachtelt und damit zugänglich wie ein Labyrinth mit nur einem deutlich markierten Eingang."[3]

Dieses Verschachtelte, einfach und kompliziert auf bezaubernde Weise, wird paradigmatisch entwickelt in einer Erzählung von Franz Kafka aus den Jahren 1923/24: „Ich habe den Bau eingerichtet und er scheint wohlgelungen. Von außen her ist eigentlich nur ein großes Loch sichtbar, dieses führt aber in Wirklichkeit nirgends hin, schon nach ein paar Schritten stößt man auf festes Gestein. Ich will mich nicht dessen rühmen, diese List mit Absicht ausgeführt zu haben, es war vielmehr der Rest eines der vielen vergeblichen Bauversuche, aber schließlich schien es mir vorteilhaft, dieses eine Loch unverschüttet zu lassen. Freilich manche List ist so fein, daß sie sich selbst umbringt, das weiß ich besser als irgendwer sonst und es ist gewiß auch kühn, durch dieses Loch überhaupt auf die Möglichkeit aufmerksam zu machen, daß hier etwas Nachforschenswertes vorhanden ist. Doch verkennt mich, wer glaubt, daß ich feige bin und etwa nur aus Feigheit meinen Bau anlege. Wohl tausend Schritte von diesem Loch entfernt liegt, von einer abhebbaren Moosschicht verdeckt, der eigentliche Zugang zum Bau, er ist so gesichert, wie eben überhaupt etwas auf der Welt gesichert werden kann, gewiß, es kann jemand auf das Moos treten oder hineinstoßen, dann liegt mein Bau frei da und wer Lust hat – allerdings sind, wohlgemerkt, auch gewisse nicht allzu häufige Fähigkeiten dazu nötig –, kann eindringen und für immer alles zerstören. Das weiß ich wohl und mein Leben hat selbst jetzt auf seinem Höhepunkt kaum eine völlig ruhige Stunde, dort an jener Stelle im dunklen Moos bin ich sterblich und in meinen Träumen schnuppert dort oft eine lüsterne Schnauze unaufhörlich herum."[4]

Die Texte Luhmanns und Kafkas verhalten sich in mehr als einer Weise spiegelbildlich zueinander; der erste lädt in den Bau ein, man darf die Zettelkästen ansehen, ihren Pfaden folgen, von einem Ort zum anderen gelangen; der zweite hat sein weit verzweigtes Gangsystem wohl verdeckt, denn er fürchtet eine ‚lüsterne Schnauze'. Beiden Gebilden gemein ist jedoch das spinnenförmige System und in ihm die immerwährende Unruhe, die zu ständigem Umarbeiten nötigt. Dieses durch solche Unruhe stets erweiterte oder veränderte System ist nicht nur auf den ersten, sondern auch noch auf den zweiten Blick ganz unüberschaubar, ohne jedoch ungeordnet zu sein. Es sind, dies wird schnell deutlich, die Bedingungen für eine *Super*theorie, einen *Super*bau, um die es geht, und man könnte sagen, daß beide dazu tendieren, die ganze Welt zu sein. Beide, als Teile, erscheinen vom Imperativ bewegt, sich zu einem Ganzen zu erweitern. Denn alles soll Bau werden, alles soll im Bau sein.

Gerade dies ist aber – zumindest als Theorieentscheidung – nicht der Fall. Supertheorien, also Theorien mit einem generalisierten Anspruch auf Geltung, behandeln für Luhmann weder Teil-Ganzes-Verhältnisse noch wollen sie ein Ganzes sein. Sie beschäftigen sich mit einer Grenze. In der modernen Gesellschaft ist dies die Grenze, die Systeme von ihrer Umwelt trennt.[5]

Definiert man *auf diese Weise* den Bau als ein ‚System', als verzweigtes Netz mit unterschiedlichen internen Verknüpfungsmöglichkeiten, so läßt sich dieses Gebilde strikt von allem anderen, was es nicht ist, trennen; zwischen komplexes System und noch komplexere Umwelt tritt eine Grenze, die die Asymmetrie zwischen Innen und Außen zur Systembildung nutzt. Denn jede Systembildung beruht nach Luhmann zunächst auf einer Reduktion von Komplexität, um dann im nächsten Schritt neue Komplexität sukzessive aufzubauen, wobei die Asymmetrie zwischen System und Umwelt prinzipiell gewahrt bleibt: Die Umwelt ist immer komplexer als das System selbst. Bei Kafka lauern die übermächtigen Feinde, die vielen lüsternen Schnauzen überall, ja sie werden zu einer mythischen Instanz: „Und es sind nicht nur die äußeren Feinde, die mich bedrohen. Es gibt auch solche im Innern der Erde. Ich habe sie noch nie gesehen, aber die Sagen erzählen von ihnen und ich glaube fest an sie. Es sind Wesen der inneren Erde; nicht einmal die Sage kann sie beschreiben. Selbst wer ihr Opfer geworden ist, hat sie kaum gesehen; sie kommen, man hört das Kratzen ihrer Krallen knapp unter sich in der Erde, die ihr Element ist, und schon ist man verloren. Hier gilt auch nicht, daß man in seinem Haus ist, vielmehr ist man in ihrem Haus."[6]

Dieses stete Komplexitätsgefälle zwischen Umwelt und System ist es, was die Systeme zu ständiger Veränderung treibt. In Kafkas *Bau* ist das Tier – wenn es denn eines ist – pausenlos tätig; alles, was es an Geräuschen von außen erhält oder besser: zu erhalten glaubt, wird in Bautätigkeit, Bauunruhe überführt, mit dem Ziel, die Grenze zwischen Innen und Außen aufrechtzuerhalten, denn bräche sie zusammen, so wäre der Tod des Tieres die vermutliche Folge.

Welcher Grenze aber verdankt sich Luhmanns Bau? Dies wird im folgenden zu entwickeln sein.

Hierzu ist es notwendig, sich zunächst die Struktur des ‚Textbaus' von *Die Gesellschaft der Gesellschaft* vor Augen zu führen. Die fünf Kapitel mit insgesamt 1149 Seiten tragen die Titel: (1) Gesellschaft als soziales System, (2) Kommunikationsmedien, (3) Evolution, (4) Differenzierung und (5) Selbstbeschreibungen. Man könnte auch eine dazu querliegende Gliederung wählen und sagen, daß Luhmann in *Die Gesellschaft der Gesellschaft* zwei Geschichten erzählt, an die sich eine Standortbestimmung anschließt: einmal die Geschichte der Gesellschaft, die sich über eine segmentäre und dann stratifikatorische Gliederung auf eine funktional differenzierte Ordnung zubewegt. Daß dies stattgefunden hat, ist die grundlegende Voraussetzung des Luhmannschen Theoriebaus, der von der modernen Gesellschaft als einer, die nicht nach Kasten oder nach Ständen/Schichten/Klassen, sondern nach Funktionsbereichen organisiert ist, ausgeht. Die zweite Geschichte entwickelt die Selbstbeschreibungen dieser Gesellschaft; auch sie läuft auf die Reflexionstheorien der Funktionssysteme hinaus. In diesen, aber als Soziologie zugleich einen allgemeinen Begriff von Gesellschaft bedenkend, wird dann der eigene Versuch, die „soziologische Beschreibung der Gesellschaft in der Gesellschaft", als „reflektierte Autologie" verortet. Ihr Interesse ist eine „Neubeschreibung der modernen Gesellschaft auf Grund der Erfahrungen […], über die wir heute verfügen. Jedenfalls verlangt eine heute adäquate Gesellschaftstheorie […], auf den bloßen Genuß des Wiedererkennens zu verzichten und die Theoriekonstruktion aus sich heraus zu beurteilen. – In diesem Sinne möchten die im Vorstehenden skizzierten Überlegungen zu einer Theorie der Gesellschaft verstanden sein."[7]

Dies ist der letzte Satz des Buches, wenn man so will auch der letzte Satz von und zu Luhmanns Werk.

Die Entscheidung, die „Form des Gesellschaftssystems"[8], genauer: die Form der modernen Gesellschaft, zum Ausgangspunkt der Überlegungen zu machen, zieht eine ganze Reihe von Konsequenzen nach sich, die zunächst in aller Kürze (und damit natürlich Verkürzung) betrachtet werden sollen.

Für Luhmann entwickelt sich die moderne Gesellschaft nach einem Differenzierungsmodus, der die Bildung von Systemen mit Hilfe der Unterscheidung von Selbst- und Fremdreferenz vollzieht. Die Verwaltung der Grenze zwischen Innen und Außen ist im wesentlichen ein Modus der Verarbeitung, der unterscheidet, was in das System hineinpaßt und was nicht. Die Systeme selbst gelten als operativ geschlossen, d.h. sich gerade durch diesen und *nur* durch diesen Modus der Informationsverarbeitung konstituierend. Solche Informationsverarbeitung beruht auf einem jeweils spezifischen Code, der eigentlich – in Luhmanns Worten – eine Leitunterscheidung, also eine Differenz, darstellt. Am Anfang steht folglich – wie auch für den Poststrukturalismus – das Unterscheiden. Die moderne Gesellschaft bildet demnach ihre Teilsysteme (Kunst, Politik, Recht, Religion, Wirtschaft, Wissenschaft) mittels Grenzziehungen aus, die das Verhältnis des Systems zur Umwelt nach einem je eigenen Modus der Informationsverarbeitung organisieren. Diese Modi oder Codes sind in der Gesellschaft sowohl funktionsäquivalent als auch funktionsdifferenziert: Funktionsäquivalent sind sie, weil die einzelnen Teilsysteme der Gesellschaft – wenn sie denn solche sein wollen – genau nach diesem und nur aufgrund dieses Prozederes sich bilden; different sind sie, weil sie dafür einen jeweils spezifischen und damit verschiedenen Code benutzen: die Unterscheidung zwischen schön und häßlich in der Kunst, Macht und Nicht-Macht in der Politik, Recht und Unrecht im Rechtssystem, Immanenz und Transzendenz in der Religion, Zahlung und Nicht-Zahlung in der Wirtschaft, wahr und falsch in der Wissenschaft. Diese Codes operieren ihrerseits wiederum, indem sie eine Unterscheidung vollziehen, nämlich die Differenz von Mitteilung und Information. Denn Information ist nicht ‚pur' vorhanden, sondern wird mittels der Operation gewonnen, durch die die von einem Sender verschickte Mitteilung nach den genannten Leitunterscheidungen gefiltert und auf ihren für das System brauchbaren Informationsgehalt ‚abgetastet' wird. Insofern hat – ganz formal gesehen – auch jede Kommunikation ‚Sinn'. ‚Sinn' ist in sozialen Systemen unhintergehbar. Man kann ein und dieselbe Mitteilung nach Informationen für alle Teilsysteme der Gesellschaft abfragen, kann also etwa – aber dies bleibt sonderbar – Grimms Märchen *Hänsel und Gretel*, wie der Kultusbeamte in Alexander Kluges *Die Patriotin*, daraufhin untersuchen, was hier ‚juristisch drin ist', sich also der spannenden Frage widmen, was nach dem Tod der Hexe mit ihrem Nachlaß geschieht o.ä. „Wenn Sie die Frage stellen, was mit dem Nachlaß der Hexe in Hänsel und Gretel geschieht: Die Hexe wird ja kein Testament gemacht haben, wer ist dann der Erbe? Durften die Kinder die Goldsachen und das Silber, die Edelsteine mitnehmen? Zweifellos gehört der Nachlaß nicht ihnen, sondern den Angehörigen der Hexe. Und wenn sie keine hat, ist der Fiskus Erbe [...]."[9]

Auf diese Weise ‚prozessieren' die Teilsysteme der Gesellschaft Kommunikation; alles, was als Gesellschaft gelten kann, folgt dieser Kommunikationsgenerierung. Mit anderen Worten: Gesellschaft besteht für Luhmann aus der Abfolge von Kommunikationen und nicht, um diese Entgegensetzung an dieser Stelle zu erwähnen, aus Bewußtsein. Soziale Systeme – und die Gesellschaft ist ein Sonderfall sozialer Systeme – verarbeiten Kommunikationen, psychische Systeme verarbeiten ‚Bewußtsein'. Macht man diese Unterscheidung, so kommt es zu dem häufig als absurd angesehenen Satz: ‚Gesellschaft' besteht nicht aus Menschen (als psychischen Systemen), sondern aus der Abfolge von Kommunikationen. Zwischen Bewußtsein und Kommunikationen (wie auch zwischen Computern und Kommunikationen) besteht ein Verhältnis struktureller Kopplung (mittels Sprache), aber alle drei Systeme sind autonom oder besser: operativ geschlossen, d.h. verwalten ihre Grenze durch den eigenen Modus der Informationsverarbeitung. Genau dies hat Luhmann in Anlehnung an Humberto Maturana „Autopoiesis" genannt und gerade diese Erkenntnis zum Ausgangspunkt einer Wende in der Systemtheorie (seit *Soziale Systeme*, 1984, dem ersten Buch jenseits der ‚Nullserie') gemacht, die mit der Anerkenntnis von Selbstreferenz als Selbstoperativität verbunden ist. Selbstoperativität liegt also vor, wenn ein System seine Operationen im Rückgriff auf einen identischen Modus der Informationsverarbeitung und auf die bestehenden Elemente des Systems vollzieht.

Für Luhmann beruht die Möglichkeit von Kommunikation – denn ihr Gelingen erscheint ihm extrem unwahrscheinlich, doppelt kontingent – auf Kommunikationsmedien. Überhaupt ließe sich Luhmanns Theorieentwicklung anhand seines Medienkonzeptes gut nachzeichnen. Am Anfang standen die symbolisch generalisierten Kommunikationsmedien, die in *Die Gesellschaft der Gesellschaft* auch „Erfolgsmedien" heißen: „Symbolisch generalisierte Kommunikationsmedien leisten eine neuartige Verknüpfung von Konditionierung und Motivation. Sie stellen die Kommunikation in jeweils ihrem Medienbereich, zum Beispiel in der Geldwirtschaft oder dem Machtgebrauch in politischen Ämtern, auf bestimmte Bedingungen ein, die die Chancen der Annahme auch im Falle von ‚unbequemen' Kommunikationen erhöhen."[10]

In einer späteren Phase, vornehmlich in den letzten Arbeiten, kommen die „Verbreitungsmedien" hinzu, die die „Reichweite sozialer Redundanz"[11] ermöglichen und regeln. Paradigmatisch sind für Luhmann hier der Buchdruck und die neuen Massenmedien, denen er 1995/96 eine eigenständige Publikation gewidmet hat: Denn „alles, was wir wissen, wissen wir aus den Massenmedien".[12] Für diese Verbreitungsmedien gilt, daß sie – unterscheidungstheoretisch gesehen – für Luhmann ‚arbeiten', indem sie jene Differenz vollziehen, die er Medium/Form nennt. Form werde gebildet, wenn die lose Kopplung von Elementen im „medialen Substrat"[13] in eine strikte Kopplung transformiert wird (etwa: Wörter in Sätze). Für autopoietische Systeme nimmt Luhmann eine stete Zirkulation zwischen loser und strikter Kopplung an und damit einen auf Dauer gestellten Vollzug der Differenz von Medium und Form.

Schickt man dies voraus, so ist zu fragen, wie es einem System (auch einer Theorie oder sagen wir: einem Bau) gelingen kann, Komplexität aufzu‚bauen'. Luhmanns erste Antwort lautet: durch Systemdifferenzierung und Systemevolution, die sich mittels Selektion, Variation und Restabilisierung in der Regel vollzieht. Gleichzeitig wird allerdings Komplexität sehr häufig durch fortschreitenden Unterscheidungsaufbau mit *re-entry*-Verfahren gesteigert. Was ist damit gemeint?

Nehmen wir ein von Luhmann selbst angebotenes Beispiel aus der Kunst, um dies zu verdeutlichen.[14] Am Anfang steht für Luhmann nicht das isolierte Wort, sondern der Imperativ: *Draw a distinction!* Nach dieser einmal ergangenen Aufforderung, nach der, etwa am Beispiel eines Bildes, eine Linie eine Fläche teilt, um auf diese Weise zwei Seiten einer Form zu unterscheiden, ist eine im Prinzip arbiträre oder gar kontingente Struktur realisiert, die zu einem Zustand ‚vorher' einen Unterschied macht. Die weiteren Differenzen folgen nun dieser ersten Unterscheidung, indem sie die *eine* und nicht die *andere* Seite der Unterscheidung bezeichnen, für ihre Weiterarbeit nutzen und also etwa auf der linken Seite des Bildes einen neuen, wieder einen Unterschied machenden Pinselstrich hinzufügen. Eine Differenz ist also für Luhmann eine Zwei-Seiten-Form, bei der im Prozeß des Bezeichnens der einen Seite eine Entscheidung getroffen wird, die weitere Entscheidungen nach sich zieht. Für den Aufbau von Komplexität gilt, daß in der Regel ein ‚*crossing*' der Grenze zwischen den beiden Seiten der Unterscheidung vollzogen wird, bei der – nach dem Sprachgebrauch George Spencer Browns – eine *re-entry*-Bewegung stattfindet. Wenn etwa – um ein Beispiel zu geben – idealistische Geschichtskonstruktionen am Ende des 18. Jahrhunderts häufig die Differenz von Natur und Kultur zum Ausgangspunkt ihrer Überlegungen machen, so läge ein *re-entry*, also der Wiedereintritt der zunächst ausgeschlossenen Seite der Differenz in die andere Seite der Unterscheidung, dann vor, wenn etwa von einem natürlichen Verhalten in der Kultur gesprochen würde. Und ein doppelter Wiedereintritt fände sich, wenn dieses natürliche Verhalten zugleich als Ausdruck höchster Verstellungskunst, höchster Künstelei erschiene. An den Texten Schillers könnte man eine geradezu schwindelerregende Virtuosität im Umgang mit solchen *re-entry*-Figuren nachzeichnen.

Neben Selektion, Variation und Restabilisierung nutzen die Teilsysteme der Gesellschaft (wie auch die Theorien) solches Wiedereintrittsverfahren zum Aufbau von Komplexität und damit zur Evolutionierung des Teilsystems. Evolution (und nicht Geschichte) ist damit das Stichwort, das interessiert. Evolution vollzieht sich für Luhmann im wesentlichen durch Systemdifferenzierung. Daß dies ein häufig bestrittener Gesichtspunkt ist, sei an dieser Stelle nur erwähnt. Näheres wäre zu entwickeln etwa anläßlich der Kontroverse, die Luhmann mit Jürgen Habermas geführt hat.[15]

An ihr interessiert in diesem Zusammenhang nur Luhmanns Einschätzung, daß es keinen partiell widerständigen, bei Habermas ‚Lebenswelt' genannten Bereich gibt, von dem aus es gelänge, die systemische Entwicklung von Gesellschaft zu kritisieren. Und schon gar nicht wird ein Punkt außerhalb der Gesellschaft gedacht (mit einer Ausnahme: Gott), der es ermöglichte, die Gesellschaft gleichsam extern zu beobachten. Jede Beobachtung, jede Kritik sind Teil einer als polykontextural gedachten Gesellschaft selbst und beobachten Gesellschaft damit nur aus einer spezifischen Perspektive der Sozietät.

Diese Einsicht schließt jeweils den Status der eigenen Theorie ein. Oder um es anders auszudrücken: Man kann nicht vor und in dem Bau zugleich sein, auch wenn dies durchaus versucht wird: „Zuviel beschäftigt mich der Bau. Schnell bin ich vom Eingang fortgelaufen, bald aber komme ich zurück. Ich suche mir ein gutes Versteck und belauere den Eingang meines Hauses – diesmal von außen – tage- und nächtelang. Man mag es töricht nennen, es macht mir eine unsagbare Freude und es beruhigt mich. Mir ist dann, als stehe ich nicht vor meinem Haus, sondern vor mir selbst, während ich schlafe, und hätte das Glück, gleichzeitig tief zu schlafen und dabei mich scharf bewachen zu können. […] Nein, ich beobachte doch nicht, wie ich glaubte, meinen Schlaf, vielmehr bin ich es, der schläft, während der Verderber wacht. Vielleicht ist er unter denen, die achtlos am Eingang vorüberschlendern, sich immer nur vergewissern, nicht anders als ich, daß die Tür noch unverletzt ist und auf ihren Angriff warten, und nur vorübergehen, weil sie wissen, daß der Hausherr nicht im Innern ist oder weil sie vielleicht gar nicht wissen, daß er unschuldig nebenan im Gebüsch lauert. Und ich verlasse meinen Beobachtungsplatz und bin satt des Lebens im Freien […]."[16]

Für den ‚Bau' der Theorie wie für die Beobachtung von Gesellschaft gilt, daß es keinen Punkt außerhalb einer Grenze geben kann, der die ‚transzendentalen Bedingungen' des Beobachtens selbst überschritte. Polykontexturalität heißt daher unhintergehbar, daß die Beobachtung eines Teiles der Gesellschaft nur von einem anderen Teil der Gesellschaft, also auch innerhalb der Gesellschaft selbst, geleistet werden kann. Daher ist für Luhmann auch die Gesellschaftstheorie nur eine Form der Selbstbeschreibung von Gesellschaft innerhalb der Gesellschaft – nichts Externes, etwas, das sich von einem absoluten Beobachterstandpunkt aus vollzöge.

Das heißt nicht, daß sich die Gesellschaft der Beobachtbarkeit entzieht; Teilnehmer- und Beobachterposition sind allerdings – wie im Kafka-Text – zeitlich disjunkt, und die Beobachtbarkeit der Welt ist durch die Beobachterebenen gebunden, durch sie strukturiert. Luhmann operiert in der Regel mit drei solchen Ebenen und diskriminiert Beobachter erster, zweiter, dritter Ordnung.

Als Voraussetzung gilt dabei: Alles Beobachten ist Unterscheiden. Es kommt allerdings darauf an, auf welcher Ebene diese Unterscheidungen vorgenommen werden.

Kafkas Figur verhält sich einerseits wie ein Beobachter erster Ordnung; sie diskriminiert Sachen, Geräusche usw. Zweitens verhält sie sich wie der Leser: Sie überlegt, nach welchen Gesichtspunkten die möglichen Feinde sie beobachten könnten, wie sie wohl beobachtet worden ist usw. Sie verhält sich damit wie ein Beobachter zweiter Ordnung, der zu sehen versucht, wie die anderen oder er selbst Unterscheidungen, Entscheidungen treffen. Betreibe ich Leserforschung, so würde ich mich dafür interessieren, nach welchen Hinsichten/mit welchen Unterscheidungen der Leser seinerseits zur Rekonstruktion des Figurenverhaltens in Kafkas *Der Bau* kommt usw. Es handelte sich damit also um eine Beobachtung dritter Ordnung. Diese Spirale läßt sich – wie leicht zu sehen ist – infinit steigern.

Solche Sortierung von Beobachtungsebenen hat nun nicht den Zweck, hinterrücks doch noch den extramundanen Standpunkt einzuführen, sondern macht nur den Anspruch geltend, daß auf diese Weise die *Ent*scheidungen, nach denen *unter*schieden wird, offengelegt werden können, weil die Ebene, auf der diese Differenzen angesiedelt werden, nun ihrerseits in den Blick gerät – aber dies auch nur mittels einer neuen Unterscheidung. Auf diese Weise kann eine Gesellschaft eine Reihe mehr oder minder komplizierter Selbstbeschreibungen von sich anfertigen, wobei für Luhmann gilt: „Das Gesamtsystem Gesellschaft kann bei einem an Funktionen orientierten Differenzierungsmuster die Welt nur noch polykontextural schematisieren, das heißt: nur durch eine Mehrheit von nicht aufeinander reduzierbaren Letztunterscheidungen. Deshalb ist das Beobachten des Beobachtens die Operationsweise, die diesem Gesellschaftstyp entspricht [...]."[17]

Wenn es also keine gesellschaftsexterne Beobachterposition gibt, dann besteht Gesellschaft aus wechselseitiger Beobachtung und aus der Beobachtung dieser Beobachtung, den damit verbundenen Erwartungen oder Erwartungserwartungen usw. Damit erhält alles Beobachten eine Systemreferenz.

Die Fundamentalisierung des Beobachtens wird nicht immer gern gesehen: In Bielefeld etwa hat ein Künstler vor dem neu errichteten Polizeipräsidium eine kreisrund angeordnete Steinrunde ‚postiert', deren Steine jeweils, das Alphabet durchspielend, die Aufschrift tragen: A beobachtet B, B beobachtet C, C beobachtet D usw. – dies als Hommage an Luhmann. Wie man bald hören konnte, fand sich die Polizei bei diesen *inscriptiones* sehr gründlich mißverstanden: Sie wolle nicht Beobachter, sondern Helfer des Bürgers sein.

Für Luhmann ist es im wesentlichen die Kunst, die diesen polykontexturalen Beobachtungsweisen und damit dem Beobachten des Beobachtens Rechnung trägt. Ich erinnere nur kurz an einige Überlegungen aus *Weltkunst*:

Luhmann setzt ein mit der Einführung der Zentralperspektive, die er – mit anderen – als das Sehenmachen des Sehens in der Kunst versteht. Im 17./18. Jahrhundert dann gehe es dieser Kunst darum, in ihrer Beobachtungsweise selbst beobachtet zu werden. Dies geschehe u. a. durch die in den Text genommene Diskussion um Fiktion und Realität, durch Reflexionsformen oder Formspielereien (Digressionen u. ä.), die im- oder explizit Form diskutierten, oder schließlich durch das In-Szene-Setzen der Unmöglichkeit von Beobachtung, durch den permanenten Entzug von Festschreibungen usw.: dies alles also Weisen, die selbstreferentiell die Möglichkeiten von Kunst als die Möglichkeit von Form und das Zustandekommen bzw. Nichtzustandekommen von Form durch Beobachtung diskutieren. Kunst zeige dann sowohl die Kontingenz der Form als auch die Möglichkeit einer Ordnungsbildung in der kontingenten Form. „Die Funktion der Kunst", so Luhmann, „könnte es sein, zu zeigen, daß im Bereich des Möglichen Ordnung möglich ist."[18] Und dies gerade über das Appräsentieren von Kontingenz, durch das Offenhalten stets weiterer Möglichkeiten.

Ich verlasse an dieser Stelle die knappe Rekonstruktion und wende mich einigen Fragen zu. Erstens: Auf welche Weise wird die Beobachtung der Gesellschaft durch die Logik des Baus gesteuert? Zweitens: Läßt sich diese Logik des Baus verstehen als Effekt der Arbeitsweise, als Zettel-Arbeit? Und daran anschließend, drittens: Was bedeutet das Schreiben von Büchern, und noch spezifischer: das Schreiben dieses Buches *Die Gesellschaft der Gesellschaft* für diese Zettel-Arbeit?

Zunächst geht es für Luhmann um ‚Weiter'-Schreiben: „Ich habe bei Büchern und Aufsätzen keine Perfektionsvorstellung, so wie manche, die meinen, bereits bei dem ersten Buch ein endgültiges Werk schreiben zu müssen."[19]

„Ich muß Ihnen sagen, daß ich nie etwas erzwinge, ich tue immer nur das, was mir leichtfällt. Ich schreibe nur dann, wenn ich sofort weiß, wie es geht. Wenn ich einen Moment stocke, lege ich die Sache beiseite und mache etwas anderes. – *Was machen Sie dann?* – Na, andere Bücher schreiben. Ich arbeite immer gleichzeitig an mehreren verschiedenen Texten."[20]

Weiterschreiben ist also in einem mehrfachen Sinne zu verstehen: lebensgeschichtlich als ‚fast immer' Schreiben; dann als Weiterschreiben eines Gedankenganges; schließlich – im umfassendsten Sinn – als Fortschreiben eines, seines Projekts.

Dieses Projekt besteht, knapp gesagt, in Folgendem: Seit 1984, seit seinem Buch *Soziale Systeme* (aber auch schon vorher), sei es darum gegangen, „Theorien für die einzelnen Funktionssysteme auszuarbeiten und dabei auszuprobieren, ob man bei aller Verschiedenheit der Sachbereiche mit demselben begrifflichen Apparat arbeiten kann wie zum Beispiel: Autopoiesis und operative Schließung, Beobachtung erster und zweiter Ordnung, Selbstbeschreibung, Medium und Form, Codierung und, orthogonal dazu, die Unterscheidung von Selbst- und Fremdreferenz als interne Struktur".[21]

Fast alle Teilbereiche der Gesellschaft sind so nach und nach abgearbeitet worden: die *Funktion der Religion*, 1977; zusammen mit Karl-Eberhard Schorr die *Reflexionsprobleme im Erziehungssystem*, 1979; *Die Wirtschaft der Gesellschaft*, 1988; *Die Wissenschaft der Gesellschaft*, 1990; *Das Recht der Gesellschaft*, 1993; *Die*

Kunst der Gesellschaft, 1995 – um nur einiges zu nennen. Es ist folglich eine Art Wette, von der Luhmann ausgegangen ist und um deren Gewinn er Band für Band seiner Untersuchungen vorlegt. Die Wette besteht darin zu überprüfen, ob die Teilsysteme der modernen, funktionsdifferenzierten Gesellschaft aufgrund derselben *formalen* Prinzipien funktionieren und daher – trotz der „Verschiedenheit der Sachbereiche" – mit Hilfe derselben Kategorien beschrieben werden können.

Es geht mir an dieser Stelle nicht – und kann es auch gar nicht – um eine Beantwortung der Frage, ob Luhmann gleichsam die Wette gegen sich selbst gewonnen hat oder aber die Forschergemeinschaft seine Arbeiten nicht als valide, weitreichend usw. ansieht. Mich interessiert mehr, mit welcher Verfahrenstechnik diese Arbeiten zustande gekommen sind.

Ich wähle, um wenigstens ein Beispiel zu geben, das Kunstsystem, um später zu behaupten, daß die gesamten Untersuchungen Luhmanns sich dieser Form des Weiterschreibens verdanken. Zunächst einige, natürlich nicht alle Stationen des Gedankengangs: In *Soziologische Aufklärung,* Bd. 3, findet sich 1981 der schon einmal 1976 veröffentlichte Aufsatz *Ist Kunst codierbar?;* 1986 handelt Luhmann über *Das Kunstwerk und die Selbstreproduktion der Kunst;* 1990 erscheint sein Aufsatz *Weltkunst,* und 1995 wird, nach einigen Pre-prints, schließlich *Die Kunst der Gesellschaft* publiziert.[22]

In *Ist Kunst codierbar?* ist Luhmann im wesentlichen an der Übertragung der Theorie symbolisch generalisierter Kommunikationsmedien auf die Kunst interessiert, und er kommt hier zum Vorschlag, die Unterscheidung ‚schön/häßlich' als Codierung von Kunst zu sehen. Den Hauptteil des Aufsatzes bestimmt die Reflexion darauf, ob es besondere Bedingungen für Kunstkommunikation gibt; er mündet u.a. in die These, daß Kunst aufgrund ihres besonderen Charakters kaum die Chance für Anschlußkommunikation biete. Das kommunikative *Ereignis* ‚Kunst' stellt für Luhmann, dessen Kommunikationstheorie lange im wesentlichen an einer mündlichen *ego-alter*-Situation orientiert und in diesem Sinne ereignishaft bezogen war, eine besondere Herausforderung dar, und dieser Herausforderung versucht Luhmann sich dann in *Das Kunstwerk und die Selbstreproduktion der Kunst* genauer zu stellen. Kunst erscheint hier als ‚Kompaktkommunikation', Kunstwerke werden zu ganzen ‚Kommunikationsprogrammen', wobei der ‚Stil' nun jenseits des grundsätzlichen Codes ‚schön/häßlich' als jene Einheit erscheint, die die Differenz Form/Kontext verbindet, mit deren Hilfe Kunst an Kunst anschließt. Damit geht Luhmann an dieser Stelle über seine skeptische Einschätzung der ‚Codierbarkeit' von Kunst hinaus, hat er doch mit dem Stilbegriff für sich jene Kategorie gefunden, die Kunstevolution untersuchbar macht. Sowohl über die Analyse des sich konstituierenden Sozialsystems für Kunst als auch über Stilgeschichte, d. h. über die gesellschaftssystemabhängige, jeweils historische Programmierung von Stil, versucht Luhmann nun die Selbstreproduktion von Kunst nachzuzeichnen. Und am Ende wird eine Art Kommutationsprobe vorgenommen: Welche funktionalen Äquivalente für Kunst (bzw. Stil) könnte es geben, also welche Formen, die ebenfalls die gesellschaftliche Funktion von Kunst erfüllen (etwa die Mode oder die Anlehnung an Geschichte als ‚Selbstbezweiflung der Gegenwart')? Diese gesellschaftliche Funktion wird schon hier als ‚Konfrontation der Realität mit anderen Versionen derselben' bezeichnet und damit als ‚Kontingenzappräsentation' verstanden.

Genau diese Funktion von Kunst bildet nun die Hinsicht, mit der Luhmann in seinem Aufsatz *Weltkunst* einsetzt. Nun geht es nicht mehr allein darum, *daß* Kunst Kontingenz appräsentiert, sondern der Gedanke wird weitergetrieben durch die Überlegung, daß Kunst Welt als nur mögliche Welt, also als jeweils unterschiedene Form, beobachtet und aus dem Wissen um die blinden Flekken solcher Beobachtung zugleich Darstellungsverfahren entwickelt, die die Unbeobachtbarkeit von Welt inszenieren. Diese Inszenierungen sollen im Laufe der Kunstevolution als Merkmale von Kunst auch wahrgenommen werden. An dieser Stelle rekurriert Luhmann auf die Beobachtungstheorie George Spencer Browns und diskutiert die Ebenen, die auf das fehlende Zentrum durch den Wechsel auf die jeweils höhere Ordnung reagieren. Die Überlegungen zu ‚schön-häßlich' und zu ‚Stil' werden zwar nicht aufgegeben, treten aber deutlich in den Hintergrund; und die Differenz von Form und Kontext wird in der Unterscheidung Form und Medium reformuliert. Die *Kunst der Gesellschaft* schließlich erweitert die bislang entwickelten Hinsichten dadurch, daß hier nun jene Kategorien, mit denen Luhmann auch die anderen Teilsysteme von Gesellschaft untersucht, für die Analyse von

Kunst breit in Betracht gezogen werden (Wahrnehmung und Kommunikation; Beobachtung erster und zweiter Ordnung; Medium und Form; Funktion der Kunst und Ausdifferenzierung des Kunstsystems; Selbstorganisation; Evolution; Selbstbeschreibung).

Man kann dieses Verfahren also als eine Art ‚Anreicherung mit Transformation' verstehen: Aus einem Nukleus, der eine Leitdifferenz benennt, wird am Ende der groß angelegte Beschreibungsversuch von Kunst in *Die Kunst der Gesellschaft*. Dabei geht es jedoch, wie gesehen, nicht – bemüht man eine logische oder auch rhetorische Terminologie – um eine einmal geäußerte Proposition, etwa eine generelle These zum Untersuchungsgegenstand, der Luhmann dann eine Art exemplifizierender *copia*, Fülle also durch Beispiele u.ä., nachfolgen läßt. Die *copia* resultiert aus dem fortschreitenden Unterscheidungsgewinn, mit dem die Struktur des Baus sich – im Prinzip unabschließbar – entwickelt.

Dabei ergibt sich das Grundgerüst der Kapitel jeweils aus der Selektion eines Arsenals von etwa 20 bis 30 Begriffen: also Autopoiesis, Beobachtung erster und zweiter Ordnung, Differenz von Medium und Form usw. Oder aber Luhmann wiederholt – in einer Art abgewandeltem rhetorischen ‚wer'-, ‚warum'-, ‚wie'-Frageschema – Perspektiven, die sich einer einmal vorgenommenen Sortierung verdanken, etwa der Aufteilung in „Sach-, Zeit- und Sozialdimension". Unter „Sachdimension" handelt Luhmann dann „Themen sinnhafter Diskussion", unter „Zeitdimension" Vorher-nachher-Verhältnisse, Vergangenheit, Gegenwart, Zukunft, also Geschichte, und unter „Sozialdimension" *„ego* und *ego-alter"*-Beziehungen ab.

Alle diese Begriffe werden jeweils wiederholt – und zwar um den bewußt in Kauf genommenen, ja bewußt gewollten Preis der *Redundanz,* hier die Definition der Verbreitungsmedien selbst aufnehmend, die ja für Luhmann die „Reichweite sozialer Redundanz" regeln. Die kategoriale Mechanik, die die Überprüfung der oben genannten Wette übernimmt, ist dabei zugleich ein Memorialschema, das – als auf den einzelnen und auf die mögliche Gesamtheit des Publikums bezogen – im Sinne eines Lernens durch Redundanz eine durchaus didaktische Funktion hat. In gewisser Weise kopiert Luhmann damit Verfahren mündlicher Kommunikation in seine Texte hinein: Wenn Verstehen schon ein unwahrscheinliches Ergebnis des Kommunikationsvorgangs ist, so versucht Redundanz hier gegenzusteuern. Didaktisch ist auch der stark explanatorische Charakter der Luhmannschen Diktion.

So wird zunächst einmal ein grobes Netz von Hinsichten, von Aufmerksamkeiten, die Unterscheidungen darstellen, über ein Gegenstandsfeld gelegt, wohl wissend, daß auf diese Weise zwar das eigene Theoriedesign wiederholt, gleichzeitig aber der Gegenstand auch neu konstituiert wird. Und es ist in der Tat auffallend, was man denn auch an wohlbekannten Arbeitsfeldern neu sieht, wenn man sich über diese Luhmannschen Begriffe zu nähern versucht, d.h.: sich von Vorentscheidungen löst, die die gesamte Argumentation bislang determinierten (z.B. System/Umwelt anstelle von Teil/Ganzes).

Dennoch ist die Mechanik dieses Vorgehens unverkennbar; eine Theorie, die nicht im *déjà vu* enden, also nicht *nur* Redundanz erzeugen will, muß folglich Verfahren entwickeln, die das Spannungsfeld zwischen denselben begrifflichen Hinsichten *und* der „Verschiedenheit der Sachbereiche" auf beiden Seiten erkenntnisgenerierend zum Austrag bringen. Dabei besteht für den bei Luhmann *expressis verbis* unternommenen Versuch einer Supertheorie immer das Problem, mit der historischen Spezifizität des jeweiligen Gegenstands wiederum auf beiden Seiten der Unterscheidung Begriffe/Sachbereiche umzugehen: Der einmalige Gegenstand soll – so ja die historische Doktrin – sowohl das überkommene Begriffsarsenal transformieren als auch sich in der Einmaligkeit seines So-Seins jeder Beschreibungsmöglichkeit zugleich entziehen. Eine Supertheorie kann aber gerade dies nicht axiomatisieren, denn sie ist ihrer Art nach eigentlich Piraterie, d.h. annektiert die Gegenstandsprisen auf den sieben Weltmeeren notwendig an das Mutterschiff, um gemeinsam in Richtung Tortuga zu segeln. Luhmann als Theoretiker der Gesellschaft, dessen Geschäft im wesentlichen der Vergleich ist, darf sich notwendigerweise nicht auf ein Singularitätsapriori einlassen, weil damit jede Möglichkeit von Erklärung verneint würde.

Dennoch vollzieht sich die Anlage des Baus weniger mechanisch, als nach dem bislang Gesagten vorstellbar wäre. Luhmann fängt dieses Spannungsfeld zwischen gemeinsamen Begriffen und diversen Themenfeldern doppelt auf.

Zunächst durch den Konjunktiv der auch noch anderen Möglichkeiten. Wie erwähnt, erzählt er häufig in einer Rekonstruktion mehrere Geschichten, indem er funktionale Äquivalente bildet und abwägt, ob etwa die Mode, die Geschichte oder auch die Religion dieselbe Funktion übernehmen könnten wie die Kunst und *vice versa* (so in *Weltkunst*). Insgesamt besteht ein wichtiger Zug, ja die letztlich offene Form seines Projekts gerade in diesem Durchspielen von Möglichkeiten: „Mein Denken ist nun nicht darauf gerichtet, das eine oder andere Modell für unbedingt richtig zu erklären, sondern es geht mir darum, verschiedene Alternativen auf ihre Voraussetzungen und Folgen hin zu durchdenken. Diese Form des Denkens bestimmt auch mein gesamtes Wissenschaftsprogramm. Ausgangspunkt meines Denkens ist [...]: Wenn man eine Gesellschaft einmal in einer bestimmten Weise sähe, dann interessiert mich, welche Konsequenzen das hätte."[23]

Zweitens transformiert Luhmann die Spannung zwischen identischen Begriffen und thematischer *diversificatio* durch die Art, wie der Unterscheidungsaufbau, mit dem das Gegenstandsfeld vorgeführt wird, sich entwickelt. Dies vollzieht sich mittels des Übergangs von ‚Erst'- zu sog. ‚Zweitfassungen', und mit diesem Übergang, so vermute ich, kommt die Logik des Zettelkastens, des eigentlichen Baus, in Luhmanns Texte hinein.

„Das Folgende ist ein Stück empirischer Sozialforschung. Es betrifft mich und einen anderen: meinen Zettelkasten. [...] Für Kommunikation ist eine der elementaren Voraussetzungen, daß die Partner sich wechselseitig überraschen können. [...] Für Kommunikation ist nicht vorauszusetzen, daß beide Partner das gleiche Vergleichsschema verwenden; der Überraschungseffekt steigt sogar, wenn dies nicht der Fall ist und man es als Zufall ansieht, daß eine Nachricht vor einem Horizont anderer Möglichkeiten etwas besagt [...]."[24]

Und nachdem Luhmann seinen Zettelkasten beschrieben hat, resümiert er: „Als Ergebnis längerer Arbeit mit dieser Technik entsteht eine Art Zweitgedächtnis, ein *Alter ego*, mit dem man laufend kommunizieren kann. Es weist, darin dem eigenen Gedächtnis ähnlich, keine durchkonstruierte Gesamtordnung auf, auch keine Hierarchie und erst recht keine lineare Struktur wie ein Buch. Eben dadurch gewinnt es ein von seinem Autor unabhängiges Eigenleben. Die Gesamtheit der Notizen läßt sich nur als Unordnung beschreiben, immerhin aber als Unordnung mit nichtbeliebiger interner Struktur."[25]

Diese Logik des Zettelkastens, die aus dem In-Rechnung-Stellen des als zufällig erachteten Querverweises resultiert, konterkariert, so möchte ich behaupten, durchaus und immer wieder den systematischen, repetierenden Zugriff, also die gewollte Struktur der Luhmannschen Bücher. Der Prozeß argumentativer Differenzierung läßt sich stets von den durchaus sprunghaften Übergängen leiten, die etwa mit dem Ziehen neuer Zettel verbunden sind. Luhmann faltet sozusagen seinen Zettelbau auf, und er tut dies, indem er die numerische oder alphabetische Ordnung des Zettelkastens (oft auch graphisch: a, b, c; ,gedankliche Spiegelstriche' usw.) auf der Text- bzw. Buchebene dann wiederholt, wenn die zunächst systematisch generierten Kategorien weiter differenziert oder erläutert werden sollen. Daher haben Luhmanns Texte eigentlich auch keinen Anfang und keinen Schluß, der einen Ursprung oder ein Ende vorgäbe; sie brechen ab und fangen irgendwo an und führen dann vom einen Punkt zum anderen – so wie Luhmann dies als Darstellungsverfahren für seine *Sozialen Systeme* beschrieben hat. Die Texte sind offen und entkommen ihrer deutlichen Redundanz entweder als ,Zwischentexte' oder aber in den Anmerkungen, die manchmal einen zweiten, oft als Witz gebauten Text darstellen. Was bei Luhmann wie in Kafkas *Bau* bleibt, ist jener Ton, der sich im *Bau* als wirklich oder aber als (poetische) Halluzination, in Luhmanns Zettelarbeit als unausgesetztes Schreibgeräusch verstehen läßt – als Weiterschreiben.

Nun gilt dieser Befund in einer auffallenden Weise nicht für Luhmanns letztes Buch, *Die Gesellschaft der Gesellschaft*. Es ist – ohne daß dies abgeschmackt klingen soll – vom Ende eines Projekts aus geschrieben. Bis auf wenige Ausnahmen (etwa die Passagen zum Computer) faßt *Die Gesellschaft der Gesellschaft* eben das Projekt, eine Theorie der Gesellschaft zu entwickeln, zusammen, und zwar so, daß in äußerster Verknappung – in meiner Wahrnehmung: mit großer Atemlosigkeit – das Indikativische, die Resultate der Arbeit, dem Leser dargeboten werden. Diese Verknappung eröffnet um so mehr das Problem von Supertheorien: die Notwendigkeit, so stark zu abstrahieren, zu formalisieren, daß die Beobachtungen auf alle Funktionsbereiche der Gesellschaft übertragen werden können, damit aber jene von Historikern oder ,Empirikern' immer eingeforderte Differenzierung nur in den Ansätzen zu leisten. Dies in Kauf zu nehmen – und ich weiß nicht, ob und inwiefern Luhmann es in *Die Gesellschaft der Gesellschaft* bewußt getan hat – läßt das Interesse erkennen, sich der Errichtung des Baus, der Realisierung des Lebensprojekts noch einmal selbst zu vergewissern. Hinter der Analyse der funktionalen Differenzierung zeigt sich *zumindest an dieser Stelle* auch die Lust auf eine Karthographie der modernen Gesellschaft, der es gelingt, über die skizzierten Verfahren eine ebenfalls ‚moderne' *mathesis universalis* zu erstellen – und sei es nur zur Selbstverifikation der Theorie. Zugleich kommt damit das Luhmannsche Credo zum Ausdruck, daß Wissenschaft nicht mit Kunst in eins zu setzen ist, daß es folglich nicht um den Nachweis von Formgewinn im Rahmen unablässig permutierender Möglichkeitshorizonte gehe, sondern um die Plausibilität konstatierender Sätze: „Die folgenden Überlegungen gehen davon aus, daß es Systeme gibt."[26] In solcher Formulierung meint die wahr/falsch-Codierung von Wissenschaft das der Kunst diametral Entgegengesetzte.

Hinter dieser Karthographie steht jene Abschlußbewegung, die mit dem letzten großen Kapitel von *Die Gesellschaft der Gesellschaft,* den „Selbstbeschreibungen", eingeleitet wird. Die Beobachtung der modernen Gesellschaft, die stets als Selbstbeschreibung der Gesellschaft begriffen werden muß, mündet in die Selbstbeschreibung des jeweiligen Beobachters als *einer Form* gesellschaftlicher Selbstbeschreibung ein. Hier liegt auch der Platz des Luhmannschen Theorieprojekts als ‚reflektierter Autologie'. Und (sieht man von der ‚Postmoderne' ab, die Luhmann nur als eine ‚sogenannte' erscheint) im Benennen des eigenen Orts, im Vollzug der Selbstreferenz endet das Buch.

Luhmann hat in diesem Sinne in *Die Gesellschaft der Gesellschaft* im Verweis auf die „Stelle der Theorie" ein Projekt beschlossen und dabei den Nachweis zu erbringen versucht, daß der Bau (zumindest ansatzweise) errichtet ist. Stimmt diese Diagnose, so dürfte ihr Tatbestand nicht ohne Folgen bleiben: „Wenn die Kommunikation einer Gesellschaftstheorie als Kommunikation gelingt, verändert sie die Beschreibung ihres Gegenstandes und damit den diese Beschreibung aufnehmenden Gegenstand."[27] Diese Hoffnung ‚soziologischer Aufklärung' konterkariert aufs deutlichste die vergebliche Geräusch-Lokalisierung des ‚Tieres' in Kafkas *Bau* und insbesondere den letzten Satz der Erzählung: „Aber alles blieb unverändert –."[28]

Da im Augenblick niemand weiß, ob das Geräusch, das das Tier hört, von innen oder von außen kommt und ob der Text nicht gar Fragment, also vor der Zeit abgebrochenes Geräusch ist, bleibt es der Lektüre aufgegeben, im Luhmannschen oder im Kafkaschen ‚Bau' weiterzuhorchen und dabei jener Maxime zu folgen, die sich ebenfalls bei Kafka findet: „Du mußt nicht zuviel auf Meinungen achten. Die Schrift ist unveränderlich, und die Meinungen sind oft nur ein Ausdruck der Verzweiflung darüber."[29]

Dies gilt auch für meinen Text. Denn es gibt noch viele Zettel.

Anhang

Anmerkungen

Hermeneutik auf dem Königsweg zum Unbewußten. Freuds *Traumdeutung* (1900)

1 Siehe Eissler, Kurt R.: *Das Ende einer Illusion. Sigmund Freud und sein 20. Jahrhundert.* In: Psyche 49 (1995), S. 1196–1210, hier S. 1196.
2 Vgl. Freuds Brief an Fließ vom 5. November 1899. In: Freud, Sigmund: *Briefe an Wilhelm Fließ 1887–1904.* Ungekürzte Ausgabe. Bearbeitung der deutschen Fassung von Michael Schröter. Frankfurt/M. 1986 [im folgenden zitiert: *Freud an Fließ*], S. 419.
3 Freud: *Freud an Fließ* (wie in Anm. 2), S. 417f. (Brief vom 27. Oktober 1899); „einziges Publikum": ebd. S. 495 (Brief vom 19. September 1901); siehe außerdem ebd. S. 251, 333, 342, 501. Vgl. Buxbaum, Edith: *Freud's Dream Interpretation in the Light of His Letters to Fliess.* In: Bulletin of the Menninger Clinic 15 (1951), S. 197–212.
4 Zur Mittwoch-Gesellschaft gehörten zunächst vier Wiener Ärzte, zwei Hörer von Freuds Vorlesungen an der Universität, Rudolf Reitler (1865–1917), der erste von Freud ausgebildete Psychoanalytiker, und Max Kahane (1866–1923), sowie Freuds Patient und Lehranalysand Wilhelm Stekel (1868–1940) und der von diesem empfohlene Sozialmediziner Alfred Adler (1870–1937); vgl. Mühlleitner, Elke: *Biographisches Lexikon der Psychoanalyse. Die Mitglieder der Psychologischen Mittwoch-Gesellschaft und der Wiener Psychoanalytischen Vereinigung 1902–1938.* Tübingen 1992; zur Mittwoch-Gesellschaft siehe auch Wittenberger, Gerhard: *Das ‚Geheime Komitee' Sigmund Freuds. Institutionalisierungsprozesse in der ‚Psychoanalytischen Bewegung' zwischen 1912 und 1927.* Tübingen 1995, S. 33–36.
5 Freud: *Freud an Fließ* (wie in Anm. 2), S. 433; siehe auch Kimmerle, Gerd (Hg.): *Freuds Traumdeutung. Frühe Rezensionen 1899–1903.* Tübingen 1986.
6 Siehe Ricœur, Paul: *De l'interprétation. Essai sur Freud.* Paris 1965 (wo allerdings der technische Aspekt von Freuds materialer Deutungskunst zu kurz kommt); vgl. dagegen Laplanche, Jean: *La psychanalyse comme antiherméneutique.* In: Jean-Michel Salanskis, François Rastier, Ruth Scheps (Hg.): Herméneutique: textes, sciences. Paris 1997, S. 149–161. Die Freud-„Lektüre" von Forrester wiederum reduziert (im Anschluß an Derrida) Freud auf einen Traum-„Leser": Forrester, John: *Portrait of a Dream-Reader.* In: Michael S. Roth (Hg.): Freud. Conflict and Culture. New York 1998, S. 51–61.

7 Vgl. dazu die historischen Analysen von Szondi, Peter: *Einführung in die literarische Hermeneutik. Studienausgabe der Vorlesungen*. Hg. von Jean Bollack und Helen Stierlin. Bd. 5. Frankfurt/M. 1975, S. 9–191; Brinkmann, Hennig: *Mittelalterliche Hermeneutik*. Tübingen 1980; Laks, André und Neschke, Ada (Hg.): *La naissance du paradigme herméneutique. Schleiermacher, Humboldt, Boeckh, Droysen*. Lille 1990.
8 Freud, Sigmund: *Die Traumdeutung*. In: Gesammelte Werke II/III, S. 518. Freuds Werke werden wie folgt zitiert: GW I–XVIII; NBd. [= Freud, Sigmund: *Gesammelte Werke. Chronologisch geordnet*. Hg. von Anna Freud u. a. Bd. 1–18. London und Frankfurt/M. 1940–1952, 1968; *Nachtragsband*. Hg. von Angela Richards unter Mitwirkung von Ilse Grubrich-Simitis. Frankfurt/M. 1987].
9 Siehe dazu vor allem das Kapitel „Die sekundäre Bearbeitung" in Freuds *Traumdeutung*, GW II/III, S. 492–512.
10 Vgl. dazu und zum Folgenden: Schlesier, Renate: *Jerusalem mit der Seele suchen. Mythos und Judentum bei Freud*. In: Fritz Graf (Hg.): Mythos in mythenloser Gesellschaft. Das Paradigma Roms. Stuttgart, Leipzig 1993, S. 230–267.
11 Freud: *GW XVI* (wie in Anm. 8), S. 115.
12 Vgl. Bernays Heller, Judith: *Freud's Mother and Father. A Memoir*. In: Commentary 21 (1956), S. 418–421, hier S. 419 [deutsch in: Luzifer-Amor. Zeitschrift zur Geschichte der Psychoanalyse 3 (1989), S. 146–151]; dazu Schlesier: *Jerusalem* (wie in Anm. 10), S. 248.
13 Simenauer, Erich: *Freud und die jüdische Tradition*. In: Jahrbuch der Psychoanalyse 24 (1989), S. 29–60, hier S. 51 f.
14 „Schein": Freud: *Über den Traum* (1901). In: GW II/III (wie in Anm. 8), S. 669; „Fassade": ebd. S. 679; vgl. auch Freud: *Einige Nachträge zum Ganzen der Traumdeutung* (1925). In: GW I, S. 565; *Selbstdarstellung* (1925). In: GW XIV, S. 69; *Abriß der Psychoanalyse*. In: GW XVII, S. 88.
15 „Maske": Freud: GW I (wie in Anm. 8), S. 566; „Blendwerk": ebd. S. 565; „Täuschung": GW XIV, S. 69.
16 Vgl. dazu den Briefwechsel mit Fließ, vor allem seit dem Brief vom 16. Mai 1897, *Freud an Fließ* (wie in Anm. 2), S. 258 f.
17 Am 14. August 1897 bekennt Freud: „Der Hauptpatient, der mich beschäftigt, bin ich selbst", *Freud an Fließ*, S. 281. Die selbstanalytische Qualität der *Traumdeutung* macht Freud im Vorwort zur 2. Auflage von 1908 öffentlich, GW II/III, S. X. Vgl. zu Freuds Selbstanalyse vor allem: Anzieu, Didier: *L'auto-analyse de Freud et la découverte de la psychanalyse*. Paris ³1988.
18 Freud: GW II/III (wie in Anm. 8), S. 613.
19 Ebd. und S. VI. Vgl. dazu Starobinski, Jean: *Acheronta movebo. Nachdenken über das Motto der „Traumdeutung"*. In: ders. u. a.: Hundert Jahre „Traumdeutung" von Sigmund Freud. Drei Essays. Frankfurt/M. 1999, S. 7–34.
20 Freud: GW II/III, S. 613.
21 Freud: GW XII (wie in Anm. 8), S. 326; vgl. Freud: *Die endliche und die unendliche Analyse* (1937). In: GW XVI, S. 75.
22 Vgl. Grinstein, Alexander: *Sigmund Freud's Dreams*. New York 1980, vor allem S. 69–91; dazu auch Schlesier: *Jerusalem* (wie in Anm. 10), vor allem S. 235 f.

23 Freud: GW II/III (wie in Anm. 8), S. 456.
24 Ebd. S. 559; „verdrängte Wünsche" analog zu den unterweltlichen Schattenwesen in Homers *Odyssee*: ebd. S. 255 und S. 558 n.1.
25 Freud: *Freud an Fließ* (wie in Anm. 2), S. 309 (Brief vom 3. Dezember 1897); „semitischer Feldherr" (so in der *Traumdeutung*, etwas neutraler formuliert): GW II/III (wie in Anm. 8), S. 202.
26 Nämlich Rabbi Jochanan ben Sakkai; zu Freuds Identifikation mit diesem ersten Lehrer des Exil-Judentums vgl. Schlesier: *Jerusalem* (wie in Anm. 10), S. 258 f.
27 Freud: *Freud an Fließ* (wie in Anm. 2), S. 290 (Brief vom 3. Oktober 1897).
28 Freud: GW XIV (wie in Anm. 8), S. 427 f.
29 Freud: GW I (wie in Anm. 8), S. 86; siehe auch ebd., S. 476. Vgl. Schlesier, Renate: *Ein Kampf gegen die Dämonen von Natur und Kultur. Aggression und Vergessen bei Freud*. In: Carola Hilfrich-Kunjappu und Stéphane Mosès (Hg.): Zwischen den Kulturen. Theorie und Praxis des interkulturellen Dialogs. Tübingen 1997, S. 155–164, hier S. 156.
30 Siehe Freud: GW II/III, S. 201. Zu den vielen Wegen, die zur psychoanalytischen Deutung eines Traumes führen, vgl. Freud: *Neue Folge der Vorlesungen zur Einführung in die Psychoanalyse* (1933). In: GW XV, S. 10 f.
31 Freud: GW VIII (wie in Anm. 8), S. 31 f.
32 Freud: GW XI, S. 79–246.
33 Freud: GW XV, S. 6–61.
34 Freud: GW XVII, S. 87–94.
35 Vgl. dazu Schlesier, Renate: *„Umwertung aller psychischen Werte". Freud als Leser von Nietzsche*. In: Christoph Jamme (Hg.): Grundlinien der Vernunftkritik. Frankfurt/M. 1997, S. 243–276, hier vor allem S. 273 f. und S. 247.
36 Freud: GW X (wie in Anm. 8), S. 101. Vgl. zu Freuds Rekurs (an dieser Stelle und anderswo) auf das Alte Testament, Richter 12.5–6: Pfrimmer, Théo: *Freud, lecteur de la Bible*. Paris 1982, S. 166–168; Schlesier: *Jerusalem* (wie Anm. 10), S. 257.
37 Freud: GW XIII (wie in Anm. 8), S. 239.
38 Freud: GW XV, S. 6 f.
39 Vgl. ebd. S. 11 f.; auf den „Zwang zur Assoziation" als ein gemeinsames Charakteristikum von hysterischen Symptomen und von Träumen hatte Freud schon in den *Studien über Hysterie* aufmerksam gemacht, Freud: GW I, S. 122 n. Siehe auch unten Anm. 42.
40 Freud: GW II/III (wie in Anm. 8), S. 110–126; siehe dazu *Freud an Fließ*, S. 458 (Brief vom 12. Juni 1900); vgl. Anzieu (wie in Anm. 17), S. 39–68; Grinstein (wie in Anm. 22), S. 21–46.
41 Freud: *Entwurf einer Psychologie*. In: Ders.: Aus den Anfängen der Psychoanalyse. Briefe an Wilhelm Fließ. Abhandlungen und Notizen aus den Jahren 1887–1902. Hg. von Marie Bonaparte, Anna Freud und Ernst Kris. Frankfurt/M. ²1962 [1950], S. 297–384; wieder in: NBd. (wie in Anm. 8), S. 375–486.
42 Freud: NBd. S. 433 f.; vgl. auch oben Anm. 39.
43 Freud: *Freud an Fließ* (wie in Anm. 2), S. 217 (Brief vom 4. Dezember 1896).

44 Ebd., S. 258f. (Brief vom 16. Mai 1897).
45 Ebd.
46 Freud: GW II/III (wie in Anm. 8), S. 289.
47 Goethe: *Faust I*, Verse 1922–1927 (Freud zitiert nur die letzten vier Verse und paraphrasiert die ersten beiden).
48 Freud: GW II/III (wie in Anm. 8), S. 315; zum Traum-„Gewebe" vgl. auch ebd. S. 666; Freud: *Ein Traum als Beweismittel* (1913). In: GW X, S. 22; das „Gewebe" der Psyche: Freud: *Das Unbehagen in der Kultur* (1930). In: GW XIV, S. 428.
49 Freud: GW II/III (wie in Anm. 8), S. 285.
50 Ebd., S. 289.
51 Ebd.
52 „Zensur": GW II/III, besonders ab S. 148f.; „Widerstand": ebd. vor allem S. 521, sowie insgesamt die Abschnitte A und B im 7. Kapitel der *Traumdeutung* (ebd. S. 516–555). Vgl. zum „Widerstand" bereits (in Zusammenhang mit Freuds Erfahrungen bei der Neurosentherapie und in seiner Selbstanalyse) in: *Freud an Fließ*, S. 296 und 299 (Briefe vom 27. Oktober 1897 und 5. November 1897).
53 Freud: GW II/III (wie in Anm. 8), S. 538; vgl. ebd. S. 141. „Wunscherfüllung" als Traum-Motiv: bereits (implizit) in *Freud an Fließ*, S. 114f. (Brief vom 4. März 1895); explizit: ebd. S. 144 (Brief vom 23. September 1895) und S. 259 (Brief vom 16. Mai 1897). Neurotisches Symptom wie Traum als Wunscherfüllung: ebd. S. 268 (Manuskript N, Beilage zum Brief vom 31. Mai 1897); vgl. zum hysterischen Anfall ebd. S. 377 (Brief vom 19. Februar 1899).
54 Vgl. dazu und zum Folgenden Freud: GW II/III (wie in Anm. 8), S. 548f.
55 Freud: GW II/III (wie in Anm. 8), S. 494. Dort wird Heine als „der Dichter" im Text anonym und ohne Anführungszeichen zitiert und paraphrasiert, und zwar aus dem Zyklus „Die Heimkehr" in Heines *Buch der Lieder* von 1827 das Gedicht No. LVIII: „Zu fragmentarisch ist Welt und Leben! / Ich will mich zum deutschen Professor begeben. / Der weiß das Leben zusammenzusetzen, / Und er macht ein verständlich System daraus; / Mit seinen Nachtmützen und Schlafrockfetzen / Stopft er die Lücken des Weltenbaus". Zu Freuds häufigem Rekurs auf Heine (allerdings ohne Berücksichtigung des eben genannten) vgl. Gilman, Sander L.: *Freud Reads Heine Reads Freud*. In: Mark H. Gelber (Hg.): The Jewish Reception of Heinrich Heine. Tübingen 1992, S. 77–94 [umgearbeitete deutsche Fassung in: Sander L. Gilman: *Rasse, Sexualität und Seuche. Stereotype aus der Innenwelt der westlichen Kultur*. Reinbek 1992, S. 229–251]; Schlesier: *Jerusalem* (wie Anm. 10), S. 240f. und 261.
56 Freud: GW II/III (wie in Anm. 8), S. 3. Freud bezieht sich auf Aristoteles' Schriften *Über Träume und Traumdeutungen* (De somniis) und *Von der Weissagung im Traume* (De divinatione per somnia).
57 Freud: GW II/III (wie in Anm. 8), S. 554. Freud beansprucht hier, Nietzsche zu zitieren (ohne Werktitel-Angabe); in Wirklichkeit handelt es sich aber um eine Verdichtung von Formulierungen Nietzsches im 1. Hauptstück von *Menschliches, Allzumenschliches*, No. 12 und 13 (vgl. dazu Schle-

sier: *Freud/Nietzsche*, wie in Anm. 35, S. 251–253) sowie im 4. Hauptstück, No. 223.
58 Freud: GW II/III (wie in Anm. 8), S. 151.
59 Dieser Anspruch wird schon in den *Studien über Hysterie* von 1895 deutlich, vgl. Freud: GW I, S. 200 f.; siehe dazu auch den Briefwechsel zwischen Freud und Fließ *passim*.
60 Freud: *Der Wahn und die Träume in W. Jensens „Gradiva"* (1907). In: GW VII (wie in Anm. 8), S. 31.
61 Vgl. dazu Bollack, Jean: *Der Menschensohn. Freuds Ödipusmythos* [frz. 1986]. In: Sophokles König Ödipus. Essays. Frankfurt/M. 1994, S. 90–138; Schlesier, Renate: *Auf den Spuren von Freuds Ödipus*. In: Heinz Hofmann (Hg.): Antike Mythen in der europäischen Tradition. Tübingen 1999, S. 281–300.
62 Freud: GW II/III (wie in Anm. 8), S. 488 n.1. Vgl. auch Shengold, Leonard: *Freud and Joseph* (1961). In: Mark Kanzer und Jules Glenn (Hg.): Freud and His Self-Analysis. New York und London 1979, S. 67–86; Schlesier: *Jerusalem* (wie in Anm. 10), S. 256 und 263; siehe auch Simon, Ernst: *Der Traum in den Überlieferungen der Juden* (1971). In: Entscheidung zum Judentum. Essays und Vorträge. Frankfurt/M. 1980, S. 183–195.
63 Freud: *Freud an Fließ* (wie in Anm. 2), S. 402 und 404 (Briefe vom 6. und 27. August 1899); vgl. aber Freud: *Selbstdarstellung*. In: GW XIV, S. 40. Den „ägyptischen" Aspekt seines Traumbuches betont Freud in Zusätzen von 1909 (GW II/III, S. 347) und 1914 (ebd. S. 326): Traum als „Hieroglyphenschrift".
64 Zum Problem einer „Versteinerung" des Symbols bei Freud vgl. Kahn, Laurence: *La petite maison de l'âme*. Paris 1993, S. 148–164. In der *Traumdeutung* hatte Freud noch davor gewarnt, „die Bedeutung der Symbole für die Traumdeutung zu überschätzen, etwa die Arbeit der Traumübersetzung auf Symbolübersetzung einzuschränken und die Technik der Verwertung von Einfällen des Träumers aufzugeben", GW II/III (wie in Anm. 8), S. 365.
65 Die Traumarbeit sei eine „Übersetzung", so zunächst in der *Traumdeutung*, vgl. GW II/III (wie in Anm. 8), S. 447, und nicht zuletzt: eine „Übersetzung" sei der nach dem Erwachen hergestellte, wie ein „heiliger" behandelte Traum-Text selbst, ebd. S. 518, „mehrsprachig" (ebd. S. 266) und „mehrdeutig" (ebd. S. 224); der Unterschied zwischen Traum und Trauminterpretation läßt sich daher nicht begrifflich fassen. Traumdeutung als „Übersetzungsarbeit": so Freud in: GW VII, S. 32; vgl. Freud: *Die Handhabung der Traumdeutung in der Psychoanalyse* (1912). In: GW VIII, S. 353; GW XI, S. 135 („gedeutet, d. h. übersetzt").
66 In jenem ursprungsmythischen Modell stehen bei Freud am Anfang die Mutter und der Vater, und zwar in dieser Reihenfolge; bei weiblichen Wesen sei der Mutter gegenüber der Vater, dem Vater gegenüber der Ehemann nur „Ersatzmann", siehe Freud: *Das Tabu der Virginität* (1917). In: GW XII (wie in Anm. 8), S. 174; vgl. *Über die weibliche Sexualität* (1931). In: GW XIV, S. 532.
67 Vgl. dazu Schlesier, Renate: *Forschungen und Ängste eines sehr jungen Mythologen. Zu Freuds „kleinem Hans"*. In: Paragrana 6/2 (1997), S. 161–170.

68 Siehe Schlesier, Renate: *Mythos und Weiblichkeit bei Freud*. Frankfurt/M. ²1990.
69 Vgl. Freud: GW II/III (wie in Anm. 8), S. 101; siehe aber oben Anm. 64.
70 Freud: GW XIII (wie in Anm. 8), S. 303.
71 Vgl. Goethe: *Faust I*, Vers 1938 f.
72 Es sei denn, man will sich mit Freuds auf den Traumtext bezogenen Nihilismus begnügen, GW II/III (wie in Anm. 8), S. 522: „an dem [Traum] liegt nichts".

Edmund Husserl:
Logische Untersuchungen (1900/1901)

1 Zur Diskussion des logischen Psychologismus in der Logik und zu seiner Bedeutung für Husserls deskriptive und transzendentale Konzeptionen der Phänomenologie vgl. Seebohm, Thomas M.: *Psychologism revisited*. In: Ders., D. Føllesdal, J. N. Mohanty (Hg.): Phenomenology and The Formal Sciences. Dordrecht 1991, S. 149–182; und Massey, Gerald J.: *Some reactions on psychologism*. Ebd., S. 183–194.
2 Vgl. Frege, Gottlob: *Rezension* von Dr. E. G. Husserl: *Philosophie der Arithmetik. Psychologische und logische Untersuchung. Erster Band.* Leipzig, 1891. In: Zeitschrift für Philosophie und philosophische Kritik, CIII, S. 313–332. Wiederabgedruckt in Gottlob Frege: *Kleine Schriften*. Hg. von Ignacio Angelelli. Hildesheim 1967.
3 Siehe Husserl, Edmund: *Logische Untersuchungen. Erster Band. Prolegomena zur reinen Logik*. Band XVIII der Husserliana. Hg. von Elmar Holenstein. Text der 1. und der 2. Auflage. Den Haag 1975. (Sämtliche Zitate aus den *Logischen Untersuchungen* beziehen sich auf deren 1. Auflage.)
4 Ebd. Bd. I, A 238.
5 Siehe Husserl, Edmund: *Logische Untersuchungen. Zweiter Band. Erster Teil. Untersuchungen zur Phänomenologie und Theorie der Erkenntnis*, Band XIX/1 der Husserliana. Text der 1. und der 2. Auflage. Ergänzt durch Annotationen und Beiblätter aus dem Handexemplar. Herausgegeben von Ursula Panzer. Den Haag 1984; und siehe auch Husserl, Edmund: *Logische Untersuchungen. Zweiter Band. Zweiter Teil. Untersuchungen zur Phänomenologie und Theorie der Erkenntnis*. Band XIX/2 der Husserliana. Text der 1. und der 2. Auflage. Ergänzt durch Annotationen und Beiblätter aus dem Handexemplar. Herausgegeben von Ursula Panzer. Den Haag 1984.
6 Husserl: *Logische Untersuchungen* (wie in Anm. 3). Bd. I, A 249.
7 Ebd. Bd. I, A 250.
8 Siehe Husserl, Edmund: *Aus den Vorlesungen über neuere Fortschritte der deduktiven Logik* (de Morgan, mathematische Logik etc.). 1895. Transkribiertes Manuskript K I 25, Husserl-Archiv, Leuven.
9. Husserl: *Logische Untersuchungen* (wie in Anm. 3). Bd. I, A 252 – A 253.
10 Ebd. Bd. I, A 240.
11 Vgl. Husserls *Selbstanzeige* der *Logischen Untersuchungen*. In: Husserl: Logische Untersuchungen (wie in Anm. 3), S. 262.

12 Zur Wirkungsgeschichte der *Logischen Untersuchungen*, für die ihre essentialistischen Aspekte, jedoch nicht die spätere transzendentale Fassung der Phänomenologie wesentlich waren, schreibt Walter Biemel: „A different type of Phenomenology, the Phenomenology of essences, developed from a tangential continuation of that of the *Logische Untersuchungen*. Its supporters were Husserl's students in Göttingen and a group of young philosophers in Munich, originally students of Theodor Lipp, a Munich psychologist, and philosopher-students who had turned away from Lipp's psychologism and discovered powerful support in Husserl. The Phenomenological movement, which then began to take shape, found its most tangible expression in the publication of the *Jahrbuch für Philosophie und phänomenologische Forschung* (1913–30), a Phenomenological yearbook with Husserl as its main editor, the preface of which defined Phenomenology in terms of a return to intuition (Anschauung) and to the essential insights (Wesenseinsichten) derived from it as the ultimate foundation of all philosophy.

The 11 volumes of the Jahrbuch contained, in addition to Husserl's own works, the most important fruits of the movement in its broader application. Of the co-editors, Alexander Pfänder contributed chiefly to the development of phenomenological psychology and pure logic but developed also the outlines of a complete Phenomenological philosophy. Moritz Geiger applied the new approach particularly to aesthetics and Adolf Reinach to the philosophy of law. The most original and dynamic of Husserl's early associates, however, was Max Scheler, who had joined the Munich group and who did his major Phenomenological work on problems of value and obligation. A Polish philosopher, Roman Ingarden, did major work in structural ontology and analysed the structures of various works of art in its light; Hedwig Conrad-Martius, a cosmic Realist at the University of Munich, worked intensively in the ontology of nature; and others made comparable contributions in other fields of philosophy. None of these early Phenomenologists, however, followed Husserl's road to transcendental Idealism; and some tried to develop a Phenomenology along the lines of Realism." Vgl. Biemel, Walter: *Philosophical Schools and Doctrines, Western – Phenomenology.* Art. In: Encyclopedia Britannica. Multimedia edition. 1999.

13 Zu diesem Problemkreis vgl. insbesondere die Aufsatzsammlung Seebohm, Thomas M. u.a. (Hg.): *Phenomenology and The Formal Sciences* (wie in Anm. 1).

14 Vgl. Strawson, Peter F.: *Introduction to Logical Theory.* London 1977, S. 152–194.

15 Vgl. Husserl, Edmund: *Aufsätze und Rezensionen (1890–1910).* Band XXII der Husserliana. Mit ergänzenden Texten herausgegeben von Bernhard Rang. Den Haag 1979, S. 44–72.

16 Husserl: *Logische Untersuchungen* (wie in Anm. 3). Bd. II/1, A 387.

17 Ebd. Bd. II/1, A 388–389.

18 Ebd. Bd. II/1, A 390.

19 Vgl. diesbezüglich Frege, Gottlob: *Über Sinn und Bedeutung.* In: Zeitschrift für Philosophie und philosophische Kritik (1892), NF 100, S. 25–50; aber auch Frege, G.: *Wissenschaftlicher Briefwechsel.* In: Nachgelassene

Schriften und Wissenschaftlicher Briefwechsel. Herausgegeben, bearbeitet, eingeleitet und mit Anmerkungen versehen von Gottfried Gabriel, Hans Hermes, Friedrich Kambartel, Christian Thiel, Albert Veraart. Bd. 2. Hamburg 1976.

20 Vgl. zu dieser Problematik Astroh, Michael: *Anschauung und Färbung in Freges frühen Schriften.* In: Gottfried Gabriel (Hg.): 150 Jahre Frege – eine internationale Tagung. Paderborn 2000.

Oswald Spengler:
Der Untergang des Abendlandes (1918/1922)

1 Frank, Manfred: *Geschweife und Geschwafel. (Ein offener Brief an Peter Sloterdijk).* In: Die Zeit Nr. 39, vom 23. Sept. 1999, S. 34.

2 Dazu unser Motto von Manfred Frank, einem beharrlichen Kritiker der aktuellen französischen Neigungen, sowie auch einige Publikationen in Italien (vgl. die Bibliographie in Conte 1997, wie in Anm. 7).

3 Spengler, Oswald: *Der Untergang des Abendlandes. Umrisse einer Morphologie der Weltgeschichte.* Mit einem Nachwort von Detlef Felken. München 1998. Ungekürzte Sonderausgabe in einem Band (Beck's Historische Bibliothek). Das Werk erschien zuerst in zwei Bänden: Bd. I im April 1918 bei Braumüller in Wien, Bd. II 1922 bei C. H. Beck in München, so wie auch alle weiteren Ausgaben beider Bände.

4 Koktanek, Anton Mirko: *Oswald Spengler in seiner Zeit.* München 1968 (Neudruck Darmstadt 2000). Vgl. auch A. M. Koktanek (Hg.): *Spengler-Studien. Festschrift für Manfred Schröter zum 85. Geburtstag.* München 1985.

5 Felken, Detlef: *Oswald Spengler. Konservativer Denker zwischen Kaiserreich und Diktatur.* München 1988. Vgl. Felken, D.: *Spengler e il nazionalsocialismo.* In: Estetica 1991: Sul destino. Hg. von S. Zecchi. Bologna 1991, S. 251–280.

6 Naeher, Jürgen: *Oswald Spengler, mit Selbstzeugnissen und Bilddokumenten.* Reinbek 1984.

7 Conte, Domenico: *Introduzione a Spengler.* Roma, Bari 1997 (I filosofi, 73). Zur seit langem besonders regen Spengler-Forschung in Italien vgl. auch Conte, D.: *Catene di civiltà. Studi su Spengler.* Napoli 1994; *Oswald Spengler e l'idea di decadenza.* In: Diorama letteraria 100 (Januar 1987), Themenheft; *Tramonto dell'Occidente?* Hg. von G. M. Cazzaniga u.a. Urbino 1989, Themenheft; Raciti, Giuseppe: *Critica della notte. Saggio sul „Tramonto dell'Occidente" di Oswald Spengler.* Catania 1996; Ferrari Zumbini, Massimo: *Untergänge und Morgenröten: Nietzsche – Spengler – Antisemitismus.* Würzburg 1999.

8 Lantink, Francis W.: *Oswald Spengler oder die ‚zweite Romantik': Der „Untergang des Abendlandes", ein ‚intellektualer Roman' zwischen Geschichte, Literatur und Politik* (met een samenvatting in het Nederlands). Proefschrift Universiteit Utrecht 1995. Noord Harlem 1995. Lantink hat eine Reihe unbekannter Rezeptionsdokumente gesammelt und zieht mehrere ungedruckte Aufzeichnungen Spenglers heran, vor allem den bisher

unbeachtet gebliebenen sog. *Münchner Roman*, Notizen zu einem Romanentwurf, die seit ca. 1911 parallel zu den Arbeiten am UdA niedergeschrieben wurden. Leider ist die Darstellung Lantinks insgesamt skizzenhaft und auf weiten Strecken geradezu unausgeführt. Vgl. auch Boterman, Frits: *Oswald Spengler en „Der Untergang des Abendlandes": cultuurpessimist en politiek activist.* Proefschrift Amsterdam 1992. Maastricht 1992.

9 Breuer, Stefan: *Anatomie der Konservativen Revolution.* Darmstadt 1993. Zu diesem Thema auch mit anregender Kritik: Lantink: *Oswald Spengler oder die ‚zweite Romantik'* (wie in Anm. 8), bes. S. 36ff.; vgl. ebenso Sieferle: *Die konservative Revolution* (wie in Anm. 13) sowie Sorokin, Pitirim A.: *Kulturkrise und Gesellschaftsphilosophie. Moderne Theoretiker über das Werden und Vergehen von Kulturen und das Wesen ihrer Krisen.* Stuttgart, Wien 1953; Stern, Fritz: *Kulturpessimismus als politische Gefahr. Eine Analyse nationaler Ideologie in Deutschland.* Vorwort von Ralf Dahrendorf. Bern, Stuttgart, Wien 1963; Sontheimer, Kurt: *Antidemokratisches Denken* (wie in Anm. 32); Merlio, Gilbert: *Oswald Spengler. Témoin de son temps.* 2 Teile. Stuttgart 1982; Popov, Stefan: *Der europäische Kulturpessimismus.* Köln 1982; Nowak, Kurt: *Die ‚antihistoristische Revolution'. Symptome und Folgen der Krise historischer Weltorientierung nach dem Ersten Weltkrieg in Deutschland.* In: Horst Renz, u. a. (Hg.): Umstrittene Moderne. Die Zukunft der Neuzeit im Urteil der Epoche Ernst Troeltschs. Gütersloh 1987, S. 133-171; Pauen, Michael: *Pessimismus, Geschichtsphilosophie, Metaphysik und Moderne von Nietzsche bis Spengler.* Berlin 1997.

10 Εἰς ἑαυτόν: Spenglers autobiographische Aufzeichnungen werden im folgenden als *EH* zitiert.

11 Adorno, Theodor W.: *Spengler nach dem Untergang. Zu Oswald Spenglers 70. Geburtstag.* In: Der Monat 2 (1949/50), Nr. 20, S. 53. Erneut in ders.: Prismen. Kulturkritik und Gesellschaft. Frankfurt/M. 1955, S. 51-81. Adorno bezieht sich auf die einschlägige Darstellung von Schröter, Manfred: *Der Streit um Spengler. Kritik seiner Kritiker.* München 1922. Schröter dokumentiert und kommentiert u. a. die Rezensionen der Fachwissenschaften in ausführlichen Zitaten und sucht ein Gesamtbild der ersten, außerordentlich extensiven Rezeption zu vermitteln. Vgl. auch ders.: *Metaphysik des Untergangs. Eine kulturkritische Studie über Oswald Spengler.* München 1948; Adorno, Theodor W.: Rezension von Spengler: *Der Mensch und die Technik.* In: Zeitschrift für Sozialforschung 1 (1932), S. 149-151; und ders.: *Wird Spengler recht behalten?* In: Frankfurter Hefte 10 (1955), H. 12.

12 *EH*, S. 60. Zit. nach Naeher: *Oswald Spengler* (wie in Anm. 6), S. 38.

13 Sieferle, Rolf Peter: *Zivilisation als Schicksal: Oswald Spengler.* In: Ders. (Hg.): Die Konservative Revolution. Fünf biographische Skizzen (Paul Lensch, Werner Sombart, Oswald Spengler, Ernst Jünger, Hans Freyer). Frankfurt/M. 1995, S. 106-131, hier S. 106.

14 Tucholsky, Kurt: *Schnipsel* [zuerst 1931]. In: Gesammelte Werke. Band 3. Reinbek 1960, S. 976.

15 Lantink hat auf die Bedeutung der prachtvollen Ludwigstraße, der Verbindung Schwabings mit der Innenstadt, hingewiesen. Aus den nachgelassenen Notizen zu dem sog. *Münchner Roman* gehe hervor, daß Spengler das alte Schwabing, das er als Student 1901/02 erlebt hatte, bei seiner Rückkehr

1911 vom ‚Untergang' bedroht sah. Die Ludwigstraße symbolisiert die Schönheit der Stadt, in ihrer gemischten Architektur aus ‚Romantik' und einem etwas monotonen Klassizismus macht sie ihm aber schon früh den Übergang von der ‚Kultur' zur ‚Zivilisation' sinnfällig. Lantink: *Oswald Spengler oder die ‚zweite Romantik'* (wie in Anm. 8), S. 111 ff. u. ö.

16 Huch, Ricarda. In: Tagebücher der Schwester Hilde Kornhardt, VIII (Spengler-Archiv). Zit. nach Felken: *Oswald Spengler* (wie in Anm. 5), S. 30.
17 Kessler, Harry Graf: *Tagebücher 1918 bis 1937* [zuerst 1961]. Hg. von Wolfgang Pfeiffer-Belli. Frankfurt/M. 1996, S. 574, 575 f.
18 Tucholsky, Kurt: *Die Essayisten* [zuerst 1931]. In: Gesammelte Werke. Band 3. Reinbek 1960, S. 842–847, hier S. 842–844.
19 Graf, Oskar Maria: *Gelächter von außen. Aus meinem Leben 1918–1933* [zuerst 1966]. Neuausgabe München 1983, S. 197, 207.
20 Gundolf, Friedrich: *Gundolf Briefe. Neue Folge*. Hg. von Lothar Helbing und Claus Victor Bock. Amsterdam 1965, S. 165.
21 Gundolf, Friedrich: *Briefwechsel mit Herbert Steiner und Ernst Robert Curtius*. Eingeleitet und hg. von Lothar Helbing. Amsterdam 1962–63, S. 280 f. – Vgl. auch die satirische Schrift von Nelson, Leonard: *Spuk. Einweihung in das Geheimnis der Wahrsagerkunst Oswald Spenglers und sonnenklarer Beweis der Unwiderleglichkeit seiner Weissagungen nebst Beiträgen zur Physiognomik des Zeitgeistes. Eine Pfingstgabe für alle Adepten des metaphysischen Schauens* (1921). Nelson (1882–1927), ein Nachkomme von Moses Mendelssohn, kam als Philosoph (in Göttingen) aus dem Umkreis des Neukantianismus von Jakob Friedrich Fries; aktive Tätigkeit in der sozialistischen Jugendorganisation und als Reformpädagoge.
22 Mann, Thomas: *Über die Lehre Spenglers* [zuerst 1924]. In: Werke. Das essayistische Werk. Band 1. Frankfurt/M. 1968, S. 223–229, hier S. 228 f. – Mann war beeinflußt von den Artikeln von Bäumler, Alfred: *Metaphysik und Geschichte. Brief an Thomas Mann*. In: Die neue Rundschau 34 (1920). Bd. 2, S. 1113–1128; und *Epilog zu Spengler*. In: Ebd. (1923). Bd. 1. In den dreißiger Jahren beteiligte sich Bäumler an der Bekämpfung Spenglers durch die NS-Publizistik.
23 Wenn nicht anders angegeben, stammen sämtliche Spengler-Zitate aus dem *Untergang des Abendlandes*.
24 Mann, Thomas: *Über die Lehre Spenglers* (wie in Anm. 22), S. 226.
25 Mannheim, Karl: *Beiträge zur Theorie der Weltanschauungs-Interpretation*. In: Ders.: Wissenssoziologie. Hg. von Kurt H. Wolff. Berlin u. a. 1964 (Soziologische Texte, 28), S. 91–154, hier S. 147 f. Leider seien diese Einsichten „mit einer historisch wahrsagenden Gesetzmetaphysik unerfreulich verquickt", S. 147.
26 Kant, Immanuel: *Der Streit der Fakultäten*. 2. Abschnitt: *Erneuerte Frage: Ob das menschliche Geschlecht im beständigen Fortschreiten zum Besseren sei?* (1798).
27 Zur satirischen Behandlung von Spenglers Prognostik durch Zeitgenossen vgl. neben Thomas Manns Bemerkungen (wie in Anm. 22) besonders Leonard Nelsons *Einweihung in das Geheimnis der Wahrsagerkunst Oswald Spenglers* (wie in Anm. 21). Vgl. auch Musil, Robert: *Geist und Erfahrung. Anmerkun-*

gen für Leser, welche dem Untergang des Abendlandes entronnen sind. In: Der Neue Merkur 4 (1920). Wiederabgedruckt in ders.: Tagebücher, Essays und Reden. Werke. Band 8. Hg. von Adolf Frisé. Reinbek 1978, S. 1042–1059.

28 Enzensberger, Hans Magnus: *Das digitale Evangelium*. In: Der Spiegel Nr. 2, vom 10. Januar 2000, S. 93.

29 Demandt, Alexander: *Der Fall Roms. Die Auflösung des römischen Reiches im Urteil der Nachwelt*. München 1984. Vgl. auch Demandt, A.: *Metaphern für Geschichte. Sprachbilder und Gleichnisse im historisch-politischen Denken*. München 1979; ders.: *Endzeit? Die Zukunft der Geschichte*. Berlin 1993; und ders., John Farrenkopf (Hg.): *Der Fall Spengler. Eine kritische Bilanz*. Köln, Weimar, Wien 1994.

30 Sombart, Werner: *Händler und Helden. Patriotische Besinnungen* (1915). Vgl. Sieferle: *Zivilisation als Schicksal* (wie in Anm. 13), S. 110.

31 Spengler, Oswald: Brief an Hans Klöres, 14. Juli 1915. In: *Briefe 1913–1936*. Hg. von Anton M. Koktanek. München 1963, S. 44.

32 Niekisch, Ernst: *Das Reich der niederen Dämonen* [entst. 1935/36]. Hamburg 1953; und ders.: *Gewagtes Leben. Begegnungen und Erlebnisse*. Köln, Berlin 1958; vgl. dazu Sontheimer, Kurt: *Antidemokratisches Denken in der Weimarer Republik. Die politischen Ideen des deutschen Nationalismus zwischen 1918 und 1933*. München 1968, S. 129 f.

33 Vgl. Koktanek: *Oswald Spengler in seiner Zeit* (wie in Anm. 4), S. 140 f.

34 Zu den Spengler-‚Vorläufern' von Lasaulx (1805–1861) und Danilewskij vgl. bes. Demandt: *Der Fall Roms* (wie in Anm. 29), sowie Felken: *Oswald Spengler* (wie in Anm. 5), S. 59 f.

35 Vgl. Lantink: *Oswald Spengler oder die ‚zweite Romantik'* (wie in Anm. 8), S. 299 ff., hier 335 ff.

Die wichtigsten Werke Spenglers

Der Untergang des Abendlandes. Umrisse einer Morphologie der Weltgeschichte. Band I: *Gestalt und Wirklichkeit*. Wien 1918; ab 1919 München; Band II: *Welthistorische Perspektiven*. München 1922. *Der Untergang des Abendlandes. Sonderausgabe in einem Band*. München 1998.

Preußentum und Sozialismus. München 1919.

Pessimismus? In: Preußische Jahrbücher 184 (1921), S. 73–84.

Der Mensch und die Technik. Beitrag zu einer Philosophie des Lebens. München 1931.

Politische Schriften. München 1932.

Jahre der Entscheidung. Erster Teil: Deutschland und die weltgeschichtliche Entwicklung. München 1933.

Reden und Aufsätze. Hg. von Hildegard Kornhardt. München 1937.

Briefe 1913–1936. Hg. von Anton M. Koktanek. München 1963.

Wittgensteins
Tractatus Logico-Philosophicus (1921)

(*) Zitate aus den *Philosophischen Untersuchungen* werden im folgenden im fortlaufenden Text mit der Sigle *PU* nachgewiesen, Zitate aus dem *Tractatus Logico-Philosophicus* mit der Sigle *T*.

1 Wittgenstein, Ludwig: *Philosophische Untersuchungen.* Werkausgabe. Bd. 1. Frankfurt/M. 1969 [= *PU*], Zitat aus dem Vorwort.
2 Ebd.
3 Wittgenstein, Ludwig: *Tractatus Logico-Philosophicus.* Werkausgabe. Bd. 1. Frankfurt/M. 1969 [= *T*], Zitat aus dem Vorwort.
4 Ebd.
5 Wittgenstein, Ludwig: *Tagebücher 1919–1916.* Werkausgabe. Bd. 1. Frankfurt/M. 1969, Notebooks, 2. 8. 1916.
6 Wittgenstein: *T* (wie in Anm. 3), T 1–1.13.
7 Ebd., T 2–2.01.
8 Ebd., T 3.42.
9 Ebd., T 3.4.
10 Ebd., T 3.41.
11 Ebd., T 3.
12 Ebd., T 3.01.
13 Ebd., T 2.12.
14 Ebd., T 2.161.
15 Ebd., T 2.17.
16 McGuinness, Brian: *Wittgenstein. A life.* London 1988, S. 306.
17 Wittgenstein: *T* (wie in Anm. 3), T 4.
18 Ebd., T 4.001.
19 Wittgenstein: *Tagebücher* (wie in Anm. 5), S. 108.
20 Wittgenstein: *T* (wie in Anm. 3), T 4.01.
21 Ebd., T 4.06.
22 Wittgenstein: *Tagebücher* (wie in Anm. 5), S. 103.
23 Ebd.
24 Wittgenstein: *T* (wie in Anm. 3), T 5.471.
25 Ebd., T 5.4711.
26 Ebd., T 6.1231.
27 Ebd., T 6.1233.
28 Ebd., T 6.124.
29 Ebd., T 6.13.
30 Ebd., T 6.52.
31 Wittgenstein, Ludwig: *Letters to Russell, Keynes and Moore.* Hg. von Georg Henrik von Wright. Oxford 1974.
32 Wittgenstein: *T* (wie in Anm. 3). Vorwort, S. 10.
33 Ebd., T 6.52.
34 Ebd., T 5.634.
35 Ebd., T 2.171.
36 Ebd., T 2.172.
37 Ebd., T 2.18.
38 Ebd., T 4.12.

39 Ebd., T 4.121.
40 Wittgenstein, Ludwig: *Letters to Russell* (wie in Anm. 31). Brief an Russell vom 19. 8. 1919.
41 Wittgenstein: *T* (wie in Anm. 3), T 4.1212.
42 Ebd., T 4.461.
43 Ebd., T 5.143.
44 Ebd., T 5.61.
45 Ebd.
46 Ebd., T 5.6.
47 Ebd., T 5.632.
48 Ebd., T 5.641.
49 Ebd., T 6.522.
50 Ebd., T 6.449.
51 Ebd., T 6.419.
52 Ebd., T 6.45.
53 Ebd., T 6.521.
54 Ebd., T 7.
55 Ebd., T 4.003.
56 Ebd., T 4.002.
57 Ebd., T 6.54.
58 Wittgenstein: *PU* (wie in Anm. 1), PU § 107.
59 Ebd., PU § 105.
60 Wittgenstein: *T* (wie in Anm. 3), T 6.49.
61 Wittgenstein: *PU* (wie in Anm. 1), PU § 239.
62 Ebd., PU § 979.
63 Ebd., PU § 97.
64 Wittgenstein: *Letters to Russell* (wie in Anm. 40), Brief an Russell vom 6. 5. 1920.
65 Wittgenstein: *T* (wie in Anm. 3), T 4.112.
66 Schulte, Joachim: *Wittgenstein. Eine Einführung.* Stuttgart 1989, S. 59.
67 Ebd., S. 123, A 65.
68 Ebd., S. 43.
69 Wittgenstein: *T* (wie in Anm. 3), T 3.3.
70 Frege 1849.
71 McGuinness, Brian: *Freud und Wittgenstein.* In: Hans Jürgen Heringer und M. Nedo (Hg.): Ludwig Wittgenstein. Beiheft 3. Frankfurt/M. 1979, S. 67–81; hier S. 80.
72 McGuinness: *Wittgenstein. A life* (wie in Anm. 16), S. 193.
73 Vgl. ebd., S. 156.
74 Die Notebooks sind Teil des handschriftlichen Nachlasses von Wittgenstein.
75 Vgl. Braun, Karl: *„Ohnmächtig im Fleische, aber frei durch den Geist".* Der Körper in den Kriegstagebüchern Ludwig Wittgensteins. Cáceres 1989.
76 Wittgenstein: *PU* (wie in Anm. 1), Vorwort.
77 Waismann, Friedrich: *Wittgenstein und der Wiener Kreis.* In: Wittgenstein: Werkausgabe. Bd. 3. Frankfurt/M. 1969, S. 182.
78 Wittgenstein, Ludwig: *Über Gewißheit.* Werkausgabe. Bd. 8. Frankfurt/M. 1969, § 94 f.
79 Ebd., § 559.

Max Weber:
Wirtschaft und Gesellschaft.
Grundriß der verstehenden Soziologie (1921/22)

1 Zu diesen und zu den folgenden Ausführungen vgl. ausführlicher Schluchter, Wolfgang: *Max Webers Beitrag zum ‚Grundriß der Sozialökonomik'. Editionsprobleme und Editionsstrategien.* In: Kölner Zeitschrift für Soziologie und Sozialpsychologie 50 (1998), S. 327–343. Die wichtigsten Dokumente sind leicht zugänglich in Winckelmann, Johannes: *Max Webers hinterlassenes Hauptwerk.* Tübingen 1986.
2 Weber, Max: *Gesammelte Aufsätze zur Religionssoziologie,* I [zuerst 1920]. Tübingen ⁹1988.
3 Weber, Max: *Wirtschaft und Gesellschaft. Grundriß der verstehenden Soziologie* [zuerst 1921/22]. Tübingen ⁵1976, S. 1.
4 Ebd., S. 26.
5 Weber, Max: *Gesammelte Aufsätze zur Wissenschaftslehre* [zuerst 1922]. Tübingen ³1968, S. 214.

Martin Heidegger.
Diesseits und jenseits von *Sein und Zeit* (1927)

1 Kamlah, Wilhelm: *Martin Heidegger und die Technik. Ein offener Brief.* In: Deutsche Universitätszeitung 9 (1954), H. 11, S. 10–13.
2 Mündlicher Bericht von Gottfried Martin.
3 Platon: *Theait.* 173c–174c.
4 Heidegger, Martin: *Brief über den „Humanismus".* In: Ders.: Platons Lehre von der Wahrheit. Mit einem Brief über den „Humanismus"[zuerst 1947]. Bern ²1954, S. 70.
5 Heidegger, Martin: *Sein und Zeit.* Tübingen ¹⁴1977, S. 2. Alle folgenden Hinweise auf *Sein und Zeit* und alle Zitate daraus beziehen sich auf diese 14. Auflage von 1977.
6 Aristoteles: *Met.* Γ2.1003a33.
7 Heidegger, Martin: *Zur Sache des Denkens* [zuerst 1969].Tübingen ³1988, S. 81.
8 Vgl. Gethmann, Carl F.: *Heidegger.* In: Norbert Hoerster (Hg.): Klassiker des philosophischen Denkens. 2 Bde. München 1982, Bd. II, S. 282.
9 Heidegger: *Zur Sache des Denkens* (wie in Anm. 7), S. 87.
10 Kant, Immanuel: *Kritik der reinen Vernunft,* B 197.
11 Heidegger, Martin: *Kant und das Problem der Metaphysik* [zuerst 1929]. Frankfurt/M. 1951, S. 24 f.
12 Heidegger: *Sein und Zeit* (wie in Anm. 5), S. 13.
13 Ebd., S. 12.
14 Ebd., S. 42.
15 Heidegger: *Kant und das Problem der Metaphysik* (wie in Anm. 11), S. 208.

16 Gethmann, Carl F.: *Fundamentalontologie.* In: Jürgen Mittelstraß (Hg.): Enzyklopädie Philosophie und Wissenschaftstheorie I [zuerst 1980]. Stuttgart, Weimar 1995, S. 688.
17 Vgl. Gethmann, Carl F.: *Existenzialien.* In: Jürgen Mittelstraß (Hg.): Enzyklopädie Philosophie und Wissenschaftstheorie I (wie in Anm. 16), S. 619 f.
18 Heidegger: *Sein und Zeit* (wie in Anm. 5), S. 54.
19 Ebd., S. 64.
20 Ebd., S. 53.
21 Husserl, Edmund: *Die Krisis der europäischen Wissenschaften und die transzendentale Phänomenologie. Eine Einleitung in die phänomenologische Philosophie* [zuerst 1936]. Hg. von Walter Biemel. Den Haag ²1962 (Husserliana VI), S. 143 f.
22 Husserl, Edmund: *Erfahrung und Urteil. Untersuchungen zur Genealogie der Logik.* Hg. von Ludwig Landgrebe [zuerst Prag 1939]. Mit Nachwort und Register von L. Eley. Hamburg ⁴1972, S. 52.
23 Heidegger: *Sein und Zeit* (wie in Anm. 5), S. 192.
24 Ebd., S. 187.
25 Ebd., S. 189.
26 Ebd., S. 188.
27 Ebd., S. 75.
28 Ebd., S. 73.
29 Ebd., S. 67.
30 Ebd., S. 86.
31 Ebd., S. 118.
32 Ebd., S. 147.
33 Ebd., S. 148.
34 Popper, Karl Raimund: *Objective Knowledge. An Evolutionary Approach.* Oxford 1973, S. 341–361 (The Bucket and the Searchlight: Two Theories of Knowledge).
35 Heidegger: *Sein und Zeit* (wie in Anm. 5), S. 118.
36 Gethmann, Carl F.: *Eigentlichkeit.* In: Jürgen Mittelstraß (Hg.): Enzyklopädie Philosophie und Wissenschaftstheorie I (wie in Anm. 16), S. 523.
37 Heidegger: *Sein und Zeit* (wie in Anm. 5), S. 235.
38 Ebd., S. 437.
39 Vgl. Gethmann, Carl F.: *Wissenschaftstheorie, konstruktive.* In: Jürgen Mittelstraß (Hg.): Enzyklopädie Philosophie und Wissenschaftstheorie IV. Stuttgart, Weimar 1996, S. 746–758.
40 Heidegger: *Brief über den „Humanismus"* (wie in Anm. 4), S. 72.
41 Ebd., S. 72.
42 Heidegger: *Sein und Zeit* (wie in Anm. 5), S. 226.
43 Heidegger, Martin: *Vom Wesen der Wahrheit.* Frankfurt/M. 1943, S. 16.
44 Heidegger: *Brief über den „Humanismus"* (wie in Anm. 4), S. 69.
45 Heidegger, Martin: *Aus der Erfahrung des Denkens* [zuerst 1954]. Pfullingen ²1965, S. 19.
46 Heidegger: *Brief über den „Humanismus"* (wie in Anm. 4), S. 76.
47 Heidegger, Martin: *Der Satz vom Grund.* Pfullingen 1957, S. 147.
48 Heidegger, Martin: *Zur Seinsfrage.* Frankfurt/M. 1956, S. 30 f.

49 Heidegger, Martin: *Bauen, Wohnen, Denken* [zuerst 1951]. In: Ders.: Vorträge und Aufsätze. Pfullingen 1954, S. 149 ff.
50 Heidegger: *Brief über den „Humanismus"* (wie in Anm. 4), S. 79.
51 Ebd., S. 119.
52 Heidegger, Martin: *Überwindung der Metaphysik*. In: Ders.: Vorträge und Aufsätze (wie in Anm. 49), S. 80.
53 Heidegger, Martin: *Holzwege*. Frankfurt/M. 1950, S. 271 f.
54 Ebd., S. 272.
55 Heidegger: *Aus der Erfahrung des Denkens* (wie in Anm. 45), S. 7.
56 *Das Bodenseebuch 1917. Ein Buch für Land und Leute.* Konstanz 1917, S. 152.

Carl Schmitt:
Der Begriff des Politischen (1927)

1 *Briefe von Ernst Robert Curtius an Carl Schmitt*. Hg. von Rolf Nagel. In: Archiv für das Studium der neueren Sprachen und Literaturen 218 (1981), S. 1–15, hier S. 2.
2 Schmitt, Carl: *Die Diktatur* [zuerst 1922]. Berlin 1989.
3 Schmitt: *Die Diktatur* (wie in Anm. 2), S. XVI.
4 Ebd., S. 9.
5 Ebd., S. 15.
6 Ebd., S. 12.
7 Strauss, Leo: *Anmerkungen zu Carl Schmitt, ‚Der Begriff des Politischen'* [zuerst 1932]. In: Heinrich Meier: Carl Schmitt, Leo Strauss und der *Begriff des Politischen*. Zu einem Dialog unter Abwesenden. Stuttgart, Weimar 1998, S. 117.
8 Schmitt: *Die Diktatur* (wie in Anm. 2), S. 9.
9 Curtius, Ernst Robert: Brief vom 25. November 1921. In: Briefe von Ernst Robert Curtius (wie in Anm. 1), S. 5.
10 Kuhn, Helmut: Rezension von Carl Schmitt, *Der Begriff des Politischen*. In: Kant-Studien 38 (1933), S. 190–196.
11 Ebd., S. 194.
12 Lukács, Georg: *Die Zerstörung der Vernunft*. Neuwied 1962, S. 574.
13 Schmitt, Carl: *Der Begriff des Politischen*. Text von 1932 mit einem Vorwort und drei Corollarien. Berlin 1987, S. 49.
14 Schmitt, Carl: *Über das Verhältnis der Begriffe Krieg und Feind* (1938). In: Ders.: Positionen und Begriffe im Kampf mit Weimar – Genf – Versailles 1923–1939 [zuerst 1940]. Berlin 1988, S. 244–255, hier S. 250.
15 Schmitt: *Der Begriff des Politischen* (wie in Anm. 13), S. 27.
16 Hier folge ich der Argumentation von Heinrich Meier (wie in Anm. 7).
17 Ebd., S. 30.
18 Schmitt: *Der Begriff des Politischen* (wie in Anm. 13), S. 27.
19 Meier: *Carl Schmitt* (wie in Anm. 7), S. 31.
20 Kuhn, Helmut: Rezension (wie in Anm. 10), S. 195. Die Darstellung des politischen Existenzialismus folgt an diesem Punkt dem Aufsatz von

Michael Großheim: *Politischer Existenzialismus. Versuch einer Begriffsbestimmung.* In: Günther Meuter, Henrique Ricardo Otten (Hg.): Der Aufstand gegen den Bürger. Würzburg 1999.
21 Schmitt, Carl: *Politische Theologie* [zuerst 1922]. Berlin 1985, S. 11.
22 Fleißer, Marielusie: *Ein Pfund Orangen.* [zuerst 1929]. Frankfurt/M. 1984, S. 83.
23 Bronnen, Arnolt: *Sabotage der Jugend. Kleine Arbeiten. 1922–1934.* Hg. von Friedbert Aspetsberger. Innsbruck 1989, S. 103, S. 112.
24 Niekisch, Ernst: *Zum Begriff des Politischen.* In: Widerstand 12 (1933), S. 369.
25 Meier: *Carl Schmitt* (wie in Anm. 7), S. 50.
26 Vgl. Lethen, Helmut: *Verhaltenslehren der Kälte. Lebensversuche zwischen den Kriegen.* Frankfurt/M. 1994.
27 Curtius: Brief vom 25. November 1921. In: Briefe von Ernst Robert Curtius (wie in Anm. 1), S. 5.
28 Stern, Joseph Peter: *The Dear Purchase. A Theme in German Modernism.* Cambridge 1995. Für diesen Hinweis danke ich Ronald Speirs, University of Birmingham.
29 So die Formulierung von Jürgen Habermas in seinem Artikel *Bestialität und Humanität.* In: Die Zeit vom 29. 4. 1999.
30 Schmitt: *Der Begriff des Politischen* (wie in Anm. 13), S. 37.
31 Ebd., S. 77.

Mängelwesen, Entlastung und Institutionen.
Arnold Gehlen: *Der Mensch* (1940)

* Dank sage ich Joachim Fischer, Henriette Zehme und Sven Thiermann für Diskussionen und Unterstützung bei der Fertigstellung dieses Textes sowie Herbert Jaumann für seine sorgfältige Bearbeitung.
1 Das Motto wurde einem Brief Arnold Gehlens an Alexander Szalai vom 19./20. 4. 1957 entnommen.– Gehlens anthropologisches Hauptwerk *Der Mensch* wird im folgenden zitiert nach *GA 3* (s. das nachstehende Abkürzungsverzeichnis); dort auftretende Anmerkungen sind nach den Seiten und Zeilen, auf die sie sich beziehen, numeriert. Textvarianten aus der 1. Aufl. sind mit *Var.* abgekürzt. Die Erstausgabe erschien 1940 bei Junker und Dünnhaupt in Berlin, ebenso ein Wiederabdruck von 1941 und die 3., durchges. u. verb. Aufl. 1944. Danach sind – neben Bd. 3 der *Arnold Gehlen Gesamtausgabe* von 1993 – bisher insgesamt 13 Auflagen erschienen, und zwar im Athenäum-Verlag (Bonn 1950, 1955, 1958 bzw. Frankfurt/M., Bonn 1962, 1966 bzw. Frankfurt/M. 1971), bei Athenaion (Frankfurt/M. 1974 bzw. Wiesbaden 1976, 1978) und im Aula-Verlag (Wiesbaden 1986 u. ö.); 1997 wurde eine Lizenzausgabe der 13. Aufl. als Uni-Taschenbuch (UTB) publiziert. Übersetzt wurde *Der Mensch* bisher ins Englische (New York 1988, Introduction von Karl-Siegbert Rehberg), ins Italienische (Mailand 1983 u. 1992, Introduzione von Karl-Siegbert Rehberg), ins Serbo-Kroatische (Sarajevo 1974), Spanische (Salamanca 1980) und Ungarische (Budapest 1976).

Die Bände der von Karl-Siegbert Rehberg im Verlag Vittorio Klostermann herausgegebenen *Arnold Gehlen Gesamtausgabe* werden nach den folgenden Abkürzungen zitiert:

GA 1 = Bd. 1: *Philosophische Schriften I (1925–1933)*. Hg. von Lothar Samson. Frankfurt/M. 1978.

GA 2 = Bd. 2: *Philosophische Schriften II (1933–1938)*. Hg. von Lothar Samson. Frankfurt/M. 1980.

GA 3 = Bd. 3: *Der Mensch. Seine Natur und seine Stellung in der Welt*. Textkritische Edition unter Einbeziehung des gesamten Textes der 1. Aufl. von 1940. 2 Teilbde. Hg. v. Karl-Siegbert Rehberg. Frankfurt/M. 1993.

GA 4 = Bd. 4: *Philosophische Anthropologie und Handlungslehre*. Hg. von Karl-Siegbert Rehberg. Frankfurt/M. 1983.

GA 5 = Bd. 5: *Urmensch und Spätkultur und andere Schriften zur Philosophie der Institutionen*. [noch nicht erschienen].

GA 6 = Bd. 6: *Die Seele im technischen Zeitalter und andere sozialpsychologische, soziologische und kulturanalytische Schriften*. Hg. von Karl-Siegbert Rehberg. Frankfurt/M. 2001.

GA 7 = Bd. 7: *Einblicke*. Hg. von Karl-Siegbert Rehberg. Frankfurt/M. 1978.

GA 8 = Bd. 8: *Moral und Hypermoral und andere Schriften zur Ethik* [noch nicht erschienen].

GA 9 = Bd. 9: *Zeit-Bilder und andere Schriften zur Philosophie und Soziologie der Malerei.* [noch nicht erschienen].

GA 10 = Bd. 10: *Vermischtes* [noch nicht erschienen].

2 Vgl. zur prinzipiellen Entgegensetzung von Anthropologie und Geschichtsphilosophie Marquardt, Odo: *Zur Geschichte des philosophischen Begriffs ‚Anthropologie‘ seit dem Ende des achtzehnten Jahrhunderts*. In: Colloquium Philosophicum. Festschrift für Joachim Ritter zum 60. Geburtstag. Basel, Stuttgart 1965, S. 209–236.

3 Vgl. Seifert, Friedrich: *Zum Verständnis der anthropologischen Wende in der Philosophie*. In: Blätter für deutsche Philosophie VIII (1934/35), S. 393–410.

4 Wolfgang Köhlers Großaffenexperimente auf Teneriffa werden referiert bei Scheler, Max: *Die Stellung des Menschen im Kosmos* [zuerst 1928]. In: Ders.: Gesammelte Werke. Bd. 9: Späte Schriften. Hg. von Manfred S. Frings, S. 7, bes. S. 28 f.; Plessner, Helmuth: *Die Stufen des Organischen und der Mensch. Einleitung in die philosophische Anthropologie* [zuerst 1928]. In: Ders.: Gesammelte Schriften. Hg. von Günter Dux, Odo Marquardt und Elisabeth Ströker. Bd. IV. Frankfurt/M. 1981, und bei Gehlen: *GA 3*, S. 250 ff., und *GA 4*, S. 110 und 255 f.

5 Vgl. Plessner: *Stufen* (wie in Anm. 4), S. 383–396; vgl. dazu Gehlen: *GA 3*, S. 88 u. 138, sowie *GA 4*, S. 172, 210 u. 241.

6 Von einer ‚Schule‘ im strengen Sinne läßt sich keinesfalls sprechen, denn für *alle* Autoren der Philosophischen Anthropologie war der Gestus eines scheinbar un-bedingten Eigen-Denkens charakteristisch; es handelt sich um eine scientific community ohne existierendes Kommunikationsnetz, gewissermaßen um eine ‚Gemeinschaft‘ der je Einzigartigen. Vgl. Rehberg,

Karl-Siegbert: *Philosophische Anthropologie und die ‚Soziologisierung' des Wissens vom Menschen. Einige Zusammenhänge zwischen einer philosophischen Denktradition und der Soziologie in Deutschland.* In: M. Rainer Lepsius (Hg.): Soziologie in Deutschland und Österreich 1918–1945 (Sonderheft 23 der Kölner Zeitschrift für Soziologie und Sozialpsychologie). Opladen 1981, S. 160–198, hier S. 166. Vielleicht könnte man aber auch von einem rivalisierenden Kommunikationsnetz sprechen – vgl. dazu Fischer, Joachim: *Philosophische Anthropologie – eine Denkrichtung des 20. Jahrhunderts.* Freiburg i. Br. 2000, bes. Kap. I, 1–8. – In Gehlens Fall gab es allerdings zusätzliche Veranlassung zur Ausblendung von Denkanregungen: ich meine das Verschweigen des Werkes von Helmuth Plessner, den er erstmals 1950 in der 4. Auflage von *Der Mensch* erwähnte. Gehlen schob dort – auf Plessners entschiedene Forderung hin – ein ausführliches Referat von dessen Hauptwerk, *Die Stufen des Organischen und der Mensch* (wie in Anm. 4), ein. Obwohl Gehlen Plessners Werk lange verschwieg, scheint es mir unrichtig, in seiner Anthropologie in irgendeiner Weise eine versteckte Übernahme der Plessnerschen Grundgedanken zu sehen. Gehlen sagte auch mir einmal, was er Plessner gegenüber als Rechtfertigungsversuch angeführt habe: daß er Plessner in den ersten drei Auflagen von *Der Mensch* nicht erwähnt habe, weil dessen Anthropologie ein „Plagiat" der Schelerschen Konzeption gewesen sei. Mir scheint eher wahrscheinlich, daß Gehlen das Werk des ins niederländische Exil gezwungenen Plessner in den Ausgaben vor 1945 aus politischem Opportunismus verschwiegen hat. So empfand es auch Plessner, der mir dazu schrieb: „Gehlens 1940 erschienenes Buch *Der Mensch* ... habe ich erst nach Kriegsende zu sehen bekommen und mit Empörung darauf reagiert, daß er meine *Stufen* ... nicht erwähnt, geschweige denn, sich mit meiner Konzeption auseinander gesetzt hat. Ich kann mir das auch nur so erklären, daß er, von der Tausendjährigkeit des Hitlerschen Gebildes überzeugt, geglaubt hat, mein Buch sei für immer in der Versenkung verschwunden. Ich habe ihm das seinerzeit drastisch in einem Brief vorgeworfen." Daß Gehlen „sich mit dem dubiosen Schelerschen Plagiatsvorwurf gegen mich – den Scheler offiziell im Beisein Nikolai Hartmanns zurückgenommen hat – rechtfertigte, habe ich als weitere Niedertracht empfunden" (Brief Helmuth Plessners an den Verf., K.-S. R., vom 9. 4. 1979); vgl. auch: Rehberg, Karl-Siegbert: *Das Werk Helmuth Plessners. Zum Erscheinen der Edition seiner „Gesammelten Schriften".* In: Kölner Zeitschrift für Soziologie und Sozialpsychologie 36 (1984), S. 799–811, sowie ders.: *Verwandte Antipoden. Helmuth Plessner und Arnold Gehlen – eine Portraitskizze.* In: Heinrich Pfusterschmid-Hardenstein (Hg.): Was ist der Mensch? Menschenbilder im Wandel. Europäisches Forum Alpbach 1993. Wien 1994, S. 122–138.

7 Auch Jean-Paul Sartre oder Maurice Merleau-Ponty sind nicht weniger als z. B. die amerikanischen Pragmatisten *anthropologische* Autoren, allen voran der in Deutschland von Gehlen zuerst zustimmend ausgewertete George Herbert Mead; vgl. dazu Rehberg, Karl-Siegbert: *Die Theorie der Intersubjektivität als eine Lehre vom Menschen. George Herbert Mead und die deutsche Tradition der „Philosophischen Anthropologie".* In: Hans Joas (Hg.): Das Problem der Intersubjektivität. Beiträge zum Werk G. H. Meads.

Frankfurt/M. 1985, S. 60–92, und ders.: *Sozialphilosophie und Theorie der Intersubjektivität. Zur neueren deutschen Mead-Literatur*. In: Philosophischer Literaturanzeiger 38 (1985), S. 70–83.

8 Plessner, Helmuth: *Die Aufgabe der Philosophischen Anthropologie* [zuerst 1937]. In: Ders.: *Gesammelte Schriften* (wie Anm. 4). Bd. VIII: Conditio humana. Frankfurt/M. 1983, S. 33–51, hier S. 35. Plessner wiederholt hier einen Gedanken aus Scheler, Max: *Zur Idee des Menschen* [zuerst 1915]. In: Ders.: Gesammelte Werke. Bd. 3: Vom Umsturz der Werte, S. 171–195: „Der Mensch scheint in die *Tierheit*, in die untere Natur zu verfließen, und es gilt gerade noch einen Unterschied zu finden, der ihn ‚rettet', ganz in sie zu versinken" (S. 175).

9 Alsberg, Paul: *Das Menschheitsrätsel. Versuch einer prinzipiellen Lösung*. Dresden 1922; eine von Dieter Claessens besorgte Neuausgabe erschien unter dem Titel *Der Ausbruch aus dem Gefängnis. Zu den Entstehungsbedingungen des Menschen*. Gießen 1975. Auf Parallelen zwischen Gehlens Entlastungsmodell und Alsbergs Prinzip der „Organausschaltung" wurde mehrfach hingewiesen, so von Claessens in: *Instinkt, Psyche, Geltung. Zur Legitimation menschlichen Verhaltens*. 2., überarb. Aufl. Köln, Oplaten 1970, sowie von Plessner, der im Vorwort zur 2. Auflage seines Hauptwerkes formulierte: „ich erinnere nur an Paul Alsbergs Buch *Das Menschheitsrätsel*, das die Bedeutung der Organausschaltung – Gehlens Entlastung – bereits zur Leitidee seines Gesamtentwurfs gemacht hat" (Plessner: *Stufen*, wie in Anm. 4); vgl. auch Anm. 11.

10 Diese Kennzeichnung des systematischen Ansatzes der Philosophischen Anthropologie findet sich bei: Fischer: *Philosophische Anthropologie* (wie in Anm. 6), bes. Kap. II, 1–4.

11 Vgl. zu der These Wolfgang Harichs, der von ihm bis dahin so geschätzte Gehlen habe die Anregung des jüdischen Autors Alsberg verschwiegen, ja sogar ein Plagiat und Schlimmeres begangen, Rehberg, Karl-Siegbert: *Kommunistische und konservative Bejahung der Institutionen*. In: Wolfgang Harich zum Gedächtnis. Hg. von Stefan Dornuf und Reinhard Pitsch. Bd. 2. München 2000, S. 440–486.

12 Vgl. Scheler: *Stellung* (wie in Anm. 4).

13 Plessner: *Stufen* (wie in Anm. 4).

14 Inzwischen sind die Entwürfe ediert in: Scheler, Max: *Gesammelte Schriften*. Bd. 12: Schriften aus dem Nachlaß. III: Philosophische Anthropologie. Hg. von Manfred S. Frings. Bonn 1987.

15 Vgl. auch Rehberg: *Anthropologie* (wie in Anm. 6) und zur Kritik der dort entwickelten These, daß Gehlen ein „abschließender Autor" dieser Richtung sei: Giammusso, Salvatore: *‚Der ganze Mensch'. Das Problem einer philosophischen Lehre vom Menschen bei Dilthey und Plessner*. In: Dilthey-Jahrbuch 7 (1990/1991), S. 112–138, hier S. 115 f.

16 Daß Gehlens gesamtes Werk trotz seines Abrückens vom existentialistischen Gestus von dieser ersten Perspektive zeitlebens geprägt blieb, ist die These in: Rehberg, Karl-Siegbert: *Existentielle Motive im Werk Arnold Gehlens. ‚Persönlichkeit' als Schlüsselkategorie der Gehlenschen Anthropologie und Sozialtheorie*. In: Helmut Klages und Helmut Quaritsch (Hg.): Zur geisteswissenschaftlichen Bedeutung Arnold Gehlens. Vorträge und

Diskussionsbeiträge des Sonderseminars 1989 der Hochschule für Verwaltungswissenschaften Speyer. Berlin 1994, S. 491–530 [Aussprache: S. 531–542].
17 Vgl. Gehlen, Arnold: *Der Idealismus und die Lehre vom menschlichen Handeln* [zuerst 1935]. In: Gehlen: *GA 2* (wie in Anm. 1), S. 311–345; vgl. zum Verhältnis von Anthropologie und „Handlungslehre" auch Rehberg: *Nachwort* in Gehlen: *GA 4* (wie in Anm. 1), bes. S. 398 f.
18 Vgl. Gehlen: *Idealismus* (wie in Anm. 17), hier S. 341.
19 Gehlen, Arnold: *Vom Wesen der Erfahrung* [zuerst 1936]. In: Gehlen: *GA 4* (wie in Anm. 1), S. 3–25, bes. S.14 ff.
20 Vgl. Brief Gehlens an Marc De Mey vom 23. 3. 1964 (ungedruckt).
21 Hartmann, Nicolai: *Neue Anthropologie in Deutschland. Betrachtungen zu Arnold Gehlens Werk „Der Mensch, seine Natur und seine Stellung in der Welt"*. In: Blätter für Deutsche Philosophie 15 (1941/42), S. 159–177, hier S. 170.
22 Brief Gehlens an Gotthard Günther vom 13. 3. 1972 (ungedruckt).
23 Gehlen: *GA 3* (wie in Anm. 1), S. 5.
24 Hier kann Gehlens Verhältnis zum Nationalsozialismus nicht ausführlich dargestellt werden. Gehlen, der kein Nazi-Philosoph war, machte gleichwohl in und mit dem NS-Regime Karriere; er stand zur „nationalen Erhebung" in einem widersprüchlichen Verhältnis. Wie viele seiner Kollegen war Gehlen am 1. Mai 1933 in die NSDAP eingetreten, wurde zwar gegen den Widerstand der sächsischen NSDAP-Regierung 1934 als Nachfolger Hans Drieschs auf das Leipziger Philosophie-Ordinariat berufen, dann aber durch das Reichsministerium für Wissenschaft, Erziehung und Volksbildung sowohl auf den Kant-Lehrstuhl in Königsberg als auch nach Wien versetzt (vgl. Rehberg: *Nachwort* in: Gehlen: *GA 3* [wie in Anm. 1], bes. S. 753 ff. u. S. 879–888).
25 Liebrucks, Bruno: *Sprache als Handlung. Arnold Gehlens Antwort auf Herder*. In: Ders.: Sprache und Bewußtsein. Bd. 1. Frankfurt/M. 1964, S. 79–169, hier S. 81; ähnlich Häberlin, Paul: *Anthropologie und Ontologie*. In: Zeitschrift für philosophische Forschung 4 (1949), S. 6–28: „Es gibt keine wissenschaftliche [keine naturwissenschaftliche, keine psychologische] Anthropologie" – dagegen setzt Häberlin, nach Prüfung der (letztlich allerdings auch defizienten) Ansätze Heideggers und Jaspers' eine Anthropologie der Selbsterfahrung, etwa des menschlichen Seins durch den Spiegel des menschlichen Leibes (S. 25 ff.); vgl. auch die skeptische Stellungnahme in: Schnädelbach, Herbert: *Philosophie in Deutschland 1831–1933*. Frankfurt/M. 1983, S. 264 ff.
26 Sein methodisches Vorgehen hat Gehlen seit 1950 (vgl. Gehlen: *GA 3* [wie in Anm. 1], z. B. S. 7, 11 u. 71 f.; ders.: *Urmensch und Spätkultur. Philosophische Ergebnisse und Aussagen* [zuerst 1956]. 5. Aufl. Wiesbaden 1986 – erscheint in Gehlen: *GA 5* –, bes. S. 7 f.) dahingehend präzisiert, daß es ihm um die Formulierung von „Kategorien" gehe, welche „durchlaufen", also alle Schichten und Aspekte der menschlichen Existenz verbinden können. Mit der expliziten Verwendung des seit Aristoteles zentralen *Kategorien*-Konzepts wollte Gehlen m. E. Nicolai Hartmann entgegenkommen, dessen sehr zustimmende Rezension zu seinem Buch Gehlen immer wieder (z. B.

Gehlen: *GA 3* [wie in Anm. 1], S. 93) vermerkte. Gehlen schrieb am 29. 5. 1941 am Ende eines langen Diskussionsbriefes an Hartmann: „Ich möchte nun aber die Gelegenheit des Briefes ergreifen, Ihnen zu sagen, daß Ihr Bericht mich sehr zum Danke bewegt hat. Sie haben Ihre große Autorität voll und öffentlich eingesetzt und haben in einer in Deutschland völlig ungewöhnlichen Weise meine Philosophie erst recht da zur Geltung kommen lassen, wo Sie Einwendungen hatten. Ich habe das noch nicht erlebt, und fühle mich dadurch nicht nur in wissenschaftlicher, sondern ebenso auch in persönlicher Beziehung gefördert und ermutigt. Es ist gerade heute fast allein noch das Beispiel, das wirklich überzeugt und verpflichtet."

27 Gehlen, Arnold: *Theorie der Willensfreiheit* [zuerst 1933]. In: Gehlen: *GA 2* (wie in Anm. 1), S. 1–179.
28 Vgl. Anm. 7 und 61.
29 Vgl. Freyer, Hans: *Soziologie als Wirklichkeitswissenschaft. Logische Grundlegung des Systems der Soziologie* [zuerst 1930]. Darmstadt 1964; vgl. dazu Rehberg, Karl-Siegbert: *Hans Freyer (1887–1960), Arnold Gehlen (1904–1976), Helmut Schelsky (1912–1984)*. In: Dirk Kaesler (Hg.): Klassiker der Soziologie. Bd. 2. München 1999, S. 72–104, sowie mein Artikel über Freyers *Wirklichkeitswissenschaft* in: Dirk Kaesler und Ludgera Vogt (Hg.): Hauptwerke der Soziologie. Stuttgart 2000.
30 Oft erscheint „Natur" bei Gehlen als Quasi-Subjekt, z. B. wenn er den Menschen als „Gesamtentwurf der Natur" o. ä. bezeichnet (vgl. z. B. Gehlen: *GA 3* [wie in Anm. 1], S. 9 f., 12 f., 18, 30 u. 54). Bruno Liebrucks (*Sprache als Handlung* [wie in Anm. 25], S. 81) fragt nicht ohne Recht, was es mit Gehlens „‚technischer' Metaphysikenthaltung" auf sich habe, wenn „‚Geist' schon in der Natur zu finden ist". Bei Gehlen finden sich wohl spinozistische Motive, vermittelt durch den Vitalismus seines Lehrers Hans Driesch; vgl. dazu Samson, Lothar: *Natureleologie und Freiheit bei Arnold Gehlen*. Freiburg, München 1976, bes. S. 116 ff. Heideggers Konzeption formuliert die Gegenposition am schärfsten: „Nicht ‚die Natur' bringt ihn [den Menschen] hervor, nicht er stellt sich her, sondern das Sein ruft ihn hervor" (Heidegger, Martin: *Platons Lehre von der Wahrheit. Mit einem Brief über den „Humanismus"*. Bern 1947, S. 68, zit. in: Theodor Ballauff: *Der Mensch [...]. Zu dem gleichnamigen Werk von Arnold Gehlen*. In: Zeitschrift für philosophische Forschung 6 [1951/52], S. 566–593, hier S. 587). Ballauff zitiert (S. 574) in diesem Sinne zudem Gustav Wyneken, der den Menschen einen Wurf [!] „der Natur über sich selbst hinaus" nennt (was aber der Gehlenschen Sprechweise wieder sehr nahe kommt), vgl. Wyneken, Gustav: *Weltanschauung*. 2. Aufl. München 1947, S. 354.
31 Gehlen: *GA 3* (wie in Anm. 1), S. 13.
32 Ebd., S. 9.
33 Ebd., S. 12.
34 Ebd., S. 3.
35 Nietzsche, Friedrich: *Jenseits von Gut und Böse*, Aph. 62. In: Ders.: Sämtliche Werke. Kritische Studienausgabe. Hg. von Giorgio Colli und Mazzino Montinari. Bd. 5. München, Berlin, New York 1980, S. 81.
36 Vgl. bes. Gehlen: *GA 3* (wie in Anm. 1), S. 10 f., 17 f., sowie Kap. 3 und 4, S. 29–45.

37 Die Erörterung von Abstammungsfragen, wie Gehlen sie eingehend studiert und abgehandelt hat, kann hier übergangen werden, weil dies der am meisten überholte Teil seines Hauptwerkes sein dürfte. Konrad Lorenz jedenfalls sagte mir in einem Gespräch in Altenberg im März 1983, Gehlen habe bei der Wahl seiner abstammungstheoretischen Gewährsleute durchweg „eine schlechte Hand" gehabt. Letztlich ist es für die kulturwissenschaftlichen Resultate der Gehlenschen Arbeiten zweitrangig, ob er bei seinen Annahmen über die menschliche Abstammung Evolutionsmodellen des darwinistischen Typs folgte oder der Retardationsthese des Amsterdamer Anatomen Louis Bolk, die auf ihn so überzeugend gewirkt hat. Denn trotz dieser ideologisch keineswegs unbedeutenden Rahmendiskussion über die Entwicklung der Menschheit und ein Evolutionsdenken ohne Darwin entwickelte Gehlen seine Anthropologie am „abstrakten Modell eines einzelnen Menschen", weshalb das Erfahrungsfeld seiner Kategorienbildung die *Ontogenese* ist – gerade deshalb finden sich vorzügliche Auswertungen vieler Beobachtungen frühkindlicher Entwicklung in diesem Buch.

38 Gehlen: *GA 3* (wie in Anm. 1), S. 32.

39 Vgl. bes. ebd., S. 30.

40 Ebd.

41 Hobbes, Thomas: *Vom Menschen*. In: Ders.: Vom Menschen. Vom Bürger. Eingel. u. hg. von Günter Gawlick. Hamburg 1959, S. 1–56, hier Kap. 10, S. 17.

42 Vgl. Plinius: H*istoria naturalis*. 7. Buch; vgl. zu diesem und anderen antiken Mängelwesen-Bildern: Pöhlmann, Egert: *Der Mensch – das Mängelwesen? Zum Nachwirken antiker Anthropologie bei Arnold Gehlen*. In: Archiv für Kulturgeschichte 52 (1970), S. 297–312. Karneth, Rainer: *Anthropo-Biologie und Biologie. Biologische Kategorien bei Arnold Gehlen – im Licht der Biologie, insbesondere der vergleichenden Verhaltensforschung der Lorenz-Schule*. Würzburg 1991, hat die Korrespondenz der Auffassung vom Mängelwesen mit Nietzsches Formel vom Menschen als dem „kranken Tier" nachgewiesen und die Rezeption dieser Vorstellung bei Ludwig Klages, Theodor Lessing und Alfred Seidel bis hin zu Max Scheler nachgezeichnet.

43 Freyer, Hans: *Weltgeschichte Europas*. Bd. I. Wiesbaden 1948, S. 169, zit. in Gehlen: *GA 3* (wie in Anm. 1), S. 16; ähnliche Einwände äußerte Konrad Lorenz.

44 Brief Gehlens an Tomeslav Volek am 24. 7. 1969.

45 Vgl. Gehlen: *GA 4* (wie in Anm. 1), S. 436 u. 135 und Herder, Johann Gottfried: *Auch eine Philosophie der Geschichte zur Bildung der Menschheit. Beytrag zu vielen Beyträgen des Jahrhunderts* [zuerst 1774]. In: Herder's Sämtliche Werke. Bd. 5. Hg. von Bernhard Suphan u. a. Berlin 1891, S. 475–593, hier S. 547; vgl. zu „policé": Rousseau, Jean-Jacques: *Essai sur l'origine des langues* [...]. Texte établi et présenté par Jean-Starobinski. Paris 1990, S. 74.

46 Gehlen: *GA 3* (wie in Anm. 1), S. 93.

47 Ebd., S. 390f.

48 Ebd., S. 64.

49 Ebd., S. 392f.

50 Ebd., S. 396.

51 Vgl. die Nachlaßfragmente zu diesem Thema in Gehlen: *GA 3*, Anm. 6.15 (S. 789–795), sowie Gehlen, Arnold: *Anlage, Vererbung und Erziehung* [zuerst 1941], jetzt in: *GA 3* (wie in Anm. 1), Anm. 445.28 (S. 852–865). – Vor diesem Hintergrund erscheinen die Nachruf-Bemerkungen von Wolfgang Harich doch überzogen: „Obwohl er [Gehlen] damals Nazi war, und zwar nicht aus Opportunitätsgründen, sondern aus nationalistisch-konservativer Überzeugung, hat er faktisch in seinem Hauptwerk alle theoretischen Voraussetzungen des Rassismus zerschlagen. Seine durch nichts zu bestechende wissenschaftliche Aufrichtigkeit machte ihn da im eigenen politischen Lager zu einem unbequemen, widerborstigen Nonkonformisten. Gegen jeglichen Biologismus ist das Werk sowieso gerichtet insofern, als es den Menschen ja nicht als Instinktwesen gelten läßt, womit es auch ‚die blonde Bestie', die damals im Schwange war, von den Grundlagen her in Frage stellt." (*Die Extreme berühren sich, Gespräch mit Wolfgang Harich zum Tod von Arnold Gehlen*. In: Frankfurter Rundschau vom 21. 2. 1976); vgl. auch Rehberg: *Bejahung* (wie Anm. 11). Allerdings spricht für Harichs sehr emphatisch formulierte Interpretation, daß Ernst Krieck nicht nur die Gemeinschaftsferne der Gehlenschen Theoreme verächtlich zu machen suchte, sondern in dem Buch *Der Mensch* auch den Versuch einer „Anthropologie ohne Rasse" sah und verurteilte.

52 Vgl. zu Gehlens ambivalentem Verhältnis zu Nietzsche: Gehlen: *Vilfredo Pareto und seine „neue Wissenschaft"* [zuerst 1941]. In: Gehlen: *GA 4* (wie in Anm. 1), S. 261–305, hier S. 298 ff.

53 Vgl. zur Eigentätigkeit auch: Rehberg, Karl-Siegbert: *Natur und Sachhingabe. Jean-Jacques Rousseau, Anthropologie und ‚das Politische' im Deutschland des 20. Jahrhunderts*. In: Herbert Jaumann (Hg.): Rousseau in Deutschland. Neue Beiträge zur Erforschung seiner Rezeption. Berlin 1995, S. 221–265.

54 Vgl. Kofler, Leo: *Das Prinzip der Arbeit in der Marxschen und in der Gehlenschen Anthropologie*. In: Schmollers Jahrbuch 78 (1958), S. 71–86; Lukács, Georg: *Die Eigenart des Ästhetischen*. 2 Halbbde. (Werke Bd. 11 u. 12). Neuwied, Berlin 1963, und ders.: *Zur Ontologie des gesellschaftlichen Seins*. 2. Halbbde. (Werke Bd. 13 u. 14). Hg. von Frank Benseler. Darmstadt, Neuwied 1984 u. 1986; dazu: Rehberg, Karl-Siegbert: *Instrumentalität und Entlastung. Motive Arnold Gehlens im Spätwerk von Georg Lukács*. In: Werner Jung (Hg.): Diskursüberschneidungen. Georg Lukács und andere. Jahrbuch für Internationale Germanistik. Reihe A. Bd. 35. Bern u.a. 1993, S. 101–125; des weiteren Lepenies, Wolf: *Handlung und Reflexion. Aspekte der Anthropologie Arnold Gehlens*. In: Soziale Welt XVIII (1967), S. 41–66, hier S. 57 ff.

55 Gehlen: *GA 3* (wie in Anm. 1), S. 278.

56 Vgl. Gehlen, Arnold: *Wirklicher und unwirklicher Geist* [zuerst 1931]. In: *GA 1* (wie in Anm. 1), S. 113–381.

57 Zu ‚Psychisierung' vgl. z. B. Gehlen, Arnold: *Die Seele im technischen Zeitalter. Sozialpsychologische Probleme in der industriellen Gesellschaft* [zuerst 1957]. In: *GA 6* (wie in Anm. 1), S. 1–137, hier 62 ff.

58 Vgl. Sennett, Richard: *Verfall und Ende des öffentlichen Lebens. Die Tyrannei der Intimität* [engl. zuerst 1977]. 2. Aufl. Frankfurt/M. 1983, bzw.

Robert N. Bellah u.a.: *Gewohnheiten des Herzens. Individualismus und Gemeinsinn in der amerikanischen Gesellschaft* [engl. zuerst 1985]. Köln 1987.

59 In diesen Zusammenhang hat auch Wolf Lepenies (*Handlung und Reflexion* [wie in Anm. 54], S. 66) in einer weit ausgreifenden Interpretation Gehlens Angst vor der Reflexivität gestellt: „Wird so das Zweifelverbot kanonisiert, bleibt ein Begriff von Handlung, der Veränderung nur im Binnenreich menschlichen Daseins zuläßt. Konkret soll nichts geändert werden – in der Epoche der post-histoire erscheint der Wunsch danach ohnehin als Anachronismus." Vgl. dazu auch die Aufsätze Gehlens zur *Intellektuellenkritik* in: *GA 7* (wie in Anm. 1), S. 239–347.

60 Hartmann: *Neue Anthropologie in Deutschland* (wie in Anm. 21), S. 165.

61 Mead betont die Rückbezüglichkeit der Lautproduktion, also „die *doppelte* Gegebenheit des Lautes, der ebenso motorischer Vollzug des Sprechwerkzeuges wie selbstgehörter, zurückgegebener Klang ist. Wir verhalten uns dem selbstproduzierten Laut gegenüber sowohl aktiv, ihn eben artikulierend, wie passiv; das Produkt unserer Tätigkeit fällt mühelos in das Ohr zurück" (vgl. Gehlen: *GA 3* [wie in Anm. 1], S. 154). – Auch für Mead entsteht „Geist" aus der Kommunikation, und die elementarste Grundlage ist die „vokale Geste", die wichtiger als alle anderen Gesten ist, weil wir uns selbst nicht sehen, also die Ausdrucksbewegungen unseres Gesichtes nicht *unmittelbar* wahrnehmen können. „Aber wir hören uns selbst sprechen". Vgl. Mead, George Herbert: *Geist, Identität und Gesellschaft aus der Sicht des Sozialbehaviorismus*. Hg. von Charles W. Morris [engl. zuerst 1934]. Frankfurt/M. 1973, S. 89 und 105. Viele Variationen dieses Gedankens finden sich in Meads Aufsätzen und Manuskripten, vgl. hierzu die im Sachregister unter dem Stichwort „Lautgebärde" verzeichneten Stellen in: Mead, George Herbert: *Gesammelte Aufsätze*. 2 Bde. Hg. von Hans Joas [zuerst 1980]. Frankfurt/M. 1983. Vgl. dazu des weiteren z.B. Raiser, Konrad: *Identität und Sozialität. George Herbert Meads Theorie der Interaktion und ihre Bedeutung für die theologische Anthropologie*. München, Mainz 1971, bes. S. 112ff.; Joas, Hans: *Praktische Intersubjektivität. Die Entwicklung des Werkes von George Herbert Mead*. Frankfurt/M. 1980, bes. S. 95ff., sowie Rehberg, Karl-Siegbert: *Die Theorie der Intersubjektivität* (wie in Anm. 7), bes. S. 65.

62 Gehlens sachliche Einsichten widerstreiten zuweilen seinem starren Konservatismus, so z.B. manches, was er über die konstruktive Erneuerung der Malerei durch die Kubisten, auch über Wassily Kandinsky, Piet Mondrian und Paul Klee geschrieben hat; vgl. Gehlen, Arnold: *Zeit-Bilder. Zur Soziologie und Ästhetik der modernen Malerei* [zuerst 1960]. 3., erw. Aufl. Hg. von Karl-Siegbert Rehberg. Frankfurt/M. 1986.

63 Gehlen: *GA 3* (wie in Anm. 1), S. 214; vgl. zu Gehlens „Theorie der Phantasie" auch Pagel, Gerda: *Narziß und Prometheus. Die Theorie der Phantasie bei Freud und Gehlen*. Würzburg 1984; dazu auch Ottmann, Henning: *Der Mensch als Phantasiewesen. Arnold Gehlens Theorie der Phantasie*. In: Alfred Schöpf (Hg.): Phantasie als soziologisches Problem. Würzburg 1981, S. 159–175, sowie Waschkuhn, Arno: *Die Vernachlässigung des „menschlichen Faktors" und die „Verfestigung von Phantasie" in*

den institutionentheoretischen Ansätzen von Gehlen, Parsons und Luhmann. In: Schöpf (Hg.): *Phantasie*, S. 177–211.
64 Vgl. zu verschiedenen „Charakter"-Formen des Tagtraumes und seiner Abgrenzung zum Nachttraum: Bloch, Ernst: *Das Prinzip Hoffnung.* Bd. 1. Frankfurt/M. 1959, S. 86–128, und zum „Tagtraum in entzückender Gestalt: Pamina oder das Bild als erotisches Versprechen": ebd., S. 368–387; vgl. auch Pagel: *Narziß und Prometheus* (wie in Anm. 63), S. 72 f.
65 Vgl. Pagel, S. 83 ff., und Gehlen: *GA 3* (wie in Anm. 1), S. 242. Gehlen sieht in der Phantasie auch den eigentlichen „Nerv des Spieles", was er auch auf die letztlich instrumentelle Einübung in die Weltbeherrschung hin auswertet, vgl. z.B. *GA 3* (wie in Anm. 1), S. 240; vgl. als erste Fassung der Theorie der Phantasie: Gehlen, Arnold: *Reflexionen über Gewohnheit* [zuerst 1927]. In: *GA 1* (wie in Anm. 1), S. 97–111.
66 Gehlen: *GA 3* (wie in Anm. 1), S. 442 f.
67 Gehlen: *GA 1* (wie in Anm. 1), S. 267.
68 Gehlen: *GA 2* (wie in Anm. 1), S. 153.
69 Gehlen: *GA 4* (wie in Anm. 1), S. 169.
70 Gehlen hat nach der Umarbeitung von 1950 darauf verzichtet, das Buch der Forschungslage weiter anzupassen oder von ihm später gesehene argumentative Schwächen auszugleichen. So schrieb er am 24. 1. 1953 an Wolfgang Harich, während er die 5. Auflage vorbereitete: „ich will nichts ändern, sondern das [...] so auslaufen lassen. Sonst käme ich mir vor wie Rickert, der sein Buch über die Grenzen der naturwiss[enschaftlichen] Begriffsbildung während seines ganzen Lebens betreute, es wurde immer dicker, und zuletzt begruben sie es doch mit ihm".
71 Vgl. in Gehlen: *GA 3* (wie in Anm. 1), S. 453 f.
72 Ebd., S. 465 ff.
73 Vgl. dazu z. B. Gerhard Göhler (Hg.): *Die Eigenart der Institutionen. Zum Profil politischer Institutionentheorie.* Baden-Baden 1994, sowie Rehberg, Karl-Siegbert: *Die stabilisierende „Fiktionalität" von Präsenz und Dauer. Institutionelle Analyse und historische Forschung.* In: Bernhard Jussen und Reinhard Blänkner (Hg.): Ereignis und Institutionen. Göttingen 1998, S. 381–407.
74 Vgl. Rehberg, Karl-Siegbert: *Eine Grundlagentheorie der Institutionen: Arnold Gehlen. Mit systematischen Schlußfolgerungen für eine kritische Institutionentheorie.* In: Gerhard Göhler, Kurt Lenk und Rainer Schmalz-Bruns (Hg.): Die Rationalität politischer Institutionen. Interdisziplinäre Perspektiven. Wiesbaden 1990, S. 115–144; Weiß, Johannes: *Institution und Subjektivität.* In: Göhler u.a. (Hg.): Rationalität, S. 145–154.
75 Gehlen: *Seele* (wie in Anm. 57); *Urmensch* (wie in Anm. 26); *Moral*, in: *GA 8* (wie in Anm. 1).

Jean-Paul Sartre:
Das Sein und das Nichts (1943).
„Draußen sind wir zu finden". Sartres Subjekt-Begriff

1 „Pour le dire tout cru, on ne peut être un ›intellectuel‹ sans déshonneur que si les torts ne sont pas partagés, si les victimes sont des victimes et les bourreaux sans excuse", schreibt Jean-François Lyotard 1981, ein Jahr nach dem Tode Sartres, in *Tombeau de l'intellectuel [...]*. Paris 1984, S. 18 f. Und er fährt fort: „il n'y a pas de sujet-victime universel, faisant signe dans la réalité, au nom duquel la pensée puisse dresser un réquisitoire qui soit en même temps une ‚conception du monde'" (ebd., S. 20). Schon der Zukurzgekommene, („le plus défavorisé"), auf den Sartre sich beziehe, sei nur eine negative, anonyme und empirische Wesenheit, die auch Sartres Denken irregeleitet habe. Allenfalls ein defensives, lokales Eingreifen sei heute noch möglich.

2 *Ich mißtraue der Utopie, ich will das Un-Mögliche. Ein Gespräch mit dem Philosophen Jacques Derrida über die Intellektuellen, den Kapitalismus und die Gesetze der Gastfreundschaft.* In: Die Zeit Nr. 11 vom 5. März 1998, S. 47–49, hier S. 48.

3 Descombes, Vincent: *Le même et l'autre. Quarante-cinq ans de philosophie française (1933–1978)*. Paris 1979.

4 Foucault, Michel: *Warum ich die Macht untersuche: Die Frage des Subjekts.* In: Hubert L. Dreyfus, Paul Rabinow (Hg.): Michel Foucault. Jenseits von Strukturalismus und Hermeneutik. Frankfurt/M. 1987, S. 243–250, hier S. 246 f.

5 Ebd., S. 250.

6 Sartre, Jean-Paul: *Une Idée fondamentale de la phénoménologie de Husserl: l'intentionnalité* [zuerst 1939]. In: Ders.: Situations I. Paris 1966, S. 31–35, hier S. 33 (nicht nachgewiesenes Husserl-Zitat).

7 Ebd., S. 34.

8 Ebd., S. 32.

9 Ebd.

10 Sartre, Jean-Paul: *Lettres au Castor et à quelques autres*. Hg. von Simone de Beauvoir. 2 Bde. Paris 1983; Bd. I, S. 10; im folgenden zitiert als *Lettres*.

11 Sartre, Jean-Paul: *Carnets de la drôle de guerre. Septembre 1939 – Mars 1940*. Hg. von Arlette Elkaïm-Sartre. Paris 1995, S. 512; im folgenden zitiert mit der Sigle *C*.

12 Ebd., S. 512 f.

13 Ebd., S. 514.

14 Ebd., S. 512.

15 Ebd., S. 513.

16 Ebd., S. 511.

17 Ebd.

18 Ebd.

19 Ebd., S. 512.

20 Sartre: *Situations I* (wie in Anm. 6), S. 33.

21 Sartre, Jean-Paul: *L'Être et le néant. Essai d'ontologie phénoménologique* [zuerst 1943]. Paris 1976, S. 490; im folgenden zitiert mit der Sigle *EN*.

22 Brief an Simone de Beauvoir vom 16. Februar 1940. In: Sartre: *Lettres II* (wie in Anm. 10), S. 71.
23 Ebd., S. 71.
24 Sartre: *C* (wie in Anm. 11), S. 296.
25 Ebd., S. 67.
26 Ebd.
27 Ebd.
28 Ebd.
29 Am 23. Juli 1940 teilt er Simone de Beauvoir mit: „j'écris un ouvrage de métaphysique *L'Être et le Néant*" (Sartre: *Lettres* II, S. 286). Und 5 Tage später schreibt er ihr: „Je suis tout entier pris par *l'Être et le néant*" (ebd., S. 290).
30 Sartre: *EN* (wie in Anm. 21), S. 490.
31 Ebd., S. 493.
32 Ebd., S. 534.
33 Ebd., S. 497.
34 Sartre: *C* (wie in Anm. 11), S. 316.
35 Ebd., S. 408.
36 Sartre, Jean-Paul: *Sartre par Sartre*. In: Ders.: Situations IX. Paris 1972, S. 99–134, hier S. 100.
37 Zum Folgenden vgl. Sartre, Jean-Paul: *Saint Genet comédien et martyr* (Jean Genet: *Œuvres complètes,* Bd. I). Paris 1952.
38 Ebd., S. 55.
39 Ebd.
40 Sartre, Jean-Paul: *L'Universel singulier* [zuerst 1966]. In: Ders.: Situations IX (wie in Anm. 36), S. 152–190; hier S. 159.
41 Sartre: *EN* (wie in Anm. 21), S. 538.
42 Vgl. dazu auch das Kapitel *Das Lachen des Jean-Paul Sartre* in meiner Studie *Das Verschwinden des Subjekts. Eine Geschichte der Subjektivität von Montaigne bis Barthes.* Frankfurt/M. 1998, S. 171–189.

Am Ende der bürgerlichen Geschichtsphilosophie.
Max Horkheimer/Theodor W. Adorno:
Die Dialektik der Aufklärung (1947)

1 Adorno, Theodor W.: *Kritik*. In: Ders.: Gesammelte Schriften. Bd. 10.2. Frankfurt/M. 1977, S. 786.
2 Kant, Immanuel: *Beantwortung der Frage: Was ist Aufklärung?* A 481.
3 Siehe Marx, Karl: *Das Kapital*. Erster Band. Frankfurt/M. 1968, S. 85.– Eric Hobsbawm hat darauf hingewiesen, daß die ökonomischen Zustandsbeschreibungen von Marx zu jener Zeit de facto noch gar nicht zutrafen, sondern im strengen Sinne erst heute. Damals gab es den Weltmarkt, den Marx als bereits vorhanden beschrieb, um revolutionäre Gegenkräfte zu mobilisieren, so noch nicht. (Vgl. Hobsbawm, Eric: *Anhaltende Zukunft eines Totenscheins. Vor 150 Jahren erschien das „Kommunistische Manifest".* In:

Frankfurter Rundschau vom 14. 2. 1998, S. ZB 3.) Erst heute, wo nichts mehr vorhanden ist, das gegen den ökonomischen Weltlauf zu mobilisieren wäre, gibt es den Weltmarkt im strengen Sinne, den, wie Jürgen Habermas und andere postulieren, die Politik normativ einholen sollte. Kein Wunder daher, daß Marx seit einiger Zeit von Börsianern eifrig gelesen wird.

4 Vgl. Nietzsche, Friedrich: *Die fröhliche Wissenschaft*. In: Werke in drei Bänden. Hg. von Karl Schlechta. München 1977, Bd. 2, S. 172.– Zum Naturbegriff bei Marx, Nietzsche und in der *Dialektik der Aufklärung* siehe Schmid Noerr, Gunzelin: *Konstellationen der zweiten Natur. Zur Ideengeschichte und Aktualität der Dialektik der Aufklärung*. In: Ders.: Gesten aus Begriffen. Konstellationen der Kritischen Theorie. Frankfurt/M. 1997, S. 19–50.

5 Mit der Typologie der Kritischen Theorie in ihren verschiedenen Stadien folge ich Schmid Noerr: *Die Emigration der Frankfurter Schule und die Krise der Kritischen Theorie*. In: Ders.: Gesten aus Begriffen (wie in Anm. 4), S. 116–52; und Claussen, Detlev: *Kopf der Leidenschaft*. In: Herbert Marcuse: Feindanalysen. Hg. von P.-E. Jansen. Lüneburg 1998, S. 11 ff.

6 Vgl. zum Folgenden Türcke, Christoph; Bolte, Gerhard: *Einführung in die kritische Theorie*. Darmstadt 1994, S. 1 ff.

7 Pollock, Friedrich: *Bemerkungen zur Wirtschaftskrise*. In: Zeitschrift für Sozialforschung 2 (1933), S. 330 f.

8 Siehe dazu Fetscher, Iring: *Evolution, Revolution, Reform*. In: Politikwissenschaft. Begriffe – Analysen – Theorien. Hg. von I. Fetscher und H. Münkler. Reinbek b. Hamburg 1985, S. 399 ff.

9 Sie ist daher immanente Kritik, d.h. eine Kritik, die ihren normativen Maßstab der kritisierten Sache entnimmt, sie also am eigenen Maßstab mißt; oder, wie Türcke und Bolte treffend formuliert haben: „Selbstreflexion der traditionellen [Theorie], nicht deren Auswechslung durch ein neues Modell. Kritisch ist sie insofern, als sie sich ihre Zwecke nicht durch die bestehende Wirklichkeit vorgeben läßt, sondern diese mit der in ihr selbst gelegenen Möglichkeit des Besseren konfrontiert." Ihre normative Grundlage bezieht sich auf Motive des aufklärerischen philosophischen Materialismus. Es geht ihr letztlich um die „Herstellung des Glücks der Individuen in einer gerechten und solidarischen Gesellschaft, die auf der Basis der vom Kapital entwickelten Produktivkräfte objektiv möglich geworden ist." (Türcke/Bolte: *Einführung in die kritische Theorie* [wie in Anm. 6], S. 39.)

10 Schmid Noerr: *Die Emigration der Frankfurter Schule und die Krise der Kritischen Theorie* (wie in Anm. 5), S. 117.

11 Vgl. Türcke/Bolte: *Einführung in die kritische Theorie* (wie in Anm. 6), S. 13 f.

12 Deutschland hatte insofern keinen ‚Sonderweg' eingeschlagen, sondern „eine historisch spezifische Form des Endes der liberalkapitalistischen Ära" ausgeprägt (Claussen: *Kopf der Leidenschaft* [wie in Anm. 5], S. 16). – Erich Fromm arbeitete damals einen sozialpsychologischen Erklärungsansatz aus, der besagte, daß Unterwerfung unter neue Herrschaft als Identifikation mit dem Übermächtigen funktioniert. Sein Grundgedanke war, daß

sich (mit einer Formulierung von Rolf Wiggershaus) im „Machtgefälle der Klassengesellschaften [...] für die Beherrschten die infantile Situation" wiederholt. „Sie erleben die Herrschenden als die Mächtigen, Starken, Anerkannten, gegen die sich aufzulehnen vergeblich, deren Schutz und Wohlwollen durch Unterwerfung und Liebe zu erlangen vernünftig erscheint." (Wiggershaus, Rolf: *Die Frankfurter Schule*. München 1988, S. 72.)

13 Ihr Mentalitätstypus ist der autoritative Charakter. Eine breit angelegte empirische Studie hierüber belegte in den vierziger Jahren, daß es das Potential für antidemokratische Charakterstrukturen auch in der scheinbar stabilen Demokratie der USA gab. (Adorno u. a.: *Studien zum autoritären Charakter*. Frankfurt/M. 1980. Diese Forschungsarbeit versuchte, auch nach der Trennung von Erich Fromm die analytische Sozialpsychologie weiterzuentwickeln, die dieser im Institut für Sozialforschung begründet hatte. Vgl. Fromm, Erich: *Arbeiter und Angestellte am Vorabend des Dritten Reiches. Eine sozialpsychologische Untersuchung*. Bearb. und hg. von W. Bonß. Stuttgart 1980.)

14 Vgl. Claussen: *Kopf der Leidenschaft* (wie in Anm. 5), S. 15.

15 „Was ist kritische Theorie?", fragte Horkheimer rückblickend im Jahre 1969 und antwortete durch eine Gegenüberstellung. Traditionelle „Theorie im Sinn der Wissenschaft" sei „die Ordnung der Tatsachen unseres Bewußtseins, die es [...] gestattet, an der richtigen Stelle des Raumes und der Zeit jeweils das Richtige zu erwarten. [...] Richtigkeit in diesem Sinne ist das Ziel der Wissenschaft; aber [...] die Wissenschaft selbst weiß nicht, warum sie gerade in dieser einen Richtung die Tatsachen ordnet und sich auf bestimmte Gegenstände konzentriert und nicht auf andere. Es mangelt der Wissenschaft an Selbstreflexion [auf ihre] gesellschaftlichen Gründe [...]. Um wahr zu sein, müßte die Wissenschaft kritisch zu sich selber sich verhalten und auch zu der Gesellschaft, die sie produziert". (Horkheimer, Max: *Kritische Theorie gestern und heute*. In: Ders.: Gesammelte Schriften. Bd. 8. Hg. von G. Schmid Noerr. Frankfurt/M. 1985, S. 337f.)

16 Horkheimer/Adorno: *Dialektik der Aufklärung*. In: Horkheimer, Max: Gesammelte Schriften. Bd. 5. Hg. von G. Schmid Noerr. Frankfurt/M. 1987, S. 16 u. 18.

17 Kracauer, Siegfried: *Das Ornament der Masse*. Frankfurt/M. 1977, S. 60. – Wichtig für die *Dialektik der Aufklärung* war vor allem die katastrophische Perspektive, in die Walter Benjamin in seinem letzten Werk die Geschichte stellte. In der neunten These *Über den Begriff der Geschichte* läßt sich Benjamin von der Graphik „Angelus Novus" von Paul Klee zu einer Allegorie des „Engels der Geschichte" inspirieren. Diesem zeige sich, aus seinem jenseitigen Blick, unsere gesamte gattungsgeschichtliche Vergangenheit, die uns als „eine Kette von Begebenheiten" erscheint, als „eine einzige Katastrophe, die unablässig Trümmer auf Trümmer häuft und sie ihm vor die Füße schleudert. Er möchte wohl verweilen, die Toten wecken und das Zerschlagene zusammenfügen. Aber ein Sturm weht vom Paradiese her, der sich in seinen Flügeln verfangen hat und so stark ist, daß der Engel sie nicht mehr schließen kann. Dieser Sturm treibt ihn unaufhaltsam in die Zukunft, der er den Rücken kehrt, während der Trümmerhaufen vor ihm zum Himmel wächst. Das, was wir Fortschritt nennen, ist *dieser* Sturm".

(Benjamin, Walter: *Über den Begriff der Geschichte.* In: Ders.: Gesammelte Schriften. Hg. von R. Tiedemann und H. Schweppenhäuser. Bd. I. 2. Frankfurt/M. 1980, S. 697f.) Gegen das universalgeschichtliche Fortschrittsvertrauen der Zweiten Internationale legt Benjamin vehementen Protest mit seiner These ein, daß eine Revolution, die ihrem Begriff gerecht würde, „das Kontinuum der Geschichte aufzusprengen" und nicht zu vollenden hätte. „Kritik an der Vorstellung des Fortschritts" (ebd., S. 701) aus der Perspektive der Besiegten, „der Unterdrückten", „belehrt uns darüber", sagt Benjamin im Blick auf die Destruktion aller revolutionären Tendenzen durch den Faschismus (und in eigenwilliger Interpretation des Schlagwortes von Carl Schmitt, eines seiner Apologeten), „daß der ‚Ausnahmezustand', in dem wir leben, die Regel ist. [...] Das Staunen darüber, daß die Dinge, die wir erleben, im zwanzigsten Jahrhundert ‚noch' möglich sind, ist *kein* philosophisches. Es steht nicht am Anfang einer Erkenntnis, es sei denn der, daß die Vorstellung von Geschichte, aus der es stammt, nicht zu halten ist" (ebd., S. 697). Geschichte kann nur negativ rekonstruiert werden. Horkheimer und Adorno haben Benjamins negative Geschichtsphilosophie mit Vernunftkritik zusammengebracht.

18 Döblin, Alfred: *Berlin Alexanderplatz.* München [17]1976, S. 86 u. 84.
19 Tiedemann, Rolf: „*Gegenwärtige Vorwelt".* Zu Adornos Begriff des Mythischen (I). In: Frankfurter Adorno-Blätter V. München 1998, S. 18; vgl. Adorno, Theodor W.: *Kierkegaard. Konstruktion des Ästhetischen.* In: Ders.: Gesammelte Schriften. Bd. 2. Hg. von R. Tiedemann. Frankfurt/M. 1979, S. 78.
20 Tiedemann (wie in Anm. 19), S. 33.
21 Horkheimer, Max: *Anfänge der bürgerlichen Geschichtsphilosophie.* In: Ders.: Gesammelte Schriften. Bd. 2. Hg. von G. Schmid Noerr. Frankfurt/M. 1987, S. 261.
22 Ebd., S. 264.
23 Ebd., S. 265.
24 Ebd., S. 268.
25 Horkheimer/Adorno: *Dialektik der Aufklärung* (wie in Anm. 16), S. 114, Fußnote. – In der ersten Version des Buches von 1944 bedienen sich die Autoren einer an der Marxschen Theorie orientierten Terminologie, die in späteren Ausgaben teilweise durch ‚neutralere' Begriffe ersetzt wurde. Die hier zitierte Formulierung „Ratio des Kapitals" ist in der ersten Ausgabe eine erläuternde Anfügung zur Rede von „der allumspannenden Ratio des längst irrational gewordenen ökonomischen Systems". Willem van Reijen und Jan Bransen haben die Textveränderungen der *Dialektik der Aufklärung* zwischen der ersten Ausgabe von 1944 und der zweiten von 1947 in ihrem Kommentar *Das Verschwinden der Klassengeschichte in der „Dialektik der Aufklärung"* untersucht, der im Anhang zur Ausgabe der *Dialektik der Aufklärung* in Horkheimers Schriften abgedruckt ist (vgl. ebd. [wie in Anm. 16], S. 453 ff.)
26 Horkheimer/Adorno (wie in Anm. 16), S. 21.
27 Ebd., S. 18.
28 Ebd., S. 69.
29 Ebd., S. 68.

30 Adorno, Theodor W.: *Geschichtsphilosophischer Exkurs zur „Odyssee".* In: Frankfurter Adorno-Blätter V (wie in Anm. 19), S. 45.
31 Ebd.
32 Ebd.
33 Ebd., S. 79.
34 Ebd., S. 67.
35 Ebd., S. 56.
36 Ebd., S. 139.
37 Ebd., S. 145.
38 Ebd., S. 191.
39 Ebd., S. 145.
40 Vgl. Adorno, Theodor W.: *Minima Moralia.* In: Ders.: Gesammelte Schriften. Bd. 4. Hg. von R. Tiedemann. Frankfurt/M. 1980, S. 49.
41 Siehe dazu Habermas, Jürgen: *Der philosophische Diskurs der Moderne.* Frankfurt/M. ³1986, S. 34 ff.
42 Vgl. Schmid Noerr: *Die Emigration der Frankfurter Schule und die Krise der Kritischen Theorie.* (wie in Anm. 5), S. 118 ff.
43 Vgl. ebd., S. 134.
44 Horkheimer/Adorno: *Dialektik der Aufklärung* (wie in Anm. 16), S. 70.
45 Ebd., S. 64.
46 Ebd., S. 68.
47 Türcke/Bolte: *Einführung in die kritische Theorie* (wie in Anm. 6), S. 64.
48 Schmid Noerr, Gunzelin: *Das Eingedenken der Natur im Subjekt.* Darmstadt 1990, S. 104.
49 Ebd.
50 Habermas: *Der philosophische Diskurs der Moderne* (wie in Anm. 41), S. 130 ff.
51 Schmid Noerr: *Das Eingedenken der Natur im Subjekt* (wie in Anm. 48), S. 105.
52 Vgl. ebd., S. 106 f.
53 Horkheimer/Adorno: *Dialektik der Aufklärung* (wie in Anm. 16), S. 15 (Vorwort zur italienischen Ausgabe).
54 Vgl. Türcke, Christoph: *Religionswende.* Lüneburg 1995, S. 88 ff.
55 Siehe dazu: *Vierzig Jahre Flaschenpost. „Dialektik der Aufklärung" 1947 bis 1987.* Hg. von W. van Reijen und G. Schmid Noerr. Frankfurt/ M. 1987; *Kritische Theorie und Kultur.* Hg. von R. Erd, D. Honß, O. Jacobi und P. Noller. Frankfurt/M. 1989; Schiller, Hans-Ernst: *Selbstkritik der Vernunft. Zu einigen Motiven der Dialektik bei Adorno.* In: Ders.: An unsichtbarer Kette. Stationen Kritischer Theorie. Lüneburg 1993; Knapp, Gudrun-Axeli: *Traditionen Brüche. Kritische Theorie in der feministischen Rezeption.* In: Vermittelte Wirklichkeit. Feministische Wissenschafts- und Gesellschaftstheorie. Hg. von E. Scheich. Hamburg 1996; Knapp, Gudrun-Axeli: *Flaschenpost und Tomate. Anmerkungen zu einer „Kritischen Theorie der Gegenwart".* In: Zeitschrift für kritische Theorie, Heft 9, 1999; Böhme, Gernot: *Kritische Theorie der Natur.* In: Zeitschrift für kritische Theorie, Heft 9, 1999; Görg, Christoph: *Kritik der Naturbeherrschung.* In: Zeitschrift für kritische Theorie, Heft 9, 1999. – Im Jahre 1983 bemerkte

Michel Foucault in einem Gespräch mit Gérard Raulet zur Rationalitätstheorie der *Dialektik der Aufklärung*: „Wenn ich die Frankfurter Schule rechtzeitig gekannt hätte, wäre mir viel Arbeit erspart geblieben. Manchen Unsinn hätte ich nicht gesagt und viele Umwege nicht gemacht, als ich versuchte, mich nicht beirren zu lassen, während doch die Frankfurter Schule die Wege geöffnet hatte." (Foucault, Michel, und Raulet, Gérard: *Um welchen Preis sagt die Vernunft die Wahrheit?* In: Spuren 1983, S. 24.)

56 Horkheimer, Max: *Zur Kritik der instrumentellen Vernunft* [zuerst New York 1947]. Frankfurt/M. 1967.

57 Taylor, Charles: *Das Unbehagen an der Moderne.* Frankfurt/M. 1995, S. 11.

58 Bolz, Norbert: *Schwanengesang der Gutenberg-Galaxis.* In: Allegorie und Melancholie. Hg. von W. van Reijen. Frankfurt/M. 1992, S. 224–260. Vgl. dazu meinen Aufsatz *Bildkraft, Prismatische Arbeit und ideologische Spiegelwelten. Medienästhetik und Photographie bei Walter Benjamin*, in: Ders.: Die Fluchtbahn des Subjekts. Beiträge zu Ästhetik und Kulturphilosophie. Münster 2000.

59 Vgl. die Antwort von Bolz auf die Umfrage „Faszination und Abstoßung: ein säkulares Buch" der Frankfurter Rundschau. In: FR vom 7. Juni 1997.

60 Vgl. Beck, Ulrich: *Was ist Globalisierung?* Frankfurt/M. 1997.

61 Lash, Scott: *Wenn alles eins wird. Wir leben im Zeitalter der globalen Kulturindustrie. Darin liegen auch Chancen.* In: Die Zeit vom 5. 3. 1998.

62 Vgl. Steinert, Heinz: *Kulturindustrie.* Münster 1998, und ders.: *Im Reich der schönen, guten Waren.* In: Die Zeit vom 28. 1. 1999.

63 Unlängst war zu lesen, die *Dialektik der Aufklärung* sei „in Wirklichkeit [...] ein großes finsteres Prosagedicht aus dem Geist der späten Romantik", eine „nietzscheanische Rhapsodie, getarnt als philosophische Abhandlung". Das „wohl fragwürdigste" Kapitel des Buches sei das über Kulturindustrie, denn hier gehe es um „etwas, das Adorno erfunden hat". Hinter dieser Erfindung stehe eine „Gegenwartsdiagnose, die behauptet, immer mehr Kultur mache immer dümmer und nur hohe Kunst enthalte weiter die Idee einer Großen Gesamtvernunft. Kulturindustrie ist böse, wenn auch unvermeidlich". „Adornos apokalyptischen Diagnosen und seinen gestrengen Wertungen der Massen- und Popkultur" könne man sich daher heute nicht mehr anschließen. (Schmidt, Thomas E.: *Kulturverfall und fröhliche Vielfalt.* In: Frankfurter Rundschau vom 24. 1. 1998.) Die Kritik ist abwegig, weil hier eine entscheidende Differenz übersehen wird: die zwischen elitär-konservativer Kulturkritik und einer Kritik, die zeigen will, daß die kulturindustrielle Integration gerade auch die eigensinnigen Tendenzen neutralisiert, die sich der vermeintlichen bürgerlichen ‚Hochkultur' widersetzten. In Schmidts Einwänden zeigen sich die Nachwirkungen von Umberto Ecos Buch *Apokalyptiker und Integrierte. Zur kritischen Kritik der Massenkultur* aus dem Jahre 1964, das zwanzig Jahre nach der *Dialektik der Aufklärung* (auf deutsch) erschien. Eco gibt darin glänzende Proben davon, wie man mit semiotischer Methode eine immanente Kritik massenkultureller Produktionsweisen durchführen kann. Aber seine dichotomische Typologie der Kritiker der Massenkultur, die entweder „Apokalyptiker" seien oder „Integrierte", verkennt, daß zuvor bereits ein ‚tertium

datur' vorhanden war. Die Kritische Theorie argumentierte jenseits der Alternative von konformistischer Involviertheit, die auf dem Interesse am ernährenden Kulturbetrieb beruht, und Visionen vom Untergang der bürgerlichen Hochkultur, hinter der sich Verachtung der ungebildeten Massen verbirgt. „Die Massen sind nicht das Maß sondern die Ideologie der Kulturindustrie", schrieb Adorno in den sechziger Jahren (Adorno: *Résumé über Kulturindustrie*. In: Ders.: Gesammelte Schriften. Bd. 10.1. Hg. von R. Tiedemann. Frankfurt/M. 1977, S. 338.) – Die *Zeitschrift für kritische Theorie* führt seit Heft 10 (Jg. 2000) eine Debatte über die Kulturindustrie der Gegenwart und Formen ihrer Kritik. Zur Kritik an Scott Lash und Heinz Steinert vgl. Duarte, Rodrigo: *Zurück in die Zukunft. Die kritische Theorie der Kulturindustrie und die „Globalisierung"*. In: Zeitschrift für kritische Theorie, Heft 10, 2000, S. 61–71. – Ein Theorievergleich zwischen der kritischen Theorie der Kulturindustrie und der systemtheoretischen Analyse der Massenmedien bei Niklas Luhmann findet sich in meinem Aufsatz *Paradoxe Beobachter, eingebildete Zeugen. Überlegungen zu einer Theorie der gegenwärtigen Massenkultur*, in: Ders.: Die Fluchtbahn des Subjekts (wie in Anm. 58).

Simone de Beauvoir: *Das andere Geschlecht* (1949). Theorie als Autobiographie

1 Beauvoir, Simone de: *La Force de l'âge* [zuerst 1960]. Paris 1967, S. 25. – Zitate werden mit der Sigle *FA* nachgewiesen. Die Übersetzungen der Zitate sind von mir (Ch.B.).
2 Beauvoir, Simone de: *Le deuxième Sexe* [zuerst 1949]. 2 Bde. Paris 1988, Bd. II, S. 13. – Zitate werden mit der Sigle *DS*, Bandzahl, Seitenzahl nachgewiesen.
3 Beauvoir: *DS* I (wie in Anm. 2), S. 31.
4 Horkheimer, Max; Adorno, Theodor W.: *Dialektik der Aufklärung*. Amsterdam ²1955, S. 47. – Zitate werden mit der Sigle *DdA* nachgewiesen.
5 Beauvoir, Simone de: *Mémoires d'une jeune fille rangée* [zuerst 1958]. Paris 1972, S. 68. – Zitate werden mit der Sigle M nachgewiesen.
6 Ebd., S. 67.
7 Ebd., S. 41.
8 Ebd., S. 397.
9 Wie in dem vielzitierten Pakt, den Beauvoir und Sartre in den Jardins du Carroussel schließen, zwischen kontingenten Liebesabenteuern und notwendiger Liebe unterschieden wird (vgl. Beauvoir: *FA* [wie in Anm. 1], S. 26 ff.).
10 Vgl. Beauvoir: *M* (wie in Anm. 5), S. 299.
11 Vgl. zu dieser Tradition das eindrucksvolle Buch von Schmitz, Heike: *Von Sturm- und Geisteswut. Mystische Spuren und das Kleid der Kunst bei Ingeborg Bachmann und Clarice Lispector*. Königstein/Ts. 1998.

12 Beauvoir: *FA* (wie in Anm. 1), S. 663 f.
13 Beauvoir, Simone de: *La Force des choses* [zuerst 1963]. 2 Bde. Paris 1972, S. 369. – Zitate werden mit der Sigle *FC* nachgewiesen.
14 An kaum einer Stelle ihres feministischen Essays wird sie so polemisch wie gegen Ende, wo es um den weiblichen Dilettantismus geht. Es fällt schwer, darin nicht einen heimlichen Exorzismus am Werke zu sehen. Um nicht ein zweckloses Innenleben ins Nichts fallen zu lassen, um sich in ihrer Revolte gegen die *condition féminine* zu behaupten, bliebe den Frauen nichts übrig, als sich eine imaginäre Welt zu erschaffen, in der sie eine Stimme haben. Sobald sie aber dem Bedürfnis, sich auszudrücken, Raum gegeben hätten, müßten sie sich ergießen in Briefen oder Tagebüchern, denn sie seien bekanntlich „geschwätzig und schreibfreudig"; ein bißchen Ehrgeiz genüge, schon schrieben sie ihre Memoiren und verwandelten ihre Biographie in Romane (vgl. Beauvoir: *DS* II, S. 628). Es liegt nahe, diesen Ausfall auch als Ausdruck eines uneingestandenen Hangs zur Selbstentwertung zu verstehen.
15 Vgl. Beauvoir: *FC* (wie in Anm. 13), S. 367.
16 Beauvoir: *FA* (wie in Anm. 1), S. 364 f.
17 Ebd., S. 422.
18 Beauvoir: *M* (wie Anm. 5), S. 234.
19 Beauvoir: *FA* (wie in Anm. 1), S. 418.
20 Ebd., S. 424.
21 Eine vorzügliche Rekonstruktion unter Heranziehung der Wirkungsgeschichte liegt vor in dem Aufsatz von Hagemann-White, Carol: *Simone de Beauvoir und der existentialistische Feminismus*. In: Gudrun-Axeli Knapp, A. Wetterer (Hg.): Traditionen Brüche. Entwicklungen feministischer Theorie. Freiburg i. Br. 1992, S. 21–62.
22 Beauvoir: *DS* I (wie in Anm. 2), S. 15.
23 Bachmann, Ingeborg: *Werke*. Hg. von Ch. Koschel, I. von Weidenbaum, C. Münster. 4 Bde. München, Zürich 1978, Bd. III, S. 436 f.
24 Beauvoir: *DS* I (wie in Anm. 2), S. 109.
25 Beauvoir: *FC* (wie in Anm. 13), S. 136.
26 Beauvoir: *DS* I (wie in Anm. 2), S. 111.
27 Ebd., S. 115.
28 Vgl. ebd., S. 239.
29 Beauvoir: *M* (wie in Anm. 5), S. 53.
30 Ebd., S. 57.
31 Ebd., S. 145.
32 Vgl. Beauvoir: *DS* I (wie in Anm. 2), S. 21.
33 Es ist unmöglich, einen konkreten Eindruck zu vermitteln von der Beschreibungsdichte des zweiten Buches, der *Gelebten Erfahrung*. Die Wirkmächtigkeit dieses Buches gründet zum einen im Verzicht Beauvoirs auf Anklage und Schuldzuweisung, zum anderen in der Kompromißlosigkeit ihrer Darstellung, die keinen Tabubruch scheut, aber wohl auch in dem nach vorn weisenden Gestus, der sich mitteilen und in der Mitteilung die gelebte Erfahrung hinter sich lassen will. Es wird wohl nur wenige Leserinnen gegeben haben, bis heute, die in der Geschlossenheit der weiblichen Welt, die von Beauvoir so unerbittlich ausgeleuchtet wird, sich nicht wie-

dererkannt hätten, und wäre es nur diese Begegnung mit uns selbst, so wäre der therapeutische Ertrag des Buches schon sehr hoch zu veranschlagen. Seine epochale Bedeutung besteht aber vor allem darin, daß Beauvoir Erfahrungsbericht und Philosophie so ineinander verwebt, daß die Erfahrung in eine Programmatik der Emanzipation überführt wird und die existentialistische Philosophie aus einer konkreten lebensweltlichen Erfahrung ihre Notwendigkeit erhält. Die Bedeutung des thematischen Gehalts dieses Buches für die feministische Theoriebildung jedenfalls wird auch von den Kritikerinnen nicht geleugnet. Zur Kritik vgl. u. a. die Arbeit von Lindhoff, Lena: *Einführung in die feministische Literaturtheorie* (Sammlung Metzler, 285). Stuttgart 1995.

34 Beauvoir: *M* (wie in Anm. 5), S. 57.
35 Ebd., S. 113.
36 Vgl. ebd., S. 170.
37 Ebd., S. 315.
38 Beauvoir: *DS* II (wie in Anm. 2), S. 44 f.
39 Beauvoir: *M* (wie in Anm. 5), S. 268.
40 Gide, André: *Romans*. Hg. von Maurice Nadeau u. a. Paris 1958, S. 566 ff. Ihrem eigenen Geständnis nach muß Simone de Beauvoir in einer Art masochistischer Übertrumpfung der Bigotterie ihrer Mutter ihr Äußeres vernachlässigt haben.
41 Vgl. Beauvoir: *M* (wie in Anm. 5), S. 304.
42 Auf den Kierkegaardschen Begriff der Wiederholung hat Simone de Beauvoir sich berufen, um das Grundprinzip ihres Schreibens kenntlich zu machen. Im Licht der Geschichte von Jacques erscheint allerdings ihre Selbstinterpretation eigentümlich verharmlosend (vgl. Beauvoir: *FC* [wie in Anm. 13], S. 369). Um etwas wirklich zu besitzen, so will sie Kierkegaard verstehen, müsse man es verloren und wiedergefunden haben. Damit verkürzt sie aber dessen Analyse der Wiederholung um das existentielle Pathos, das die Kategorien der Verzweiflung, der Schuld und der Sühne ihr geben. Das moralische Exempel in Kierkegaards Essay über die Wiederholung ist seiner eigenen Lebensgeschichte nachgebildet, der Beziehung zu Regine Olsen. Es geht dabei um einen Dichter, der seine Verlobung mit einem jungen Mädchen auflöst, darüber in Verzweiflung gerät; unglückliches Bewußtsein, zerrissen durch den „dialektischen Kampf, in welchem die Ausnahme vorbricht in das Allgemeine [...] und [sich] als berechtigt behauptet" (Kierkegaard: *Die Wiederholung*, S. 79). Die Heirat des jungen Mädchens mit einem anderen befreit ihn aus dem Zirkel der Schuldverstrickung und der Versuchung zum Selbstmord, ist also Wiederholung. Der Dichter ist wieder er selbst, an niemanden gebunden und an nichts als seine Idee; Ausnahme, die sich selbst rechtfertigt (ebd., S. 81). Die aus der erzählten Lebensgeschichte verdrängte Angst kehrt aber in der ästhetischen Selbstdarstellung zurück. Anders als Beauvoir insistiert Sartre in seinem Kierkegaard-Essay auf der Erfahrung der Angst; sie ist es, die den Akt der Selbstwahl, der Wiederholung, allererst ermöglicht. Sie liegt dem Prozeß zugrunde, aus dem der „universale Einzelne" hervorgeht, der sein zufälliges, kontingentes Dasein als notwendiges auf sich nimmt und lebt.
43 Beauvoir: *DS* II (wie in Anm. 2), S. 547.

44 Georg W. F. Hegel: *Ästhetik*. Mit einer Einführung von Georg Lukács. Berlin, Weimar o.J. 1955, Bd.II, S. 452.
45 Beauvoir: *DS* II (wie in Anm. 2), S. 547.
46 Ebd., S. 558.
47 Beauvoir: *DS* I (wie in Anm. 2), S. 233.
48 Adorno, zit. nach Tiedemann, Rolf: „*Gegenwärtige Vorwelt*". *Zu Adornos Begriff des Mythischen*. In: Frankfurter Adorno Blätter V. Hg. von R. Tiedemann. München 1998, S. 9–36, hier S. 22.
49 Beauvoir: *M* (wie in Anm. 5), S. 131.
50 Ebd., S. 234.
51 Ebd., S. 392.
52 Ebd., S. 503.
53 Ebd., S. 202.
54 Ebd., S. 125 u. S. 350.
55 Vgl. u. a. ebd., S. 367: „Wie ein verrückt gewordenes Pendel, wechselte ich mit rasender Geschwindigkeit von der Apathie zu abseitigen Glücksgefühlen. Nachts lief ich die Treppen von Sacré-Cœur hinauf und schaute auf das glitzernde Paris in den Wüsten des Raums, vergebliche Oase. Ich heulte, weil es so schön war und weil es sinnlos war."
56 Beauvoir: *FA* (wie in Anm. 1), S. 298.
57 Beauvoir: *M* (wie in Anm. 5), S. 488.
58 Ebd., S. 465.
59 Ebd., S. 499 f.
60 Dieser Essay ist zuerst in der Zeitschrift *Metis* (2/1999) erschienen.

Dialogisches Denken und Rhetorik bei Michail Bachtin

1 Bachtin, Michail: *Zur Methodologie der Literaturwissenschaft*. In: Rainer Grübel (Hg.): Die Ästhetik des Wortes. Übers. von Rainer Grübel und Sabine Reese. Frankfurt/M. 1979, S. 357.
2 Emerson, Caryl: *The first hundred years of Mikhail Bakhtin*. Princeton 1997.
3 Bachtin, Michail: Probleme der Poetik Dostoevskijs [russisch: Problemy poetiki Dostoevskogo. Moskau 1963]. Übers. von Adelheid Schramm. München 1971.
4 Unter dem Leittitel *Bachtin unter der Maske* erschienen *Freudismus* und *Marxismus und Sprachphilosophie* (Valentin Vološinov) und *Die formale Methode in der Literaturwissenschaft* (Pavel Medvedev).
5 Hierbei spielt die Einbettung der poetologisch relevanten Begriffe in die philosophische Ausrichtung Bachtins die zentrale Rolle. Es werden Verbindungen einzelner Gedankenfiguren, bzw. des Denkstils Bachtins allgemein, zu Husserl, Cohen, Rosenzweig, Buber und Parallelen mit Levinas hergestellt.
6 Bachtin, Michail: *Rabelais und seine Welt. Volkskultur als Gegenkultur*. Übers. von Gabriele Leupold. Hg. und mit einem Vorwort von Renate Lachmann. Frankfurt/M. 1988.

7 Igor Peskov: *One more Mozart – ili postupok kak ritorika otvetatvennosti.* In: Ritorika II (1995), S. 74–85, hier S. 78 f.
8 Bachtin: *Die Ästhetik des Wortes* (wie in Anm. 1), S. 357.
9 Bachtin, Michail: In: *Voprosy literatury i éstetiki.* Moskva 1975, S. 72–233; dt. (gekürzt): *Das Wort im Roman.* In: Die Ästhetik des Wortes (wie in Anm. 1), S. 154–251.
10 Bachtin: *Voprosy literatury i éstetiki* (wie in Anm. 9), S. 166; dt.: *Die Ästhetik des Wortes* (wie in Anm. 1), S. 240.
11 Sebeok, Thomas A. (Hg.): *Linguistics and Poetics. Style in Language.* Cambridge/Mass. 1960, S. 371.
12 Lachmann, Renate: *Die ‚Verfremdung' und das ‚Neue Sehen' bei Viktor Šklovskij.* In: Poetica 3 (1970), S. 226–249.
13 Bachtin: *Probleme der Poetik Dostoevskijs* (wie in Anm. 3), S. 285.
14 Bachtin, Michail: *Éstetika slovesnogo tvorčestva.* Moskva 1979, S. 318; Übersetzung der Verfasserin.
15 Bachtin: *Die Ästhetik des Wortes* (wie in Anm. 1), S. 214; vgl. Renate Lachmann: *Gedächtnis und Literatur.* Frankfurt/M. 1990, S. 126–199.
16 Foucault, Michel: *Un ‚fantastique' de bibliothèque – Nachwort zu Gustave Flauberts „Die Versuchung des heiligen Antonius".* In: Ders.: Schriften zur Literatur. Frankfurt/M. 1979, S. 157–177.
17 Derrida, Jacques: *De la grammatologie.* Paris 1967, S. 55.
18 Ebd., S. 67.
19 Ebd., S. 65.
20 Ebd.
21 Ebd., S. 72.
22 Ebd., S. 90.
23 Ebd., S. 99.
24 Vgl. Kilcher, Andreas: *Der Sprachmythos der Kabbala und die ästhetische Moderne.* In: Poetica 25 (1993), S. 237–261.
25 Dies belegt die Rolle der Rhetorik im petrinischen und nachpetrinischen Rußland, vgl. dazu Lachmann, Renate: *Die Zerstörung der schönen Rede. Rhetorische Tradition und Konzepte des Poetischen.* München 1994, S. 181–250.
26 Bachtin: *Probleme der Poetik Dostoevskijs* (wie in Anm. 3), S. 122 f.
27 Ebd., S. 135.
28 Rösler, Wolfgang: *Michail Bachtin und die Karnevalskultur im antiken Griechenland.* In: Quaderni Urbinati di Cultura Classica. Nuova Serie 23, 2 (1986), S. 25–44.
29 Konstanzer Antrittsvorlesung von 1996, nicht publiziert.
30 Zum kultischen, archaischen Subtext ließe sich zudem anführen, daß Bachtin das Kultische und Mythische wiederholt hervorhebt, es läßt sich mit seinem Begriff des Historischen ebenso verbinden wie mit seinem Entwurf des Gattungsgedächtnisses.
31 Bachtin: *Probleme der Poetik Dostoevskijs* (wie in Anm. 3), S. 187.

Claude Lévi-Strauss:
Die elementaren Strukturen der Verwandtschaft (1949)

1 Bataille, Georges: *Der heilige Eros* [frz. zuerst 1957: L'Érotisme]. Frankfurt/M., Berlin, Wien 1984, S. 197.
2 Lévi-Strauss, Claude: *Die elementaren Strukturen der Verwandtschaft.* Frankfurt/M. 1981, S. 15.
3 Ebd.
4 Ebd., S. 52.
5 Ebd.
6 Ebd., S. 57.
7 Ebd.
8 Ebd., S. 72.
9 Ebd.
10 Ebd., S. 81.
11 Mauss, Marcel: *Die Gabe. Form und Funktion des Austauschs in archaischen Gesellschaften* [zuerst 1925]. Frankfurt/M. 1968.
12 Lévi-Strauss: *Die elementaren Strukturen der Verwandtschaft* (wie in Anm. 2), S. 106
13 Vgl. vor allem Foucault, Michel: *Der Wille zum Wissen. Sexualität und Wahrheit.* Bd. 1. Frankfurt/M. 1977.
14 Die „Inzestscheu" steht im Zentrum von Sigmund Freuds kulturanthropologischer Studie *Totem und Tabu. Einige Übereinstimmungen im Seelenleben der Wilden und der Neurotiker* (1912–13).
15 Lévi-Strauss: *Die elementaren Strukturen der Verwandtschaft* (wie in Anm. 2), S. 148.
16 Vgl. Piaget, Jean: *Einführung in die genetische Erkenntnistheorie.* Frankfurt/M. 1973; ders.: *Das moralische Urteil beim Kinde.* Frankfurt/M. 1973; ders.: *Intelligenz und Affektivität in der Entwicklung des Kindes.* Frankfurt/M. 1995.
17 Lévi-Strauss: *Die elementaren Strukturen der Verwandtschaft* (wie in Anm. 2), S. 159.
18 Paul Ricœur hatte den Strukturalismus eines Lévi-Strauss aus diesem Grund in die Nähe von Kants Transzendentalphilosophie gerückt: *Structure et hérmeneutique.* In: Esprit 322 (1963). Lévi-Strauss entgegnet: „Daher bin ich Paul Ricœur außerordentlich dankbar, daß er die Verwandtschaft hervorgehoben hat, die zwischen meinem Unternehmen und dem des *Kantianismus* bestehen könnte. Es handelt sich letzten Endes um eine Übertragung des *Kantianischen* Ansatzes auf den Bereich der Ethnologie […]." (Lévi-Strauss, Claude: *Mythos und Bedeutung. Fünf Radiovorträge. Gespräche mit Claude Lévi-Strauss.* Hg. von Adalbert Reif. Frankfurt/M. 1980, S. 75).
19 Lévi-Strauss: *Die elementaren Strukturen der Verwandtschaft* (wie in Anm. 2), S. 161.
20 Ebd., S. 115 f.
21 Noch expliziter findet sich dieser Gedanke in einem späteren Aufsatz von Claude Lévi-Strauss: *Die Familie.* In: Ders.: *Der Blick aus der Ferne.* München 1985, S. 73–104.

22 Lévi-Strauss: *Die elementaren Strukturen der Verwandtschaft* (wie in Anm. 2), S. 198.
23 Spektakuläre frühe Beispiele für die deutsche Polemik gegen den Strukturalismus etwa bei Alfred Schmidt: *Geschichte und Struktur. Fragen einer marxistischen Historik*. München 1977; Jean Améry: *Archäologie des Wissens. Michel Foucault und sein Diskurs der Gegenaufklärung*. In: Die Zeit vom 31. 3. 1978, S. 44 f.
24 Lévi-Strauss: *Die elementaren Strukturen der Verwandtschaft* (wie in Anm. 2), S. 72.
25 Ebd., S. 659.
26 Ebd., S. 662.
27 Lévi-Strauss: *Mythos und Bedeutung* (wie in Anm. 7), S. 23.
28 Lévi-Strauss: *Die elementaren Strukturen der Verwandtschaft* (wie in Anm. 2), S. 215.
29 Ebd., S. 218.
30 Vgl. Bourdieu, Pierre: *Entwurf einer Theorie der Praxis auf der ethnologischen Grundlage der kabylischen Gesellschaft*. Frankfurt/M. 1976; ders.: *Praktische Vernunft. Zur Theorie des Handelns*. Frankfurt/M. 1998.
31 Grundlegend dazu: Lévi-Strauss, Claude: *Strukturale Anthropologie* I. Frankfurt/M. 1978.
32 Vgl. zuletzt die Darstellung bei Dosse, François: *Geschichte des Strukturalismus*. Bd. 1. Hamburg 1996.
33 Zit. bei Dosse: *Geschichte des Strukturalismus* (wie in Anm. 32), S. 40.
34 Der junge Philosophiestudent Olivier Revault d'Allones liest das Buch 1948 nach seinem Philosophieexamen – eine (wie er sagt) „fundamentale Erleuchtung", mit der die Geschichte der Philosophie auf eine neue Grundlage gestellt schien: „ich sah damals in den *Elementaren Strukturen der Verwandtschaft* eine Bestätigung von Marx" (zit. in: Dosse: *Geschichte des Strukturalismus* [wie in Anm. 32], S. 44). Ähnlich der französische Ethnologe Emmanuel Terray: „Für mich war es damals – und dazu stehe ich noch heute – ein in seinem Bereich vergleichbarer Vorstoß wie das *Kapital* von Marx oder die *Traumdeutung* von Freud" (ebd., S. 44).
35 Eine Fußnote in Simone de Beauvoirs Buch klärt auf über die gleichsam technische Koinzidenz beider Theorien und beider Bücher: „Ich danke C. Lévi-Strauss für die Überlassung der Druckfahnen seiner Dissertation." (In: Beauvoir, Simone de: *Das andere Geschlecht. Sitte und Sexus der Frau* [zuerst 1949]. Hamburg 1992, S. 901.)
36 Beauvoir, Simone de: *Les structures élémentaires de la parenté, par Claude Lévi-Strauss*. In: Les Temps Modernes 4 (1949), S. 943–949. Die Eloge der Simone de Beauvoir erscheint heute zumindest paradox, weil die fünfziger Jahre als eine Zeit der erbitterten Auseinandersetzung zwischen Sartre und dem Strukturalismus gelten: Mit diesem Buch von Lévi-Strauss beginnt eben jener Strukturalismus, der in der Ideengeschichte der französischen Nachkriegszeit das Ende der Sartre-Zeit ankündigt (vgl. das erste Kapitel in François Dosses *Geschichte des Strukturalismus*. Bd. 1: „Die Verfinsterung eines Sterns: Jean-Paul Sartre", S. 23–31). Um 1949 hingegen waren die Gegner noch nicht sortiert, die Mißverständnisse vorprogrammiert. Simone de Beauvoir stimmt den Ergebnissen und der Tragweite der *Elementaren*

Strukturen der Verwandtschaft zu, vor allem der These einer von vornherein sozialen Programmierung der scheinbar natürlichen und privaten Geschlechterverhältnisse. Sie interpretiert allerdings die Rahmenbedingungen des gesamten Buches anders und neu: Da Lévi-Strauss nicht sage, woher die von ihm entdeckten Strukturen stammen, ihnen aber von Beginn an kulturelle Ursprünge unterstellt, werde das Projekt auf eine Philosophie verwiesen, die an den Beginn der Geschichte eine Geschichte der menschlichen Selbstbemächtigung stellt.

37 Dosse: *Geschichte des Strukturalismus* (wie in Anm. 32), S. 32–42; Izard, Michel: *La Naissance d'un Héros*. In: Magazine Littéraire 223 (1985), S. 28–30.

38 Lévi-Strauss, Claude: *Traurige Tropen*. [zuerst 1955]. Frankfurt/M. 1978. Zur Geschichte des Denkens von Lévi-Strauss vgl. die Einführungen von Ruijter, Arie de: *Claude Lévi-Strauss*. Frankfurt/M., New York 1991; Hénaff, Marcel: *Claude Lévi-Strauss and The Making of Structural Anthropology*. Minneapolis, London 1998. Zur Schreibweise der Ethnologen vgl. Geertz, Clifford: *Die künstlichen Wilden. Der Anthropologe als Schriftsteller*. Frankfurt/M. 1993.

39 Zit. in Dosse: *Geschichte des Strukturalismus* (wie Anm. 32), S. 53.

40 Vgl. dazu Leach, Edmund: *Lévi-Strauss zur Einführung*. Hamburg 1991, S. 115 ff.

41 Honneth, Axel: *Ein strukturalistischer Rousseau. Zur Anthropologie von Claude Lévi-Strauss*. In: Merkur 463/464 (1987), S. 819–833.

42 Derrida, Jacques: *Die Struktur, das Zeichen und das Spiel im Diskurs der Wissenschaften vom Menschen*. In: Ders.: Die Schrift und die Differenz. Frankfurt/M. 1976, S. 422–442.

43 Lévi-Strauss: *Die elementaren Strukturen der Verwandtschaft* (wie in Anm. 2), S. 72.

44 Rubin, Gayle: *The Traffic in Women: Notes on the ‚Political Economy' of Sex*. In: Rayna R. Reiter (Hg.): Toward an Anthropology of Women. New York 1975, S. 157–210.

45 Zur Inkorporierung von ‚Geschlecht' in diesem Zusammenhang vgl. jetzt auch Bourdieu, Pierre: *La domination masculine*. Paris 1998.

46 Mitchell, Juliet: *Psychoanalyse und Feminismus*. [zuerst 1974], Frankfurt/M. 1985, S. 467.

47 „This fit between Lévi-Strauss and Freud is by implication an argument that our sex/gender system is still organized by the principles outlined by Lévi-Strauss, despite the entirely nonmodern character of his data base." (Rubin, Gayle: *The Traffic in Women*. [wie in Anm. 44], S. 198.)

48 Eine ähnliche Rückbesinnung auf Lévi-Strauss ist seit kurzem in der Familiensoziologie und historischen Familienforschung zu beobachten – als Plädoyer, die von Lévi-Strauss gestellte Frage nach der modernen Funktion von Verwandtschaftsstrukturen wieder aufzunehmen: vgl. etwa Segalen, Martine: *Die Familie. Geschichte, Soziologie, Anthropologie*. Frankfurt/M. 1990; Bude, Heinz: *Die Stabilität der Familie*. In: Merkur 561 (1995), S. 1118–1122; Allert, Tilman: *Die Familie. Fallstudien zur Unverwüstlichkeit einer Lebensform*. Berlin, New York 1998.

49 Butler, Judith: *Das Unbehagen der Geschlechter*. Frankfurt/M. 1991.

50 Vgl. dazu auch das Interview zwischen Gayle Rubin und Judith Butler: Rubin, Gayle: *Sexual Traffic*. In: Differences. A Journal of Feminist Cultural Studies 6 (1994), S. 62–99.
51 Bourdieu, Pierre: *Sozialer Raum und ‚Klassen'. Leçon sur la leçon. Zwei Vorlesungen.* Frankfurt/M. 1985, S. 68.
52 Ebd., S. 71.
53 Ebd., S. 69.
54 Ebd., S. 72.
55 Bachmann-Medick, Doris (Hg.): *Kultur als Text. Die anthropologische Wende in der Literaturwissenschaft.* Frankfurt/M. 1996, dort die Einleitung der Herausgeberin, S. 7–64, hier S. 44. Vgl. dazu auch Scherpe, Klaus R.: *Grenzgänge zwischen den Disziplinen. Ethnographie und Literaturwissenschaft.* In: Petra Boden, Holger Dainat (Hg.): Atta Troll tanzt noch. Selbstbesichtigungen der literaturwissenschaftlichen Germanistik im 20. Jahrhundert. Berlin 1997, S. 297–315.
56 Vgl. Bachmann-Medick, Doris: *Multikultur oder kulturelle Differenzen? Neue Konzepte von Weltliteratur und Übersetzung in postkolonialer Perspektive.* In: Dies. (Hg.): Kultur als Text (wie in Anm. 55), S. 262–296.
57 Zum neuen Terminus ‚Kulturwissenschaft' vgl. die Überblicke bei Renate Glaser, Matthias Luserke (Hg.): *Literaturwissenschaft – Kulturwissenschaft. Positionen, Themen, Perspektiven.* Opladen 1996; Hansen, Klaus P.: *Kultur und Kulturwissenschaft.* Tübingen, Basel 1995. Ein Beispiel für die Attraktivität des ‚Fremden' im Rahmen von explizit angestrebten „Ethnographien der eigenen Kultur" bei Brandstetter, Gabriele: *Fremde Zeichen: Zu Gottfried Kellers Novelle ‚Die Berlocken'. Literaturwissenschaft als Kulturpoetik.* In: Jahrbuch der deutschen Schillergesellschaft 43 (1999), S. 305–324, hier S. 311.
58 Vgl. dazu etwa Eberhard Berg, Martin Fuchs (Hg.): *Kultur, soziale Praxis, Text. Die Krise der ethnographischen Repräsentation.* Frankfurt/M. 1993; Christoph Conrad, Martina Kessel (Hg.): *Geschichte schreiben in der Postmoderne. Beiträge zur aktuellen Diskussion.* Stuttgart 1994.
59 Vgl. Heinrichs, Hans-Jürgen: *Struktur und Geschichte. Claude Lévi-Strauss' Beitrag zu einer exakten Kulturwissenschaft.* In: Lettre International 44 (1999), S. 74–79.

Georg Lukács:
Die Zerstörung der Vernunft (1954)

1 Adorno, Theodor W.: *Noten zur Literatur.* Frankfurt/M. [5]1991, S. 252.
2 Schnädelbach, Herbert: *Georg Lukács und die Lebensphilosophie.* In: Udo Bermbach, Günter Trautmann (Hg.): Georg Lukács. Kultur – Politik – Ontologie. Opladen 1987, S. 200.
3 Lukács, Georg: *Die Zerstörung der Vernunft.* Berlin 1954, S. 7.
4 Vgl. Rosenberg, Rainer: *Der ritualisierte Diskurs. Das Modell der offiziellen sowjetischen Literaturtheorie der 50er Jahre.* In: Zeitschrift für Germanistik. Neue Folge 1/93, S. 99–109.

5 Lukács, Georg: *Kunst und objektive Wahrheit*. In: Ders.: Probleme des Realismus. Berlin 1955, S. 5.
6 Lukács, Georg: *Geschichte und Klassenbewußtsein*. Neuwied, Berlin 1970, S. 159.
7 Lukács: *Die Zerstörung der Vernunft* (wie in Anm. 3), S. 333.
8 Ebd., S. 339.
9 Ebd., S. 6.
10 Ebd.
11 Ebd.
12 Ebd., S. 605.
13 Ebd., S. 647.
14 Horkheimer, Max; Adorno, Theodor W.: *Dialektik der Aufklärung*. Frankfurt/M. 1971, S. 109.
15 Adorno: *Noten zur Literatur* (wie in Anm. 1), S. 251.
16 Marx, Karl; Engels, Friedrich: *Werke*. Berlin 1956 ff.; hier Bd. 23 (wie in Anm. 41), S. 184.
17 Lucács: *Geschichte und Klassenbewußtsein* (wie in Anm. 6), S. 195.
18 Ebd., S. 192.
19 Ebd., S. 208–209.
20 Tönnies, Ferdinand: *Gemeinschaft und Gesellschaft*. Darmstadt ³1963, S. 38.
21 Vgl. Weber, Max: *Gesammelte Aufsätze zur Religionssoziologie*. Bd. II und Bd. III. Tübingen ⁷1988.
22 Lucács: *Geschichte und Klassenbewußtsein* (wie in Anm. 6), S. 213.
23 Ebd.
24 Ebd., S. 219–220.
25 Ebd., S. 236 und S.235.
26 Schnädelbach: *Georg Lukács und die Lebensphilosophie* (wie in Anm. 2), S. 205.
27 Lucács: *Geschichte und Klassenbewußtsein* (wie in Anm. 6), S. 5.
28 Vgl. Foucault, Michel: *Der Mensch ist ein Erfahrungstier*. Frankfurt/M. 1996, S. 79 ff.
29 Lucács: *Die Zerstörung der Vernunft* (wie in Anm. 3), S. 198.
30 Ebd., S. 255.
31 Ebd., S. 252.
32 Ebd., S. 253 f.
33 Vgl. Lövenich, Friedhelm: *Kulturindustrialisierung der Philosophie*. In: Frank Benseler, Werner Jung (Hg.): Lukács 1996. Jahrbuch der Internationalen Georg-Lukács-Gesellschaft. Bern 1997, S. 93–127.
34 Ebd., S. 95.
35 Ebd., S. 97.
36 Lucács: *Die Zerstörung der Vernunft* (wie in Anm. 3), S. 68 f.
37 Ebd., S. 20 und 21 f.
38 Lövenich: *Kulturindustrialisierung der Philosophie* (wie in Anm. 33), S. 104.

Das unendliche Gespräch –
Annäherungen an Hans-Georg Gadamers
Wahrheit und Methode (1960)

1 Gadamer, Hans-Georg: *Wer bin Ich und wer bist Du? Ein Kommentar zu Paul Celans Gedichtfolge ‚Atemkristall'*. Frankfurt/M. 1973, S. 7.
2 Er spricht etwa ausdrücklich von der „ihr eigentümlichen Sachlichkeit", in: Gadamer, Hans-Georg: *Wahrheit und Methode. Grundzüge einer philosophischen Hermeneutik*. Tübingen 1960, S. 421.
3 Es sei denn, man versteht Mitteilen im Sinne von Jean-Luc Nancy als Mitteilen, insofern es mehr Miteinander-Teilen *(partage)* ist als Information, bewegliche Teilung von Sinn in einer Gemeinschaft. Vgl. Nancy, Jean-Luc: *Die undarstellbare Gemeinschaft* [zuerst frz. 1986: La communauté désœuvrée]. Stuttgart 1988.
4 Gadamer: *Wahrheit und Methode* (wie in Anm. 2), S. XXIX.
5 Gadamer: *Wer bin Ich und Wer bist Du?* (wie in Anm. 1), S. 7.
6 Vgl. Grondin, Jean: *Der Sinn der Hermeneutik*. Darmstadt 1994, S. 21 f. Der Verleger fand den heutigen Untertitel etwas „exotisch", wie Grondin berichtet, woraus auf eine geringe Bekanntheit des Begriffs der Hermeneutik im Deutschland der fünfziger Jahre zu schließen nahe liegt.
7 Vgl. zur Spur als Zeichen der Kunst Nancy, Jean-Luc: *Die Musen* [zuerst frz. 1994: Les Muses]. Stuttgart 1999, besonders das letzte Kapitel.
8 Gadamer: *Wer bin Ich und Wer bist Du?* (wie Anm. 1), S. 7.
9 Vgl. zur Reaktion Gadamers auf die ideologiekritischen Vorwürfe u. a. Gadamer, Hans-Georg: *Nachwort*. In: Betti, Emilio: Zur Grundlegung einer allgemeinen Auslegungslehre. Tübingen 1988, S. 93–98; zum Begriff der Ideologie: Kuhn, Helmut: *Ideologie als hermeneutischer Begriff*. In: Hermeneutik und Dialektik. Aufsätze I. Methode und Wissenschaft. Lebenswelt und Geschichte. Hg. von Rüdiger Bubner, Konrad Cramer, Reiner Wiehl. Tübingen 1970, S. 343–363.
10 Vgl. Jauß, Hans Robert: *Literaturgeschichte als Provokation*. Frankfurt/M. 1970.
11 Vgl. Deleuze, Gilles; Guattari, Félix: *Rhizome*. Berlin 1977, und dies.: *Mille Plateaux. Capitalisme et schizophrénie*. Paris 1980.
12 Vgl. die „Analyse des wirkungsgeschichtlichen Bewußtseins" in: Gadamer: *Wahrheit und Methode* (wie in Anm. 2), S. 324 ff.
13 Vgl. Gadamer, Hans-Georg: Art. *Hermeneutik*. In: Joachim Ritter (Hg.): Historisches Wörterbuch der Philosophie. Bd. 3. Darmstadt 1974, Sp. 1061–1073, hier Sp. 1064 f., sowie Gadamer: *Wahrheit und Methode* (wie in Anm. 2), S. 172 ff.
14 Gadamer: *Wahrheit und Methode* (wie in Anm. 2), S. XXVII.
15 Vgl. Betti, Emilio: *Zur Grundlegung einer allgemeinen Auslegungslehre*. Tübingen 1988. Mit einem Nachwort von Hans-Georg Gadamer, S. 93–98.
16 Vgl. zur Frage des Übersetzens: Gadamer: Art. *Hermeneutik* (wie in Anm. 13), Sp. 1070, wo er Interpretation und Übersetzung geradezu gleichsetzt. Eher als Analogie zur hermeneutischen Situation wird Übersetzung von Gadamer verstanden in *Wahrheit und Methode* (wie in Anm. 2), S. 362 ff.

17 Gadamer: *Wer bin Ich und wer bist Du?* (wie in Anm. 1), S. 7.
18 Der Sinn des Ganzen ist also nicht als eine vorgängige Totalität gedacht, wie Gadamer vorgehalten wurde. Gegenüber der totalisierenden Autorität einer eindeutigen Sinninterpretation macht die Gadamersche Hermeneutik, nach den Worten Jean Grondins, eine Kommunikation mit „*horizontalem* Charakter" geltend. Vgl. Grondin, Jean: *Ist die Hermeneutik eine Krankheit? Antwort auf Herbert Schnädelbach.* In: Zeitschrift für philosophische Forschung 45 (1991), S. 430–438. Schnädelbach wirft der Hermeneutik zudem eine „Philologisierung der Philosophie" vor; vgl. Schnädelbach, Herbert: *Vernunft und Geschichte. Vorträge und Abhandlungen.* Frankfurt/M. 1987, S. 279.
19 Vgl. Riedel, Manfred: *Verstehen oder Erklären? Zur Theorie und Geschichte der hermeneutischen Wissenschaften.* Stuttgart 1978.
20 Vgl. Gadamer, Hans-Georg: *Hermeneutik* (wie in Anm. 13), Sp. 1070, wo Gadamer wider die Hegelsche Logik besonders die Rhetorik stark macht. Zur unterschätzten Bedeutung der Rhetorik in der neuzeitlichen Deutungsgeschichte vgl. Gerhart Schröder, Barbara Cassin, Gisela Febel, Michel Narcy (Hg.): *Anamorphosen der Rhetorik. Die Wahrheitsspiele der Renaissance* (Ursprünge der Moderne I). München 1997.
21 Gadamer: *Wahrheit und Methode* (wie in Anm. 2), S. 514 und S. XXV.
22 Gadamer: *Wer bin Ich und Wer bist Du?* (wie in Anm. 1), S. 8.
23 Vgl. Marquard, Odo: *Frage nach der Frage, auf die die Hermeneutik die Antwort ist.* In: Philosophisches Jahrbuch 88 (1981), S. 1–19, S. 1.
24 Vgl. hierzu das Kapitel „Die Grenze der Reflexionsphilosophie" in: Gadamer: *Wahrheit und Methode* (wie in Anm. 2), S. 324 ff.
25 Ebd., S. 11.
26 Ebd.
27 Ebd., S. 12.
28 Vgl. zur Habermas-Gadamer-Debatte das Resümee von Kelly, Michael: *The gadamer/habermas debate revisited: the question of ethics.* In: Philosophy and Social Criticism 14 (1988), S. 369–389.
29 Vgl. Grondin: *Der Sinn der Hermeneutik* (wie in Anm. 18), S. 4, und die neu erschienene Biographie Gadamers: Ders.: *Hans-Georg Gadamer – eine Biographie.* Tübingen 1999.
30 Gadamer: *Wer bin Ich und Wer bist Du?* (wie in Anm. 1), S. 27, Hervorhebung von mir, GF.
31 Vgl. zur Entstehungsgeschichte des Buches Grondin: *Der Sinn der Hermeneutik* (wie in Anm. 18), Kap. 1: „Zur Komposition von ‚Wahrheit und Methode'", S. 1–23.
32 Die philologische Analyse der handschriftlichen Urfassung des Textes von Jean Grondin hat gezeigt, daß in der Tat einige Kapitel erst später hinzugetreten sind, etwa die Überlegungen zur juristischen Hermeneutik, obwohl der dreistufige Gesamtzusammenhang bereits erkennbar ist, vgl. ebd., S. 2 ff.
33 Gadamer erweitert den Blick in gewisser Konkurrenz, aber auch in Ergänzung zu den Naturwissenschaften. In der Einleitung von 1960 klingt das so: „Verstehen und Auslegen von Texten ist nicht nur ein Anliegen der Wissenschaft, sondern gehört offenbar zur menschlichen Welterfahrung insgesamt. Das hermeneutische Phänomen ist ursprünglich überhaupt kein

Methodenproblem. [Das] Anliegen ist, Erfahrung von Wahrheit, die den Kontrollbereich wissenschaftlicher Methodik übersteigt, überall aufzusuchen, wo sie begegnet, und auf ihre Legitimation zu befragen." (Vgl. Gadamer: *Wahrheit und Methode* [wie in Anm. 2], S. XXVII.)
34 Vgl. Grondin: *Der Sinn für Hermeneutik* (wie in Anm. 18), S. 6, und Gadamer: *Wahrheit und Methode* (wie Anm. 2), S. XXVIII.
35 Ebd.
36 Greisch, Jean: *La tradition herméneutique aujourd'hui: H.-G. Gadamer, P. Ricœur, G. Steiner*. In: Revue des Sciences philosophiques et théologiques 61 (1997), S. 289–300, hier S. 290.
37 Gadamer: *Wahrheit und Methode* (wie in Anm. 2), S. XXVIII.
38 Es ist „un monde ouvert par l'œuvre". (Vgl. Greisch: *La tradition* [wie in Anm. 36], S. 290.)
39 Gadamer: *Wahrheit und Methode* (wie in Anm. 2), S. 65 f.
40 Ebd., S. 39.
41 Vgl. Lyotard, Jean-François: *Die Analytik des Erhabenen* [zuerst frz. 1991: Leçons sur l'analytique du sublime]. München 1994.
42 Vgl. Gadamer: *Wahrheit und Methode* (wie in Anm. 2), S. XVI.
43 Ebd., S. 38.
44 Ebd., S. 250 ff.
45 Vgl. Greisch: *La tradition* (wie in Anm. 36), S. 290: „un obstacle épistémologique".
46 Gadamer: *Wahrheit und Methode* (wie in Anm. 2), S. 254.
47 Ebd.
48 Ebd., S. 257.
49 Ebd., S. 255.
50 Ebd., S. 260.
51 Vgl. ebd., S. 264.
52 Ebd., S. 267, Hervorhebung im Text.
53 Ebd., S. 266.
54 Gadamer: *Hermeneutik* (wie in Anm. 13), Sp. 1068.
55 So etwa in der Einleitung von Gadamer: *Wahrheit und Methode* (wie in Anm. 2), vgl. S. XXIX.
56 Ebd., S. 323, Hervorhebung von mir, GF.
57 Vgl. ebd., S. 307 ff.
58 Vgl. Stachel, Günter: *Die neue Hermeneutik. Ein Überblick*. München 1976 (u. a. zu Bultmann und seiner Schule).
59 Gadamer: *Wahrheit und Methode* (wie in Anm. 2), S. 306.
60 Ebd., S. 361.
61 Vgl. Grondin: *Der Sinn für Hermeneutik* (wie in Anm. 18), S. 20 f.
62 Gadamer, Hans-Georg: *Selbstdarstellung* (1975). In: Ders.: Gesammelte Werke. Bd. II. Tübingen 1986, S. 491.
63 Gadamer: *Wahrheit und Methode* (wie in Anm. 2), S. XXIV. Gadamer betont hier vorsichtiger als noch in der ersten Auflage, daß seine Äußerungen zur Sprache „rein phänomenologisch gemeint" seien. Dennoch leitet er aus ihnen eine ontologische Dimension des Verstehens ab.
64 Vgl. ebd., S. 416 f.
65 Ebd., S. 419, Hervorhebung im Text.

66 Vgl. ebd., S. 379.
67 Hierzu gehört auch Ernst Cassirer, dessen Begriff der symbolischen Form Gadamer ebenfalls zurückweist, vgl. ebd., S. 380 ff.
68 Vgl. Ricœur, Paul: *La métaphore vive*. Paris 1975 [dt.: Die lebendige Metapher. München 1987].
69 Gadamer: *Wahrheit und Methode*. (wie in Anm. 2), S. 417.
70 Ebd., S. 421.
71 Ebd., S. 426.
72 Ebd., S. 433, vgl. auch S. 366: „Vielmehr ist Sprache das universale Medium, in dem sich Verstehen selber vollzieht. Die Vollzugsweise des Verstehens ist die Auslegung."
73 Ebd., S. 359.
74 Ebd., S. 344.
75 Ebd., S. 357.
76 Ebd., S. 359.
77 Ebd., S. 439.
78 Ebd., S. 458.
79 Hölderlin, Friedrich: *Friedensfeier*. In: Ders.: Sämtliche Werke. Große Stuttgarter Ausgabe. Bd. III. Stuttgart 1943, S. 536; vgl. dazu die Analyse von Jean-Luc Nancy in: *Kalkül des Dichters. Nach Hölderlins Maß*. Stuttgart 1997, S. 11 ff.
80 Vgl. Marquard: *Frage nach der Frage* (wie in Anm. 23), S. 5.
81 Ebd., S. 8.
82 Gadamer: *Wahrheit und Methode* (wie in Anm. 2), S. XVII.
83 Gadamer: *Hermeneutik* (wie in Anm. 13), Sp. 1062; Dannhauer, Johann Conrad: *Hermeneutica sacra sive methodus exponendarum sacrarum litterarum* (1654). Selbstverständlich handelt es sich dabei noch immer um eine theologische Hermeneutik. Vgl. auch Marquard: *Frage nach der Frage* (wie in Anm. 23), S. 11.
84 Ebd., S. 11.
85 Vgl. ebd.
86 Vgl. u. a. zu weiteren Anschlußdebatten: Ricœur, Paul: *Le conflit des interprétations. Essais d'herméneutique*. Paris 1969 [dt.: Hermeneutik und Strukuralismus. Der Konflikt der Interpretationen I. München 1973, und Hermeneutik und Psychoanalyse. Der Konflikt der Interpretationen II. München 1974]; Hendrik Birus (Hg.): *Hermeneutische Positionen*. Göttingen 1982; Bettendorf, Thomas: *Hermeneutik und Dialog: eine Auseinandersetzung mit dem Denken Hans-Georg Gadamers*. Frankfurt/M. 1984; Weinsheimer, Joel C.: *Philosophical hermeneutics and literary theory*. New Haven, London 1991; Habermas, Jürgen: *Hermeneutische und analytische Philosophie. Zwei komplementäre Spielarten der linguistischen Wende?* In: Information Philosophie 1 (1999), S. 7–17.
87 Das gilt wohl auch heute noch, trotz des Auftauchens der *new hermeneutics* jüngst in den USA, die nach dem *new criticism*, der *deconstruction* und den Anfängen der analytischen Philosophie nun wohl auch die europäische Tradition der Hermeneutik entdecken und importieren wollen.
88 Vgl. Lyotard, Jean-François: *Le différend*. Paris 1986 [dt.: Der Widerstreit. München 1987].

89 Gadamer: *Wer bin Ich und wer bist Du?* (wie in Anm. 1), S. 58.
90 Ebd., S. 26.
91 Ebd., S. 74.
92 Ebd., S. 75.

Thomas S. Kuhn:
Die Struktur wissenschaftlicher Revolutionen (1962)

1 Vgl. Kuhn, Thomas S.: *Was sind wissenschaftliche Revolutionen?* In: Carl Friedrich v. Siemens Stiftung – Themen. Heft 34. München 1982, S. 9–17.
2 Vgl. auch Popper, Karl R.: *Conjectures and Refutations.* London ³1969, und ders.: Objective Knowledge. Oxford ²1979.
3 Vgl. dazu z.B. Kutschera, Franz von: *Die falsche Objektivität.* Berlin 1993, Kap. 5.
4 Vgl. dazu Wittgenstein, Ludwig: *Lectures and Conversations on Aesthetics, Psychology and Religious Belief.* Hg. von C. Barrett. Oxford 1966, und ders.: *Über Gewißheit.* Hg. von G. E. M. Anscombe und G. Henrik von Wright. Oxford 1974.
5 Dieser Gedanke ist von Hanson entwickelt worden. Vgl. Hanson, Norwood Russell: *Patterns of Discovery: an inquiry into the conceptual foundations of science.* Cambridge 1958.

Michel Foucault:
Les mots et les choses (1966)

1 Vgl. die Biographie von Eribon, Didier: *Michel Foucault.* Paris ²1991, hier S. 182–198. [dt.: *Michel Foucault. Eine Biographie.* Übers. von Hans-Horst Henschen. Frankfurt/M. 1993, hier S. 241–265.]
2 Foucault, Michel: *Les mots et les choses. Une archéologie des sciences humaines.* Paris 1966. Das Buch wird im folgenden unter der Sigle *MCh* zitiert. – *Die Ordnung der Dinge. Eine Archäologie der Humanwissenschaften.* Übers. von Ulrich Köppen. Frankfurt/M. ¹⁴1997, im folgenden unter der Sigle *OD* zitiert. Da man dem Text der deutschen Übersetzung syntaktisch und semantisch nicht immer folgen kann, empfiehlt es sich, das Original mitzukonsultieren. Abweichende Übersetzungsvorschläge meinerseits habe ich durch *[ ]* markiert.
3 Für die französischen Buchtitel mit ihren deutschen Übersetzungen vgl. die Bibliographie in der deutschen Ausgabe der Biographie von Eribon (wie in Anm. 1), S. 488f.
4 Foucault, Michel: *Die Geburt der Klinik. Eine Archäologie des ärztlichen Blicks* [zuerst 1972]. Übers. von Walter Seitter. Frankfurt/M., Berlin, Wien 1976, S. 208.
5 Gute Prägnanzprofile von Foucaults Gesamtwerk und seinen Etappen bieten Kammler, Clemens: *Michel Foucault. Eine kritische Analyse seines*

Werks. Bonn 1986, und Brieler, Ulrich: *Die Unerbittlichkeit der Historizität. Foucault als Historiker.* Köln, Weimar, Wien 1998.

6 Ich habe diese Reformulierungen Foucaults ausführlicher dargestellt in meinem Artikel *Weltbilder, Epistemai, Epochenschwellen. Mediävistische Überlegungen im Anschluß an Foucault.* In: Hans-Jürgen Bachorski und Werner Röcke (Hg.): Weltbildwandel. Selbstdeutung und Fremderfahrung im Epochenübergang vom Spätmittelalter zur Frühen Neuzeit. Trier 1995, S. 19–56, hier: S. 23–27.

7 Eribon, *Michel Foucault* (wie in Anm. 1).

8 Vgl. Deleuze, Gilles: *Foucault.* Paris 1986 [dt.: *Foucault.* Frankfurt/M. 1987].

9 Vgl. hierzu Brieler: *Die Unerbittlichkeit der Historizität* (wie in Anm. 5), S. 144 f.

10 Foucault: *MCh* (wie in Anm. 2), S. 330; *OD* (wie in Anm. 2), S. 385.

11 Habermas, Jürgen: *Der philosophische Diskurs der Moderne. Zwölf Vorlesungen.* Frankfurt/M. 1988, S. 307.

12 Vgl. dazu Balke, Friedrich: *Das Ethos der Epistemologie* [zuerst 1974]. Nachwort zu: Bachelard, Gaston: Epistemologie. Übers. von Henriette Beese. Frankfurt/M. 1993.

13 Vgl. als Publikation jüngeren Datums das umfangreiche Buch von Brieler (wie in Anm. 5).

14 Foucault, Michel: *Dits et écrits.* Hg. von Daniel Defert und François Ewald. 4 Bde. Paris 1994, hier Bd. 2, S. 524 (Äußerung aus dem Jahr 1974).

15 Ménard, Claude: *L'autre et son double.* In: Luce Giard (Hg.): Michel Foucault. Lire l'œuvre. Paris 1991, S. 129–140.

16 Chevalley, Catherine: *L'archive de la physique.* In: Giard: Michel Foucault (wie in Anm. 15), S. 141–165.

17 Raffestin, Claude: *Foucault aurait-il pu révolutionner la géographie?* In: Dominique Franche, Sabine Prokhoris, Yves Roussel (Hg.): Au risque de Foucault. Paris 1997, S. 141–149.

18 Mehrtens, Herbert: *Moderne Sprache Mathematik. Die Geschichte des Streits um die Grundlagen der Disziplin und des Subjekts formaler Systeme.* Frankfurt/M. 1990.

19 An Foucaults Gesamtwerk orientiert ist Jäger, Siegfried: *Kritische Diskursanalyse. Eine Einführung.* Duisburg 1993.

20 Um lediglich einige Namen zu nenen: Robert Castel, François Ewald (Foucaults engere Mitarbeiter), Michael Makropoulos, Alois Hahn, Hannelore Bublitz und andere.

21 Und in diesem Sinne kommt Foucault in einem späteren Abschnitt: „Der Platz des Königs" (Foucault: *OD* [wie in Anm. 2], S. 372 ff.), auf die *Meninas* zurück.

22 Alpers, Swetlana: *Interpretation without Representation, or, The Viewing of Las Meninas.* In: Representations 1 (1983), S. 30–42. Ich zitiere den häufig wiederaufgelegten Artikel hier nach Dilly, Heinrich: *Betrifft: Michel Foucault und die Kunstgeschichtsschreibung.* In: Spuren. Sonderheft Michel Foucault (Materialien zum Hamburger Kolloquium 2.–4. Dezember 1988), S. 57–60, hier S. 60.

23 Ein anderes Beispiel ist Foucaults Text zu René Magrittes *Ceci n'est pas une pipe (Dies ist keine Pfeife),* der ebenfalls im Kontext von *Les mots et les*

choses steht. Magritte selbst hatte auf das Buch mit einem begeisterten Brief an Foucault reagiert. Vgl. dazu die informative Chronologie von Daniel Defert im ersten Band der *Dits et écrits* Foucaults (wie in Anm. 14), S. 32 (Mai 1968).

24 Dilly: *Betrifft: Michel Foucault und die Kunstgeschichtsschreibung* (wie in Anm. 22), S. 60.
25 Ebd.
26 Aufgrund des knappen Raums darf ich auf die Referenzen in meinem Artikel *Foucault und die Literatur* verweisen. In: Joseph Jurt (Hg.): Zeitgenössische französische Denker: eine Bilanz. Freiburg i. Br. 1998, S. 119–142.
27 Die Zeitschrift *kultuRRevolution. zeitschrift für angewandte Diskurstheorie* bietet dazu kontinuierlich Materialien.
28 Foucault: *MCh* (wie in Anm. 2), S. 32; *OD* (wie in Anm. 2), S. 46. Ich würde Foucaults „culture occidentale" lieber durch „westliche Kultur" übersetzt sehen statt durch „abendländische Kultur".
29 Foucault: *OD* (wie in Anm. 2), S. 78.
30 Ebd., S. 83.
31 Ebd., S. 91.
32 Ebd., S. 273; Foucault: *MCh* (wie in Anm. 2), S. 233.
33 Foucault: *OD*, S. 259 und *MCh*, S. 220 (beide wie in Anm. 2).
34 Foucault: *OD* (wie in Anm. 2), S. 58.
35 Vgl. das Paracelsus-Beispiel in meinem Artikel *Weltbilder, Epistemai, Epochenschwellen* (wie in Anm. 6), S. 36–43.
36 Foucault: *OD*, S. 102 und *MCh* S. 81 (beide wie in Anm. 2). Foucault verwendet auch die Termini *signifiant* und *signifié*; in der deutschen Übersetzung lauten sie „Bezeichnendes" und „Bezeichnetes".
37 Foucault: *OD*, S. 176 und *MCh*, S. 146 (beide wie in Anm. 2).
38 Ebd.
39 Foucault: *OD* (wie in Anm. 2), S. 192 f.
40 Ebd., S. 195.
41 Foucault: *MCh*, S. 219 und *OD*, S. 258 (beide wie in Anm. 2).
42 Foucault: *OD*, S. 338 f. und *MCh*, S. 290 (beide wie in Anm. 2).
43 Jürgen Link danke ich für die Geduld, mit der er die Schwierigkeiten mit mir diskutiert hat.

Jacques Derrida:
De la Grammatologie (1967)

1 Derrida, Jacques: *De la Grammatologie*. Paris 1967. [dt.: Grammatologie. Übers. von Hans-Jörg Rheinberger und Hanns Zischler. Frankfurt/M. 1974]. Im folgenden wird jeweils die Seitenzahl der deutschen Ausgabe von 1974 und nach einem Schrägstrich auch die der französischen angegeben. Zugleich erschien *L'écriture et la différence*. Paris 1967. [dt.: Die Schrift und die Differenz. Übers. von Rodolphe Gasché. Frankfurt/M. 1972], darin Auseinandersetzungen mit Michel Foucault, Edmond Jabès,

Emmanuel Lévinas, Sigmund Freud, Jean Baudrillard, Claude Lévi-Strauss u.a.
2 Vgl. Roos, H., u.a.: Art. *Grammatik*. In: Historisches Wörterbuch der Philosophie. Bd. 3. Basel, Darmstadt 1974, Sp. 846 ff.
3 Derrida: *Grammatologie* (wie in Anm. 1), S. 11.
4 Vgl. Gellner; Ernest: *Nations and Nationalism*. Ithaca/New York 1983; Haarmann, Harald: *Universalgeschichte der Schrift*. Frankfurt/M., New York 1990; Havelock, Eric A.: *Schriftlichkeit. Das griechische Alphabet als kulturelle Revolution*. Übers. von Gabriele Herbst. Mit einer Einl. von Aleida und Jan Assmann. Weinheim 1990; Goody, Jack: *Die Logik der Schrift und die Organisation von Gesellschaft*. Aus dem Amerikanischen von Uwe Opolka, Frankfurt/M. 1990; Stetter, Christian: *Schrift und Sprache*. Frankfurt/M. 1997.
5 Er selbst verweist in *Grammatologie* (wie in Anm. 1), S. 13, Anm. 4, auf Gelb, Ignace J.: *A Study of Writing. The Foundations of Grammatology*. London 1952 (in der Neuausgabe 1963 ohne den Untertitel). [dt.: *Von der Keilschrift zum Alphabet. Grundlagen einer Schriftwissenschaft*. Stuttgart 1958], und kommentiert: „Trotz der Bemühung um eine systematische und vereinfachte Klassifikation und trotz kontroverser Hypothesen über die Monogenese oder die Polygenese der Schriften bleibt dieses Buch dem Modell klassischer Darstellungen der Geschichte der Schrift verpflichtet."
6 Derrida: *Grammatologie* (wie in Anm. 1), S. 11.
7 Es handelt sich um ein Zitat aus dem Nachlaß des frühen Nietzsche (*Nachgelassene Fragmente*. Herbst 1869, KGW III 1 [24] / KSA 7.17). Nietzsche zitiert dort wiederum Aristoteles. Vgl. Stegmaier, Werner: *Philosophieren als Vermeiden einer Lehre. Inter-individuelle Orientierung bei Sokrates und Platon, Nietzsche und Derrida*. In: Josef Simon (Hg.): Distanz im Verstehen. Zeichen und Interpretation II. Frankfurt/M. 1995, S. 214–239, hier S. 233, Anm. 33.
8 Derrida: *Grammatologie* (wie in Anm. 1), S. 100 und S. 120.
9 Ebd., S. 12/12, 104/124.
10 Ebd., S. 13/14.
11 Ebd., S. 15/14.
12 Nietzsche, Friedrich: *Unzeitgemäße Betrachtungen*. Zweites Stück: Von Nutzen und Nachtheil der Historie für das Leben. In: KSA (Sämtliche Werke. Kritische Studienausgabe. Hg. von Giorgio Colli und Mazzino Montinari. München, Berlin, New York 1980). Bd. 2, S. 243–334.
13 Husserl, Edmund: *L'origine de la géométrie*. Traduction et introduction par Jacques Derrida. Paris 1962. [dt.: Husserls Weg in die Geschichte am Leitfaden der Geometrie. Ein Kommentar zur Beilage III der ‚Krisis'. Aus dem Franz. von Rüdiger Hentschel und Andreas Knop. Mit einer Einleitung von Rudolf Bernet. München 1987] Ders.: *La voix et le phénomène. Introduction au problème du signe dans la phénoménologie de Husserl*. Paris 1967. [dt.: Die Stimme und das Phänomen. Ein Essay über das Problem des Zeichens in der Philosophie Husserls. Aus dem Franz. übers. und mit einem Vorwort versehen von Jochen Hörisch. Frankfurt/M. 1979.]
14 Vgl. Stegmaier, Werner: *„Die Dekonstruktion ist die Gerechtigkeit": Jacques Derrida*. In: Joseph Jurt (Hg.): Zeitgenössische französische Denker.

Eine Bilanz. Freiburg i. Br. 1998, S. 163–185. – Russische Übersetzung (u. d. T.: Jacques Derrida: die Dekonstruktion des europäischen Denkens) in: Werner Stegmaier, Hartwig Frank und Boris Markov (Hg.): Hermeneutik und Dekonstruktion (in russischer Sprache). St. Petersburg 1999, S. 68–91.
15 Derrida: *Grammatologie* (wie in Anm. 1), S. 7/7.
16 Ebd., S. 196/236.
17 Ebd., S.191/229.
18 Ebd., S. 7/7.
19 Ebd., S. 7/7.
20 Aristoteles, de int. 1, 16a1–18, zitiert nach: Aristoteles: *Kategorien. Lehre vom Satz (Peri hermeneias) (Organon I/II)*. Übers., mit einer Einleitung und erklärenden Anmerkungen versehen von Eugen Rolfes [zuerst 1925]. Hamburg 1968, S. 95.
21 Lambert, Johann Heinrich: *Logische und philosophische Abhandlungen*. Hg. von Johann Bernoulli. 2 Bde. Berlin, Leipzig 1782/87 (reprograph. Nachdruck in den Philosophischen Schriften. Hg. von H. W. Arndt. Hildesheim 1965 ff., Bd. I/3, § 36.
22 Vgl. Haller, Rudolf: *Das ‚Zeichen' und die ‚Zeichenlehre' in der Philosophie der Neuzeit (Vorentwurf zu einem Wörterbuchartikel)*. In: Archiv für Begriffsgeschichte. Bausteine zu einem Historischen Wörterbuch der Philosophie. Bd. 4 (1959), S. 113–157, und Meier-Oeser, Stephan: *Die Spur des Zeichens. Das Zeichen und seine Funktion in der Philosophie des Mittelalters und der frühen Neuzeit*. Berlin, New York 1997.
23 Vgl. Stegmaier, Werner: *Das Zeichen X in der Philosophie der Moderne*. In: Ders. (Hg.): Zeichen-Kunst. Zeichen und Interpretation V. Frankfurt/M. 1999, S. 198–223.
24 Vgl. Stegmaier: *Philosophieren als Vermeiden einer Lehre* (wie in Anm. 7), S. 237.
25 Hegel, Georg W. F.: *Enzyklopädie der philosophischen Wissenschaften im Grundrisse* (1830), § 462, Anm.
26 Vgl. die *Bibliographie* (Primär- und Sekundärliteratur bis 1992) in: Jacques Derrida. Ein Portrait von Geoffrey Bennington und Jacques Derrida. Aus dem Franz. von Stefan Lorenzer. Frankfurt/M. 1994, S. 359–405. Veröffentlichungen Derridas seit 1992 (Monographien): *Passion*. Paris 1993; *Sauf le nom*. Paris 1993; *Spectres de Marx. L'État de la dette, le travail du deuil et la nouvelle Internationale*. Paris 1993 [dt.: Marx' Gespenster. Der verschuldete Staat, die Trauerarbeit und die neue Internationale. Aus dem Franz. von Susanne Lüdemann. Frankfurt/M. 1995]; *Politiques de l'amitié, suivi de L'oreille de Heidegger*. Paris 1994; *Mal d'Archive. Une impression freudienne*. Paris 1995; *Apories. Mourir – s'attendre aux „limites de la vérité"*. Paris 1996 [dt.: Aporien. Sterben – Auf die „Grenzen der Wahrheit" gefaßt sein. Aus dem Franz. von Michael Wetzel. München 1998]; *Résistances – de la psychanalyse*. Paris 1996 [dt.: Vergessen wir nicht – die Psychoanalyse. Hg., übers. und mit einem Nachwort von Hans-Dieter Gondek. Frankfurt/M. 1996]; *Le monolinguisme de l'autre ou la prothèse d'origine*. Paris 1996; *Cosmopolites de tous les pays, encore un effort!* Paris 1997; *Adieu à Emmanuel Lévinas*. Paris 1997 [dt.: Adieu. Nachruf auf Emmanuel Lévinas. Aus dem Franz. von Reinhold Werner. München

1999). Ein erster Band deutscher philosophischer Interpretationen zu Derrida liegt vor in: Hans-Dieter Gondek und Bernhard Waldenfels (Hg.): *Einsätze des Denkens. Zur Philosophie von Jacques Derrida.* Frankfurt/M. 1997.
27 Vgl. Anm. 1.
28 Vgl. Stegmaier, Werner: *Weltabkürzungskunst. Orientierung durch Zeichen.* In: Josef Simon (Hg.): Zeichen und Interpretation. Frankfurt/M. 1994, S. 119–141.
29 Vgl. Hans Ulrich Gumbrecht und K. Ludwig Pfeiffer (Hg.): *Paradoxien, Dissonanzen, Zusammenbrüche. Situationen offener Epistemologie.* Frankfurt/M. 1991.
30 Vgl. Gondek, Waldenfels: *Einsätze des Denkens* (wie in Anm. 30), und Stegmaier, Werner: *Nach dem Nihilismus und der Shoa: Zum Stand des „postmodernen" ethischen Denkens.* In: Allgemeine Zeitschrift für Philosophie 24 (1999), S. 265–294.

Pierre Bourdieu:
Entwurf einer Theorie der Praxis (1972)

1 Bourdieu, Pierre: *Choses dites.* Paris 1987, S. 13.
2 Bourdieu, Pierre: *Entwurf einer Theorie der Praxis auf der ethnologischen Grundlage der kabylischen Gesellschaft.* Frankfurt/M. 1979, S. 149 ff.
3 Bourdieu, Pierre: *Sozialer Sinn. Kritik der theoretischen Vernunft.* Frankfurt/M. 1987, S. 10 f. *Race et Histoire* von Lévi-Strauss erschien 1952 in einer Schriftenreihe der UNESCO, in der Wissenschaftler in allgemein verständlicher Form die Unsinnigkeit des Rassismus darlegen sollten.
4 Bourdieu: *Sozialer Sinn* (wie in Anm. 3), S. 10 f.
5 Ebd., S. 25.
6 Ebd., S. 26.
7 Bourdieu: *Theorie der Praxis* (wie in Anm. 2), S. 98 f.
8 Bourdieu: *Sozialer Sinn* (wie in Anm. 3), S. 319 f.
9 „Zunächst hatte ich zusammen mit Abdelmalek Sayad versucht, aufgrund von Stammbäumen aus verschiedenen Dörfern der Kabylei [...] aus den insgesamt möglichen Eheformen die Häufigkeit von Heiraten mit der Parallelkusine zu bestimmen, die von der ethnologischen Überlieferung für dieses Kulturgebiet als ‚Norm' betrachtet wurde. Dabei mußten wir feststellen, daß die ermittelten Zahlen insofern völlig ohne Aussagekraft waren, als sie von der Größe der sozialen Einheit abhängig blieben, für die die Berechnung jeweils angestellt wurde und alles andere als absolut objektiv bestimmbar, sondern von den Strategien in der sozialen Realität selbst abhängig war" (vgl. Bourdieu: *Sozialer Sinn* [wie Anm. 3], S. 33).
10 Mit gnadenloser Schärfe destruiert Bourdieu jene Hilfskonstruktion, zu welcher Lévi-Strauss Zuflucht nahm, als er Abweichungen von der Struktur erklären sollte und sich gezwungen sah, plötzlich auf die ‚Norm' zu rekurrieren, um zu erklären, wieso die Struktur sich sozial auswirkt (vgl. Bourdieu: *Theorie der Praxis* [wie in Anm. 2], S. 160).

11 Bourdieu: *Sozialer Sinn* (wie in Anm. 3), S. 34.
12 Ebd., S. 34.
13 Das findet sich anschaulich ausgeführt in: Bourdieu: *Sozialer Sinn* (wie in Anm. 3), Kapitel 6 (Die Wirkung der Zeit), S. 180–204.
14 Nicht geleugnet werden soll, daß schon in der ersten Generation der *Annales*-Schule eine deutliche Aufmerksamkeit für „Praktiken" sich forschungspraktisch eingestellt hat, die in den sciences humaines allmählich virulent wurde. Foucault hat nicht umsonst mehrfach betont, daß sein zentrales Beschäftigungsfeld nicht der „Diskurs" ist, sondern die „Praxis". Doch die theoretische Durchdringung des Praxis-Begriffs erfolgt auf systematische und umfassende Weise erst bei Bourdieu.
15 Das Implizite der praxeologischen Soziologie ist nicht identisch mit dem Daseinshorizont der Existenzphilosophie oder, was im Grunde dasselbe ist, mit dem „Vorurteil" Gadamers.
16 Veyne, Paul: *Die Revolutionierung der Geschichte*. Frankfurt/M. 1992, S. 28–31; Raphael, Lutz: *Diskurse, Lebenswelten und Felder. Implizite Vorannahmen über das soziale Handeln von Kulturproduzenten im 19. u. 20. Jahrhundert*. In: Wolfgang Hardtwig, Hans-Ulrich Wehler (Hg.): Kulturgeschichte heute. Göttingen 1996, S. 165–181.
17 Bourdieu: *Sozialer Sinn* (wie in Anm. 3), S. 188.
18 Ebd., S. 189.
19 Ebd., S. 98 f.
20 Ebd., S. 102.
21 Die in deutscher Sprache erschienenen Kritiken an Bourdieu sind fast ausnahmslos unsäglich und verdienen ihren Namen nicht. Kritik setzt voraus, daß man sich das theoretische Gerüst eines Denkers, die logische Verknüpfungen seiner axiomatischen Annahmen völlig klar macht.
22 Bourdieu: *Sozialer Sinn* (wie in Anm. 3), S. 125.
23 Ebd., S. 125.
24 Ebd., S. 126.
25 Ebd., S. 221.
26 Ebd., S. 125. Daher kommen Ethnologen nur sehr schwer mit Phänomenen wie Hexerei oder Besessenheit zurecht: „Wer etwas vom Glauben anderer glauben will, ist verdammt, weder die objektive Glaubenswahrheit noch das subjektive Glaubenserlebnis fassen zu können. Weder kann er sein Außenstehen nutzen, das Feld nachzuzeichnen, wo der Glaube erzeugt wird und das man nicht objektivieren kann, wenn man dazugehört [...], noch kann er seine Zugehörigkeit zu einem anderen Feld, z. B. zur Wissenschaft nutzen, um die Spiele, in denen seine eigenen Überzeugungen, seine eigenen Investitionen erzeugt werden, zu objektivieren und sich durch diese teilnehmende Objektivierung real Erfahrungen anzueignen, die denen, die er beschreiben soll, gleichwertig sind, also die Instrumente, die man für eine zutreffende Beschreibung der einen wie der anderen Erfahrung unbedingt braucht." (Vgl. ebd., S. 126)
27 Ebd., S. 39 ff.
28 Zu Kant vgl. Bourdieu, Pierre: *Die feinen Unterschiede. Kritik der gesellschaftlichen Urteilskraft*. Frankfurt/M. 1987, S. 756–783. Nicht zufällig finden sich Kantische Titel in zwei Schriften Bourdieus als Untertitel wieder.

Es geht immer um die soziale Konstituiertheit von scheinbar Transzendentalem.
29 Ebd., S. 23f.
30 Bourdieus Analyse wurde 13 Jahre vor der großen Kontroverse um Heidegger publiziert, und zwar als Artikel unter dem Titel *L'ontologie politique de Martin Heidegger*. In: Actes de la recherche en sciences sociales 5/6 (1975), auf deutsch war sie ein Jahr später in Buchform erhältlich: *Die politische Ontologie Martin Heideggers*. Frankfurt/M. 1976. In Frankreich erschien das Werk erst im Laufe der Kontroverse in Buchform: *L'ontologie politique de Martin Heidegger*. Paris 1988.
31 Bourdieu: *Sozialer Sinn* (wie in Anm. 3), S. 12.
32 „Die Sprache wird spontan zum Komplizen dieser hermeneutischen Philosophie, welche dazu verleitet, sich das Handeln als etwas zu Entzifferndes zu denken, wenn z. B. von einer rituellen Geste oder Handlung gesagt wird, sie drücke etwas aus, anstatt schlicht zu sagen, sie sei sinnvoll" (Vgl. ebd.; S. 69).
33 Bourdieu zitiert Bally, Charles: *Le langage et la vie*. Genf 1965, S. 58, 72, 102, und resümiert: Linguistische Forschungen erlägen dem „Hang zum Intellektualismus, der darin liege, Sprache mehr vom Standpunkt des Hörers als von dem des Sprechers zu erfassen, d.h. mehr als ein Entzifferungsinstrument denn als ein ‚Handlungs- und Äußerungsmittel'" (Vgl. Bourdieu: *Sozialer Sinn* [wie in Anm. 3], S. 63).
34 Siehe dazu Bourdieu, Pierre: *Language and Symbolic Power*. Cambridge 1991, S. 32–116.
35 Bourdieu: *Sozialer Sinn* (wie in Anm. 3), S. 77.
36 Bourdieu, Pierre u. a. (Hg.): *La misère du monde*. Paris 1993.
37 Bourdieu, Pierre: *Sozialer Raum und ‚Klassen'. Leçon sur la leçon. Zwei Vorlesungen*. Frankfurt/M. 1985, S. 49–81.

Jürgen Habermas:
Theorie des kommunikativen Handelns (1981)

1 Habermas, Jürgen: *Theorie des kommunikativen Handelns*. 2 Bde. Frankfurt/M. 1981, wird im folgenden mit der Sigle *TkH* zitiert.
2 Axel Honneth und Hans Joas (Hg.): *Kommunikatives Handeln*. Frankfurt/M. 1986. Dieser Band enthält die *Entgegnung* von Habermas zu den dort versammelten Beiträgen (S. 327–405).
3 Von denen die Texte *Wahrheitstheorien*, *Was heißt Universalpragmatik?* und *Erläuterungen zum Begriff des kommunikativen Handelns* die bedeutsamsten sind.
4 Die semi-metaphorischen Ausdrücke „verschränken" und „Verschränkung" finden sich bei Habermas häufig; sie stehen für noch unanalysierte interne Beziehungen.
5 Habermas: *TkH*, I, S. 8.
6 Ebd., S. 7.

7 Habermas: *TkH*, II (wie in Anm. 1), S. 596 f.
8 Habermas: *TkH*, I (wie in Anm. 1), S. 7.
9 Habermas sympathisiert mit dem frühen Forschungsprogramm Horkheimers und hält die von Horkheimer und Adorno entworfene Geschichtsphilosophie der *Dialektik der Aufklärung* zwar für zeitgeschichtlich verständlich, aber für einen konzeptionellen Rückschritt. Vgl. Habermas' Nachwort zur Neuauflage der *Dialektik der Aufklärung*. Frankfurt/M. 1986, S. 277–294.
10 Habermas: *TkH*, I (wie in Anm. 1), S. 8.
11 „Ich meine damit Folgendes", „Ich behaupte dir gegenüber als wahr, daß p" – „Ich halte es für richtig, daß Handlungsweise x verboten sein soll" – „Ich sehne mich nach x" bzw. „Ich verabscheue y".
Es gibt bei Habermas unterschiedliche Klassifikationen der Geltungsansprüche. *Maximal* kann es die folgenden geben:
1. Verständlichkeit einer Äußerung, darunter a. grammatisch korrekte Verwendung, b. Angemessenheit von Semantiken zur Beschreibung von Problemen;
2. Wahrheit, darunter a. propositional, b. theoretisch, c. instrumentelle Effektivität, d. Angemessenheit von Modellen, Simulationen etc.;
3. Richtigkeit von a. Moralnormen, b. Rechtsnormen, c. Wertstandards;
4. Wahrhaftigkeit, darunter a. expressive Aufrichtigkeit, b ästhetische Stimmigkeit (Kunstkritik), c. psychische Identität (therapeutische Kritik). Hierzu vgl. Gottschalk, Niels: *Diskursethik*. Diss. phil. Stuttgart 1999.
12 Habermas*TkH*, I (wie in Anm. 1), S. 387.
13 Dies schließt nicht aus, daß angesichts komplexer und heterogener Argumentationslagen streng definierte Konsense auch in diskursiven Verfahren nicht zu erreichen sind.
14 Wenngleich sie einen „essentialistischen Anspruch" stellen (Vgl. Habermas, Jürgen: *Vorstudien und Ergänzungen zur Theorie des kommunikativen Handelns*. Frankfurt/M. 1984, S. 373). Rekonstruktionen müssen, „wenn sie wahr sind, genau den Regeln entsprechen, die im Gegenstandsbereich operativ wirksam sind" (Vgl. ebd.). Habermas sieht hier eine wissenschaftstheoretische Asymmetrie zwischen empirischen Theorien und Rekonstruktionen, die m. E. nicht zwingend ist.
15 Habermas, Jürgen: *Entgegnung* (wie in Anm. 2), S. 349. Dies unterscheidet Habermas von Apels Programm einer „Letztbegründung" durch die strikte Reflexion auf das Handlungswissen vom Argumentieren. Vgl. hierzu Kuhlmann, Wolfgang: *Reflexive Letztbegründung*. München, Freiburg 1985.
16 Die Diskursethik rekonstruiert die Regeln moralischer Argumentation und leitet daraus ein Diskursprinzip moralischer Gültigkeit („D") sowie einen Universalisierungsgrundsatz („U") ab. Vgl. Vf.: *Über den Theoriekern und einige intendierte Anwendungen der Diskursethik. Eine strukturalistische Perspektive*. In: Zeitschrift für philosophische Forschung 52 (1998), S. 268–291.
17 Habermas: *TkH*, I (wie in Anm. 1), S. 38.
18 Exemplarisch hierfür Renn, Ortwin: *Ethische Anforderungen an den Diskurs*. In: Armin Grunwald und Stephan Saupe (Hg.): Ethik in der Technikgestaltung. Berlin, Heidelberg 1999, S. 63–94.

19 Der Ausdruck „rational" wird in bezug auf Personen als Dispositionsprädikat verwendet.
20 Habermas: *TkH*, I (wie in Anm. 1), S. 31.
21 Die Geltungsbasis der Rede legt die Extension des Begriffs kommunikativer Rationalität fest.
22 Diese Konzeption erlaubt es, die kantische Unterscheidung von Verstand und Vernunft einzuholen, da sich Verstandes- und Vernunftgebrauch an unterschiedlichen Geltungsansprüchen ausrichten.
23 Von allen Theoretikern, die zur Kritischen Theorie gerechnet werden, ist Habermas zweifellos derjenige, der Weber am nächsten steht.
24 „Die Theorie der Rationalisierung gehört nicht zu jenem spekulativen Erbe, dessen sich die Soziologie als Wissenschaft entledigen müßte" (Vgl. Habermas: *TkH*, I, S. 209).
25 Am deutlichsten in Habermas' *Rekonstruktion des Historischen Materialismus*. Frankfurt/M. 1976, hier besonders Teil III.
26 Die TkH enthält ein Kompendium geheimnisvoller Verben: „ineinandergreifen", „transformieren", „verschränken", „verzahnen", „korrespondieren" usw. Diese Verben erwecken den Eindruck, als habe der Theoretiker in den Fluchtlinien der evolutionären Perspektive einen Blick in das Innere des Räderwerks werfen können, das den weltgeschichtlichen Rationalisierungsprozeß vorantreibt und wo sich die „unaufhaltsame Ironie des weltgeschichtlichen Aufklärungsprozesses" verrät (Vgl. Habermas: *TkH*, II, S. 232).
27 In seiner Arbeit über *Erkenntnis und Interesse*, Frankfurt/M. 1973, hatte Habermas den Naturwissenschaften ein tiefsitzendes, quasi-anthropologisches Interesse an der technischen Verfügung über verobjektivierbare Naturvorgänge unterstellt.
28 Dadurch bleibt die Soziologie auf die sozialphilosophische Begriffsbildung, die Methodologie der Geisteswissenschaften, auf die empirische Sozialforschung und letztlich auf die Ethik bezogen, da die Beschreibung von „Sozialpathologien" nicht ohne eine evaluative oder normative Semantik erfolgen kann, deren Prämissen zu klären sind.
29 Habermas: *TkH*, I (wie in Anm. 1), S. 159.
30 „Das *Verstehen* einer symbolischen Äußerung erfordert grundsätzlich die Teilnahme an einem Prozeß der *Verständigung*. [...] Die symbolisch vorstrukturierte Wirklichkeit bildet ein Universum, das gegenüber den Blicken eines kommunikationsunfähigen Beobachters hermetisch verschlossen, eben unverständlich bleiben müßte" (ebd., S. 165).
31 Ebd., S. 167.
32 Vgl. hierzu das insgesamt lesenswerte Buch von Horster, Detlef: *Jürgen Habermas*. Stuttgart 1991.
33 Habermas: *TkH*, I (wie in Anm. 1), S. 170.
34 Habermas: *Entgegnung* (wie in Anm. 2), S. 347.
35 Habermas: *TkH*, I (wie in Anm. 1), S. 169.
36 Habermas: *Entgegnung* (wie in Anm. 2), S. 347.
37 Schnädelbach, Herbert: *Transformation der Kritischen Theorie*. In: Honneth/Joas (Hg.): Kommunikatives Handeln (wie in Anm. 2), S. 15–34.
38 Habermas: *Entgegnung* (wie in Anm. 2), S. 370.

39 Habermas: *TkH*, II (wie in Anm. 1), S. 182.
40 Ebd., S. 190.
41 Ebd., S. 182.
42 Ebd., S. 199.
43 Ebd., S. 202.
44 Ebd., S. 209.
45 In dieser Perspektive gilt die Identifikation von Gesellschaft und Lebenswelt: „Die Lebenswelt, die die Angehörigen aus gemeinsamen kulturellen Überlieferungen konstruieren, ist mit Gesellschaft koextensiv" (Vgl. Habermas: *TkH*, II, S. 224).
46 Ebd., S. 348.
47 Ebd.
48 Ebd., S. 179 u. S. 348.
49 Die Systemperspektive wird mit der Perspektive eines Biologen verglichen, der das Verhalten eines Organismus mit Bezug zu dessen artspezifischer Umwelt beschreibt (ebd., S. 179).
50 Insofern ist die TkH perspektivenreicher als die Systemtheorie Luhmanns.
51 Habermas: *TkH*, II (wie in Anm. 1), S. 228.
52 Habermas: *Entgegnung* (wie in Anm. 2), S. 379.
53 Ebd., S. 381.
54 Mag sein, daß dieser Wechsel an der seltsamen Stelle vorbereitet wird, an der es heißt, beide Perspektiven müßten „ineinander transformiert" werden (Vgl. Habermas: *TkH*, II, S. 232).
55 Ebd., S. 230.
56 Habermas: *Entgegnung* (wie in Anm. 2), S. 383.
57 Für Habermas hat die Systemtheorie daher auf politisch entschärfte Weise das Erbe des Marxismus angetreten.
58 Hierzu gibt es für Habermas keine ernsthaften Alternativen mehr. Weder die neokonservative noch die ökologische Kulturkritik verfügen für ihn über attraktive Angebote.
59 Das Verhältnis Habermas' zum Recht ist ambivalent; in der TkH wird das Recht stärker den Systemen zugeschlagen und funktionalistisch betrachtet, während *Faktizität und Geltung*, Frankfurt/M. 1992, die normative Substanz des modernen Rechts rekonstruiert.
60 Habermas: *TkH*, II (wie in Anm. 1), S. 469f.
61 Ebd., S. 231.
62 Ebd., S. 277.
63 Ebd., S. 452.
64 Ebd., S. 451.
65 Hier mag man fragen, ob die kritische Diagnose des „selektiven Musters" heute noch zutrifft. Kunst, Psychologie und eine Prise Ethik zählen *in einigen Segmenten* der Gesellschaft zum intellektuellen Gemeingut.
66 Habermas: *TkH*, II (wie in Anm. 1), S. 471.
67 Ebd., S. 470.
68 Ebd., S. 279.
69 Die Kolonialisierung der Lebenswelt erfolgt häufig in szientifischer Terminologie. Beispiele: Das moralische Problem der Zukunftsverantwortung

wird mittels der ökonomischen Technik des Diskontierens „gelöst". Eine Familie wird als „nutzenmaximierender Haushalt" vorgestellt. Kinder werden unter einer soziobiologischen Semantik zur „optimalen Investition des Restreproduktionswertes". Der Mensch wird als „homo oeconomicus" vorgestellt, der Leib als „Maschine", das Bewußtsein als „Computer" und beide determiniert von „egoistischen Genen". Die äußere Realität wird zu „one more window" von „virtual reality".

70 Habermas: *TkH*, II (wie in Anm. 1), S. 277.
71 Ebd., S. 463. Die Kolonialisierung der Lebenswelt nachzuweisen, bedarf es wohl Autoren vom Schlage eines Karl Kraus, Victor Klemperer oder Walter Benjamin.
72 Darauf hat auch schon Horster, Detlef: *Jürgen Habermas* (wie in Anm. 32), S. 106, aufmerksam gemacht. Horster meint, gerade in diesem Aufweis von Ambivalenzen unterscheide sich Habermas von den Einseitigkeiten der älteren Kritischen Theorie.
73 Von der Phonetik über die generative Grammatik, die inhaltliche Sprachwissenschaft, die Soziolinguistik, die Medientheorie, die Hermeneutik usw.
74 Die illokutionäre Kraft einer Äußerung als Sprechhandlung zu verstehen und anzuerkennen heißt zu wissen, was Geltungsansprüche bedeuten. Der Begriff der Geltungsansprüche liefert den Schlüssel für die Beschreibung der Grundfunktionen sprachlicher Verständigung (Vgl. Habermas: *Vorstudien* [wie in Anm. 14], S. 599).
75 Hier ist für Habermas die Interaktionstheorie George Herbert Meads zentral.
76 „Die elementare Einheit der Rede (ist) die Sprechhandlung, während die elementare Einheit der Sprache der Satz (ist)" (Vgl. Habermas: *Vorstudien* [wie in Anm. 14], S. 393).
77 Ich kann eine Bitte zu einer Aufforderung abändern, oder eine Bitte um x in eine Bitte um y.
78 Warum wir über dieses „illokutionäre Bedeutungswissen" verfügen, ist eine schwierige Frage, die hier nicht beantwortet werden kann.
79 Habermas: *TkH*, I (wie in Anm. 1), S. 65.
80 Ebd., S. 169.
81 Hierzu ausführlich Wellmer, Albrecht: *Was ist eine pragmatische Bedeutungstheorie?* In: Axel Honneth u.a. (Hg.): Zwischenbetrachtungen im Prozeß der Aufklärung. Frankfurt/M. 1989, S. 318–370.
82 Unsere Geltungsansprüche sind nicht schlechthin universal, wenn wir über Architektur oder über den Erhalt bestimmter Landschaften diskutieren.
83 In „*Was ist Universalpragmatik*" ordnet Habermas Werturteile dem Richtigkeitsanspruch zu; in der *TkH* ordnet er sie eher dem Wahrhaftigkeitsanspruch zu.
84 Ist diese Grenzziehung ihrerseits lebensformrelativ?
85 „Indem sich Sprecher und Hörer über etwas in der Welt verständigen, legen sie ihrer Kommunikation ein gemeinsam unterstelltes System von Welten und Geltungsansprüchen zugrunde, das in Sprechakten zum Ausdruck gebracht wird" (Horster: *Habermas* [wie in Anm. 32], S. 100).
86 „Die Lebenswelt ist gleichsam der transzendentale Ort, an dem sich Sprecher und Hörer begegnen; wo sie reziprok den Anspruch erheben können,

daß ihre Äußerungen mit der Welt (...) zusammenpassen" (Habermas: *TkH*, II [wie in Anm. 1], S. 192).
87 Habermas: *TkH*, I (wie in Anm. 1), S. 388.
88 Ebd., S. 394.
89 Wieviel Moral in dieser These vom „Originalmodus" enthalten ist, ist offen. Nicht jeder Versuch, einen verdeckten sekundären perlokutionären Effekt zu erzielen, muß moralisch verwerflich sein.
90 Habermas: *TkH*, I (wie in Anm. 1), S. 387.
91 Siehe aus jüngerer Zeit Habermas, Jürgen: *Richtigkeit vs. Wahrheit. Zum Sinn der Sollgeltung moralischer Urteile und Normen*. In: Deutsche Zeitschrift für Philosophie 46 (1998), S. 179–208.
92 Habermas: *TkH*, I (wie in Anm. 1), S. 444.
93 Wäre dies der Fall, müßte man gut aristotelisch die „eudaimonia" als größtmögliche Aktualisierung der in der *logos*-Natur des Menschen angelegten Potentialität denken.
94 Habermas: *TkH*, II (wie in Anm. 1), S. 486.
95 Zweitens, und eng damit zusammenhängend, kann die *Instanz der kritischen Öffentlichkeit* ihre Struktur unmerklich ändern, worauf Habermas schon 1962 in seinem ersten Buch *Strukturwandel der Öffentlichkeit* hingewiesen hatte.
96 „In der kommunikativen Alltagspraxis müssen sich kognitive Deutungen, moralische Erwartungen, Expressionen und Bewertungen durchdringen und [...] einen rationalen Zusammenhang bilden" (Vgl. Habermas: *TkH*, II [wie in Anm. 1], S. 483).
97 Habermas: *TkH*, II (wie in Anm. 1), S. 485.
98 Für das Verhältnis von Systemen und sozialen Bewegungen wählt Habermas das ironische Bild einer „Dauerbelagerung ohne Eroberungsabsicht".

Der Zettelbau.
Niklas Luhmann:
Die Gesellschaft der Gesellschaft (1997)

1 Luhmann, Niklas: *Die Gesellschaft der Gesellschaft*. 2 Bde. Frankfurt/M. 1997, Bd.1, S. 11.
2 Luhmann, Niklas: *Biographie, Attitüden, Zettelkasten*. In: Ders.: Archimedes und wir. Interviews. Hg. von Dirk Baecker und Georg Stanitzek. Berlin 1987, S. 142 f.
3 Luhmann, Niklas: *Frauen, Männer und George Spencer Brown*. In: Zeitschrift für Soziologie 17 (1988), S. 47–71, hier S. 47.
4 Kafka, Franz: *Der Bau* [zuerst 1923/24]. In: Ders.: Sämtliche Erzählungen. Hg. von Paul Raabe. Frankfurt/M. 1970, S. 359 f. Der Vergleich zwischen Luhmanns Systemtheorie und Kafkas Bau ist m. E. das erste Mal explizit versucht worden bei Soentgen, Jens: *Der Bau. Betrachtungen zu einer Metapher der Luhmannschen Systemtheorie*. In: Zeitschrift für Soziologie 21 (1992), S. 456–466.

5 Vgl. dazu, auf die Systemtheorie selbst angewendet: Luhmann, Niklas: *Paradigmawechsel in der Systemtheorie – ein Paradigma für Fortschritt?* In: Reinhart Herzog, Reinhart Koselleck (Hg.): Epochenschwelle und Epochenbewußtsein. München 1987, S. 305–322.
6 Kafka: *Der Bau* (wie in Anm. 4), S. 360f.
7 Luhmann: *Die Gesellschaft der Gesellschaft* (wie in Anm. 1), Bd. 2, S. 1149.
8 Ebd., Bd. 1, S. 43.
9 Kluge, Alexander: *Die Patriotin*. Frankfurt/M. 1980, S. 124.
10 Luhmann: *Die Gesellschaft der Gesellschaft* (wie in Anm. 1), Bd. 1, S. 203f.
11 Ebd., S. 202.
12 Luhmann, Niklas: *Die Realität der Massenmedien.* Opladen ²1996.
13 Luhmann: *Die Gesellschaft der Gesellschaft* (wie in Anm. 1), Bd. 1, S. 195.
14 Vgl. Luhmann, Niklas; Baecker, Dirk; Bunsen, Frederick D.: *Unbeobachtbare Welt. Über Kunst und Architektur.* Bielefeld 1990.
15 Vgl. dazu Habermas, Jürgen; Luhmann, Niklas: *Theorie der Gesellschaft oder Sozialtechnologie – Was leistet die Systemforschung?* Frankfurt/M. 1971.
16 Kafka: *Der Bau* (wie in Anm. 4), S. 367 f.
17 Luhmann: *Unbeobachtbare Welt* (wie in Anm. 14), S. 38.
18 Luhmann: *Weltkunst* (wie in Anm. 22), S. 38.
19 Luhmann: *Biographie* (wie in Anm. 2), S. 142.
20 Ebd., S. 145 f.
21 Luhmann: *Die Gesellschaft der Gesellschaft* (wie in Anm. 1), Bd. 1, S. 12.
22 Vgl. Luhmann, Niklas: *Ist Kunst codierbar?* In: Ders.: Soziologische Aufklärung. Bd. 3. Opladen 1981, S. 245–266; ders.: *Das Kunstwerk und die Selbstreproduktion der Kunst.* In: Hans Ulrich Gumbrecht, K. Ludwig Pfeiffer (Hg.): Stil. Geschichte und Funktionen eines kulturwissenschaftlichen Diskurselements. Frankfurt/M. 1986, S. 620–672; ders.: *Weltkunst.* In: Unbeobachtbare Welt. Über Kunst und Architektur (wie Anm. 14), S. 7–45.
23 Luhmann: *Biographie* (wie in Anm. 2), S. 151.
24 Luhmann, Niklas: *Kommunikation mit Zettelkästen. Ein Erfahrungsbericht.* In: Ders.: Universität als Milieu. Kleine Schriften. Hg. von André Kieserling. Bielefeld 1992, S. 53–61, hier S. 53 f.
25 Ebd., S. 57. Die Fußnote verweist auf das ‚Garbage Can Model'.
26 Luhmann, Niklas: *Soziale Systeme. Grundriß einer allgemeinen Theorie.* Frankfurt/M. 1984, S. 30.
27 Luhmann: *Die Gesellschaft der Gesellschaft* (wie in Anm. 1), Bd. 1, S. 15.
28 Kafka: *Der Bau* (wie in Anm. 4), S. 388.
29 Kafka, Franz: *Der Prozeß.* In: Ders.: Gesammelte Werke. Hg. von Max Brod. Frankfurt/M. 1976, Bd. 2, S. 185.

Die Autoren der Beiträge

Michael Astroh
Professor für Ästhetik und Kunstphilosophie an der Universität Greifswald

Christa Bürger
Professorin für Literaturwissenschaft und Literaturdidaktik an der Universität Frankfurt/M.

Peter Bürger
Professor für Romanistik an der Universität Bremen

Walter Erhart
Professor für Deutsche Literaturwissenschaft/Germanistik und Literaturtheorie an der Universität Greifswald

Gisela Febel
Privatdozentin für Romanistik an der Universität Stuttgart

Egon Flaig
Professor für Alte Geschichte an der Universität Greifswald

Jürgen Fohrmann
Professor für Neuere deutsche Literatur und Allgemeine Literaturwissenschaft an der Universität Bonn

Hans-Jürgen Heringer
Professor für Linguistik und Deutsch als Zweitsprache an der Universität Augsburg

Herbert Jaumann
Professor für Literaturwissenschaft/Germanistik, Schwerpunkt Frühe Neuzeit, an der Universität Greifswald

Franz von Kutschera
Professor em. für Philosophie an der Universität Regensburg

Renate Lachmann
Professorin em. für Literaturwissenschaft/Slavistik an der Universität Konstanz

Helmut Lethen
Professor für Literaturwissenschaft/Germanistik, Schwerpunkt Neuere deutsche Literatur, an der Universität Rostock

Ursula Link-Heer
Professorin für Romanistik im Fachgebiet Allgemeine und Vergleichende Literaturwissenschaft an der Universität Bayreuth

Jürgen Mittelstraß
Professor für Philosophie und Wissenschaftstheorie an der Universität Konstanz

Konrad Ott
Professor für Philosophie und Umweltethik an der Universität Greifswald

Karl-Siegbert Rehberg
Professor für Soziologische Theorie, Kulturgeschichte und Kultursoziologie an der Technischen Universität Dresden

Rainer Rosenberg
Professor für Literaturwissenschaft/Germanistik am Zentrum für Literaturforschung Berlin

Renate Schlesier
Professorin für Kulturwissenschaftliche Anthropologie am Fachbereich Sprach- und Literaturwissenschaften der Universität GHS Paderborn

Wolfgang Schluchter
Professor für Soziologie an der Universität Erfurt, Max-Weber-Kolleg für kultur- und sozialwissenschaftliche Studien

Gerhard Schweppenhäuser
Dozent für Philosophie und Ästhetik an der Bauhaus-Universität Weimar

Werner Stegmaier
Professor für Praktische Philosophie an der Universität Greifswald

Personenregister

Adanson 327
Adler, Alfred 27
Adorno, Theodor Wiesengrund 55, 107, 110, 184-205, 207, 221, 262, 264, 267, 268, 271, 275, 390
Alain-Fournier, Henri (*eigentlich*: Fournier, Henri-Alban) 219
Alexander der Große 68
Alpers, Svetlana 320
Alsberg, Paul 149
Althusser, Louis 318
Anaximander 124
Aristoteles 32, 62, 75, 107, 110, 111, 290, 299, 307, 311, 335, 340, 346, 348, 352
Austin, John Langshaw 303, 403
Averroës 62

Bachelard, Gaston 288, 318
Bachmann, Ingeborg 212
Bachtin, Michail 224-244
Bacon, Francis 200
Ball, Hugo 142
Barrès, Maurice 57
Barthes, Roland 206, 212
Bataille, Georges 245
Baudelaire, Charles 181, 288
Baudy, Gerhard 243
Baumgarten, Eduard 151
Bäumler, Alfred 60
Beauvoir, Simone de 12, 173, 176, 183, 206-223, 255, 256, 259
Beck, Ulrich 204
Becker, Oskar 43
Bellah, Robert 159
Benjamin, Walter 128, 138, 200, 204, 332
Bertram, Ernst 59
Betti, Emilio 281
Blei, Franz 142
Bloch, Ernst 163

Boas, Franz 256
Bolz, Robert 204
Bopp, Franz 317, 323
Borchardt, Rudolf 193, 194
Borges, Jorge Luis 321
Bouglé, Céléstin 255
Bourdieu, Pierre 156, 168, 254, 259, 358–382
Braudel, Fernand 259
Brecht, Bertolt 138, 188
Breton, André 220
Breuer, Stefan 54
Breysig, Kurt 70
Bronnen, Arnolt 138
Brown, George Spencer 408
Brüning, Heinrich 71
Buffon 327
Butler, Judith 259

Canguilhem, Georges 318
Cantor, Georg 41
Carnap, Rudolf 308
Cassirer, Ernst 61
Celan, Paul 278, 279, 281, 284, 286, 295, 296, 355
Chamberlain, Houston Stewart 12, 58
Chamfort (Roche Nicolas, Sébastien) 274
Chartier, Roger 378
Chevalley, Cathérine 318
Christus 339
Claudel, Paul 219
Comte, Auguste 64, 150, 193, 256
Conant, James B. 297
Condorcet 327
Conte, Domenico 54
Crollius, Oswald 325
Curtius, Ernst Robert 58, 128, 131, 144
Cuvier, Georges, baron de 317, 323, 329, 330

Danilewskij, Nikolai 71
Dannhauer, Johann Konrad 294
Darwin, Charles 12, 330
Däubler, Theodor 139, 140, 142
Deleuze, Gilles 169, 280, 316
Demandt, Alexander 68
Derrida, Jacques 168, 169, 238, 239, 240, 257, 335–357
Descartes, René 75, 300, 327, 346
Descombes, Vincent 169
Destutt de Tracy, Antoine Louis Claude, comte 327
Deuticke, Franz 14
Dilly, Heinrich 320
Dilthey, Wilhelm 98 f., 160, 266, 285, 299, 316, 376
Dingler, Hugo 43
Dionysios Thrax 335
Döblin, Alfred 190, 191
Dostojevskij, Fjodor Michailovič 177, 224, 227, 229, 230, 381
Drieu la Rochelle, Pierre 180
Durkheim, Émile 165, 256

Eckart, Meister 126
Engels, Friedrich 255, 262, 263
Enzensberger, Hans Magnus 66
Epikur 62
Erasmus von Rotterdam, Desiderius 67
Eribon, Didier 315
Euklid 41, 306

Faulkner, William 267
Felken, Detlef 54
Fichte, Johann Gottlieb 317
Ficker, Ludwig von 86
Flaubert, Gustave 181, 380
Fleißer, Marieluise 128, 138
Fließ, Wilhelm 14, 15, 29, 30, 33
Foucault, Michel 10, 169, 170, 178, 183, 250, 272, 313–(334), 355, 360
Frank, Manfred 52
Frege, Gottlob 39, 44, 48, 49, 87, 107, 307
Freud, Sigmund 12, 14-37, 52, 93, 155, 163, 178, 188, 195, 224, 250, 255, 355

Freyer, Hans 153
Friedrich, Caspar David 120
Fukuyama, Francis 53

Gadamer, Hans-Georg 278–296, 299
Geertz, Clifford 378
Gehlen, Arnold 147–167
Genet, Jean 181, 182
George, Stefan 56, 69
Gethmann, Carl Friedrich 114
Giard, Luce 318
Gibbon, Edward 70
Gide, André 177, 219
Ginzburg, Carlo 320
Gödel, Kurt 40
Goethe, Johann Wolfgang 30, 32, 35, 56, 61
Goldberg, Oskar 58
Göring, Hermann 143
Graf, Oskar Maria 57
Graslin, Jean-Joseph-Louis 327
Graßmann, Hermann Günther 41
Grimm, die Brüder 412
Gundolf (*eigentlich*: Gundelfinger), Friedrich 58, 59

Habermas, Jürgen 145, 146, 200, 275, 282, 284, 317, 330, 383–406, 415
Haeckel, Ernst 12, 56
Hamilton, W. Rowan 41
Hannibal 24
Hartmann, Nicolai 150, 161
Hauriou, Maurice 165
Hegel, Georg Wilhelm Friedrich 63, 64, 124, 143, 147, 165, 169, 197, 201, 209, 214, 255, 264, 265, 271, 272, 273, 282, 283, 290, 336, 353, 355, 385, 390
Heidegger, Martin 107–127, 174, 176, 180, 181, 266, 286, 288, 291, 299, 317, 328, 336, 352, 355, 377
Heine, Heinrich 32, 58, 185
Hempel, Carl Gustav 308
Heraklit 124
Herder, Johann Gottfried 64, 67, 151, 154, 161
Heyting, Arend 40
Hilbert, David 40
Hitler, Adolf 132, 187, 265, 266

Hobbes, Thomas 130, 137, 153, 300
Hölderlin, Friedrich 124, 293
Honneth, Axel 257
Horkheimer, Max 184–205, 207, 264, 267, 268, 271, 385, 390
Humboldt, Wilhelm von 306
Hume, David 301
Husserl, Edmund 38–51, 93, 108, 110, 111, 112, 114, 116, 117, 122, 171, 174, 178, 317, 341, 376, 394

Jacob, François 318
Jacobson, Roman 232, 239, 255
James, William 276
Jaspers, Karl 114
Jauss, Hans Robert 295
Jesus von Nazareth 337, 338
Johannes (*NT*) 339
Jolivet, Simone 172
Josef (*AT*) 33, 34
Joyce, James 354
Jung, Carl Gustav 27
Jünger, Ernst 138
Jussieu, Antoine-Laurent de 327

Kafka, Franz 408, 409, 416, 424, 425, 426
Kamlah, Wilhelm 108
Kandinsky, Wassili 56
Kant, Immanuel 38, 62, 64, 65, 107, 111, 112, 114, 124, 151, 163, 184, 269, 285, 287, 288, 299, 317, 330, 376, 389
Kautsky, Karl 128
Kennedy, Paul 53
Kessler, Harry Graf 57
Key, Ellen (13)
Keyserling, Hermann Graf von 58, 59, 149
Kierkegaard, Søren 191, 209, 219, 266
Klages, Ludwig 164, 193
Kluge, Alexander 412
Koeppen, Wolfgang 56
Kofler, Leo 158
Köhler, Wolfgang 148
Kojève, Alexandre 169
Koktanek, Anton Mirko 54

Kornhardt, Hilde 54
Kracauer, Siegfried 190
Kraus, Karl 83
Kristeva, Julia 224
Krüger, Lorenz 298
Kuhn, Helmut 131, 136
Kuhn, Thomas S. 297–(312)

La Rochefoucauld, François, duc de 211, 274
Lacan, Jacques 178
Lamprecht, Karl 70
Lancelot, Claude 323
Lantink, Francis W. 54, 71
Lasaulx, Ernst von 71
Lash, Scott 204, 205
Lefort, Claude 257
Leibniz, Gottfried Wilhelm 124, 300, 336, 352
Lenin (Uljanov), Vladimir Iljič 128, 129, 187, 262, 270
LeRoy Ladurie, Emmanuel 359
Lessing, Theodor 59
Lévi-Strauss, Claude 359, 360, 373, 245–261, 355, 360, 361, 365, 374
Lévinas, Emmanuel 283, 355
Lewontin, Richard 12
Lie, Jonas Lauritz I. 41
Liebrucks, Bruno 150
Linné, Carl von 327
Lorenz, Konrad 154, 155
Lövenich, Friedhelm 275, 276, (277)
Löwenthal, Leo 188, 196, 202
Löwith, Karl 136, 272
Ludwig XIV. 323
Luhmann, Niklas 204, 317, 398, 407–(425)
Lukács, Georg 132, 158, 262–(277)
Luther, Martin 18
Luxemburg, Rosa 188
Lyotard, Jean-François 169, 288

Machiavelli, Niccolò 129
Mallarmé, Stéphane 288
Mann, Thomas 56, 58, 59, 60, 67, 68, 69
Mannheim, Karl 63, 266
Mao Dze-Dong 187

Marcuse, Herbert 188
Marinetti, Filippo Tommaso 69
Marquard, Odo 282, 283, 293, 294
Martin, Gottfried 108
Marx, Karl 60, 94, 133, 147, 158, 171, 185, 188, 189, 197, 263, 265, 266, 268, 270, 316, 390, 395
Maturana, Humberto 412
Mauss, Marcel 249, 256
May, Karl 57
McGuinness, Brian 88
McLuhan, Marshall 204
Mead, George Herbert 151, 162
Mehrtens, Herbert 319
Meier, Heinrich 140
Ménard, Claude 318
Merleau-Ponty, Maurice 169, 223
Mitchell, Juliet 258
Moore, George Edward 84
Morgan, Lewis H. 256
Mühsam, Erich 56
Musil, Robert 380

Naeher, Jürgen 54
Napoléon Bonaparte 68
Neumann, Franz 188
Newton, Isaac 191
Niekisch, Ernst 69, 140
Nietzsche, Friedrich 32, 56, 57, 58, 60, 94, 124, 152, 185, 186, 193, 194, 195, 199, 265, 266, 272, 273, 274, 276, 332, 338, 341, 355
Nizan, Paul 173

Ostwald, Wilhelm von 83

Palagyi, Melchior 94, 162
Pannwitz, Rudolf 58, 59
Papen, Franz von 71
Paracelsus 325
Pareto, Vilfredo 391
Parmenides 124
Parsons, Talcott 61
Paulus (*NT*) 339
Peirce, Charles Sanders 352
Peskov, Igor 229
Petty, Sir William 323
Pfahler, Gerhard 156

Piaget, Jean 251
Planck, Max (13)
Platon 38, 108, 123, 124, 228, 242, 243, 290, 300, 335, 336, 338, 339, 340
Plenge, Johann 68
Plessner, Helmuth 139, 147, 148, 149, 151
Pollock, Friedrich 188
Ponge, Francis 354
Popper, Sir Karl Raimund 77, 120, 299, 300, 301, 302, 303, 309, 310
Proust, Marcel 171, 380

Rabelais, François 224, 229, 230
Raffestin, Claude 318 f.
Rank, Otto 27
Ray 323
Rembrandt 58
Reventlow, Franziska Gräfin zu 56
Ricardo, David 317, 323
Rickert, Heinrich (13), 108
Ricœur, Paul 292
Riedel, Manfred 282
Riehl, Alois 56
Rilke, Rainer Maria 69, 83, 124
Ringelnatz, Joachim 56
Ritter, Joachim 282
Rosenberg, Alfred 132, 163
Rösler, Wolfgang 242, 243
Rousseau, Jean-Jacques 62, 154, 257, 342, 343, 344, 345, 350
Roussel, W. Gueydan de 134
Rubin, Gayle 258
Russell, Bertrand 12, 83, 87, 88

Sade, Donatien Alphonse François de 195, 321
Saint-Simon, Claude Henri de Rouvroy, comte de 64
Salin, Edgar 58
Sartre, Jean-Paul 114, 121, 168–183, 206, 209, 210, 213, 216, 219, 316, 328, 360
Saussure, Ferdinand de 239, 326, 330
Sayad, Abdelmalek 362, 363
Scheler, Max 147, 148, 149, 150, 151, 155, 160, 164, 167, 266

Schelling, Friedrich Wilhelm Joseph 124, 266, 271
Schiller, Friedrich 414
Schleicher, Kurt von 71
Schleiermacher, Friedrich 280, 281, 299
Schmid Noerr, Gunzelin 198, 200, 201
Schmitt, Carl 128–146, 165
Schmoller, Gustav 266
Schnädelbach, Herbert 262, 270, 393
Schönberg, Gustav von 94
Schopenhauer, Arthur 56, 266, 273, 276
Schorr, Karl-Eberhard 417
Schröter, Manfred 55
Schulte, Joachim 86
Schütz, Alfred 360, 394, 370
Searle, John R. 303
Seeck, Otto 70
Sennett, Richard 159
Setti, Salvatore 320
Šklovskij, Viktor 233
Siebeck, Paul 94, 96
Simenauer, Erich 19
Simmel, Georg (13), 266, 360, 377
Smith, Adam 327
Sokrates 242, 243, 337, 338, 339, 355
Sombart, Werner 68
Sorel, Georges 57, 133,
Spengler, Oswald 11, 52–72, 93, 192, 193
Spinoza, Baruch de 75, 300
Stalin, Josef 187, 263, 264
Steinert, Heinz 205
Stern, Joseph Peter 144
Szondi, Peter 295

Tarski, Alfred 40
Taylor, Charles 203
Thales von Milet 108
Theognis 299
Thomas von Aquin 62
Tiedemann, Rolf 191
Tönnies, Ferdinand 266, 268
Trotzki, Leo 128
Tucholsky, Kurt 57
Turgot, Anne-Robert Jacques, baron de l'Aulne 327

van Vleck, John H. 297
Vauvenargues, Luc de Clapier, marquis de 274
Velázquez, Diego 319
Vergil 22, 23
Vico, Giambattista 191, 192

Wagner, Richard 12, 56
Warburg, Aby 61
Weber, Marianne 94
Weber, Max (13), 93–106, 165, 191, 198, 266, 268, 269, 360, 371, 372, 373, 390, 391
Wedekind, Frank 56
Weiniger, Otto (13), 58, 83
Whitehead, Alfred North 12
Wiener, Norbert 158
Wilson, Edward O. 12
Winckelmann, Johannes 94
Wittgenstein, Ludwig 11, 73–92, 299, 303, 306
Wolfskehl, Karl 56, 57
Woolf, Virginia 208

Ziegler, Theobald 9
Zola, Émile 185

Reihe Denker – Jahrhundertautoren bei C. H. Beck
herausgegeben von Otfried Höffe

Uwe Dreisholtkamp
Jacques Derrida
1999. 191 Seiten mit 1 Abbildung. Paperback
Beck'sche Reihe Band 550

Kai Hammermeister
Hans-Georg Gadamer
1999. 142 Seiten mit 3 Abbildungen. Paperback
Beck'sche Reihe Band 552

Detlef Horster
Niklas Luhmann
1997. 221 Seiten mit 12 Abbildungen. Paperback
Beck'sche Reihe Band 538

Urs Marti
Michel Foucault
2., überarbeitete Auflage. 1999. 190 Seiten mit 5 Abbildungen.
Paperback
Beck'sche Reihe Band 513

Zvi Rosen
Max Horkheimer
1995. 173 Seiten mit 10 Abbildungen. Paperback
Beck'sche Reihe Band 528

Wilhelm Vossenkuhl
Ludwig Wittgenstein
1995. 368 Seiten mit 8 Abbildungen. Paperback
Beck'sche Reihe Band 532

Rolf Wiggershaus
Theodor W. Adorno
2., überarbeitete und um ein Nachwort erweiterte Auflage. 1998.
152 Seiten mit 6 Abbildungen. Paperback
Beck'sche Reihe Band 510

Verlag C. H. Beck München

Kulturwissenschaft bei C. H. Beck

Aleida Assmann
Erinnerungsräume
Formen und Wandlungen des kulturellen Gedächtnisses
1999. 424 Seiten mit 15 Abbildungen. Leinen
C. H. Beck Kulturwissenschaft

Jan Assmann
Das kulturelle Gedächtnis
Schrift, Erinnerung und politische Identität in frühen Hochkulturen
3. Auflage. 2000. 352 Seiten. Paperback
Beck'sche Reihe Band 1307

Arnold Esch
Zeitalter und Menschenalter
Der Historiker und die Erfahrung vergangener Gegenwart
1994. 245 Seiten. Leinen
C. H. Beck Kulturwissenschaft

Clifford Geertz
Spurenlesen
Der Ethnologe und das Entgleiten der Fakten
Aus dem Englischen von Martin Pfeiffer
1997. 220 Seiten. Leinen
C. H. Beck Kulturwissenschaft

Maurice Godelier
Das Rätsel der Gabe
Geld, Geschenke, heilige Objekte
Aus dem Französischen von Martin Pfeiffer
1999. 308 Seiten. Leinen
C. H. Beck Kulturwissenschaften

Karl-Heinz Kohl
Ethnologie – die Wissenschaft vom kulturell Fremden
Eine Einführung
2., erweiterte Auflage. 2000. 212 Seiten mit 8 Diagrammen im Text.
Broschiert
C. H. Beck Studium

Verlag C. H. Beck München